PALABRAS DE JACOB LEVY MORENO

Vocabulario de citas del
psicodrama, de la psicoterapia de grupo,
del sociodrama y de la sociometría

Datos Internacionales de Catalogación en Publicación (CIP)
(Cámara Brasileña del Libro, SP, Brasil)

Cukier, Rosa
   Palabras de Jacob Levy Moreno : vocabulario de citas del psicodrama, de la psicoterapia de grupo, del sociodrama y de la sociometría / Rosa Cukier ; versión en español Valentina Fraiz-Grijalba. — São Paulo : Ágora, 2005.

   Título original: Palavras de Jacob Levy Moreno : vocabulário de citações do psicorama, da psicoterapia de grupo, do sociodrama e da sociometria.
   Bibliografia.
   ISBN 85-7183-896-8

   1. Moreno, Jacob Levy, 1889-1974 – Citas – Diccionarios 2. Psicodrama 3. Psicoterapia de grupo 4. Sociodrama 5. Sociometría I. Título.

05-1982   CDD-150.19803

Índices para catálogo sistemático:

1. Citas : Vocabularios : Moreno, J. L. :
     Psicología   150.19803
2. Moreno, J. L. : Citas : Vocabularios :
     Psicología   150.19803
3. Vocabularios : Citas : Moreno, J. L. :
     Psicología   150.19803

Compre en vez de fotocopiar.
Cada moneda que Ud. da por un libro recompensa a sus autores
y los invita a escribir más sobre un tema;
incentiva a sus editores a encomendar, traducir y publicar
otras obras sobre el assunto;
y le paga a los libreros para que almanecen y le lleven a Ud. livros
para su información y su entretenimiento.
Cada moneda que Ud. da por la fotocopia no autorizada de un libro
financia un crimen
y ayuda a matar la producción intelectual en todo el mundo.

PALABRAS DE JACOB LEVY MORENO

Vocabulario de citas del
psicodrama, de la psicoterapia
de grupo, del sociodrama
y de la sociometría

Rosa Cukier

Versión en español:
Valentina Fraiz-Grijalba

EDITORA
ÁGORA

PALABRAS DE JACOB LEVY MORENO
Vocabulario de citas del psicodrama,
de la psicoterapia de grupo, del sociodrama y de la sociometría
Copyright © 2005 by Rosa Cukier
Derechos de esta versión reservados por Summus Editorial

Portada: **Renata Buono**
Editing electrónico: **Acqua Estúdio Gráfico**
Fotolitos: **Join Bureau**
Impresión: **Sumago Gráfica Editorial Ltda.**

Editora Ágora

Departamento editorial:
Calle Itapicuru, 613 – 7º piso
05006-000 – São Paulo – SP
Tel.: 5511 3872-3322
Fax: 5511 3872-7476
http://www.editoraagora.com.br
e-mail: editora@editoraagora.com.br

Atención al consumidor:
Summus Editorial
Tel.: 5511 3865-9890

Ventas al mayor:
Tel.: 5511 3873-8638
Fax: 5511 3873-7085
e-mail: vendas@summus.com.br

Impreso en Brasil

*Este libro
es mi tributo de gratitud a
Jacob Levy Moreno
y al Psicodrama.*

Rosa Cukier

Introducción

La idea de escribir un vocabulario de conceptos morenianos me persigue hace ya unos 15 años, desde que yo misma comencé a escribir sobre Psicodrama y, de vez en cuando, necesitaba consultar los libros de Moreno en busca de alguna cita o definición que había leído en algún lugar pero no sabía donde. Mi referencia era el *Vocabulario de Psicoanálisis* de Laplanche y Pontalis[1], obra que no he consultado poco a lo largo de mi carrera de psicóloga.

Moreno, como probablemente ustedes ya lo han sentido, es un escritor complejo, inclusive muchas veces prolijo, con un estilo de escritura entre la filosofía, la religión, la literatura y la ciencia experimental. Partes de su teoría parecen contradictorias o inconclusas, permitiendo varias interpretaciones; determinados conceptos son citados apenas una vez y nunca más a lo largo de la obra; otros son repetidos exhaustivamente, dando la impresión de que el autor se copia a si mismo; textos son esquematizados en dibujos para mejor comprensión, a veces haciéndose doblemente confusos; poesías y metáforas también son empleadas para aclarar ideas. Añádanle a todo eso cierta forma beligerante de oponerse a los autores clásicos de la filosofía, psicología, economía, tales como Spinoza, Freud y Marx, por ejemplo – Moreno suele citar parte de la obra de estos autores de forma crítica, proponiendo la sociatría como aquella que pronuncia la verdad a respecto del tema en cuestión, obligando al lector a leer la obra de la persona citada para conferir la propiedad de las ideas morenianas.

En fin, enveredarse por la obra de Jacob Levy Moreno es una aventura difícil que sólo se hizo posible para mí en 1992, a partir del momento en que integré el GEM[2] – Grupo de Estudios de Moreno – Daimon – y empecé a contar con colegas de varias áreas del conocimiento, con diferentes estilos personales. Juntos compusimos un glosario de informaciones sobre psicología, filosofía, sociología, pedagogía y humor, que nos permitió continuar en este camino.

Mi ideal inicial fue colectar, transcribir y citar la página del libro en que Moreno menciona, de forma más categórica, los conceptos principales de la sociatría, facilitando así su búsqueda. Me mantuve fiel a esta idea apenas adicionando, a lo largo del trabajo, la página del libro en ingles y español[3], con el fin de hacer esta antología útil también a los colegas extranjeros.

Uno de los problemas que enfrenté fue cómo recortar la obra de Moreno, o sea, cuáles conceptos debía transcribir. Decidí seguir en parte mi intuición de investigadora y elegir las definiciones, conceptos y opiniones de Moreno que me parecían interesantes y plausibles de búsqueda. También acepté, durante toda la ejecución del diccionario (casi nueve años) las sugerencias de mis colegas del GEM y, finalmente, investigué en libros y artículos del Psicodrama que hemos publicado en los últimos diez años, buscando las citas de Moreno hechas por los autores.

---

[1] Laplanche, J.; Pontalis, J. B. *Vocabulário de Psicanálise*. São Paulo, Martins Fontes, 2001.
[2] GEM – Grupo de Estudios de Moreno – Daimon, grupo coordinado por Dr. Fonseca y Dr. Wilson Castello de Almeida, que en 1995 inició la lectura y la discusión de los libros de Moreno.
[3] En esta versión en español, se encuentran las referencias de la bibliografía en español, inglés y portugués.

Ese vocabulario no es, obviamente, exhaustivo. Investigadores distintos harán recortes diferentes; por eso me gustaría pedirle a aquellos que lo consultan y tengan alguna sugerencia de conceptos, que me escriban.[4] Yo me encargaré de adicionarlos a las próximas ediciones.

LIBROS DE J. L. MORENO UTILIZADOS

Un gran problema en la confección de este libro fue cuál edición de los libros de Moreno utilizar como base para la cita de páginas. Elegí utilizar las últimas ediciones de los libros en portugués – pensando en las futuras generaciones de alumnos – y las ediciones en ingles y español que yo poseía. Si este libro fuere trascrito en otros idiomas, me gustaría que utilizasen como base las más actuales publicaciones, por las mismas razones.

Con respecto a las versiones en español e inglés, ellas no siempre corresponden a las publicaciones brasileñas, lo que me llevó a rastrear un poco la historia de las ediciones originales de la obra de Moreno.

Haré una lista a continuación de lo que pude descubrir y utilicé para encontrar las páginas de los libros en otros idiomas:

1. El libro *Psicodrama* tiene sus dos últimas sesiones publicadas a parte en español, constituyendo otro libro llamado *Psicomúsica y Sociodrama*. En inglés este libro está publicado en tres volúmenes, siendo el segundo correspondiente al libro en portugués y español *Fundamentos del Psicodrama*. El tercer volumen posee algunas partes de capítulos del libro en portugués y español *Psicoterapia de Grupo y Psicodrama*, pero también contiene capítulos no traducidos en idiomas latinos.

2. El libro *Psicoterapia de Grupo y Psicodrama*, originalmente publicado en alemán, sólo posee versiones en español, portugués y francés, y no fue publicado en inglés. Algunos artículos de este libro son, en realidad, parte de la Monografía de Moreno vendida separadamente por la Beacon House, y eventualmente publicada en las antiguas revistas del Instituto Moreno. Estas revistas[5] fueron originalmente editadas bajo el nombre del Periódico de Sociatría, pero su nombre fue cambiando con el tiempo, adoptando sucesivamente los siguientes títulos: *Periódico de Psicoterapia de Grupo; Periódico de Psicoterapia y Psicodrama; Periódico de Psicoterapia de Grupo, Psicodrama y Sociometría*.

3. Moreno tenía el hábito de hacer la introducción de sus obras para las ediciones en idiomas extranjeros. Hay introducciones para la edición brasileña, para la española, para la inglesa etc. Estas introducciones constan, la mayoría de las veces, apenas en el idioma original y, por lo tanto, los conceptos expresados en esas páginas no tendrán correspondientes en otros idiomas.

4. El libro *Quem Sobreviverá?* posee tres volúmenes en la versión brasileña y apenas uno en la inglesa y la española. Además de eso, en las versiones en portugués e inglés, tiene un capítulo muy importante, "Preludios del Movimiento Sociométrico", que no consta en español. Tam-

---

[4] E-mail: rosa.cukier@pobox.com
[5] Esta explicación es de Zerka Moreno, publicada en *Group Psychotherapy, Psychodrama and Sociometry*, v. xxxiii, 1980, p. 5.

bién no consta en la edición española la última sesión: "El sistema sociométrico y Teoría Sociométrica avanzada".

A seguir, listo las ediciones de los libros de J. L. Moreno utilizados por mí:

1. *O Teatro da Espontaneidade*. São Paulo: Summus, 1984.
   - *El Teatro de la Espontaneidad*. Buenos Aires: Vancu, 1977.
   - *The Theatre of Spontaneity*. New York: Beacon House, 1973.

2. *Psicodrama*. São Paulo: Cultrix, 1975.
   - *Psicodrama*. Buenos Aires: Hormé, 1972.
   - *Psychodrama*. New York: Beacon House, 1977, v. 1.

3. *Quem Sobreviverá? Fundamentos da Sociometria, Psicoterapia de Grupo e Sociodrama*. Goiânia: Dimensão Editora, 1992, v. 1, 2 e 3.
   - *Fundamentos de la Sociometria*. Buenos Aires: Paidós, 1972.
   - *Who Shall Survive? Foundations of Sociometry, Group Psychotherapy and Sociodrama*. New York: Beacon House Inc., 1978.

4. *Fundamentos do Psicodrama*. São Paulo, Summus, 1983.
   - *Las Bases de la Psicoterapia*. Buenos Aires: Paidós, 1972.
   - *Psychodrama: Foundations of Psychoterapy*. New York: Beacon House, 1975, v. 2.

5. *Psicoterapia de Grupo e Psicodrama*. Campinas: Livro Pleno, 1999.
   - *Psicoterapia de Grupo y Psicodrama: Introducción a la Teoría y la Praxis*. México: Fondo de Cultura Económica, 1976.
   - Inglés – no hay. Encontré varios artículos de este libro publicados en algunas revistas, mencionadas a seguir:
   - *Psychodrama: Action Therapy & Principles of Practise*, v. 3. New York: Beacon House, 1975.
   - *Group Psychotherapy – American Society of Group Psychotherapy and Psychodrama*, v. X, nº 1, March 1957, pp. 143-144.
   - Moreno, J. L. & Jennings, H. H. "Sociometric Control Studies of Grouping and Regrouping", *Sociometry Monographs*, nº 7, Beacon House, 1947.
   - Moreno, J. L. "Psychodramatic Shock Therapy, a Sociometric Approach to the Problem of Mental Disorders", in *Group Psychoterapy and Psychodrama*, v. xxvii, nº 1-4, 1974, pp. 9-10.
   - Moreno, J. L. "Hypnodrama and Psychodrama", in *Group Psychotherapy*, Beacon House, v. iii, nº 1, April 1950, p. s2.
   - Moreno, J. L. *The First Book of Group Psychotherapy*. New York: Beacon House, 1957.
   - Moreno, J. L. "Fragments from the Psychodrama of a Dream", in Jonathan Fox, *The Essential Moreno*. New York: Springer Publishing Company, 1987, p. 118.

- Moreno, J. L. "Code of Ethics of Group Psychotherapist", in *Group Psychotherapy*, Beacon House, v. x, nº 1, March 1957, pp. 143-144.
- Moreno, J. L. "Ontology of Group Formation", in *Group Psychotherapy*, A Quarterly, v. x, nº 4, December 1957, p. 348.
- Moreno J. L. "The Three Branches of Sociometry", in *Sociometry Monographs,* nº 21, Beacon House, 1947, p. 7.
- Moreno, J. L. "The Actual Trends in Group Psychotherapy", in *Group Psychotherapy*, v. vi, nº 3, September 1963, p. 126.
- Moreno, J. L. "Psychodramatic Rules, Techniques and Adjunctive Methods", in *Group Psychotherapy*, v. xviii, nº 1-2, March-June 1965, pp. 81-82.
- Moreno, J. L. "Fragments from the Psychodrama of a Dream", in *Group Psychotherapy*, v. iii, nº 4, March 1951, p. 365.
- Moreno, J. L. "Psychodramatic Production Tecniques", in *Group Psychotherapy*, v. iv, nº 4, March, 1952, p. 244.

NOTAS DE PIÉ DE PÁGINA Y MARCACIONES DE TEXTO

Buscando ser concisa, recorté las partes más significativas de los conceptos que buscaba dentro del texto moreniano, muchas veces interrumpiendo una frase y continuando en determinado trecho de otra. El signo de puntuación tres puntos (…) indica esas interrupciones. Éste también señala cuando un fragmento escogido comienza en medio de una frase.

Algunas veces me pareció necesario avisar a los lectores de qué se trataba el fragmento seleccionado, sobretodo cuando el sujeto de la frase estuviese subentendido en un fragmento anterior a ese que recorté. En esos casos, adicioné una nota de pié de página con la información que faltaba.

ITÁLICOS

Todos los itálicos del texto son traducciones de los originales de la edición de los libros de J. L. Moreno en portugués.

ERRORES DE TRADUCCIÓN

En español, las palabras iniciador, arranque, desencadenador o starter fueron usadas, por distintos traductores, para significar el mismo fenómeno. Por una cuestión de uniformidad optamos por utilizar la palabra "iniciador", que fue la que nos pareció más precisa, sin embargo, cuando se trate de una cita textual de traducciones anteriores, los términos mencionados arriba no serán modificados en este libro.

Agradecimientos

Un libro como este no se escribe sin ayuda. Conté con la colaboración de muchas personas a quien quiero agradecer nominalmente:

A **Maria Angélica Sugai y Cristine Georgette Massoni**, colegas psicodramatistas y supervisionandas, muchas gracias por la dedicación y responsabilidad con la revisión general de esta obra, por el buen humor que le brindaron a nuestros martes en la tarde – siempre recordaré con cariño nuestro trabajo conjunto.

A los colegas del **GEM – Grupo de Estudios Morenianos** – gracias por ser los interlocutores de mis dudas y angustias durante la elaboración de este libro. Especialmente quiero agradecer a **Luiz Russo** por haberme donado su tiempo muchas veces, buscando una u otra página que yo había perdido, e inclusive sugiriendo conceptos que me habían pasado desapercibidos.

A **José Fonseca** por la ayuda constante en mi carrera de psicodramatista, por los libros y revistas de Moreno en Inglés que me prestó y, sobre todo, por la oportunidad de estudiar Moreno que el GEM me proporcionó.

A **Antonio Carlos M. Cesarino** por el buen humor con que descubrió un viejo libro de J. L. Moreno en español y lo dedicó a mí, como si el propio Moreno lo hubiese autografiado. ¡Me hiciste reír, Cesarino, gracias!

A los jóvenes psicodramatistas: **Cely Regina Batista Blessa**, por su competente dactilografía en inglés, y **Renata Marmelstejn** y **Branca Brener,** por la ayuda inicial a este diccionario.

A todos los colegas del **"Grouptalk"** – Grupo Internético de la Asociación Internacional de Psicoterapia del Grupo. Especialmente agradezco al **Dr. Adam Blatner** por haber discutido innumerables veces mis dudas y enviado algunos artículos de Moreno para mí, y al **Dr. James Sacks**, su solicitud y buena disposición al enviarme una copia en inglés de la monografía original de Moreno: "Un caso de Paranoia tratado a través del Psicodrama".

Al **Dr. Pablo Población** – me pareció que España estaba aquí al lado, cuando recibí la copia del libro que tú me mandaste. ¡Gracias, Pablo, eres muy buen amigo!

Finalmente agradezco al **Dr. Dalmiro Bustos** por haberme enseñado a derivar creatividad de la alegría y de la gratitud, ¡y no del resentimiento!

ABREACCIÓN

También en el psicodrama pueden ocurrir abreacciones. Son elementos que provienen, bien del protagonista mismo, bien de los ayudantes terapéuticos. En la creación de un psicodrama se entretejen muchos elementos: pensamientos, sentimientos y aspiraciones científicas y artísticas.
Psicoterapia de Grupo y Psicodrama, p. 368
Psychodrama, v. I, p. xii (similar)
Psicoterapia de Grupo e Psicodrama, p. 349

Existe una variedad de improvisación que se suele denominar "abreacción". Mientras que la improvisación persigue un objetivo estético y se caracteriza por algún grado de libertad, la abreacción no tiene ningún objetivo estético consciente, carece de libertad y es compulsiva.
El Teatro de la Espontaneidad, p. 141
The Theater of Spontaneity, p. 79
O Teatro da Espontaneidade, p. 96

ACTING OUT

(...) Tiene la necesidad de "actuar" la situación, de estructurar un episodio; "actuarlo" quiere decir "vivirlo", estructurarlo más acabadamente de lo que la vida fuera del grupo permite hacerlo. Su problema es a menudo compartido por todos los miembros del grupo.
Las Bases de la Psicoterapia, p. 308
Psychodrama: Foundations of Psychotherapy, v. 2, p. 191
Fundamentos del Psicodrama, p. 207

Hipótesis VIII: El *acting out* de una situación en un ambiente controlado puede resultar una medida de prevención para evitar el *acting out* en la vida misma.
Las Bases de la Psicoterapia, p. 166
Psychodrama: Foundations of Psychotherapy, v. 2, p. 98
Fundamentos del Psicodrama, p. 114

(...) Es aconsejable, por ello, distinguir entre *formas controlables de "acting out"*, que se producen dentro del marco de la situación terapéutica y tienen un objetivo constructivo, y el *"acting out" incontrolable e irracional* que se produce fuera de dicho marco. Trasformando las técnicas de actuación en partes *oficiales y legítimas* de la terapia, el paciente tratará de "actuar" frente al analista las diversas fantasías y planes que presionan desde su interior, en lugar de frustrarlos y transformarlos en resistencias a la curación. El objetivo de los métodos terapéuticos debe ser el de procurar a los pacientes una variedad de situaciones operativas flexibles, capaces de reflejar el carácter "multidimensional" de la vida.
Las Bases de la Psicoterapia, p. 166
Psychodrama: Foundations of Psychotherapy, v. 2, pp. 97-98
Fundamentos del Psicodrama, p. 114

El problema de no involucrarse con el paciente tiene sus raíces en la actitud de muchos de los primeros psicoanalistas – el temor al amor directo o a la hostilidad directa, su recelo de que el paciente actuase ante ellos, o de que ellos actuasen ante los pacientes. En este caso, la confusión aumenta particularmente por los diferentes significados atribuidos a la expresión "actuar" (*acting out*). Cuando introduje ese término (1928) quise decir exteriorizar lo que está dentro del paciente, en contraste con la representación de un rol que se atribuye al paciente por una persona de afuera. No quise decir con eso que *debería ser impedida* esta exteriorización porque camuflajeaba una forma de resistencia del paciente (punto de vista psicoanalítico). Yo quise decir justamente lo contrario – que el acting out era necesario por expresar importantes experiencias del paciente que de otro modo permanecerían ocultas y difíciles, cuando no imposibles, de interpretar. En el pensamiento psicodramático, esta exteriorización, o acting out, es una fase necesaria en el avance de la terapia; proporciona al terapeuta una oportunidad para evaluar el comportamiento del paciente y, además de eso, confiere también al paciente la posibilidad de evaluarlo por sí mismo (intro-visión de la acción).

>Psicodrama, no hay
>Psychodrama, v. I, p. x
>Psicodrama (portugués), p. 34

La confusión entre los terapeutas norteamericanos es enorme, sobre todo, por la distinta significación que se le da a la expresión *acting out*. Cuando en 1923 describí yo esta idea en mi libro sobre el teatro de improvisación, pensaba en la "exteriorización dramática" (*Ausleben*) y en la representación creadora de aquello que se desarrolla en el interior del paciente, para diferenciarlo del papel que escribe un dramaturgo independientemente del individuo que lo va a representar. Mientras el psicoanálisis considera el actuar inmediato y libre como una especie de resistencia contra el tratamiento, para nosotros significa lo contrario. Afirmamos que hay vivencias íntimas muy importantes que permanecen ocultas y son difícilmente accesibles al terapeuta. En el pensamiento psicodramático, esta "exteriorización dramática" (para la que troquelé la expresión norteamericana *acting out*) es una fase necesaria en el progreso de la terapia. Por una parte, da al terapeuta la posibilidad de valorar el comportamiento del paciente; por otra, proporciona al paciente la posibilidad de valorar él mismo y penetrar más hondamente en el sentido de sus propias acciones.

>Psicoterapia de Grupo y Psicodrama, p. 367
>Psychodrama, v. I, p. x
>Psicoterapia de Grupo e Psicodrama, p. 348

ACTING OUT / FORMAS DE IRRACIONAL *VERSUS* TERAPÉUTICO

Debido a la que se ha introducido furtivamente en el concepto de *acting out*, he propuesto que lo dividamos en dos categorías: el actuar irracional en la vida misma, que podría ser peligroso para el paciente o para otros, y el actuar terapéutico que tiene lugar en el marco del tratamiento.

>Psicoterapia de Grupo y Psicodrama, P. 367
>Psychodrama, v. I, p. x
>Psicoterapia de Grupo e Psicodrama, p.348

ACTO CREATIVO

La primera de las notas características del acto creador es su espontaneidad; la segunda es la sensación de sorpresa, de inesperado. La tercera característica es su irrealidad, tendiente a modificar la realidad de la que surge. En el acto creador opera algo que está ante y más allá de la realidad concreta. Mientras que el acto viviente es un eslabón en el nexo causal del proceso de la vida de la persona real, el acto espontáneo y creador da la impresión de que se hubiera interrumpido o eliminado el nexo causal. (...) La cuarta nota del acto creador es que su actuar es *sui generis*. En el proceso de la vida es más lo que obras sobre nosotros de lo que obramos. Es la diferencia que existe entre una criatura y un creador.

Pero estos procesos, además de determinar estados psíquicos, tienen efectos mímicos. Junto a la tendencia a elevar un determinado proceso al plano de la conciencia, existen otras que impulsan a corporizarlo mímicamente. Esta es la quinta característica del acto creador.

> El Teatro de la Espontaneidad, pp. 79-80
> The Theater of Spontaneity, pp. 42-43
> O Teatro da Espontaneidade, pp. 57-58

ACTO CREATIVO / FILOSOFÍA DEL ACTO CREADOR

Primero: tiene que interpretar y elaborar una filosofía de lo creador, como un correctivo anti-mecánico de nuestra época.

Segundo: enunciar las técnicas de improvisación ya conocidas, y ampliar el conocimiento de ellas mediante la colaboración.

Tercero: registrar las creaciones efectuadas con el auxilio de diversas técnicas de improvisación, siguiendo el impulso del momento.

> Psicodrama, p. 63
> Psychodrama, v. I, p. 31
> Psicodrama (portugués), p. 80

ACTO CREATIVO / REVOLUCIÓN A TRAVÉS DE

Existe una manera, simple y clara, en la que el hombre puede luchar, no por medio de la destrucción ni como parte de la maquinaria social, sino como individuo y creador, o como una asociación de creadores. (...) Esta estrategia es la práctica del acto creador, el hombre como un instrumento de creación que cambia continuamente sus productos.

> Psicodrama, pp. 80-81
> Psychodrama, v. I, pp. 45-46
> Psicodrama (portugués), p. 95

(...) Pero si el comportamiento natural es persistentemente prohibido, el esfuerzo psicodramático corre el peligro de degenerar en un juego de palabras con reducido valor terapéutico. A fin de superar la confusión semántica, sugerí que diferenciemos dos tipos de actino out: el irracional y el incalculable que ocurre en la propia vida, perjudicial al paciente u otros; y el terapéutico y controlado, el cual tiene lugar en el contexto del tratamiento.

> Psicodrama, no hay
> Psychodrama, v. I, p. x
> Psicodrama (portugués), pp. 34-35

IDEM EN (ACTO CREATIVO)

> Psicodrama, p. 68
> Psychodrama, v. I, p. 35
> Psicodrama (portugués), pp. 84-85

ACTOGRAMA

El terapeuta utiliza estos y semejantes indicios para comprender mejor el "actograma" y el sociograma del grupo y ayudar así a los pacientes.

> Psicoterapia de Grupo y Psicodrama, p. 76
> In Friedmann, "Psychotherapy in Switzerland", pp. 321-322. "Progress in Psychotherapy", Ed. Frieda From Reichmann and J. L. Moreno, Grune & Stratton, New York, 1956
> Psicoterapia de Grupo e Psicodrama, pp. 67-68

Estos métodos han sido introducidos en Suiza por A. Friedmann (Biel-Bienne) y H. Zulliger, que lo han aplicado especialmente a grupos infantiles y a problemas juveniles. El "Actograma" de Friedmann (una modificación de mi Diagrama de acción), que él une al sociograma, es un método diagnóstico de gran valor.

Friedmann fue el primer psiquiatra europeo que empleó métodos psicodramáticos con pacientes psiquiátricos, fundándose en el estudio de mi libro sobre el teatro de improvisación.

Psicoterapia de Grupo y Psicodrama, pp. 149-150
In Friedmann, "Psychotherapy in Switzerland", pp. 321-322. "Progress in Psychotherapy", Ed. Frieda From Reichmann and J. L. Moreno, Grune & Stratton, New York, 1956
Psicoterapia de Grupo e Psicodrama, p. 132

ACTOR

La estructura interna, material, del grupo sólo raramente es visible en la superficie de las interacciones sociales; por ello no podemos creer como cosa cierta que la estructura superficial produzca exactamente la estructura profunda. Y por ello si queremos reunir las condiciones gracias a las cuales la estructura profunda puede hacerse visible en su funcionamiento mismo, los organismos del grupo deben transformarse en "actores" verdaderos; debe aparecer como gente que persigue efectivamente una finalidad común, que adopta el mismo sistema de referencia (*criterio*); el "ambiente" o el "campo" debe transformarse en una situación específica generadora de acciones, cargada de motivaciones intensas.

Fundamentos de la Sociometría, p. 66
Who Shall Survive?, pp. 60-61
Quem Sobreviverá?, v. I, p. 165

ACTOR *VERSUS* OBSERVADOR

El actor está como en un estado onírico. Cuanto menos absorbido está un individuo por su papel tanto más débil es su comportamiento espontáneo y más fácilmente le resultará a la parte de su yo que queda libre para observar, perturbar la representación y trastornar la unidad de la acción. El actor individual debe poner mucha atención para que su impulso a analizar no resulte perturbador. Para un ego auxiliar bien entrenado es perfectamente posible actuar y pensar simultáneamente.

Psicoterapia de Grupo y Psicodrama, p. 148
Inglés, no hay
Psicoterapia de Grupo e Psicodrama, p. 131

ADECUACIÓN DE LA RESPUESTA

Adecuación de la respuesta. La cuarta consideración es la de la propiedad. Un hombre puede ser creador, original, o dramático, pero no siempre presentar espontáneamente una respuesta apropiada a nuevas situaciones. (…) un individuo puede manifestar tres respuestas posibles:

a) *Ninguna respuesta*. Esto significa que no se evidencia factor e alguno. El individuo puede haber abandonado la vieja respuesta sin producir una nueva. (…)

b) *Vieja respuesta ante una nueva situación*. (…) una *respuesta para la que no había precedente*; aquí entra en juego el factor *e*, en la inventiva de los ingenieros y en la organización de sus ideas.

c) *Nueva respuesta ante una nueva situación*. (…) No se puede producir una nueva respuesta sin *e*, aunque deben participar otros factores, tales como la inteligencia, la memoria, etc.

(…) De modo que la respuesta a una situación nueva requiere un sentido de la oportunidad, una imaginación para hallar lo adecuado, una originalidad de iniciativa en emergencias, de los cuales debe hacerse responsable a una función e especial. *Es una aptitud plástica de adaptación, una movilidad y flexibilidad del yo, lo que resulta indispensable para un organismo que se desarrolla con rapidez en un medio ambiente que cambia con rapidez.*

Psicodrama, pp. 139-140
Psychodrama, v. I, pp. 92-93
Psicodrama (portugués), pp. 142-144

ADLER

4) En cuanto a cómo reaccionaría Adler a la aplicación de las técnicas interpersonales a conjuntos y grupos es más fácil de contestar. Conocí muy bien, personalmente, a Adler y estoy seguro de que habría aceptado la mayor parte de estas técnicas con entusiasmo. Sentía simpatía por todas las investigaciones terapéuticas y sociales, por supuesto mientras reconocieran debidamente su "psicología individual".

Las Bases de la Psicoterapia, p. 102
Psychodrama: Foundations of Psychotherapy, v. 2, p. 57
Fundamentos del Psicodrama, p. 72

ADULTOS *VERSUS* NIÑOS

Los grupos de niños se separan de los grupos de adultos a partir de los 6 o 7 años de edad – es una división social. En nuestra cultura ese hecho coincide con el inicio de la fase escolar, sin embargo, debido a la prontitud potencial de las estructuras de los grupos formados en esta edad, tal división social se podría establecer en cualquier otro lugar – aunque no hubiesen escuelas – lo más rápido posible el establecimiento de contactos "permanentes" con amigos, de un modo o de otro, fuera de casa.

Fundamentos de la Sociometría, no hay
Who Shall Survive? p. 701
Quem sobreviverá? v. 3, p. 190

AFINIDAD FÍSICA

5. El efecto de la afinidad física pura sobre la interacción se debe, muchas veces, a un "amor fati loci". Hemos oído declaraciones como estas: "Estoy aquí, ahora (sentado, de pie, andando, durmiendo etc.) y tengo que tolerar esto". Es el *locus* como destino.

6. El efecto de la afinidad física sobre la interacción se debe, a veces, a la ley del menor esfuerzo; inercia, apatía y baja espontaneidad se vuelven más fuertes que la tele; hemos visto personas que prefieren hacer el mínimo de esfuerzo posible, que prefieren quedarse en donde quiera que estén en vez moverse para cerca de aquellos que les son queridos.

7. El efecto de la afinidad física sobre la interacción se debe a la atracción a un locus: sentarse en un rincón de la mesa, cerca de una ventana (luz y sol) dormir lejos de otra persona, o lo más cerca posible de la pared etc. Es la opción por un aislamiento físico.

8. El efecto de la afinidad física sobre la interacción se debe a la atracción a determinado objeto, por ejemplo, un escritorio especial, cuarto especial etc.

9. El efecto de la afinidad física sobre la interacción es, raras veces, totalmente físico o mecánico; hay un orden axionormativo operando: "Acepta a todos los que están cerca de ti y trata de relacionarte bien con todos".

Fundamentos de la Sociometría, no hay
Who Shall Survive?, p. 716
Quem sobreviverá? v. 3, pp. 208-209

AGENTE TERAPÉUTICO

(…) El agente terapéutico, en psicoterapia de grupo, no tiene por qué ser un individuo con un *status* profesional, un médico, un sacerdote o un consejero. En realidad, una persona que posee status profesional puede, por esa misma razón, resultar nociva para un determinado individuo que necesita ser atendido. Si es un terapeuta prudente evitará el rapport directo con el paciente y actuará a través de otras personas que estén en un a posición mejor que la de él para ser útil en el caso. De acuerdo con el método de grupo el agente terapéutico para un determinado miembro de grupo puede ser cualquier individuo o una combinación de individuos.

>Las Bases de la Psicoterapia, pp. 25-26
>Psychodrama: Foundations of Psychotherapy, v. 2, p. 9
>Fundamentos del Psicodrama, p. 24

AGRADECIMIENTOS

Durante su período pionero en los EUA, el movimiento sociométrico contó con seis colaboradores: William H. Bridge, E. Stagg Whitin, Helen H. Jennings, William Alonson White, Fanny French Morse y Gardner Murphy. Bridge, profesor de oratoria en la Facultad de Hunter, fue el primero a enseñar psicodrama en sus clases y en otros lugares. Whitin conquistó el apoyo de los Departamentos de Corrección y Bienestar Social. Si no fuera por él, los experimentos de Hudson y Brooklin jamás se habrían realizado. Jennings vio la finalización de la investigación; sin ella, esto podría haber sido pospuesto indefinidamente. Su personalidad, así como sus talentos, ejercieron influencia decisiva sobre el desarrollo de la sociometría.

Sin White, los psiquiatras no habrían oído mis ideas con atención. Sin la Sra. Morse, el experimento que estaba ocurriendo en Hudson habría sido enteramente cortado por el Consejo. Sin Murphy, la aceptación de la sociometría por los científicos sociales en las facultades y universidades podría haberse atrasado por una década.

>Fundamentos de la Sociometría, no hay
>Who Shall Survive?, p. xliii
>Quem Sobreviverá? v. l, p. 47

AISLADOS

Aislada – persona que no elige y no es elegida en cualquier criterio. Ésta no envía ni recibe elecciones negativas. Su resultado sociométrico es cero.

>Fundamentos de la Sociometría, no hay
>Who Shall Survive?, p. 720
>Quem Sobreviverá?, v. 3, p. 214

AISLADOS / INVOLUNTARIOS

El estudio de los aislados involuntarios o de los no-elegidos que hacen elecciones pero que en ellas no encuentran *reciprocidad* sugiere que sufren de estados de ansiedad y de inseguridad. Frecuentemente, no tienen espontaneidad para responder adecuadamente a la situación en que se descubren indeseables.

Mientras más se esfuerzan, en vano, más aumenta su ansiedad; su percepción de tele es, con frecuencia, poco sensible y no diferencia con claridad a los individuos que los eligen de los que no.

>Fundamentos de la Sociometría, no hay
>Who Shall Survive?, p. 712
>Quem Sobreviverá?, v. 3, p. 205

AISLADOS / VOLUNTARIOS

36. Se les avisa a los estudiantes que no piensen que ser aislado o no-elegido es una situación "mala" o que recibir muchas elecciones es, por sí sola, una situación "buena". Tales pensamientos pueden conducir a la "astrología sociométrica". Los descubrimientos sociométricos son referencias y guías para las futuras investigaciones; no son las posiciones fijas de la jerarquía social. Existen aislados voluntarios cuyo aire de retraimiento determinado puede, instantáneamente, eliminar la tele que sus colegas puedan enviarle. Son personas que no eligen y que dicen, a su manera o inclusive abiertamente, "No me elijan, prefiero quedarme solo".

>Fundamentos de la Sociometría, no hay
>Who Shall Survive?, p. 712
>Quem Sobreviverá?, v. 3, p. 203

ALEJAMIENTO DE LA REALIDAD

46. La "medida" del alejamiento de la realidad es proporcional al número de "estimativas" incorrectas hechas por determinado individuo, con respecto al tipo de relación que las personas que forman su átomo social mantienen entre si, de los individuos que lo eligen o lo rechazan, de aquellos a quien elige o rechaza o todavía, de quien elige o rechaza a otras personas. Esta es la medida de lo que es, frecuentemente, llamado de "alejamiento de la realidad"

Fundamentos de la Sociometría, no hay.
Who Shall Survive?, p. 713
Quem sobreviverá? v. 3, p. 205

ALUCINACIÓN

Poco a poco se nos hizo evidente que la más fuerte de sus motivaciones era el deseo de ser madre y tener un hijo. Lo llamamos "fantasma", porque hay una cierta analogía con el fenómeno del "miembro fantasma". Después de una amputación, el individuo cree que todavía posee el miembro amputado. En estos casos existieron antes, realmente, tales miembros y el paciente no puede borrar su recuerdo de la memoria. Pero hay otros tipos de fantasmas, las alucinaciones, que tienen su origen en organismos que jamás existieron. Tampoco aquí el paciente puede borrarlos de su memoria, pero por otros motivos. Son configuraciones que desea muy intensamente o que espera tener en el futuro, como, por ejemplo, un niño o un amante. Cuando el deseo es muy fuerte y la probabilidad de su realización muy pequeña, el fantasma puede tomar un carácter alucinatorio. En este sentido nuestra psique está llena de toda especie de fantasmas, y podemos relacionarlos con la teoría del miembro fantasma y quizás con la de los fenómenos telepáticos. Cuando un amputado marcha hacia una pared, puede parecerle que su miembro fantasma atraviesa la pared. La ley de la impenetrabilidad de la materia deja aquí de tener vigencia. Ninguna otra cosa sucedía con la alucinación de Juan. Entraba desde el techo a través de las paredes en el cuarto de María; en otras palabras: las alucinaciones contradecían la ley de la gravitación. Prescindía igualmente de las leyes de la percepción sensible, porque el Juan alucinado le hablaba y la tocaba. En el caso de la pérdida de un miembro, las percepciones asociadas con el fantasma son anormales. Son "percepciones excedentes". Algunos tipos de alucinaciones pueden incluirse en esta categoría; deben su origen a la tendencia a crear excedentes que, aunque parecen inútiles, pueden ser observados en todas las dimensiones de la naturaleza. Es parte de una ley universal producir más de lo necesario.

Psicoterapia de Grupo y Psicodrama, pp. 376-377
Inglés, no hay
Psicoterapia de Grupo e Psicodrama, pp. 355-356

(...) Las alucinaciones son roles que pueden convertirse en requisitos indispensables en el mundo de algunos pacientes.

Las Bases de la Psicoterapia, p. 316
Psychodrama: Foundations of Psychotherapy, v. 2, p. 196
Fundamentos del Psicodrama, p. 213

(...) Los delirios y alucinaciones se hacen corpóreos – son encarnados en el escenario – y gozan de un *status* de igualdad con las percepciones sensoriales normales.

Las Bases de la Psicoterapia, p. 310
Psychodrama: Foundations of Psychotherapy, v. 2, p. 192
Fundamentos del Psicodrama, p. 209

6) Psicodrama y alucinaciones: el paciente transforma sus alucinaciones en encarnaciones concretas o bien son encarnadas las alucinaciones del paciente por un terapeuta auxiliar.

Psicoterapia de grupo y Psicodrama, p. 375

Psychodrama: Foundations of Psychotherapy, v. 3, p. 240
Fundamentos del Psicodrama, p. 123

b) hacer más concretas y objetivas sus alucinaciones, bien mediante su propia actuación, bien mediante la actuación de los egos auxiliares. Nuestra hipótesis era: *si se hacen esos experimentos cuando las alucinaciones están activas, se introducen en el paciente "resistencias", barreras que se convertirán en medio preventivos contra las recaídas.*

Psicoterapia de grupo y Psicodrama, p. 375
Inglés, no hay
Fundamentos del Psicodrama, p. 354

Es probable que los hechos descubiertos por el test de percepción sociométrica y el test de acción puedan servirnos para comprender mejor el origen de las ilusiones y las alucinaciones en el enfermo mental. Los mensajes y señales que "dirigen" al enfermo o los que *recibe* pueden ser inspirados por telematices o matrices de acción constituidas en la primera infancia.

Fundamentos de la Sociometría, p. 219
Who Shall Survive?, p. 328
Quem Sobreviverá?, v. 2, p. 192

AMAMANTAMIENTO

Mientras el bebé fue alimentado en el pecho, la madre no podía separarse de su propio pecho, abandonar al niño, y dedicarse a alguna tarea. Tenía que permanecer en la mayor proximidad al niño, proporcionándole con el alimento y también con su persona, su maternidad, un agente estimulante, y a veces hiperestimulante.

El reemplazo de un yo auxiliar, la madre, por un *objeto auxiliar*, la mamadera, no puede dejar de tener serias consecuencias, por lo menos en un período durante el cual se establecen los fundamentos emotivos del aprendizaje.

Psicodrama, pp. 112-113
Psychodrama, v. I, p. 70
Psicodrama (portugués), pp. 121-122

(...) Investigadores sociométricos han señalado que el aislamiento orgánico del embrión continúa durante un breve período después del nacimiento, hasta que el surgimiento del tele inicia las primeras estructuras interpersonales. Pero algunos niños perpetúan la pauta de aislamiento orgánico mediante el aislamiento social. (...) la cuestión es si el yo auxiliar, en la forma de la madre, no ha tenido, desde tiempo inmemorial, una alimentación del niño.

Psicodrama, p. 113
Psychodrama, v. I, pp. 70-71
Psicodrama (portugués), p. 122

AMBICIÓN DE MORENO

En realidad, mi ambición alcanzaba el cielo durante mi juventud. Ese plan era no sólo construir una teoría de la personalidad superior a la de Freud – psicodrama – y una teoría social superior a la de Marx – sociometría –, sino construir una teoría cósmica que pudiese desempeñar, en nuestra época, el papel de Nuevo y Viejo Testamentos, del Corán y de las Enseñanzas de Buda. Escribí *Las Palabras del Padre*, publicada en 1920 en alemán, y en 1941 en inglés. Se está programando una traducción de esa obra para el portugués.

Las Bases de la Psicoterapia, no hay
Inglés, no hay
Psicoterapia de Grupo e Psicodrama, p. 8, Prefácio à edição brasileira

AMBIVALENCIA DE ELECCIONES

28. Hipótesis de la "ambivalencia" de elecciones. Cuando alguien elige y rechaza a de-

terminada persona en el mismo test, las causas de este comportamiento pueden variar.

a) Dos o más criterios entraron en la relación, mezclando sus sentimientos, como, por ejemplo, A elige B porque él se siente sexualmente atraído por ella, pero la rechaza por ser negra. Aquí hay un criterio particular y otro colectivo en el conflicto, produciendo elección ambivalente. Otro ejemplo: A elige B como colega de trabajo, pero lo rechaza como compañero de cuarto; la ambivalencia puede ser explicada si los dos criterios fueran separados y dos tests diferentes fueran construidos. Un criterio vago, como "¿Quién es tu mejor amigo, aquí?", puede resultar en una elección ambivalente. De esta forma, el análisis sociométrico es capaz de resolver la así denominada psicodinámica del inconsciente.

b) Si determinado individuo se siente atraído por otros tres, por las mismas razones y con igual intensidad, él puede colocarlos en el mismo nivel de preferencia. Tendrá, entonces, tres primeras elecciones. Necesitará, sin embargo, decidirse por una persona con quien se casará; esto puede producir algún resentimiento contra él por parte de las personas con quien él no se casó, simplemente porque no pudo casarse con las tres opciones, al menos en nuestra cultura. La consecuencia será, entonces, ambivalencia de sentimientos.

c) La ambivalencia, a veces, se debe a la confusión de roles en la elección sociométrica. Un ejemplo es la joven que siente atracción por determinado muchacho porque él la mantiene, lo rechaza como amante, siente atracción por él como papá de su hijo, lo rechaza por ser hijo de su suegra y por ser medio-judío. Vemos aquí, que muchos factores entran en una "elección"; criterios particulares y colectivos, físicos y axiológicos. Sin embargo, cualquiera que sean los factores dinámicos que interfieran en la elección, el hecho de que determinado individuo haga una elección específica, tome una decisión, indica que la fuerza cuantitativa se encuentra, por lo menos en la época del test, favorable al individuo elegido.

d) La ambivalencia puede ser causada por criterios internos, por la estructura de la autotele en pacientes mentales.

Fundamentos de la Sociometría, no hay
Who Shall Survive?, pp. 709-710
Quem Sobreviverá?, v. 3, p. 200

AMNESIA INFANTIL

Amnesia infantil y el síndrome del hambre de actos. Una de las características importantes del primer universo es la amnesia total que tenemos respecto a los tres primeros años de vida.

(...) Esta amnesia es total e indiscutible para el niño crecido o el adulto. (...) Para el bebé y el niño en crecimiento, la situación es algo diferente. Se registra algo, por cierto después de los primeros meses, cuando el pequeño muestra signos de recordar ciertas personas y objetos, como los alimentos y la madre, con quienes ha estado íntimamente relacionado.

(...) Nuestra explicación de la amnesia se basa en el proceso de atemperación para un acto espontáneo. (...) Cierta porción de su yo debe apartarse en calidad de una especie de observador participante interno, y registrar los hechos. Solamente si un suceso ha sido registrado puede ser recordado, y sólo si ha sido recordado se lo puede olvidar. (...) La conclusión es que en tales casos, cuando el sujeto no recuerda nada de actos y sucesos que han tenido lugar en él y alrededor suyo, ese observador participante interno no ha aparecido. No se ha establecido, porque todas las partes del sujeto estaban incluidas en el acto.

Psicodrama, pp. 106-107
Psychodrama, v. I, p. 65
Psicodrama (portugués), p.116

AMNESIA INFANTIL / AMNESIA RETROACTIVA

(…) Esta entera absorción del niño en el acto para el cual se está atemperando, es la razón básica por la que las dos dimensiones del tiempo, la del pasado y la del futuro, no están desarrolladas, o en el mejor de los casos, son rudimentarias. Es en el pasado donde almacenamos nuestros recuerdos, y es el futuro el que puede beneficiarse por su registro.

(…) El niño adquiere intermitentemente, por decirlo así, una *amnesia retroactiva*, aun para el leve monto de registro de actos y hechos que ha podido conservar. (…) Debemos concluir que las amnesias retroactivas recurrentes del niño equivalen al *efecto de amnesia total* que padecen el niño crecido y el adulto respecto a sus primeros tres años de vida.

Psicodrama, pp. 107-108
Psychodrama, v. 1, p. 66
Psicodrama (portugués), p. 117

AMNESIA INFANTIL/ TRES PRIMEROS AÑOS

(…) d) los fenómenos de amnesia retroactiva de todo individuo en lo que se refiere a los dos o tres primeros años de vida, fenómenos que probablemente se deben al "síndrome del hambre de actuar", al predominio del compromiso psicomotor durante la infancia.

Las Bases de la Psicoterapia, p. 172
Psychodrama: Foundations of Psychotherapy, v. 2, pp. 101-102
Fundamentos del Psicodrama, p. 118

AMOR AL CREADOR (Ver ENVIDIA/ AMOR DEL CREADOR)

Tal comprometimiento fue, profundamente, reforzada por individuos-llave allegados a él y resultó en una red compuesta de reacciones en cadena; se puede denominar este fenómeno de solidaridad para con el pionero, o "*amor al creador*"; 2) rechazo del pionero, el protagonista, directa o indirectamente, a través de individuos cargados de tele negativo y en desprecio del mismo. La producción psicodramática reveló profunda hostilidad, siendo reforzada por uno o dos individuos-llave y rivales, a veces, resultando en percepción distorsionada del pionero y de su trabajo. La reacción en cadena produjo una red social de negación que puede ser denominada antipatía por el pionero o "*envidia del creador*".

Fundamentos de la Sociometría, no hay
Who Shall Survive?, p. 27
Quem Sobreviverá?, v. 1, pp. 136-137

ANÁLISIS DIDÁCTICO

(…) Que la formación psicoanalítica produce un cambio fundamental en la personalidad del terapeuta es cosa que no puede tomarse en serio. Persisten en su conducta las tendencias irracionales. En el mejor de los casos lo provee de un método que le confiere habilidad terapéutica. De acuerdo con esto también podríamos llamar transferencia a la respuesta del médico y contratransferencia a la del paciente. Es evidente que tanto el terapeuta como el paciente pueden entrar en la situación terapéutica con ciertas fantasías irracionales desde el comienzo.

Las Bases de la Psicoterapia, p. 19
Psychodrama: Foundations of Psychotherapy, v. 2, p. 5
Fundamentos del Psicodrama, p. 19

ANGUSTIA

Los orígenes del miedo y del "hambre de transformación" en los esquizofrénicos. Si la angustia y la medrosidad son cósmicas, el miedo está condicionado por la situación. La angustia es provocada por el hambre cósmica de mantener la identidad con el universo entero (quizá de restablecer la original identidad del niño). Este hambre cósmica se manifiesta: a) en la "reproyección", el establecer y recibir señales – ideas o sentimientos – de los otros seres para acrecentar las fuerzas del Yo (expansión) o encontrar la identidad consigo mismo (confirmación), o bien, b) en angustia frente a todos los organismos con los cuales no puede actuar juntamente o cuya existencia no puede compartir; hablando psicodramáticamente, con los cuales no puede intercambiar papeles. Estas angustias están provocadas por su exigencia de convertirse en uno de estos seres, como la única y definitiva seguridad de que es idéntico con ellos. El hambre cósmica del niño aspira a la realización del "mundo". La autorrealización no es más que un estadio transitorio.

>   Psicoterapia de Grupo y Psicodrama, pp. 253-254
>   Psychodrama: Foundations of Psychotherapy, v. 2, p. 154
>   Psicoterapia de Grupo e Psicodrama, pp. 236-237

ANGUSTIA / ANGUSTIA DE TIEMPO

> Psicoterapia de Grupo y Psicodrama, pp. 280-313
> Psychodrama, v. I, pp. 185-220 (A Case of Anxiety Neurosis Complicated by Matrimonial Conflict)
> Psicoterapia de Grupo e Psicodrama, pp. 266-295 (Caso Robert)

(…) Su problema es una "angustia ante el tiempo". En su angustia se provoca él mismo sufrimientos y, si es necesario, también a los otros. Al querer emplear su tiempo de la mejor manera, acaba por malgastarlo.

> Psicoterapia de Grupo y Psicodrama, p. 293
> Psychodrama, v. I, p. 195
> Psicoterapia de Grupo e Psicodrama, p. 278

ANIMISMO

(…) Fue el destino de nuestra mentalidad científica el destruir las creencias mágicas y pagar como precio una pérdida de espontaneidad y de imaginación, y una filosofía escindida de la vida. (…) La ciencia ficción no es más que un ejemplo ilustrativo; el fabuloso mundo de Walt Disney, pablado de personajes animados, es otro; es el uso de egos auxiliares en el nivel de las películas cinematográficas. La técnica de los egos auxiliares es, en esencia, una forma de "psico"-animismo primitivo. La técnica del filósofo animista, rechazada por los antropólogos analíticos como magia infantil, está retornando al nivel terapéutico y se ha hecho productiva en el psicodrama. Es el retorno de los métodos mágicos de las culturas primitivas al seno de una edad científica y al servicio de nuevos objetivos.

> Las Bases de la Psicoterapia, pp. 253-254
> Psychodrama: Foundations of Psychotherapy, v. 2, pp. 145-155
> Fundamentos del Psicodrama, p. 171

ANONIMATO

Todos mis nueve libros publicados entre 1919 y 1925 fueron publicaciones anónimas. La plaga más grande del siglo XX es la adoración del ego, su "egolatría". El anonimato es la reacción natural contra esto.

> Fundamentos de la Sociometría, no hay
> Who Shall Survive, p. xxxvii
> Quem Sobreviverá?, v. I, pp. 41-42

(…) La naturaleza, sin embargo, no fue programada para que varias mujeres deban compartir la concepción y embarazo de un niño, a pesar de ser viable para la sociedad organizarse de modo que varias mujeres compartan la educación de un niño. (…) En nuestra civilización, se están haciendo esfuerzos para neutralizar la posición especial que una madre física y la "madre cultural" – como podríamos llamar a los genios – tienen en nuestra sociedad. (…) En un nivel cultural, la posición especial de los genios es neutralizada a través de muchos esfuerzos; un método bastante conocido como método científico, que es la revuelta organizada de la mediocridad contra el genio "en nombre de la ciencia". Otro método, poco comprendido, es el método del anonimato. (...) Si no hay un nombre vinculado a un determinado producto, no hay posesión ni reclamo de la paternidad. El origen de una idea es retirado del creador individual y se devuelve a la universalidad.

    Fundamentos de la Sociometría, no hay
    Who Shall Survive?, pp. xxxviii-xxxix
    Quem Sobreviverá?, v. l, p. 43

ANSIEDAD

(...) Pero el individuo anhela encarnar muchos más roles de los que le son permitidos desempeñar en la vida, e inclusive, dentro del mismo rol, una o más variedades de éste. Todo y cualquier individuo está lleno de diferentes roles en que desea estar activo y que en él están presentes en diferentes fases del desarrollo. Es en virtud de la presión activa que esas múltiples unidades individuales ejercen sobre el rol oficial manifiesto, que se produce a menudo un sentimiento de ansiedad.

    Psicodrama, no hay
    Psychodrama, v. l, p. v
    Psicodrama (portugués), p. 28

(...) La ansiedad señala una "pérdida" de espontaneidad.

    Fundamentos de la Sociometría, p. 56
    Who Shall Survive?, p. 42
    Quem Sobreviverá?, v.l, p. 154

La ansiedad es función de la espontaneidad. (...) Si la respuesta a la situación presente es adecuada, si hay "plenitud" de espontaneidad, la ansiedad disminuye y desaparece. Por el contrario, cuando disminuye la espon*taneidad, aumenta la ansiedad; cuando hay pérdida total de espontaneidad la ansiedad alcanza su máximo de intensidad: se convierte en derrota o pánico.*

    Fundamentos de la Sociometría, p. 227
    Who Shall Survive?, p. 336
    Quem Sobreviverá?, v. 2, p. 199

(...) hay ansiedad cuando falta espontaneidad: no es la ansiedad la primera en aparecer, llevando luego al debilitamiento de la espontaneidad.

    Fundamentos de la Sociometría, p. 228
    Who Shall Survive?, p. 337
    Quem Sobreviverá?, v. 2, p. 199

ANSIEDAD/ MIEDO

La ansiedad es cósmica; el miedo situacional. La ansiedad es provocada por un hambre cósmica de mantener la identidad con el Universo entero (tal vez de restaurar en el bebé la identidad original en la matriz de identidad).

    Las Bases de la Psicoterapia, p. 252
    Psychodrama: Foundations of Psychotherapy, v. 2, p. 154
    Fundamentos del Psicodrama, p. 170

ANTEROS

En la mitología griega Eros es el Dios del amor y Eris es el Dios de la discordia. Se conoce menos a Anteros, hermano de Eros y Dios del amor compartido. De ese modo representaban los griegos las fuerzas de atracción y rechazo que se manifiestan entre los hombres.

    Fundamentos de la Sociometría, p. 187
    Who Shall Survive?, p. 254
    Quem Sobreviverá?, v. 2, p. 126

APRENDIZAJE

APRENDIZAJE / CALDEAMIENTO

(...) Se puede presumir que las experiencias vividas, asociadas con impulsos que pro-

vocan intensos estados emotivos, establecen determinadas asociaciones especiales.
Fundamentos de la Sociometría, p. 361
Who Shall Survive?, p. 540
Quem Sobreviverá?, v. 3, p. 104

APRENDIZAJE / ESPONTANEIDAD

(...) La Educación de la Espontaneidad conduce a una forma de aprendizaje que se propone una mayor unidad y energía de la personalidad que las conseguidas hasta el presente por otros métodos educacionales. El objetivo primario es el adiestramiento en estados espontáneos y no el aprendizaje de contenidos. El énfasis sobre los contenidos tiene por resultado la disociación del individuo, entre una personalidad de *acto* y otra personalidad de *contenido*. Hemos descubierto que es una hipótesis valiosa suponer que se desarrollan dos diferentes centros mnemónicos, una para actos y otro para contenidos, que en general, permanecen como estructuras separadas, sin relación.
Psicodrama, p. 193
Psychodrama, v. I, pp. 138-139
Psicodrama (portugués), p. 191

(...) Varias teorías han intentado explicar este problema, en particular la teoría del condicionamiento y la teoría del rechazo. Pero hasta ahora se ha considerado insuficiente la hipótesis según la cual, entre otros factores el aprendizaje se haya afectado por las vicisitudes de la espontaneidad del sujeto que aprende.
Fundamentos de la Sociometría, p. 361
Who Shall Survive?, p. 539
Quem Sobreviverá?, v. 3, p. 104

Los teóricos de la forma han descubierto una dimensión del aprendizaje – la reestructuración visual o perceptual del problema –, pero han descuidado el estudio de los factores dinámicos que hacen aparecer las tendencias a la reestructuración. Los asociacionistas han descubierto otra dimensión del aprendizaje – las leyes de fuerza asociativa –, como la ley de frecuencia o la ley de latencia del tiempo de reacción. Estas dos contribuciones pueden integrarse en la teoría de la espontaneidad en el aprendizaje: la primera, acentuando la estructura, y la segunda, las funciones del espíritu. El teórico de la espontaneidad incorpora estas dos especies de fenómenos en un sistema más amplio, un sistema de acción que se ocupa de un organismo de un tipo más elevado: el actor *in situ*.
Fundamentos de la Sociometría, p. 363
Who Shall Survive?, p. 541
Quem Sobreviverá?, v. 3, pp. 106-107

(...) El objetivo del aprendizaje puede no consistir en la precisión en cierto número de tareas, sino en la espontaneidad de todo el organismo del soldado y la coordinación espontánea de las interacciones que unen a todos los miembros de la escuadra.
Fundamentos de la Sociometría, p. 364
Who Shall Survive?, p. 542
Quem Sobreviverá?, v. 3, p. 108

APRENDIZAJE / SUPER E HIPERAPRENDIZAJE

El soldado que aprende el "paso de ganso" se halla frecuentemente sometido a un sobreentrenamiento que parece ser un medio seguro para evitar pasos en falso o el ser víctima del miedo. Pero también un "subentrenamiento" puede ser útil para el aprendizaje de la espontaneidad. El individuo sobreentrenado necesita acercarse a un modelo cultural esteriotipado; el sujeto subentrenado puede contar con su espontaneidad para triunfar en la vida.
Fundamentos de la Sociometría, p. 365

A

Who Shall Survive?, p. 543
Quem Sobreviverá?, v. 3, p. 109

APRENDIZAJE / Y AUTONOMÍA

Se entiende por aprendizaje un extenso conjunto de procesos de los que la educación sólo constituye una forma particular. Este conjunto incluye todas las formas de aprendizaje de vidas, de la infancia a la vejez, las formas animales tanto como las formas humanas de aprendizaje. (…) Una vez aceptada esta amplia comprensión de la noción de aprendizaje, podemos ir más lejos e intentar apreciar todas estas formas de aprendizaje en tanto contribuyan a desarrollar la autonomía, la espontaneidad y la creatividad de los mismos sujetos.

Fundamentos de la Sociometría, p. 366
Who Shall Survive?, p. 544
Quem Sobreviverá?, v. 3, pp. 110-111

Se puede medir el valor educativo y terapéutico de un método de aprendizaje por el grado de autonomía que provoca en los individuos y los grupos. Por ejemplo, el grado de autonomía que el psicoanálisis permite alcanzar a un sujeto está limitado a la dimensión verbal. Mucho menos es el valor de las consultas que carecen de directas propias, y que ninguna manera aumentan la espontaneidad de los pacientes; por otra parte se hallan organizadas de tal manera que disminuyen la espontaneidad del consejero. El grado de espontaneidad que el sujeto llega a liberar tanto en su experiencia vivida como en su expresión propia o ajena mide la autonomía de su yo. (…) El psicodrama y el sociodrama, precisamente, constituyen esos instrumentos que permiten alcanzar grados elevados de autonomía.

Fundamentos de la Sociometría, p. 366
Who Shall Survive?, p. 545
Quem Sobreviverá?, v. 3, p. 111

AQUÍ Y AHORA

Del método del "aquí y ahora y nosotros" tres versiones del psicodrama se desarrollaron: a) Psicodrama emergente *in situ,* b) Psicodrama centrado en el grupo y c) Psicodrama centrado en el líder.

Fundamentos de la Sociometría, no hay
Who Shall Survive?, p. lxxii
Quem Sobrevivera? v. l, p. 73

El "aquí y ahora" de la existencia es un concepto *dialéctico*. La única manera en que los pasados percibidos y los futuros percibidos existen es en el aquí (en este lugar) y el ahora (en este momento). El aquí y el ahora pueden haber existido en numerosos pasados y pueden estar alentando en numerosos futuros. El único opuesto auténtico al aquí y ahora es el concepto de la nada total, del no aquí y el no ahora, el no-pasado y el no-futuro, el no-yo y el no-tú, es decir, el no vivir.

Las Bases de la Psicoterapia, p. 359
Psychodrama: Foundations of Psychotherapy, v. 2, p. 226
Fundamentos del Psicodrama, p. 240

AQUÍ Y AHORA / ÉTICA

(…) Descubrí nuevamente al hombre espontáneo cuando comencé a conducir sesiones de desempeño de roles y de psicodrama. Siempre que he trabajado con grupos, en el curso de cuatro decenios, he sentido que debo trabajar con el aquí y ahora y que toda manipulación en contra de esto no sólo habría sido antiética, sino también insincera y, finalmente, también, antiterapéutica.

Las Bases de la Psicoterapia, p. 227
Psychodrama: Foundations of Psychotherapy, v. 2, p. 137
Fundamentos del Psicodrama, p. 154

ARISTOTELE (Ver también TELE)

ASOCIACIÓN LIBRE

(...) La técnica de la asociación libre, por ejemplo, necesita de la espontaneidad, aunque se limite exclusivamente a la forma verbal. Pero lo que aquí tiene eficacia no son las asociaciones de palabras, sino la espontaneidad que opera en las asociaciones.

Psicoterapia de Grupo y Psicodrama, p. 369
Psychodrama, v. I, p. xii
Psicoterapia de Grupo e Psicodrama, p. 349

(...) Hemos visto que la actitud del paciente y su *papel* al hablar determina en gran parte la forma de sus asociaciones. Las palabras y frases que pronuncia cuando se encuentra en un estado pasivo sobre el diván, son distintas cuando se mueve. Si hay otra persona en el lugar, por ejemplo, el médico, las palabras y frases que asocie serán a su vez muy distintas, según que le simpatice o no. Si la persona presente es su amada, su padre, su patrono o un grupo de otras personas, sus asociaciones tendrán en cada caso una configuración diferente. Una modificación más radical aún se producirá cuando no se encuentre en el papel de paciente, sino en el de hermano, el de amante o de un amigo.

Psicoterapia de Grupo y Psicodrama, pp. 299-300
Psychodrama, v. I, p. 200
Psicoterapia de Grupo e Psicodrama, p. 284

ASOCIACIÓN LIBRE/ CRÍTICA A LA

El proceso de comenzar, especialmente el uso de iniciadores físicos, en el proceso de atemperación, implica la cuestión de en qué medida es digna de confianza la libre asociación de palabras como guía para los niveles más profundos de la psiquis. Hemos visto que la posición y el papel en los que está el paciente cuando surgen las palabras, determinan ampliamente la clase de asociaciones que presentará.

Psicodrama, p. 276
Psychodrama, v. I, p. 200
Psicodrama (portugués), p. 255

ASOCIACIÓN LIBRE / ESPONTANEIDAD

Los procesos psicoterapéuticos necesitan de la espontaneidad para ser verdaderamente curativos. La técnica de la asociación libre, por ejemplo, necesita de la espontaneidad, aunque se limite exclusivamente a la forma verbal. Pero lo que aquí tiene eficacia no son las asociaciones de palabras, sino la espontaneidad que opera en las asociaciones. El volumen de las asociaciones verbales será tanto mayor y tendrá tanto más sentido cuanto más espontánea sea la producción. Este principio es aplicable a todos los métodos que contribuyen a la curación psíquica.

Psicoterapia de Grupo y Psicodrama, p. 369
Psychodrama, v. I, p. XII
Psicoterapia de Grupo e Psicodrama, p. 349

ATENCIÓN

(...) Inmediatamente antes de comenzar un acto o un parlamento, la atención se halla dividida en dos partes, una para el exterior, centrada sobre los estímulos externos que provienen de los otros actores; otra para la iniciación preparatoria en su propio interior, para su propia productividad.

El Teatro de la Espontaneidad, p. 121
The Theatre of Spontaneity, p. 67
O Teatro da Espontaneidade, p. 83

ÁTOMO

ÁTOMO / CULTURAL

(...) A la pauta de relaciones de roles en torno de un individuo que es su foco, se la denomina su átomo cultural.

Psicodrama, p. 130
Psychodrama, v. I, p. 84
Psicodrama (portugués), p. 135

(...) El padrón focal de las relaciones de roles alrededor del individuo es llamado de *átomo cultural*. Estamos, aquí, acuñando un nuevo término, "átomo cultural", ya que no conocemos ningún otro que exprese ese fenómeno peculiar de relación de roles. Obviamente, el término fue seleccionado en analogía al término "átomo social". La utilización de la palabra "átomo", aquí, puede justificarse al considerar un átomo cultural como la menor unidad funcional dentro de un padrón cultural. El objetivo "cultural" puede ser justificado al considerar roles y relaciones entre roles como el desarrollo más importante dentro de una cultura específica. La organización socioatómica de un grupo no puede ser separada de su organización cultural-atómica. Los dos átomos, cultural y social, son manifestaciones de la misma realidad social.

>Fundamentos de la Sociometría, no hay
>Who Shall Survive?, p. 70
>Quem Sobreviverá?, v. I, p. 173

(...) Puede justificarse la utilización en este caso del término "átomo" si consideramos que un átomo cultural es la unidad funcional más pequeña dentro de un patrón cultural. El adjetivo "cultural" puede justificarse a su vez si consideramos que los roles y las relaciones entre roles constituyen el desarrollo más significativo dentro de cualquier cultura determinada (con independencia de cual sea la definición que den de cultura las distintas escuelas de pensamiento).

>Psicomúsica y Sociodrama, p. 128, Horme
>Psychodrama, v. I, p. 345
>Psicodrama, pp. 403-404

ÁTOMO / INTERIORIZACIÓN DE

47. Nuestros átomos sociales y los cambios en ellos registrados son, continuamente, interiorizados y exteriorizados. En el decorrer de la interiorización sociométrica, el individuo interioriza todas las personas de su átomo social y las relaciones entre ellas. Él puede "enviar" mensajes (elecciones o rechazos) a los otros y recibirlas, sin que ocurra ningún cambio externo.

>Fundamentos de la Socimetría, no hay
>Who Shall Survive?, pp. 713-714
>Quem Sobreviverá?, v. 3, pp. 205-206

ÁTOMO SOCIAL

Se llama "átomo social" a la configuración social de las relaciones interpersonales que se desarrolla a partir del nacimiento. En su origen abarca a la madre y al niño. Al correr del tiempo va aumentando en amplitud con todas las personas que entran en el círculo del niño y que le son agradables o desagradables y a las que recíprocamente les resulta él agradable o desagradable.

>Psicoterapia de Grupo y Psicodrama, p. 346
>J. L. Moreno, "Psychodramatic Shock Therapy, a Sociometric Approach of Mental Disorders", in Group Psychotherapy and Psychodrama, v. xxvii, n°s 1-4, 1974, p. 3
>Psicoterapia de Grupo e Psicodrama, p. 330

(...) La palabra átomo se deriva del griego "átomos" que significa "cualquier cosa muy pequeña". El término fue introducido en el lenguaje científico por Demócritos.

>Fundamentos de la Sociometría, no hay
>Who Shall Survive?, p. 69
>Quem Sobreviverá?, v I, p. 172

Átomo Social, definición operacional – Debemos localizar a todas las personas que determinado individuo eligió y todos los que lo eligieron, todos a quien él rechazó y todos aquellos que lo rechazaron, así como todos los que no retornaron ni la elecciones ni los rechazos de este individuo. Esta es la materia

"prima" del átomo social de determinada persona.
> Definición conceptual — la unidad más pequeña de la matriz sociométrica.
> Fundamentos de la Sociometría, no hay
> Who Shall Survive?, p. 721
> Quem Sobreviverá?, v. 3, p. 215

7. La hipótesis del átomo social afirma que: a) determinado individuo está vinculado a su átomo social tanto como a su cuerpo; b) a medida que cambia de comunidades, yendo de una anterior para otra, nueva, este individuo alternará la composición de los miembros, pero su constelación permanecerá constante. No obstante el hecho de ser una nueva estructura social la que recibe al individuo, el átomo social tiende a repetir su constelación anterior; sus miembros individuales, concretos, cambiaron, pero el padrón persiste.
> Fundamentos de la Sociometría, no hay
> Who Shall Survive?, p. 705
> Quem Sobreviverá?, v. 3, p. 196

8. Razón entre volumen de familiaridad y volumen de átomo social.
a) El volumen del átomo social de determinado individuo disminuye en proporción directa a su volumen de familiaridad.
b) Un individuo, cuyos volúmenes de familiaridad y de átomo social son, constantemente, idénticos, se acerca al status sociométrico ideal; para él, no hay contacto social perdido — él los convierte, inmediatamente, en realidad social.
> Fundamentos de la Sociometría, no hay
> Who Shall Survive?, pp. 705-706
> Quem Sobreviverá?, v. 3, p. 196

(...) Si observamos la estructura detallada de una colectividad, advertimos la posición concreta que ocupa en ella cada individuo, vemos el núcleo de relaciones que se ha constituido alrededor de cada individuo: más rico alrededor de algunos, más pobre alrededor de otros. Este núcleo de relaciones constituye la más pequeña estructura social, es el *átomo social*.
> Fundamentos de la Sociometría, p. 62
> Who Shall Survive?, p. 52
> Quem Sobreviverá?, v. 1, p. 158

De este modo, un átomo social está compuesto por un gran número de estructuras tele; a su vez, los átomos sociales forman parte de configuraciones más vastas — las redes sociométricas — que unen o separan grandes grupos de individuos según las relaciones de su tele. Las mismas redes sociométricas forman parte de una unidad más considerable: la geografía sociométrica de una colectividad. Por fin, la colectividad es parte integral de la configuración más amplia: la totalidad sociométrica de la sociedad humana.
> Fundamentos de la Sociometría, p. 64
> Who Shall Survive?, p. 54
> Quem Sobreviverá?, v. 1, p. 160

(...) Si no nos dejamos distraer por las gruesas apariencias de los hechos sociales, nos será posible descubrir la más pequeña unidad social viviente, en sí misma indivisible: el *átomo social*.
> Fundamentos de la Sociometría, p. 204
> Who Shall Survive?, p. 291
> Quem Sobreviverá?, v. 2, p. 159

(...) Una persona necesita cierto número de otras diferentes personas para obtener sus fines, y una cierta cantidad de personas necesita de ella para obtener los suyos. Se podría solucionar el problema si se establecieran relaciones recíprocas entre todas las personas interesadas.
> Fundamentos de la Sociometría, pp. 204-205
> Who Shall Survive?, p. 291
> Quem Sobreviverá?, v. 2, p. 160

(...) El átomo social central aparece como rodeado de configuraciones planetarias, pero cada uno de estos átomos planetarios es semejante a otros tantos soles a cuyo alrededor gravitan numerosos átomos sociales planetarios, y así siempre, *al infinito*.
>Fundamentos de la Sociometría, pp. 207-208
>Who Shall Survive?, p. 295
>Quem Sobreviverá?, v. 2, p. 162

(...) Todo sucede como si el director de un gran teatro hubiera dispuesto una serie de decorados y de escenas brillantes y seductoras, con gran refuerzo de máscaras de héroes y diálogos sobre la eternidad, a fin de distraer nuestro espíritu de los acontecimientos de la tierra. De este modo se despliega ante nuestros ojos, sobre la escena del universo social, millones de grupos sociales: familias, escuelas, fábricas, iglesias, naciones; nosotros mismos somos los actores que juegan sobre esta escena, y, como arrastrados por una ciega necesidad, sin pausa y sin término, creamos y recreamos nuevos conjuntos sociales cuando los antiguos ya han colmado su tiempo. Nosotros mismos nos hallamos comprometidos en este entrecruzamiento de formas sociales, indudablemente es por eso que nos ha resultado tan difícil hallar el camino de acceso al mundo social tal como es en su realidad y descubrir que el universo humano, bajo todas las formas que reviste, en definitiva no es sino la suma, la interpretación y la multiplicación dinámica de los átomos sociales.
>Fundamentos de la Sociometría, p. 208
>Who Shall Survive?, pp. 295-296
>Quem Sobreviverá?, v. 2, p. 163

(...) El átomo social total de un individuo está constituido de acuerdo con el número determinado de criterios diferentes. No obstante, puede haber gente que en cierto momento de su vida permanezca aislada en relación con todos los criterios.
>Fundamentos de la Sociometría, p. 287
>Who Shall Survive?, p. 433
>Quem Sobreviverá?, v. 2, p. 281

El átomo social es el núcleo de todos los individuos con quienes una persona está relacionada sentimentalmente, o que están vinculados con ella al mismo tiempo. Es el núcleo más pequeño de una pauta interpersonal de matriz emotivo en el universo social. El átomo social llega tan lejos como la propia tele alcanza a otras personas. Por tanto, también se lo llama el alcance tele de un individuo. Tiene una importante función operacional en la formación de una sociedad.
>Psicodrama, p. 254 (notas)
>Psychodrama, v. I, p. 184 (footnote)
>Psicodrama (portugués), p. 239 (rodapé)

AUDITORIO – PÚBLICO

El teatro para la espontaneidad confía al poeta-dramaturgo una misión que es nueva y es vieja: el contacto inmediato con la gente. Lo que nunca se había dicho en ningún lugar comienza a formar parte de la vida de la comunidad. El nuevo poeta-dramaturgo no se ve reducido al viejo método del yo aislado, a elegir ideas y diálogos compuestos, condensados y terminados por él solo, sino que sintetiza su inspiración frente al público; y el deseo de llegar a él y de entrar en contacto con él lo impulsa, al menos en algunos casos, a producir y presentar ideas que tal vez hubiera desechado si su tarea se hubiera desarrollado en el espléndido aislamiento de su celda.
>El Teatro de la Espontaneidad, p. 143
>The Theater of Spontaneity, pp. 80-81
>O Teatro da Espontaneidade, p. 97

El quinto instrumento es el público. Este se reviste de una doble finalidad. Puede servir para ayudar al paciente o, siendo él mismo ayudado por el sujeto en el escenario, se con-

vierte entonces en paciente. Cuando ayuda al paciente es un sólido indicador de opinión pública. Sus respuestas y comentarios son tan extemporáneos como los del paciente y pueden variar desde la risa a la protesta violenta. Mientras más aislado esté el paciente, por ejemplo, porque su drama en el escenario está formado por delirios y alucinaciones, más importante se convierte para él la presencia de un público dispuesto a aceptarlo y comprenderlo. Cuando el público es ayudado por el sujeto, convirtiéndose de esta manera en el propio sujeto, la situación se invierte. El público se ve a sí mismo, es decir, uno de sus síndromes colectivos es retratado en el escenario.

>   Psicodrama, no hay
>   Psychodrama, v. I, p. c
>   Psicodrama (portugués), p. 19

(...) 1) Por ser *abiertos*, los problemas sugeridos por el público eran representados en el escenario. Se discutían, abiertamente, conflictos personales y sociales, antes escondidos en los consultorios; y 2) La audiencia participaba espontáneamente.

>   Fundamentos de la Sociometría, no hay
>   Who Shall Survive?, p. xlii
>   Quem Sobreviverá?, v. I, p. 47

AUDITORIO – PÚBLICO / COMO PACIENTE DE LA PELÍCULA

(...) El público es realmente el paciente para el cual el film ha sido hecho, y el beneficio que aquél paciente obtenga del film es la prueba final de la utilidad del mismo.

>   Psicomúsica y Sociodrama, p. 201
>   Psychodrama, v. I, p. 390
>   Psicodrama, p. 451

AUDITORIO – PÚBLICO / CONSULTA A

Quien establece el contacto del escenario con el auditorio es el director mismo o un tipo especial de actor. Con frecuencia, cuando el drama ha llegado a su climax, aparece en el proscenio y los consulta acerca de las posibles resoluciones que podría tener el conflicto y sobre cuál de ellas preferirían ver representada. En ocasiones les podrá preguntar si prefieren una resolución feliz o una trágica, o si preferirían más bien que la acción concluyera con el conflicto, sin ofrecer solución alguna.

>   El Teatro de la Espontaneidad, p. 129
>   The Theater of Spontaneity, pp. 71-72
>   O Teatro da Espontaneidade, p. 88

AUDITORIO – PÚBLICO / GRUPOS TEMÁTICOS

(...) El público deberá estructurarse a veces homogéneamente en torno a ciertos síndromes psíquicos, conflictos entre padres e hijos, conflictos relativos al suicidio, etc.

>   Psicomúsica y Sociodrama, p. 201
>   Psychodrama, v. I, p. 391
>   Psicodrama, p. 451

AUTOEVALUACIÓN SOC!OMÉTRICA

(...) Al principio, la gente no establecía diferencia alguna entre el proyecto, yo mismo y mi equipo de colaboradores. Ante esa dificultad, inventé una técnica sociométrica capaz de radiografiar mi propia situación, técnica que más tarde llamé "autoestimación sociométrica" y proyección. Se basaba en la hipótesis de que cada individuo tiene el sentimiento inmediatamente vivido de la posición que ocupa en el grupo; por empatía, llega a saber, aproximadamente si el flujo de afecto o de antipatía de que es objeto aumenta o disminuye. Empecé a construir mentalmente, a menudo dos o tres veces por día, los sociogramas de los grupos claves de que dependía el éxito o el fracaso de la empresa. Empecé a esbozar todas las situaciones en que mis colaborados y yo mismo nos encontrábamos comprometidos en el mismo instante y a representarme qué papel desempeñábamos en ellas. Traté luego de poner en claro nuestros sentimientos frente a cada persona de la población. Fue cosa relativamente fácil precisar mis propias preferencias. Mis elecciones y mis rechazos con respecto a los individuos clave de la colectividad. Pero fue más difícil adivinar sus sentimientos con respecto a mí y con respecto al proyecto, así como las razones que podrían tener. (...) Utilizando al máximo mis facultades de empatía llegué a dibujar mis propios sociogramas: posteriormente me fueron de gran ayuda para prevenir y responder a los ataques, antes que se hiciesen perjudiciales. Esta técnica me fue particularmente útil en el sentido de que me permitió desarrollar mi intuición social.

Fundamentos de la Sociometría, p. 159
Who Shall Survive?, p. 221
Quem Sobreviverá?, v. 2, pp. 98-99

AUTOEVALUACIÓN SOCIOMÉTRICA / TEST DE PERCEPCIÓN SOCIOMÉTRICA

He descrito una versión del test sociométrico que denominé "autoestimación sociométrica" (*sociometric selfrating*), pero que sería mejor designar con el nombre de "test de percepción sociométrica". El sujeto pasa por toda una serie de etapas.

Primera etapa: "El sujeto esboza todas las situaciones en las que actualmente se encuentra comprendido y atribuye a cada individuo que participa con ella su rol característico".

Segunda etapa: "Se esfuerza por clarificar, ante sus propios ojos, los sentimientos que experimenta a su respecto. Cree tomar parte en un test sociométrico y elige o rechaza a sus compañeros ordenando sus preferencias o sus rechazos y suministrando sus razones".

Tercera etapa: "Intenta adivinar qué experimenta cada uno de sus compañeros a su respecto y descubrir sus razones".

Cuarta etapa: "Intenta imaginar los sentimientos que experimentan entre sí."

Quinta etapa: "Cuando ha finalizado su propia autoestimación, puede solicitar a cualquiera que conozca bien su situación que proceda a una estimación a su respecto, pero independientemente de su propia estimación."

Sexta etapa: "La validez y fidelidad de los datos del test de autoestimación sociométrica pueden determinarse mediante la administración de un test sociométrico clásico a un grupo de sujetos, aun después que hubieran realizado su autoestimación. De este modo se puede comparar la intuición del sujeto respecto de su status sociométrico con su status sociométrico real, tal como resulta de los sentimientos que los otros experimentan hacia él".

Fundamentos de la Sociometría, p. 217
Who Shall Survive?, p. 325
Quem Sobreviverá?, v. 2, p. 190

AUTORÍA / MORENO

A causa de la importancia que se asigna a mi teoría de las relaciones interpersonales en la terapia, interesa destacar la primera presentación sistemática de "The Psychopathology of Interpersonal Relation" en la literatura. Apareció hace apenas dos décadas, en Sociometry, una revista dedicada a las relaciones interpersonales, en el tomo I, págs. 7 a 76 (1937). Contenía los siguientes términos y conceptos, actualmente de amplia circulación: terapia interpersonal, relación interpersonal (entre marido y mujer o en cualquier otro caso de compromiso entre personas, y no solamente entre médico y paciente), equilibrio interpersonal, catarsis interpersonal, tensiones y malas adaptaciones interpersonales, conflicto interpersonal, proceso interpersonal, situación interpersonal, análisis interpersonal, dinámica interpersonal, crisis interpersonal, resistencia interpersonal, transferencia interpersonal, asignación interpersonal, realidades interpersonales, el participante observador del laboratorio social, la estructura interpersonal, la resistencia interpersonal.

Las Bases de la Psicoterapia, pp. 373-374
Psychodrama: Foundations of Psychotherapy, v. 2, p. 235
Fundamentos del Psicodrama, pp. 250-251

AUTOTELE (Ver en TELE)

AXIODRAMA

Kierkegaard era, en esencia, lo que hoy podríamos llamar un "frustrado psicodramatista"; incapaz de conducir a un victorioso fin las situaciones esenciales de su vida. No llegó a ser en vida el activo dinámico profeta de su fantasía, pero dejó para la generación siguiente un testamento a cumplir.

Si el párrafo antes trascrito ha de tomarse al pie de la letra, y no como una anotación más en su diario, se trataría de algo así como lo que haría un psicodramatista (o, como a menudo decimos nosotros, un "axio-dramatista") frente a un grupo hostil. Pero precisamente ahí donde termina esa fantasía de Kierkegaard es donde comenzaría la verdadera sesión psicodramática, para exploración y trabajo con el grupo *in situ*.

Las Bases de la Psicoterapia, p. 332
Psychodrama: Foundations of Psychotherapy, pp. 208-209
Fundamentos del Psicodrama, p. 223

(…) El organismo en el campo se convierte entonces en el actor en situación. Trozo por trozo, todo un sistema corporal puede ponerse en escena e interpretado efectivamente, gracias a los dispositivos experimentales del acciodrama y del sociodrama, por actores que son, al mismo tiempo creadores e intérpretes de estas escenas.

Fundamentos de la Sociometría, p. 66
Who Shall Survive?, p. 61
Quem Sobreviverá?, v. I, p. 165

El axiodrama trata de la evaluación de los valores religiosos, éticos y culturales en la forma espontáneo-dramática. El "contenido" original del psicodrama era axiológico. Al contrario de las afirmaciones encontradas en libros actuales, comencé con el psicodrama de arriba para abajo. Primero fue el axiodrama (1918); en segundo lugar vino el sociodrama (1921); el psicodrama y sus aplicaciones en las enfermedades mentales fue la última fase del desarrollo.

Fundamentos de la Sociometría, no hay
Who Shall Survive?, p. xxvi
Quem Sobreviverá?, v. I, p. 33

g) *El axiodrama*. Es la síntesis del psicodrama con la ciencia de los valores (axiología); dramatiza las aspiraciones morales de la psique tanto individual como colectiva, *v.gr.* justicia, verdad, belleza, gracia compasión, perfección, eternidad y paz.

Psicoterapia de Grupo y Psicodrama, p. 129
Psychodrama: Action Therapy & Principles of Practices, v. 3, p. 268
Psicoterapia de Grupo e Psicodrama, p. 114

AXIOMA UNIVERSAL

En el comienzo de nuestras investigaciones verificamos la ventaja de encarar a la humanidad como una unidad social y orgánica.

(…) Poco importa que esta idea directriz sea al fin de cuentas un axioma universal indubitable o, por el contrario, una ficción: nos ha ayudado a descubrir el átomo social, las corrientes psicológicas y las redes.

Fundamentos de la Sociometría, p. 422
Who Shall Survive?, pp. 611-612
Quem Sobreviverá?, v. 3, pp. 180-181

B

BÁRBARA

Psicodrama, pp. 24-26.
Psychodrama, v. I, pp. 3-5.
Psicodrama (portugués), pp. 52-54.

BÁRBARA / CASO

(…) Lo que motivó este reconocimiento fue lo siguiente: teníamos una joven actriz que representaba con gran éxito papeles de santas, heroínas y criaturas tiernas y románticas. Uno de sus admiradores era el joven dramaturgo que no se perdía una sola de sus representaciones. Ella se enamoró igualmente de él y se casaron. Con todo, ella siguió siendo nuestra primera actriz y él nuestro primer espectador, por decirlo así. Un día, él vino a mí muy deprimido y me confesó que su matrimonio era insoportable. Su mujer, a la que todos tenían por un ángel, era a solas con él, lo contrario, como si sufriera una transformación. Perdía todo freno, discutía, empleaba las expresiones más ordinarias y cuando él la rechazaba enfadado, le respondía incluso a golpes. Yo le invité avenir con ella aquella misma noche, como siempre, al teatro, porque tenía una idea de la forma en que se podría intentar ayudarles. Cuando apareció la actriz le dije que tenía la impresión de que debería ofrecer al público por una vez algo nuevo y que no debía reducirse demasiado unilateralmente a representar papeles de mujeres honorables. Ella acogió entusiasmada la proposición e improvisó con una colega una escena en la que ella representaba una mujer de la calle. Desempeño el papel con una ordinariez tan auténtica, que no había quien la reconociese. El público estaba fascinado y el éxito fue grande. Se marchó muy feliz a casa con su marido. Desde entonces representó preferentemente tales papeles. Su marido comprendió inmediatamente que este era terapia. Me visitaba todos los días para informarme. "Se ha producido una transformación", me dijo algunos días después, "es cierto que aún tiene accesos de cólera, pero han perdido intensidad. Son también de más corta duración y a veces comienza a reír súbitamente, porque se acuerde de escenas del mismo tipo que ella ha representado en el teatro. Y yo me río con ella por el mismo motivo. Es como si nos viéramos uno a otro en un espejo psicológico. A veces empieza a reír incluso antes de caer en el acceso, porque sabe perfectamente cómo se va a desarrollar. En ocasiones se deja llevar por él, pero en una forma mucho más suave que antes". Era como una catarsis surgida del humor y de la risa. Continué el "tratamiento" transigiéndole papeles que se adaptaban cuidadosamente a su situación conflictiva personal. Su marido me informó que a través de las escenas que le hice representar había llegado él a comprenderla mejor y se había vuelto más tolerable con ella. Una noche pregunté a los dos si no querían salir a escena ambos y comenzó una especie de terapia interhumana. Se declararon de acuerdo y los diálogos improvisados, que se fueron haciendo cada vez más semejantes a sus escenas hogareñas, se convirtieron en un sólido elemento del programa. Las familias de ambos, escenas de la infancia, sus sueños y planes para el futuro fueron allí retratados. Después de cada representación me visitaban algunos espectadores y reconocían que las exhibiciones de esta pareja les habían impresionado más profundamente que todas las otras representaciones. Era una catarsis del público. Algunas semanas después me hallaba a solas con ellos en nuestro Teatro de improvisación. Se habían encontrado el uno al otro. Yo analicé la evolución de su psicodrama a base de las escenas que habían representado y les expliqué por qué sus conflictos habían sido superados.

Psicoterapia de Grupo y Psicodrama, pp. 30-32
Psychodrama, v. I, pp. 3-5
Psicoterapia de Grupo e Psicodrama, pp. 27-28

BARRERAS PREVENTIVAS

(...) si hacen esos experimentos cuando las alucinaciones están activa, se introducen en el paciente "resistencias", barreras que se convertirán en medios preventivos contra las recaídas. Si éstas hubieran de producirse, reaparecerían, entonces, episodios parecidos, de tipo alucinatorio, pero, esta vez, asociados a estas resistencias controladas, ligadas no tanto a su memoria como a su comportamiento. Con el recuerdo de las alucinaciones vuelven también los medios preventivos que impedirán el brote o al menos la violencia de nuevos accesos.

Psicoterapia de Grupo y Psicodrama, p. 375
Inglés, no hay
Psicoterapia de Grupo e Psicodrama, p. 354

BEACON

(...) El hospital para enfermos mentales, construido en función del teatro, tenía el objetivo de dar a los representantes más seriamente enfermos de nuestra cultura, el beneficio de antídotos.

El hospital moderno tiende a ser extrovertido. Paisajismo elegante, cuartos de colores y paredes brillantes, hábitos y disciplina autoritarios, orden, limpieza y meticulosidad son parte del día a día. Los beneficios de este estilo de tratamiento dispensado a los pacientes mentales, no obstante sus ventajas, no lograron dar expresión adecuada a las necesidades de los pacientes. El sanatorio psicodramático tiene tendencia a la introversión; hace crear raíces a los pacientes cuyos modelos son las propias aspiraciones espontáneas, aunque estas sean confusas.

Fundamentos de la Sociometría, no hay
Who Shall Survive?, p. lxvii
Quem Sobreviverá?, v. I, p. 69

BIOÁTRICA

(...) De este modo, existe una forma más elaborada de democracia "bioátrica" y sociométrica que tiene simultáneamente en cuenta a los "no nacidos", a los vivos y a los muertos, en lugar de excluir de la participación en la vida a los niños aún no nacidos a y los muertos.

Fundamentos de la Sociometría, p. 420
Who Shall Survive?, p. 609
Quem Sobreviverá?, v. 3, p. 178

BRECHA ENTRE FANTASÍA Y REALIDAD

El niño comienza a desarrollar dos caminos emocionales en su universo. Pueden correr independientemente, sin encontrarse nunca. El niño vivirá entonces en dos dimensiones al mismo tiempo, una real, otra irreal, sin ser perturbado por la división, o puede ser que las dos sendas, A y B, tiendan de tanto en tanto a reunirse, a restablecer el status original. Estos intentos pueden ocasionar colisiones entre ambas, producir obstrucciones y llevar a la inercia al flujo de la espontaneidad. Es lo último lo que le sucede realmente a la personalidad humana. Mientras vive, el hombre trata de soldar la brecha original, y debido a que en principio no lo consigue, la personalidad humana, hasta en sus ejemplares más integrados, tienen un matiz trágico de relativa imperfección. Existe esta lucha constante dentro del individuo que trata de mantener el equilibrio entre estos dos caminos diferentes, por los que intenta fluir su espontaneidad. Es como un hombre que tienen dos cuentas de ahorro, y deposita en una, cosas que no quiere o no puede depositar en la otra.

>   Psicodrama, p. 115
>   Psychodrama, v. I, p. 72
>   Psicodrama (portugués), p. 124

De la brecha entre realidad y fantasía, surgen dos nuevos conjuntos de roles. Mientras aquella no existía, todos los componentes reales y fantásticos estaban fundidos en una serie de roles, los roles *psicosomáticos*. Un ejemplo es el papel de ingeridor. Pero de la división del universo en fenómenos reales y ficticios, surgen gradualmente un mundo social y un mundo de la fantasía, separados del mundo psicosomático de la matriz de identidad. Emergen ahora formas de representar roles que relacionan al niño con personas, cosas y metas en el ambiente real, exterior a él, y a personas, objetos y metas que él imagina que son exteriores. Se los denomina respectivamente *roles sociales* (el padre) y *roles psicodramáticos* (el dios).

>   Psicodrama, p. 116
>   Psychodrama, v. I, p. 73
>   Psicodrama (portugués), pp. 124-125

(…) Los roles psicosomáticos y sociales se desarrollan más tarde, siendo el dominio de los roles psicodramáticos mucho más extenso y predominante que el de los roles sociales. Después de establecerse la ruptura entre fantasía y realidad, los roles sociales y psicodramáticos, hasta ese punto mezclados, comienzan a diferenciarse.

>   Psicodrama, p. 120
>   Psychodrama, v. I, p. 77
>   Psicodrama (portugués), p. 129

C

CALDEAMIENTO

CALDEAMIENTO / ABORTIVO

(...) Pero él[1] no percibió la profundidad Del conflicto psicológico que provocaba en el actor el hecho de apelar a la improvisación evocando y representando episodios intensamente emotivos del pasado, y el ensayar al mismo tiempo papeles, situaciones y diálogos creados y armados para él por un dramaturgo. Sus actores, forzados a moverse en dos dimensiones, desarrollan por un lado un proceso de caldeamiento embrionario y abortivo en el nivel espontáneo, que más tarde deberán anular, y por otro, un proceso de caldeamiento organizado y conservado, que tiene como función asimilar y luego traducir las inspiraciones proveniente de lo que los psicodramatista denominamos estados espontáneos, en expresiones conservadas y no creadoras, es decir, no creadas por el actor.

El Teatro de la Espontaneidad, pp. 169-170
The Theater of Spontaneity, p. 101
O Teatro da Espontaneidade, pp. 119-120

CALDEAMIENTO / ACTOR / ADIESTRAMIENTO CORPORAL DEL

La palabra hablada, que para el actor convencional es el punto de partida, para el actor espontáneo es la etapa final. El actor espontáneo comienza por el estado de espontaneidad; sin él no puede empezar a moverse. Para llegar necesita, por así decir, de una carrera inicial que le dé el impulso, como en el salto en alto. Una vez que lo ha alcanzado, el estado lo arrastra en su envión. El estado de espontaneidad se desarrolla y se "caldea" hasta que se expresa en el plano de la palabra.

El Teatro de la Espontaneidad, p. 130
The Theater of Spontaneity, p. 73
O Teatro da Espontaneidade, p. 89

El cuerpo del actor debe ser tan libre como sea posible, debe responder finamente a cada motivo de la mente y la imaginación. Debe tener el poder de ejecutar un número de movimientos tan grande como sea posible, y de ejecutarlos fácil y rápidamente. Sin duda, estos movimientos deben ser espontáneos, de modo que el actor no falle en una crisis. Puede muy bien suceder que se le ocurra a un actor una idea no acompañada por la menor insinuación de un gesto adecuado, y si no es ingenioso puede desbaratarse todo el acto. Para eliminar este peligro. a) Se debe almacenar en el cuerpo una provisión tan grande de movimientos como puede adquirirla el actor, de modo que las ideas puedan apelar a ellos a medida que se presentan; b) se debe aprender a crear respuestas ("creatoflex").

Psicodrama, p. 78
Psychodrama, v. I, p. 44
Psicodrama (portugués), pp. 93-94

---

[1] Nota de la autora: Moreno se refiere a Stanislavsky.

CALDEAMIENTO / ACTORES

Tercer paso[2]: Los actores se van caldeando para sus roles. La transformación de sus personalidades privadas en los personajes de los papeles se efectúa ante el auditorio por medio de máscaras, vestidos y maquillaje, así como por las actitudes y los gestos. Estos pasos están separados unos de otros por una pausa breve o una mutación al oscuro.

El Teatro de la Espontaneidad, pp. 125-126
The Theater of Spontaneity, p. 69
O Teatro da Espontaneidade, p. 86

CALDEAMIENTO / AMOR

(…) Las relaciones amorosas están naturalmente ligadas a estados emocionales particularmente intensos.

Fundamentos de la Sociometría, p. 362
Who Shall Survive?, p. 105
Quem Sobreviverá?, v. 3, p. 540

CALDEAMIENTO / CATALIZADORES INICIADORES

4) Cuando la capacidad de expresión y de contacto de un paciente es muy pequeña, es útil "caldearlo" (warm up) por medio de diversos métodos. Hay muchos métodos de caldeamiento. Se puede alentar al protagonista a que desempeñe papeles en que se acentúan especialmente las contracciones psicomotoras; se puede hablar entonces de catalizadores mímicos o psicomotores. Se pueden emplear también estimulantes psíquicos como pinturas, temas musicales, danzas, etcétera, que sugieren sentimientos y acciones. El proceso de caldeamiento puede, en fin, promoverse mediante el alcohol, el café, sodio anythal, metrazol o insulina. Se habla entonces de catalizadores químicos.

Psicoterapia de Grupo y Psicodrama, p. 371
Inglés, no hay
Psicoterapia de Grupo e Psicodrama, p. 351

CALDEAMIENTO / DIRECTOR

Cuando se trata de una liberación colectiva, conviene sobre todo observar a todos los participantes *in situ* y tener bien presente en qué dirección se compromete su actividad creadora. Para esto se hace necesario actuar con ellos, ¿y cómo hacerlo si Ud., el experimentador, no participa en su acción común, sino es Ud. mismo un participante, un coactor? Así, la mejor manera de participar en el proceso de liberación colectiva consiste en conventirse en miembro del grupo. (*Regla de coactuación del experimentador y del grupo*).

Fundamentos de la Sociometría, p. 67
Who Shall Survive?, p. 61
Quem Sobreviverá?, v. I, p. 166

CALDEAMIENTO / ESPONTANEIDAD

La espontaneidad insita al hombre a reaccionar de un modo más o menos satisfactorio frente a una situación más o menos inédita. El proceso de liberación (*warming up*) es la *operación* por la cual se expresa la espontaneidad.

Fundamentos de la Sociometría, p. 56
Who Shall Survive?, p. 42
Quem Sobreviverá?, v. I, p. 150

(…) Se puede presumir que las experiencias vividas, asociadas con impulsos que provocan intensos estados emotivos, establecen determinadas asociaciones especiales.

---

[2] Moreno se refiere a una presentación de un drama espontáneo.

Hemos logrado observar que los contenidos introducidos en la mente en conexión con estados afectivos intensos es más fácil que se presenten de nuevo cuando el individuo se encuentra en un estado afectivo análogo, que cuando se encuentra en estado neutro.
> Fundamentos de la Sociometría, p. 361
> Who Shall Survive?, p. 540
> Quem Sobreviverá?, v. 3, pp. 104-105

Más allá de un determinado punto en el tiempo, la intensidad del acto espontáneo comenzará a debilitarse. Tarde o temprano, el actor deberá detenerse. Deberá aprender a controlar no solamente el ritmo de la acción sino también el ritmo de la pausa. A cada acto sigue una pausa. Después de la tensión viene la relajación. La tensión tiene su tiempo de duración la relajación también lo tiene; ambas son dimensiones que se pueden medir. Un acto espontáneo no debe continuar más allá del momento en que asoma la relajación. En cada etapa de una ejecución espontánea, física o mental, artística o social, existe la probabilidad de una crisis interna de la capacidad creadora. Es un factor que conocen bien los atletas, especialmente los pugilistas. Mucho antes del derrumbe físico sobreviene un derrumbe psicológico. La causa más frecuente de la finalización prematura del combate boxístico por parte del perdedor se debe a un defectuoso proceso de caldeamiento.
> El Teatro de la Espontaneidad, p. 96
> The Theater of Spontaneity, p. 52
> O Teatro da Espontaneidade, p. 67

CALDEAMIENTO / FALTA DE

Cuando una persona esta plenamente absorbida por su papel, no queda libre ninguna parte de su Yo para observarla y así grabarla en la memoria.
> Psicoterapia de grupo y Psicodrama, p. 304
> Psychodrama, v. 1, p. 204
> Psicoterapia de grupo y Psicodrama, p. 287

Pero volvamos ahora al mismo mecanismo en la improvisación espontánea. Cuanto menos absorto esté un individuo en su papel y más débil sea su estado de espontaneidad, tanto más capaz será la parte observadora de su Yo de perturbar la representación y de estropear el procedimiento.
> Psicoterapia de grupo y Psicodrama, p. 304
> Psychodrama, v. 1, p. 205
> Psicoterapia de grupo y Psicodrama, p. 287

CALDEAMIENTO / FEEDBACK

(...) Es un contrasentido aplicar a las relaciones humanas espontáneas términos que designan simples fenómenos mecánicos. Sustituir el proceso de espontaneidad viviente por un mecanismo de retroactividad implica una simplificación abusiva: los teóricos podrían invocar en este aspecto, un "subterfugio verbal para huir de la realidad."
> Fundamentos de la Sociometría, p. 418
> Who Shall Survive?, p. 607
> Quem Sobreviverá?, v. 3, p. 176

CALDEAMIENTO / GRUPAL

En todas las formas del psicodrama improvisado, el problema principal es cómo hacer que el grupo inicie sus actividades. La mejor receta es dejar que el caldeamiento parta del propio grupo. Cualquier cosa puede servir de punto de partida. Para comenzar no hay nadie preestablecido ni tópico favorito. La sesión pude comenzar con un juego, con una explosión de rabia de un miembro del grupo con relación a otro o con relación a alguien que no se encuentra presente. El terapeuta espera, pacientemente, hasta que la situación se estructure o da un empujoncito en dirección a una mayor productividad. Algunas sesiones no son solamente centradas en el líder pero, también, *centradas en los problemas.* Se plantea o se escoge un problema. La intención central de tales sesiones es dejar que los problemas se estructuren, presumiendo que hay ciertos problemas inherentes al grupo presente, ciertas comprensiones, resentimientos o expectativas. Las experiencias han mostrado que lo que parece ser un comienzo sin planeamiento, gradualmente, se va transformando en un importante proceso de producción, como si hubiese sido, cuidadosamente planeado. En el curso de estas acciones, ab-reacciones, interacciones, inter-reacciones, role-playings, diálogos, entrevistas, discusiones, análisis, un individuo u otro, o un grupito de ellos aparece con un problema especial. *Éste será espontáneamente dramatizado a menos que la atmósfera sea intencionalmente restrictiva y a menos que haya un consenso táctico de que esas acciones son tabú.* De lo contrario, la actuación ocurrirá dentro del propio grupo y, de esta manera, la parte de la acción comienza en la sesión psicodramática. Y es debido a la tomada de conciencia de la investigación psicodramática que tales cosas ocurren y de ahí surge la idea de dar vehículo especial para la actuación en el auditorio, un escenario psicodramático. El actuar vino primero, el escenario fue construido para acomodar ese proceso dinámico en el grupo. Sin vehículo especial para sus tendencias a la actuación, los miembros del grupo pueden considerarlos ilegítimos. El uso de técnicas de acción hace que la responsabilidad del director sea más grande y requiere habilidad especial de dirección. Su inclusión, sin embargo, posee ventajas terapéuticas y de investigación.

> Fundamentos de la Sociometría, no hay
> Who Shall Survive?, pp. lxxiii-lxxiv
> Quem Sobreviverá?, v. I, pp. 74-75

CALDEAMIENTO / INICIADOR / CATEGORÍAS DE CALDEAMIENTO / AUTO-INICIADOR

Sabemos, por el estudio Del proceso de caldeamiento en la actuación de los adultos y en las relaciones interpersonales, que se puede diferenciar en categorías a los auto-iniciadores, a saber, en iniciadores físicos y mentales. La distinción entre dos modos separados de inicitación no está todavía a disposición del niño.

(...) Podemos muy bien postular, en consecuencia, que sólo hace uso de iniciadores físicos. Estos siguen siendo los iniciadores de auxilio en todos los procesos de caldeamiento a lo largo de la vida. (...) a diferencia del niño, el adulto posee iniciadores mentales, sociales y psicoquímicos adquiridos, que pueden iniciar independientemente su caldeamiento, e interactuar también con los iniciadores físicos.

> Psicodrama, p. 93
> Psychodrama, v. I, pp. 53-54
> Psicodrama (portugués), p. 104

CALDEAMIENTO / INICIADOR FÍSICO

(...) el niño liga su energía espontánea al nuevo ambiente, por medio de los *iniciadores físicos* del proceso de caldeamiento. Como sabemos, no tendría éxito en este esfuerzo si no fueran en su ayuda los iniciadores psíquicos de yos auxiliares de este ambiente – madres, parteras, nodrizas –, que cuidan de él y lo alimentan.

> Psicodrama, p. 94
> Psychodrama, v. I, p. 54
> Psicodrama (portugués), p. 105

Los auto-iniciadores físicos, como se ha observado en experimentos espontáneos con adultos, operan por una provocación consciente de un simple acto, el cual, si se lo incita adecuadamente, por su propio impulso,

comienza a ser seguido por otras acciones voluntarias e involuntarias; por ejemplo, el ritmo respiratorio aumenta dos o tres veces después del paso voluntario original.
>Psicodrama, p. 92
>Psychodrama, v. I, p. 53
>Psicodrama, (portugués), p. 103
>Psicodrama, pp. 93-94
>Psychodrama, v. I, p. 54
>Psicodrama (portugués), p. 104

CALDEAMIENTO / INICIADOR FÍSICO / ADIESTRAMIENTO DE LA MENTE AL CUERPO

En este caso la tarea consiste en hacer corporal un comportamiento mental, es la "encarnación" de la mente.
>Psicodrama, p. 197
>Psychodrama, v. I, p. 142
>Psicodrama (portugués), p. 194

CALDEAMIENTO / INICIADOR FÍSICO / CALDEAMIENTO MUSCULAR GENERANDO CALDEAMIENTO MENTAL

Cuando se le dice al alumno que cosa un botón en una prenda, que consuele a un niño angustiado, que limpie el pizarrón, se ponen en acción diversos conjuntos de músculos, y la mente es indirectamente estimulada en dirección a ciertos estados afectivos.
>Psicodrama, p. 196
>Psychodrama, v. I, p. 142
>Psicodrama (portugués), p. 194

CALDEAMIENTO / INICIO DE

(...) Para desempeñar convenientemente su papel, el actor debe comenzar por librar su espontaneidad *tan cerca del acto como sea posible,* y el experimentador necesita saber cuándo comienza este proceso de liberación (*Regla del proceso de liberación o de la productividad activa*).
>Fundamentos de la Sociometría, pp. 66-67
>Who Shall Survive?, p. 61
>Quem Sobreviverá?, v. I, p. 166

CALDEAMIENTO / MÉTODO DE

15) Métodos de "caldeamiento". Se emplean para espolear al cuerpo a que actúe espontáneamente. Hay diversos métodos para preparar al cuerpo en vistas de una actividad deportiva como correr, saltar, boxear, etcétera. La estimulación del cuerpo tiene especial valor terapéutico en el tratamiento de tics y otras enfermedades psicomotoras; un paciente, por ejemplo, se quejaba de un tic en la mitad derecha de la cara, que le sobrevenía cuando tenía una discusión con su padre. Se consiguió que el tic desapareciera durante la representación psicodramática de estas escenas.
>Psicoterapia de Grupo y Psicodrama, pp. 141-142
>Inglés, no hay
>Psicoterapia de Grupo e Psicodrama, pp. 125-126

CALDEAMIENTO / PECULIARIDADES

El análisis de las actitudes de las participantes frente a Elsa, y las de Elsa frente a las participantes, en el curso de 32 escenas, ha revelado diferencias entre los individuos, vinculándose dichas diferencias con la frecuencia de elección de una actitud específica.
>Fundamentos de la Sociometría, p. 242
>Who Shall Survive?, p. 363
>Quem Sobreviverá?, v. 2, p. 223

CALDEAMIENTO / PREPARATORIO

El proceso de "caldeamiento" (*warming up process*) es una técnica derivada de la discusión de la espontaneidad. Esta es explorada mediante el estudio de los estados espontáneos, estados o papeles en los que un individuo se arroja súbitamente. Son experimentados habitualmente por el sujeto como experiencias completamente nuevas, y en realidad, con frecuencia no hay ningún antecedente en la vida del sujeto del papel representado. Un estenógrafo puede ser llamado a expresar cólera en el papel de un policía. Estos estados espontáneos son ocasionados por diversos iniciadores. El sujeto pone en movimiento cuerpo y mente, utilizando actitudes físicas e imágenes mentales que conducen a la consecución del estado. Se llama a esto proceso de caldeamiento. Puede ser inducido por iniciadores físicos (un complejo proceso físico en el cual juegan un papel principal contracciones musculares), mentales (sentimientos e imágenes del sujeto, a menudo sugeridos por otra persona), y psicoquímicos (estimulación artificial mediante el alcohol y el café, por ejemplo.)

Psicodrama, p. 328 (notas)
Psychodrama, v. I, p. (footnote)
Psicodrama (portugués), pp. 300-301 (rodapé)

CALDEAMIENTO / PROCESO DE

El proceso de caldeamiento se manifiesta en toda expresión del organismo vivo cuando *éste se esfuerza en dirección a un acto.* Tienen una expresión somática, una expresión psíquica, una expresión social.

Psicodrama, p. 96
Psychodrama, v. I, p. 56
Psicodrama (portugués), p. 106

CALDEAMIENTO / PROCESO DE / POSICIÓN CORPORAL CALDEANDO PARA EMOCIONES

Proceso de caldeamiento. "Los iniciadores físicos de comportamientos tales como el actuar o hablar espontáneamente, son acompañados por signos fisiológicos. En el proceso de atemperación estos signos manifiestan y liberan emociones simples, como el miedo, la cólera, o estados más complejos. No es necesario que en el proceso de atemperación aparezcan reacciones verbales. Pueden hacerlo o no. Pero siempre están presentes símbolos mímicos; están relacionados con procesos fisiológicos subyacentes y con estados psíquicos. Los indicadores de atemperación han sido determinados experimentalmente. El experimento fue dirigido de modo que el sujeto no tuviera intención de producir ningún estado mental específico. Se le sugirió que se lanzara a esta o aquella acción física sin pensar en lo que pasaría. Se encontró que la "iniciación" de estas acciones era acompañada por un proceso de "atemperación". Pudimos observar entonces que si un sujeto deja escapar ciertas expresiones como boqueadas, aceleración de respiración, etc., sin una meta definida, se han desarrollado no obstante ciertas tendencias emotivas. Estas no parecen estar vinculadas a una emoción exclusivamente sino más bien a todo un grupo de emociones con propiedades comunes. Por ejemplo, esta expresiones: cerrar los puños, rechinar dientes, atravesar con la mirada, fruncir en entrecejo, movimientos enérgicos, voz aguda, golpear, arrastrar lo pies, llevar la cabeza en alto, respiración acelerada, y otras, tienden a suscitar estados emotivos tales como la cólera, la voluntad de dominio, el odio, o un vago precursor de estas corrientes afectivas. Otro conjunto, respiración acelerada, bloqueos, temblores, ímpetu, torsión de los músculos faciales, incapacidad de hablar, gritos repentinos, retorcerse las manos, etc., desarrolla otro curso afectivo, ansiedad, miedo, desesperación, o una combinación de ellos. Otro conjunto, sonrisas, risas, risas ahogadas, ojos muy abiertos, besar, abrazar, etc., estimula un estado de feliz excitación. Sin embargo, por indiferenciados que sean los

sentimientos presentados, es observable que un conjunto de movimientos inicia un curso de sentimientos, y otro conjunto de movimientos inicia otra dirección afectiva, otro conjunto de movimientos aun otra dirección, y así siguiendo.
Psicodrama, p. 126
Psychodrama, v. I, pp.81-82
Psicodrama (portugués), pp. 132-133

deamiento excesivo" pueden aprender el modo de caldearse más adecuadamente. El efecto terapéutico más notable es el aumento general de la flexibilidad y la facilidad para enfrentar las situaciones de la vida, dentro de los límites orgánicos del individuo en cuestión.
Psicodrama, p. 192
Psychodrama, v. I, p. 137
Psicodrama (portugués), p. 190

CALDEAMIENTO / PSICOPATOLOGÍA

En la esfera del psicodrama. La psicopatología del "caldeamiento" desempeña un papel posiblemente mayor aún que en el deporte. Todo papel necesita para su realización un buen principio y la concentración en distintos grupo musculares que habrán de ser el sostén de la representación entera; Cada uno de los papeles, el de agresor, el de retraído, el de indeciso, el de prudente, el de observador, el de oyente, el de amante, etcétera, pone en juego diversos grupo musculares.
Psicoterapia de Grupo y Psicodrama, p. 317
Psychodrama, v. I, p. 224
Psicoterapia de Grupo e Psicodrama, p. 298

CALDEAMIENTO / SUPERCALDEAMIENTO

El proceso de caldeamiento se manifiesta en toda expresión del organismo vivo cuando *éste se esfuerza en dirección a un acto*. Tienen una expresión somática, una expresión psíquica, una expresión social.
Psicodrama, p. 96
Psychodrama, v. I, p. 56
Psicodrama (portugués), p. 106

El adiestramiento ha demostrado ser una ayuda valiosa en el tratamiento de sentimientos de excitación y de incapacidad. Hemos descubierto que los estudiantes que sufren de un "caldeamiento rudimentario" o de un "cal-

CALIDAD DRAMÁTICA

Por el contrario, el psicodrama moderno es siempre nuevo y fresco, las sesiones nunca se repiten. Existen pues, nuevos caminos y nuevos objetivos. El gran problema que queda por resolver es el de elevar el nivel de la *calidad* de la *creación* y de la estabilidad de las representaciones. Hemos verificado en centenares de lugares sin que quede lugar a dudas, que con toda clase de grupos de personas se puede crear un psicodrama significativo. Pero por valiosos que puedan ser los efectos terapéuticos, con frecuencia el nivel de la producción es muy bajo. ¿Qué hacer para elevar el nivel? La cuestión de la calidad está vinculada de la elección del director y los yo auxiliares. No siempre tienen la misma calidad y pocas veces alcanzan el nivel estético y terapéutico más alto. Sigue en pie la pregunta: ¿cómo superar estas dificultades? La respuesta: mediante el análisis de la producción y por la práctica.

Después de pasar revista a miles de directores psicodramáticos se ha llegado a las siguientes conclusiones: de entre los muchos directores en funciones, a lo sumo un uno por ciento posee la calidad, la espontaneidad, el carisma, la energía permanente como para animar una producción con niveles semejantes a los de Shakespeare o Visen. Evidentemente no podemos comparar el psicodrama con la antigua forma de teatro; son procesos completamente diferentes en sí mismos. La labor, pues, de una academia psicodramática consiste en descubrir directores de la mayor cultura y en prepararlos. No todos los directores que hemos preparado poseen la misma calidad. Al seleccionar a los candidatos que han de prepararse para la función de dirección, muchos son los que debemos eliminar.

Lo mismo que entre los directores, también existe una gradación entre los protagonistas y entre los yo auxiliares. Existen protagonistas con una capacidad inaudita de autorrepresentación, y también los hay menos talentosos. Lo mismo se debe decir de los yo auxiliares respecto de la capacidad para asumir el rol de otros.

>El Teatro de la Espontaneidad, pp. 19-20-21
>The Theater of Spontaneity, pp. e-f foreword to the second enlarged edition
>O Teatro da Espontaneidade, p. 13-14

CAMBIO SOCIAL

El concepto sociométrico de cambio social tiene cuatro referencias principales: a) el potencial espontáneo-creativo del grupo; b) las partes de la matriz sociométrica universal relevantes a su dinámica; c) el sistema de valores que ésta trata de superar y abandonar y d) el sistema de valores que pretende realizar. (…)

Para modificar el mundo social, necesitamos planear experimentos sociales de forma que produzcan cambios.

>Fundamentos de la Sociometría, no hay
>Who Shall Survive?, p. 115
>Quem Sobreviverá?, v. I, p. 213

(…) Las revoluciones como la marxista-socialista están caducas; fallaron en satisfacer a la sociodinámica de la situación del mundo. La próxima revolución social será "sociométrica".

>Fundamentos de la Sociometría, no hay
>Who Shall Survive?, p. 115
>Quem Sobreviverá?, v. I, p. 213

(…) En otras palabras, el *avant guarde* de la ciencia social académica no tuvo instrumentos sociales de ataque y contra ataque disponibles en períodos de emergencia. Finalmente, nosotros, sociometristas, aprovechamos la oportunidad y desarrollamos varios instrumentos de cambio social en el intento de aprovechar las fuerzas espontáneo-creativas de la comunidad, como el test de población, el sociodrama y los métodos de choque sociales y psicodramáticos que pueden convertirse en instrumentos científicos de acción social preventivos o antídotos contra el hipnotismo de masas y la persuasión de sistemas puramente políticos.

>Fundamentos de la Sociometría, no hay
>Who Shall Survive?, p. 116
>Quem Sobreviverá?, v. I, p. 214

CARL JUNG

(…) Extraversión e introversión son nociones psicológicas introducidas por Carl Jung, frecuentemente utilizadas para designar configuraciones específicas de reacciones individuales. Pero la organización *extravertida e introvertida de un grupo* son conceptos sociométricos sin relación con el sentido psicológico.

>Fundamentos de la Sociometría, p. 181
>Who Shall Survive?, p. 246
>Quem Sobreviverá?, v. 2, p. 120

CATARSIS

CATARSIS / CATARSIS SOCIAL

Muchas veces las tele-relaciones penetran hondamente en la trama psicológica de la comunidad. En tales casos hay que tener en cuenta a todos los individuos comprometidos en el tratamiento (catarsis social y de

trama). Las catarsis intelectual, analítica y social desempeñarán así un papel en los diferentes estadios del proceso de *shock* psicodramático.
>Psicoterapia de Grupo y Psicodrama, p. 349
>J. L. Moreno, "Psychodramatic Shock Therapy, a Sociometric Approach of Mental Disorders", in Group Psychotherapy and Psychodrama, v. xxvii, n°s 1-4, 1974, p. 6
>Psicoterapia de Grupo e Psicodrama, p. 332

CATARSIS / ESPONTANEIDAD

Una de las consecuciones importantes de la teoría psicodramática es el desarrollo de la idea de catarsis. Breuer y Freud ignoraban las implicaciones psicoterapéuticas del medio dramático, a las que Aristóteles se había referido en "De Poética". Le tocó al psicodrama redescubrir y elaborar la idea de catarsis en su relación con la psicoterapia.
>Psicodrama, pp. 36-37
>Psychodrama, v. I, pp. 13-14
>Psicodrama (portugués), p. 63

(…) Yo descubrí que el principio común productor de la catarsis es la espontaneidad.
>Psicodrama, no hay
>Psychodrama, v. I, p. d
>Psicodrama (portugués), p. 20

CATARSIS / INTEGRACIÓN

(…) Cuando llega a encarnar los personajes que lo persiguen en sus alucinaciones, éstos pierden su poder y su fuerza mágica sobre ella; en cambio, desde ahora es él quien posee su poder. Su personalidad tiene ocasión de volver a encontrarse, de reunir los elementos que fuerzas insidiosas habían disociado, de integrarlos y de experimentar un sentimiento de poder y de liviandad, una catarsis de integración (diferente de la catarsis de abreacción).
>Fundamentos de la Sociometría, p. 78
>Who Shall Survive?, p. 85
>Quem Sobreviverá?, v. I, p. 186

Su propio Yo tiene oportunidad de encontrarse y volver a ordenarse, recomponer los elementos que fuerzas malévolas habían disociado, integrarlos en un todo y lograr así un sentimiento de poderío y alivio, una *catarsis de la integración*, una purificación mediante el complemento.
>Psicoterapia de Grupo y Psicodrama, p. 117
>Inglés, no hay
>Psicoterapia de Grupo e Psicodrama, p. 104

CATARSIS / INTELECTUAL ANALÍTICA *VERSUS* CATARSIS ESTRUCTURAL Y SOCIAL

Al tratamiento psicodramático precede siempre una entrevista en la que se investigan hasta sus orígenes los síndromes que podría proporcionar el material para la primera situación de *shock*. Ya en esta entrevista tiene lugar una especie de catarsis en el paciente, en gran parte a nivel intelectual. Este procedimiento es correlativo de todas las otras formas de psicoterapia que intentan curar mediante razonamientos lógicos y sugestiones (catarsis intelectual). Inmediatamente después de cada acción dramática se anima al paciente para que asocie libremente (catarsis psicoanalítica). (…) Muchas veces las tele-relaciones penetran hondamente en la trama psicológica de la comunidad. En tales casos hay que tener en cuenta a todos los individuos comprometidos en el tratamiento (catarsis social y de trama). Las catarsis intelectual, analítica y social desempeñarán así un papel en los diferentes estadios del proceso de *shock* psicodramático.
>Psicoterapia de Grupo y Psicodrama, pp. 348-349
>J. L. Moreno, "Psychodramatic Shock Therapy, a Sociome-

tric Approach of Mental Disorders", in Group Psychotherapy and Psychodrama, v. xxvii, n⁰ˢ 1-4, 1974, p. 6
Psicoterapia de Grupo e Psicodrama, p. 332

El método psicodramático suele clasificarse a menudo como un método catártico. Esto es falso. Es verdad que el efecto catártico de la abreacción forma parte también del proceso terapéutico. Pero lo decisivo es la integración sistemática de todo el proceso. El psicodrama consiste en escenas estructuradas, cada escena en papeles estructurados y cada papel en acciones estructuradas.
Psicoterapia de Grupo y Psicodrama, p. 368
Psychodrama, v. I, p. xii
Psicoterapia de Grupo e Psicodrama, p. 349

CATARSIS / MENTAL

(…) Hubieran percibido que en la situación psicodramática el paciente recibe las tres formas básicas de catarsis mental, la del autor – el creador y paciente del drama privado –, la del actor que lo anima, y la del público que co-experimenta los acontecimientos.
Psicodrama, p. 41
Psychodrama, v. I, p. 17
Psicodrama (portugués), p. 66

Ahora que describimos los cinco instrumentos básicos requeridos para conducir una sesión psicodramática, podemos formular la siguiente pregunta: ¿Con qué fin? Nos limitaremos aquí a la descripción de un único fenómeno: la catarsis mental (proveniente del griego, con el significado de purgación, purificación).
Psicodrama, no hay
Psychodrama, v. I, p. d
Psicodrama (portugués), pp. 19-20

(…) Las transformaciones producidas en Anna tanto como en su contorno pueden considerarse como el resultado de una catarsis mental realizada mediante una redestinación a otro grupo.
Fundamentos de la Sociometría, p. 345
Who Shall Survive?, p. 511
Quem Sobreviverá?, v. 3, p. 73

CATARSIS / ORIGEN

(…) A todos nos resultaba claro que aunque hubiésemos utilizado a los autores mismos de los desórdenes en persona en el escenario, el propósito de lograr su actuación no habría sido explorar las situaciones individuales y producir una catarsis individual, sino explorar las situaciones colectivas y producir una catarsis colectiva.
Psicomúsica y Sociodrama, p. 151
Psychodrama, v. I, p. 360
Psicodrama, p. 419

La catarsis, como concepto, fue introducida por Aristóteles. Él empleó el término para expresar el efecto peculiar ejercido por el teatro griego sobre los espectadores. En la *Poética*, afirmó que el teatro tiende a purificar a los espectadores, a excitar artísticamente ciertas emociones que actúan como una especie de alivio, o descarga de sus propias pasiones egoístas.
Psicodrama, no hay
Pychodrama, v. I, p. xiii
Psicodrama (portugués), p. 38

Hubo dos caminos que condujeron a la concepción psicodramática de la catarsis mental. Uno fue el que llegó del teatro griego al teatro convencional de hoy, implicando la aceptación universal del concepto aristotélico de catarsis. El otro camino partió de las religiones del Oriente y del Medio-Oriente. Esas religiones aseguraban que un santo, a fin de convertirse en un salvador, tenía que realizar

un esfuerzo; primero, tenía que realizarse y salvarse a si mismo.
> Psicodrama, no hay
> Psychodrama, v. I, p. xiv
> Psicodrama (portugués), pp. 38-39

(...) Todos los riachuelos de la catarsis parcial fluyen para la corriente principal de la catarsis de acción.
> Psicodrama, no hay
> Psychodrama, v. I, p. e
> Psicodrama (portugués), p. 20

CATARSIS / PASIVA *VERSUS* ACTIVA

(...) En otras palabras, en la situación griega, el proceso de catarsis mental era concebido como localizado en el espectador – una catarsis pasiva. En la situación religiosa, el proceso de catarsis fue localizado en el actor, haciendo de su vida real un escenario. Era una catarsis activa. (...) Esos dos desarrollos que, hasta aquí, seguían caminos independientes, fueron sintetizados por el concepto psicodramático de catarsis. De los antiguos griegos conservamos el drama y el escenario; de los hebreos aceptamos la catarsis del actor. El espectador se convirtió, él mismo, en un actor.
> Psicodrama, no hay
> Psychodrama, v. I, p. xiv
> Psicodrama (portugués), p. 39

(...) En el drama griego, en cambio, esta purificación espiritual era un proceso que tenía lugar en el espectador, era una "catarsis pasiva". En la experiencia religiosa, el proceso de purificación tenía lugar en el propio individuo; su propia vida se convertía en espectáculo público.
> Psicoterapia de Grupo y Psicodrama, p. 393
> Psychodrama, v. I, p. XIV
> Psicoterapia de Grupo e Psicodrama, p. 368

CATARSIS / PSICODRAMÁTICA

Desde el punto de vista histórico, hay dos caminos que llevan a la consideración psicodramática de la psicocatarsis a través de la representación de sí mismo. El primer camino conduce desde el drama griego al drama legítimo de hoy y al mismo tiempo al reconocimiento universal del concepto aristotélico de catarsis. El otro camino parte de las religiones del Oriente. En estas religiones, un santo, para convertirse en salvador, tiene que actuar, esto es realizar en su propia vida el ideal de la religión. En el drama griego, en cambio, esta purificación espiritual era un proceso que tenía lugar en el espectador, era una "catarsis pasiva". En la experiencia religiosa, el proceso de purificación tenía lugar en el propio individuo; su propia vida se convertía en espectáculo público. En el drama griego el proceso de realización era representado en escena por una figura simbólica. El actor no era idéntico al héroe, sólo lo representaba. En el protagonista religioso, el proceso tiene lugar subjetivamente, en la persona misma que busca la catarsis. Se enfrentan aquí la catarsis pasiva y la activa o la estética y la ética. De los antiguos griegos hemos conservado el drama y el escenario, mientras del Cercano Oriente hemos adoptado el principio de que la catarsis tiene lugar en el propio hombre concreto. Algunos profetas religiosos y santos han tenido el deseo de realizar un ideal. También ellos son, por decirlo así, autodramaturgos. María está emparentada con ellos; sólo que ella es un autodramaturgo "confundido".
> Psicoterapia de Grupo y Psicodrama, pp. 393-394
> Psychodrama, v. I, p. xiv
> Psicoterapia de Grupo e Psicodrama, p. 368

CATARSIS / PSICOTERAPIA DE GRUPO

Hay dos formas de catarsis: a) la catarsis de grupo y b) la catarsis de acción.

a) El grupo entero está incluido en el proceso de la catarsis de grupo. Es una catarsis a través de la integración. Resulta de la interacción benéfica entre los miembros del grupo. En oposición a ella se encuentra la catarsis individual obtenida mediante la abreacción lograda por un individuo por sí mismo y separado de los demás.

b) La catarsis de acción resulta de las acciones espontáneas de uno o varios miembros del grupo. Ocurre en todos los tipos de psicoterapia de grupo, aún en el de "discusión"; permanece sin estructura al nivel de la abreacción. (…)

>   Psicoterapia de Grupo y Psicodrama, pp. 85-86
>   Inglés, no hay
>   Psicoterapia de Grupo e Psicodrama, pp. 75-76

CATARSIS / SOCIODRAMA *VERSUS* PSICODRAMA

(…) El enfoque psicodramático se ocupa principalmente de problemas personales y apunta a la catarsis personal. En el procedimiento psicodramático se trata a cada sujeto ya sea cristiano, comunista, negro, judío, japonés o nazi, como a una persona específica, con su mundo privado. Su situación colectiva se considera únicamente en cuanto afecta su situación personal. Por lo tanto el mismo debe ser el actor principal dentro del procedimiento inherente al tratamiento. En el procedimiento sociodramático el sujeto no es una persona, sino un grupo. En consecuencia, no se considera un negro individual, sino a todos los negro, a todos los cristianos, a todos los judíos. (…) El protagonista que se encuentre en el escenario no estará animando a una *dramatis persona*, el resultado creador de la mente de un dramaturgo *individual*, sino una experiencia colectiva.

>   Psicomúsica y Sociodrama, pp. 159-160
>   Psychodrama, v. I, pp. 364-365
>   Psicodrama, pp. 424-425

CATARSIS / SOMÁTICA

La vieja idea de una catarsis somática ha sido revivida por los métodos psicodramáticos; ellos vuelven a llevar el cuerpo a la acción, consciente y sistemáticamente, como un centro de adiestramiento y reeducación respecto a todas sus funciones.

>   Psicodrama, p. 40
>   Psychodrama, v. I, p. 16
>   Psicodrama (portugués), p. 65

CATARSIS / TOTAL

Hay una cantidad de elementos que pueden producir una catarsis parcial. Pero mediante la integración sintética de todos los elementos, se puede obtener la catarsis total.

(…) Por lo tanto, mi objetivo ha sido definir la catarsis de tal manera que se pueda mostrar que todas las formas de influencia que ejercen un efecto catártico demostrable, son pasos positivos dentro de un solo proceso operativo.

>   Psicodrama, pp. 41-42
>   Psychodrama, v. I, pp. 17-18
>   Psicodrama (portugués), pp. 66-67

Entendemos aquí, bajo esta expresión, un proceso que acompaña a cada tipo de aprendizaje: consiste no sólo en encontrar el medio para resolver un conflicto, sino para realizar el yo; es un proceso que no sólo apacigua y descarga al sujeto, sino que también le suministra equilibrio y paz interior. No constituye una catarsis de abreacción, sino una *catarsis de integración*.

>   Fundamentos de la Sociometría, p. 367
>   Who Shall Survive?, p. 546
>   Quem Sobreviverá?, v. 3, p. 112

CIENCIA

CIENCIA/ CRÍTICA A LA

(…) Las ciencias sociales necesitan – por lo menos en sus dimensiones cruciales – de diferentes métodos de abordaje. La dificultad más grande de la ontología de la ciencia es el status de los "objetos de investigación". Este no es uniforme en todas las ciencias. (...) *¿Cómo son posibles las ciencias sociales?* Se descubrió que las ciencias sociales, como la psicología, sociología y antropología, exigen que sean concedidos a sus objetos "status de investigador", además de cierto grado de autoridad científica para aumentar su nivel, pasando de pseudo-disciplina objetiva para ciencia que opera en el más elevado grado de su dinámica material. Realiza este propósito al considerar a los objetos de investigación no apenas como objetos pero, también, como *actores investigadores*, no nada más como objetos de observación y manipulación, pero como *co-científicos* y *co-productores* del proyecto experimental que van a iniciar.

>Fundamentos de la Sociometría, no hay
>Who Shall Survive? pp. 63-64
>Quem Sobreviverá?, v. I, pp. 167-168

(...) Me decepcioné al descubrir que el método experimental clásico, desarrollado por Mill (Stuart Mill), era incompatible con los requisitos de sociedad humana en el *locus nascendi*.

>Fundamentos de la Sociometría, no hay
>Who Shall Survive?, p. 22
>Quem Sobreviverá?, v. I, p. 133

Si se las considera como etapas dialécticas de un método socioexperimental valedero, sus progresos son lentos pero seguros. En vez de apresurarse por verificar una hipótesis organizando de prisa dos grupos distintos – el grupo experimental y el grupo de control –, en vez de proceder a una pseudoexperiencia que solo daría pseudorresultados, se toma todo el tiempo necesario para pensar en su nueva situación. (...) Es mejor esperar el momento en que podrá ser seriamente validada, que dejarla en la incertidumbre, validándola prematuramente.

>Fundamentos de la Sociometría, p. 67
>Who Shall Survive?, p. 62
>Quem Sobreviverá?, v. I, p. 166

CIENCIA / ESPÍRITU MÁGICO

(...) El destino del espíritu científico fue la destrucción de la fe mágica y significó pagar por ello una pérdida de espontaneidad y fantasía y una filosofía de la vida disociada. Pero el círculo se volverá a Producir, por más que ya no podamos regresar al mundo encantado de nuestros antepasados. Crearemos una nueva magia a un nuevo nivel.

>Psicoterapia de Grupo y Psicodrama, pp. 254-255
>Psychodrama: Foundations of Psychotherapy, v. 2, pp. 154-155
>Psicoterapia de Grupo e Psicodrama, p. 237

CIENCIA / MÉTODO PSICODRAMÁTICO Y OBJETIVIDAD

Si consideramos que el investigador que trabaja con cuestionarios adopta la actitud *más objetiva* que se pueda concebir, el investigador que se identifica sucesivamente con cada uno de los sujetos que participan de la situación tiene, por el contrario, *la actitud más subjetiva* que sea posible adoptar. El profesional que actúa de esta manera puede obtener diferentes resultados terapéuticos, pero el método no permite que el investigador, como sería de desear, se convierta en un verdadero objeto de observación.

Un nuevo progreso es realizado por *el método psicodramático, situación que proporciona simultáneamente un conjunto de condiciones experimentales y terapéuticas.* Aquí el director del teatro está presente, pero no participa en la situación que va a ser explorada.

>Fundamentos de la Sociometría, p. 98
>Who Shall Survive?, p. 108
>Quem Sobreviverá?, v. I, p. 207

Esta historia clínica ha sido la primera en la literatura psicoterapéutica (1936), en la que el diálogo fue fijado sistemáticamente, palabra por palabra, en cinta magnetofónica. Este método de "objetivación" de las sesiones psicoterapéuticas fue una innovación fecunda, que ahora se emplea universalmente. Es interesante desde el punto de vista histórico recordar que el Teatro terapéutico de Beacon la inició.

>Psicoterapia de Grupo y Psicodrama, p. 281 (Notas)
>Inglés, no hay. Hay un contenido similar en "Psychorecording: Group Psychotherapy Theory and Practice", in Group Psychotherapy, n°s 2-3, v. iii, 1950, p. 150
>Psicoterapia de Grupo e Psicodrama, p. 267 (rodapé)

CIENCIA / MORENO / CIENTÍFICO

Aquí era posible examinar y realizar mediciones sobre la espontaneidad en un ambiente de la corrupción de la mediocridad, y la religión había encontrado un nuevo campo de prueba para sus creencias. Por haber sido educado en un ambiente científico, comencé a formular hipótesis y a desarrollar procedimientos para verificarlas y tests para la evaluación de la espontaneidad. Todo esto, no con el objetivo de la ciencia por sí misma, sino como paso preliminar y complementario hacia un teatro de la espontaneidad que había sus puertas a los cultores del genio inmediato y creador.

>El Teatro de la Espontaneidad, p. 31
>The Theater of Spontaneity, p. 6
>O Teatro da Espontaneidade, p. 19

La necesidad de un instrumento capaz de medir la duración de los estados de espontaneidad hizo ineludible – tanto por razones de investigación como con fines prácticos – un reloj de la espontaneidad. Como reloj de la espontaneidad utilizamos un cronómetro; también serviría cualquier otro instrumento para medir la duración, como ser el metrónomo.

>El Teatro de la Espontaneidad, p. 115
>The Theater of Spontaneity, p. 63
>O Teatro da Espontaneidade, p. 79

CIENCIA / NARCISISMO HUMANO

Son muchos los escritores que han señalado la constancia con que en los últimos siglos se ha visto herido el orgullo del hombre respecto de su situación en el cosmos. Copérnico demostró que la tierra no es el centro del universo, sino que se mueve alrededor del sol; no es más que un grano de polvo en el espacio infinito, gobernado por las mismas leyes físicas que rigen en el resto del mundo; con la teoría de Copérnico se hizo añicos la posición suprema del hombre en el cosmos. Darwin demostró que el hombre, en cuanto especie, forma parte de una evolución biológica, que es descendiente de un simio antropomorfo; y así se esfumó la idea de una creación especial del hombre. Marx demostró que la misma historia humana está determinada por movimientos de masas, por las clases económicas; (…) Mendel mostró que la concepción del soma individual está determinada por los genes. Freud demostró que la psiquis individual del hombre no se mueve de acuerdo con su voluntad, sino que es producto de impulsos inconscientes. Y, finalmente, la sociometría mostró, con el descubrimiento de las leyes microscópicas que gobiernan las relaciones humanas, que el hombre carece de libertad hasta en su propio hogar y en la misma sociedad producida por él.

>El Teatro de la Espontaneidad, pp. 39-40
>The Theater of Spontaneity, p. 11
>O Teatro da Espontaneidade, p. 24

CIENCIA / VALIDACIÓN CIENTÍFICA DE LA PSICOTERAPIA

(...) La convalidación en la práctica psicoterapéutica individual y en la grupal no es imperativa, en la medida en que no se tiene la pretensión de inferir generalizaciones válidas cualesquiera que sean los hechos registrados o la pretensión de que pueda predecirse, la conducta futura de los individuos participantes a partes de esos hechos. Lo que importa es que las experiencias terapéuticas sean válidas para los participantes mismos, en el momento de vivirlas. Una convalidación carecería, por cierto, de sentido para los participantes, ya que el valor de lo que ellos experimentan es autovidente. Pero la convalidación científica y la existencial no se excluyen mutuamente, pueden integrarse en un continuo.

Las Bases de la Psicoterapia, p. 344
Psychodrama: Foundations of Psychotherapy, v. 2, p. 216
Fundamentos del Psicodrama, p. 231

Hemos distinguido tres especies de valoración *estética*, la *existencial* y la *científica*.

1) En primer lugar tenemos la valoración *estética*. El psicodrama se ha desprendido del teatro y del drama literario, pero ha hecho hincapié en el influjo de los principios estéticos en la terapia y los ha desarrollado.

2) La valoración *existencial*. El psicodrama, a pesar de desarrollarse como una ciencia, nunca ha abandonado su arraigo existencial en la vida. Lo existencial es y seguirá siendo siempre uno de sus caracteres esenciales. Las creaciones en el encuentro aquí y ahora son únicas e inmediatas. *Las vivencias comunes de dos cónyuges o dos amigos no necesitan pruebas especiales ni valoración científica. Poseen para los interesados la suprema veracidad íntima y el supremo valor existencial.* Pero la valoración existencial no excluye a la científica. Estas dos formas se han vinculado muy eficazmente en la investigación sociométrica y psicodramática.

3) En tercer lugar tenemos la valoración *científica*. En una cultura dominada por la ciencia no puede florecer ninguna forma seria de psicoterapia que no intente ajustarse a las exigencias del método científico. El valor experimental de los métodos psicodramáticos de grupo se ha investigado ya con la máxima amplitud y se ha mostrado verificable.

Psicoterapia de Grupo y Psicodrama, p. 153
Inglés, no hay
Psicoterapia de Grupo e Psicodrama, p. 135

CINE

CINE Y PSICODRAMA (Ver también PELÍCULA TERAPÉUTICA)

CLASIFICACIÓN SOCIOMÉTRICA

(...) Nuestra clasificación intenta, ante todo, definir un individuo con *relación a los otros*, y en el caso de los grupos, *un grupo con relación a los otros*. Llamamos a esto clasificación sociométrica.

Fundamentos de la Sociometría, p. 169
Who Shall Survive?, p. 234
Quem Sobreviverá?, v. 2, p. 109

CLASIFICACIÓN SOCIOMÉTRICA / EXPRESIONES UTILIZADAS

Positivo o negativo: Positivo, el sujeto elige a otros sujetos; Negativo, el sujeto no elige a otros sujetos.

Aislado: El sujeto no es elegido por nadie y no elige a nadie.

Posición extravertida: El sujeto dirige la mayoría de sus elecciones hacia individuos de grupos distintos que el suyo.

Posición introvertida: El sujeto dirige la mayoría de sus elecciones hacia individuos que pertenecen a su propio grupo.

Atraído: El sujeto efectúa más de la mitad de las elecciones que le son permitidas.

Atrayente: El sujeto recibe más de la mitad de las elecciones permitidas. (Se agrega interior o exterior para indicar si las elecciones son efectuadas, respectivamente, en el interior o en el exterior del grupo del sujeto. Cuando esta indicación falta, significa que se quiere anotar el conjunto de las elecciones interiores y exteriores.)

Actitud de rechazo: El sujeto expresa más de la mitad de los rechazos permitidos.

Rechazado: El sujeto es objeto de más de la mitad de los rechazos permitidos.

Indiferencia: El sujeto es indiferente con respecto a los individuos que son atraídos por él o que lo rechazan.

> Fundamentos de la Sociometría, pp. 170-171
> Who Shall Survive?, p. 235
> Quem Sobreviverá?, v. 2, pp. 110-111

CLASOIDE

(…) Hay, además, amplias categorías sociodinámicas que son frecuentemente movilizadas en la acción política y revolucionaria: resultan de la interpenetración de los numerosos socioides y representan la contrapartida sociométrica de las "clases sociales", burguesía o proletariado; se los puede definir como estructuras sociométricas de clases sociales y designarlas bajo el nombre de "clasoides".

> Fundamentos de la Sociometría, p. 74
> Who Shall Survive?, p. 81
> Quem Sobreviverá?, v. 1, p. 187

COEFICIENTE

COEFICIENTE / CULTURAL

(…) Así como el test de inteligencia mide la edad mental de un individuo, el test de roles puede medir su *edad cultural*. La relación entre la edad cronológica y la edad cultural de un individuo puede ser denominada entonces su cociente cultural.

> Psicodrama, p. 223
> Psychodrama, v. I, pp. 161-162
> Psicodrama (portugués), p. 215

COEFICIENTE / ESPONTANEIDAD

(…) Quizá no cambiemos el nivel de inteligencia de un niño idiota, pero podemos darle mediante la educación de la espontaneidad una vida más plena en el nivel de su capacidad, y orientarlo para ello.

> Psicodrama, p. 186
> Psychodrama, v. I, p. 132
> Psicodrama (portugués), p. 184

Existe algo así como un talento para el trabajo espontáneo. Hay individuos cuya espontaneidad generalmente es superior a la de otros, tal como existen individuos con mayor talento sólo respecto de una actividad determinada. La espontaneidad con que cuenta un individuo cuando debe afrontar papeles y situaciones que le son totalmente desconocidas – en relacione con la magnitud de la espontaneidad demostrada por una gran cantidad de otros individuos al verse en situaciones igualmente desconocidas para ellos – constituye su coeficiente de espontaneidad. El coeficiente de espontaneidad de un individuo no responde necesariamente a su coeficiente de inteligencia. Hay muchos individuos de gran inteligencia que tienen un nivel bajo de espontaneidad general (aunque pueden ser considerablemente espontáneos en algún renglón en particular). Si lo comparamos con muchas de las restantes funciones mentales de estos individuos, como la inteligencia y la memoria, el sentido de la espontaneidad resulta estar mucho menos desarrollado. Tal vez esto se deba a que, en la civilización de conservas que hemos desarrollado, la espontaneidad se utiliza y se educa mucho menos que, por ejemplo, la inteligencia y la memoria. El sentido de la espontaneidad, en cuanto función cerebral, revela un desarrollo más rudimentario que cualquier otra de las funciones fundamentales del sistema nervioso central. Así se explica la sorprendente inferioridad en que se encuentra la gente al tener que enfrentar tácticas sorpresivas.

>El Teatro de la Espontaneidad, pp. 74-75
>The Theater of Spontaneity, pp. 39-40
>O Teatro da Espontaneidade, p. 54

COEFICIENTE / ESPONTANEIDAD / PELÍCULA

Hay dos etapas de una película cinematográfica: la presentación del filme ante el público – y de lo que estamos hablando aquí es del filme en el momento de su presentación – y la creación concreta del filme en otro lugar y en algún momento previo. Esta creación del filme corresponde a la producción y a la preparación del drama. La etapa de presentación del filme, lo que considerábamos como esencia del teatro, queda eliminada. Los actores de carne y hueso quedan borrados de la experiencia del espectador. Lo que queda es un cañamazo entretejido de jeroglíficos modernos en movimiento. Como sucede con el libro, en su condición de mercadería – cuando alguien lo lee – torna innecesaria la presencia de la persona viva del autor, también el filme suprime el proceso real que le dio existencia.

>El Teatro de la Espontaneidad, p. 99
>The Theater of Spontaneity, p. 54
>O Teatro da Espontaneidade, p. 69

COEFICIENTE / ESPONTANEIDAD / TEATRO

Así como hemos establecido una escala de espontaneidad y coeficientes de espontaneidad para el individuo, también nos ha parecido útil ordenar todas las formas y combinaciones de teatro en una escala que revela sus respectivos coeficientes de espontaneidad. Como prototipos de esta escala tenemos, en un extremo, el filme cinematográfico, y en el otro, el teatro de la espontaneidad. (…) En una escala de espontaneidad, el teatro de títeres se aleja unas centésimas del principio mecánico que tiene como modelo al filme. En el teatro de títeres ingresa, aunque mínimo, un coeficiente de espontaneidad. Este coeficiente de espontaneidad asoma con mayor amplitud en otras formas de teatro, por ejemplo en el drama convencional. Por más mecánica que tiendan a hacer a la obra los ensayos cuidadosos, la magnitud de la espontaneidad que destila será siempre mayor que en el teatro de títeres.

>El Teatro de la Espontaneidad, pp. 98-99
>The Theater of Spontaneity, pp. 53-54
>O Teatro da Espontaneidade, p. 69

COEFICIENTE / RACIAL

(…) Podemos deducir, de las interacciones afectivas de los miembros de un grupo y de su expansividad afectiva, la expresión de grupo que resultará, su punto de saturación afectiva, la expresión de grupo que resultará, su punto de saturación en lo que se refiere a un elemento racial heterogéneo, su cociente racial.

>Fundamentos de la Sociometría, p. 277
>Who Shall Survive?, p. 410
>Quem Sobreviverá?, v. 2, p. 260

COEFICIENTE / SOCIAL

Es posible calcular u cociente social para cada grupo, a partir de los porcentajes de interés de cada grupo hacia sí mismo y hacia los otros grupos, de la distribución de atracciones y rechazos en el interior tanto como en el exterior del grupo, del porcentaje de atracción ejercido por este grupo sobre otros, y diversos índices estadísticos.

> Fundamentos de la Sociometría, p. 187
> Who Shall Survive?, p. 254
> Quem Sobreviverá?, v. 2, p. 126

COHESIÓN GRUPAL

La cohesión de grupo se define como una función de la tele-estructura. Mediante un análisis de las elecciones realizadas y las elecciones de que se es objeto, y de aquellas que recaen sobre miembros del grupo o personas ajenas a él se puede estudiar la cohesión de fuerzas dentro del grupo.

> Psicoterapia de Grupo y Psicodrama, p. 50
> Inglés, no hay
> Psicoterapia de Grupo e Psicodrama, p. 46

(…) Existen varios indicios de que ocurrieron cambios sobresalientes en la cohesión del grupo: a) un número más grande de elecciones dirigidas a la familia de la cabaña; el interés se encuentra centralizado más en el grupo interno que en las personas de otros grupos; b) el número de rechazos mutuos cayó de 5 para 1; c) no hay individuos aislados; d) observamos que aumentó el número de estructuras superiores; hace, ahora dos triángulos en vez de uno; un cuadrado, cuando antes no había ninguno, y ninguna estrella de rechazo, cuando había uno en el sociograma anterior. Otra característica que encontramos fue la distribución de atracciones y de rechazos, en el grupo. Antes, había 58% de atracciones y 42% de rechazos; ahora, observamos 74% de atracciones y 26% de rechazos. Anteriormente, este grupo de cabaña fue clasificado como Agresivo para Dentro, ya que más de 50% de su población rechazaba a algún otro miembro del grupo. Después de su reconstrucción, esta agresividad interna se ablandó y apenas nueve miembros de la población rechazan a algún otro individuo.

Clasificación: La Organización Extrovertida y Centrífuga se convirtió en Organización Introvertida y Centrípeta.

> Fundamentos de la Sociometría, no hay
> Who Shall Survive?, p. 520
> Quem Sobreviverá?, v. 3, pp. 82-83

43. Mientras más grande sea la cohesión social, más pequeña será la predisposición a la situación perjudicial. Pelotones del ejército y grupos de trabajadores deberían organizarse según criterios sociométricos, de manera que disminuyan sus predisposiciones a situaciones nocivas.

> Fundamentos de la Sociometría, no hay
> Who Shall Survive?, p. 713
> Quem sobreviverá?, v. 3, pp. 205

CO-INCONSCIENTE (Ver también CONSCIENTE-INCONSCIENTE)

(…) Los estados co-conscientes y co-inconscientes son, por definición, aquellos que los participantes experimentaron y produjeron conjuntamente y que, por consiguiente, sólo pueden ser reproducidos o representados en conjunto. Un estado co-consciente o co-inconsciente no puede ser propiedad de un único individuo.

> Psicodrama, no hay
> Psychodrama, v l, p. vii
> Psicodrama (portugués), pp. 30-31

(…) ¿Puede jamás el material reprimido de A eslabonarse natural y directamente con el material inconsciente de B, a menos que los dos dispongan de un inconsciente común?

> Las Bases de la Psicoterapia, p. 87
> Psychodrama: Foundations of Psychotherapy, v. 2, p. 47
> Fundamentos del Psicodrama, p. 61

(…) Debemos o bien modificar el significado de inconsciente buscando una especie de "contrapunto", algo así como una clave musical que pueda poner en relación cada uno de los acontecimientos registrados en el Inc. De A con cada acontecimiento del Inc. De B o buscar conceptos estructurados de tal modo que el indicio de su existencia no provenga de la resistencias de una psiquis aislada, sino de una realidad aún más profunda, en la que estén entrelazados los inconscientes de varios individuos, un "co-inconsciente" (6).

>Las Bases de la Psicoterapia, p. 88
>Psychodrama: Foundations of Psychotherapy, v. 2, p. 48
>Fundamentos del Psicodrama, pp. 61-63

(…) Pero cuando dos o más personas están ligadas entre sí y el vivir juntos se les ha hecho necesario para su bienestar, y a menudo para su existencia, está indicado a menudo el tratarlos como un conjunto. Las personas que viven en estrecha simbiosis, como ocurre con la madre y su hijo, o con Philemon y Baucis, la famosa pareja del folklore friego, va originando, con el correr del tiempo, un contenido común, algo que podría denominarse un "co-inconsciente".

>Las Bases de la Psicoterapia, p. 91
>Psychodrama: Foundations of Psychotherapy, v. 2, p. 50
>Fundamentos del Psicodrama, p. 65

CO-INCOSCIENTE / CRÍTICA A JUNG

(…) Jung no aplica el inconsciente colectivo a las colectividades concretas en medio de las cuales vive la gente. Nada se gana con pasar de un inconsciente personal a otro de carácter colectivo si al hacerlo el apego a lo concreto, ya sea individual o de grupo.

>Las Bases de la Psicoterapia, pp. 89-90
>Psychodrama: Foundations of Psychotherapy, v. 2, p. 49
>Fundamentos del Psicodrama, pp. 63-64

COMA
COMA CLÍNICO / PSICODRAMA

Se ha ensayado en distintas formas poner al paciente en estado de coma, mediante medicamentos como la insulina, para someterlos después, antes o durante el coma, a un ensayo psicodramático. Con la ayuda de películas y cintas magnetofónicas, el paciente se ve así mismo en acción y oye su propia voz. A. Friedmann (Biel-Bienne, 1937) ha realizado experimentos semejantes con el coma clínico.

>Psicoterapia de Grupo y Psicodrama, p. 146
>Inglés, no hay
>Psicoterapia de Grupo e Psicodrama, p. 129

COMMEDIA DELL'ARTE
COMMEDIA DELL'ARTE / TEATRO ESPONTÁNEO

En el sentido estricto del drama espontáneo, los actores de la Commedia dell'Arte eran improvisadores, no actores espontáneos. (…) Los actores, a lo sumo, modificaban el diálogo que debían hacer encajar en situaciones hechas por encargo y que ellos no debían cambiar. En la Commedia dell'Arte, pues, la improvisación asumía una orientación preestablecida, mientras que el drama espontáneo debe ser creado sin sujeciones a las premisas hasta ese momento condicionantes: los tipos y roles, la interacción, las escenas y el diálogo.

>El Teatro de la Espontaneidad, p. 141
>The Theater of Spontaneity, p. 79
>O Teatro da Espontaneidade, p. 96

COMUNICACIÓN
COMUNICACIÓN / ACTO DE COMUNICACIÓN

En el proceso de adiestramiento gradual, uno de los problemas técnicos más importantes es el de hacer comenzar al sujeto. (…) El instructor, él mismo, caldeado para el estado y el rol, le revela al sujeto el papel que deberá representar. Este procedimiento en el cual el instructor transfiere al sujeto el papel y la posible forma que puede tomar, es llamado el Acto de Comunicación. El Acto de Comunicación tiene solamente el significado de proporcionar un "iniciador". El resto del procedimiento sigue siendo la libre expresión del sujeto.

Psicodrama, p. 190
Psychodrama, v. I, p. 136
Psicodrama (portugués), p. 188

COMUNICACIÓN / ESPONTÁNEA

La Comunicación Espontánea se propone la transferencia de estados de espontaneidad de una persona a otra.

Psicodrama, p. 189
Psychodrama, v. I, p. 136
Psicodrama (portugués), p. 188

CONCEPTO DE CULTURA

Este enfoque se funda sobre el principio que el *hombre tiene un rol que desempeñar*, que cada individuo se caracteriza por una cierta variedad de roles que rigen su comportamiento, y que cada cultura se caracteriza por una serie de roles que, con mayor o menor éxito, imponen a todos los miembros de la sociedad.

Fundamentos de la Sociometría, p. 81
Who Shall Survive?, p. 88
Quem Sobreviverá?, v. I, p. 189

CONCIENCIA SOCIOMÉTRICA

(…) Este status psicológico de los sujetos es lo que podemos denominar su *grado de conciencia sociométrica*.

Fundamentos de la Sociometría, p. 84
Who Shall Survive?, p. 94
Quem Sobreviverá?, v. I, p. 195

(…) Mientras la conciencia sociométrica de una población sea oscura, la distinción entre caracteres psicológicos y caracteres sociales de las poblaciones carece de todo valor. En realidad, si nos colocamos en el punto de vista de los métodos activos, puede ser extremamente peligroso insistir exageradamente sobre la pureza lógica de las definiciones; la excesiva importancia concedida a sistemas lógicos puede determinar un sentimiento ilusorio de seguridad y de control científico, que desalienta o demora el ejercicio de la acción.

Fundamentos de la Sociometría, pp. 101-102
Who Shall Survive?, p. 112
Quem Sobreviverá?, v. I, p. 210

CONCRECIÓN

La "concreción" del tiempo y el espacio está indicada cuando el protagonista coloca una cierta vivencia en un determinado lugar y en una determinada sucesión temporal.

Psicoterapia de Grupo y Psicodrama, p. 372
Inglés, no hay
Psicoterapia de Grupo e Psicodrama, p. 352

CONFIGURACIÓN SOCIOMÉTRICA

(…) Otra investigación de la cohesión del grupo consiste en el análisis de las configuraciones sociométricas. (…) El estudio sociométrico comparativo de grupo tanto normales como patológicos ha dado entre otros, los siguientes resultados: 1. Los grupos normales tienen un número relativamente alto de parejas. 2. La formación de parejas está estrechamente ligada a una buena adaptación emocional y a una personalidad armoniosa de los participantes. 3. Existe una estrecha relación entre popularidad social, adaptación social y cualidades caracterológicas positivas en los participantes. 4. Los individuos emocionalmente perturbados son rechazados con más frecuencia que los individuos neutrales del grupo. 5. Los criterios cambian con las culturas y las situaciones en las que se llevan a cabo los experimentos sociométricos. Es natural, por ejemplo, que en la cultura de los hopo los criterios sean distintos a aquellos en las culturas anglosajonas o alemanas y que dentro de una subcultura los criterios cambien en relación con las situaciones, digamos en un grupo militar, en una escuela, en una familia o en el taller. 6. El grado de enajenación recíproca de individuos esquizofrénicos en un grupo patológico es mayor que el de individuos normales en un grupo normal. Este síndrome de enajenación es muy agudo al iniciarse un grupo terapéutico de esquizofrénicos, pero en el curso del tratamiento desaparece paulatinamente.

>Psicoterapia de Grupo y Psicodrama, pp. 50-51
>Inglés, no hay
>Psicoterapia de Grupo e Psicodrama, p. 46

CONFLICTO

El conflicto y la tensión social aumentan en proporción directa a la diferencia sociodinámica entre la sociedad oficial y la matriz sociométrica.

>Fundamentos de la Sociometría, no hay
>Who Shall Survive?, p. 710
>Quem Sobreviverá?, v. 3, p. 201

CONSCIENTE – INCONSCIENTE (Ver también CO-INCONSCIENTE)

(…) En efecto, en lugar de oponer la conciencia (Cs) al preconsciente (Pcs) y el inconsciente (Inc) sería más productivo arriesgar una escalera tendida desde el Cs (el más alto grado de conciencia) al Pcs y al Inc, con numerosas etapas intermedias, hasta llegar al extremo de lo inconsciente.

>Las Bases de la Psicoterapia, pp. 89-90
>Psychodrama: Foundations of Psychotherapy, v. 2, pp. 48-49
>Fundamentos del Psicodrama, p. 63

CONSERVA

(…) "Conserva – dice Webster –, significa mantener en estado seguro o sano; preservar." Deriva del latín *con + servare*, que significa guardar. Hemos utilizado el término "conserva" como nombre precedido por el adjetivo "cultural".

>Psicomúsica y Sociodrama, p. 221
>Psychodrama, v. I, p. 123
>Psicodrama, p. 464

Es obvio que la historia de la conserva cultural dentro de la estructura mental y social del hombre – historia que data de miles de años atrás – constituye el obstáculo más grande para la infiltración de la espontaneidad en el patrón total de nuestra civilización de hoy.

>Psicomúsica y Sociodrama, pp. 223-224
>Psychodrama, v. I, p. 404
>Psicodrama, p. 465

CONSERVA / CULTURAL / ENERGÍA

En la teoría de la espontaneidad, la energía, en cuanto sistema organizado de fuerzas psíquicas, no ha sido enteramente abandonada. Reaparece en la forma de la conserva cultural. Pero en lugar de ser la fuente, de estar en el comienzo de todo proceso tal como el de la libido, está al final de un proceso, como producto terminal.

>Psicodrama, p. 133
>Psychodrama, v. I, p. 87
>Psicodrama (portugués), p. 137

CONSERVA / ESPONTANEIDAD

La espontaneidad y la conserva cultural no existen en forma pura, una es una función, un parásito de la otra.
>Psicodrama, p. 154
>Psychodrama, v. I, p. 105
>Psicodrama (portugués), p. 156

(...) La conserva cultural le rinde al individuo un servicio similar al que rinde como categoría histórica a la cultura en general – continuidad de la herencia – asegurando para él la preservación y la continuidad de su yo. Esto resulta de ayuda en cuanto el individuo viva en un mundo comparativamente estable; pero ¿qué hará cuando el mundo en torno suyo se encuentra en un cambio revolucionario y cuando la cualidad del cambio se está volviendo cada vez más una característica permanente del mundo en el cual participa aquél?
>Psicodrama, p. 155
>Psychodrama, v. I, p. 106
>Psicodrama (portugués), p. 157

(...) Así, una "conserva cultural" es la matriz, tecnológica u otra, en la que se coloca a una idea creadora para su preservación y repetición. En mis escritos me refiero a dos formas de conserva cultural: la conserva tecnológica, tal como los libros, las películas, los robots, y la conserva "humana", la conserva que utiliza como vehículo al organismo humano.
>Psicodrama, p. 175
>Psychodrama, v. I, p. 123
>Psicodrama (portugués), p. 175

El libro es el arquetipo de todas las conservas culturales, la conserva cultural por excelencia.
>Psicodrama, p. 157
>Psychodrama, v. I, p. 107
>Psicodrama (portugués), p. 158

(...) La conserva cultural es de tal modo una categoría confortadora.

(...) A nuestros antepasados les debe haber parecido mucho más útil y valioso emplear todas sus energías en la promoción de las conservas culturales y no confiar en las improvisaciones momentáneas en emergencias individuales y sociales. Las conservas culturales sirvieron a dos fines: fueron de ayuda en situaciones amenazantes y aseguraron la continuidad de una herencia cultural.
>Psicodrama, pp. 157-158
>Psychodrama, v. I, p. 108
>Psicodrama (portugués), p. 159

(...) Pero cuanto más se desarrollaron las conservas culturales – cuanto más ampliamente se distribuyeron, cuanto mayor se hizo su influencia, (...) más raramente sintió la gente necesidad de la inspiración momentánea. Así se debilitaron los componentes espontáneos de las mismas conservas culturales, y el desarrollo de la conserva cultural – aunque ella debía su mismo nacimiento a la operación de procesos espontáneos-comenzó a amenazar y a extinguir la chispa que estaba en su origen.
>Psicodrama, p. 158
>Psychodrama, v. I, p. 108
>Psicodrama (portugués), p. 159

(...) El problema era reemplazar un sistema de valores gastado y anticuado, la conserva cultural, por un nuevo sistema de valores más de acuerdo con las circunstancias de nuestra época, el complejo espontaneidad-creatividad.
>Psicodrama, p. 158
>Psychodrama, v. I, p. 108
>Psicodrama (portugués), p. 160

El hombre ha creado un mundo de cosas, las conservas culturales, para producir para sí mismo una imagen de Dios.
>Psicodrama, p. 164

Psychodrama, v. I, p. 113
Psicodrama (portugués), p. 165

(…) La espontaneidad y la conserva cultural son fenómenos tangibles y observables en la experiencia humana. Son conceptos correlacionados; uno es función del otro. No pueden lograrse ni la espontaneidad absoluta ni la conserva absoluta, pero se han manifestado como principios heurísticos útiles.
Psicomúsica y Sociodrama, p. 221
Psychodrama, v. I, p. 403
Psicodrama, p. 464

La lucha con los productos culturales conservados es profundamente característica de nuestra propia cultura; se expresa mediante diversas formas, dirigidas todas a escapar de aquellos. El esfuerzo por escapar del mundo de los productos conservados aparece como un intento de volver al paraíso perdido, al "primer" universo del hombre, al que se le ha superpuesto sustituyéndolo, paso a paso, el "segundo" universo en el cual vivimos como adultos en la actualidad. Es probable que todos los productos culturales conservados sean las proyecciones finales de las tremendas abstracciones que la mente conceptual del hombre desarrolló en su lucha por una existencia superior.
Psicomúsica y Sociodrama, p. 44
Psychodrama, v. I, pp. 295-296
Psicodrama, p. 352

CONSERVA / EUGENIA

Los utopistas de la eugenesia y del tecnicismo tienen una idea en común: reemplazar la lenta marcha de la naturaleza por un proceso más rápido. Una vez encerrado en un libro, el proceso creador está dado; puede ser eternamente recomenzado por cualquiera, sin que necesite de un nuevo esfuerzo creador. Cuando se inventa una máquina destinada a cierto tipo de trabajo, se puede producir un número prácticamente infinito de productos sin la intervención trabajosa del hombre. Cuando sea descubierta la fórmula milagrosa de la eugenesia resultaría una sociedad humana perfecta y uniforme desde su mismo nacimiento, semejante de un libro salido de la imprenta.
Fundamentos de la Sociometría, pp. 409-410
Who Shall Survive?, p. 598
Quem Sobreviverá?, v. 3, p. 166

(…) Probablemente la tecnología sea capaz de aumentar el confort de la humanidad y la eugenesia mejore su salud, pero ninguno de los dos puede decir qué tipo de hombre puede y debe sobrevivir.
Fundamentos de la Sociometría, p. 410
Who Shall Survive?, p. 598
Quem Sobreviverá?, v. 3, p. 166

CONSERVA / EXCESOS

Un exceso de la función dramática puede permitir que sobrevivan, prosperen y obstruyan el ascenso de los esfuerzos originales y creadores, conservas culturales y estereotipos sociales. Por otra parte, un exceso de la función creadora puede aparecer, en ciertos individuos y grupos, antes de estar establecido el medio dentro del cual las ideas e invenciones son una respuesta adecuada.
Psicodrama, p. 149
Psychodrama, v. I, p. 101
Psicodrama (portugués), p. 152

(…) Las estructuras psíquicas estereotipadas están construidas, en última instancia, con unidades de e, reemplazándolas y reduciéndolas.
Psicodrama, p. 150
Psychodrama, v. I, p. 102
Psicodrama (portugués), p. 153

CONSERVA / ROLES POPULARES

(...) En los primeros días de las civilizaciones nacionales, las diversas manifestaciones culturales – danza, música, drama, religión, costumbres – se improvisaron sobre la marcha, pero, una vez pasada la inspiración, el hombre se sintió mucho más fascinado por los productos de las creaciones acabadas, mucho más preocupado por conservarlos y estimar su valor, que por continuar creando nuevas obras. Creyó hallarse en alto grado de civilización porque se desinteresaba por el momento presente, con sus inseguridades y sus debilidades, porque buscaba ante todo salvaguardar sus riquezas culturales, eligiendo las mejores, admirándolas hasta la idolatría, y echando así las bases de nuestro tipo de civilización, una civilización de conservas.

Fundamentos de la Sociometría, pp. 372-373
Who Shall Survive?, p. 553
Quem Sobreviverá?, v. 3, p. 119

(...) El teatro para la espontaneidad corre el mismo peligro del que fue víctima la Commedia dell'Arte: cristalizarse en una serie de argumentos e interpretaciones fijas de los roles. Hemos observado tendencias de este género en roles populares como los del juez, el tonto, el rey, etcétera. Pero la verdadera forma de un arte del momento es la producción irrestricta de dramas espontáneos.

El Teatro de la Espontaneidad, p. 141
The Theater of Spontaneity, p. 79-80
O Teatro da Espontaneidade, p. 96

CONTRATRANSFERENCIA

(...) En realidad, no hay aquí tal "contra". La contratransferencia es una representación errónea: no es más que transferencia "en ambas direcciones", una situación de doble vía. La transferencia es un fenómeno interpersonal.

Las Bases de la Psicoterapia, p. 18
Psychodrama, v. 2, p. 5
Fundamentos del Psicodrama, p. 19

CORRIENTES

CORRIENTES / AFECTIVAS

(...) Estos diversos aspectos de la vida del establecimiento pueden incluirse bajo la expresión de *organización social de la colectividad*. Cualquiera que sea la "estructura social" de un grupo que habita el mismo pabellón es necesario analizar la función psicológica de cada uno de sus miembros y la "organización psicológica" del grupo tomado en conjunto.

Fundamentos de la Sociometría, p. 158
Who Shall Survive?, p. 220
Quem Sobreviverá?, v. 2, p. 98

CORRIENTES / PSICOLÓGICAS

Las corrientes psicológicas se hallan formadas por los sentimientos del grupo respecto de otro. La corriente no se manifiesta en cada individuo tomado aisladamente, en el sentido de que no se puede obtener la corriente psicológica que circula en un grupo mediante la suma del aporte de cada miembro de este grupo. (...) Pero todas estas contribuciones, por diversas que pudieran ser actúan espontánea y recíprocamente y, si tienen la misma dirección – es decir, se remiten al mismo criterio –, suscitan corrientes psicológicas. Al establecer el mapa psicogeográfico de los sentimientos experimentados por la población de Hudson, pudimos estudiar las variedades de las corrientes psicológicas.

Fundamentos de la Sociometría, pp. 288-289
Who Shall Survive?, p. 436
Quem Sobreviverá?, v. 2, p. 283

Podemos distinguir las corrientes psicológicas: 1) Según sus causas: a) corrientes sexuales, b) raciales, c) sociales, d) industriales, y e) culturales; y 2) Según el prinicipio de su formación: a) corrientes positivas y negativas, b) corrientes espontáneas y contracorrientes, c) corrientes primarias y secundarias, d) corrientes iniciales y terminales, y e) corrientes principales y corrientes laterales.

Fundamentos de la Sociometría, p. 290
Who Shall Survive?, p. 438
Quem Sobreviverá?, v. 2, p. 285

Las corrientes psicológicas no se hallan confinadas a los individuos; son proyectadas en el espacio, donde no se distribuyen caprichosamente, sino que son incluidas en estructuras y circulan de acuerdo con las rutas construidas por el hombre – familias, escuelas, fábricas, colectividades, etc.

Fundamentos de la Sociometría, p. 291
Who Shall Survive?, p. 440
Quem Sobreviverá?, v. 2, p. 286

COSMOS

De ahí que plantee la hipótesis de que el cosmos en devenir sea la primera y la última existencia y el *valor supremo*. Sólo él puede conferir sentido y significación a la vida de cualquier partícula del universo, sea el hombre o un protozoo. Tanto la ciencia como los métodos experimentales, si quieren aspirar a la verdad, deben ser aplicables a una teoría del cosmos.

Psicoterapia de Grupo y Psicodrama, p. 16
Inglés, no hay
Psicoterapia de Grupo e Psicodrama, p. 15

COSMOS / COSMOVISIÓN

Los nuevos valores son de naturaleza cosmodinámica. Las nuevas fuerzas vitales fluirán al hombre, de su vinculación con el cosmos. La guerra futura será la lucha por el cosmos y por la forma en que el hombre la convierta en una vivencia original. La nueva solución es un orden universal servicial, terapéutico.

Psicoterapia de Grupo y Psicodrama, p. 22
Inglés, no hay
Psicoterapia de Grupo e Psicodrama, p. 20

COSMOS / HOMBRE CÓSMICO

Al hombre se le llamó a menudo el animal creador de símbolos. Para algunos autores, esta condición sería la raíz de toda patología humana (Trigant Burrow). Otros la han considerado como su logro más grande (G. H. Mead y Korzybsky). Ambas posiciones son unilaterales. La aptitud de trascender el aquí y ahora mediante el uso de símbolos tiene que ser reemplazada por la aptitud de integrar los más remotos símbolos dentro del más inmediato aquí y ahora. Podemos considerar, por ello, tres frases en la evolución del hombre: 1) el aquí y ahora del animal; 2) el animal creador de símbolos que trascienden el aquí y ahora, y 3) la creatividad simbolizante integrada en el concreto aquí y ahora. Este nuevo hombre puede ser denominado el "hombre cósmico". Es tan realista como el animal y tan simbólico como el *homo sapiens*, pero es una síntesis de ambos.

Las Bases de la Psicoterapia, pp. 357-358
Psychodrama: Foundations of Psychotherapy, v. 2, p. 225
Fundamentos del Psicodrama, p. 239

CREATIVIDAD

CREATIVIDAD / CARACTERÍSTICAS DEL ACTO CREADOR

(…) Es posible reconstruir la situación de la capacidad creadora en un período anterior a esos productos conservados que dominan nuestra cultura. El hombre *"anterior a todo producto conservado"* (*"preconserve man"*), el hombre del primer universo no disponía de

notación musical con la cual proyectar las experiencias musicales de su espíritu, ni notación alfabética con la cual proyectar con la escritura sus palabras y sus pensamientos.
>   Psicomúsica y Sociodrama, pp. 42-43
>   Psychodrama, v. I, p. 295
>   Psicodrama, pp. 351-352

La primera propiedad del acto creador es la espontaneidad, la segundo propiedad es una sensación de sorpresa, de lo inesperado. La tercera propiedad es su irrealidad, que se dirige a la alteración de la realidad dentro de la cual surge; algo anterior y más allá de la realidad dada está operando en un acto creador. Mientras que un acto viviente es un elemento en el nexo causal del proceso vital de la persona real, el acto creador-espontáneo hace parecer como si por un momento se hubiera roto o eliminado ese nexo causal, (…) La cuarta propiedad del acto creador es que éste implica un actuar "sui generis". Durante el proceso de vivir, se actúa mucho más sobre nosotros de lo que nosotros actuamos. Es la diferencia entre una criatura y un creador.

Pero estos procesos no determinan meramente condiciones psíquicas; producen efectos miméticos. Paralelas a las tendencias que elevan ciertos procesos a la conciencia, existen otras que conducen a su encarnación mimética. Esta es la quinta propiedad del acto creador.
>   Psicodrama, pp. 68-69
>   Psychodrama, v. I, pp. 35-36
>   Psicodrama (portugués), pp. 84-85

(…) En este trabajo, y en investigaciones similares que hemos publicado, se considera a la espontaneidad y la creatividad fenómenos *primarios y positivos*, y no derivados de la libido o de algún otro impulso animal.
>   Psicodrama, p. 87
>   Psychodrama, v. I, p. 49
>   Psicodrama (portugués), p. 99

CREATIVIDAD / ESPONTANEIDAD
(Ver también ESPONTANEIDAD / CREATIVIDAD)

(…) En este trabajo, y en investigaciones similares que hemos publicado, se considera a la espontaneidad y la creatividad fenómenos *primarios y positivos*, y no derivados de la libido o de algún otro impulso animal.
>   Psicodrama, p. 87
>   Psychodrama, v. I, p. 49
>   Psicodrama (portugués), p. 99

(…) *La espontaneidad y la creatividad aparecen como perteneciendo a categorías diferentes; la creatividad pertenece a la categoría de la sustancia – es la archisustancia –, la espontaneidad a la categoría de los catalizadores – es el archicatalizador.*
>   Fundamentos de la Sociometría, p. 54
>   Who Shall Survive?, p. 40
>   Quem Sobreviverá?, v. I, p. 147

La espontaneidad y la creatividad no son procesos idénticos, y ni siquiera semejantes. Representan categorías diferentes, si bien se hallan vinculadas entre sí desde un punto de vista estratégico. Cuando se trata de un hombre determinado, su espontaneidad (factor e) puede ser diametralmente opuesta a su creatividad (factor c); dicho de otro modo, tal individuo puede poseer un alto grado de espontaneidad y ser incapaz de crear nada, puede ser un idiota espontáneo. Por el contrario otro individuo puede poseer un alto grado de creatividad pero hallarse desprovisto de toda espontaneidad; es un creador desarmado.
>   Fundamentos de la Sociometría, p. 53
>   Who Shall Survive?, p. 39
>   Quem Sobreviverá?, v. I, p. 147

CREATIVIDAD / FILOSOFÍA DEL ACTO CREADOR

Primero: tiene que interpretar y elaborar una filosofía de lo creador, como un correctivo anti-mecánico de nuestra época.

Segundo: enunciar las técnicas de improvisación ya conocidas, y ampliar el conocimiento de ellas mediante la colaboración.

Tercero: registrar las creaciones efectuadas con el auxilio de diversas técnicas de improvisación, siguiendo el impulso del momento.

Psicodrama, p. 63
Psychodrama, v. I, p. 31
Psicodrama (portugués), p. 80

CREATIVIDAD / SUBLIMACIÓN

(…) Pero hay conceptos como el de "creatividad espontánea" para los que no encontramos paralelo en el psicoanálisis o sólo uno insuficiente: la "sublimación".

Psicoterapia de Grupo y Psicodrama, p. 115
J. L. Moreno, "Hypnodrama and Psychodrama", in Group Psychotherapy, Beacon House, n° I, v. iii, April, 1950, p. 2
Psicoterapia de Grupo e Psicodrama, pp. 102-103

CREATOFLEXOS

El cuerpo del actor debe ser tan libre como sea posible, debe responder finamente a cada motivo de la mente y la imaginación. Debe tener el poder de ejecutar un número de movimientos tan grande como sea posible, y de ejecutarlos fácil y rápidamente. Sin duda, estos movimientos deben ser espontáneos, de modo que el actor no falle en una crisis. Puede muy bien suceder que se le ocurra a un actor una idea no acompañada por la menor insinuación de un gesto adecuado, y si no es ingenioso puede desbaratarse todo el acto. Para eliminar este peligro. a) se debe almacenar en el cuerpo una provisión tan grande de movimientos como puede adquirirla el actor, de modo que las ideas puedan apelar a ellos a medida que se presentan; b) se debe aprender a crear respuestas ("creatoflex").

Psicodrama, p. 78
Psychodrama, v. I, p. 44
Psicodrama (portugués), pp. 93-94

CREATURGIA *VERSUS* DRAMATURGIA

El objetivo de la "dramaturgia" consiste en desarrollar una ciencia a partir de esto, en captar las leyes que lo gobiernan. En cambio a la "creaturgia" no le interesan los hechos contenidos en el drama ni las leyes que se puedan deducir a partir de ellos. Lo que le preocupa es el drama de la creación en sí.

Mientras que la dramaturgia sigue al drama, la creaturgia debe funcionar contemporáneamente. En el alma del autor, las figuras de las *personae dramatis* van surgiendo una detrás de otra y hablan.

El Teatro de la Espontaneidad, p. 88
The Theater of Spontaneity, pp. 47-48
O Teatro da Espontaneidade, pp. 62-63

(…) Nuestro interés inmediato reside en el uso teatro creador, en el cual cada acontecimiento sucede sólo una vez, y nunca más.

Psicodrama, p. 74
Psychodrama, v. I, p. 40
Psicodrama (portugués), p. 90

La matriz del Teatro de la Improvisación es el alma del autor. Permitámonos la ilusión de que las figuras del drama que está allí en proceso de producción se han hacho visibles, audibles y tangibles. En esta ejecución ideal se cumplen todas las condiciones: el acto de creación es contemporáneo al de producción; hay una armonía entre situación y palabra.

Derivar de esto una ciencia, y buscar las leyes que la gobiernan, es el objeto de la "Dramaturgia". En cambio, la "Creaturgia" no se interesa por los sucesos contenidos en los dramas ni por las leyes que se puede extraer de ellos. Se interesa por el drama de creación en sí mismo.

>Psicodrama, p. 75
>Psychodrama, v. I, p. 41
>Psicodrama (portugués), pp. 90-91

CRISIS AMBICÉNTRICA

La primera representación espontánea de un tema es la más eficaz. Cuanto más veces es improvisado el mismo tema, más pobre y vacía se vuelve la ejecución, a pesar de la rutina que se desarrolla gradualmente. Y cuanto más a menudo es repetido el mismo tema, más retrocede la memoria del actor hacia condiciones paralelas anteriores; y cuanto más fuerte es esta memoria, más violentamente aparece la búsqueda de las palabras ya dichas y de los gestos ya efectuados, a consecuencia de la inercia psíquica.

(...) Están en curso dos tendencias simultáneas y opuestas, y cuanto más enérgicas son ellas, más desesperada es la crisis. Una tendencia es enfocada en el mismo estado por la memoria traidora. (La memoria del actor corresponde a las anotaciones del discurso preparado en el caso del orador que intenta en vano recordar lo que ha olvidado.) La segunda tendencia se dirige al material desconocido con el fin de hallar una escapatoria en las profundidades, o, en caso necesario, para encontrar una frase llamativa adecuada flotando cerca de la superficie, en el vano esfuerzo de crear algo nuevo. Se puede denominar a esta colisión la *crisis ambicéntrica*.

>Psicodrama, p. 206
>Psychodrama, v. I, p. 149
>Psicodrama (portugués), p. 202

CRITERIO
CRITERIO / ACCIÓN

(...) Un criterio de acción implica una situación diferente. Insita a los sujetos a liberar su espontaneidad por un nuevo camino. (...) Se puede tomar como ejemplo de la aplicación de un criterio de acción la organización sociométrica de un grupo de pioneros que quieren fundar una nueva colonia. Los pioneros son convocados a una gran reunión en la que el consejero sociométrico les pregunta, colectivamente: ustedes se preparan para instalarse en la nueva colonia. ¿A quien quiere tener como vecino? (...) Las personas tienden hacia un fin inmediato a favor del cual ya han liberado sus fuerzas espontáneas. Sus elecciones se refieren a objetos reales: no son ya simples deseos. (...) Las elecciones aparecen entonces como decisiones en vista de una acción.

>Fundamentos de la Sociometría, p. 89
>Who Shall Survive?, p. 99
>Quem Sobreviverá?, v. I, p. 199

CRITERIO DIAGNÓSTICO

Otra consideración que puede de ser útil sería cómo diferenciar los criterios diagnósticos y los de acción. Un ejemplo de criterio diagnóstico es "¿A quién invitarías a comer en tu casa?" Es específico, pero no le proporciona a los individuos la oportunidad de entrar inmediatamente en la acción (...) en otras palabras, el test resulta apenas en información, y no en acción.

>Fundamentos de la Sociometría, p. 89
>Who Shall Survive?, pp. 98-99
>Quem Sobreviverá?, v. I, p. 199

CRITERIO / SOCIOMÉTRICO

39. Un criterio relevante en determinada

cultura puede ser relativamente insignificante o totalmente inexistente, en otra.
> Fundamentos de la Sociometría, no hay
> Who Shall Survive?, p. 712
> Quem Sobreviverá?, v. 3, p. 204

Los criterios sociométricos son, en microsociología, lo que las normas y los modelos sociales en microsociología. (...) Lo que *suministra su fuerza propia a cada grupo definido sociométricamente es su criterio, es decir: el motivo o el móvil común que lleva a los individuos, en el mismo impulso espontáneo, hacia cierto fin*. (...) Y estas agrupaciones dan a la sociedad, bajo su forma oficial, captable por los sentidos, una infraestructura profundamente inconsciente y compleja. Resulta difícil descubrir esta estructura secreta, porque no aflora en la experiencia vivida inmediata y también porque interfiere con la otra estructura. Por momentos se puede advertir la emergencia de auténticas estructuras interpersonales; en otros momentos no se las puede descubrir ni aún mediante un largo estudio sociomicroscópico. (...) Los sociómetras se interesaron particularmente en los grupos formados bajo la influencia de criterios poderosos; los grupos oficiales, los grupos institucionales, fueron los primeros objetivos contemplados por la investigación sociométrica, y no hubo que lamentarlo: de esta manera se recogieron muchos resultados preciosos, analizando grupos de cohabitación, grupos de trabajo en común, grupos de trabajo escolar, grupos culturales.
> Fundamentos de la Sociometría, p. 87
> Who Shall Survive?, pp. 96-97
> Quem Sobreviverá?, v. I, p. 197

En nuestras investigaciones sociométricas, empleamos en primer lugar esos sistemas muy simples de valores sociales que hemos llamado "criterios sociométricos", normas en miniatura. Por ejemplo uno de los criterios de que nos hemos servido a menudo para el de "la vida en común." (...) Estos criterios son de una clase tan universal que pueden aplicarse a los grupos más diferentes por cultura, sexo, edad o raza: se los puede plantear a los miembros de una familia cristiana, de un harén, de una familia de indios jíbaros. (...) Hemos utilizado otros criterios, como el del "trabajo en común" y también el de las "visitas que hacen unos a otros." En todas las colectividades en las que hemos realizado investigaciones encontramos estos tres tipos de criterios. Existen otros que no tienen este alcance universal; por ejemplo, la caza, la pesca, el paseo en barco. (...) El número de criterios aumenta con la complejidad de la sociedad en que aparecen.
> Fundamentos de la Sociometría, p. 88
> Who Shall Survive?, p. 98
> Quem Sobreviverá?, v. I, p. 198

(...) Todos los criterios implican el mismo postulado implícito: a saber, que todos nuestros sujetos tienen un conocimiento vivido, sea su pasado, sea en su presente, de estos criterios; en lenguaje sociométrico, están en condiciones de "liberar su espontaneidad" en ocasión de estos criterios: sin ello, las preguntas no tendrían a sus ojos ningún sentido.
> Fundamentos de la Sociometría, p. 89
> Who Shall Survive?, pp. 98-99
> Quem Sobreviverá?, v. I, p. 199

CRÍTICA
CRÍTICA / ADLER

(...) El sistema de Adler comenzó con otra calamidad, la inferioridad de los órganos y los sentimientos de inferioridad. Rank fue otro que una vez más comenzó con calamidad, el trauma del nacimiento. Todas las recetas tera-

péuticas de esos tres sistemas fueron creados para superar la calamidad inicial que el actor encuentra.
> Fundamentos de la Sociometría, no hay
> Who Shall Survive?, p. lii
> Quem Sobreviverá?, v. I, p. 56

CRÍTICA / AL PSICOANÁLISIS / PSICOLOGÍA

(...) pero un examen más atento de la historia del psicoanálisis demuestra que el cambio fue precipitado – si no directamente causado – por una crisis producida en el campo "personal", en las relaciones entre el doctor Breuer, la señora Breuer y una de las pacientes del primero, la señorita Anna O., así como entre el doctor Breuer y el doctor Freud.

(...) Fue "transportado", más allá de la situación terapéutica, producieno una viciada situación en que se vieron envueltas esas cuatro personas. La paciente perdió a su analista (Breuer), Freud perdió un amigo y el psicoanálisis a su primer líder. La única persona que pudo ganar algo en todo esto fue la esposa de Breuer, que dio a luz un bebé.
> Las Bases de la Psicoterapia, pp. 158-159
> Psychodrama: Foundations of Psychotherapy, v. 2, p. 93
> Fundamentos del Psicodrama, p. 109

(...) es el "tamaño" mismo de la situación psicoanalítica lo que provoca la aparición de la neurosis de transferencia y resistencia, a causa de: a) el acondicionamiento físico, consistente en un diván y un médico sentado detrás del mismo; b) la irreal situación entre terapeuta y paciente (el paciente comparte una misma habitación con un observador que constantemente se abstiene de interactuar); c) la relación de una persona superior versus otra subordinada; d) la posición horizontal sobre el diván, de donde el paciente no puede levantarse, se relaciona en la mente de éste con dormir, sueño y sexo, con subordinación, retracción de la realidad y relación amorosa.
> Las Bases de la Psicoterapia, p. 157
> Psychodrama: Foundations of Psychotherapy, v. 2, p. 92
> Fundamentos del Psicodrama, p. 108

(...) Pensó probablemente que manteniendo al paciente menos comprometido, apartado de toda la complicada perturbación interpersonal – acostado en el sofá –, haría que el proceso fuera más objetivo y científico.
> Las Bases de la Psicoterapia, p. 156
> Psychodrama: Foundations of Psychotherapy, v. 2, p. 91
> Fundamentos del Psicodrama, p. 108

CRÍTICA / BERGSON

Bergson, al convertir en fetiche al *élan vital*, se fue al toro extremo. La negación total del determinismo es tan estéril como su total aceptación. Mientras que el determinismo psíquico de Freud no dejaba lugar alguno para el factor *e*, Bergson, por decirlo así, dejó tanto lugar a lo creador que todo lo que no fuera eso se convirtió en una deformación demoníaca. (...) mientras que Bergson hizo a su *élan vital* tan creador, siendo un instante tan creador como otro, que todos ellos se resolvían en una absoluta *durée* de creatividad, con el resultado de que no pudo adquirir significación propia una categoría del momento.
> Psicodrama, pp. 151-152
> Psychodrama, v. I, p. 103
> Psicodrama (portugués), p. 154

Bergson se aproximo al problema más que cualquiera de los filósofos modernos. Fue lo suficientemente sensible a la dinámica de la creatividad para postular que el tiempo es en sí mismo un cambio incesante, algo totalmente creador. Pero en ese esquema no había lugar para el momento en cuanto categoría revolucionaria, dado que cada partícula del

tiempo – "duración", como él lo llamaba – era creadora en cada uno de sus instantes, en cualquier caso.
> Psicodrama, p. 156
> Psychodrama, v. I, p. 106
> Psicodrama (portugués), p. 157

CRÍTICA / BERGSON / NIETZSCHE

La carencia de un concepto adecuado del momento ha arruinado todo intento de elaborar una teoría de la espontaneidad y la creatividad. Esto se manifiesta en la confusión de las obras de Nietzsche y Bergson, por ejemplo, cada vez que tuvieron que ocuparse de problemas relacionados con esto.

Los dioses y héroes que fueron la base de la teoría de los valores de Nietzsche fueron personas que vivieron al servicio de la conserva cultural, como Beethoven, Bach, Wagner y otros. Dado que sus consecuencias fueron "obras", esto es, conservas culturales de alto nivel, éstas se convirtieron en el marco de referencia de las valoraciones de Nietzsche.
> Psicodrama, pp. 154-155
> Psychodrama, v. I, p. 105
> Psicodrama (portugués), pp. 156-157

CRÍTICA / ESCENA REGRESIVA

(…) Actuar padrones regresivos ofrece ciertas ventajas a la actuación individual: relaja al paciente reduciendo al mínimo su relación con la complicada situación presente y él puede sustituir la respuesta esperada a la situación corriente por otra simple y, así, vivir con la mínima cantidad de espontaneidad. La resistencia es función de la espontaneidad, debido a la disminución o pérdida de la misma.
> Fundamentos de la Sociometría, no hay
> Who Shall Survive?, p. liv, Preludes
> Quem Sobreviverá?, v. I, p. 57

CRÍTICA / EXISTENCIALISMO

Así como Kierkegaard esbozó la figura del profeta, Nietzsche postuló el Superhombre, un objetivo que según él el hombre debía alcanzar. Uno y otro fueron románticos existencialistas. Encontraron representantes de su respectivo hombre ideal en el "pasado", Kierkegaard en Jesús
> Las Bases de la Psicoterapia, pp. 334-335.
> Psychodrama: Foundations of Psychotherapy, v. 2, p. 210
> Fundamentos del Psicodrama, p. 224

El moderno existencialismo intelectual podrá ser lo que se quiera, menos heroico. Se ha convertido en un lugar común. Su principal preocupación son los problemas filosóficos de la existencia, no el existir y la existencia mismos. Los hombres como Jaspers, Heidegger y Sartre son filósofos y psicólogos; el existencialismo heroico-socrático de Kierkegaard se ha convertido poco a poco en una especie de existencialismo intelectual de la clase media. Sus exponentes intelectualizan más de lo que hacen; Jaspers está más cerca de Dilthey y de Freud que de Kierkegaard. Heidegger está más cerca de Hegel y de Kant que de Sócrates y Cristo.
> Las Bases de la Psicoterapia, p. 339
> Psychodrama, v. 2, p. 213
> Fundamentos del Psicodrama, p. 227

CRÍTICA / FEEDBACK

(…) Es un contrasentido aplicar a las relaciones humanas espontáneas términos que designan simples fenómenos mecánicos. Sustituir el proceso de espontaneidad viviente por un mecanismo de retroactividad implica una simplificación abusiva: los teóricos podrían invocar, en este aspecto, un "subterfugio verbal para huir de la realidad."
> Fundamentos de la Sociometría, p. 418

Who Shall Survive?, p. 607
Quem Sobreviverá?, v. 3, p. 176

CRÍTICA / FREUD

"Bueno, doctor Freud, yo comienzo donde usted deja las cosas. Usted ve a la gente en el ambiente artificial de su consultorio, yo la veo en la calle y en su casa, en su contorno natural. Usted analiza sus sueños. Yo trato de darles el valor de soñar nuevamente."
Psicodrama, p. 27
Psychodrama, v. I, pp. 5-6
Psicodrama (portugués), p. 54

(...) Freud fue un gran científico, sin embargo, un poeta mediocre.
Fundamentos de la Sociometría, no hay
Sho Shall Survive?, p IV, Preludes
Quem Sobreviverá, v. I, p. 58, Prelúdios

4) Parece ser que Freud no vio con claridad, o no hizo ver debidamente a los pacientes, el pleno significado de la técnica del diván en la situación terapéutica. *Dejó que permanecieran inconscientes ciertos hechos que hubiera sido mejor traer a la conciencia, a la vez que trató de hacer conscientes otras que hubiera convenido más que quedaran inconscientes.*
Las Bases de la Psicoterapia, pp. 173-174
Psychodrama: Foundations of Psychotherapy, v. 2, p. 102
Fundamentos del Psicodrama, p. 119

CRÍTICA / FREUD / DETERMINISMO PSICOLÓGICO

Hipótesis II: el motivo del abandono de la técnica hipnótica por la de la asociación libre fue la inferioridad de la primera como método de investigación y el temor de Freud al *acting out*. Tuvo miedo a las implicaciones del *acting out* sexual y homicida inherente a la situación creada. Resulta divertido pensar que quien descubrió la importancia de lo sexual se detuvo en cierto momento ante el temor a las consecuencias de lo que habría descubierto. Es evidente que Freud sintió desagrado por la técnica hipnótica. La actuación del paciente, durante la sesión y después de ella, era más difícil de controlar y, además, no le gustaba el papel de actor hipnotizador.
Las Bases de la Psicoterapia, p. 159
Psychodrama: Foundations of Psychotherapy, v. 2, p. 93
Fundamentos del Psicodrama, pp. 109-110

El ámbito dentro del cual se desarrolla un aprendizaje simboliza el tipo de aprendizaje del que se trata: tal es el caso del diván psicoanalítico. El paciente debe tenderse pasivamente en una posición horizontal. Si quiere tener una posición más elevada o más baja debe modificar la disposición de su lecho y la inclinación del colchón y la almohada. Si quiere enderezarse sobre sus pies, con toda seguridad necesitará un diván de superficie resistente, tal vez un diván de madera, y, finalmente si quiere desplazarse con toda libertad, a lo largo a lo ancho, necesita varios espacios y un extenso campo de acción. Para responder a esta necesidad se planteó un nuevo ámbito para el aprendizaje: el viejo diván psicoanalítico se relegó en beneficio del teatro de la espontaneidad.
Fundamentos de la Sociometría, p. 365
Who Shall Survive?, pp. 543-544
Quem Sobreviverá?, v. 3, p. 109

(...) Resulta entonces evidente que las frecuencias calculadas por el sociólogo sólo constituyen un reflejo superficial de estructuras profundas registradas por las poblaciones; que los resultados de la psicología colectiva – como, por ejemplo, la pérdida de individualidad en las acciones de masa – sólo constitu-

yen descripciones impresionistas, representan procesos colectivos tal como los entiende un observador externo y no como los viven quienes participan con ellos; finalmente, el hecho de interpretar estos mismo procesos acudiendo a caracteres observados en individuos (histeria, neurosis, complejo de Edipo, etc.), aparece como una generalización y una simbolización ilegítimas.
Fundamentos de la Sociometría, p. 211
Who Shall Survive?, p. 314
Quem Sobreviverá?, v. 2, p. 180

Freud trabajó con dos "recipientes", lo consciente y lo inconsciente. Si no podía extraer determinantes de uno de ellos, podía extraer determinantes de uno de ellos, podía sacarlos de la otra fuente. Pero se puede llevar demasiado lejos al principio del determinismo psíquico cuando se lo considera ininterrumpido y absoluto, como sugiere Freud en su *Psicopatología de la vida cotidiana*, de la que tomamos las citas mencionadas. Se convierte en un fetiche. El deseo de hallar determinantes para cada experiencia y para estos determinantes otros determinantes.
Psicodrama, p. 151
Psychodrama, v. I, p. 102
Psicodrama (portugués), pp. 153-154

(...) El vehículo psicoanalítico era el diván. Ya anticuado, fue trasformado en escenario multidimensional, cediendo espacio y libertad a la espontaneidad; libertad al cuerpo y al contacto corporal, libertad al movimiento, acción e interacción. La asociación libre fue substituida por la producción psicodramática y la participación de la audiencia, por la dinámica de acción y dinámica de los grupos y masas. Con tales cambios en la investigación y en la operación terapéutica, la estructura conceptual psicoanalítica – sexualidad, inconsciente, transferencia, resistencia y sublimación – fue substituida por otra nueva, psicodramática y sociodinámica – espontaneidad, proceso de caldeamiento, tele, dinámica de interacción y creatividad. Estas trasformaciones del vehículo, forma y conceptos, entretanto, trascendieron, pero no eliminaron la parte útil de la contribución psicoanalítica. El diván todavía está en el escenario – que es como un múltiplo de divanes de muchas dimensiones: altura, anchura y profundidad – la sexualidad todavía se encuentra en la espontaneidad; el inconsciente, en el proceso de caldeamiento; la transferencia, en la tele. Hay un fenómeno, productividad-creatividad, para el cual el psicoanálisis no nos ofreció correspondiente.
Fundamentos de la Sociometría, no hay
Who Shall Survive?, pp. 119-120
Quem Sobreviverá?, v. I, p. 217

(...) Pero, como no existe un estudio científico realizado sobre el gran emancipador americano durante su vida, no se justifica cualquier tentativa de análisis de su personalidad, partiendo de lo que es relatado por desconocedores sobre su persona.
Fundamentos de la Sociometría, no hay
Who Shall Survive?, p. xlv, Preludes
Quem Sobreviverá?, v. I, p. 49

CRÍTICA / FREUD / PSICOANÁLISIS / PSICOLOGÍA

(...) La situación psicoanalítica es una relación paciente-médico, reviste la forma de la entrevista verbal; la verdadera sustancia de la vida, las situaciones mismas y los conflictos, cuando y tal como ocurren, quedan fuera de la misma.
Psicomúsica y Sociodrama, p. 218
Psychodrama, v. I, p. 401
Psicodrama, p. 462

No es muy correcto decir que el psicoanálisis es un diálogo entro dos personas. Sería más justo decir que es un monólogo, que se sostiene en la presencia de un intérprete.
> Psicodrama, no hay
> Psychodrama, v. I, p. xiii, Introduction to 3rd Edition
> Psicodrama (português), p. 37, Introdução à 3ª edição

Mi crítica no se dirige al científico Freud, sino al Freud metafísico, edificador de sistemas. Aunque haya asegurado, diversas veces, a sus contemporáneos que el "psicoanálisis no es un sistema", el hecho es que de todos modos él lo edificó y sus discípulos lo transformaron en un baluarte de fuerza y seguridad para dar continuidad a la identidad del movimiento.
> Fundamentos de la Sociometría, no hay
> Who Shall Survive?, p. li, Preludes
> Quem Sobreviverá?, v. I, p. 55, Prelúdios

(…) Los tests psicométricos y el psicoanálisis, aplicados al estudio del niño y del adolescente, presentan sin embargo un punto en común: sumergen al sujeto en un estado de pasividad, debe obedecer a la consigna dada y la situación que se le impone no responde a ninguno de sus deseos. Es por esto que suele tomar una tensa actitud de reserva y sospechas frente al experimentador, ¿quién puede suponer alguna segunda intención cuando lo somete a la prueba? La situación que se le presenta es anormal, cualesquiera sean el interés y la importancia de las relaciones logradas mediante los test psicométricos y el psicoanálisis. (…) La ventaja del test sociométrico y del test de espontaneidad radica en que sustituye las situaciones artificiales del psicoanálisis y de los tests de inteligencia del tipo Binet por situaciones naturales que se presentan en la vida corriente.
> Fundamentos de la Sociometría, p. 95
> Who Shall Survive?, pp. 105-106
> Quem Sobreviverá?, v. I, p. 205

(…) Freud ha fallado en dos aspectos, primero por el rechazo de la religión. (…) Segundo, por su indiferencia hacia los movimientos sociales como el socialismo y el comunismo.
> Psicodrama, pp. 29-30
> Psychodrama, v. I, p. 8
> Psicodrama (português), pp. 56-57

CRÍTICA / FREUD / PSICOANÁLISIS SALVAJE

(…) Fue el error del psicoanálisis no comprender los procesos que ocurren en los artistas como fenómenos específicos del yo creador, derivando en cambio sus formas y materiales, más o menos exclusivamente, de la historia biológica o sexual de la persona privada de aquél (complejos).
> Psicodrama, p. 69
> Psychodrama, v. I, p. 36
> Psicodrama (português), p. 85

(…) Pero, como no hay estudio científico realizado sobre el gran emancipador americano durante su vida, no se justifica cualquier tentativa de análisis de su personalidad, partiendo de lo que es relatado por desconocedores sobre su persona.
> Fundamentos de la Sociometría, no hay
> Who Shall Survive?, p. xlv, Preludes
> Quem Sobreviverá?, v. I, p. 49, Prelúdios

(…) El psicoanálisis, sin embargo, se adjudica el privilegio de haber adicionado el elemento inédito de ser capaz de penetrar en la dinámica íntima de un héroe muerto a través del uso de los fenómenos registrados de su vida, como indicios. Es obvio que, inclusive en el sentido estrictamente psicoanalítico, el análisis de la persona muerta es más simbólico que real. De acuerdo con los dogmas psicoanalíticos, un análisis real no es posible sin el mecanismo de la "transferencia" y "resistencia" del sujeto. Ni la transferencia ni la resistencia pueden ser esperadas de una persona muerta.

> Fundamentos de la Sociometría, no hay
> Who Shall Survive?, p. xlvi, Preludes
> Quem Sobreviverá?, v. I, p. 50, Prelúdios

De la misma manera, habría sido más interesante descubrir por qué Freud escogió a Moisés, y analizar a Freud por su propia relación con Moisés en vez de seguirlo en su análisis. Fue del análisis del psicoanalista *in situ*, cuando se involucra en el proceso de analizar a alguien ya muerto, que una de las más importantes contribuciones de la teoría *Psicodramática* se desarrolló – hacer subjetivo al investigador aparentemente objetivo.

> Fundamentos de la Sociometría, no hay
> Who Shall Survive?, p. xlvi, Preludes
> Quem Sobreviverá?, v. I, pp. 50-51, Prelúdio

CRÍTICA / FREUD / PSICOANÁLISIS / TÉCNICAS LÚDICAS EN LA INFANCIA

Visualicé al curandero como protagonista espontáneo-creativo en mi grupo. Mi concepto de médico como curandero era bien diferente del concepto de ellos. Para mí, las personas como Jesús, Buda, Sócrates y Gandhi eran médicos y curanderos; para Freud eran probablemente pacientes. (…) Era el conflicto entre los métodos de terapia "*analíticos*" y "*operacionales*". No sé si Freud alguna vez estudió mi trabajo o si lo considera serio, ya que había una enorme distancia entre nosotros. Recuerdo que diez años más tarde, durante el invierno de 1923, cuando la abertura del Stegreiftheater causó gran sensación en Viena, el Dr. Theodor Reik, que había sido secretario del Dr. Freud, me dijo que le mostraría mi libro a él. No sé se llegó a hacerlo, tampoco cuál fue su reacción. De algo estoy seguro: la resistencia que Freud tenía a "actuar" fue un bloqueo en el progreso de la psicoterapia. Él no sólo temía la actuación del paciente, sino temía, más todavía, las consecuencias de su *propia* actuación. Un análisis de Freud podría haber relevado que su separación de Breuer no se dio apenas por la aversión de Breuer al sexo, como Freud relata, sino, también, por su aversión de tener que actuar en el rol de hipnotizador en transe hipnótico. Y fue el mismo complejo que lo dejó crítico y dudoso con relación a la espontaneidad y al juego de niños; observarlos y analizarlos, sí: jugar y actuar con ellos, no.

(…) Es importante recordar que *estos fueron los mayores obstáculos para la aplicación del principio lúdico a la terapia en la década crucial de 1914 y 1924*. Recordemos también, que vinculado a ese tema, existe el hecho de que Anna Freud y Melanie Klein publicaron sus trabajos sobre técnicas lúdicas mucho más tarde, después que hube establecido un clima receptivo.

> Fundamentos de la Sociometría, no hay
> Who Shall Survive?, p. xxviii, Preludes
> Quem Sobreviverá?, v. I, p. 34, Prelúdios

CRÍTICA / FREUD / SEXUALIDAD

(…) *Sin embargo, Freud, en vez de asociar el sexo con "espontaneidad", lo asoció con la ansiedad, inseguridad, ab-reacción, frustración y substitución*. Su sistema demuestra fuerte inclinación para lo negativo y la negación, tendencia que, con el pasar de los años, se fortaleció en él. (…) Dedicó su atención no al actor sexual y su calentamiento para llegar al orgasmo, ni a la relación sexual y la interacción de la pareja en su desdoblamiento positivo, sino a los fracasos del sexo, sus desvíos y cambios, a su patología y no a su normalidad.

> Fundamentos de la Sociometría, no hay

> Who Shall Survive?, p. lii, Preludes
> Quem Sobreviverá?, v. I, p. 55, Prelúdios

(...) Freud miró al hombre desde abajo, lo vio de "cabezas" y, desde esa posición, lo que vio primero fueron sus nalgas y sus órganos sexuales.

> Fundamentos de la Sociometría, no hay
> Who Shall Survive?, p. liii, Preludes
> Quem Sobreviverá?, v. I, p. 56, Prelúdios

(...) Mientras el sistema psicoanalítico estaba condenado desde el principio, las técnicas psicoanalíticas eran, desde su creación, vigorosas e imbatibles. Lo que ocurrió desde entonces es que nuevos instrumentos, como la sociometría, el psicodrama y la psicoterapia de grupo, desvendaron nuevas áreas de investigación, volviendo anticuado al método freudiano y acoplando sus descubrimientos a otros más amplios.

> Fundamentos de la Sociometría, no hay
> Who Shall Survive?, p. liv, Preludes
> Quem Sobreviverá?, v. I, p. 57, Prelúdios

(...) La libido, en el sistema sociométrico, sería una forma inferior de creatividad; el inconsciente, subproducto del proceso de caldeamiento. El diván psicoanalítico se convirtió en un mueble más en el campo sociodinámico del escenario psicodramático. La asociación libre es accesorio limitado y, a veces, artificial, de la actuación. La actuación espontánea es función universal del comportamiento humano, secuela de la necesidad que el bebé tiene de actuar. Ésta, que era vista por Freud como señal de resistencia y fenómeno prohibido en el diván, se convirtió en una de las herramientas fundamentales de la interacción terapéutica.

> Fundamentos de la Sociometría, no hay
> Who Shall Survive?, p. liv, Preludes
> Quem Sobreviverá?, v. I, p. 57, Prelúdios

(...) La conclusión es que por detrás del modelo de determinismo psíquico está el miedo del analista de ser puesto en la posición de actuar sobre el paciente y de sufrir sus influencias. Es un mecanismo seguro contra el amor y la agresividad manifiestos. La dificultad está, por supuesto, en el hecho de que la propia vida ha sido desterrada de la clínica y el proceso de tratamiento se convirtió en una forma de shadowboxing.

> Fundamentos de la Sociometría, no hay
> Who Shall Survive?, p. liv, Preludes
> Quem Sobreviverá?, v. 3, p. 57, Prelúdios

(...) De la misma forma que cerró los ojos para el verdadero significado de espontaneidad y creatividad, no vio que la libido ocupa apenas una pequeña parte de un todo y que el universo humano y no-humano está repleto de continua creatividad "pre-libidinal" y "extra-libidinal". Las fuerzas espontáneo-creativas son más universales y más antiguas que la libido. Es truísmo que en parte el universo es mantenido por sistemas de repetición y órganos de reproducción, pero estos no siempre están vinculados a órganos sexuales.

> Fundamentos de la Sociometría, no hay
> Who Shall Survive?, p. lv, Preludes
> Quem Sobreviverá?, v. I, p. 58, Prelúdios

CRÍTICA / HERBERT G. MEAD

(...) Para Herbert G. Mead el yo ("Self" = yo, persona), y una sociedad de yos, están dominados por el lenguaje. También el enfoque exploratorio de Freud estaba dominado por el lenguaje. (...) Ambos descuidaron el desarrollo pre-semático y a-semático de la psiquis y del grupo.

> Psicodrama, pp. 217-218
> Psychodrama, v. I, p. 157
> Psicodrama (portugués), p. 210

CRÍTICA / JUNG

Jung no aplica el inconsciente colectivo a las colectividades concretas en medio de las cuales vive la gente. Nada se gana con pasar de un inconsciente personal a otro de carácter colectivo si al hacerlo el apego a lo concreto, ya sea individual o de grupo, se ve disminuido.

Las Bases de la Psicoterapia, pp. 89-90
Psychodrama: Foundations of Psychotherapy, v. 2, p. 49
Fundamentos del Psicodrama, pp. 63-64

CRÍTICA / MARX

Al reducir su análisis de mercancía y producción al papel desempeñado por la mano de obra, Marx se olvidó, tal vez inconscientemente, de las fuerzas ocultas sin las cuales el proceso de trabajo en sí no podría ser realizado. Tanto la visión capitalista como la marxista, con relación al proceso de trabajo, son derivaciones y funciones del sistema más universal de economía creativa.

Fundamentos de la Sociometría, no hay
Who Shall Survive?, p. 59
Quem Sobreviverá?, v. I, p. 164

(...) Sistemas como el marxismo u otros análogos, que sueñan con reorganizar las relaciones humanas en todo el mundo, han sido analizados y se han esclarecido las causas de su fracaso. Parece indudable que este fracaso se debe a un conocimiento insuficiente de la estructura de la sociedad humana tal como existía en el momento de la empresa marxista. Un conocimiento parcial no es suficiente: se debe conocer la estructura total.

Fundamentos de la Sociometría, pp. 103-104
Who Shall Survive?, p. 122
Quem Sobreviverá?, v. I, pp. 218-219

Una quinta corriente ideológica, surgida del análisis económico de la sociedad, consideró su planificación a la luz del materialismo dialéctico (Marx). Esta idea de planificación económica y social constituyó un indiscutible progreso; pero, implícitamente, la teoría marxista sólo admitía como base lo colectivo y la pertenencia simbólica a lo colectivo. Tendía a buscar la explicación del mundo social rehusándose a considerar al individuo como un ser dotado de energía psicológica y a la sociedad como realidad compleja, móvil, continuamente atravesada por corrientes psicológicas y constituidas por las redes que forman estas corrientes. Digámoslo mejor: esta concepción prestaba tan poca atención al factor psicológico, que llegó a abstraerlo o a desnaturalizarlo por completo sin prever las desastrosas consecuencias de semejante interpretación. En efecto, a medida que la teoría marxista tomaba mayor importancia y ejercía una creciente influencia sobre el hombre y la sociedad, se produjeron malestares curiosos cuya causa quedaba ignorada.

Fundamentos de la Sociometría, p. 46
Who Shall Survive?, p. 11
Quem Sobreviverá?, v. I, p. 123

CRÍTICA / MONTESSORI

Como lo han demostrado nuestros estudios, carece de valor una totalconfianza en la sabia guía de la naturaleza, sin la invención de una técnica especial del momento para conservar permanentemente la espontaneidad. El error de Rousseau ha extraviado también a sus seguidores, Froebel, Montessori, y otros, que, influidos por las doctrinas de aquél, defendieron los derechos particulares del niño, y se propusieron fomentar y predicar la espontaneidad.

Psicodrama, p. 202
Psychodrama, v. I, p. 146
Psicodrama (portugués), pp. 198-199

CRÍTICA RADIO

(...) Si pasamos revista a los últimos veinte años de radio, veremos que todo el campo, salvo raras excepciones, se halla prácticamente controlado por la conserva.

Psicomúsica y Sociodrama, p. 223
Psychodrama, v. I, p. 404
Psicodrama, p. 465

CRÍTICA / ROUSSEAU

Se asocia comúnmente el nombre de Rousseau al cambio en la teoría educacional efectuado durante el siglo último. Su llamado para volver a la naturaleza ha sido ciertamente un estímulo para la revaluación de los instintos humanos, pero pese a ello, su fe en la orientación de los niños por la naturaleza demostró ser más reaccionaria que progresista. Si se deja abandonados a su "cruda" espontaneidad a los instintos humanos, el resultado de los procesos no será la espontaneidad sino lo contrario, el producto terminado, organizado. La ley de la inercia someterá al espontáneo comienzo de la naturaleza, e intentará aliviarla de los continuos esfuerzos para el establecimiento y conservación de pautas.

Psicodrama, pp. 201-202
Psychodrama, v. I, pp. 145-146
Psicodrama (portugués), p. 198

CRÍTICA / SISTEMA EDUCATIVO

(...) En la actualidad, el alumno se lo suele tratar como a una rana a la que se le ha extraído la corteza cerebral. Solo se le permite producir roles conservados.

El aspecto reproductivo del aprendizaje tiene que pasar a un segundo lugar; se debe poner el acento en el aspecto productivo, espontáneo y creador del aprendizaje. Los ejercicios y la enseñanza de la espontaneidad serán los temas fundamentales de la escuela del futuro.

El Teatro de la Espontaneidad, p. 144
The Theater of Spontaneity, p. 81
O Teatro da Espontaneidade, p. 97

(...) Muchas perturbaciones emotivas de la personalidad en desarrollo son un resultado inmediato de las perplejidades e incongruencias de nuestro sistema educacional.

Psicodrama, p. 186
Psychodrama, v. I, p. 133
Psicodrama (portugués), p. 185

Este parecería ser el problema de toda educación superior, y es aquí donde falla nuestro sistema actual. Por consenso común olvidamos la mayor parte de lo aprendido en la escuela, y aún aquéllos que retienen hechos en su memoria rara vez encuentran en esos hechos las soluciones de los problemas del momento.

Psicodrama, p. 198
Psychodrama, v. I, p. 143
Psicodrama (portugués), p. 195

CRÍTICA / TEORÍAS DE DESARROLLO INFANTIL

(...) Se necesita, por ejemplo, una teoría de la personalidad, y especialmente una teoría del desarrollo infantil, que concuerden mejor con las dimensiones del estudio a que está dedicado un número cada vez mayor de psicólogos de la niñez, psicólogos sociales, psicoanalistas y terapeutas. Ellos continúan todavía con conceptos anticuados que no son suficientemente adecuados para las nuevas situaciones. Las teorías del desarrollo infantil, elaboradas por el conductismo, la escuela de la forma y el psicoanálisis, han perdido su magnetismo en algunos sectores, probablemente porque han perdido su utilidad en el estudio empírico y experimental.

Psicodrama, p. 86

Psychodrama, v. I, pp. 47-48
Psicodrama (portugués), p. 98

El estudio psicológico del recién nacido se ha efectuado principalmente en dos dimensiones; una es la de la psicología animal, que estudia el comportamiento del animal joven y lo compara con el de los niños humanos. Ejemplos son los experimentos de Pavlov con perros.

(...) La segunda dimensión es la interpretación del niño principalmente en términos derivados de los síndromes mentales del adulto neurótico. El mejor ejemplo de esto es la teoría psicoanalítica.

Psicodrama, pp. 86-87
Psychodrama, v. I, p. 48
Psicodrama (portugués), pp. 98-99

CRÍTICAS / TERAPEUTAS DE GRUPO

(...) Este "método de sugestión y enseñanza" individual fue empleado con grupos en Norteamérica en forma de "método de clase". Pratt, Lazelle, Marsh y otros intentaron influir sobre grupos de pacientes mediante conferencias, sin estudiar ni conocer la estructura del grupo. Aquí no se puede hablar de una psicoterapia de grupo dinámica en sentido moderno. Estos médicos norteamericanos sabían tan poco de los procesos que tienen lugar en el grupo, como sus pacientes: practicaban una especie de psicoterapia "inconsciente" de grupo, algo más moderna.

Psicoterapia de Grupo y Psicodrama, p. 29
Inglés, no hay
Psicoterapia de Grupo e Psicodrama, p. 26

CUALIDAD DRAMÁTICA

(...) La primera forma en consideración es la de la cualidad dramática de la respuesta. Es esa cualidad la que otorga novedad y vivacidad a sentimientos, acciones y expresiones verbales que no son otra cosa que repeticiones de lo que un individuo ha experimentado antes mil veces, esto es, que no contienen nada nuevo, original o creador. (...) Hace que actos disociados, de tipo automático, aparezcan y sean experimentados como una verdadera auto-expresión.

Psicodrama, pp. 136-137
Psychodrama, v. I, pp. 89-90
Psicodrama (portugués), p. 140

CUALITATIVO *VERSUS* CUANTITATIVO

(...) La vieja dicotomía: "cualitativo" versus "cuantitativo" se soluciona en la socionomía en nueva forma. Lo cualitativo está contenido en lo "cuantitativo"; no se extingue ni se olvida, sino que se lo trata, siempre que sea posible, como una unidad.

Psicoterapia de Grupo y Psicodrama, p. 37
Inglés, no hay
Psicoterapia de Grupo e Psicodrama, p. 33

CUERPO

CUERPO / ADIESTRAMIENTO CORPORAL DEL ACTOR

El cuerpo del actor debe ser tan libre como sea posible, debe responder finamente a cada motivo de la mente y la imaginación. Debe tener el poder de ejecutar un número de movimientos tan grande como sea posible, y de ejecutarlos fácil y rápidamente. Sin duda, estos movimientos deben ser espontáneos, de modo que el actor no falle en una crisis. Puede muy bien suceder que se le ocurra a un actor una idea no acompañada por la menor insinuación de un gesto adecuado, y si no es ingenioso puede desbaratarse todo el acto. Para eliminar este peligro. a) se debe almacenar en el cuerpo una provisión tan grande de

movimientos como puede adquirirla el actor, de modo que las ideas puedan apelar a ellos a medida que se presentan; b) se debe aprender a crear respuestas ("creatoflex").
> Psicodrama, p. 78
> Psychodrama, v. I, p. 44
> Psicodrama (portugués), pp. 93-94

CUERPO / CONTACTO CORPORAL

El contacto físico y el ataque físico – desde la caricia y el abrazo hasta empujarse y darse bofetadas – es permitido en la terapia psicodramática si se ve que ello ha de ser en beneficio del paciente.
> Las Bases de la Psicoterapia, p. 318
> Psychodrama: Foundations of Psychotherapy, v. 2, p. 197
> Fundamentos del Psicodrama, p. 214

(…) El "contacto corporal" es una forma básica de comunicación. Aunque no siempre es indicado. En algunos casos, la intimidad y el calor del contacto, especialmente el contacto corporal, pueden ser contra-indicados. Por ejemplo, hay pacientes esquizofrénicos que se molestan cuando son tocados, abrazados, besados. Prefieren que sus egos-auxiliares desempeñen roles simbólicos y omnipotentes.
> Psicodrama, no hay
> Psychodrama,v. I, p. xviii, Introduction to 3rd edition
> Psicodrama (portugués), p. 43

CUERPO / LENGUAJE CORPORAL

Según la teoría psicodramática, una parte considerable de la psiquis escapa a la impronta del lenguaje; no está contaminada por los símbolos ordinarios del lenguaje significativo, por lo tanto si se puede establecer un contacto corporal con los sujetos, acariciarlos, besarlos, darles apretones de mano, participar en sus actividades silenciosas, comer y pasearse con ellos, serán otras tantas maneras de preparar de modo adecuado el trabajo psicodramático el trabajo propiamente dicho.
> Fundamentos de la Sociometría, pp. 79-80
> Who Shall Survive?, pp. 86-87
> Quem Sobreviverá?, v. I, p. 187

CUERPO / POSICIÓN CORPORAL

Tests psicodramáticos confirmaron la hipótesis de que la posición corporal del sujeto en el decorrer del test o de la operación terapéutica tiene influencia constante sobre los sentimientos, los pensamientos y las respuestas interpersonales. Con un cambio de escena, el sujeto puede sentarse en una silla, acostarse en un diván o en una cama, quedarse en pie o moverse; cada posición del cuerpo estimulará relaciones terapéuticas diferentes.
> Fundamentos de la Sociometría, no hay
> Who Shall Survive?, p. 707
> Quem Sobreviverá?, v. 3, p. 198

CUESTIONARIO SOCIOMÉTRICO

Cuestionario Sociométrico – pide a determinado individuo que escoja a sus compañeros en cualquier grupo al cual pertenece, o podrá pertenecer.
> Fundamentos de la Sociometría, no hay
> Who Shall Survive?, p. 719, Glossary
> Quem Sobreviverá?, v. 3, p. 213, Glossário

CURA

(…) Los procesos psicoterapéuticos necesitan de la espontaneidad para ser verdaderamente curativos. La técnica de la asociación libre, por ejemplo, necesita de la espontaneidad, aunque se limite exclusivamente a la forma verbal. Pero lo que aquí tiene eficacia no son las asociaciones de palabras, sino la espontaneidad que opera en las asociaciones. El volumen de las asociaciones verbales será tanto mayor y tendrá tanto más sentido cuanto más espontánea sea la producción. Este principio es aplicable a todos los métodos que contribuyen a la curación psíquica.

    Psicoterapia de Grupo y Psicodrama, p. 369
    Psychodrama, v. I, p. xii
    Psicoterapia de Grupo e Psicodrama, p. 349

CURA / ESPONTANEIDAD

El papel dinámico que la espontaneidad tiene en el psicodrama, como también en todas las otras formas de psicoterapia, no debe hacernos pensar erróneamente que la presencia de fuerzas espontáneas represente en sí misma la curación. Hay muchas formas de espontaneidad patológica que deforman la percepción, disocian los papeles y dificultan la integración de la personalidad.

    Psicoterapia de Grupo y Psicodrama, p. 369
    Psychodrama, v. I, p. xii
    Psicoterapia de Grupo e Psicodrama, p. 350

CURA / SEGUNDA VEZ

Pero el efecto que produce esta loca pasión, este desplegarse de la vida, en un mundo de ilusión, no es la renovación de los sufrimientos sino que, confirmando la regla, por ser una verdadera segunda vez produce la liberación de la primera. Pero "liberación" parecería una definición algo exagerada de lo que ocurre, porque la repetición perfecta de un proceso hace que todo el asunto parezca tonto y ridículo. Se comienza a percibir la propia vida, todo lo que uno ha hecho y hace, desde el punto de vista del creador; se experimenta la verdadera libertad, la libertad respecto de la propia naturaleza. La primera vez, hace que la segunda mueva a risa. (...) Pero el mismo dolor no impresiona al actor y al espectador como dolor; el mismo deseo no lo impresiona como deseo; la misma idea no lo impresiona como idea.

    El Teatro de la Espontaneidad, pp. 157-158
    The Theater of Spontaneity, pp. 91-92
    O Teatro da Espontaneidade, pp. 107-108

DAS DING AUSSER SICH / COSA FUERA DE SÍ

(...) Pero esta ilusión, escenificada por las mismas personas que la vivieron en la realidad, es una puerta abierta a la vida, "das Ding ausser Sich".
<small>El Teatro de la Espontaneidad, p. 158
The Theater of Spontaneity, p. 92
O Teatro da Espontaneidade, p. 108</small>

DESARROLLO

(...) Las formas psicodramáticas de desempeño de roles, como la inversión de roles, la identificación de rol, el doble desempaño y el desempaño del espejo, contribuyen para el crecimiento mental del individuo.
<small>Psicodrama, no hay
Psychodrama, v. I, p. v, Introduction to 3rd Edition
Psicodrama (portugués), p. 28, Introdução à 3ª Edição</small>

DESARROLLO / FASES

"Las principales líneas de desarrollo (infantil) pueden resumirse como sigue: una etapa de *aislamiento orgánico* a partir del nacimiento, un grupo de individuos aislados cada uno enteramente absorbido en sí mismo; una etapa de *diferenciación horizontal* de estructura, desde aproximadamente las 20 ó 28 semanas de edad en adelante, en que los bebés comienzan a reaccionar entre sí, contribuyendo los factores de proximidad física y distancia física, respectivamente, a la proximidad o la distancia psicológicas, comenzando la 'familiaridad' primero con los vecinos, una diferenciación horizontal de estructura; una etapa de *diferenciación vertical* de estructura, desde aproximadamente las 40 ó 42 semanas de edad en adelante, en que uno u otro niño atrae una atención desproporcionada, desplazando la distribución de emoción dentro del grupo de la diferenciación de estructura horizontal a la vertical, el grupo que hasta ahora ha estado 'nivelado' uniformemente muestra miembros más y menos prominentes, un 'arriba' y 'abajo'."
<small>Psicodrama, p. 125
Psychodrama, v. I, pp. 80-81
Psicodrama (portugués), p. 132, Notas Suplementares</small>

DESÓRDENES DEL HABLA

(...) Fuimos capaces de relacionar los desórdenes del habla a tres fuentes: a) deficiencia física; b) deficiencia intra-lenguaje; el desorden del habla emerge "dentro" del lenguaje estructurado, gramatical y de los roles en los cuales el individuo opera; c) deficiencia pre-lenguaje; el desorden del habla ya aparece "antes" de que el bebé hable su idioma nativo. Su neurosis de desempeño ya aparece en la estructura de su lenguaje autista de bebé, ya sea debido a el rechazo por el idioma de los adultos o a la deficiencia en la relación con los egos-auxiliares adultos a su alrededor.
<small>Fundamentos de la Sociometría, no hay
Who Shall Survive?, p. 34
Quem Sobreviverá?, v. I, p. 143</small>

DESTINACIÓN SOCIOMÉTRICA O TRASPLANTACIÓN SOCIOMÉTRICA

En numerosos casos, el tratamiento individual, la psicoterapia de grupo (analítica o activa) y la encarnación del rol sólo tienen un éxito parcial. El sujeto debe entonces ser separado de antiguo medio y trasplantado a un nuevo medio social que convenga mejor a sus necesidades.

(...) De este modo estamos actuando como el jardinero que conoce la composición del suelo desfavorable al crecimiento de una planta y la transplanta a una tierra de la que se han eliminado los elementos nocivos; del mismo modo, cuando transferimos a un sujeto de un grupo a otro, nos preocupamos por encontrar un medio exento de las condiciones que habían producido su fracaso. Este principio de trasplantación sociométrica también puede aplicarse a colectividades enteras.

Fundamentos de la Sociometría, p. 338
Who Shall Survive?, p. 503
Quem Sobreviverá?, v. 3, p. 64

DESTINACIÓN SOCIOMÉTRICA / VALOR DE LA DESTINACIÓN

Se puede apreciar el valor de una destinación como el efecto acumulativo sobre el conjunto de la población y sobre los grupos que la componen. La destinación continua de nuevos individuos a los diferentes grupos de habitación suministra ciertas modificaciones en su estructura, y ulteriormente pueden detectar mediante el test sociométrico.

Fundamentos de la Sociometría, p. 347
Who Shall Survive?, p. 514
Quem Sobreviverá?, v. 3, p. 76

DEUS / EX MACHINA[1]

El caso es diferente, al menos en parte, en el teatro de la espontaneidad. El factor decisivo, más que la obra total, es la fuerza de cada "átomo" escénico individual. Los actores no podrán contar con un apuntador que, como un *deus ex machina*, vendrá a socorrerlos cuando olviden una palabra o un gesto de su papel. En este caso no irán rellenando una unidad de medida, un tiempo preestablecido, con palabras y gestos. Tendrán que actuar momento a momento.

El Teatro de la Espontaneidad, p. 97
The Theater of Spontaneity, p. 53
O Teatro da Espontaneidade, p. 68

El más grande modelo de "objetividad" que el hombre jamás concibió fue la idea de la Divinidad, un Ser que sabe y siente con el Universo pues Él lo creó, un Ser con la infinita habilidad de penetrar en todas las facetas del universo y todavía permanecer completamente libre de "prejuicios."

Fundamentos de la Sociometría, no hay
Who Shall Survive?, p. xli
Quem Sobreviverá? v. I, pp. 45-46, Prelúdios

DIAGNÓSTICO

DIAGNÓSTICO Y TRATAMIENTO

(...) Pero con mucha frecuencia el diagnóstico y el tratamiento tienen que ir de la mano. El punto de apoyo diagnóstico, desde

---

[1] *Dios ex machina* – En la Antigüedad greco-latina, recurso dramatúrgico que consistía originalmente en la puesta en escena de un dios cuya misión era dar una solución arbitraria a un impasse vivido por los personajes. (...) mecanismo que hacía poner en escena personajes cuya presencia podía cambiar el curso de los acontecimientos dramáticos (*Dicionário Houaiss da Língua Portuguesa*. Río de Janeiro, Objetiva, 2001)

el momento en que es descubierto, debe ser utilizado inmediatamente, para fines terapéuticos.

> Psicoterapia de Grupo y Psicodrama, p. 279
> Psychodrama: Action Therapy & Principles of Practice, v. 3, p. 58
> Psicoterapia de Grupo e Psicodrama, p. 265

DIÁLOGO O MÉTODO DIÁDICO

El diálogo como categoría estética, tiene una contraparte en la terapéutica en todas las formas de psicoterapia que, en el sentido más amplio de la palabra, son conversacionales.

A esta clase pertenecen la sesión hipnótica, la terapia por sugestión, el psicoanálisis y cualquier tipo de tratamiento en que el médico o agente de cura se encuentra cara a cara con una única persona.

> Psicomúsica y Sociodrama, p. 90
> Psychodrama, v. I, pp. 322-323
> Psicodrama, pp. 380-381

DIOS / DIVINIDAD

El valor más alto de espontaneidad y creatividad, el valor superior de toda escala axiológica, es un ser totalmente espontáneo-creador, la Divinidad. La cuestión de la existencia o no existencia de Dios no interesa aquí, en cuanto valor ideal postulado tiene significación axiológica, comparable a la de las nociones de "infinito" y cero en matemáticas. Establece un marco de referencia para todo tipo posible de ser viviente – animal, hombre o superhombre – para todo tipo de acción, trabajo o actuación, para todo tipo de conserva cultural – tema memorizado, libro, película.

> Psicodrama, p. 154
> Psychodrama, v. I, p. 105
> Psicodrama (portugués), p. 156

(...) Es significativo observar a este respecto que probablemente se ha destacado en exceso a muchas de las cualidades de cuasi-conserva de Dios – Sus "obras", Su "universo", Su "omnipotencia", Su "justicia" y Su "sabiduría" – mientras que casi siempre se ha postergado Su función de creador espontáneo, el concepto más revolucionario de la función de un dios.

> Psicodrama, p. 157
> Psychodrama, v. I, p. 107
> Psicodrama (portugués), p. 159

(...) Dios representa un caso único ya que en él toda espontaneidad se ha hecho creatividad: es el único caso en que la espontaneidad y la creatividad son idénticas.

> Fundamentos de la Sociometría, p. 53
> Who Shall Survive?, p. 39
> Quem Sobreviverá?, v. I, p. 147

Existe un ser a quien siempre hemos atribuido el poder de una expansividad infinita. Es Dios. Todas nuestras religiones admiten, como cosa evidente suya, que Dios se haya en relación personal con cada persona del universo en particular. No hay relaciones en masa. Él conoce a cada uno de nosotros por separado. Ya hemos calculado que un habitante de New York podría tener 24 billones de relaciones con una sola colectividad. En el caso de Dios esto no sólo es posible sino también necesario y verdadero. ¿Estará el hombre de porvenir más cerca de la imagen que nos hacemos de Dios?

> Fundamentos de la Sociometría, p. 198
> Who Shall Survive?, p. 284
> Quem Sobreviverá?, v. 2, p. 154

Igualmente difícil es llegar a un acuerdo respecto de la estructura del yo. Lo hemos descrito como un racimo de roles (los roles privados, más los colectivos). Se extiende más allá de la piel del organismo individual; uno de estos "más allá" es el dominio de lo interpersonal. El problema que sigue en pie es hasta dónde se extiende y dónde termina. Si el yo del hombre puede expandirse en capacidad creadora y en poder – como parece mostrarlo toda la historia del hombre – entonces debe existir alguna relación entre la idea del yo humano y la idea del yo universal de Dios. Los apóstoles modernos del ateísmo, al romper los lazos que ligaban al hombre con un sistema divino, con un Dios supramundano, en su apuro entusiasta, cortaron demasiado; amputaron el mismo yo del hombre. (...) Afirmaron que Dios había muerto, pero quien había muerto era el hombre. Sostengo la tesis de que *el núcleo del problema no el Dios ni la negación de su existencia, sino el origen, la realidad y la expansión del yo*. Al hablar del yo, me refiero a lo que queda de cada uno de nosotros después que los retroductores del pasado y del furo apliquen sobre "nosotros" la reducción más radical.

> El Teatro de la Espontaneidad, pp. 34-35
> The Theater of Spontaneity, p. 8
> O Teatro da Espontaneidade, p. 21

Cuando en una de la horas más sombrías de la humanidad[2] su civilización religiosa se desmoronaba bajo los pies de ejércitos en marcha, de soldados y camaradas, mi primer impulso fue brindar al hombre una nueva visión de Dios, hacerle ver en un destello la religión universal del futuro, que yo estaba seguro unificaría final y permanentemente a todos en una sola nación. En un momentos de tremenda miseria del hombre, cuando el pasado parecía ser una ilusión, el futuro una desgracia y el presente un pasatiempo fugaz, en el *Testament des Vater* formulé la antítesis más radical de nuestro tiempo haciendo de mi "mí mismo", el "mí mismo" y el yo del pobre bastardo humano, algo semejante e idéntico con el "mí mismo" y el yo de Dios, el creador del mundo. No hacían falta pruebas de la existencia de Dios y de que había creado el mundo, si esos "mí mismos" que él había creado había tomado parte en la creación de ellos mismos y de los demás. En ese caso, si Dios era débil y humilde, si carecía de libertad y estaba condenado a morir, lo mismo triunfaba. En su condición de "mí mismo-yo-Dios" él se había hecho a sí mismo carente de libertad, con el propósito de hacer posible la creación fuera de sí mismo de un universo de miles de millones de seres igualmente carentes de libertad, que dependían de ellos mismos. La idea de Dios trasladada del comienzo del tiempo al presente, al yo, a cada "mí mismo", se transformó en una categoría revolucionaria. Podrá necesitar de pruebas el Dios-"tú" del evangelio cristiano, pero el Dios-"mí mismo" del yo era autoevidente.

> El Teatro de la Espontaneidad, pp. 40-41
> The Theater of Spontaneity, p. 12
> O Teatro da Espontaneidade, p. 25

El modelo más grande de "objetividad" que el hombre jamás concibió fue la idea de la Divinidad. (...)

> Fundamentos de la Sociometría, no hay
> Who Shall Survive?, p. xli
> Quem Sobreviverá?, v. I, pp. 45-46, Prelúdios

(...) La principal inspiración de la sociometría, sin embargo, viene de los sistemas religiosos.

---

[2] Véase The Words of the Father. Beacon House, 1941.

D

(...) Fue en mi libro filosófico *Dialogues of the Here and Now* y, más tarde, en mi *Words of the Father*, que añadí una nueva dimensión a la Divinidad, dimensión que, inconscientemente, siempre existió, pero nunca había sido, convenientemente, explicada: teóricamente, la dimensión del "Yo" o Dios en "primera" persona (contrastando con el "Tú", Dios de los Cristianos y al "Él", Dios de la tradición mosaica), la dimensión de subjetividad, la dimensión del actor y creador, de la espontaneidad y creatividad.

> Fundamentos de la Sociometría, no hay
> Who Shall Survive?, pp. xl-xli
> Quem Sobreviverá?, v. I, pp. 44-45, Prelúdios

(...) La definición creativa de "jugar de Dios" es lo máximo en compenetración, es colocar toda la inercia del caos en el primer momento del ser. Tal preocupación con el *status* y *el locus nascendi* de las cosas se convirtieron en guía de todo mi futuro trabajo.

> Fundamentos de la Sociometría, no hay
> Who Shall Survive?, p. xvii, Preludes
> Quem Sobreviverá?, v. I, p. 25, Prelúdios

(...) El único modo de verse libre del "síndrome de Dios" es dramatizándolo.

> Fundamentos de la Sociometría, no hay
> Who Shall Survive?, p. xix, Preludes
> Quem Sobreviverá?, v. I, p. 27, Prelúdios

La génesis de la Divinidad fertilizó otra idea en mi mente: Dios no era apenas un Imitador de Dios en el sentido literal. Si Él hubiera sido apenas Dios, Narciso enamorado por Sí mismo y por Su propia expansión, el universo nunca se habría creado. Solamente por haberse hecho "amante" y "creador" fue que pudo crear al mundo. Si Dios retornase, no vendría como individuo, sino como un *grupo*, una colectividad.

> Fundamentos de la Sociometría, no hay
> Who Shall Survive?, pp. xix-xx, Preludes
> Quem Sobreviverá?, v. I, p. 27, Prelúdios

DIRECTOR

DIRECTOR / ABSTINENCIA

(...) La atmósfera de abstinencia y ascetismo, de objetividad científica y analítica de parte del terapeuta principal, tal como lo exigen las reglas psicoanalíticas, se mantienen también aquí, porque el terapeuta principal o analista no tiene que entrar en la producción del material a no ser para dar ciertas indicaciones. Lo único que hace es vigilar y evaluar el material que va emergiendo.

> Las Bases de la Psicoterapia, pp. 163-164
> Psychodrama: Foundations of Psychotherapy, v. 2, p. 96
> Fundamentos del Psicodrama, p. 112

DIRECTOR / ACCIÓN

(...) Se comprobó que eran examinadas tres pautas principales de las acciones del director: (a) la "posición de entrevista", este es, la posición en la que abre una sesión y entrevista al sujeto, (b) y (c) la "posición de observador" y la "posición de espectador".

> Psicodrama, p. 339
> Psychodrama, v. I, p. 253
> Psicodrama (portugués), pp. 309-310

DIRECTOR / CALIDAD DRAMÁTICA DEL

Por lo contrario, el psicodrama moderno es siempre nuevo y fresco, las sesiones nunca se repiten. Existen, pues, nuevos caminos y nuevos objetivos. El gran problema que queda por resolver es el de elevar el nivel de la calidad de la creación y de la estabilidad de las representaciones. Hemos verificado en centenares de lugares sin que quede lugar a dudas, que con toda clase de grupos de personas se puede crear un psicodrama significativo. Pero por valiosos que puedan ser los efectos terapéuticos, con frecuencia el nivel de la producción es muy bajo. ¿Qué hacer para elevar el nivel? La cuestión de la calidad está vinculada con esta otra. La calidad depende en buena medida de la elección del director y los yo auxiliares. No siempre tienen la misma calidad y pocas veces alcanzan el nivel estético y terapéutico más alto. Sigue en pie la pregunta: ¿cómo superar estas dificultades? La respuesta: mediante el análisis de la producción y por la práctica.

Después de pasar revista a miles de directores psicodramáticos se ha llegado a las siguientes conclusiones: de entre los muchos directores en funciones, a lo sumo un uno por ciento posee la calidad, la espontaneidad, el carisma, la energía permanente como para animar una producción con niveles semejantes a los de Shakespeare o Visen. Evidentemente no podemos comparar el psicodrama con la antigua forma de teatro; son procesos completamente diferentes en sí mismos. La labor, pues, de una academia psicodramática consiste en descubrir directores de la mayor cultura y en prepararlos. No todos los directores que hemos preparado poseen la misma calidad. Al seleccionar a los candidatos que han de prepararse para la función de dirección, muchos son los que debemos eliminar.

Lo mismo que entre los directores, también existe una gradación entre los protagonistas y entre los yo auxiliares. Existen protagonistas con una capacidad inaudita de autorrepresentación, y también los hay menos talentosos. Lo mismo se debe decir de los yo auxiliares respecto de la capacidad para asumir el rol de otros.

El Teatro de la Espontaneidad, pp. 19-20-21

The Theater of Spontaneity, pp. e-f foreword to the second enlarged edition
O Teatro da Espontaneidade, pp. 13-14

DIRECTOR / FUNCIONES

El director psicodramático tiene 3 funciones: (a) es un productor, (b) es el principal terapeuta, (c) es un analista social.

(...) Como productor es un ingeniero de coordinación y producción. (...) Como agente terapéutico, descansa en sus hombros la responsabilidad final por el valor terapéutico de la producción total.

(...) El director psicodramático, en su función de investigador social, es una especie de "yo super-auxiliar".

Psicodrama, p. 338
Psychodrama, v. I, p. 252
Psicodrama (portugués), pp. 308-309

El tercer instrumento es el director. Él tiene tres funciones: productor, terapeuta y analista. Como productor, tiene que estar alerta para convertir toda y cualquier pista que el sujeto ofrezca en acción dramática, para conjugar la línea de producción con la línea vital del sujeto y nunca dejar que la producción pierda contacto con el público. Como terapeuta, atacar e impactar al sujeto es casi tan permisible como reír y hacerle chiste; a veces podrá tornarse pasivo e indirecto, y la sesión, para todos los fines prácticos, parece ser dirigida por el paciente. En fin, como analista, podrá complementar su propia interpretación mediante respuestas provenientes de informantes en el público, marido, padres, hijos, amigos o vecinos.

Psicodrama, no hay
Psychodrama, v. I, p. c, Introduction to 3rd Edition
Psicodrama (portugués), p. 19, Introdução à 3ª Edição

DIRECTOR / MONÓLOGO DEL TERAPEUTA

(...) El terapeuta jefe utiliza, a veces, otra técnica: la "técnica del monólogo" del terapeuta. Se coloca a un lado de la escena y empieza, por ejemplo, a monologar así: "Ya sé que María no me tiene simpatía. No me puedo imaginar de otra forma, que se niegue a colaborar." María interrumpe entonces el monólogo: "no es a usted a quien no quiero, sino a esa mujer que está en la primera fila, que se parece a mi tía."

Psicoterapia de Grupo y Psicodrama, p. 379
Inglés, no hay
Psicoterapia de Grupo e Psicodrama, p. 357

DIRECTOR / OBJETIVIDAD

En el psicodrama clásico, semejante al psicoanálisis clásico, el terapeuta principal no toma parte en la postración misma. Es como el director de una orquesta; él mismo no toca un instrumento: supervisa, dirige y observa. Mantiene cierta distancia con respecto al paciente.

Las Bases de la Psicoterapia, p. 366
Psychodrama: Foundations of Psychotherapy, v. 2, p. 231
Fundamentos del Psicodrama, p. 245

DIRECTOR / RELACIÓN CON EL CLIENTE

(...) La lucha entre el terapeuta y el paciente en la situación psicodramática es extraordinariamente real. Cada uno de ellos tiene que extraer de sus provisiones de espontaneidad y astucia lo necesario para la lucha, de tal manera que las tendencias transferenciales entre paciente y terapeuta pasan a segundo plano o se reducen. Los factores positivos que constituyen las relaciones e interacciones en la realidad de la vida, la creatividad, la espontaneidad, la productividad y la facultad de desempeñar papeles plenamente, las remplazan.

Psicoterapia de Grupo y Psicodrama, p. 116
J. L. Moreno, "Hynodrama and Psychodrama", in Group Psychotherapy, Beacon House, n° I, v. iii, April, 1950, p. 3
Psicoterapia de Grupo e Psicodrama, p. 103

DIRECTOR / RELACIÓN CON EL PÚBLICO

(...) Lo que importa más acá, es que el director también esté apto para ver a cada espectador. Esto tiene dos razones; la polaridad es doble. El director psicodramático debe ver a todos los miembros del público y, así, establecer, si no más, por lo menos una ilusión de comunicación directa con ellos; y es de igual valor terapéutico que cada espectador esté apto a ver al director. Un hábil director psicodramático debe crear siempre una ilusión de comunicación, de manera que sus ojos recorran a cada miembro del público.

Psicomúsica y Sociodrama, pp. 94-95
Psychodrama, v. I, p. 325
Psicodrama, p. 383

DISTANCIA SOCIAL

32. La distancia social y la distancia sociométrica no son idénticas. La primera expresa la relación de grupos simbólicos y la última, de grupos concretos de personas. Por lo tanto, la distancia social y la sociométrica pueden variar bastante.

Fundamentos de la Sociometría, no hay
Who Shall Survive?, p. 704
Quem Sobreviverá? v. 3, 194

DIVÁN

(...) Sea cual fuere el material que surge en el diván, los métodos grupales y los de acción pueden facilitar su afloramiento; además, pueden favorecer la aparición de material que el método del diván obstruye.

Las Bases de la Psicoterapia, p. 16
Psychodrama: Foundations of Psychotherapy, v. 2, pp. 3-4
Fundamentos del Psicodrama, p. 18

DIVÁN / INVESTIGACIÓN

En uno de mis primeros experimentos reuní en un local en el que había colocados algunos divanes a un cierto número de nuevos miembros para formar un grupo. Cada individuo se acostó en un diván. Se les aplicó la regla psicoanalítica de la libre asociación, este es, a cada paciente se le dio libertad para que exteriorizara todo cuanto le venía a la cabeza. El experimento no tuvo éxito. Las asociaciones libres de un individuo comenzaron a mezclarse sin relación alguna con las asociaciones de otro. Esto desconcertó a las personas y el resultado fue la confusión.

Psicoterapia de Grupo y Psicodrama, pp. 71-72
Psychodrama, v. I, p. xix
Psicoterapia de Grupo e Psicodrama, pp. 63-64

(…) En mi desesperación – era en los primeros días de mi investigación terapéutica – sometí a cinco pacientes a la siguiente prueba: acomodé a cada uno de ellos en un *diván*, instándolos a que me acompañaran en una especie de psicoanálisis de grupo. Cada uno de ellos se atenía a la regla de la asociación libre, mientras yo esperaba algún indicio de contenido inconsciente común. Pero la técnica del diván, con los cinco pacientes asociando libremente uno junto al otro, resultó estéril.

Las Bases de la Psicoterapia, pp. 99-100
Psychodrama: Foundations of Psychotherapy, v. 2, p. 56
Fundamentos del Psicodrama, p. 71

DOBLE (Ver también TÉCNICA / TÉCNICA DEL DOBLE / DEFINICIÓN

DRAMA

DRAMA / CATARSIS

Existe una argumentación de la que debemos librarnos desde un comienzo, antes de continuar elaborando la idea del drama terapéutico. Esa argumentación es la que aduce que el buen drama es entretenido, bello y terapéutico al mismo tiempo; que si el bello, debe, *eo ipse,* producir la catarsis, y que lo que es bello y bueno constituye siempre el mejor entretenimiento.

Psicomúsica y Sociodrama, p. 192
Psychodrama, v. I, p. 385
Psicodrama, p. 446

DRAMA / CATEGORÍAS DE

El análisis de la literatura dramática de todas las épocas, de los libretos radiales y de las películas cinematográficas permitiría establecer una división en varias categorías, las del drama de entretenimiento, el drama estético, y el drama social (religioso, moral, educativo). Pero faltaría en esa enumeración una categoría – al menos en una forma pura – *el drama terapéutico*. La psicoterapia no ha sido intentada nunca como objetivo exclusivo del drama.

Psicomúsica y Sociodrama, p. 191
Psychodrama, v. I, p. 385
Psicodrama, p. 445

DRAMA / CURA

(…) Al magnificar la realidad en forma de drama, se libera de la realidad. Es un método curativo semejante a la inyección de la vacuna de la viruela para evitar la irrupción plena de la enfermedad. El paciente se comporta como un dramaturgo que escribe Hamlet para ahuyentarlo de sí mismo.

El Teatro de la Espontaneidad, p. 147
The Theater of Spontaneity, p. 83
O Teatro da Espontaneidade, p. 99

DRAMA / DRAMATIS PERSONAE

(...) Si imaginamos al autor separado de los tipos que provienen de él, se puede observar el siguiente proceso. Cada uno de estos personajes es su propio creador, y el poeta es quien los combina en un todo unificado. Allí tienen ustedes el concepto primario de la ejecución improvisada. Se debe considerar al autor un estratega y a cada uno de sus personajes un actor que improvisa.

Psicodrama, p. 75
Psychodrama, v. I, p. 41
Psicodrama (portugués), p. 91

(...) cada actor que improvisa es, de hecho, el creador de su personaje, y el productor de la improvisación (o el autor) debe sintetizar los procesos de cada personaje en una nueva totalidad.

Psicodrama, pp. 75-76
Psychodrama, v. I, p. 41
Psicodrama (portugués), p. 91

(...) El paciente tiene como participantes a las personas que componen su microcosmos social – su mujer, su padre, su hijo, etc. –, o bien a actores que los representan, egos auxiliares.

Fundamentos de la Sociometría, p. 76
Who Shall Survive?, p. 83
Quem Sobreviverá?, pp. 184-185

DRAMA / HISTORIA

Tres son las formas de drama para las que se presta un experimento basado en la filosofía del momento: el teatro de la espontaneidad en cuanto arte dramático del momento, el periódico dramatizado o viviente, y el teatro terapéutico[3], o teatro de catarsis.

El Teatro de la Espontaneidad, p. 71
The Theater of Spontaneity, p. 38
O Teatro da Espontaneidade, p. 52

DRAMA / ORIGEN DEL NOMBRE

Drama es una transliteración del griego..., que significa acción, o algo hecho. Por lo tanto, el psicodrama puede ser definido como la ciencia que explora la "verdad" por métodos dramáticos.

Psicodrama, no hay
Psychodrama, v. I, p. a, Introduction to 3rd Edition
Psicodrama (portugués), p. 17, Introdução à 3ª Edição

DRAMATIZACIÓN

Pero esta pasión, este revelamiento de la vida en el dominio de la ilusión, no opera como una renovación de sufrimiento, sino que confirma la regla: toda *verdadera* segunda vez es la liberación de la primera. Liberación es una calificación exagerada de lo que ocurre, pues la completa repetición de un proceso hace que su materia parezca tonta o ridícula.

Psicodrama, p. 58
Psychodrama, v. I, p. 28
Psicodrama (portugués), p. 78

DRAMATIZACIÓN / FUNCIÓN DE

Segundo, está el período de *reeducación*. El alumno ejecuta el mismo acto que en la primera fase, pero gradualmente se elimina las propiedades objetivas. Come un bife imagina-

---

[3] Estas tres formas fueron creadas y se practicaron durante los tres años de existencia del Viena Stegriftheater (1922-1925); el primer periódico dramatizado de los Estados Unidos se presentó en el Guild Theatre, de Nueva York, el 5 de abril de 1931, bajo la dirección del autor.

rio, bebe de un vaso imaginario, y se pone un abrigo imaginario. Durante este proceso, los modelos de la vida real están, podría decirse, en reparación, están siendo remodelados por imágenes. De esta manera los modales son "restaurados", se construye un juicio rápido, se adquiere una conducta social.

Psicodrama, p. 197
Psychodrama, v. I, p. 142
Psicodrama (portugués), p. 195

DRAMATURGO

El teatro de la espontaneidad ha revolucionado la función del dramaturgo. Forma parte del teatro inmediato. Su ser subjetivo sigue bajo el control del tema dramático que desea producir. Aún no está libre de él porque todavía no está concluido. Experimenta un impulso estimulante, individual, hacia la expresión – los dolores de parto de la capacidad creadora – con una intensidad mucho mayor de lo que experimenta su "obra de arte" en sí. Mientras la obras existe en su mente, no concluida, el dramaturgo es el fenómeno más importante y más interesante. Pero una vez terminada, su individualidad parece perder toda importancia. Esto explica, tal vez, por qué la presencia del dramaturgo, cuando aparece sobre el escenario legítimo al finalizar el estreno de su obra, representa casi sin excepción un anticlímax y muchas veces provoca que se lo tome a broma.

El Teatro de la Espontaneidad, pp. 94-95

The Theater of Spontaneity, p. 51
O Teatro da Espontaneidade, p. 66

DURÉE

DURÉE / HERNY BERGSON

A Henry Bergson le corresponde el honor de haber introducido en la filosofía el principio de la espontaneidad (aunque rara vez utilizó esa palabra), en un momento en que los principales hombres de ciencia sostenían firmemente que no existe tal cosa en la ciencia objetiva. Pero sus "données inmediates", su "élan vital" y su "durée", eran metáforas de la experiencia que penetraba a la obra de su vida – la espontaneidad – pero que vanamente intentó definir. No hay "momento" en su sistema, sólo "durée". "La duración no es un instante reemplazando a otro... es un continuo progreso del pasado que carcome el futuro... la acumulación del pasado sobre el pasado se produce sin reposo". El universo de Bergson no puede comenzar y no puede descansar, es un sistema en el que no hay lugar para el *momento*. (…) Pero sin un momento en cuanto "locus nascendi", una teoría de la espontaneidad y de la creatividad corre el peligro de permanecer siendo enteramente metafísica o de volverse enteramente automática.

Psicodrama, pp. 30-31
Psychodrama, v. I, pp. 8-9
Psicodrama (portugués), pp. 57-58

E

EDAD

21. Mientras más jóvenes sean los miembros de determinado grupo, más importante será la edad de cada uno; mientras sean mayores, la edad del grupo tendrá más importancia.

Fundamentos de la Sociometría, no hay
Who Shall Survive?, p. 702
Quem Sobreviverá, v. 3, p. 193

EDUCACIÓN Y PSICODRAMA

(…) Toda escuela primaria, secundaria y facultad debería tener un escenario de psicodrama como laboratorio de orientación para sus problemas cotidianos. Muchos problemas que no pueden ser seleccionados en el salón de clase pueden se presentados y resueltos ante el foro psicodramático, concebido especialmente para tales tareas.

Psicodrama, p. 200
Psychodrama, v. I, pp. 144-145
Psicodrama, (portugués), p. 197

El problema de un currículo para las escuelas de juego tiene que reconsiderar tres elementos. Primero: el viejo hábito de rodear al niño con juguetes terminados o con material para la confección de juguetes estimula en el niño la concepción de un universo mecánico del cual él es el único amo irrestricto; la crueldad y la falta de simpatía que manifiestan a menudo los niños respecto a los seres vivos de deben a una prolongada ocupación con objetos inanimados. Segundo: el currículo debe ser parcialmente ampliado por la adición de todos los temas que son ofrecidos al alumno de la escuela primaria y secundaria, pero presentados y experimentados en un nivel correspondientemente más bajo. Tercero: se deben inventar técnicas de enseñanza de estos temas de acuerdo con los principios de la espontaneidad.

Psicodrama, p. 202
Psychodrama, v. I, p. 146
Psicodrama (portugués), p. 199

EFECTO PSICODRAMÁTICO

(Se refiere al hecho de que el ego auxiliar se vea afectado por el rol que representa). A ese proceso podemos denominarlo *efecto psicodramático*. Afecta a los individuos y los egos. De ese tipo de experiencia se construyó la base para el tratamiento del ego auxiliar como si fuese un individuo. Su propio conflicto conyugal fue tratado separadamente, fase por fase, con la ayuda de otros dos egos auxiliares del equipo. Su experiencia en el escenario se denomina *catarsis psicodramática de un ego auxiliar*. (…)

Un modo mejor de tratar a un ego auxiliar ocurre en el decurso del propio psicodrama. Cuando un ego auxiliar manifiesta cualquier conducta extraña, esa indagación se hace delante del sujeto – de hecho, delante de todo el grupo. (…) El sujeto está presente cuando el ego auxiliar cae en una trampa y, a medida que el problema se revela y finalmente se representa, el sujeto puede obtener una especie de retrato de su propia situación, vista a cierta distancia. Obtiene entonces la catarsis de un espectador, así como la de un actor. (…)

Como resultado neto, así como los sujetos psicodramáticos salen del tratamiento como personas aptas para desempañarse más adecuadamente en las situaciones tratadas, también los egos auxiliares se hacen más comprensivos, más sensatos y más versátiles en sus propias esferas de la existencia.

Psicomúsica y Sociodrama, pp. 114-115
Psychodrama, v. I, pp. 337-338
Psicodrama, pp. 396-397

EFECTO SOCIODINÁMICO

5. La hipótesis del efecto sociodinámico afirma que: a) algunos individuos de determinado grupo serán persistentemente excluidos de comunicación y de contacto social productivos; b) se ha tenido una constante actitud negligente con algunos individuos, ignorando sus aspiraciones, y se ha favorecido mucho a otros, de modo desproporcionado a sus necesidades; c) surgen conflictos y tensiones en los grupos a medida que el efecto sociodinámico aumenta, o sea, con la creciente polaridad entre los favorecidos y los ignorados. Con la disminución del efecto sociodinámico – reducción de la polaridad entre los favorecidos y los ignorados – disminuyen los conflictos y las tensiones.

Fundamentos de la Sociomtería, no hay
Who Shall Survive?, pp. 704-705
Quem Sobreviverá? v. 3, p. 195

EFECTO TELE (Ver TELE)

EGO

(…) Es metodológicamente más sencillo hablar de los "papeles" que desempeña una persona, que de su Yo o "Ego"; el Ego tiene significaciones secundarias misteriosas y metapsicológicas.

Psicoterapia de Grupo y Psicodrama, p. 55

Inglés, no hay
Psicoterapia de Grupo e Psicodrama, p. 50

EGO AUXILIAR

EGO AUXILIAR / ALTER EGO

La situación doble del psicodrama es una técnica clínica según la cual el paciente actúa con su doble, encarnado en un alter ego (o yo auxiliar). Se lo puede así utilizar como un método experimental, ya que ofrece al observador una excelente oportunidad de estudiar el entrelazamiento de la empatía y de la transferencia en el proceso del tele.

(…) a) En primer término, existe el sentimiento que el alter ego proyecta en el sujeto. El alter ego (terapeuta o consejero) es el personaje activo de la empatía; el paciente, cliente o sujeto, es el objeto de la empatía.

Fundamentos de la Sociometría, p. 215
Who Shall Survive?, p. 319
Quem Sobreviverá?, v. 2, p. 184

EGO AUXILIAR / AUDIOEGOS

Denominación acuñada por Abraham L. Umansky, véase "Psicodrama and the Audience", Sociometry, vol. VIII, número 2, 1944.

Psicomúsica y Sociodrama, p. 195 (notas)
Psychodrama, v. I, p. 387 (footnote)
Psicodrama, p. 447 (rodapé)

(…) Los *yos del público*, o dicho más brevemente, los audio-yos, *reaccionan a los roles*, al Rey Lear, a Othelo, a Electra o a Hamlet, y a una producción de hecho dada en la cual se entretejan todos estos roles.

Psicomúsica y Sociodrama, p. 196
Psychodrama, v. I, pp. 387-388
Psicodrama, p. 448

(…) El ciudadano que está en su casa deberá sentir que está tomando parte, físicamente, en una sesión. Deberá sentir que su propio representante, un audioyo, está actuando por él en la pantalla, en el escenario y el público. Así, no solo se produce la ilusión de una participación personal más íntima en la sesión psicodramática, sino también una catarsis del público similar por la experiencia por la que pasa el público real y viviente en las sesiones.

> Psicomúsica y Sociodrama, p. 246
> Psychodrama, v. I, p. 420
> Psicodrama, p. 481

(…) El complejo proceso de tele-empatía, de transferencia emprende entonces una nueva alineación de sus fuerzas: se desplaza del escenario al auditorio y comienza a anudar, con los audioegos, relaciones fuertemente cargadas de afectividad.

> Fundamentos de la Sociometría, p. 79
> Who Shall Survive?, p. 86
> Quem Sobreviverá?, v. I, p. 187

EGO AUXILIAR / COMPENETRACIÓN CON

Hay pacientes con los cuales la comunicación se ve reducida al mínimo. Cuanto menos diferenciado y completo es el Yo, tanto más especializada y concienzuda debe ser la ayuda prestada desde fuera por un ego auxiliar. Cuanto más perturbada está la organización psíquica de un paciente, tanto mayor será el número de los medio que debe aplicar el ego auxiliar y tanto más necesaria será la iniciativa del director terapéutico. Pueden necesitarse numerosos egos auxiliares. En el caso de una psicosis grave y consolidada la tarea de lograr éxito en el trata miento puede ser insoluble par los egos auxiliares. El paciente neurótico – por muchas ayudas que necesite para conseguir un resultado satisfactorio –, no deja de vivir en gran parte en el *mismo* mundo que nosotros. En el caso del paciente psicótico, la realidad normal se halla sustituida por ideas delirantes y por elementos alucinados. El paciente necesita algo más que un ego auxiliar, necesita un *mundo auxiliar*.

> Psicoterapia de Grupo y Psicodrama, p. 342
> Psychodrama, v. I, p. 220
> Psicoterapia de Grupo e Psicodrama, p. 327

3) Hay otra técnica en la que el protagonista tiene que hacer el trabajo principal. La participación de los egos auxiliares se reduce a un mínimo. Especialmente el paciente esquizofrénico siente el impulso, al principio del tratamiento, de representar él todos los papeles. No puede soportar que un extraño desempeñe sus papeles más íntimos. Cuando poco a poco llegue a tolerar que otra persona actúe junto con él, habrá que ver en ello un signo de progreso hacia su integración en el orden social: es una prueba de la realidad.

> Psicoterapia de Grupo y Psicodrama, p. 370
> Inglés, no hay
> Psicoterapia de Grupo e Psicodrama, p. 350

(…) Al ego auxiliar se le permite ser tan realista como lo exija el problema del paciente. Hemos de subrayar que el actino out entre ego auxiliar y paciente en el psicodrama clásico nunca tiene lugar en una sesión privada sino en presencia del médico no comprometido y de los otros egos auxiliares. Pero, ¿Hasta dónde puede llegar el ego auxiliar en la realización de su papel? Hay casos en que una ternura y una intimidad excesivas, especialmente por lo que se refiere al contacto corporal, están contraindicadas. Hay pacientes esquizofrénicos que se sienten aterrorizados cuando se les toca, se les abraza o se les besa. Prefieren que los egos auxiliares interpreten sus papeles en una forma simbólica y cósmica. No están preparados para un método realista; tienen que atravesar por muchas actividades simbólicas antes de poder aceptar un encuentro inmediato y directo. Los límites en el as-

pecto terapéutico, estético y social implican la intervención del médico.
> Psicoterapia de Grupo y Psicodrama, pp. 385-386
> Inglés, no hay
> Psicoterapia de Grupo e Psicodrama, p. 362

Al representar el rol, se espera que el ego se identifique íntimamente consigo mismo lo máximo posible, no sólo para representar y simular sino para "ser". La hipótesis correspondiente es que, lo que ciertos pacientes necesitan, más que nada, es entrar en contacto con personas que, según parece, alimentan sentimientos profundos y calurosos hacia ellos. (…) Mientras más afectuoso, íntimo y sincero sea el contacto, el paciente tendrá más ventajas que derivar del episodio psicodramático. La compenetración total en el rol por parte del ego auxiliar es indicada en el caso del paciente que fue frustrado por la ausencia de esta figura materna o paterna, o de otras figuras constructivas y socializantes, en su vida.
> Psicodrama, no hay
> Psychodrama, v. I, pp. xvii-xviii, Introduction to 4th Edition
> Psicodrama (portugués), p. 43

EGO AUXILIAR / CONCEPTO

(…) Los aspectos capitales de aquello que se llama "yo", aparecen en los roles en que éste actúa.
> Fundamentos de la Sociometría, p. 69
> Who Shall Survive?, p. 75
> Quem Sobreviverá?, v. I, p. 178

IDEM EN

> Psicodrama, p. 222
> Psychodrama, v. I, p. 161
> Psicodrama (portugués), p. 214

(…) A una extensión del propio yo, necesaria para vivir adecuadamente y que debe ser provista por una persona substituta, la hemos llamado yo auxiliar.
> Psicodrama, p. 99
> Psychodrama, v. I, p. 109
> Psicodrama (portugués), p. 59

EGO AUXILIAR / CRÍTICA AL PSIQUIATRA RÍGIDO

Pero el cambio de *locus*, de la terapia tiene también otras consecuencias desagradables. Revoluciona también *al agente de la terapia*. Este ha sido generalmente una sola persona, un médico, el que cura. Por lo general se ha considerado indispensable para la relación paciente-médico la fe en aquella persona, el *rapport* (Mesmer), la transferencia (Freud). Pero los métodos sociométricos han modificado radicalmente esta situación. En un determinado grupo un sujeto puede utilizarse como instrumento para diagnosticar y como agente terapéuticos para tratar a los otros sujetos. El médico, el que cura ha dejado de ser la fuente final de la terapéutica psíquica.
> Psicomúsica y Sociodrama, p. 80
> Psychodrama, v. I, p. 316
> Psicodrama, p. 375

(…) Para superar esta desventaja hemos elaborado la función del yo auxiliar, que esperamos ampliaría el alcance y la flexibilidad de su papel.
> Psicodrama, p. 326
> Psychodrama, v. I, p. 242
> Psicodrama (portugués), p. 298

(…) En todo este proceso abrigamos la idea de que sólo el psiquiatra es quien cura, de que toda la tele terapéutica deriva de él y en ningún otro lugar está tan concentrada y es tan eficaz. Sin embargo, los estudios sociométricos me revelaron que una gran parte de la tele terapéutica está distribuida en toda la comunidad, y que la cuestión estaba solamente en hacerla efectiva y guiarla en la dirección apropiada. (...) El psiquiatra principal tiene que desaparecer de la escena; se transforma en un *yo auxiliar a distancia*. Su función se ha reducido a decir quién será el mejor agente terapéutico para quien, a ayudar a elegir a esos agentes. (...) Ha perdido todos los signos de omnipotencia, de magnetismo personal, y el status de consejero. *El médico frente a frente se ha convertido en médico a distancia.* Adaptó su función a la dinámica de un mundo tele.

Psicodrama, pp. 326-327
Psychodrama, v. I, pp. 242-243
Psicodrama (portugués), pp. 298-299

EGO AUXILIAR / DESARROLLO / ENTRENAMIENTO

(...) La fase inicial de coexperiencia y la colaboración con el yo más fuerte proporciona al niño un incentivo para la acción independiente.

A medida que el niño madura, aunque todavía dentro de la matriz de identidad o de experiencia unificada, la cantidad de asistencia que tiene que prestar al mundo y el yo auxiliar se vuelve cada vez menor, y el monto de actividad con el que participa el niño se hace cada vez mayor; en otras palabras, el yo auxiliar (la madre) ayuda al niño a dar forma a sus propios roles, permitiéndole gradualmente una mayor independencia. Este proceso de intercomunicación entre madre e hijo es la matriz que nutre a la primera asunción independiente de roles por parte del niño.

Psicodrama, pp. 104-105
Psychodrama, v. I, p. 63
Psicodrama (portugués), p. 114

La preparación que se requiere para ser un ego auxiliar es muy diferente a la del terapeuta principal. Su función es primariamente la de un actor participante, no la de un observador o analista. Su neutralidad haría fracasar el objetivo de la terapia. Tiene que desempeñar el rol que se le pide en el pleno sentido de la palabra. Tiene que aprender a hacerle el juego al paciente, sin dejarse arrastrar por éste. Pero si el rol de que se trata requiere que él se comprometa con el paciente como en la vida misma, deberá olvidar la prescripción que acabamos de exponer. No se debe olvidar tampoco que, contrariamente a lo que ocurre con el psicoanálisis, en la situación terapéutica el terapeuta no se encuentra a solas con el paciente. Hay también otras personas, con lo cual queda más asegurada la neutralidad y la objetividad del terapeuta.

Las Bases de la Psicoterapia, p. 367
Psychodrama: Foundations of Psychotherapy, v. 2, p. 232
Fundamentos del Psicodrama, p. 246

EGO AUXILIAR / FUNCIONES DE

(...) Los egos auxiliares en un psicodrama pueden apoyar u oponer resistencia a la fantasía del paciente; pueden hablar a favor suyo o en su contra. Pueden ayudarle a modificar el curso de la acción, pueden penetrar con su producción en el psicodrama, pueden oponer al protagonista de todo tipo de resistencias para estimular su espontaneidad y perseverancia.

Psicoterapia de Grupo y Psicodrama, pp. 370-371
Inglés, no hay
Psicoterapia de Grupo e Psicodrama, p. 351

(...) Los yos auxiliares no se utilizan necesariamente en cada sesión. Están simplemente *disponibles* por si la ocasión los requiere. El director puede disponer *no* usarlos y preferir el concurso de sujetos anónimos pertenecientes al grupo.

Psicomúsica y Sociodrama, p. 154

Psychodrama, v. I, p. 361
Psicodrama, p. 421

(...) En la situación psicodramática, el yo auxiliar tiene dos funciones; la de pintar un papel y la de guía. La primera función es la de pintar el papel de una persona *requerida* por el sujeto; la segunda función es la de guiar el sujeto mediante una estimulación ante sus ansiedades, faltas y necesidades, con el fin de orientarlo hacia una mejor solución de sus problemas.

Psicodrama, p. 99
Psychodrama, v. I, p. 59
Psicodrama (portugués), p. 109

(...) El yo auxiliar tiene en esta forma de terapéutica: a) ser una extensión del yo primario; es identificado con él y lo representa ante otros; b) ser un representante de la otra persona, la ausente, hasta que los dos sujetos primarios mismos están preparados para encontrarse.

Psicodrama, p. 316
Psychodrama, v. I, p. 233
Psicodrama (portugués), p. 289

(...) La función del yo auxiliar, por tanto, es lograr la unidad con una persona, absorber los deseos y necesidades del paciente, y operar en su beneficio sin poder, sin embargo, hacerse idéntico a él.

Psicodrama, p. 324
Psychodrama, v. I, p. 240
Psicodrama (portugués), p. 297

Para evitar los graves errores que puede suscitar la sola presencia del investigador en su propia encuesta, hemos recorrido a un enfoque sociométrico de los fenómenos sociales. El observador-participante – en una forma particular de trabajo – "no permanece objetivo", no guarda "sus distancias" con respecto a las personas que debe estudiar; se hace su amigo. Se identifica con sus mismas situaciones, llega a ser como una extensión de sus propios "yos". En otros términos, el participante "objetivo" se ha transformado en un participante "subjetivo". De este modo puede penetrar sucesiva o simultáneamente en la vida de varios individuos, y entonces desempeña un rol de mediador o de temporizador. Es la primera etapa.

Si consideramos que el investigador que trabaja con cuestionarios adopta la actitud *más objetiva* que se pueda concebir, el investigador que se identifica sucesivamente con cada uno de los sujetos que participan de la situación tiene, por el contrario, *la actitud más subjetiva* que sea posible adoptar. El profesional que actúa de esta manera puede obtener diferentes resultados terapéuticos, pero el método no permite que el investigador, como sería de desear, se convierta en un verdadero objeto de observación.

Fundamentos de la Sociometría, p. 98
Who Shall Survive?, p. 108
Quem Sobreviverá?, v. I, p. 207

(...) Las funciones del ego-auxiliar son triples: la función del actor, retratando roles requeridos por el mundo del paciente; la función del agente terapéutico, guiando el sujeto; y la función del investigador social.

Psicodrama, no hay
Psychodrama, v I, p. c
Psicodrama (portugués), p. 19

El cuarto instrumento es el staff de egos-auxiliares. Estos egos-auxiliares o actores terapéuticos tienen doble significado. Son extensiones del director, exploratorias y terapéuticas, pero también extensiones del paciente, retratando las *personae* reales o imaginarias de su drama vital. Las funciones del ego-auxiliar son triples: la función del actor, retratando roles requeridos por el mundo del paciente; la función del agente terapéutico, guiando al sujeto; y la función del investigador social.

Psicodrama, no hay

Psychodrama, v. I, p. c, Introduction to 4th Edition
Psicodrama (portugués), p. 19

Los agentes terapéuticos primordiales son los egos auxiliares. Actúan como ayudantes del terapeuta principal, pero al mismo tiempo tienen una cohesión íntima con el mundo del paciente. El ego-auxiliar asume deliberadamente el rol que el paciente necesita o que desea que represente. El éxito de la intervención del terapeuta auxiliar depende del grado de su capacidad de encarnar a la persona con quien el paciente desea encontrarse.
Las Bases de la Psicoterapia, p. 315
Psychodrama: Foundations of Psychotherapy, v. 2, p. 195
Fundamentos del Psicodrama, p. 212

EGO AUXILIAR / IMPORTANCIA

(...) Cuanto más perturbada está la organización psíquica de un paciente, tanto mayor será el número de los medio que debe aplicar el ego auxiliar y tanto más necesaria será la iniciativa del director terapéutico. Pueden necesitarse numerosos egos auxiliares.
Psicoterapia de Grupo y Psicodrama, p. 342
Inglés, no hay
Psicoterapia de Grupo e Psicodrama, p. 327

En la situación experimental de psicodrama, se ha considerado indispensable la función del yo auxiliar como un concepto para la comprensión del proceso interpersonal que tiene lugar en la escena, así como en cuanto herramienta para el tratamiento.
Psicodrama, p. 99
Psychodrama, v. I, p. 59
Psicodrama (portugués), p. 109

EGO AUXILIAR / MADRE Y PADRE COMO EGOS AUXILIARES

13. Todo progenitor es un ego auxiliar nato, pero no preparado. Para ser un ego auxiliar eficaz para el propio hijo, todo progenitor requiere el correspondiente aprendizaje. La técnica del ego auxiliar debe ser aplicada cuando hay una clara indicación para ello. Por ejemplo, un progenitor se queja de que su chico tiene la tendencia a arrojar piedras a los perros y los gatos, o a zurrarlos. El terapeuta tiene que darse cuenta de que llegará el día en que ese chico tirará piedras a otro niño o a un adulto.
Las Bases de la Psicoterapia, p. 256
Psychodrama: Foundations of Psychotherapy, v. 2, p. 156
Fundamentos del Psicodrama, pp. 172-173

(...) La madre es el ejemplo ideal de un yo auxiliar instintivo.
Psicodrama, p. 130
Psychodrama, v. I, p. 84
Psicodrama (portugués), p. 135

(...) Desde el punto de vista del niño, estos auxiliares aparecen como extensiones de su propio cuerpo, mientras es demasiado débil e inmaduro para producir esas acciones por su propio esfuerzo.
Psicodrama, p. 99
Psychodrama, v. I, p. 59
Psicodrama (portugués), p. 109

(...) Investigadores sociométricos han señalado que el aislamiento orgánico del embrión continúa durante un breve período después del nacimiento, hasta que el surgimiento del tele inicia las primeras estructuras interpersonales. Pero algunos niños perpetúan la pauta de aislamiento orgánico mediante el aislamiento social. (...) la cuestión es si el yo auxiliar, en la forma de la madre, no ha tenido, desde tiempo inmemorial, una alimentación del niño.
Psicodrama, p. 113
Psychodrama, v. I, pp. 70-71
Psicodrama (portugués), p. 122

EGO AUXILIAR / MÉTODO DEL

1) El método de los *egos auxiliares* se ha hecho popular por su carácter relativamente inofensivo y su clara objetividad. El grupo de estudiantes se reúne, y se confía a uno de ellos la tarea de desempeñar el papel de terapeuta. El *estudiante-terapeuta juega el papel de una paciente ausente*, al que él conoce bien, pero que es desconocido para los otros estudiantes. El terapeuta es el ego auxiliar del paciente.

Psicoterapia de Grupo y Psicodrama, p. 147
Inglés, no hay
Psicoterapia de Grupo e Psicodrama, p. 130

EGO AUXILIAR / MORENO ELIGE LOS EGOS

MÉDICO: ¿Quiénes son?
MARTÍN: Mi madre y una hermana mía están allí. (El médico hace señas a dos egos auxiliares femeninos para que suban a escena; se levantan de su asiento en el auditorio y suben.)

Psicoterapia de Grupo y Psicodrama, p. 325
J. L. Moreno, "Fragments form the Psychodrama of a Dream", in Jonathan Fox, The Essencial Moreno; New York, Springer Publicity Company, 1987, p. 118
Psicoterapia de Grupo e Psicodrama, p. 307

EGO AUXILIAR / NÚMERO DE

(...) La técnica exigía habitualmente más de un auxiliar terapéutico del paciente, tales como auxiliares para inducirlo a comenzar y representantes de los principales papeles que la situación y el paciente pudieran requerir. En lugar de un yo auxiliar, se necesitaron varios. En consecuencia, se llegó a esto: el yo auxiliar original, el psiquiatra, permaneció a cierta distancia, pero se rodeó de un equipo de yos auxiliares a quienes coordirό y dirigió y para quienes esbozó el curso y el objetivo del tratamiento psicodramático.

Psicodrama, p. 251
Psychodrama, v. I, p. 182
Psicodrama (portugués), p. 236

El director debería trabajar con un resto mínimo de energía emocional. Una vez que una producción ha comenzado debe dejar su desarrollo al sujeto. Donde y cuando se requiere orientación debe dejarla al yo auxiliar que participa en las escenas. Debe aprovechar el hecho de que los yo auxiliares son extensiones de su propia persona, permitiéndoles comprometerse subjetivamente, pero manteniéndose él mismo a distancia, objetivo y no implicado. Esto tiene la ventaja de mantenerlo fuera de las relaciones de transferencia y tele, pero puede observar y corregir las que se establecen entre el sujeto y los yos auxiliares en el escenario, en el curso de la acción. Muchas veces hemos visto que el sujeto se ha enamorado o se ha hecho dependiente del yo auxiliar que trabaja con él. Este fenómeno, que a menudo resulta fatal en la situación psicoanalítica, puede ser fácilmente corregido en el procedimiento psicodramático, pues el principal ingeniero de la terapéutica está fuera de la situación y puede cambiar el papel y las tácticas del yo auxiliar respecto al sujeto, o reemplazar al yo auxiliar por otro actor terapéutico.

Psicodrama, p. 344
Psychodrama, v. I, pp. 257-258
Psicodrama (portugués), p. 314

EGO AUXILIAR / ORIGEN DEL CONCEPTO

(...) Era todavía el agente principal en el proceso de curación. (...) Cuando las interrelaciones implicadas en una neurosis social

se hicieron amplias, aquél se vio obligado a hacer uso de otros agentes terapéuticos, y apartarse de la escena para convertirse en un yo auxiliar a distancia.
> Psicodrama, p. 328
> Psychodrama, v. I, p. 245
> Psicodrama (portugués), p. 300

Cuatro razones determinaron la introducción del ego auxiliar en el psicodrama; una de ellas es la *razón económica*. Fue porque la distancia real, geográfica, hacía necesaria la presencia de personas que vivían muy lejos del lugar de la escena. Dos, *una razón sociológica*. Los individuos que pueblan el mundo privado del paciente pueden hallarse imposibilitados para intervenir, debido a sus propias obligaciones sociales. Tres, una *razón psicológica* ayudaba al terapeuta a no comprometerse, para poder mantener su objetividad y neutralidad. El ego auxiliar alivia al terapeuta de la necesidad de desempeñar un determinado papel frente al paciente. El terapeuta principal puede permitirse ser neutral y objetivo, y ello ayuda al paciente a mantenerse a una distancia psicológicamente razonable de él. Cuatro, *una razón terapéutica*: a menudo es preferible no tener presente en la escena a la persona *real* de que se trata.
> Las Bases de la Psicoterapia, pp. 366-367
> Psychodrama: Foundations of Psychotherapy, v. 2, pp. 231-232
> Fundamentos del Psicodrama, p. 246

EGO AUXILIAR / ORIGEN DEL CONCEPTO / ACTOR DE RESCATE

El director de la representación espontánea debe ser capaz de actuar *sub especie momenti*. Existen individuos que tienen mayor o menor talento para la función de director, pero hay ciertas habilidades de la dirección que se pueden aprender. Cuenta, fuera de escena, con un conjunto de actores de reserva que envía al escenario con "ideas salvadoras", en casos de situación peligrosa. Cuando el director da una señal de rescate, los actores de reserva y los actores que están sobre el escenario saben que se avecina una crisis. (…) El actor que sale al rescate permanece sobre el escenario y toma parte en la acción hasta la finalización de la etapa crítica. Al comenzar la nueva etapa, el liderazgo podrá trasladarse al protagonista que lo tenía anteriormente. Pero la perturbación de una escena puede ser tan grande como para que el director se vea obligado a forzar la rápida finalización de la obra, y a pesar de ello hacer de la obra una unidad estética. En ese caso envía un tipo especial de actor de rescate, el "actor de remate".
> El Teatro de la Espontaneidad, pp. 128-129
> The Theater of Spontaneity, p. 71
> O Teatro da Espontaneidade, p. 88

EGO AUXILIAR / PACIENTE COMO EGO AUXILIAR

(…) Existe un método inverso fundado en una relación particularmente eficaz descubierta en el psicodrama, y que consiste en dejar que un yo auxiliar sea el actor principal, esto es, que personifique al paciente, mientras que el paciente mismo actúa en un papel secundario, como yo auxiliar de sí mismo.
> Psicomúsica y Sociodrama, p. 213
> Psychodrama, v. I, pp. 397-398
> Psicodrama, p. 468

(…) Los egos-auxiliares son actores que representan personas ausentes, tal como aparecen en el mundo privado del paciente. Los mejores egos-auxiliares son pacientes anteriores que lograron, por lo menos, una recuperación temporal y los egos terapéuticos profesionales oriundos de un medio sociocultural semejante al del paciente. Si es posible una elección, los egos-auxiliares "naturales" son preferibles que los profesionales, por muy bien adiestrados que estos últimos estén.

Psicodrama, no hay
Psychodrama, v. I, p. xvi, Introduction to 4th Edition
Psicodrama (português), p. 42, Introdução à 4ª Edição

b) cómo puede utilizarse la técnica del sueño como método de grupo; todos los egos auxiliares son pacientes.

Psicoterapia de Grupo y Psicodrama, p. 321
Inglés, no hay
Psicoterapia de Grupo e Psicodrama, p. 302

(…) Por la experiencia clínica sabemos que los mejores egos auxiliares son los antiguos pacientes que se han recuperado, al menos temporalmente, y los egos terapéuticos profesionales, que tienen un fondo sociocultural análogo al del paciente. Cuando hay la posibilidad de elegir, lo mejor es utilizar egos auxiliares profesionales.

Psicoterapia de Grupo y Psicodrama, p. 395
Inglés, no hay
Psicoterapia de Grupo e Psicodrama, p. 370

EGO AUXILIAR / PACIENTES ELIGEN EGOS

La escena comienza eligiendo María sus propios actores terapéuticos para representar las figuras más significativas de su mundo imaginario (…) El método de elegir por sí mismo los egos auxiliares se aplica también a los auxiliares terapéuticos, que pueden a su vez aceptar o rechazar la elección.

Psicoterapia de Grupo y Psicodrama, p. 371
Inglés, no hay
Psicoterapia de Grupo e Psicodrama, p. 351

La regla general es que en el psicodrama clásico los propios pacientes elijan o rechacen a los egos auxiliares que han de representar papeles importantes de su vida. En principio, también los egos auxiliares tienen la libertad de aceptar o rechazar los papeles que deban desempeñar. Pero hay excepciones a esta regla, por ejemplo, cuando se le encarga al ego auxiliar que interprete un papel que el paciente necesita, por más que no se adapte especialmente a este ego auxiliar o cuando el paciente es colocado por el médico en una situación o papel que no le conviene.

Psicoterapia de Grupo y Psicodrama, p. 384
Inglés, no hay
Psicoterapia de Grupo e Psicodrama, pp. 361-362

EGO AUXILIAR / PSICOSIS

Hay pacientes con los cuales la comunicación se ve reducida al mínimo. Cuanto menos diferenciado y completo es el Yo, tanto más especializada y concienzuda debe ser la ayuda prestada desde fuera por un ego auxiliar. Cuanto más perturbada está la organización psíquica de un paciente, tanto mayor será el número de los medio que debe aplicar el ego auxiliar y tanto más necesaria será la iniciativa del director terapéutico. Pueden necesitarse numerosos egos auxiliares. En el caso de una psicosis grave y consolidada la tarea de lograr éxito en el trata miento puede ser insoluble par los egos auxiliares. El paciente neurótico – por muchas ayudas que necesite para conseguir un resultado satisfactorio –, no deja de vivir en gran parte en el *mismo* mundo que nosotros. En el caso del paciente psicótico, la realidad normal se halla sustituida por ideas delirantes y por elementos alucinados. El paciente necesita algo más que un ego auxiliar, necesita un *mundo auxiliar.*

Psicoterapia de Grupo y Psicodrama, p. 342
Psychodrama, v. I, p. 220
Psicoterapia de Grupo e Psicodrama, p. 327

3) Hay otra técnica en la que el protagonista tiene que hacer el trabajo principal. La

participación de los egos auxiliares se reduce a un mínimo. Especialmente el paciente esquizofrénico siente el impulso, al principio del tratamiento, de representar él todos los papeles. No puede soportar que un extraño desempeñe sus papeles más íntimos. Cuando poco a poco llegue a tolerar que otra persona actúe junto con él, habrá que ver en ello un signo de progreso hacia su integración en el orden social: es una prueba de la realidad.
    Psicoterapia de Grupo y Psicodrama, p. 370
    Inglés, no hay
    Psicoterapia de Grupo e Psicodrama, p. 350

(…) María transfirió sus sentimientos a los egos auxiliares y se hizo dependiente de ellos por ser ellos los que encarnaban a sus "juanes" y a otras personas imaginarias. Se convirtieron como en partes de sí misma. Ésta es una de las *funciones esenciales* de los egos auxiliares: liberar al paciente de las alucinaciones, la forma más extrema de la soledad.
    Psicoterapia de Grupo y Psicodrama, pp. 382-383
    Psychodrama: Action Therapy & Principles of Practices, v. 3, p. 188
    Psicoterapia de Grupo e Psicodrama, p. 360

Los agentes terapéuticos primordiales son los egos auxiliares. Actúan como ayudantes del terapeuta principal, pero al mismo tiempo tienen una cohesión íntima con el mundo del paciente. El ego-auxiliar asume deliberadamente el rol que el paciente necesita o que desea que represente. El éxito de la intervención del terapeuta auxiliar depende del grado de su capacidad de encarnar a la persona con quien el paciente desea encontrarse.
    Las Bases de la Psicoterapia, p. 315
    Psychodrama: Foundations of Psychotherapy, v. 2, p. 195
    Fundamentos del Psicodrama, p. 212

(…) El ego auxiliar trata de hacer innecesarias las alucinaciones del paciente o de debilitar su impacto, proporcionándole representaciones actuales y tangibles de una figura materna aceptable.
    Las Bases de la Psicoterapia, p. 316
    Psychodrama: Foundations of Psychotherapy, v. 2, p. 196
    Fundamentos del Psicodrama, p. 213

(…) Es evidente que aquí hay que tener el mayor de los cuidados para evitar exceso o para impedir que los egos auxiliares exploten la ventaja que tienen sobre los pacientes para satisfacer necesidades propias. Sobre el ego auxiliar pesa una responsabilidad.
    Las Bases de la Psicoterapia, p. 318
    Psychodrama: Foundations of Psychotherapy, v. 2, p. 197
    Fundamentos del Psicodrama, p. 214

EGO AUXILIAR / TÉCNICA DEL EGO AUXILIAR DEL PACIENTE

Otro método consiste en dejar que el paciente (A) retorne al grupo y comenzar con el otro paciente (B), llamando entonces al paciente A para que sea un ego auxiliar en cualquier episodio relativo a B, por ejemplo, actuando como su padre, como policía o médico. Esta es la "técnica del ego auxiliar del paciente". A, que no quería mostrar sus propios problemas, puede estar dispuesto a ayudar a otro miembro del grupo a presentar los suyos.
    Psicodrama, no hay
    Psychodrama, v. I, pp. viii-ix, Introduction to 3rd Edition
    Psicodrama (português), p. 32, Introdução à 3ª Edição

EGO AUXILIAR / TRANSFERENCIA / OBJETIVIDAD CIENTÍFICA

(…) El método psicodramático posee una técnica que podría haber promovido el progreso del psicoanálisis, la técnica del ego auxiliar o del terapeuta auxiliar. En la situación psicodramática el terapeuta máximo, o analista, si se prefiere, tiene a mano terapeutas coadyuvantes, los llamados egos auxiliares, a quienes se les permite entrar en una relación más íntima con el paciente. En lugar del terapeuta mismo, son así los egos auxiliares los que se transforman en el blanco inmediato de la transferencia. (…) Los egos auxiliares son como los ayudantes en una intervención quirúrgica, realizan una función integral en la ayuda que prestan al paciente para presentar y resolver su problema. Se encuentran, por lo tanto, no sólo de parte del terapeuta, sino, más aún, de parte del paciente. El riesgo de un "amor de transferencia" hacia el terapeuta es, en alguna medida por lo menos, más reducido o se ha transformado, porque es parte de la técnica psicodramática el permitir que los sentimientos de amor y de odio sean abiertamente expresados tanto por el protagonista como por los terapeutas auxiliares. (…) Las emociones que surgen entre egos auxiliares y pacientes no son de tipo transferencia sino poco más o menos de verdadero amor y verdadero odio.

Las Bases de la Psicoterapia, pp. 162-164
Psychodrama: Foundations of Psychotherapy, v. 2, p. 96
Fundamentos del Psicodrama, p. 112

Hipótesis V: La intercalación de terapeutas auxiliares tiende a hacer disminuir la tensión transferencial entre el terapeuta principal y el paciente y a incrementar las comunicaciones tele entre ellos.

Las Bases de la Psicoterapia, p. 165
Psychodrama: Foundations of Psychotherapy, v. 2, p. 97
Fundamentos del Psicodrama, p. 113

(…) Por lo tanto, el yo auxiliar debe aprender a separarse tanto como pueda de todo factor perteneciente a su propia vida colectiva que pudiera inclinarlo hacia una u otra de las culturas retratadas. Puede ser preciso realizar un elaborado entrenamiento de la espontaneidad antes de que sus propios conflictos colectivos dejen de afectar su función como auxiliar en este aspecto del tratamiento de las relaciones interculturales. Sin embargo la preparación y el entrenamiento más cuidadoso del director y de los yos auxiliares no logrará transformarlos en esteriotipados receptores de roles. Pero debería proporcionarles una base sólida para llevar a cabo un difícil proyecto social y cultural. (…) Y, en último término, aunque no sea por cierto lo menos importante, deben ser capaces de subjetivar rápidamente las experiencias de los verdaderos informantes. Para poder actuar de esta manera es preciso una actitud al mismo tiempo vigilante y espontánea.

Psicomúsica y Sociodrama, p. 156
Psychodrama, v. I, pp. 362-363
Psicodrama, p. 422

El yo auxiliar presta a la función del investigador social una calidad que es imposible para el investigador en las ciencias naturales.
(…) No se puede estudiar el prejuicio del yo auxiliar – sus limitaciones sociales y culturales – sino a la luz de su trabajo real.

Psicodrama, pp. 346-347
Psychodrama, v. I, p. 260
Psicodrama (portugués), p. 316

El director debería trabajar con un resto mínimo de energía emocional. Una vez que una producción ha comenzado debe dejar su desarrollo al sujeto. Donde y cuando se requiere orientación debe dejarla al yo auxiliar que participa en las escenas. Debe aprovechar el hecho de que los yo auxiliares son extensiones de su propia persona, permitiéndoles comprometerse subjetivamente, pero manteniéndose él mismo a distancia, objetivo y no implicado. Esto tiene la ventaja de mantenerlo fuera de las relaciones de transferencia y tele, pero puede observar y corregir las que se establecen entre el sujeto y los yos auxiliares en el escenario, en el curso de la acción. Muchas veces hemos visto que el sujeto se ha enamorado o se ha hecho dependiente del yo auxiliar que trabaja con él. Este fenómeno, que a menudo resulta fatal en la situación psicoanalítica, puede ser fácilmente corregido en el procedimiento psicodramático, pues el principal ingeniero de la terapéutica está fuera de la situación y puede cambiar el papel y las tácticas del yo auxiliar respecto al sujeto, o reemplazar al yo auxiliar por otro actor terapéutico.

Psicodrama, p. 344
Psychodrama, v. I, pp. 257-258
Psicodrama (portugués), p. 314

EGO AUXILIAR / TRATAMIENTO Y RESISTENCIA DE LOS EGOS AUXILIARES / EFECTO PSICODRAMÁTICO

(...) Un ego auxiliar puede, de cuando en cuando, rechazar por motivos profesionales un papel que le impone el protagonista. El motivo del rechazo puede ser, por ejemplo, el hecho de que el paciente exija siempre papeles románticos o sádicos o papeles de gran delirio, a través de los cuales el paciente intenta humillarlo. (...) Este tipo de resistencia por parte del ego auxiliar se suele llamar "*resistencia por razones terapéuticas*".

Psicoterapia de Grupo y Psicodrama, pp. 383-384
Inglés, no hay
Psicoterapia de Grupo e Psicodrama, pp. 361

Psicoterapia de Grupo y Psicodrama, p. 133
Inglés, no hay
Psicoterapia de Grupo e Psicodrama, p. 120

(...) La regla general es que en el psicodrama clásico los propios pacientes elijan o rechacen a los egos auxiliares que han de representar papeles importantes de su vida. En principio, también los egos auxiliares tienen la libertad de aceptar o rechazar los papeles que deban desempeñar. Pero hay excepciones a esta regla, por ejemplo, cuando se le encarga al ego auxiliar que interprete un papel que el paciente necesita, por más que no se adapte especialmente a este ego auxiliar o cuando el paciente es colocado por el médico en una situación o papel que no le conviene.

Psicoterapia de Grupo y Psicodrama, p. 384
Inglés, no hay
Psicoterapia de Grupo e Psicodrama, pp. 361-362

EGOÍSMO

(...) En cambio, en un drama espontáneo, este problema simple puede convertirse en un gran obstáculo. Se necesita una especie de "ausencia espontánea de egoísmo" por parte de cada actor, para que el otro pueda hablar o actuar hasta el fin, para no interrumpirlo mientras no esté caldeado hasta su punto máximo.

El Teatro de la Espontaneidad, p. 118
The Theater of Spontaneity, p. 65
O Teatro da Espontaneidade, p. 81

ELECCIÓN

Elecciones – las elecciones son hechos fundamentales en todas las relaciones humanas continuas: elección de personas y de cosas. Es irrelevante el hecho de que las motivaciones sean del conocimiento de quien elige o no; estas son significativas nada más como indicaciones de su índice cultural y ético. Tampoco importa si son desarticuladas o altamente expresivas, irracionales o racionales. Las elecciones no necesitan de cualquier justificativa especial, siempre que sean espontáneas y verdaderas para el yo de quien elige. Son hechos del primer orden existencial.

Fundamentos de la Sociometría, no hay
Who Shall Survive?, p. 720
Quem Sobreviverá, v. 3, p. 215

ELECCIÓN / COMPAÑEROS DE GRUPO

40. El único factor extraordinario que determina el éxito o el fracaso de la psicoterapia de grupo es la elección espontánea de los miembros o la afinidad espontánea entre ellos. Necesitan estar conectados por afinidades espontáneas para que un sea agente terapéutico del otro. No importa si las elecciones son decisiones maduras – resultado adecuado del procedimiento sociométrico – u obtenidas, inconscientemente, por experimento natural. Si estas afinidades existiesen, automáticamente, como hecho consumado – como imaginamos que las hormiguitas que caminan hacia su hormiguero están conectadas unas con otras – no habríamos sentido la necesidad de la sociometría ni esta habría sido creada.

Fundamentos de la Sociometría, no hay
Who Shall Survive?, pp. 712-713
Quem Sobreviverá?, v. 3, p. 204

ELECCIÓN / INTENSIDAD

Intensidad de la Elección – es medida por la cantidad de tiempo realmente usada junto a las personas elegidas contra la cantidad de tiempo que el individuo anhela pasar con sus elegidos. ("Time as a Quantitative Index of Interpersonal Relations", Bibilografía).

Fundamentos de la Sociometría, no hay
Who Shall Survive?, p. 720
Quem Sobreviverá?, v. 3, p. 215

ELECCIÓN / RECÍPROCA

Elección recíproca – elegir y ser elegido con base en el mismo criterio; un par.

Par – elegir y ser elegido con base en el mismo criterio; elección recíproca.

Triángulo – tres individuos que se eligen con base en el mismo criterio.

Corriente – serie abierta de elecciones mutuas con base en cualquier criterio – A elige a B, B elige a A, B elige a C, C elige a B, C elige a D, D elige a C etc.

Estrella – individuo que recibe un número esperado de elecciones, o más, con base en el mismo criterio [Observe la diferencia entre estrella y líder popular].

Fundamentos de la Sociometría, no hay
Who Shall Survive?, p. 720
Quem Sobreviverá?, v. 3, p. 214

ELECCIÓN / SOCIOMÉTRICA

23. Hipótesis de la constancia de elección. La elección del individuo – y es de gran importancia ética que el individuo haga su elección (y que ésta no sea hecha en su nombre), no quiere decir que sea "individual". Consciente o inconsciente, el individuo es el camino para importantes valores y aspiraciones colectivas. Sin embargo, como el individuo no es un autómata y sí agente vivo, espontáneo, siempre que la elección emerja, hay un encuentro de fuerzas colectivas y particulares de la comunidad. Nos parece que el lugar de la elección y de la decisión es el cortex cerebral. Aunque la perspectiva fisiológica no tenga relación directa con la investigación, todavía señala la importancia del "entrenamiento de elección". Por ser elementos centrales del método sociométrico, tanto la elección, como la decisión y acción aumentan su desarrollo siempre que un test es aplicado o algún experimento realizado.

Las elecciones tienden a ser constantes, esto es, a repetirse en puntos distantes en el tiempo, en proporción a la libertad para la espontaneidad experimentada por los individuos en la época del test.

24. Hipótesis del equilibrio social, "socioestasis". Si el ir y venir de las elecciones de determinado grupo fueran equivalentes (1:1), la tendencia de su organización y el comportamiento de sus miembros será el equilibrio.

Esta regla indica la dirección que el comportamiento del grupo toma, sin embargo no sugiere que 50/50 sea la distribución ideal del sentimiento social del grupo. Para que ésta sea determinada, es necesario hacer un análisis estructural. La condición más favorable puede diferir según el criterio y el grupo.

25. Hipótesis de la desorganización social. Si la mayoría de las elecciones fueran para fuera del grupo (centrífugas) la tendencia de su organización será la disolución mientras la tendencia del comportamiento de sus miembros, la irregularidad. Esta tendencia a la disolución del grupo aumentará en proporción directa al número de elecciones para fuera y alcanzará su ápice cuando todas las elecciones sean dirigidas a los miembros del grupo de afuera y ninguna a los miembros del grupo de adentro.

26. Hipótesis de "procreación" social. Si la mayoría de las elecciones fueran dirigidas al propio grupo (centrípetas), la tendencia de su organización será la filtración, debido a la yuxtaposición de elecciones y al comportamiento de sus miembros rumbo al enfado mutuo. Con el exceso de elecciones – mayoría aplastante – para el grupo de adentro, la consecuencia será estímulo de rechazos internos.

27. Hipótesis de la disminución sociodinámica, *entropía* social. El enfriamiento de la expansión emocional de miembros de determinada comunidad o la disminución del interés sociodinámico por otros alcanza su clímax cuando el influjo de cualquier novato en la comunidad no despierta, en sus habitantes, la posibilidad de nuevas elecciones; la espontaneidad colectiva llega a su cero su entropía social. La entropía social alcanza el punto máximo cuando se extinguen, completamente, las elecciones y rechazos. Sólo prevalece la diferencia. La espontaneidad del grupo "se debilita" y es substituida por agregación de individuos dejados, completamente, al azar.

28. Hipótesis de la "ambivalencia" de elecciones. Cuando alguien elige y rechaza a determinada persona en el mismo test, las causas de este comportamiento pueden variar.

a) Dos o más criterios entraron en la relación, mezclando sus sentimientos, como, por ejemplo, A elige B porque él se siente sexualmente atraído por ella, pero la rechaza por ser negra. Aquí hay un criterio particular y otro colectivo en el conflicto, produciendo elección ambivalente. Otro ejemplo: A elige B como colega de trabajo, pero lo rechaza como compañero de cuarto; la ambivalencia puede ser explicada si los dos criterios fueran separados y dos tests diferentes fueran construidos. Un criterio vago, como "¿Quién es tu mejor amigo, aquí?", puede resultar en una elección ambivalente. De esta forma, el análisis sociométrico es capaz de resolver la así denominada psicodinámica del inconsciente.

b) Si determinado individuo se siente atraído por otros tres, por las mismas razones y con igual intensidad, él puede colocarlos en el mismo nivel de preferencia. Tendrá, entonces, tres primeras elecciones. Necesitará, sin embargo, decidirse por una persona con quien se casará; esto puede producir algún resentimiento contra él por parte de las personas con quien él no se casó, simplemente porque no pudo casarse con las tres opciones, al menos en nuestra cultura. La consecuencia será, entonces, ambivalencia de sentimientos.

c) La ambivalencia, a veces, se debe a la confusión de roles en la elección sociométrica. Un ejemplo es la joven que siente atracción por determinado muchacho porque él la mantiene, lo rechaza como amante, siente atracción por él como papá de su hijo, lo rechaza por ser hijo de su suegra y por ser medio-judío. Vemos aquí, que muchos factores entran en una "elección"; criterios particulares y colectivos, físicos y axiológicos. Sin embargo, cualquiera que sean los factores dinámicos que interfieran en la elección, el hecho de que determinado individuo hace una elección específica, toma una decisión, indica que la fuerza cuantitativa se encuentra, por lo menos en la época del test, favorable al individuo elegido.

d) La ambivalencia puede ser causada por criterios internos, por la estructura de la autotele en pacientes mentales.

>Fundamentos de la Sociometría, no hay
>Who Shall Survive?, pp. 707-710
>Quem Sobreviverá?, v. 3, pp. 199-201

34. Si los miembros de determinado grupo que ya alcanzó la objetividad madura de la conciencia sociométrica responden libremente acerca de sus elecciones – rechazos e indiferencias con relación a todos los criterios activos de la comunidad en la época del test – el caldeamiento los llevará – debido a la dinámica de la situación en que se encuentran involucrados – a la revelación más profunda y más amplia concentrada y articulada de sus situaciones sociales, a través de instrumentos capaces de movilizar y exponer expresiones más complicadas. En otras palabras, el verdadero test sociométrico es el primer paso básico en el desdoblamiento de procesos sociales continuos y no puede ser despreciado.

>Fundamentos de la Sociometría, no hay
>Who Shall Survive?, p. 711
>Quem Sobreviverá?, v. 3, pp. 202-203

ELECCIÓN / DEL TERAPEUTA

41. La elección del terapeuta es frecuentemente enfatizada por psicoanalistas. *La elección del terapeuta, en la terapia individual, es similar a la elección de los miembros participantes, en la psicoterapia de grupo.* En este último caso, entretanto, esta elección es mucho más importante que en el primero.

>Fundamentos de la Sociometría, no hay
>Who Shall Survive?, p. 713
>Quem Sobreviverá?, v. 3, p. 204

ENCUENTRO

(…) En el principio era el encuentro. "Y cuando estés conmigo, yo te sacaré los ojos de sus cuencas y los pondré en lugar de los míos y tú me arrancarás los míos y los pondrás en lugar de los tuyos, para mirarte con tus ojos y que tú me mires con los míos."

>Psicoterapia de Grupo y Psicodrama, p. 81
>Inglés, no hay
>Psicoterapia de Grupo e Psicodrama, pp. 71-72

El concepto de encuentro está en el centro de la psicoterapia de grupo. Las palabras "interhumano" o "interpersonal" son conceptos limitados, académicos, pálidos, en comparación con el concepto vivo, universal, del "encuentro". La palabra "encuentro" abarca muy diversos sectores vitales. Significa estar juntos, encontrarse, tocarse dos cuerpos, ver y observar, palpar, sentir, compartir y amar, comunicación mutua, conocimiento intuitivo mediante el silencio o el movimiento, la palabra o el gesto, el beso o el abrazo, unificarse – *una cum uno*. La palabra encuentro tiene por raíz "contra". Abarca, por consiguiente, no sólo las relaciones amistosas, sino también las hostiles y amenazadoras: enfrentarse uno a otro, actuar en contra, reñir. Encuentro es una categoría del ser, única e irremplazable.

>Psicoterapia de Grupo y Psicodrama, p. 81
>Inglés, no hay
>Psicoterapia de Grupo e Psicodrama, p. 72

(…) Encuentro quiere decir que dos personas no sólo se hallan juntas sino que se experimentan una a otra, se captan, cada una con la totalidad de su ser. No se un contacto limitado, como la reunión profesional de un médico o terapeuta con el paciente, ni un contacto meramente intelectual, como el que existe entre un observador y su objeto.

Psicoterapia de Grupo y Psicodrama, p. 81
Inglés, no hay
Psicoterapia de Grupo e Psicodrama, p. 72

"Encuentro" significa más que una vaga relación interpersonal (*zwischenmenschliche Beziehung*). Significa que dos o más personas se encuentran, pero no solamente para enfrentarlas, sino para vivir y experimentarse mutuamente, como actores cada uno según su propio derecho, no como un encuentro "profesional" (del método de casos de un médico o un observador participante con sus sujetos), sino un encuentro de dos personas.

Psicodrama, p. 337
Psychodrama, v. I, p. 251
Psicodrama (portugués), pp. 307-308

IDEM EN

(...) Un encuentro de dos: ojo a ojo, cara a cara.
Y cuando estés cerca arrancaré tus ojos
y los colocaré en el lugar de los míos,
y tú arrancarás mis ojos
y los colocarás en el lugar de los tuyos,
entonces te miraré con tus ojos
y me mirarás con los míos.

Psicodrama, p. 17
Psychodrama, v. I, first page
Psicodrama (portugués), p. 9

IDEM EN

Fundamentos de la Sociometría, no hay
Who Shall Survive?, p. 65
Quem Sobreviverá, v. I, p. 169

ENCUENTRO / ORIGEN

El encuentro de dos o más condujo a la formación de un pequeño grupo, que se convirtió en el núcleo del "nosotros", nuestro primer intento de psicoterapia de grupo en Viena (1911). Los miembros de esta primera unidad de psicoterapia de grupo fueron *todos* terapeutas. Nuestro objetivo era ayudarnos mutuamente.

Psicoterapia de Grupo y Psicodrama, p. 82
Inglés, no hay
Psicoterapia de Grupo e Psicodrama, p. 72

ENCUENTRO / TRANSFERENCIA / EMPATÍA

(...) Las personas se encuentran con todas sus fuerzas y debilidades, llenas de espontaneidad y creatividad; el encuentro vive en el aquí y el ahora. El encuentro es, pues, esencialmente distinto de lo que los psicoanalistas llaman "transferencia". Es también destino de lo que los psicólogos llaman "empatía" (*Einfühlung*). Se mueve del yo al tú y del tú al yo. Es *Zwoifühlung*, tele.

Psicoterapia de Grupo y Psicodrama, p. 82
Inglés, no hay
Psicoterapia de Grupo e Psicodrama, p. 72

1. *El principio fundamental subyacente a todas las formas de psicoterapia es el encuentro, y no la transferencia del psicoanálisis.*

Las Bases de la Psicoterapia, pp. 371-372
Psychodrama: Foundations of Psychotherapy, v. 2, p. 234
Fundamentos del Psicodrama, p. 249

ENERGÍA

(...) Según la teoría sociométrica, hay dos formas de energía: "conservable" e "no conservable". Ejemplo del primer tipo es la ley de la conservación de energía, postulada por físicos o la "conservación natural" descrita por la sociometría. Un ejemplo del segundo tipo es la espontaneidad.

>Fundamentos de la Sociometría, no hay
>Who Shall Survive?, p. 696
>Quem Sobreviverá?, v. 3, p. 185

5. La distribución de energía en el espacio social ocurre de acuerdo con la ley de la gravitación social. La fórmula sociométrica de la gravitación social es: "Persona 1 (P1) y Persona 2 (P2) se mueven, una en dirección a la otra, entre el lugar X y el Y – en proporción directa a la cantidad de atracción enviada (a1) o recibida (a2) y en proporción inversa a la cantidad de rechazo enviado (r1) o recibido (r2), siendo la distancia física (d) entre los dos lugares constante y la facilidad de comunicación entre X y Y, igual."

>Fundamentos de la Sociometría, no hay
>Who Shall Survive?, p. 696
>Quem Sobreviverá?, v. 3, p. 185

ENTROPÍA SOCIAL

27. Hipótesis de la disminución sociodinámica, *entropía* social. El enfriamiento de la expansión emocional de miembros de determinada comunidad o la disminución del interés sociodinámico por otros alcanza su clímax cuando el influjo de cualquier novato en la comunidad no despierta, en sus habitantes, la posibilidad de nuevas elecciones; la espontaneidad colectiva llega a su cero, su entropía social. La entropía social alcanza el punto máximo cuando se extinguen, completamente, las elecciones y rechazos. Sólo prevalece la diferencia. La espontaneidad del grupo "se debilita" y es substituida por agregación de individuos dejados, completamente, al azar.

>Fundamentos de la Sociometría, no hay
>Who Shall Survive?, pp. 708-709
>Quem Sobreviverá?, v. 3, p. 200

ENVIDIA

ENVIDIA / DEL CREADOR / AMOR DEL CREADOR

(...) Este fenómeno puede ser denominado "envidia del creador". Las personas como él, como precursores de los que desempañan la función de "relaciones-públicas" en nuestra era iluminada, pueden haber aparecido, frecuentemente, en el curso de la Historia, héroes del pueblo, actuando concomitantemente, como antigenios y genios. (...) Existieron, frecuentemente, genios rivales en conflicto entre sí; el fuego fue robado a cada generación y así, gradualmente, la metodología científica desarrollándose [se refiere al mito de Prometeo].

>Fundamentos de la Sociometría, no hay
>Who Shall Survive?, p. 25
>Quem Sobreviverá? v. I, p. 135

ENVIDIA / ENVIDIA DE LOS ALEMANES

La mayor parte de los grupos subordinados estaba compuesto por alemanes, y por ello se comprende fácilmente que los grupos dirigentes alemanes padecieran un despecho tanto más vivo cuanto que estaban convencidos de que, legítimamente, tenían el derecho de dirigir a las masas alemanas de obreros y campesinos.

>Fundamentos de la Sociometría, p. 382
>Who Shall Survive?, p. 563
>Quem Sobreviverá?, v. 3, p. 130

ESCENARIO

>Psicodrama, pp. 349-360
>Psychodrama, v. I, pp. 262-276
>Psicodrama (portugués), pp. 319-332

(...) el colocar una plataforma o un tablado en la habitación, o el designar un espacio especial para la representación, concedió una

especie de permiso "oficial" a una práctica tácitamente aceptada. El grupo comprendió entonces que cuando sus emociones profundas pugnaban por hallar una expresión dramática, ese espacio podía ser utilizado para la representación. El tablado no está fuera, sino dentro del grupo.
> Las Bases de la Psicoterapia, p. 308
> Psychodrama: Foundations of Psychotherapy, v. 2, pp. 191-192
> Fundamentos del Psicodrama, p. 208

(...) El espacio vital de la realidad es a menudo estrecho y restrictivo; el paciente puede perder fácilmente el equilibrio. En el escenario tiene mayor facilidad para recuperarlo, gracias a su metodología de la libertad, que lo exime de las tensiones insoportables y posibilita la vivencia y la expresión libres. El espacio del escenario extiende la vida más allá de la "solidez realista" de la vida misma. La realidad y la fantasía no están reñidas, pero ambas funcionan dentro de una esfera más amplia, el mundo psicodramático de los objetos, las personas y los acontecimientos. (...) Las formas y niveles circulares del escenario – niveles de aspiración – apuntan hacia la dimensión vertical, estimulan el alivio de las tensiones y permiten la movilidad y la flexibilidad en la acción. En la parte más elevada del tablado está el nivel del balcón, desde el cual el megalómano, el Mesías, el héroe, se comunica con el grupo.
> Las Bases de la Psicoterapia, pp. 309-310
> Psychodrama: Foundations of Psychotherapy, v. 2, p. 192
> Fundamentos del Psicodrama, p. 209

(...) En el teatro de la espontaneidad, debido a la ausencia de exhibiciones uniforme y ensayadas, repetidas cada noche de la misma manera, se impone automáticamente un nuevo postulado: la necesidad de inventar *una forma de decorado de fondo o trasfondo que pudiera adaptarse a las escenas dramáticas a medida que éstas cambiaban de día en día, o más bien, a medida que iban cambiando centenares de veces dentro de una misma representación, capaz de crear un trasfondo igualmente fluido, adaptable y momentáneo.* La idea era simple. Lo constituían decorados improvisados, unos cuantos trozos de madera de distintos tamaños, colores y formas. Utilizábamos también dibujos improvisados. El pintor que improvisaba subía al escenario e ilustraba ante el auditorio la escena siguiente, y continuaba haciéndolo mientras ésta se iba desarrollando.
> El Teatro de la Espontaneidad, p. 124
> The Theater of Spontaneity, p. 69
> O Teatro da Espontaneidade, p. 85

ESCENARIO / DIVÁN

(...) El primer instrumento es el escenario: ¿Para qué un escenario? Porque procura al paciente un espacio vital donde puede actuar en múltiples direcciones. El espacio de la vida real es a menudo estrecho y sofocante; en él, paciente puede fácilmente perder su equilibrio. Sobre el escenario, gracias a un método que le da amplia libertad, puede librarse de coacciones intolerables y sentirse en condiciones de dar libre curso a sus sentimientos y expresarlos abiertamente. El espacio escénico ofrece a la vida posibilidades de extensión que no posee el original real de la vida misma. La realidad y la fantasía ya no están aquí en conflicto; una y otra participan en una escena más amplia: el mundo psicodramático de los objetos, las personas y los acontecimientos. En este mundo, el espectro del padre de Hamlet es exactamente tan real como el mismo Hamlet: tiene tanto derecho a la existencia como Hamlet. Ilusiones y alucinaciones toman cuerpo y son tan dignas de interés como las percepciones normales. La arquitectura del escenario se adapta a las exigencias terapéuticas. Su forma circular y sus diferentes planos (niveles de aspiración) sugieren la dimensión vertical, favorecen el aflojamiento de las tensiones y permiten que la acción se desarrolle con facilidad. Un psicodrama puede realizarse en cualquier lugar, allí donde estén los pacientes, puede ser el campo de batalla, la sala de clase, la casa familiar. La resolución última de los conflictos mentales profundos exige un ambiente objetivo: el teatro terapéutico.

>Fundamentos de la Sociometría, p. 75
>Who Shall Survive?, p. 82
>Quem Sobreviverá?, v. I pp. 183-184

Cuando entre en el teatro comprendí que se había extraviado y había perdido su forma primordial. En consecuencia, tras haber construido un escenario para el nuevo teatro que debía brindar a la humanidad una especie de religión dramática, muchos me preguntaron quién había influido en mi idea de construir una escena de tales dimensiones, colocada no en la periferia sino en el centro; que no limita los movimientos, sino que los permite ilimitadamente; no abierto solamente hacia el frente sino hacia todos lados; que no tiene ante sí sólo una parte, sino la comunidad entera que lo rodea; con forma de círculo, no de cuadrado, y que no se mantiene en un único nivel, sino que asciende por la dimensión vertical. Mi estímulo no fue el escenario de Shakespeare o el de los griegos: había tomado el modelo de la naturaleza misma.

>El Teatro de la Espontaneidad, p. 27
>The Theater of Spontaneity, p. 4
>O Teatro da Espontaneidade, p. 16

La característica sobresaliente Del teatro legítimo es la estricta separación entre escenario y auditorio.

>El Teatro de la Espontaneidad, p. 61
>The Theater of Spontaneity, p. 31
>O Teatro da Espontaneidade, p. 45

(...) Pero, al terminar con la contraposición entre actores y espectadores, el espacio entero se transforma en un campo de representación. Cada una de sus partes debe ser reflejo del principio de la espontaneidad; ninguna parte puede quedar excluida. El escenario de los actores espontáneos se yergue en el centro del espacio. No está construido a espaldas de uno de los extremos del espacio, escondido como un escenario del mundo nuevo, sino de tal manera que desde todos los asientos se puede ver cada una de sus partes. No se lo construyó en el fondo para dejarlo allí en el suelo, sino que se levanta en la dimensión vertical. Se yergue. No protege sus espaldas con ningún telón de fondo, no busca ayuda ni defensa en la retaguardia, no tiene nada en que respaldarse. Desde el escenario principal unas escaleras suben y bajan en forma de anfiteatro. Conducen a los escenarios especiales construidos dentro mismo del auditorio, en cada uno de los niveles del anfiteatro, listas para ser utilizadas por los espectadores-actores que quieran ingresar en la acción dramática. En el teatro de la espontaneidad la comunidad entera está presente.

>El Teatro de la Espontaneidad, pp. 61-62
>The Theater of Spontaneity, p. 31
>O Teatro da Espontaneidade, p. 45

(...) El primer postulado que establecí para la construcción de ese nuevo teatro era que todo lo que sucediera sobre el escenario debía verse con plena claridad desde cualquier punto del auditorio. De allí la construcción de la escena "redonda" (o circular), la eliminación del "*Guck Kasten Buehne*", (escenario de mundonuevo). Otra consecuencia fue el escenario "abierto", abierto por todos los lados; el actor no tenía dónde refugiarse, ni telón al frente, ni camarines detrás; se lo arrojaba al espacio y allí tenía que actuar. El

acento, pues, estaba en la espontaneidad, en el caldeamiento y en los movimientos sobre el escenario. Todo lo que antes acontecí detrás del escenario, ocurría ahora a la vista del público. Era el teatro de la exposición y la exhibición total.
>El Teatro de la Espontaneidad, p. 166
>The Theater of Spontaneity, p. 99
>O Teatro da Espontaneidade, p. 117

El paso del diván a un espacio libre y pluridimensional fue de gran importancia teórica y práctica. El grupo necesita no sólo un andamiaje *abstracto* sino un espacio concreto en el que puedan desenvolverse libremente las interacciones entre los pacientes. El local puede consistir en un podio sobre el que se sitúa el terapeuta o pueden los pacientes sentarse en círculo sobre sillas o libremente en el suelo.
>Psicoterapia de Grupo y Psicodrama, p. 27
>Inglés, no hay
>Psicoterapia de Grupo e Psicodrama, p. 24

ESCENARIO / INFLUENCIAS EN LA CONSTRUCCIÓN DEL ESCENARIO ABIERTO

Existía una relación perceptible entre la escena abierta y circular del *Stegriftheater* y las experiencias rusas de Wachtongow, Tairow y Mayerhold. La diferencia entre la estructura de mi escenario y la de los rusos radicaba en que el de ellos, aunque revolucionario por la forma, seguía estando dedicado a las representaciones ensayadas; era revolucionario, pues, en lo que se refiere ala expresión externa y al contenido del drama, mientras que la revolución que yo propugnaba era total, incluyendo al auditorio, a los actores, al dramaturgo y al productor; en otras palabras, a las personas mismas y no solamente a las formas de la representación. De modo que las estructuras arquitectónicas del teatro ruso estaban como a mitad de camino entre los dos extremos, la vieja *Guck Kasten Buehne* por un lado y el escenario abierto, vertical y central del *Stegriftheater*, por el otro.
>El Teatro de la Espontaneidad, pp. 166-167
>The Theater of Spontaneity, p. 100
>O Teatro da Espontaneidade, p. 118

Los factores que influyeron sobre mis ideas no provenían fundamentalmente del teatro; mi idea directriz era la de los espacios abiertos en los que me había movido y actuado con niños, y el propósito de reproducir estos espacios abiertos por medios arquitectónicos. De allí la posibilidad de moverse libremente en un escenario abierto, su orientación centrípeta y su dimensión vertical. Más tarde hallé paralelos históricos en ciertas formas del teatro griego, más que en las del teatro de Shakespeare. (…)

El primer modelo de ese teatro fue construido bajo mi dirección por Paul Honigsfeld y Meter Gorian y se exhibió en Viena, en el año 1924, en la *Internationale Ausstellung Neuer Theatertechnik.*
>El Teatro de la Espontaneidad, p. 167
>The Theater of Spontaneity, p. 100
>O Teatro da Espontaneidade, p. 118

ESCENIFICACIÓN TEATRAL / PSICODRAMA

El psicodrama no exige una escenificación teatral – malentendido frecuente-; se realiza *in situ*, esto es, donde quiera que se encuentre el paciente. Es por decirlo así, un proceso terapéutico natural o real.
>Psicoterapia de Grupo y Psicodrama, p. 119
>J. L. Moreno, "Hypnodrama and Psychodrama", in Group Psychotherapy, Beacon House, n° l, v. iii, April, 1950, p. 5
>Psicoterapia de Grupo e Psicodrama, p. 105

ESPONTANEIDAD

ESPONTANEIDAD / ADECUACIÓN

(...) Por otra parte la adecuación de la conducta puede carecer a tal grado de elementos nuevos que el comportamiento del paciente se vuelva rígido y automático, convirtiéndose en una conserva cultural.
> Psicoterapia de Grupo y Psicodrama, p. 57
> Inglés, no hay
> Psicoterapia de Grupo e Psicodrama pp. 51-52

ESPONTANEIDAD / CALDEAMIENTO

(...) Nacieron muchos más Miguelángeles que el que hizo los grandes cuadros, muchos más Beethóvenes que el que escribió las grandes sinfonías, y muchos más Cristos que el que se convirtió en Jesús de Nazareth. Lo que tienen en común son las ideas creadoras, la motivación, la inteligencia, la actitud y la educación. Lo que los separa es la espontaneidad que, en los casos felices, permite a su portador disponer plenamente de sus recursos, mientras que los que fracasan no saben qué hacer con todos sus tesoros padecen deficiencias en sus procesos de atemperación.
> Psicodrama, p. 139
> Psychodrama, v. I, p. 91
> Psicodrama (portugués), p. 142

ESPONTANEIDAD / CATARSIS

(...) Yo descubrí que el principio común productor de la catarsis es la espontaneidad.
> Psicodrama, no hay
> Psychodrama, v. I, d, Introduction to 4th Edition
> Psicodrama (portugués), p. 20, Introdução à 4ª Edição

ESPONTANEIDAD / CONCEPTO

(...) La espontaneidad es una disposición del sujeto a responder tal como es requerido. Es una condición – un condicionamiento – del sujeto; una preparación del sujeto para una acción libre.
> Psicodrama, p. 161
> Psychodrama, v. I, p. 111
> Psicodrama (portugués), p. 162

(...) La espontaneidad puede estar presente en una persona cuando piensa tanto como cuando siente, cuando descansa tanto como cuando está en acción.
> Psicodrama, p. 162
> Psychodrama, v. I, p. 112
> Psicodrama (portugués), p. 163

(...) A esa respuesta de un individuo ante una situación nueva –y a la nueva respuesta a una situación vieja– la hemos llamado *espontaneidad*.
> Psicodrama, p. 89
> Psychodrama, v. I, p. 50
> Psicodrama (portugués), p. 101

En la actualidad, la espontaneidad sólo aparece ocasionalmente: insita al individuo a sacar partido de una situación nueva o a reaccionar de una manera nueva frente a una situación antigua.
> Fundamentos de la Sociometría, p. 55
> Who Shall Survive?, p. 42
> Quem Sobreviverá?, v. I, p. 149

(...) Podríamos decir que por el proceso del vivir inhalamos la psiquis y que la exhalamos por el proceso de la espontaneidad. Si al inhalar se forma algún veneno, tensiones y conflictos, la espontaneidad los expele.
> El Teatro de la Espontaneidad, pp. 146-147
> The Theater of Spontaneity, p. 82
> O Teatro da Espontaneidade, p. 99

Espontaneidad – es el grado variable de respuestas adecuadas en una situación con grados variables de innovaciones. La novedad tiene que ser calificada según su adecuación *in situ*. Por sí sola, la adecuación del comportamiento tampoco es medida de espontaneidad. Esta debe ser adaptada a lo inusitado. Por ejemplo, un comportamiento extremamente psicótico puede ser tan incoherente que el actor se ve incapaz de resolver cualquier problema concreto, de planear un acto de suicidio, de cortar una rebanada de pan o de resolver problemas racionales. (Nos referimos aquí a la espontaneidad patológica.) La adecuación del comportamiento puede ser muy trivial, resultando en conformidad rígida o automática a la conservación cultural. Tal adherencia puede obscurecer gradualmente, a la modificación de la habilidad del organista y del talento del actor.

La espontaneidad puede ser concebida como un súper catalizador, en términos metafóricos posee función procreativa. La creatividad puede ser concebida como súper sustancia; en términos metafóricos posee función materna.

Fundamentos de la Sociometría, no hay
Who Shall Survive?, p. 722
Quem Sobreviverá?, v. 3, p. 217

ESPONTANEIDAD / CONCEPTO / ORIGEN

(…) Descubrí al hombre espontáneo por primera vez con la edad de cuatro años, cuando traté de jugar a ser Dios, me caí y fracturé mi brazo derecho. Lo descubrí nuevamente cuando, a los diecisiete años, me vi delante de un grupo de personas. Yo había preparado un discurso; era un discurso bueno e inteligente, pero cuando estaba parado allá, tomé conciencia de que no lograría pronuncia ninguna de las cosas buenas y educadas que me había preparado a decir.

Las Bases de la Psicoterapia, p. 227
Psychodrama: Foundations of Psychotherapy, v. 2, p. 137
Fundamentos do Psicodrama, pp. 153-154

ESPONTANEIDAD / CONSERVA

La espontaneidad y la conserva cultural no existen en forma pura, una es una función, un parásito de la otra.

Psicodrama, p. 154
Psychodrama, v. I, p. 105
Psicodrama (portugués), p. 156

ESPONTANEIDAD / CONTRA-ESPONTANEIDAD

(…) El lector, sin embargo, está ausente de la situación primaria, el autor puede hacer de él un objeto impotente. Lo mismo es, en principio, verdad sobre los millones de oyentes de radio que escuchan a determinado locutor. Como en el caso de los lectores, su "contra-espontaneidad" se reduce al mínimo, sus oportunidades de manejar la propia espontaneidad son dificultadas o inclusive anuladas.

Fundamentos de la Sociometría, no hay
Who Shall Survive?, pp. 67-68
Quem Sobreviverá?, v. I, p. 171

13. En el transcurso de la interacción entre dos actores, mientras más caldeado esté uno de ellos, más caldeado el otro se pondrá. Espontaneidad genera contra-espontaneidad.

Fundamentos de la Sociometría, no hay
Who Shall Survive?, p. 706
Quem Sobreviverá?, v. 3, p. 197

(…) Particularmente significativa fue la situación en la cual lo puse después de mis comentarios. Lo agarré de sorpresa, pareciendo un sujeto de test psicodramático. Contra-espontáneamente, tuvo que improvisar sus comentarios.

Fundamentos de la Sociometría, no hay
Who Shall Survive?, p. xlviii, Preludes
Quem Sobreviverá?, v. I, p. 52, Prelúdios

ESPONTANEIDAD / CREATIVIDAD
(Ver también CREATIVIDAD / ESPONTANEIDAD)

ESPONTANEIDAD / CURA

(...) El rol dinámico que la espontaneidad desempeña en el psicodrama, así como en toda y cualquier otra forma de psicoterapia, no debe implicar, entretanto, que el desarrollo y la presencia de la espontaneidad constituyen, *per se*, la cura. Existen formas de espontaneidad patológica que desvirtúan las percepciones, disocian la representación de roles e interfieren en su integración en los varios niveles de la existencia.

Psicodrama, no hay
Psychodrama, v. I, p. xii, Introduction to 3rd Edition
Psicodrama (portugués), p. 37

ESPONTANEIDAD / DEFINICIÓN OPERACIONAL

(...) Espontaneidad (del latín *sua sponte*: desde dentro) es la respuesta adecuada a una nueva situación o la nueva respuesta a una situación antigua. Mediante el "test de espontaneidad" se puede observar y medir el grado de *adecuación* y el grado de *novedad*.

Psicoterapia de Grupo y Psicodrama, p. 57
Inglés, no hay
Psicoterapia de Grupo e Psicodrama, p. 51

Mi definición operacional de espontaneidad es frecuentemente citada de la siguiente manera: El protagonista es desafiado a responder, con un cierto grado de adecuación, a una nueva situación o, con una cierta medida de novedad, a una situación pasada.

Psicodrama, no hay
Psychodrama, v. I, xii, Introduction to 3rd Edition
Psicodrama (portugués), p. 36, Introdução à 3ª Edição

ESPONTANEIDAD / DISCIPLINA

(...) Pero, sin medida alguna y sin disciplina, hasta el interjuego de los actores más creadores podrá fracasar. La labor espontánea representa un desafío tan grande a la organización mental del hombre, que es conveniente no abrir de entrada el camino al fracaso con métodos de tipo laissez faire. Es como si, antes de pegar el salto al drama espontáneo, la razón se adelantara cautelosamente con su lámpara de anticipación intuitiva, trazara un esbozo del terreno que posiblemente irá a encontrar con sus obstáculos y trampas, y decidiera luego la dirección que el salto deberá tomar.

El Teatro de la Espontaneidad, pp. 114-115
The Theater of Spontaneity, p. 63
O Teatro da Espontaneidade, p. 79

ESPONTANEIDAD / ENTRENAMIENTO DE

(...) Una gran parte de la socio y psicopatología humana pude ser atribuida a un desarrollo insuficiente de la espontaneidad. El ejercicio de la espontaneidad es por esto una importante disciplina que debería ser promovida por todos los educadores y terapeutas en nuestras instituciones. Su tarea es despertar y aumentar la espontaneidad de sus discípulos y pacientes.

Psicoterapia de Grupo y Psicodrama, p. 57
Inglés, no hay
Psicoterapia de Grupo e Psicodrama, p. 53

(...) Precisamente, provocamos situaciones tales que suscitaron relaciones de este tipo, a fin de mejorar la conducta de nuestros sujetos en estas situaciones, llevándolos a desempeñar roles o funciones personales en las que hallaron empleo.

Fundamentos de la Sociometría, p. 356
Who Shall Survive?, p. 534
Quem Sobreviverá?, v. 3, p. 98

(...) Es lícito pensar que se podría dirigir la evolución del hombre con ayuda de técnicas de Stegreif, hacia caminos que pueden ampliar y afinar el funcionamiento espontáneo de su herencia: su aptitud para la espontaneidad. De este modo, el problema del aprendizaje no consiste en provocar ni en mantener hábitos, sino más bien en formar la espontaneidad, desarrollando en el hombre el hábito de esta espontaneidad.
> Fundamentos de la Sociometría, p. 358
> Who Shall Survive?, p. 535
> Quem Sobreviverá?, v. 3, p. 100

Se trata, en primer lugar, de elaborar una serie de situaciones en las que puedan encarnarse ciertas actitudes específicas. Estas diferentes situaciones no se elaboran de manera arbitraria; se hallan organizadas sobre la base de los resultados del test sociométrico y del test de espontaneidad aplicados al sujeto que se quiere reeducar. Se gradúan cuidadosamente los esquemas de las situaciones sucesivas: comienzan por adquirir la forma más simple de una situación típica dada y luego presentan forma más finamente diversificadas, que respondan a las necesidades del sujeto.
> Fundamentos de la Sociometría, p. 358
> Who Shall Survive?, p. 536
> Quem Sobreviverá?, v. 3, p. 100

(...) En consecuencia, si deseamos formar y salvaguardar la flexibilidad de la espontaneidad de una personalidad, debemos acudir a la ayuda de la técnica de aprendizaje de la espontaneidad tal como la hemos descrito, a fin de contrabalancear la resignación y la inercia del individuo.
> Fundamentos de la Sociometría, p. 360
> Who Shall Survive?, p. 539
> Quem Sobreviverá?, v. 3, p. 103

(...) El hecho de poseer una preparación cultural y tecnológica elevada parece coincidir de manera alarmante con una mayor inmovilidad de pensamiento y acción.

Esto explica por qué los actores del teatro convencional y sus dramaturgos muy pocas veces son capaces de producir un trabajo espontáneo. Para la producción de estados espontáneos y de ideas espontáneas se requieren individuos que hayan pasado por un aprendizaje específico. Este aprendizaje dará como resultado individuos que habrán aprendido a dar forma rápidamente a sus propias inspiraciones y a reaccionar inmediatamente ante las de los otros.
> El Teatro de la Espontaneidad, p. 76
> The Theater of Spontaneity, p. 40
> O Teatro da Espontaneidade, p. 54

(...) El sistema del aprendizaje de la espontaneidad tiene un objetivo distinto del propio del ensayo dramático legítimo. Se habrá de formar la memoria del actor de modo que cuente con un depósito de "libertad", con una cantidad lo más amplia posible de movimientos a su disposición, de manera que tenga la posibilidad de apelar a distintas respuestas operativas, y esté incondiciones de elegir la que más se adecue a la situación que afronta.
> El Teatro de la Espontaneidad, p. 118
> The Theater of Spontaneity, p. 66
> O Teatro da Espontaneidade, p. 82

(...) El actor, pues, tendrá que aprender a liberarse de los viejos clichés. Por medio de ejercicios de espontaneidad aprenderá a liberarse paulatinamente de los hábitos adquiridos. Deberá almacenar en su cuerpo la mayor cantidad posible de movimientos que serán evocados fácilmente al surgir una idea.
> El Teatro de la Espontaneidad, p. 118
> The Theater of Spontaneity, p. 66
> O Teatro da Espontaneidade, p. 82

ESPONTANEIDAD / ESTADO DE ESPONTANEIDAD

La palabra hablada, que para el actor convencional es el punto de partida, para el actor espontáneo es la etapa final. El actor espontáneo comienza por el *estado de espontaneidad*; (...) El estado de espontaneidad se desarrolla y se "caldea" hasta que se expresa en el plano de la palabra.
> El Teatro de la Espontaneidad, p. 130
> The Theater of Spontaneity, p. 73
> O Teatro da Espontaneidade, p. 89

(...) *No es algo dado como las palabras y los colores. No está conservado, ni registrado. El artista improvisador debe animarse, debe subir la pendiente.* Una vez que recorre el camino ascendente hasta el "estado", éste se desarrolla con todo su poder.
(...) Pues el "estado" motiva a menudo, no solamente un proceso interno, sino también una relación social, externa, este es, una correlación con el "estado" de otra persona creadora.
> Psicodrama, p. 70
> Psychodrama, v. I, pp. 36-37
> Psicodrama (portugués), p. 86

(...) Los estados espontáneos son de corta duración llenos de acontecimientos, a veces saturados de inspiraciones. Los definí como trozos de tiempo, las unidades más pequeñas de tiempo. Es la forma del tiempo que es realmente vivida por un individuo, no solamente percibida o construida.
> Psicodrama, p. 309
> Psychodrama, v. I, p. 226
> Psicodrama (portugués), p. 283

(...) Decidimos dejar actuar al sujeto como si no tuviera pasado, y no estuviera determinado por una estructura orgánica; describir en términos de acción lo que le sucede al sujeto en estos momentos; plegarnos a la evidencia a medida que surge ante nuestros ojos, y derivar exclusivamente de ella nuestras hipótesis de trabajo. El punto de partida fue el estado en el que se arrojó el sujeto mismo con el propósito de expresión. Se lanzó a él voluntariamente. No hubo imágenes pasadas guiándolo, por lo menos no conscientemente. No hubo impulsos a repetir una actuación pasada, o a superarla. Se caldeó hasta un estado de sentimientos, a menudo de modo inadecuado, a tirones. Exhibió un sentido de la relación con personas y cosas en torno de él. Después de unos pocos momentos de tensión vino la relajación y la pausa, el anticlímax. /denominamos a este estado el *estado de espontaneidad*...
> Psicodrama, p. 129
> Psychodrama, v. I, pp. 83-84
> Psicodrama (portugués), p. 134 (notas)

(...) ¿Cómo puede ser educada la espontaneidad? Y más aún, ¿cómo se puede usar técnicas, conscientemente, para estimular la actuación espontánea?
(...) Pero, ¿cómo es posible llegar a un punto de vista sistemático para la educación de un organismo en la espontaneidad? El "aprender a ser espontáneo" presupone un organismo capaz de mantener un estado flexible más o menos permanentemente, y esto está aparentemente en discordancia con muchas teorías psicológicas.
(...) Decidimos dejar actuar al sujeto como si no tuviera pasado, y no estuviera determinado por una estructura orgánica; describir lo que ocurre con el sujeto en esos momentos, en términos de acción; confiar en la evidencia tal como surge ante nuestros ojos, y derivar exclusivamente de ellas nuestras hipótesis de trabajo. (...) Llamamos a este proceso el *estado de espontaneidad*.
> Psicodrama, pp. 182-183

Psychodrama, v. I, pp. 130-131
Psicodrama (portugués), p. 182

Nuestro primer objetivo en este adiestramiento es la consecución del estado de espontaneidad. Tal estado es una característica condición psicofisiológica; se lo puede describir, por ejemplo, como la condición en que se encuentra un poeta que siente el impulso de escribir, o un hombre de negocios cuando se apodera de él la gran Idea; es el *momento* del Amor, de la Invención, de la Imaginación, de la Adoración, de la Creación.
Psicodrama, p. 196
Psychodrama, v. I, p. 141
Psicodrama (portugués), pp. 193-194

ESPONTANEIDAD / FACTOR E / DESARROLLO FISIOLÓGICO / CEREBRAL

(...) Si existe una localización neurológica del proceso de la espontaneidad y de la creatividad, indudablemente constituye la función menos desarrollada del sistema nervioso.
Fundamentos de la Sociometría, p. 60
Who Shall Survive?, p. 47
Quem Sobreviverá?, v. I, p. 154

(...) Pero llega un punto en el desarrollo infantil en el cual la inteligencia y la memoria adquieren predominio, y el factor *e* se ve forzado cada vez más a servirlas. Con la ruptura entre fantasía y realidad, se registra un avivamiento del factor e. Por un momento parecería que será capaz de poner a su servicio a la inteligencia, la memoria y las fuerzas sociales y culturales que dominan el modelo humano. Desde entonces, a medida que el niño crece, el factor *e* se convierte en la función olvidada.
Psicodrama, pp. 123-124
Psychodrama, v. I, pp. 79-80
Psicodrama (portugués), p. 131

Este factor es diferente y algo más, de la determinada energía que se conserva en el cuerpo del recién nacido. (...) a este factor le aplicamos el término de espontaneidad (factor *e*).
Psicodrama, p. 90
Psychodrama, v. I, pp. 50-51
Psicodrama (portugués), p. 101

(...) Pero nos inclinamos a favor de la hipótesis de que el factor *e* no es ni un factor estrictamente hereditario ni un factor estrictamente ambiental. En el presente estado de la investigación biogenética y social parece ser más estimulante suponer que dentro de la esfera de la expresión individual existe una zona independiente entre la herencia y el medio ambiente, influida pero no determinada por fuerzas hereditarias (genes) y sociales (tele). El factor *e* tendría su localización topográfica en esta zona.
Psicodrama, p. 90
Psychodrama, v. I, p. 51
Psicodrama (portugués), p. 101

(...) el hecho de que este factor e pueda ser demostrado y aislado en tesis infantiles de acción y de comportamiento, indica que existe una contraparte somática. (...) La alta sensibilidad del tejido cerebral para el factor *e* o – hablando simbólicamente – la espontaneidad original del tejido cerebral puede ser la razón por la que la ulterior y gradual especialización del cerebro en centros y funciones nunca es rígida ni absoluta.
Psicodrama, p. 91
Psychodrama, v. I, p. 52
Psicodrama (portugués), p. 102

(...) Puede tener valor una revisión del desarrollo del cerebro desde el punto de vista de la teoría de la espontaneidad, y una estimación del grado comparativo de espontaneidad que conserva cada parte del cerebro.
Psicodrama, p. 91

Psychodrama, v. I, p. 52
Psicodrama (portugués), pp. 102-103

IDEM EN

Psicodrama, p. 132
Psychodrama, v. I, p. 86
Psicodrama (portugués), p. 136

Una teoría adecuada de la espontaneidad debe eliminar otras hipótesis dogmáticas, por ejemplo, la consideración de la espontaneidad como una especie de energía psíquica – una cantidad que se distribuye en un campo – que, si no puede hallar realización en una dirección, fluye en alguna otra dirección para mantener el "equilibrio".

Psicodrama, p. 159
Psychodrama, v. I, p. 109
Psicodrama (portugués), pp. 160-161

IDEM EN

Psicodrama, pp. 131-132
Psychodrama, v. I, pp. 85-86
Psicodrama (portugués), p. 136

ESPONTANEIDAD / FACTOR E / ENERGÍA / CATALIZADOR

La Idea de conservación de la energía ha sido el modelo inconsciente de muchas teorías psicológicas y sociales, como, por ejemplo, la teoría psicoanalítica de la libido. De acuerdo con este principio, Freud pensaba que cuando el impulso sexual no puede satisfacerse según su vía normal, debe transferir a otra parte su energía inutilizada. Debe manifestarse – pensaba – bajo una forma patológica o buscar su camino en la sublimación.

Fundamentos de la Sociometría, p. 56
Who Shall Survive?, pp. 42-43
Quem Sobreviverá?, v. I, p. 150

(...) El proceso de liberación (*warming up*) es la operación por la cual se expresa la espontaneidad.

Fundamentos de la Sociometría, p. 56
Who Shall Survive?, p. 42
Quem Sobreviverá?, v. I, p. 150

IDEM EN

Es un truísmo afirmar que el universo no puede existir sin una energía física y mental susceptible de ser conservada. Pero aún más importa comprender que sin la otra forma de energía – la que no se conserva, es decir, sin la espontaneidad – la creatividad del universo no se despertaría; no habría iniciado su curso y habría quebrado en punto muerto.

Fundamentos de la Sociometría, p. 59
Who Shall Survive?, p. 47
Quem Sobreviverá?, v. I, p. 154

El universo es una creatividad infinita. Pero, ¿qué es la espontaneidad? ¿es una forma de energía? Si es energía, y si la idea de espontaneidad no es contradictoria, se debe admitir que no halla sometida a ley de conservación. Por lo tanto, debemos distinguir dos clases de energía: la energía que obedece al principio de la conservación y la energía que no le obedece. Una energía de la primera clase se encuentra en los modelos culturales cristalizados: puede ponerse en reserva o gastarse a voluntad, en tal o cual de sus partes, en tal o cual momento; es comparable a un autómata a disposición de su propietario. Pero hay otra forma de energía que sólo puede surgir súbitamente y se gasta en un instante y que debe gastarse para dejar el campo libre a una nueva emergencia energética: sucede esto con los animales que nacen para morir en el acto de amor.

Fundamentos de la Sociometría, p. 58
Who Shall Survive?, p. 47
Quem Sobreviverá?, v. I, p. 152

El individuo no posee un depósito de espontaneidad, si entendemos por esto una cantidad o un volumen dado. La espontaneidad presenta toda una serie de grados, yendo de cero a un máximo, según los cuales puede estar más o menos rápidamente disponible para el individuo, en quien actúa como un catalizador. (…) La espontaneidad no funciona sino en el momento en que surge; se la puede comparar metafóricamente a la lámpara que se enciende y gracias a la cual todo se hace distinto en la habitación. Cuando la luz se apaga, las cosas siguen ocupando el mismo lugar en la habitación, pero una cualidad esencial ha desaparecido.

> Fundamentos de la Sociometría, p. 57
> Who Shall Survive?, p. 43
> Quem Sobreviverá?, v. I, pp. 150-151

ESPONTANEIDAD / FACTOR E / INTELIGENCIA / CREATIVIDAD

(…) Aunque sea la facultad más universal, y, desde el punto de vista de la evolución, la más antigua, sin embargo constituye el factor menos desarrollado entre aquellos que operan en el mundo del hombre; en efecto, casi siempre es desalentada y contrariada por los mecanismos culturales. Una buena parte de las enfermedades psíquicas y sociales de que sufre la humanidad puede atribuirse a un desarrollo insuficiente de la espontaneidad. Por lo tanto, el acto de educar a los hombres para servirse de su espontaneidad es el mayor provecho que puedan adquirir los terapeutas en todas nuestras instituciones de enseñanza, puesto que su tarea esencial consiste en enseñar a sus alumnos a ser más espontáneos, sin que esto signifique caer en el exceso.

> Fundamentos de la Sociometría, pp. 55-56
> Who Shall Survive?, p. 42
> Quem Sobreviverá?, v. I, p. 149

La espontaneidad y la creatividad no son procesos idénticos, y ni siquiera semejantes. Representan categorías diferentes, si bien se hallan vinculadas entre sí desde un punto de vista estratégico. Cuando se trata de un hombre determinado, su espontaneidad (factor e) puede ser diametralmente opuesta a su creatividad (factor c); dicho de otro modo, tal individuo puede poseer un alto grado de espontaneidad y ser incapaz de crear nada, puede ser un idiota espontáneo. Por el contrario otro individuo puede poseer un alto grado de creatividad pero hallarse desprovisto de toda espontaneidad; es un creador desarmado.

> Fundamentos de la Sociometría, p. 53
> Who Shall Survive?, p. 39
> Quem Sobreviverá?, v. I, p. 147

(…) *La espontaneidad y la creatividad aparecen como perteneciendo a categorías diferentes; la creatividad pertenece a la categoría de la sustancia – es la archisustancia –, la espontaneidad a la categoría de los catalizadores – es el archicatalizador.*

> Fundamentos de la Sociometría, p. 54
> Who Shall Survive?, p. 40
> Quem Sobreviverá?, v. I, p. 147

(…) El factor *e* reduce y limita asimismo el significado de memoria. Los tests de espontaneidad no miden la memoria, y por consiguiente deben ser construidos de tal modo que los factores de la inteligencia, la memoria, el condicionamiento, el gene y el tele sean eliminados tanto como sea posible.

> Psicodrama, p. 121
> Psychodrama, v. I, pp. 73-78
> Psicodrama (portugués), p. 125

(…) Quizá no cambiemos el nivel de inteligencia de un niño idiota, pero podemos

darle mediante la educación de la espontaneidad una vida más plena en el nivel de su capacidad, y orientarlo para ello.
>   Psicodrama, p. 186
>   Psychodrama, v. I, p. 132
>   Psicodrama (portugués), p. 184

(...) En este trabajo, y en investigaciones similares que hemos publicado, se considera a la espontaneidad y la creatividad fenómenos *primarios y positivos,* y no derivados de la libido o de algún otro impulso animal.
>   Psicodrama, p. 87
>   Psychodrama, v. I, p. 49
>   Psicodrama (portugués), p. 99

ESPONTANEIDAD / FACTOR E / MEMORIA

El factor *e* reduce y limita asimismo el significado de memoria, y por consiguiente deben ser construidos de tal modo que los factores de la inteligencia, la memoria, el condicionamiento, el gene y el tele sean eliminados tanto como sea posible.
>   Psicodrama, p. 121
>   Psychodrama, v. I, p. 78
>   Psicodrama (portugués), p. 125

ESPONTANEIDAD / FILOGENIA

(...) En su evolución es probablemente más antigua que la sexualidad, la memoria o la inteligencia. Aunque desde un punto de vista universal y evolutivo sea la más antigua, es la fuerza que se ha desarrollado más débilmente en el hombre y frecuentemente las instituciones culturales la inhiben y desalientan.
>   Psicoterapia de Grupo y Psicodrama, p. 57
>   Inglés, no hay
>   Psicoterapia de Grupo e Psicodrama, pp. 52-53

La espontaneidad constituye el más antiguo de los factores filogenéticos que componen la conducta humana, sin duda más antiguo que la memoria, la inteligencia o la sexualidad. Es un estadio embrionario del desarrollo, pero su potencialidad de educación es ilimitada. Porque puede ser manipulada por el hombre mismo, su liberación es comparable en el plano físico con la liberación de energía nuclear.
>   El Teatro de la Espontaneidad, p. 33
>   The Theater of Spontaneity, p. 7
>   O Teatro da Espontaneidade, p. 20

(...) Aunque sea la facultad más universal, y, desde el punto de vista de la evolución, la más antigua, sin embargo constituye el factor menos desarrollado entre aquellos que operan en el mundo del hombre; en efecto, casi siempre es desalentada y contrariada por los mecanismos culturales. Una buena parte de las enfermedades psíquicas y sociales de que sufre la humanidad puede atribuirse a un desarrollo insuficiente de la espontaneidad. Por lo tanto, el acto de educar a los hombres para servirse de su espontaneidad es el mayor provecho que puedan adquirir los terapeutas en todas nuestras instituciones de enseñanza, puesto que su tarea esencial consiste en enseñar a sus alumnos a ser más espontáneos, sin que esto signifique caer en el exceso.
>   Fundamentos de la Sociometría, pp. 55-56
>   Who Shall Survive?, p. 42
>   Quem Sobreviverá?, v. I, p. 149

ESPONTANEIDAD / FORMAS DE

Vemos espontaneidad en dos niveles: la espontaneidad tosca en el curso de cualquier proceso vital; y luego, la espontaneidad en un nivel superior, presentándose en situaciones que no se adecuan a las pautas de la persona, que son sorprendentes e inesperadas. Es útil distinguir entre espontaneidad instintiva y espontaneidad creativa.

>Psicodrama, p. 169
>Psychodrama, v. I, p. 117
>Psicodrama (portugués), p. 169

ESPONTANEIDAD / FUTURO

(...) Cuando a su vez el siglo XX cierre sus puertas, lo que habrá aportado de más precioso será, a mi modo de ver, la doble noción de espontaneidad y creatividad y la del lazo indisoluble que las une. Se podrá decir entonces que los esfuerzos de ambos siglos se completaron. Si el siglo XIX buscó el *"mínimo" denominador común de la humanidad – el inconsciente – el siglo XX descubrió o redescubrió su "máximo" denominador común: la espontaneidad y la creatividad.*

>Fundamentos de la Sociometría, p. 60
>Who Shall Survive?, p. 48
>Quem Sobreviverá?, v. I, p. 154

ESPONTANEIDAD / IMPERFECCIÓN

Existen psicodramas "concebidos en éxtasis" y existen psicodramas que nunca deberían haber nacido. No hay nada peor que la espontaneidad ensayada. No sacrifique la espontaneidad por la suavidad, regularidad, orden, continuidad y elegancia. No se venda por un plato de sopa.

Es importante recordar que la gran deficiencia del psicoanálisis terapéutico es su *falta de forma*. La ventaja más grande del psicodrama y de las artes psicodramáticas (danza, música y pintura espontáneas) es la ascensión de la *forma* y *belleza* de las cenizas de la producción espontánea.

>Fundamentos de la Sociometría, no hay
>Who Shall Survive?, p. lxxvi, Preludes
>Quem Sobreviverá?, v. I, p. 76, Prelúdios

En las representaciones espontáneas, lo que tiene mayor importancia no son las obras terminadas Del artista sino estas etapas imperfectas, inconclusas, y lo que se requiere Del actor o dramaturgo individual es la aptitud para ponerlas en acción, para traducirlas a movimientos, gestos, diálogos e interacción.

>El Teatro de la Espontaneidad, p. 93
>The Theater of Spontaneity, p. 50
>O Teatro da Espontaneidade, p. 65

ESPONTANEIDAD / MIEDO DE

(...) Pero si la espontaneidad es tan importante para el mundo humano, ¿por qué se ha desarrollado tan poco? He aquí lo que se puede responder: el hombre tiene miedo de la espontaneidad, exactamente como su antepasado de la jungla tenía miedo del fuego: tuvo miedo hasta que aprendió a encenderlo.

>Fundamentos de la Sociometría, p. 60
>Who Shall Survive?, p. 47
>Quem Sobreviverá?, v. I, p. 154

ESPONTANEIDAD / ORIGEN DEL NOMBRE

(...) La raíz del término "espontáneo" y sus derivados es el vocablo latina *sponte*, que significa según libre voluntad.

>Psicomúsica y Sociodrama, p. 220
>Psychodrama, v. I, p. 402
>Psicodrama, p. 463

ESPONTANEIDAD / ORIGINALIDAD

(...) La novedad de la conducta no es de hecho una prueba de espontaneidad, como tampoco la adecuación de la conducta es un testimonio de espontaneidad. La novedad en el comportamiento psicótico, por ejemplo, puede alcanzar un grado tal de incoherencia que el protagonista sea incapaz de resolver un problema concreto, como puede ser el cortar un trozo de pan.

Psicoterapia de Grupo y Psicodrama, p. 57
Inglés, no hay
Psicoterapia de Grupo e Psicodrama, p. 51

ESPONTANEIDAD / OTRAS TEORÍAS SOBRE

A Henry Bergson le corresponde el honor de haber introducido en la filosofía el principio de la espontaneidad (aunque rara vez utilizó esa palabra), en un momento en que los principales hombres de ciencia sostenían firmemente que no existe tal cosa en la ciencia objetiva. Pero sus "données inmediates", su "élan vital" y su "durée", eran metáforas de la experiencia que penetraba a la obra de su vida – la espontaneidad – pero que vanamente intentó definir. No hay "momento" en su sistema, sólo "durée". "La duración no es un instante reemplazando a otro... es un continuo progreso del pasado que carcome el futuro... la acumulación del pasado sobre el pasado se produce sin reposo". El universo de Bergson no puede comenzar y no puede descansar, es un sistema en el que no hay lugar para el *momento*. (...) Pero sin un momento en cuanto "locus nascendi", una teoría de la espontaneidad y de la creatividad corre el peligro de permanecer siendo enteramente metafísica o de volverse enteramente automática.

Psicodrama, pp. 30-31
Psychodrama, v. I, pp. 8-9
Psicodrama (portugués), pp. 57-58

ESPONTANEIDAD / PATOLOGÍA DE

Comencé entonces a "caldear" el estado de ánimo profético y los sentimientos heroicos, introduciéndolos en mis pensamientos, mis emociones, gestos y acciones; era una especie de *investigación de la espontaneidad en el plano de la realidad*.

Pero no se trata de algo tan simple y tan objetivo como puede parecer por lo dicho. Por supuesto, yo deseaba convertirme en una personalidad extraordinaria, un gran profeta o un Don Juan. Pero si lo hubiera logrado y me hubiera contentado con ello no hubiera enriquecido en nada la amplitud de nuestros conocimientos sobre lo que es y lo que se puede lograr con la espontaneidad-creatividad. En la base de cada religión auténtica se encuentra algún aspecto de lo espontáneo-creativo, pero si todo se hubiera reducido a recibir el estímulo religioso, el resultado, en el mejor de los casos, no hubiera pasado de la fundación de una nueva secta. En ciertos momentos, cuando el proceso de caldeamiento me elevaba hasta el éxtasis, representaba a Dios y contagiaba a otros para que lo actuaran conmigo. En otros momentos contemplaba críticamente mi producción, mi propio otro yo, como en un espejo. Uno de mis primeros descubrimientos fue que la espontaneidad puede volverse rancia si no se vigila su desarrollo, que uno mismo puede volverse rancio a partir del hecho mismo de ser espontáneo. Si no se lo controla desde dentro mismo del actor, el cliché de un acto espontáneo puede volver e interferir con la espontaneidad de un nuevo acto. El segundo descubrimiento fue que es posible educar la espontaneidad, por débil que sea la llama al principio.

El Teatro de la Espontaneidad, p. 30
The Theater of Spontaneity, p. 18
O Teatro da Espontaneidade, pp. 5-6

(...) La novedad en el comportamiento psicótico, por ejemplo, puede alcanzar un grado tal de incoherencia que el protagonista sea incapaz de resolver un problema concreto, como puede ser el cortar un trozo de pan. En tales casos hablamos de espontaneidad patológica.

Psicoterapia de Grupo y Psicodrama, p. 57

Inglés, no hay
Psicoterapia de Grupo e Psicodrama, p. 51

ESPONTANEIDAD / PRINCIPIOS DE LA

No menos importante que el principio de la interacción terapéutica es el principio de la espontaneidad, de la espontánea producción de grupos, de la libre participación sin impedimentos, de todos los miembros del grupo. El carácter espontáneo de la participación es importante no sólo por razones terapéuticas, sino por motivos diagnósticos.
Psicoterapia de Grupo y Psicodrama, p. 27
Inglés, no hay
Psicoterapia de Grupo e Psicodrama, p. 25

El fundamento de la psicoterapia de grupo es la doctrina de la interacción terapéutica. El fundamento del psicodrama es el principio de la espontaneidad creadora, la participación libre de todos los miembros del grupo en la producción dramática y la catarsis activa.
Psicoterapia de Grupo y Psicodrama, p. 36
Inglés, no hay
Psicoterapia de Grupo e Psicodrama, p. 32

ESPONTANEIDAD / RED SOCIOMÉTRICA

(...) La espontaneidad de uno es lo que hace que funcione la espontaneidad del otro. La disminución o pérdida de la espontaneidad de uno puede producir la disminución o pérdida de la espontaneidad de alguno de los tres agentes principales de la producción: protagonista, director y auditorio.
Fundamentos de la Sociometría, no hay
Who Shall Survive?, p. lxxiv, Preludes
Quem Sobreviverá?, v. I, p. 75, Prelúdios

Todo individuo aspira a una situación que le permita expresar más espontáneamente estos sentimientos y que atienda a sus deseos: por eso, sin descanso, busca compañeros dispuestos a compartir con él tales sentimientos y deseos.
Fundamentos de la Sociometría, p. 261
Who Shall Survive?, p. 386
Quem Sobreviverá?, v. 2, p. 240

ESPONTANEIDAD / RESIDUO DE

(...) Cuando la situación parece presente no es francamente abordada, cuando sólo es incompletamente vivida, pueden aparecer productos residuales de la espontaneidad en acto, que detienen el progreso del aprendizaje. Estos productos residuales pueden tener, como causa diversos estímulos, por ejemplo las influencias o presiones sufridas en el curso de la acción: a menudo se debe a estos restos de la acción lo que suele denominarse frustración del sujeto. Este puede comportarse de tres maneras diferentes a su respecto: en primer lugar, puede desear que los *residua* se acumulen y le vuelvan inestable e insoportable la vida inmediata: el sujeto se convierte en enfermo mental; en segundo lugar puede servirse de ellos como clichés para construir estereotipos mentales y modelos culturales falsos. Estas dos actitudes han sido frecuentemente tomadas con exclusión de una tercera: el sujeto también puede aproximarse a la espontaneidad, esforzándose por disolver estos residuos y proceder activa y sistemáticamente el aprendizaje de su espontaneidad. A este tipo de realización se ha consagrado la teoría de la espontaneidad en el aprendizaje.
Fundamentos de la Sociometría, p. 362
Who Shall Survive?, p. 541
Quem Sobreviverá?, v. 3, pp. 105-106

ESPONTANEIDAD SOCIAL

(...) No obstante, a despecho de las situaciones ofrecidas por el ambiente natural, se pueden disponer de ambientes experimenta-

les. Por lo mismo, a despecho de la diversidad de roles que un individuo está llamado a asumir en la vida normal, se pueden suscitar roles difíciles, lo más verídicos posibles. De este modo, fuimos llevados a crear diversas técnicas de aprendizaje de la espontaneidad.
> Fundamentos de la Sociometría, p. 354
> Who Shall Survive?, p. 531
> Quem Sobreviverá?, v. 3, p. 95

Un cuento de hadas está compuesto por símbolos que tienen una expresión terminada en todos los individuos adultos que han vivido en la cultura que produjo ese cuento. La Cenicienta o Blanca Nieves, por ejemplo, excitan símbolos establecidos en los actores espontáneos que los ponen en escena, y por eso se les podrá representar rápidamente y con un fácil proceso de caldeamiento. Pero esto no tiene que ver con el talento individual, sino más bien con la espontaneidad "colectiva" o social. Se aplica a los individuos a los que en su infancia se han culturalizado con estos símbolos encarnados en cuentos de hadas, que ahora reflejan en el teatro de la espontaneidad.
> El Teatro de la Espontaneidad, p. 92
> The Theater of Spontaneity, p. 50
> O Teatro da Espontaneidade, p. 65

ESPONTANEIDAD / TESTS DE

En la fase preparatoria, el teatro de la espontaneidad se transforma en un laboratorio psicotécnico. El director prepara el terreno para la producción; esta etapa de la tarea es estrictamente exploratoria. En ella se estructuran las diversas situaciones experimentales o de test. (...) Si estos tests de espontaneidad se aplican a los actores en una cantidad de situaciones y papeles suficientemente amplia, entonces se podrá establecer una escala graduada, que servirá para determinar sus niveles relativos de espontaneidad y de disposición para distintas situaciones y papeles. El material obtenido con estos tests de espontaneidad se podrá utilizar luego para un diagnóstico de la interpretación y como un punto inicial para el desarrollo de la espontaneidad de cada uno en la funciones, papeles y situaciones que, según el examen, se encuentren en estado rudimentario; una especie de educación de la espontaneidad.
> El Teatro de la Espontaneidad, p. 74
> The Theater of Spontaneity, p. 39
> O Teatro da Espontaneidade, p. 53

Fueron centenares los tests de espontaneidad que se efectuaron en este laboratorio y otras tantas las representaciones realizadas ante la presencia y con la colaboración de auditorios. Día tras día se iban interpretando y analizando los resultados de estos tests. Y así reunimos un cúmulo de conocimientos sistemáticos que sirven de preparación para una teoría de la espontaneidad y de la capacidad creadora basada en experimentos concretos. Además nos permitió inventar métodos y técnicas capaces de incrementar la riqueza de recursos y la habilidad del individuo, proceso que denominamos aprendizaje de la espontaneidad.
> El Teatro de la Espontaneidad, p. 77
> The Theater of Spontaneity, p. 41
> O Teatro da Espontaneidade, p. 55

ESTADOS UNIDOS / MORENO

(...) 1) Por ser abiertos, los problemas señalados por el público eran presentados en el escenario. Se discutían, abiertamente, conflictos personales y sociales, antes escondidos en los consultorios; y 2) La audiencia participaba espontáneamente.
> Fundamentos de la Sociometría, no hay
> Who Shall Survive?, p. xlii, Preludes
> Quem Sobreviverá?, v. 1, p. 47, Prelúdios

Durante su período pionero en los EUA, el movimiento sociométrico contó con seis colaboradores: William H. Bridge, E. Stagg Whitin, Helen H. Jennings, William Alonson White, Fanny French Morse y Gardner Murphy. Bridge, profesor de oratoria en la Facultad de Hunter, fue el primero a enseñar psicodrama en sus clases y en otros lugares. Whitin conquistó el apoyo de los Departamentos de Corrección y Bienestar Social. Si no fuera por él, los experimentos de Hudson y Brooklin jamás se habrían realizado. Jennings vio la finalización de la investigación; sin ella, esto podría haber sido pospuesto indefinidamente. Su personalidad, así como sus talentos, ejercieron influencia decisiva sobre el desarrollo de la sociometría.

Sin White, los psiquiatras no habrían oído mis ideas con atención. Sin la Sra. Morse, el experimento que estaba ocurriendo en Hudson habría sido enteramente cortado por el Consejo. Sin Murphy, la aceptación de la sociometría por los científicos sociales en las facultades y universidades podría haberse atrasado por una década.

> Fundamentos de la Sociometría, no hay
> Who Shall Survive?, p. xliii, Preludes
> Quem Sobreviverá? v. I, p. 47. Prelúdios

ESTRUCTURAS SOCIOMÉTRICAS

(...) *Es importante señalar el hecho de que las estructuras sociométricas descubiertas en las colectividades cerradas no se distinguen, en sus caracteres fundamentales de las que se encuentran en las colectividades abiertas.*

> Fundamentos de la Sociometría, p. 375
> Who Shall Survive?, p. 555
> Quem Sobreviverá?, v. 3, p. 122

ÉTICA

ÉTICA / AQUÍ Y AHORA

(...) Descubrí nuevamente al hombre espontáneo cuando comencé a conducir sesiones de desempeño de roles y de psicodrama. Siempre que he trabajado con grupos, en el curso de cuatro decenios, he sentido que debo trabajar con el aquí y ahora y que toda manipulación en contra de esto no sólo habría sido antiética, sino también insincera y, finalmente, también, antiterapéutica.

> Las Bases de la Psicoterapia, p. 227
> Psychodrama: Foundations of Psychotherapy, v. 2, p. 137
> Fundamentos del Psicodrama, p. 154

ÉTICA / JURAMENTO DE GRUPO

Es por esto que yo he añadido al juramento hipocrático otro, el "juramento de grupo". Tal juramento no debe prestarse en una forma solemne y ritual. Esto sería antipsicológico y estaría en contradicción con el carácter espontáneo de las sesiones de psicoterapia de grupo. Pero significa, que durante el tratamiento y en momentos apropiados los miembros del grupo han de ser conducidos poco a poco a comprender su responsabilidad recíproca y a actuar en consecuencia.

> Psicoterapia de Grupo y Psicodrama, p. 19
> J. L. Moreno, "Code of Ethics of Group Psychotherapist" in Group Psychotherapy, Beacon House, v. x, n° 1, March, 1957, pp. 143-144
> Psicoterapia de Grupo e Psicodrama, p. 18

ÉTICA DEL PSICOTERAPEUTA DE GRUPO Y EL JURAMENTO DE HIPÓCRATES

> Psicoterapia de Grupo y Psicodrama, pp. 105-107
> J. L. Moreno, "Code of Ethics of Group Psychotherapist" in Group Psychotherapy, Beacon House, v. x, n° 1, March, 1957, pp. 143-144
> Psicoterapia de Grupo e Psicodrama, pp. 95-96

(...) Este juramento afecta las relaciones personales del médico con su paciente particular y le impone la obligación de guardar el secreto de todo cuanto tiene lugar en esta relación y de no comunicar a otros nada que pudiera perjudicar al paciente. Este juramento ha sido mantenido durante siglos y es una parte inseparable de nuestra ética médica. Incluso las psicoterapias individuales como el psicoanálisis han reconocido tácitamente este principio. Pero los métodos de grupo han creado una nueva situación y parecen romper con el juramento hipocrático. Desde el momento en que se reúne un grupo de pacientes para someterse a tratamiento, un juramento que sólo obliga al médico es insuficiente. Todos los miembros del grupo deben compartir la responsabilidad, tanto los pacientes como los terapeutas auxiliares. Todos son corresponsables del bienestar de los otros miembros.

>Psicoterapia de Grupo y Psicodrama, pp. 18-19
>Inglés, no hay
>Psicoterapia de Grupo e Psicodrama, pp. 17-18

ETNODRAMA

f) *El etnodrama*. El etnodrama es una síntesis del psicodrama y del estudio de problemas "étnicos", de conflictos entre grupos de población como negros y blancos, árabes y judíos, hindúes y mahometanos.

>Psicoterapia de Grupo y Psicodrama, p. 129
>Inglés, no hay
>Psicoterapia de Grupo e Psicodrama, p. 114

EXISTENCIALISMO

EXISTENCIALISMO / PSICODRAMA

La debilidad del análisis existencial consiste en que, habiendo desarrollado un sistema filosófico, no ha sido capaz de crear una tecnología propia. Pero me parece que la tecnología que mejor responde a las exigencias del análisis existencial existe ya: es el psicodrama. No es una casualidad que el método psicodramático se adapte al análisis existencial. El psicodrama ha proclamado ya hace más de treinta años algunas de las tesis más importantes del análisis existencial.

>Psicoterapia de Grupo y Psicodrama, pp. 152-153
>Inglés, no hay
>Psicoterapia de Grupo e Psicodrama, pp. 134-135

EXISTENCIALISTAS / MORENO

El radical realismo de fenomenólogos como Husserl y Scheler dio origen a otra fase del existencialismo, particularmente pronunciada en Jaspers, Heidegger y Sartre. Esta modalidad se refleja en su búsqueda de la convalidación. Tácita o expresamente, el acento se hay trasladado a la relación entre la convalidación existencial y la científica. Prácticamente el primitivo existencialismo de Kierkegaard ha desaparecido de la escena, salvo para algunos escritores religiosos rencorosos. La razón de ello puede ser el creciente auge del agnosticismo y el ateísmo en esos autores, así como el deseo de reconciliar las filosofías existencialistas con los métodos científicos. Creo haber demostrado, sin lugar a ninguna duda, que el existencialismo actual, del que a menudo se considera fundador a Kierkegaard, se ha despojado de sus características originales. Poco tiene que ver con la filosofía de Kierkegaard. Pero en el pensamiento moderno ha aparecido una corriente dentro de la cual este problema del existencialismo fue previsto y tratado: es la sociometría, y especialmente a través de su método psicodramático.

>Las Bases de la Psicoterapia, p. 341
>Psychodrama: Foundations of Psychotherapy, v. 2, pp. 214-215
>Fundamentos del Psicodrama, p. 229

EXPANSIVIDAD EMOCIONAL

4. La expansión emocional de comunidades pude ser medida al permitir a sus miem-

bros el ejercicio irrestricto de las elecciones, hasta el punto en el cual tanto la tele como la espontaneidad se extinguen.

> Fundamentos de la Sociometría, no hay
> Who Shall Survive? p. 704
> Quem Sobreviverá?, v. 3, p. 195

4. Tanto la expansión emocional como la social se desarrollan con la edad.

> Fundamentos de la Sociometría, no hay
> Who Shall Survive?, p. 699
> Quem Sobreviverá?, v. 3, p. 189

El resultado de la expansión emocional – número de personas diferentes elegidas por un individuo o por quien él se siente atraído, en cualquier criterio.

> Fundamentos de la Sociometría, no hay
> Who Shall Survive?, p. 720
> Quem Sobreviverá? v. 3, p. 214

(...) La influencia del grupo familiar se ejerce no sólo sobre la calidad de los intereses afectivos, sino también sobre su cantidad, es decir, sobre su expansividad. La familia que agrupa un pequeño número de personas obliga al niño a concentrar su atención en la elaboración de un pequeño número de relaciones sociales que se vinculan con sus padres, hermanos y hermanas. Su sed de expansión es así convenientemente contenida y canalizada; adquiere el hábito de contentarse con un pequeño número de relaciones. Al crecer, advierte que sólo puede participar en un pequeño número de relaciones. De hecho, el quantum de sus relaciones activas raramente se halla colocado por debajo y por encima de la media. (...) Presumiblemente, su equilibrio no puede mantenerse por encima de cierto límite.

> Fundamentos de la Sociometría, p. 198
> Who Shall Survive?, p. 284
> Quem Sobreviverá?, v. 2, p. 153

(...) En el análisis sociométrico del comportamiento, este estudio sitúa entre el test sociométrico y el test de espontaneidad.

> Fundamentos de la Sociometría, p. 199
> Who Shall Survive?, p. 286
> Quem Sobreviverá?, v. 2, p. 155

EXPANSIVIDAD EMOCIONAL / JUDÍOS

(...) El hecho de que, en general, los judíos gocen de una expansividad afectiva superior a la de los alemanes. No debemos temer la conclusión de que esta superioridad de la expansividad afectiva constituye una condición característica de los judíos en tanto tales, porque cierto niveles de aspiración – económicos, profesionales, sociales, o culturales – les están prohibidos. Por otra parte, las investigaciones sociométricas nos han enseñado que la expansividad afectiva de los individuos aumenta con el volumen de sus relaciones, y que el efecto de las diferencias individuales de la expansividad afectiva se multiplica en función del desarrollo de las interacciones entre los miembros de los dos grupos. A medida que los individuos están impedidos de establecer relaciones con la gente del grupo mayoritario, en mayor medida se tienen frustrados en su necesidad de expansividad afectiva y en mayor medida se intensifican las tensiones entre los dos grupos.

> Fundamentos de la Sociometría, pp. 379-380
> Who Shall Survive?, p. 560
> Quem Sobreviverá?, v. 3, p. 127

EXPANSIVIDAD EMOCIONAL / TEST

El test de expansividad afectiva mide la energía afectiva que permite que un sujeto retenga el afecto de otros individuos durante un período de tiempo dado; este rasgo diferencia la expansividad afectiva de la expansividad social, que se mide según el número de individuos con los cuales el sujeto se halla en contacto, sea o no capaz de retenerlos respecto de sí.

Fundamentos de la Sociometría, p. 199
Who Shall Survive?, p. 285
Quem Sobreviverá?, v. 2, p. 154

EXPANSIVIDAD SOCIAL

(...) La expansividad afectiva se halla más directamente ligada al comportamiento y a la acción que el test sociométrico más completo. No se trata aquí de saber cuantas elecciones ha efectuado el sujeto, sino del número de personas con quienes puede unirse afectivamente y las necesidades a las que puede responder útilmente. En el análisis sociométrico del comportamiento, este estudio sitúa entre el test sociométrico y el test de espontaneidad.

Fundamentos de la Sociometría, p. 199
Who Shall Survive?, p. 285
Quem Sobreviverá?, v. 2, p. 154

F

FAMILIA

Pero el verdadero símbolo del teatro terapéutico es el hogar privado.
Psicodrama, p. 55
Psychodrama, v. I, p. 26
Psicodrama (portugués), p. 75

FAMILIA / ORGANIZACIÓN INTROVERTIDA

En la población de la escuela de Hudson pudimos diferenciar dos grupos de jóvenes: las que deseaban permanecer en el pabellón al que había sido destinadas y las que deseaban cambiar de pabellón. De acuerdo con la proporción relativa de estos dos grupos, se decía que un pabellón tenía organización introvertida o extravertida. Verificamos entonces, en los pabellones de organización introvertida una mayor tendencia a distinguirse y diferenciarse de los restantes pabellones, tendencia que finalmente podía manifestarse mediante una corriente de agresividad hacia las intrusas provenientes de otros grupos. Se trataba de un fenómeno generalizado. En la sociedad – en el amplio sentido del término – hay colectividades que tienden hacia una organización introvertida; otras, hacia una organización extravertida. Y en cada sociedad hay gente que desea acercarse y gente que desea alejarse. Finalmente, en las colectividades de organización introvertida también aparecen corrientes de hostilidad desconfiada respecto de posibles intrusos. Por complejas y diversas que puedan ser las motivaciones de estos fenómenos, las corrientes restrictivas y protectoras parecen tener como efecto constante un refuerzo de la solidaridad del grupo y le hacen tomar una conciencia más clara de su propia originalidad. Un estudio minucioso de la estructura de la población, en un sector geográfico delimitado, probablemente revelaría que los grupos consanguíneos, los grupos que se remiten al mismo árbol genealógico constituyen los centros más fuertes de la organización introvertida, y que en ellos son más intensas esas necesidades de distinguirse y diferenciarse de los otros grupos.
Fundamentos de la Sociometría, p. 378
Who Shall Survive?, pp. 558-559
Quem Sobreviverá?, v. 3, p. 125

FAMILIA / TERAPIA FAMILIAR / PSICODRAMA

(…) Finalmente fuimos a sus casas y practicamos así una especie de psicoterapia de grupos familiares *in situ*. Con ello la psicoterapia de grupo fue puesta en práctica en situaciones reales de la vida, se aplicó a grupos auténticos, existentes, mucho antes de que se formaran grupos sintéticos en las clínicas o en instituciones.
Psicoterapia de Grupo y Psicodrama, p. 82
Inglés, no hay
Psicoterapia de Grupo e Psicodrama, pp. 72-73

(…) El ejemplo clásico de esto es el complejo de Edipo, el psicoanálisis de Edipo Rey, que se limita a la persona de Edipo. Pero para comprender el drama real de Edipo en su totalidad, Freud tendría que haber analizado a

toda la familia de Edipo y realizar un análisis total de todas las personas del drama y de sus relaciones recíprocas; el análisis de su padre Layo, de su madre Yocasta, Edipo y Layo, Edipo y Yocasta, Layo y Antífona. En el enredo entre estas tres personas se refleja la situación edípica de forma diferente en cada una de ellas y se prevé la constelación de toda la familia edípica. Lo que se llama "complejo de Edipo" y lo que se podría llamar ¡complejo de la familia edípica" son cosas distintas. Pero en la psicoterapia de grupo lo importante es justamente el complejo de la familia edípica, como grupo.
Psicoterapia de Grupo y Psicodrama, p. 84
Inglés, no hay
Psicoterapia de Grupo e Psicodrama, pp. 74-75

(…) Los grupos familiares son una especie particular de grupos heterogéneos, en los que todos los miembros pertenecen a una misma familia.
Psicoterapia de Grupo y Psicodrama, p. 98
Inglés, no hay
Psicoterapia de Grupo e Psicodrama, p. 87

(…) A los lectores les será más fácil acercarse a la esencia del psicodrama si reproduzco literalmente el texto de una de mis primeras descripciones del psicodrama en una familia. (Vea continuación del texto).
Psicoterapia de Grupo y Psicodrama, pp. 124-126
Inglés, no hay
Psicoterapia de Grupo e Psicodrama, pp. 110-112

(…) La influencia del grupo familiar se ejerce no sólo sobre la calidad de los intereses afectivos, sino también sobre su cantidad, es decir, sobre su expansividad. La familia que agrupa un pequeño número de personas obliga al niño a concentrar su atención en la elaboración de un pequeño número de relaciones sociales que se vinculan con sus padres, hermanos y hermanas. Su sed de expansión es así convenientemente contenida y canalizada; adquiere el hábito de contentarse con un pequeño número de relaciones.
Fundamentos de la Sociometría, p. 198
Who Shall Survive?, p. 284
Quem Sobreviverá?, v. 2, p. 153

(…) Pero cuando se trata de dos personas que viven juntas y se encuentran todos los días, entonces comienza la verdadera acción dramática, con sus alegrías y sus sufrimientos. Esta es la situación que engendra el conflicto. Por ella, los habitantes solitarios de la casa se transforman en una comunidad.

Una vez que surge el conflicto, el hecho brutal de tener que compartir un espacio y un tiempo extiende y acrecienta la trama de sus relaciones y la profundidad de sus problemas. La angustia puede volverse tan intensa en la casa que ni el silencio sirve, porque hay dos, o muchos, conviviendo. El diálogo no resuelve nada, porque la perturbación no está localizada en sus mentes, sino que llega hasta sus cuerpos. (…) Es la situación de dos seres que no se comprenden, a pesar, o a causa de la claridad absoluta con que se conocen. (…) Todo lo que sucede y todo lo que intentan es inútil. Giran constantemente en torno de los mismos problemas, que cada vez se agudizan más. (…) El conflicto es eterno. Sería cortar el nudo en lugar de desatarlo. La casa en que viven les sirve de protección contra entrometidos y el cuerpo que los envuelve, de barrera contra encuentros indeseados y contra una comunicación no querida. Íntimamente, el conflicto es un pretexto para esconderse mejor. Pero de este laberinto de complicaciones entre padre y madre, madre e hijo, amigo y enemigo, constituido a lo largo de toda una vida a fuerza de acuerdo y desacuerdos, surge finalmente una pregunta: ¿cómo hacer para rescatar el nacimiento, la bondad, la verdad, la mentira, el crimen, las murmuraciones, el odio, el miedo, el horror, el dolor, la estupidez, la locura, el agradecimiento, la comprensión, la muerte, el duelo, la salvación, las infinitas variaciones y combinaciones de estos procesos entre sí, cómo hacer para rescatar todo esto?

Lo puede lograr el teatro supremo, el teatro terapéutico.

El Teatro de la Espontaneidad, pp. 155-156
The Theater of Spontaneity, p. 90
O Teatro da Espontaneidade, pp. 106-107

Los actores de la escena terapéutica son los habitantes del hogar privado. Si una persona vive sola, la procesión de sensaciones, sentimientos, y pensamientos de un mundo privado, personal, puede tener lugar como en un sueño, sin resistencia. Pero cuando dos personas viven juntas y se encuentran diariamente, entonces comienza la verdadera situación dramática, proporcionando alegría o sufrimiento. Es esta situación la que produce el conflicto. Convierte a los solitarios habitantes de la casa en una comunidad.

Psicodrama, p. 56
Psychodrama, v. I, p. 27
Psicodrama (portugués), p. 76

FANTASÍA

(…) La función psicodramática o de la fantasía está libre de estas resistencias extra-personales, a menos que se interpole la propia resistencia.

Psicodrama, p. 115
Psychodrama, v. I, p. 72
Psicodrama (portugués), p. 124

FRANCIA Y PSICODRAMA

Las modificaciones francesas al psicodrama no están en oposición a los métodos norteamericanos; sólo cuando insisten en que una determinada forma es la única que debe ser empleada en todos los casos. El psicodrama simbólico, por ejemplo, es un método importante, pero no tiene por qué excluir otros métodos, si están idicados. La interpretación debiera estar permitida, de cuando en cuando, lo mismo que una cierta indiferencia por parte de los egos auxiliares. En conjunto todo esto significa una aproximación mutua y creciente entre las teorías psicoanalíticas y las psicodramáticas. Cuanto más nos propongamos concentrarnos en la descripción de nuestras actividades y no en sacar a primer plano nuestros análisis teóricos, tanto mejor nos entenderemos mutuamente.

Psicoterapia de Grupo y Psicodrama, p. 149
Inglés, no hay
Psicoterapia de Grupo e Psicodrama, p. 132

FREUD / ENCUENTRO CON MORENO

(…) Vi al doctor Freud solamente una vez; Fue en 1912, cuando, mientras trabajaba en la Clínica Psiquiátrica de la Universidad de Viena, asistí a una de sus conferencias. El doctor Freud acababa de analizar un sueño telepático. Cuando salieron los estudiantes, me preguntó qué estaba haciendo yo. "Bueno, doctor Freud, yo comienzo donde usted deja las cosas. Usted ve a la gente en el ambiente artificial de su consultorio, yo la veo en la calle y en su casa, en su contorno natural. Usted analiza sus sueños. Yo trato de darles el valor de soñar nuevamente. *Le enseño a la gente cómo jugar a Dios"*

Psicodrama, p. 27
Psychodrama, v. I, pp. 5-6
Psicodrama (portugués), p. 54

FUNCIÓN SOCIAL *VERSUS* FUNCIÓN PSICOLÓGICA

Las jóvenes de color son alojadas en casas separadas, pero toman parte en las actividades educativas y sociales de la colectividad con las jóvenes blancas.

Fundamentos de la Sociometría, p. 158

Who Shall Survive?, p. 220
Quem Sobreviverá?, v. 2, pp. 97-98

FUTURO

Los antropólogos futuros concederán un puesto de honor a los filósofos animistas y totemistas de culturas pasadas.
Psicoterapia de Grupo y Psicodrama, p. 254
Psychodrama: Foudations of Psychotherapy, v. 2, p. 154
Psicoterapia de Grupo e Psicodrama, p. 237

Los antropólogos del futuro asignarán a los filósofos animistas y totemistas de las culturas pasadas un elevado y honroso lugar.
Las Bases de la Psicoterapia, p. 253
Psychodrama: Foundations of Psychotherapy, v. 2, p. 154
Fundamentos del Psicodrama, p. 171

(...) Cuando a su vez el siglo XX cierre sus puertas, lo que habrá aportado de más precioso será, a mi modo de ver, la doble noción de espontaneidad y creatividad y la del lazo indisoluble que las une. Se podrá decir entonces que los esfuerzos de ambos siglos se completaron. Si el siglo XIX buscó el *"mínimo" denominador común de la humanidad – el inconsciente – el siglo XX descubrió o redescubrió su "máximo" denominador común: la espontaneidad y la creatividad.*
Fundamentos de la Sociometría, p. 60
Who Shall Survive?, p. 48
Quem Sobreviverá?, v. 1, p. 154

Un cuidadoso examen de la situación total del hombre nos ha mostrado con claridad que el proceso de secularización de sus instituciones religiosas, culturales y sociales se ha desarrollado con excesiva rapidez; se sumergió en la actividad secularizadora casi con la misma ceguera que demostró cuando, en un período anterior de la historia, sacralizó prematuramente esas mismas instituciones. No se trata de que el hombre deba retroceder del plano secular de existencia al sagrado, del plano tecnológico al espiritual, para lograr que la expansión cada vez mayor del yo encuentre su equilibrio interno; es una paradoja, pero los métodos de verificación del santo y los métodos tecnológicos del científico de la naturaleza, los dos extremos – en el medio se encuentran los métodos de verificación del biometrista, el psicometrista, el sociometrista, etcétera – deben encontrarse y fundirse antes que pueda volver a clarear el alba de la esperanza.

Pero no debemos concebir la expansión del yo desde el nivel del organismo individual al nivel cósmico de soberano del universo como un proceso de, fría ingeniería. Es una proceso que se verificará desde, por y a través del yo, un movimiento desde el plano inferior a otro superior, en el que el tiempo de cada movimiento tendrá las mismas dimensiones de una época histórica. Es imposible predecir, por ejemplo, el esfuerzo que insumirá y el tiempo que transcurrirá hasta que el yo social en el plano de la sociedad humana haya logrado un grado de integración semejante al alcanzado por los casos individuales más destacados de la historia.
El Teatro de la Espontaneidad, pp. 38-39
The Theater of Spontaneity, pp. 10-11
O Teatro da Espontaneidade, pp. 23-24

(...) La paz llegará a los hombres, en un futuro lejano, cuando aprendan a convivir bien, aunque no se comprendan los unos a los otros.
Fundamentos de la Sociometría, no hay
Who Shall Survive?, p. 36
Quem Sobreviverá?, v. 1, p. 144

(...) Con la cooperación de "todas" las personas, tal vez seamos capaces de crear un orden social digno de las más altas aspiraciones de nuestros tiempos. Este es el significado de sociometría revolucionaria y dinámica.
Fundamentos de la Sociometría, no hay

Who Shall Survive?, p. 57
Quem Sobreviverá?, v. I, p. 163

La línea de vida de la nueva era está marcada por la combinación de tres avances: el diagnóstico – sociometría; el de acción – psicodrama y el terapéutico – psicoterapia de grupo.
Fundamentos de la Sociometría, no hay
Who Shall Survive?, p. 119
Quem Sobreviverá?, v. I, pp. 216-217

(…) Mientras más grande sea el número de estudios válidos en los años venideros, más preciso y completo será nuestro modelo psicogeográfico del mundo, comparado al modelo todavía rudimentario y primitivo disponible hoy en día.
Fundamentos de la Sociometría, no hay
Who Shall Survive?, p. 123
Quem Sobreviverá?, v. I, p. 220

FUTURO / ESPONTANEIDAD Y CREATIVIDAD

Fue en el año 1923 cuando postulé que: "La educación de la espontaneidad será el principal objeto de la escuela del futuro".
Psicodrama, p. 182
Psychodrama, v. I, p. 130
Psicodrama (portugués), p. 181

(…) Si queremos adquirir y mantener una estructura flexible y espontánea de la personalidad, una técnica de Educación de la Espontaneidad como la descrita debe venir en auxilio para compensar la resignación y la inercia del individuo.
Psicodrama, pp. 193-194
Psychodrama, v. I, p. 139
Psicodrama (portugués), p. 191

FUTURO / HOMBRE

Existe un ser a quien siempre hemos atribuido el poder de una expansividad infinita.

Es Dios. Todas nuestras religiones admiten, como cosa evidente suya, que Dios se haya en relación personal con cada persona del universo en particular. No hay relaciones en masa. Él conoce a cada uno de nosotros por separado. Ya hemos calculado que un habitante de New York podría tener 24 billones de relaciones con una sola colectividad. En el caso de Dios esto no sólo es posible sino también necesario y verdadero. ¿Estará el hombre de porvenir más cerca de la imagen que nos hacemos de Dios?
Fundamentos de la Sociometría, p. 198
Who Shall Survive?, p. 284
Quem Sobreviverá?, v. 2, p. 154

(…) De este modo, habría dos posibilidades de supervivencia para el hombre: podría sobrevivir como *animal zootécnico* o bien podría sobrevivir como creador.
Fundamentos de la Sociometría, p. 409
Who Shall Survive?, p. 597
Quem Sobreviverá?, v. 3, p. 165

(…) El poder concebir un plan de organización de la humanidad futura, una evolución consciente – sostenida por una educación de la creatividad espontánea – abre una nueva perspectiva para el progreso de la especie humana.
Fundamentos de la Sociometría, p. 409
Who Shall Survive?, p. 597
Quem Sobreviverá?, v. 3, p. 165

La lucha entre el animal viviente (el "zoon") y el animal mecánico ("zoomaton") entrará en una nueva fase. El futuro del hombre dependerá de los medios de defensa que pongan a su servicio la sociometría, la sociatría y las disciplinas análogas.
Fundamentos de la Sociometría, p. 417
Who Shall Survive?, p. 606
Quem Sobreviverá?, v. 3, p. 175

FUTURO / MEDIOS

(...) Es probable que una vez que los estudios destinados a la producción de películas terapéuticas sean permanentes se entrene a los actores para todo tipo de síndrome. Pero sea cuales fueren los desarrollos futuros, nunca debería permitírseles que dieran por terminadas una producción sin contar con el control de los respectivos informantes.

> Psicomúsica y Sociodrama, p. 213
> Psychodrama, v. 1, p. 398
> Psicodrama, pp. 458-459

(...) Preveo que en un futuro no muy distante los teatros para la televisión terapéutica y la cinematografía terapéutica serán lugares tan comunes como lo son hoy los teatros en los que se pasan noticiarios. Cada uno de ellos tendrá un consultor psiquiátrico. Proporcionarán el vehículo más eficaz que se haya arbitrado nunca para la psicoterapia de masas.

> Psicomúsica y Sociodrama, pp. 246-247
> Psychodrama, v. 1, p. 420
> Psicodrama, p. 481

Es aconsejable organizar periódicos vivos y dramatizados para que se los transmita al mundo mediante las estaciones de televisión. Esto es más que el habitual noticiario fotografiado que reproduce ciertos acontecimientos, es un instrumento mediante el cual el genio vivo y creador puede comunicarse directa e instantáneamente con sus congéneres.

> Psicomúsica y Sociodrama, p. 247
> Psychodrama, v. 1, p. 420
> Psicodrama, pp. 481-482

FUTURO / PSICOTERAPIA

(...) Pero me vi arrastrado por fuerzas que apuntaba a objetivos superiores a mi bienestar personal. Siempre he tenido la idea de que el mundo cargado de destinos en que hemos nacido necesita *una terapia mundial* (todos mis libros giran en torno a este punto) y de que con mi *propia persona* he de contribuir para crear esa terapia y extenderla.

> Psicoterapia de Grupo y Psicodrama, p. 10
> Inglés, no hay
> Psicoterapia de Grupo e Psicodrama, pp. 9-10

(...) Mediante el desarrollo de la sociometría, el psicodrama y la psicoterapia de grupo será posible producir en nuestro tiempo lo que en el suyo consiguieron los conventos cristianos: un renacimiento de la sociedad.

> Psicoterapia de Grupo y Psicodrama, p. 182
> Inglés, no hay
> Psicoterapia de Grupo e Psicodrama, p. 161

FUTURO / SEXUALIDAD

De acuerdo con las investigaciones sobre la espontaneidad en la actividad sexual, el proceso de liberación que tiende al orgasmo se desarrolla en dos direcciones diferentes: uno tiene como objetivo la concepción, y el otro intenta evitar la concepción. Si la separación de la función reproductora y la función sexual adquiere progresivamente un carácter habitual y se convierte en un modelo cultural, puede suceder que las características psicosomáticas de los orgasmos difieran según que los participantes deseen tener un niño o quieran evitarlo. El dilema frente al cual podría enfrentarse la humanidad algún día, sería el siguiente: aumento de la fecundidad y sobrenatalidad o, por el contrario fecundidad disminuida y subnatalidad.

> Fundamentos de la Sociometría, p. 422
> Who Shall Survive?, p. 611
> Quem Sobreviverá?, v. 3, p. 180

FUTURO / SOCIATRÍA / SOCIOMETRÍA

(...) Un sociatra es, por lo tanto, alguien hábil en sociatría. Un doctorado u otro título

en sociatría es un grado que se debe reconocer, en el futuro, no exclusivamente a doctores en medicina, como hoy se hace en la psiquiatría. Debe ser concedido, también, a doctores en educación, psicología y sociología.
>Fundamentos de la Sociometría, no hay
>Who Shall Survive?, p. 119
>Quem Sobreviverá?, v. I, p. 216

(…) Por consiguiente, el experimento sociométrico como un todo, todavía es un proyecto del futuro.

(…) El experimento principal fue visualizado como un proyecto mundial – esquema bien cercano a la utopía, en términos de concepto – aunque debamos prestarle atención, repetidamente, a fin de que no sea excluido de nuestras tareas diarias, más prácticas, de la sociometría.
>Fundamentos de la Sociometría, no hay
>Who Shall Survive?, p. 121
>Quem Sobreviverá?, v. I, p. 218

(…) El experimento sociométrico se hará total, no apenas en expansión y extensión, pero también en intensidad, marcando, así, el inicio de la sociometría política.
>Fundamentos de la Sociometría, no hay
>Who Shall Survive?, p. 122
>Quem Sobreviverá?, v. I, p. 219

G

GAGUERA

Una vez instruí a un tartamudo tímido para que asumiera el papel de agresor. Durante este papel no tartamudeó, evidentemente porque en el *proceso de calentamiento terapéutico fue movilizado un sector más amplio de su personalidad que el sector en que radica la actividad lingüística.*
>Psicoterapia de Grupo y Psicodrama, p. 318
>Psychodrama, v. I, p. 224
>Psicoterapia de Grupo e Psicodrama, p. 299

El temblor es una especie de tartamudeo musical. Puede diagnosticárselo como una neurosis de eyaculación o como una neurosis de creatividad. No se trata de pánico escénico. (...) La constelación de su síndrome mental es el producto de muchos factores, algunos de ellos son la organización del medio cultural en que vive, una inadaptación al violín, una inadaptación a los productos musicales acabados, una adaptación a su público.
>Psicomúsica y Sociodrama, pp. 48-49
>Psychodrama, v. I, p. 298
>Psicodrama, p. 355

(...) Se puede acudir a diversos métodos para ejercitarse en una transferencia fácil; un buen ejemplo nos lo suministra el tratamiento de los tartamudos con ayuda de palabras o frases artificiales, desprovistas de toda significación. (...) Se propone liberar al espíritu del sujeto de sus modelos esteriotipados, despojarlos de sus clichés y desarrollar su espontaneidad. Es exactamente lo que sucede en el tratamiento a que se somete a los tartamudos: se los lleva desde el nivel en el que el lenguaje tiene sentido (nivel semántico) al nivel en el que aún no lo tiene (nivel pre-semántico). (...)
>Fundamentos de la Sociometría, p. 364
>Who Shall Survive?, p. 543
>Quem Sobreviverá?, v. 3, p. 108

(...) Se propone liberar al espíritu del sujeto de sus modelos esteriotipados, despojarlos de sus clichés y desarrollar su espontaneidad. Es exactamente lo que sucede en el tratamiento a que se somete a los tartamudos: se los lleva desde el nivel en el que el lenguaje tiene sentido (nivel semántico) al nivel en el que aún no lo tiene (nivel pre-semántico). (...) Denominé lenguaje básico (*basic language*) a ese lenguaje caótico espontáneo, que emerge libremente.
>Fundamentos de la Sociometría, pp. 364-365
>Who Shall Survive?, p. 543
>Quem Sobreviverá?, v. 3, p. 109

GEMELOS SOCIOMÉTRICOS

21. Hipótesis de los "gemelos" sociométricos. Aunque motivaciones "individuales" puedan diferir ampliamente, el status sociométrico idéntico genera, en la mayoría de los casos, consecuencias sociodinámicas iguales o semejantes en el escenario social de los individuos. Sin embargo, a veces, hay diferencias fundamentales. El estudio de gemelos sociométricos puede darnos la respuesta específica a la vieja pregunta: ¿Por qué dos hermanos venidos del mismo piso social pueden producir padrones de vida distintos; uno tal

vez convirtiéndose en un criminal y el otro, burgués altamente conformista?

>Fundamentos de la Sociometría, no hay
>Who Shall Survive?, p. 707
>Quem Sobreviverá?, v. 3, p. 198

GENIO / ESPONTANEIDAD / CALDEAMIENTO

(...) Resultan frecuentemente desorientadores y erróneos los análisis de las obras de genio, o el análisis retrospectivo del genio, realizados sobre la base de los materiales obtenidos de pacientes de mentalidad media. La tarea del psiquiatra consiste, por lo tanto, en enfrentar a la persona de mentalidad creadora en medio de sus dificultades dinámicas.

>Psicomúsica y Sociodrama, p. 27
>Psychodrama, v. I, p. 285
>Psicodrama, p. 342

La personalidad del artista creador se halla dividido en dos papeles fundamentales en su vida. Esta división es el resultado de un desarrollo normal. Es el resultado de la necesidad y no de la enfermedad. Uno de los patrones es el de su personalidad privada. Comienza en el momento de la concepción y acaba con la muerte. El otro es un proceso artístico creador específico que puede comenzar en cualquier período de su vida. (...) En las personas dotadas de genio creador, el proceso artístico creador domina más o menos completamente a la persona biológica.

>Psicomúsica y Sociodrama, p. 34
>Psychodrama, v. I, p. 290
>Psicodrama, p. 346

El yo creador puede utilizar, lastimar y destruir al yo privado. Es esta una de las razones por las cuales la vida privada de Beethoven, Dante, o Dostoiewski puede considerarse meramente como el material del cual continuamente extrajeron estímulos. La persona de genio creador es cruel con los miembros de su átomo social y aun consigo mismo, si esto favorece el producto de la creación.

>Psicomúsica y Sociodrama, pp. 34-35
>Psychodrama, v. I, p. 290
>Psicodrama, p. 347

(...) Cuanto más original y profundo es el problema que un genio se plantea, en un mayor grado se ve compelido a utilizar, como el hombre anterior a todo producto conservado, su propia personalidad como una herramienta experimental y la situación en que se halla, como si fuera un material en bruto.

>Psicomúsica y Sociodrama, p. 44
>Psychodrama, v. I, p. 295
>Psicodrama, p. 352

(...) Nacieron muchos más Miguelángeles que el que hizo los grandes cuadros, muchos más Beethóvenes que el que escribió las grandes sinfonías, y muchos más Cristos que el que se convirtió en Jesús de Nazareth. Lo que tienen en común son las ideas creadoras, la motivación, la inteligencia, la actitud y la educación. Lo que los separa es la espontaneidad que, en los casos felices, permite a su portador disponer plenamente de sus recursos, mientras que los que fracasan no saben qué hacer con todos sus tesoros padecen deficiencias en sus procesos de atemperación.

>Psicodrama, p. 139
>Psychodrama, v. I, p. 91
>Psicodrama (portugués), p. 142

GENIO O HÉROE

(...) Y por último, la especie humana es el genio entre los primates, y se encuentra comúnmente en los genios un prolongado período de latencia.

>Psicodrama, p. 106
>Psychodrama, v. I, p. 64
>Psicodrama (portugués), p. 115

(...) Mientras el método del "genio" se limitó a participar en las ciencias y las artes, la metodología científica se esfuerza para hacer que esta participación sea universal.
    Fundamentos de la Sociometría, no hay
    Who Shall Survive?, p. 23
    Quem Sobreviverá?, v. I, p. 133

(...) "Fue la influencia del psicoanálisis lo que inició la guerra de la retaguardia contra todo genio, de modo que lo reprendía por sus complejos. El psicoanálisis – si lo observamos de un plano más alto – es la venganza de la mediocridad: después de la desvalorización de la naturaleza y de la sociedad, la desvalorización del espíritu."
    Fundamentos de la Sociometría, no hay
    Who Shall Survive?, p. xxxiv
    Quem Sobreviverá?, v. I, p. 39, Prelúdios

GENIO / TELE

En el plano social, hemos aislado el factor *tele*, capaz de proporcionar la dirección que asume la expansión del yo. Para comprender cómo actúa el factor *tele*, es conveniente establecer una distinción entre proyección y lo que se ha denominado "reproyección". Se suele definir a la proyección como "lanzar sobre otras personas las propias ideas y suponer que son objetivas, a pesar de su origen subjetivo". Reproyección es extraer y recibir de otras personas (se lo puede extender a todas las dimensiones y afluentes) sus ideas y sentimientos, bien para descubrir una identidad con los propios (confirmación) o para fortalecer al yo (expansión).

La organización del yo en el seno del organismo individual comienza muy temprano en la vida. Es un fenómeno universal, perceptible en cada individuo. En algunos individuos la capacidad de reproyección está enormemente desarrollada. A éstos los llamamos genios o héroes. Si el hombre de genio sabe lo que la gente o la época necesitan y desean es en virtud de la capacidad retroyectiva del yo, por un proceso *tele*, no por proyección. Asimilan con gran facilidad la experiencia que poseen de los demás, no sólo porque la extraen de los otros, sino por el deseo que sienten los demás de comunicarles sus sentimientos. Descubren que estas experiencias son semejantes o idénticas a las de ellos mismo y las integran en su propio yo.
    El Teatro de la Espontaneidad, p. 35
    The Theater of Spontaneity, pp. 8-9
    O Teatro da Espontaneidade, pp. 21-22

GEOGRAFÍA PSICOLÓGICA

Entendemos por geografía psicológica la representación gráfica de las interrelaciones que unen a los miembros y grupos de una misma colectividad, a) de acuerdo con su localización topográfica; b) con las corrientes psicológicas que circulan entre ellos.
    Fundamentos de la Sociometría, p. 282
    Who Shall Survive?, p. 416
    Quem Sobreviverá?, v. 2, p. 264

(...) Así como los sociogramas de cada grupo individual de una colectividad se hallan combinados en un único gráfico, también el sociograma de cada familia, fábrica, iglesia, etc., representa las corrientes psicológicas que emanan de los miembros de un grupo y se dirigen hacia los miembros de otro grupo, con lo que se obtiene un cuadro simultáneamente geográfico y psicológico de la colectividad: su geografía psicológica.
    Fundamentos de la Sociometría, p. 291
    Who Shall Survive?, p. 440
    Quem Sobreviverá?, v. 2, p. 286

GEOGRAFÍA SOCIOMÉTRICA

Si el sociograma nos permite presentar el análisis estructural de un grupo, el análisis psicológico a su vez, nos permite efectuar el análisis estructural de toda una colectividad.
Fundamentos de la Sociometría, p. 285
Who Shall Survive?, p. 421
Quem Sobreviverá?, v. 2, p. 268

Al ver la estructura social de cierta comunidad como un todo, relacionada a cierta localidad, con determinado padrón de geografía física, una ciudad llena de casas, escuelas, oficinas – y las interrelaciones entre sus habitantes en estas situaciones – llegamos al concepto de geografía sociométrica de una comunidad.
Fundamentos de la Sociometría, no hay
Who Shall Survive?, p. 52
Quem Sobreviverá?, v. 1, p. 158

La geografía sociométrica de una comunidad al final del libro, en la cual aparece la posición real que los individuos tienen en casa, así como la posición que quieren o, más específicamente, individuos en otras casa por las cuales se sienten atraídos. Los tests sociométricos explicitan el conflicto entre un orden existente y la estructura potencial de un orden por el cual los miembros del grupo aspiran.
Fundamentos de la Sociometría, no hay
Who Shall Survive?, p. lxxi
Quem Sobreviverá?, v. 1, p. 72 (rodapé)

GEORGE MEAD

(...) *De manera análoga se ha exagerado la significación de George Mead. Su gran contribución fue el análisis de la "estructura cognoscitiva del yo", el concepto sociológico del papel. Esta contribución ha posibilitado una comprensión más profunda de los procesos sociales, pero por sí misma no hubiera conducido nunca a la interpretación experimental de papeles ni al psicodrama. (...) Mead era justamente un filósofo social y no un hombre dedicado a la praxis. De la teoría de una idea a la idea de su práctica hay un gran trecho. (...) Es históricamente interesante que para mi teoría de los papeles haya yo partido del teatro y haya comenzado mis investigaciones al parecer antes (1911-24) que George Mead.*
Psicoterapia de Grupo y Psicodrama, p. 143
Inglés, no hay
Psicoterapia de Grupo e Psicodrama, pp. 126-127

GESTACIÓN

Largo período de la infancia – una característica del primer universo. La teoría psicoanalítica de que la existencia intrauterina del embrión es demasiado breve, involucrando que será deseable una preñez más prolongada, es errónea. Si se pudiera prolongar ese estado. (...) Podría nacer bastante independiente y auto-suficiente, pero habría sacrificado las oportunidades para las que lo prepara la placenta social, por una larga incubación en un estrecho ambiente. (...) finalmente, pero no lo menos importante, habría nacido, debido a su comparativa auto-suficiencia, mucho menos necesitado de ayuda, pero también menos sensible para la aculturación de la herencia social incorporada en los yos auxiliares del nuevo medio. (...) Por lo tanto, nuestras conclusiones son que toda prolongación de la preñez humana sería una calamidad para el niño, que su longitud parece bastante bien planeada, y que el niño nace en un momento estratégico para el desarrollo de sus potencialidades espontáneas.
Psicodrama, p. 106
Psychodrama, v. 1, p. 64
Psicodrama (portugués), p. 115

GRUPOS

GRUPOS / ELECCIÓN DEL TERAPEUTA

41. La elección del terapeuta es frecuentemente enfatizada por psicoanalistas. *La elección del terapeuta, en la terapia individual, es similar a la elección de los miembros participantes, en la psicoterapia de grupo.* En este último caso, entretanto, esta elección es mucho más importante que en el primero.

>Fundamentos de la Sociometría, no hay
>Who Shall Survive?, p. 713
>Quem Sobreviverá?, v. 3, p. 204

GRUPOS / ÉXITO O FRACASO EN LA PSICOTERAPIA

40. El único factor extraordinario que determina el éxito o el fracaso de la psicoterapia de grupo es la elección espontánea de los miembros o la afinidad espontánea entre ellos. Necesitan estar conectados por afinidades espontáneas para que uno sea agente terapéutico del otro.

>Fundamentos de la Sociometría, no hay
>Who Shall Survive?, p. 712
>Quem Sobreviverá?, v. 3, p. 204

GRUPOS / FASES DE

(1) fase amorfa
(2) fase de conocimiento recíproco
(3) fase de acción
(4) fase de relaciones mutuas

>Psicomúsica y Sociodrama, p. 97
>Psychodrama, v. I, p. 327
>Psicodrama, p. 385

GRUPOS / GRUPO NORMAL *VERSUS* GRUPO TERAPÉUTICO

El grupo normal ha de distinguirse del grupo terapéuticamente organizado. Es característico del grupo normal la interacción entre los miembros, los intereses o las actividades comunes, pero también un mínimo de cohesión interna y de desigualdad en el *status*. El grupo terapéutico, en cambio, necesita una mayor libertad y espontaneidad por parte de los miembros, que un grupo normal. La composición del grupo debe ser terapéuticamente más favorable que la de la realidad, y la igualdad de *status* de todos los miembros del grupo es exigencia absolutamente necesaria.

>Psicoterapia de Grupo y Psicodrama, p. 28
>J. L. Moreno, "Ontology of Group Formation", in Group Psychotherapy, A Quaterly, v. x, n° 4, December, 1957, p. 348
>Psicoterapia de Grupo e Psicodrama, p. 25

(...) Se distinguen grupos naturales (por ejemplo, una familia) y grupos sintéticos (por ejemplo, grupos de pacientes en una clínica).

>Psicoterapia de Grupo y Psicodrama, p. 26
>J. L. Moreno, "Ontology of Group Formation", in Group Psychotherapy, A Quaterly, v. x, n° 4, December, 1957, p. 348
>Psicoterapia de Grupo e Psicodrama, p. 24

GRUPOS / INCLUSIÓN DE NUEVOS ELEMENTOS

1. Mientras más grande sea la afinidad original entre el recién llegado y la figura paterna del grupo, más aceptación tendrá por los demás miembros. La oportunidad ideal para la integración central y rápida en el nuevo medio ambiente es la primera elección mutua entre la figura paterna y el novato.

2. Mientras más grande sea la afinidad original entre el recién llegado y el individuo llave (estrella preeminente) del grupo, más aceptación tendrá por los otros miembros del grupo. Aquí, la condición más deseable es la primera elección mutua.

3. La afinidad del recién llegado por miembros de destaque en el grupo para el cual es enviado tiene más importancia que las afinidades que sus miembros sienten por él; la espontaneidad centrífuga es más esencial para la adaptación que la centrípeta.

Se pregunta el por qué de 1) *la primera elección, 2) la mutualidad de elecciones y 3) la importancia de la espontaneidad centrífuga* para una inclusión adecuada en determinado grupo. La respuesta es que, así como en el "amor", el amor mutuo desde el inicio de la relación; predispone el terreno para la continuación de la pareja; el haberse escogido el uno al otro primero crea una forma de obligación "axionormativa" de cumplir la palabra, de tratar, al máximo, de mantenerse firmes en su decisión. Alguien que ama, aunque no sea correspondido, se encuentra todavía en mejor posición que alguien a quien todos aman pero que no es capaz de amar.

>Fundamentos de la Sociometría, no hay
>Who Shall Survive?, p. 715
>Quem Sobreviverá?, v. 3, pp. 207-208

GRUPOS / MENOR GRUPO

(...) Podemos comenzar considerando el más reducido de los grupos posibles, que impera en el moderno *counseling* (asesoramiento en la conducta), el grupo de dos (la "díada terapéutica"). Toda situación terapéutica comprende por lo menos dos personas, e terapeuta y el paciente.

>Las Bases de la Psicoterapia, p. 17
>Psychodrama: Foundations of Psychotherapy, v. 2, p. 4
>Fundamentos del Psicodrama, p. 18

GRUPOS / NIÑOS

1. Las primeras tendencias de la estructura en la evolución de grupos son la fase de aislamiento orgánico (identidad), la fase de diferenciación horizontal y vertical, la fase de fusión de estructuras diferenciadas para una forma de identidad nueva y más grande y la fase de cohesión, la integración y estabilización de la estructura grupal como un todo, en determinado nivel de desarrollo. Estos son padrones recurrentes; las primeras fases ejercen un efecto de halo en las fases posteriores, que se encuentran a pesar de cuan extensos y complejos los grupos se hayan convertido.

>Fundamentos de la Sociometría, no hay
>Who Shall Survive?, p. 699
>Quem Sobreviverá?, v. I, pp. 188-189

8. *Los grupos de niños se separan de los grupos de adultos a partir de los 6 o 7 años de edad – es una división social.*

>Fundamentos de la Sociometría, no hay
>Who Shall Survive?, p. 701
>Quem Sobreviverá?, v. 3, p. 190

GRUPOS / STATUS NASCENDI

Tras haberse mostrado estéril el método psicoanalítico de la asociación libre, desarrollé un nuevo método fundado en el estudio de la formación de grupos *in statu nascendi*. Los individuos que siendo extraños entre sí se convierten en miembros del mismo grupo desde el momento de su primer encuentro, plantean al terapeuta un problema nuevo.

>Psicoterapia de Grupo y Psicodrama, p. 72
>Inglés, no hay
>Psicoterapia de Grupo e Psicodrama, p. 64

GRUPOS / TAMAÑO DE

37. El tamaño del grupo, en la psicoterapia de grupo, depende de la expansión emocional positiva o negativa de sus miembros.

>Fundamentos de la Sociometría, no hay
>Who Shall Survive?, p. 712
>Quem Sobreviverá?, v. 3, p. 203

GRUPOS / TERAPÉUTICOS

(...) Más tarde descubrimos que los grupos terapéuticos que trabajan conjuntamente durante largo tiempo llegan a adoptar los rasgos de una agrupación natural; entre otros, los de un pasado común y de una estructura social más fuerte.

Psicoterapia de Grupo y Psicodrama, p. 395
Inglés, no hay
Psicoterapia de Grupo e Psicodrama, p. 370

GRUPOS / TERAPÉUTICOS / COMPOSICIÓN

(...) La composición preferible es la de un grupo mixto, que abarque ambos sexos, jóvenes y adultos, y minorías étnicas, en una palabra, una sección en miniatura de la sociedad en que vive el grupo.

Psicoterapia de Grupo y Psicodrama, p. 86
Inglés, no hay
Psicoterapia de Grupo e Psicodrama, p. 76

GRUPOS / TERAPÉUTICOS / ESTRUCTURA

El grupo terapéutico funciona en dos formas: a) como familia en miniatura y b) como sociedad en miniatura.

Psicoterapia de Grupo y Psicodrama, p. 84
Inglés, no hay
Psicoterapia de Grupo e Psicodrama, p. 74

H

HAMBRE

HAMBRE / DE ACTOS

17) El hambre de expresión comienza siendo hambre de acción, mucho antes de que se convierta en hambre de palabras.
> Psicoterapia de Grupo y Psicodrama, p. 257
> Psychodrama: Foudations of Psychotherapy, v. 2, p. 156
> Psicoterapia de Grupo e Psicodrama, p. 239

Hipótesis VI: "El hambre de actuar" de un individuo está constantemente buscando situaciones oportunas para expresarse.
> Las Bases de la Psicoterapia, p. 166
> Psychodrama: Foundations of Psychotherapy, v. 2, p. 98
> Fundamentos del Psicodrama, p. 114

15. La memoria del niño reside en el acto que realiza, no en la memoria. El hambre de actuar del niño hace que su memoria como tal sea de corta duración. Los actos se siguen uno a otro con tal rapidez que los respectivos intervalos de memoria son breves. (…)

17. El hambre de expresión es, más bien hambre de actuar que hambre de expresarse en palabras.

18. El bebé está tan sumergido en el acto que no tiene memoria de él antes de que el mismo se haya consumado. *A medida que decrece la intensidad del síndrome del hambre de actuar, se ensancha la esfera de la memoria del niño.*
> Las Bases de la Psicoterapia, p. 256
> Psychodrama: Foundations of Psychotherapy, v. 2, pp. 156-157
> Fundamentos del Psicodrama, p. 173

HAMBRE / CÓSMICA

(…) Esta hambre cósmica se manifiesta en: a) una "reproyección", un extraer y recibir de otros organismos señales, ideas y/o sentimientos, un agregar vigor al ser propio de uno (expansión) o encontrar identidad consigo mismo (confirmación, o b) temor a todos los organismos con los que uno no puede coactuar y compartir la existencia; hablando psicodramáticamente, con los que no se puede invertir roles. Estos temores son provocados por un deseo de verse transformado en ellos, como único medio que daría la seguridad definitiva de gozar de identidad. El hambre cósmica del niño tiende a la realización del "mundo". La autorrealización es solamente una etapa intermedia.
> Las Bases de la Psicoterapia, p. 252
> Psychodrama: Foundations of Psychotherapy, v. 2, p. 154
> Fundamentos del Psicodrama, p. 170

HAMBRE / TRANSFORMACIÓN

Los orígenes del miedo y del "hambre de trasformación" en los esquizofrénicos. Si la angustia y la medrosidad son cósmicas, el miedo está condicionado por la situación. La angustia es provocada por el hambre cósmica de mantener la identidad con el universo entero (quizá de restablecer la original identidad del niño). Este hambre cósmica se manifiesta: a) en la "reproyección", el establecer y recibir señales – ideas o sentimientos – de los otros seres para acrecentar las fuerzas del Yo (expansión) o encontrar la identidad consigo mismo (confirmación), o bien, b) en angustia frente a todos los organismos con los cuales no puede actuar juntamente o cuya existencia no puede compartir; hablando psicodramáticamente, con los cuales no puede intercambiar papeles. Estas angustias están provocadas por su exigencia de convertirse en uno de estos seres, como la única y definitiva seguridad de que es idéntico con ellos. El hambre cósmica del niño aspira a la realización del "mundo". La autorrealización no es más que un estadio transitorio.

Psicoterapia de Grupo y Psicodrama, pp. 253-254
Psychodrama: Foundations of Psychotherapy, v. 2, p. 154
Psicoterapia de Grupo e Psicodrama, pp. 236-237

HAPPENING[1]

"Hay que tener en cuenta que el psicodrama no tiene nada que ver con el 'happening', aunque en su forma vulgarizada se los pueda confundir, como sucedió, por ejemplo, con un espectáculo psicomusical organizado por los estudiantes de arte de la Anthony's University Residence en el año 1959, al que más tarde se consideró un *happening*. En contraposición con su teatralismo anárquico y amorfo, que en el *happening* se cultiva hasta llegar al delirio de buen tono, el propósito del psicodrama es una auténtica organización de la forma, la autorrealización creadora en el actuar, en la estructuración del espacio, la puesta en práctica de la interrelación humana en la acción escénica. En el *happening* los individuos se comportan de un modo autosuficiente y se cultiva la autoidolatría; puesto que no se produce forma alguna, tampoco es posible una genuina participación del grupo de espectadores invitados; cada uno queda abandonado a sí mismo, para depender sólo de su conducta absolutamente narcisito. Sí, se podría decir que la desconexión es el rasgo prominente de los '*happenings*', mientras que el motivo del psicodrama es precisamente la relación del individuo con el grupo y la sociedad"

El Teatro de la Espontaneidad, pp. 15-16
The Theater of Spontaneity, p. b
O Teatro da Espontaneidade, p. 10

HENRY BERGSON

A Henry Bergson le corresponde el honor de haber introducido en la filosofía el principio de la espontaneidad (aunque rara vez utilizó esa palabra), en un momento en que los principales hombres de ciencia sostenían firmemente que no existe tal cosa en la ciencia objetiva. Pero sus "données inmediates", su "élan vital" y su "durée", eran metáforas de la experiencia que penetraba a la obra de su vida – la espontaneidad – pero que vanamente intentó definir. No hay "momento" en su sistema, sólo "durée". "La duración no es un instante reemplazando a otro... es un continuo progreso del pasado que carcome el futuro... la acumulación del pasado sobre el pasado se produce sin reposo". El universo de Bergson no puede comenzar y no puede descansar, es un sistema en el que no hay lugar para el *momento*. (...) Pero sin un momento en cuanto "locus nascendi", una teoría de la espontaneidad y de la creatividad corre el peligro de permanecer siendo enteramente metafísica o de volverse enteramente automática.

Psicodrama, pp. 30-31
Psychodrama, v. I, pp. 8-9
Psicodrama (portugués), pp. 57-58

---

[1] Esta citación es de Paul Portner, *Psychodrama: Theater der Spontaneitat*, Theather Heute, septiembre, 1967, p. 13

Bergson, al convertir en fetiche al *élan vital*, se fue al toro extremo. La negación total del determinismo es tan estéril como su total aceptación. Mientras que el determinismo psíquico de Freud no dejaba lugar alguno para el factor e, Bergson, por decirlo así, dejó tanto lugar a lo creador que todo lo que no fuera eso se convirtió en una deformación demoníaca. (...) mientras que Bergson hizo a su *élan vital* tan creador, siendo un instante tan creador como otro, que todos ellos se resolvían en una absoluta *durée* de creatividad, con el resultado de que no pudo adquirir significación propia una categoría del momento.

Psicodrama, pp. 151-152
Psychodrama, v. I, p. 103
Psicodrama (portugués), p. 154

La contribución de Bergson en este terreno fue la de reintroducir como principio, en la filosofía, el concepto de espontaneidad. Pero hay un gran salto de la idea intelectual de la espontaneidad bergsoniana a la espontaneidad "existencial" de un Cristo o de un protagonista psicodramático.

Psicoterapia de Grupo y Psicodrama, p. 143
Inglés, no hay
Psicoterapia de Grupo e Psicodrama, p. 126

HIPNODRAMA E HIPNOSIS

d) El hipnodrama. Es una síntesis de hipnosis y de psicodrama. La idea del hipnodrama me vino por casualidad. En el verano de 1939 vino a tratamiento una mujer joven que padecía de ideas delirantes de naturaleza sexual acompañadas de pesadillas nocturnas. Todas las noches venía el diablo a visitarla y dormía con ella. No fue capaz de entrar en contacto psicodramático con el hecho. No podía describir al diablo ni llenar las lagunas de la memoria. Tras intentar sin éxito el método de la indicación amable, me volví autoritario. Esto colocó a la paciente inesperadamente en trance hipnótico Me decidí entonces a intentar un psicodrama en estas nuevas circunstancias. Con ayuda de dos egos auxiliares masculinos le fue posible representar dos encuentros con el diablo, uno según lo acontecido la noche anterior, el otro según lo que esperaba sucediese aquella noche. La "hipnosis" funcionó aquí evidentemente como una "palanca de arranque" y estimuló su espontaneidad.

Psicoterapia de Grupo y Psicodrama, pp. 126-127
J. L. Moreno, "Hypnodrama and Psychodrama", in Group Psychotherapy, Beacon House, n° I, v. iii, April, 1950, p. 6
Psicoterapia de Grupo e Psicodrama, p. 112

Aunque la hipnosis es el punto de partida del hipnodrama, el hipnotizado toma parte en la producción como carácter central. Se expone a un bombardeo de incitaciones psicodramáticas y el terapeuta-jefe le induce a cambiar papeles con un ego auxiliar, durante la sesión psicodramática.

Psicoterapia de Grupo y Psicodrama, p. 127
J. L. Moreno, "Hypnodrama and Psychodrama", in Group Psychotherapy, Beacon House, n° I, v. iii, April, 1950, p. 7
Psicoterapia de Grupo e Psicodrama, p. 113

(...) Con la entrada del psicodrama en el ruedo de las psicoterapias médicas, en cambio, se ha operado de nuevo un cambio, como lo prueba la literatura de los últimos años. La modernización de la hipnosis se ha llevado a cabo en dos direcciones. 1) Se analiza el material sacado a luz, una vez pasado el trance hipnótico. Pero la hipnosis, que reduce y limita conscientemente la actividad del paciente, y la iluminación psicoanalítica, que permite al paciente captar sus conflictos inconscientes, se contradicen mutuamente. 2) Se combina la hipnosis con métodos psicodramáticos, es decir, acción con acción. Estas dos direcciones – hipnosis más psicoanálisis por una parte e hipnosis más psicodrama por otra – están en pleno desarrollo, la una bajo la denominación de hipnoanálisis, la otra con el nombre de hipnodrama. Pero cuando se observa a los modernos hipnoanalistas en su proceder práctico, se ve claramente que el elemento psicodramático se ha convertido en una parte indisoluble de su actuación. Cuando interpretan, utilizan frecuentemente los conceptos psicoanalíticos, pero lo que hacen tiene carácter psicodramático.

> Psicoterapia de Grupo y Psicodrama, p. 128
> J. L. Moreno, "Hypnodrama and Psychodrama", in Group Psychotherapy, Beacon House, n° I, v. iii, April, 1950, pp. 7-8
> Psicoterapia de Grupo e Psicodrama, pp. 13-14

HISTORIA

HISTORIA / PRIMER CONGRESO DE TERAPIA DE GRUPO

El acontecimiento organizador más importante para la evolución de la psicoterapia de grupo fue el congreso de terapeutas de grupo celebrado en el Hotel Bellevue-Satratford de Filadelfia el 31 de mayo de 1932 en el marco de la American Psychiatric Association. Más de cien psicoterapeutas tomaron parte en este congreso, entre ellos William Alanson White, Franz Alexander, Sandor Lorand, Frederic Wertham, Paul Schröder, V. C. Branham y Helen Jennings. Vinieron a examinar el empleo de los métodos de terapia de grupo que se hallaban expuestos en mi primer libro sobre este tema, aparecido justamente por aquellas fechas.

> Psicoterapia de Grupo y Psicodrama, p. 32
> J. L. Moreno, The First Book of Group Psychotherapy, p. 131
> Psicoterapia de Grupo e Psicodrama, pp. 28-29

HISTORIA / VIENA EN 1910

En 1910 Viena era uno de los terrenos en que se desplegaban las tres formas de materialismo que desde entonces se han convertido en señoras indiscutidas de nuestra era: el materialismo económico de Marx, el materialismo psicológico de Freud y el materialismo tecnológico del buque de vapor, el aeroplano y la bomba atómica. Las tres formas de materialismo, por mucho que se contradigan entre sí, tienen un tácito común denominador: un profundo temor y un profundo desprecio, casi odio, contra el yo espontáneo, creador (que no debe confundirse con el genio individual, una de sus muchas manifestaciones).

> El Teatro de la Espontaneidad, pp. 28-29
> The Theater of Spontaneity, p. 5
> O Teatro da Espontaneidade, p. 17

HOMBRE

HOMBRE / CÓMO ESTUDIAR

(…) Debemos estudiar la naturaleza humana, no sólo desde el punto de vista de su pasado, no sólo desde el punto de vista de su conciencia o su inconsciente, sino también desde el punto de vista de la *presencia efectiva y actual* de las fuerzas psicológicas a las que cada hombre entrega su contribución, por mínima que fuere.

> Fundamentos de la Sociometría, p. 291
> Who Shall Survive?, p. 440
> Quem Sobreviverá?, v. 2. p. 286

HOMBRE / CONCEPTO DE

Este enfoque se funda sobre el principio que el *hombre tiene un rol que desempeñar*, que cada individuo se caracteriza por una cierta variedad de roles que rigen su comportamiento, y que cada cultura se caracteriza por una serie de roles que, con mayor o menor éxito, imponen a todos los miembros de la sociedad.

> Fundamentos de la Sociometría, p. 81
> Who Shall Survive?, p. 88
> Quem Sobreviverá?, v. I, p. 189

HOMBRE / CÓSMICO

El hombre es algo más que un ente psicológico, biológico, social y cultural; es un ente cósmico. Reduciendo la responsabilidad del hombre a lo puramente psicológico, social o biológico de la vida se hace de él un marginado. Porque, o bien es co-responsable de todo el universo, de todas las formas del ser y de todos los valores o bien su responsabilidad no significa absolutamente nada. La existencia del universo es importante, es realmente lo único que tiene importancia; es más importante que la vida o la muerte del hombre como individuo, como civilización particular o como género.

Psicoterapia de Grupo y Psicodrama, p. 16
Inglés, no hay
Psicoterapia de Grupo e Psicodrama, p. 15

Al hombre se le llamó a menudo el animal creador de símbolos. Para algunos autores, esta condición sería la raíz de toda patología humana (Trigant Burrow). Otros la han considerado como su logro más grande (G. H. Mead y Korzybsky). Ambas posiciones son unilaterales. La aptitud de trascender el aquí y ahora mediante el uso de símbolos tiene que ser reemplazada por la aptitud de integrar los más remotos símbolos dentro del más inmediato aquí y ahora. Podemos considerar, por ello, tres frases en la evolución del hombre: 1) el aquí y ahora del animal; 2) el animal creador de símbolos que trascienden el aquí y ahora, y 3) la creatividad simbolizante integrada en el concreto aquí y ahora. Este nuevo hombre puede ser denominado el "hombre cósmico". Es tan realista como el animal y tan simbólico como el *homo sapiens*, pero es una síntesis de ambos.

Las Bases de la Psicoterapia, pp. 357-358
Psychodrama: Foundations of Psychotherapy, v. 2, p. 225
Fundamentos del Psicodrama, p. 239

HOMBRE / HUMANIDAD

Ni las leyes del azar, ni las de la herencia pueden determinar el nacimiento de la sociedad humana. Tampoco lo hacen los factores económicos. Nuevos factores han sido descubiertos, como tele, espontaneidad y creatividad.

Fundamentos de la Sociometría, no hay
Who Shall Survive?, p. 379
Quem Sobreviverá?, v 2, p. 235

HOMBRE / ORGANIZACIÓN DE LA PERSONA HUMANA

(…) La persona humana es el resultado de fuerzas hereditarias (g), fuerzas espontáneas (e), fuerzas sociales (t) y fuerzas ambientales (a). Según esta fórmula, als fuerzas sociales son diferenciadas de las ambientales. Las investigaciones sociométricas y el desarrollo del factor tele han demostrado que esta distinción es ventajosa desde el punto de vista de la sistemática.

Psicodrama, p. 128
Psychodrama, v. I, p. 83
Psicodrama (portugués), p. 134 (nota suplementar)

HOMEÓSTASIS *VERSUS* COSMÓSTASIS

(…) *El niño de pecho vive en simbiosis con el mundo "entero" y no sólo con su madre. Él no sabía que había algo "fuera" de él mismo. Pero desde el momento en que descubre que hace daño caerse, que los objetos en el espacio son cortantes y duros y que hay que evitarlos, que los sonidos pueden ser fuertes, chirriantes y extraños, que hay numerosos individuos y objetos fuera de él mismo, desarrolla una especie de hambre por asimilarlo todo, una especie de "hambre cósmica". Intenta vencer paulatinamente todas las partes* ambles o realmente amenazadoras de su pequeño universo que antes le había pertenecido, en un intento de recuperar su unidad y su equilibrio con él. *De la misma manera que el organismo infantil está regido por la "homeostasis", el cosmos infantil lo está por la "cosmostasis".*

> Psicoterapia de Grupo y Psicodrama, p. 240
> Psychodrama: Action Therapy of Principles of Practice, v. 3, p. 141
> Psicoterapia de Grupo e Psicodrama, p. 226

HUMOR

HUMOR / TERAPIA

A menudo observamos en Hudson que, en el curso de estas escenas cierta joven podía manifestar, en su desempeño, sentimientos que en la vida ordinaria no habría dirigido ni a una compañera ni a su gobernanta, y que de este modo podía descargar ciertos agravios latentes que habrían podido degenerar en verdaderos conflictos.

> Fundamentos de la Sociometría, p. 357
> Who Shall Survive?, p. 534
> Quem Sobreviverá?, v. 3, pp. 98-99

IDÉE FIXE

Para comprender por qué elegí la línea del teatro en lugar de fundar una secta religiosa, ingresar en un monasterio o desarrollar un sistema teológico (aunque no son cosas que se excluyan mutuamente), hace falta tener presente el medio del cual surgieron mis ideas. Me acosaba una *idée fixe*, algo que entonces podía ser considerado como una afectación, pero que hoy, llegado el tiempo de la cosecha, puede decirse que era "una gracia de Dios". Esa *idée fixe* se convirtió en la fuente perenne de productividad; por ella se postulaba la existencia de una especie de naturaleza primordial, que es inmortal y reaparece en cada nueva generación, un primer universo que contiene a todos los seres y en el que todo asume carácter de sagrado. Amaba ese mundo hechizado y no estaba dispuesta a abandonarlo nunca.

El Teatro de la Espontaneidad, pp. 25-26
The Theater of Spontaneity, p. 3
O Teatro da Espontaneidade, p. 15

IDENTIDAD

(...) La hipótesis de la identidad postula que la unidad y la integración se dan a un nivel más primitivo que las diferenciaciones posteriores.

Psicoterapia de Grupo y Psicodrama, p. 122
Inglés, no hay
Psicoterapia de Grupo e Psicodrama, p. 108

IDENTIDAD / IDENTIFICACIÓN

Identidad no debe confundirse con identificación. La idea de identificación es completamente distinta y es importante ver clara la diferencia. Identificación supone que hay un Yo consolidado que busca la identidad con otro Yo consolidado. La identificación puede tener lugar sólo cuando el niño ha crecido y ha desarrollado la capacidad de distinguirse de las otras personas. De ahí que relacionemos la identidad con las fases más tempranas del desarrollo del niño. Todos los movimientos, experiencias, actividades e interacciones que unen al hijo y a la madre pueden ser comparadas con el fenómeno del doble. Para el niño todo lo que hace la madre es una parte inconsciente de su propio Yo; en un grado mucho menor también todo lo que hace el niño es para la madre una parte inconsciente de su propio Yo; la madre es un Yo auxiliar del niño; es un caso especial de su vida inconsciente.

Psicoterapia de Grupo y Psicodrama, pp. 121-122
Inglés, no hay
Psicoterapia de Grupo e Psicodrama, p. 108

Dentro de la identidad, tiene lugar el proceso de asunción de roles por el niño. Esta asunción de roles consiste de dos funciones: la concesión de roles (otorgador) y la recepción de roles (receptor). (...) El resultado de esta interacción es que gradualmente se establece una cierta y recíproca expectación de roles en los participantes del proceso.

Psicodrama, p. 103
Psychodrama, v. I, p. 62
Psicodrama (portugués), p. 113

IDENTIFICACIÓN / SUBJETIVA / OBJETIVA

Resulta útil, diferenciar, en el proceso de análisis la identificación subjetiva de la objetiva. Cuando decimos identificación subjetiva, nos referimos a la proyección de un sentimiento individual, generalmente ideal, en otro individuo. Según Freud, la identificación se debe a la transferencia de la imagen de, por ejemplo, el propio padre, la imagen de la autoridad y la omnipotencia, a un extraño. Ese extraño puede estar, de hecho, totalmente desprovisto de autoridad, tanto como de omnipotencia. La identificación del extraño con el propio padre es, por lo tanto, de carácter subjetivo. En la identificación objetiva, en cambio, la experiencia de una imagen o de una situación de otra persona es considerablemente exacta. Una de las formas más importantes de identificación objetiva es la que se produce con los roles jugados por otros individuos. Si, por ejemplo, con este público algunos trabajadores sociales se sienten relacionados entre sí, ello se debe al principio de identidad que actúa ya al nivel del no conocimiento, y luego, tan pronto como llegan a conocerse, a causa de la identificación del rol. Este tipo de identificación es un proceso objetivo. (...) Los tres principios, identidad, identificación subjetiva y rol, se hallan generalmente entrelazados.

Psicomúsica y Sociodrama, pp. 186-187
Psychodrama, v. I, p. 382
Psicodrama, p. 443

IMÁGENES TERAPÉUTICAS

El objetivo de nuestra reeducación es provocar y aumentar la espontaneidad del intérprete. Las imágenes terapéuticas son simplemente uno de los métodos que pueden utilizarse con ventaja. (...) El método para poner en acción imágenes no es más que una especie de muleta que ayuda al músico o al alumno en el proceso de aprender a ser espontáneo.

Psicomúsica y Sociodrama, p. 61
Psychodrama, v. I, p. 307
Psicodrama, pp. 364-365

IMPROVISACIÓN

IMPROVISACIÓN / COMO UN PROCESO PRIMARIO

La improvisación ("impromptu") no es un sustituto del teatro, sino una forma artística independiente. El nombre de "teatro" que se le ha asociado, ha dado lugar a analogías erróneas.

Psicodrama, p. 66
Psychodrama, v. I, p. 33
Psicodrama (portugués), p. 82

El moderno movimiento de improvisación difiere esencialmente de los intentos anteriores (Grecias, India, etc.), en cuanto permiten una comparación las escasas referencias históricas. En el comienzo de muchas culturas nacionales de la época antigua y prehistórica, apareció la ejecución improvisada (danza, música, drama, etc.). Pero los artistas y filósofos de aquellos tiempos no reconocieron su importancia. El descubrimiento del momento y de su relación con la técnica del acto creador se hizo en nuestra época, como un paso muy tardío en la civilización humana.

Psicodrama, pp. 66-67
Psychodrama, v. I, p. 34
Psicodrama (portugués), p. 83

(...) Si imaginamos al autor separado de los tipos que provienen de él, se puede observar el siguiente proceso. Cada uno de estos personajes es su propio creador, y el poeta es quien los combina en un todo unificado. Allí tienen ustedes el concepto primario de la ejecución improvisada. Se debe considerar al autor un estratega y a cada uno de sus personajes un actor que improvisa.

> Psicodrama, p. 75
> Psychodrama, v. I, p. 41
> Psicodrama (portugués), p. 91

El teatro para la espontaneidad no tiene nada que ver con el así llamado método de Stanislavsky. En ese método, la improvisación no es más que un complemento para el objetivo de escenificar un gran Romeo o un gran Rey Lear. El factor de espontaneidad está entonces al servicio de la conserva cultural, para insuflarle nueva vida. El método de la improvisación en cuanto principio fundamental a desarrollar sistemáticamente en contraposición con las conservas y negándose a ponerse conscientemente a su servicio, era algo ajeno a los intereses de Stanislavsky.

> El Teatro de la Espontaneidad, p. 168
> The Theater of Spontaneity, pp. 100-101
> O Teatro da Espontaneidade, p. 119

IMPROVISACIÓN / MÉTODO DE IMPROVISACIÓN ESPONTÁNEA

La improvisación es un método que utilizan los artistas cuando se encuentran en apuros. Es, en el teatro convencional, un arsenal ilegal de trucos. *Ad lib* se puede definir como la libertad no autorizada, el *laissez faire* del actor del teatro establecido. (…) Existe una variedad de improvisación que se suele denominar "abreacción". Mientras que la improvisación persigue un objetivo estético y se caracteriza por algún grado de libertad, la abreacción no tiene ningún objetivo estético consciente, carece de libertad y es compulsiva. En ambos casos el nivel de organización mental es reducido.

> El Teatro de la Espontaneidad, pp. 140-141
> The Theater of Spontaneity, p. 79
> O Teatro da Espontaneidade, pp. 95-96

INCONSCIENTE

INCONSCIENTE / INCONSCIENTE COLECTIVO

Igualmente difícil es llegar a un acuerdo respecto de la estructura del yo. Lo hemos descrito como un racimo de roles (los roles privados, más los colectivos). Se extiende más allá de la piel del organismo individual; uno de estos "más allá" es el dominio de lo interpersonal. El problema que sigue en pie es hasta dónde se extiende y dónde termina. Si el yo del hombre puede expandirse en capacidad creadora y en poder – como parece mostrarlo toda la historia del hombre – entonces debe existir alguna relación entre la idea del yo humano y la idea del yo universal de Dios. Los apóstoles modernos del ateísmo, al romper los lazos que ligaban al hombre con un sistema divino, con un Dios supramundano, en su apuro entusiasta, cortaron demasiado; amputaron el mismo yo del hombre. Por el hecho mismo de emancipar al hombre de Dios, emanciparon también al hombre de sí mismo. Afirmaron que Dios había muerto, pero quien había muerto era el hombre. Sostengo la tesis de que *el núcleo del problema no el Dios ni la negación de su existencia, sino el origen, la realidad y la expansión del yo.*

> El Teatro de la Espontaneidad, pp. 34-35
> The Theater of Spontaneity, p. 8
> O Teatro da Espontaneidade, p. 21

INCONSCIENTE / INCONSCIENTE COMÚN

(…) Es una falacia referirse al inconsciente como si fuera la sustancia de la cual emergen todos los fenómenos mentales. Para una personalidad del acto, como la del niño, que vive predominantemente en actos, el concepto de inconsciente no existe.

> Psicodrama, p. 109

Psychodrama, v. I, p. 67
Psicodrama (portugués), p. 119

(...) En la medida en que es probable que el sueño sea una aparición relativamente tardía en el desarrollo de los procesos psíquicos, originada en el período de la realidad total, la misma teoría del inconsciente pierde la principal justificación de su existencia.

Psicodrama, p. 112
Psychodrama, v. I, p. 70
Psicodrama (portugués), p. 121

Los grupos naturales se comportan diferente a los grupos de extraños. Madres y cónyuges, miembros de una familia, dos amantes, amigos y compañeros de negocios de muchos años y todos los grupos que como éstos están íntimamente relacionados tienen una forma común de entenderse tácitamente. Viven como en una simbiosis, pero rara vez se pone en claro lo que se quiere decir con esto. (...) Parecen compartir el estado que yo he llamado "situaciones conscientes e inconscientes comunes".

Psicoterapia de Grupo y Psicodrama, p. 74
Psychodrama: Foundations of Psychotherapy, v. 2, p. 58
Psicoterapia de Grupo e Psicodrama, p. 66

(...) De ahí que el concepto de inconsciente individual no baste para explicar ambas fases, que se mueven de A a B y de B a A. Debemos construir una hipótesis que postule un inconsciente común. Esta hipótesis debe hacernos comprender que hay estados inconscientes que no surgen de una sola psique, sino de varias, ligadas entre sí por lazos concretos.

Psicoterapia de Grupo y Psicodrama, p. 77
Inglés, no hay
Psicoterapia de Grupo e Psicodrama, p. 68

La palabra "inconsciente" se emplea en este libro, para simplificar, en lugar de "estados inconscientes". La idea de que el inconsciente sea una especie de entidad, esto es, una cosa o un "ser" autónomo, debe ser absolutamente rechazada.

Psicoterapia de Grupo y Psicodrama, p. 72 (notas)
Inglés, no hay
Psicoterapia de Grupo e Psicodrama, p. 64 (rodapé)

(...) A un creador permanentemente equilibrado no le serán necesarios conceptos tales como la voluntad, el inconsciente, etc. Para él la voluntad y las percepciones y los fenómenos inconscientes y los conscientes se hallan inmersos en un solo curso de experiencia. (...) Para el creador absoluto carece de sentido la dicotomía inconsciente-consciente. Para él, lo inconsciente y lo consciente se han transformado en valores idénticos. Esta siempre en el nivel de la creatividad. El concepto de inconsciente, es, pues, un producto derivado, una proyección patológica de un sujeto que se empeña en atemperarse para cumplir un acto que no puede dominar enteramente.

Psicomúsica y Sociodrama, p. 55
Psychodrama, v. I, pp. 303-304
Psicodrama, pp. 360-361

6) Los fundamentos del sistema del inconsciente, tal como fue propuesto por Freud y ampliado por Jung, son débiles. El sistema no es lógicamente fiel a sí mismo, es incompleto y, desde el punto de vista de la investigación, improductivo. El eslabonamiento entre el preconsciente y el inconsciente no ha sido satisfactoriamente explicado. El eslabonamiento entre el preconsciente y el inconsciente de un individuo con los de otro falta por completo y queda una grieta entre los individuos, los pequeños grupos y las colectividades a que todos ellos pertenecen. Toda el área de las actividades psíquicas inconscientes debe ser expuesta en una nueva formula-

ción, dentro de un marco de referencia operacional y activístico.

> Las Bases de la Psicoterapia, p. 102
> Psychodrama: Foundations of Psychotherapy, v. 2, p. 58
> Fundamentos del Psicodrama, pp. 72-73

(…) El "panorama psicodramático del inconsciente" es más completo que el psicoanalítico y potencialmente superior a éste. Las asociaciones libres no se pierden tampoco, quedan incluidas en el psicodrama; ocurre algo así como si estuvieran flotando libremente las palabras y fragmentos de frases; en cuanto al grado de disociación, depende de la intensidad que en cada caso tenga el lazo que une la palabra al símbolo, el modo de comportarse y la acción.

> Las Bases de la Psicoterapia, p. 168
> Psychodrama: Foundations of Psychotherapy, v. 2, p. 99
> Fundamentos del Psicodrama, p. 115

(…) Pero, ¿es el inconsciente una sustancia, una entidad, un nombre, "el inconsciente"? ¿No será preferible considerarlo como un atributo, "lo inconsciente", una condición que acompaña los hechos psicológicos y sociales en cantidad e intensidad variables?

> Las Bases de la Psicoterapia, pp. 172-173
> Psychodrama, p. 102
> Fundamentos del Psicodrama, p. 118

INCONSCIENTE / ORIGEN

En la mente del poeta, estados de ánimo, visiones de roles y acciones dramáticas se encuentran en un permanente devenir. Están siempre en diversos estadios de desarrollo dentro de él.

> El Teatro de la Espontaneidad, pp. 139-140
> The Theater of Spontaneity, p. 78
> O Teatro da Espontaneidade, p. 95

ÍNDICE / IDENTIFICACIÓN

La catarsis propia del sociodrama difiere de la catarsis del psicodrama. El enfoque psicodramático se ocupa principalmente de problemas personales y apunta a la catarsis personal. En el procedimiento psicodramático se trata a cada sujeto ya sea cristiano, comunista, negro, judío, japonés o nazi, como a una persona específica, con su mundo privado. Su situación colectiva se considera únicamente en cuanto afecta su situación personal. Por lo tanto el mismo debe ser el actor principal dentro del procedimiento inherente al tratamiento. En el procedimiento sociodramático el sujeto no es una persona, sino un grupo. En consecuencia, no se considera un negro individual, sino a todos los negro, a todos los cristianos, a todos los judíos. (…) El protagonista que se encuentre en el escenario no estará animando a una *dramatis persona*, el resultado creador de la mente de un dramaturgo *individual,* sino una experiencia colectiva. Él, un yo auxiliar, es una extensión emocional de muchos yos. Por lo tanto, en el sentido sociodramático, no existe identificación del espectador con el actor que está en el escenario, con lo cual se presume que existe alguna diferencia entre el primero y el carácter que este otro anima. En este caso se trata de identidad. Todos los cristianos, todos los negros. (…) Todo cristiano es, en cuanto cristiano, idéntico a todo otro cristiano. En la base primaria de la *identidad* colectiva no hay, por lo tanto, necesidad de identificación. No hay diferencias entre espectadores y actores; todos son protagonistas.

> Psicomúsica y Sociodrama, pp. 159-161
> Psychodrama, v. I, pp. 364-365
> Psicodrama, pp. 424-425

(…) La identidad debería considerarse a parte del proceso de identificación. Se desarrolla con anterioridad a este último en el niño y actúa en todas las relaciones intergrupales de la sociedad adulta. Para el niño, "yo" y "medio inmediato" constituyen la misma cosa; no existe para él una relación yo-no yo. "Yo" y "no-yo" constituyen las dos partes todavía indiferenciadas de la "matriz de identidad". (…) Para los que no son negros, por ejemplo, todos los negros son considerados como idénticos, el negro. (…) Este "considerarlos" de este modo es como un reflejo colectivo, mientras que ninguna experiencia diferencial modifique el instrumento. Este principio de identidad funciona también a la inversa. Los negros se consideran a sí mismos como una entidad colectiva singular, *el* negro, condición que sumerge todas las diferencias individuales. Denominaremos a esta identidad la *identidad* de rol.

Psicomúsica y Sociodrama, pp. 184-186
Psychodrama, v. I, pp. 381-382
Psicodrama, pp. 442-443

(…) Por otra parte, el proceso de identificación es rara vez completo. La mayor parte de los actos de identificación lo son sólo respecto respecto de una fase de la otra persona (…) Éste, fue uno de esos casos a los que denomino identificación parcial y no total

Psicomúsica y Sociodrama, p. 187
Psychodrama, v. I, p. 383
Psicodrama, p. 444

(…) Esto es lo que generalmente llamo de identificación deformada. En esta categoría caen muchas de las identificaciones por transferencia en el sentido freudiano, proyecciones de un deseo o de un temor.

Psicomúsica y Sociodrama, p. 188
Psychodrama, v. I, p. 383
Psicodrama, p. 444

INICIADORES

(…) A medida que mejor logra suscitar en sí el sentimiento pedido, sus asociaciones verbales y su mímica concuerdan con dicho estado (estado adecuado). Si sus primeros movimientos expresivos no son reacciones normalmente esperadas. Entonces el deseado estado de espontaneidad no ha sido logrado. (…) Si el arranque se realiza mediante movimientos expresivos mal coordinados, resultará de esto una impetuosidad, una confusión.

Fundamentos de la Sociometría, p. 230
Who Shall Survive?, p. 339
Quem Sobreviverá?, v. 2, p. 201

INICIADORES / ARRANQUE CORPORAL

El estudio experimental que realizamos de este proceso de liberación suscitado por la acción, nos llevó a observar lo que denominamos *índices de liberación afectiva*. Estos índices no son de orden mental sino de orden fisiológico: respiración precipitada, jadeo, llantos, sonrisas, dientes apretados, etc. *El arranque corporal* del comportamiento cuando el sujeto comienza a desempeñar un papel o habla bajo la inspiración del momento, es acompañado por signos fisiológicos.

Fundamentos de la Sociometría, pp. 228-229
Who Shall Survive?, p. 338
Quem Sobreviverá?, v. 2, p. 200

INICIADORES / ECONÓMICO

(…) El incentivo económico, no obstante, provoca respuestas diferentes en las distintas personas. Así como hay grupos de personas rápidas (gentes que trabajan con rapidez, que comen rápidamente) hay también un grupo de personas lentas (gente que trabaja lentamente y que come lentamente). En el dominio de la creatividad, hay también creadores rápidos y lentos. (…) Una obra importante puede quedar inconclusa porque su creador se inclina a demorar su proceso de atemperación una y otra vez, de modo tal que pierde el momento psicológico para terminar la obra. En este punto justamente desempeña un papel catalítico los incentivos económicos. El gran efecto que tiene el trabajo por el contrato y el trabajo a destajo en las labores manuales con vistas a acelerar la producción, es cosa que se da por sentada. (...) La enorme producción de los grandes maestros del renacimiento no se debe tanto a una productividad mayor que la que poseen muchos artistas modernos como al hecho de que ciertos nobles de aquel período les asignaren una determinada tarea que debían acabar en un tiempo dado, esto es, un contrato de trabajo.

Psicomúsica y Sociodrama, pp. 64-65
Psychodrama, v. I, p. 309
Psicodrama, pp. 366-367

INICIADORES / IMÁGENES TERAPÉUTICAS

El objetivo de nuestra reeducación es provocar y aumentar la espontaneidad del intérprete. Las imágenes terapéuticas son simplemente uno de los métodos que pueden utilizarse con ventaja. (...) El método para poner en acción imágenes no es más que una especie de muleta que ayuda al músico o al alumno en el proceso de aprender a ser espontáneo.

Psicomúsica y Sociodrama, p. 61
Psychodrama, v. I, p. 307
Psicodrama, pp. 364-365

INICIADORES / MENTAL

Por otra parte, hemos estudiado la producción intencional de resultados particulares; por ejemplo, la elaboración de ciertas percepciones, ciertos actos, ciertos roles, la formación de determinados estados afectivos. En este caso, el desencadenamiento es de orden mental, y no ya de orden orgánico. El sujeto tiene conciencia de un objetivo a alcanzar: se le pide que materialice cierto estado; por ejemplo, se le dice que monte en cólera. De este modo sabe qué debe hacer. A medida que mejor logra suscitar en sí el sentimiento pedido, sus asociaciones verbales y su mímica concuerdan con dicho estado (estado adecuado).

Fundamentos de la Sociometría, p. 230
Who Shall Survive?, p. 339
Quem Sobreviverá?, v. 2, pp. 201-202

INICIADORES / PALABRAS *VERSUS* ACCIONES

Gracias a estos signos expresivos estamos en condiciones de saber si un estado emocional se haya en camino de producirse, o si alcanza su total cumplimiento. Los índices de liberación afectiva constituyen los verdaderos signos de que una tendencia afectiva comienza a descargarse; en este sentido, las reacciones verbales son signos menos seguros. Un sujeto puede hablar con palabras precisas, acerca de una emoción que no experimenta o que sólo siente débilmente, mientras que resulta prácticamente imposible, una vez aparecida la emoción, que se realicen acciones sin ser dominado por fuerzas afectivas. Todas las asociaciones verbales, la mímica y los actos, se hallan en relación con la tendencia afectiva desencadenada.

Fundamentos de la Sociometría, p. 230
Who Shall Survive?, p. 339
Quem Sobreviverá?, v. 2, p. 201

INICIADORES / RELACIONALES

(...) Pero cuando el actor profesional debe improvisar, tiene que someterse a la técnica de liberación afectiva si pretende que su realización sea sincera. Se comprende fácilmente: en la vida real, es generalmente el comportamiento de otra persona lo que provoca en nosotros la liberación espontánea de una emoción o de un sentimiento; pero en un escenario improvisado, el participante ficticio constituye una imagen demasiado débil de una persona verdadera como para conmover realmente al actor. Para desencadenar la liberación afectiva, éste debe realizar un esfuerzo especial, y este esfuerzo debe ser tanto más intenso cuanto que se trata de emociones más elementales

Fundamentos de la Sociometría, pp. 230-231
Who Shall Survive?, p. 340
Quem Sobreviverá?, v. 2, p. 202

INSENSIBILIZACIÓN PROGRESIVA

(...) El principio del tratamiento fue siempre hacer que se representara en varios ensayos y variantes la situación traumática sobresaliente, para reducir al mínimo la tensión angustiosa del niño y el *shock* de lo inesperado.

Psicoterapia de Grupo y Psicodrama, p. 261
Inglés, no hay
Psicoterapia de Grupo e Psicodrama, p. 243

INSTITUCIONES

En este aspecto, y solamente en éste, tiene el mismo carácter de esteriotipo de un tribunal, de una iglesia o un parlamento, y en la mente de todos está vinculado con una serie de actos ceremoniales. En su condición de instituciones permanentes, constituyen una especie de teatro convencional dentro de la misma sociedad.

El Teatro de la Espontaneidad, p. 135
The Theater of Spontaneity, pp. 76-77
O Teatro da Espontaneidade, p. 92

INSTRUMENTOS DEL PSICODRAMA

El método psicodramático usa, principalmente, cinco instrumentos – el escenario, el sujeto o paciente, el director, el staff de asistentes terapéuticos o egos-auxiliares, y el público. El primer instrumento es el escenario. ¿Por qué un escenario? Porque le proporciona al paciente un espacio vivencial que es flexible y multidimensional al máximo. El espacio vivencial de la realidad de la vida es a menudo demasiado pequeño y restrictivo, de modo que el individuo puede fácilmente perder el equilibrio. En el escenario él podrá reencontrarlo, debido a la metodología de la Libertad – libertad con relación a las tensiones insoportables y libertad de experiencia y expresión. El espacio escénico es una extensión de la vida más allá de los tests de realidad de la propia vida. La realidad y la fantasía no están en conflicto; por el contrario, ambas son funciones dentro de una esfera más vasta – el mundo psicodramático de objetos, personas y eventos. En su lógica, el fantasma del padre de Hamlet es tan real y su existencia tan permitida como el propio Hamlet. Los delirios y alucinaciones toman cuerpo – consubstanciación en el escenario – e igualdad de status con las percepciones sensoriales normales. El plan arquitectónico del escenario está hecho de acuerdo con requisitos terapéuticos. Sus formas circulares y niveles de escenario, niveles de aspiración, señalando la dimensión vertical, estimulan el alivio de tensiones y permiten la movilidad y flexibilidad de acción. El locus de un psicodrama, si es necesario, puede designarse en toda y cualquier parte, donde quiera que estén los pacientes, en el campo de batalla, en el sala de aula o en el hogar. Pero la resolución final de profundos conflictos mentales requiere un escenario objetivo, el teatro terapéutico. Tal como en la religión, aunque el devoto pueda orarle a su Dios en sus aposentos particulares, es en la iglesia que la comunidad de creyentes alcanza la más completa confirmación de su fe.

Psicodrama, no hay
Psychodrama, v. I, pp. a-b, Introduction to 4th Edition
Psicodrama (portugués), pp. 17-18, Introdução à 4ª Edição

El segundo instrumento es el sujeto o paciente. Se le solicita que sea él mismo en el escenario, a retratar su propio mundo privado. Es instruido para que sea él mismo, no un actor, tal como el actor es obligado a sacrificar su propio yo privado al rol que le fue impuesto por un dramaturgo. Una vez "caldeado" para la tarea, es comparativamente fácil para el paciente hacer un relato de su vida cotidiana, en acción, pues nadie posee más autoridad sobre él que él mismo. Tiene que actuar libremente, a medida que las cosas se le van ocurriendo; es por eso que se le tiene que conceder la libertad de expresión, espontaneidad. En grado de importancia, el proceso de representación le sigue a la espontaneidad. El nivel verbal trasciende y se incluye en el nivel de acción.

Psicodrama, no hay
Psychodrama, v. I, p. b, Introduction to 4th Edition
Psicodrama (portugués), p. 18, Introdução à 4ª Edição

El tercer instrumento es el director. Él tiene tres funciones: productor, terapeuta y analista. Como productor, tiene que estar alerta para convertir cualquier pista que el sujeto ofrezca en acción dramática, para conjugar la línea de producción con la línea vital del sujeto y nunca dejar que la producción pierda contacto con el público. Como terapeuta, atacar e impactar al sujeto es casi tan permisible como reír y hacerle chistes; a veces podrá tornarse pasivo e indirecto, y la sesión, para todos los fines prácticos, parece ser dirigida por el paciente. En fin, como analista, podrá complementar su propia interpretación mediante respuestas provenientes de informantes en el público, marido, padres, hijos, amigos o vecinos.

Psicodrama, no hay
Psychodrama, v. I, p. c, Introduction to 4th Edition
Psicodrama (portugués), p. 19, Introdução à 4ª Edição

El cuarto instrumento es el staff de egos-auxiliares. Estos egos-auxiliares o actores terapéuticos tienen doble significado. Son extensiones del director, exploratorias y terapéuticas, pero también extensiones del paciente, retratando a las personae reales o imaginarias de su drama vital. Las funciones del ego-auxiliar son triples: la función del actor, retratando roles requeridos por el mundo del paciente; la función del agente terapéutico, guiando al sujeto; y la función del investigador social.

Psicodrama, no hay
Psychodrama, v. I, p. c, Introduction to 4th Edition
Psicodrama (portugués), p. 19, Introdução à 4ª Edição

El quinto instrumento es el público. Este se reviste de una doble finalidad. Puede servir para ayudar al paciente o, siendo él mismo ayudado por el sujeto en el escenario, se convierte entonces en paciente. Cuando ayuda al paciente es un sólido indicador de opinión pública. Sus respuestas y comentarios son tan extemporáneos como los del paciente y pueden variar desde la risa a la protesta violenta. Mientras más aislado esté el paciente, por ejemplo, porque su drama en el escenario está formado por delirios y alucinaciones, más importante se convierte para él la presencia de un público dispuesto a aceptarlo y comprenderlo. Cuando el público es ayudado por el sujeto, convirtiéndose de esta manera en el propio sujeto, la situación se invierte. El público se ve a sí mismo, es decir, uno de sus síndromes colectivos es retratado en el escenario.

Psicodrama, no hay
Psychodrama, v. I, p. c, Introduction to 4th Edition
Psicodrama (portugués), p. 19, Introdução à 4ª Edição

INTERPOLACIÓN DE RESISTENCIA

La terapia de resistencia que describimos aquí se refiere no sólo a las resistencias existentes *dentro* del propio paciente. Son también las que residen en el ámbito concreto de los acontecimientos. Son las resistencias entre el paciente y su o sus compañeros; es una *resistencia interpersonal*. En el caso de Roberto la *introducción* de resistencias constituía por eso una medida terapéutica. Se interpuso una serie de objetos, personas y acontecimientos cuidadosamente elegidos a su ilimitado impulso de explicarse a sí mismo y de exhibirse. Ya vimos que se salía de lo común en sus intentos incesantes de explicarse a sí mismo, pero que se mostraba relativamente débil cuando se le interponía en el camino como resistencia otro Yo agresivo en el curso de su acción. Las resistencias tuvieron que ser *cuidadosamente graduadas*. Hubo que encontrar diversas especies de resistencia para responder a las necesidades del paciente.

Psicoterapia de Grupo y Psicodrama, p. 313
Psychodrama, v. I, p. 215
Psicoterapia de Grupo e Psicodrama, pp. 294-295

INTERPSIQUIS

(…) La terapia conyugal y familiar, por ejemplo, tiene que ser conducida de tal modo que se manifieste la "interpsiquis" de todo el grupo en la representación, exteriorizando sus tele-relaciones y sus estados co-conscientes y co-inconscientes.

Psicodrama, no hay
Psychodrama, v. I, p. vii, Introduction to 3rd Edition
Psicodrama (portugués), p. 30, Introdução à 3ª Edição

INTRAPSÍQUICO

(…) Pero la posición de un individuo psicótico dentro de su átomo social hace muy conveniente la consideración minuciosa de sus *relaciones consigo mismo*. Durante el crecimiento, el niño tiene experiencias no sólo con las otras personotas, sino consigo mismo en diferentes papeles. Como resultado de sus tele-relaciones empiezan, no sólo a experimentarse a sí mismo, sino a considerarse como alguien frente a quien las otras personas reaccionan en cierta forma y respecto de las cuales se comporta él igualmente de una determinada manera. Poco a poco desarrolla una *imagen de sí mismo*.

Psicoterapia de Grupo y Psicodrama, pp. 346-347
Moreno, J. L, "Psychodramatic Shock Therapy", a Sociometric Approach to tye Problem of Mental Disorders in Group Psychotherapy and Psychodrama, v. xxvii, n°s 1-4, 1974, p. 4.
Psicoterapia de Grupo e Psicodrama, p. 331

Por lo tanto, la posición del psicodrama dentro del sistema sociométrico está dividida. Con su mayor parte, como un instrumento que investiga las estructuras más profundas de las relaciones interindividuales y de grupo, pertenece a la sociometría. Con una porción menor, como un instrumento que estudia la personalidad en cuanto unidad separada, en la medida en esto puede ser concebido, se relaciona con las técnicas proyectivas y es un campo de la psicología.

Psicodrama, p. 335
Psychodrama, v. I, p. 250
Psicodrama (portugués), p. 306

(…) el yo aparece dividido entre el actor espontáneo, por un lado, y un observador interno que contraactúa (copartícipe), por otro. Esta división adquiere una gran importancia en la labor terapéutica, pero es también el fundamento dinámico del fenómeno trágico y cómico en el drama.

El Teatro de la Espontaneidad, p. 83
The Theater of Spontaneity, p. 44
O Teatro da Espontaneidade, p. 59

Como no podemos penetrar en la mente y ver lo que el individuo percibe y siente, el psicodrama busca, con la colaboración del paciente, transferir la mente para afuera del individuo y objetivarla dentro de un universo tangible y controlable. (...) Su finalidad es hacer visible, observable y mesurable el comportamiento total.

Psicodrama, no hay
Psychodrama, v. I, pp. xxi-xxii, Introduction to 3rd Edition
Psicodrama (portugués), pp. 47-48, Introdução à Edição original

INTROVISIÓN DE LA ACCIÓN

(...) En el pensamiento psicodramático, el actuar desde adentro, o pasar al acto, es una fase necesaria en el avance de la terapia; proporciona al terapeuta una oportunidad para evaluar el comportamiento del paciente y, además de eso, confiere también al paciente la posibilidad de evaluarlo por sí mismo.

Psicodrama, no hay
Psychodrama, v. I, p. x, Introduction to 3rd Edition
Psicodrama (portugués), p. 34, Introdução à 3ª Edição original inglês

Tal comprometimiento fue, profundamente reforzado por individuos-llave allegados a él y resultó en una red compuesta de reacciones en cadena; se puede denominar este fenómeno de solidariedad para con el pionero, o "amor al creador"; 2) rechazo del pionero, el protagonista, directa o indirectamente, a través de individuos cargados de tele negativa y en desprecio del mismo. La producción psicodramática reveló profunda hostilidad, siendo reforzada por uno o dos individuos-llave y rivales, a veces, resultando en percepción distorsionada del pionero y de su trabajo. La reacción en cadena produjo una red social de negación que puede ser denominada antipatía por el pionero o "envidia del creador".

Fundamentos de la Sociometría, no hay
Who Shall Survive?, pp. 26-27
Quem Sobreviverá?, v. I, pp. 136-137

El fenómeno de la envidia del creador no deja de tener buenas características sociales; ayudó a liberar el método científico.

Fundamentos de la Sociometría, no hay
Who Shall Survive?, p. 31
Quem Sobreviverá, v. I, p. 140

INTROYECCIÓN

INTROYECCIÓN / TELE (Ver RETROYECCIÓN

INVENCIONES DE MORENO

INVENCIONES / VEHÍCULOS / INVENCIONES GRÁFICAS

Diagrama de interacción espontánea (1923); sociograma (1932); escenario del psicodrama (1923); diagrama del espacio y movimiento (1923); sociomatriz (Sociometría, Vol. I, 1937, p. 108), desarrollada posteriormente, por Stuart C. Dodd (Sociometría, Vol. III, 1940).

Fundamentos de la Sociometría, no hay
Who Shall Survive, p. 724
Quem Sobreviverá?, v. 3, p. 219

INVERSIÓN DE ROLES (Ver también TÉCNICA / INVERSIÓN / DEFINICIÓN)

INVESTIGADOR SOCIOMÉTRICO

36. Ponga al investigador sociométrico en medio de varias poblaciones, no para aplicar el test, sino a) para estimular su caldeamiento con relación a determinada población y viceversa; y b) para probar su sensibilidad con los criterios más relevantes.

El investigador que logre establecer una relación armoniosa, se compromete, al máximo, con la población y elegirá el criterio adecuado en el transcurso de su caldeamiento, provocando una participación más amplia y profunda, al contrario del investigador que aplica el test fríamente, a través de un cuestionario por correspondencia, por ejemplo, o a través de métodos semejantes que traten de reducir su desarrollo al mínimo posible.

Fundamentos de la Sociometría, no hay
Who Shall Survive?, pp. 711-712
Quem Sobreviverá?, v. 3, p. 203

JERARQUÍA SOCIONÓMICA

(…) Sean o no intrínsecas las diferencias en la capacidad de atracción, eso no altera el hecho de que han sido, o el más grande obstáculo o el más grande estímulo en el deseo por el poder. Es natural que individuos y grupos menos atractivos traten de alcanzar, a través de la fuerza o de artificios, lo que no les será proporcionado por la atracción y habilidad espontáneas.

    Fundamentos de la Sociometría, no hay
    Who Shall Survive?, p. 434
    Quem Sobreviverá:, v. 2, p. 281

JERGA

Nuestras experimentaciones han demostrado que en la producción de una obra, las resistencias a superar son menores cuando se expresa en leguaje vulgar que cuando lo hace en el lenguaje oficial, mucho más estructurado. (…) se trata de un lenguaje oculto y reprimido, lleno de imágenes y signos prohibidos. Todos lo han hablado en su niñez, pero con los años aprenden a establecer una censura sobre el idioma de la imaginación. Es la censura que el lenguaje de la clase dominante, los adultos imponen sobre los lenguajes primitivos: las formas vulgares y las infantiles.

    El Teatro de la Espontaneidad, p. 145
    The Theater of Spontaneity, p. 82
    O Teatro da Espontaneidade, p. 98

JESÚS

(…) Jesús, como un actor terapéutico principal, tuvo sus yos auxiliares en sus apóstoles y su director psicodramático en el mismo Dios, quien le apuntaba lo que tenía que hacer.

    Psicodrama, p. 30
    Psychodrama, v. I, p. 8
    Psicodrama (portugués), p. 57

Kierkegaard no fue de ningún modo original en cuanto a su credo existencialista. No hacía más que repetir las enseñanzas de las Sagradas Escrituras. Apenas podrá citarse, en la literatura religiosa, el caso de una persona que haya insistido más que Jesucristo en la convalidación existencial, así como en la lucha contra la decadencia interna de la iglesia de su tiempo.

    Las Bases de la Psicoterapia, p. 334
    Psychodrama: Foundations of Psychotherapy, v. 2, p. 210
    Fundamentos del Psicodrama, p. 224

JUDÍOS

JUDÍOS / ANTI-SEMITISMO ENTRE JUDÍOS

(…) Por lo mismo se puede designar mediante la expresión antisemitismo judío el hecho de que muy frecuentemente, los judíos experimentan, tanto respecto de sí mismos como respecto de los otros judíos, una antipatía más o menos marcada, fundada sobre los más diversos pretextos.

    Fundamentos de la Sociometría, p. 381
    Who Shall Survive?, p. 562
    Quem Sobreviverá?, v. 3, p. 129

JUDÍOS / ATRACCIÓN SEXUAL ENTRE JUDÍOS Y ALEMANES

En segundo lugar, debemos considerar el factor de atracción sexual entre la población alemana y la población judía: este factor puede tener una importancia mayor que las correspondientes a las proporciones numéricas de las dos poblaciones. (…) Sólo con ayuda de sociogramas podríamos saber cuántas alemanas se sienten atraídas por judíos y cuántas judías se sienten atraídas por alemanes. (…) Los sociogramas también nos revelan la proporción de gente de uno y otro sexo de las poblaciones consideradas, que experimentan rechazo sexual respecto de los individuos pertenecientes al otro sexo y a la otra población.

Fundamentos de la Sociometría, p. 380
Who Shall Survive?, pp. 560-561
Quem Sobreviverá?, v. 3, pp. 127-128

JUDÍOS / EFECTO TELE

(…) En consecuencia, si un hombre perteneciente a la minoría israelita es objeto de atenciones por parte de una alemana y si ésta atrae sobre sí la admiración de un gran número de sus compatriotas, puede resultar un efecto de tele en el interior de las redes psicológicas, es decir, un efecto psicológico que se extenderá mucho más allá de las dos personas interesadas y de su contorno inmediato.

Fundamentos de la Sociometría, pp. 381-382
Who Shall Survive?, pp. 562-563
Quem Sobreviverá?, v. 3, p. 129

JUDÍOS / ENVIDIA DE LOS ALEMANES

La mayor parte de los grupos subordinados estaba compuesto por alemanes, y por ello se comprende fácilmente que los grupos dirigentes alemanes padecieran un despecho tanto más vivo cuanto que estaban convencidos de que, legítimamente, tenían el derecho de dirigir a las masas alemanas de obreros y campesinos.

Fundamentos de la Sociometría, p. 382
Who Shall Survive?, p. 563
Quem Sobreviverá?, v. 3, p. 130

JUDÍOS / EXCESO DE ESFUERZO / POSICIONES PRIVILEGIADAS

En tercer lugar, debemos ocuparnos de las posiciones culturales, políticas, sociales, profesionales y económicas ocupadas por los miembros del grupo minoritario, así como de las situaciones a las que aspiran o que han conquistado. Si, como se ha pretendido, los judíos de Alemania ocupaban una situación desproporcionada de acuerdo con su importancia numérica en las profesiones liberales, las artes y la industria, este hecho tal vez pueda deberse a que sus esfuerzos superaban a los de los alemanes de igual valor.

Fundamentos de la Sociometría, p. 380
Who Shall Survive?, p. 561
Quem Sobreviverá?, v. 3, p. 128

JUDÍOS / EXPANSIVIDAD EMOCIONAL

(…) El hecho de que, en general, los judíos gocen de una expansividad afectiva superior a la de los alemanes. No debemos temer la conclusión de que esta superioridad de la expansividad afectiva constituye una condición característica de los judíos en tanto tales, porque cierto niveles de aspiración – económicos, profesionales, sociales, o culturales – les están prohibidos. Por otra parte, las investigaciones sociométricas nos han enseñado que la expansividad afectiva de los individuos aumenta con el volumen de sus relaciones, y que el efecto de las diferencias individuales de la expansividad afectiva se multiplica en función del desarrollo de las interacciones entre los miembros de los dos grupos. A medida que los individuos están impedidos de establecer relaciones con la gente del grupo mayoritario, en mayor medida se tienen frustrados en su necesidad de expansividad afectiva y en mayor medida se intensifican las tensiones entre los dos grupos.

Fundamentos de la Sociometría, pp. 379-380
Who Shall Survive?, p. 560
Quem Sobreviverá?, v. 3. p. 127

JUDÍOS / PRODUCCIÓN DE LÍDERES

(...) En el caso del conflicto entre alemanes y judíos, se trata de saber si la población israelita de Alemania ha proporcionado una proporción de dirigentes más importantes que la que podría esperarse dada la importancia numérica de su población, sea porque los israelitas poseyeron un exceso de líderes o bien porque la población alemana sufriera de una insuficiencia de dirigentes. No obstante, el exceso de líderes entre la población israelita sólo puede constituir una apariencia engañosa, debido al hecho de que la *intelligentzia* israelita habría invadido ciertas profesiones y determinadas industrias y logrado, de esta manera, un considerable prestigio.

Fundamentos de la Sociometría, p. 382
Who Shall Survive?, p. 563
Quem Sobreviverá?, v. 3, p. 130

JUEGO

Históricamente el psicodrama surgió a partir del juego. El juego ha existido siempre; es más antiguo que la humanidad; ha acompañado la vida del organismo como uno de sus derroches, prefigurando el crecimiento y la evolución. Dentro de nuestra cultura han sido Rousseau, Pestalozzi y Fröbel los que han llamado nuestra atención sobre el valor educativo del juego. Pero surgió una nueva visión del juego cuando, en los años que precedieron al estallido de la primera Guerra Mundial, empezamos a jugar con niños en los jardines y las calles de Viena: el juego como principio de la autocuración y de la terapia de grupo, como una forma primigenia de vivencia; juego no sólo como epifenómeno que acompaña y refuerza los fines biológicos, sino como fenómeno sui generis, como factor positivo ligado a la espontaneidad y la creatividad. Poco a poco liberamos al juego de sus vinculaciones metafísicas, metabiológicas y metapsicológicas e hicimos de él un principio metodológico y sistemático. Todo esto ha hecho del juego una nueva unidad universal. Él nos condujo al "teatro de improvisación" y después al teatro terapéutico, que alcanzó su culminación en el intercambio de papeles, el psicodrama y el sociodrama de nuestros días.

Psicoterapia de Grupo y Psicodrama, p. 114
J. L. Moreno, "Hypnodrama and Psychodrama", in Group Psychotherapy, Beacon House, v. 3, n° I, v. iii, April, 1950, pp. 1-2
Psicoterapia de Grupo e Psicodrama, p. 102

JUEGO / JUEGO DE ROLES *VERSUS* INVERSIÓN DE ROLES

(...) Empezaremos por distinguir la interpretación de papeles del cambio de papeles. Cuando un dididuo adpta el papel de un médico, un policía, un vendedor o el papel de su padre o de su madre, con objeto de "aprender" cómo funciona en estos papeles, llamamos a esto interpretación de papeles. Pero cuando se "intercambian" los papeles, esto es, cuando el padre se vuelve hijo y el hijo padre, tenemos ya el cambio de papeles. En el auténtico cambio de papeles siempre hay dos individuos presentes, A y B: A adopta el papel de B, y B el de A.

Psicoterapia de Grupo y Psicodrama, p. 241
Psychodrama: Foundations of Psychotherapy, v. 2, p. 141
Psicoterapia de Grupo e Psicodrama, p. 227

(...) Un intercambio "real" de papeles no es posible. Sólo en los mundos míticos y de los cuentos ocurre que un niño se convierta realmente en un perro o una cigüeña, en un poderoso rey o en un pordiosero paralítico. Lo más cercano en nuestro mundo es el cambio de papeles psicodramático, que para los niños y ciertos tipos de psicóticos equivale casi a un cambio real. El intercambio de papeles es un método de socialización y de integración de sí mismo.
> Psicoterapia de Grupo y Psicodrama, p. 241
> Psychodrama: Foundations of Psychotherapy, v. 2, p. 142
> Psicoterapia de Grupo e Psicodrama, p. 227

(...) Todo intercambio es incompleto. En el cambio de papeles siempre queda libre una cierta parte del yo, bien para observar, bien para modificar el papel. Con una parte de su yo, por consiguiente, se convierte en su madre, pero con la otra parte no utilizada sigue siendo Juan, el hombrecito.
> Psicoterapia de Grupo y Psicodrama, p. 245
> Psychodrama: Foundations of Psychotherapy, v. 2, p. 145
> Psicoterapia de Grupo e Psicodrama, p. 230

(...) Los papeles representados por los egos auxiliares pueden responder exactamente a las necesidades y expectativas del protagonista. En este caso, cada uno de los participantes en el psicodrama permanece en el papel en el que ha comenzado. No sale de su papel. María continúa siendo María, Juan sigue siendo Juan, el padre, etcétera. Este proceso de la identidad de papeles a través de todo el psicodrama puede designarse como "interpretación de papeles". Pero una "interpretación de papeles" constante y auténtica es muy rara. Cuando el protagonista no está satisfecho, los egos auxiliares habrán de emplear otras técnicas psicodramáticas como la des monólogo, el intercambio de papeles, el doble, el espejo, etcétera, para expresar con la máxima exactitud los procesos del psiquismo del paciente.
> Psicoterapia de Grupo y Psicodrama, p. 372
> Inglés, no hay
> Psicoterapia de Grupo e Psicodrama, p. 352

(...) Otra persona es el médico, a quien ella atribuye la simbolización del demonio, el apellido de su marido y el título de "doctor".
> Psicoterapia de Grupo y Psicodrama, p. 359
> Moreno, J. L, "Psychodramatic Shock Therapy", a Sociometric Approach to the Problem of Mental Disorders in Group Psychotherapy and Psychodrama, v. xxvii, n°s 1-4, 1974, p. 4.
> Psicoterapia de Grupo e Psicodrama, p. 342

JUGUETES

(...) Nuestros hogares y jardines de infantes deberían reemplazar muchos de sus muñecos con yos auxiliares, individuos reales, que asumen el "rol" de los muñecos.
> Psicodrama, p. 114
> Psychodrama, v. I, p. 71
> Psicodrama (portugués), p. 123

El problema de un currículo para las escuelas de juego tiene que reconsiderar tres elementos. Primero: el viejo hábito de rodear al niño con juguetes terminados o con material para la confección de juguetes estimula en el niño la concepción de un universo mecánico del cual él es el único amo irrestricto; la crueldad y la falta de simpatía que manifiestan a menudo los niños respecto a los seres vivos de deben a una prolongada ocupación con objetos inanimados. Segundo: el currículo debe ser parcialmente ampliado por la adición de todos los temas que son ofrecidos al alumno de la escuela primaria y secundaria, pero presentados y experimentados en un nivel correspondientemente más bajo. Tercero: se deben inventar técnicas de enseñanza de estos temas de acuerdo con los principios de la espontaneidad.

>Psicodrama, p. 202
>Psychodrama, v. I, p. 146
>Psicodrama (portugués), p. 199

(…) Mientras el libro representa la conserva cultural, la muñeca, debido a su semejanza intencional con seres humanos o animales humanizados, representa el ser mecánico, el robot, el "autómata animal". Son seres que pueden ser amados y odiados al extremo y que no pueden ni dar reciprocidad a este amor ni defenderse contra este odio, seres vulnerables a la destrucción que no murmuran ninguna queja. En otras palabras, las muñecas son como individuos que perdieron toda su espontaneidad. (…) Las muñecas no pueden defenderse cuando y si el niño, al ejercer su fuerza física, las maneja mal o inclusive las destruye. Eso se opone al principio mismo de democracia. Los niños se acostumbran a la espontaneidad "fácil".

(…) Nuestras guarderías y escuelas maternales deben substituir muchas de sus muñecas por egos-auxiliares, individuos reales que desempeñen el "rol" de esas muñecas.

>Fundamentos de la Sociometría, no hay
>Who Shall Survive?, pp. 67-68
>Quem Sobreviverá?, v. I, pp. 171-172

JUGUETES / MUÑECAS

(…) La muñeca, debido a su deliberado parecido con los seres humanos o los animales humanizados, representa, por lo menos en "nuestra cultura", una función importante de su socio-patología. Seres que pueden ser amados y odiados con exceso, y que no pueden a su vez amar ni defenderse, que pueden ser destruidos sin un queja, en otras palabras, las muñecas, son como individuos que han perdido toda su espontaneidad.

>Psicodrama, p. 113
>Psychodrama, v. I, p. 71
>Psicodrama (portugués), p. 122

JUGUETES / MUÑECAS / ROBOTS

(…) Tales observaciones fueron confirmadas por la actitud de los niños con sus muñecos. La muñeca no posee la contra-espontaneidad generalmente desagradable, característica de todo ser humano; sin embargo, posee alguna realidad física tangible que los compañeros puramente imaginarios no tienen. (…) En este juego el niño adquiere su primer gusto por el robot que puede ser destruido a sus anchas y dirigido para actuar bajo su mando. Las muñecas parecen libertar a los niños, haciéndolos independientes de otros niños y de adultos.

>Fundamentos de la Sociometría, no hay
>Who Shall Survive?, pp. 67-68
>Quem Sobreviverá?, v. 3, p. 171

JUNG (Ver CARL JUNG)

KIERKEGAARD

(…) Kierkegaard era en principio un escritor religioso-filosófico de alto vuelo y que dejó tras de sí, en sus libros, una documentada descripción de su martirio, a la vez que prescripciones para una existencia "real".
Las Bases de la Psicoterapia, p. 330
Psychodrama: Foundations of Psychotherapy, v. 2, pp. 207-208
Fundamentos del Psicodrama, p. 222

Kierkegaard era, en esencia, lo que hoy podríamos llamar un "frustrado psicodramatista"; incapaz de conducir a un victorioso fin las situaciones esenciales de su vida. No llegó a ser en vida el activo dinámico profeta de su fantasía, pero dejó para la generación siguiente un testamento a cumplir.
(…) Si quitamos la envoltura religiosa y el énfasis puesto en las Sagradas Escrituras, Kierkegaard merecería más el nombre de psicodramatista que el de existencialista.
Las Bases de la Psicoterapia, p. 332
Psychodrama: Foundations of Psychotherapy, v. 2, pp. 208-209
Fundamentos del Psicodrama, p. 223

Finalmente, resulta divertido pensar que Kierkegaard está alcanzando una merecida rehabilitación, no por obra de los modernos existencialistas, que le han dispensado un amable entierro fenomenológico, sino por la puerta de entrada del tablado psicodramático.
Las Bases de la Psicoterapia, p. 345
Psychodrama: Foundations of Psychotherapy, v. 2, p. 217
Fundamentos del Psicodrama, p. 231

KIERKEGAARD / CRÍTICA A

(…) Kirkegaard, en cambio, reconoció la dificultad de lo estético. Él quiso realizar un Yo existencial, profético, pero se quedó encerrado en su yo, en la autorreflexión. No le fue dado crecer hasta rebasar sus propias fronteras para alcanzar al "Tú" ni convertirse así, en el encuentro, en un terapeuta salvador.
Psicoterapia de Grupo y Psicodrama, p. 144
Inglés, no hay
Psicoterapia de Grupo e Psicodrama, pp. 127-128

KURT LEWIN

(…) Me refiero a Kurt Lewin, en ese entonces, el mayor exponente de la teoría Gestalt. La primera vez que lo vi, estaba acompañado por varios de sus alumnos. La reunión, mutuamente estimulante, nos llevó a realizar sucesivas reuniones. Él había leído *Who Shall Survive?*[1] y los tópicos de las discusiones eran la sociometría y la dinámica de la estructura de grupo, entrenamiento de espontaneidad y una película sobre dramatización, hecha en Hudson y exhibida en varios lugares. (…) No me

---

[1] Edición en español, *Fundamentos de la Sociometría*.

corresponde juzgar la originalidad de su investigación en la psicología individual y Gestalt, pero la influencia que ejercí sobre él, en un momento de decisión de su carrera, marcando la transición de la investigación individual para la de grupo y de acción, es reconocida por alumnos que sabían de las circunstancias de nuestras reuniones. (...) Pierre Renouvier, en su reciente investigación, escribe: "Lewin tuvo dos períodos de productividad, antes y después de *Who Shall Survive?*"

<small>Fundamentos de la Sociometría, no hay
Who Shall Survive?, pp. lxiii-lxiv
Quem Sobreviverá?, v. I, pp. 65-66, Prólogo</small>

LENGUAJE

LENGUAJE / ADQUISICIÓN DE

9. En el desarrollo semántico del bebé, hay tres momentos cruciales: el primer llanto, el primer sonido y la primera palabra. La matriz del sonido antecede a la matriz del lenguaje. Agarrar el "sonido" del otro viene antes de agarrar el rol del otro. El bebé es dependiente de los otros en la adquisición del lenguaje y de roles sociales, sin embargo, no es tan dependiente en la adquisición de sus roles psicosomáticos tales como, por ejemplo, el rol de quien come o de quien duerme. En estos últimos, es autónomo, asume su rol. En el rol de articulador de sonido, él está de los dos lados de la cerca, produciendo algunos sonidos a partir de la configuración de otros humanos, de pájaros y animales, de objetos que tintinean y de sonidos básicos de la naturaleza. Sin embargo, el bebé les añade algo de su manera de ser, autonomía espontánea. El cuerpo del bebé es un instrumento de producir sonidos; del mismo modo como maneja un instrumento musical, un instrumentista puede obtener sonidos de un bebé. A medida que el tiempo pasa, el bebé aprende a emitir sonidos, melodías diferentes y más sofisticadas con su cuerpo; pero él tiene algo con que comenzar: la espontaneidad física de producción de sonidos es una habilidad corporal nata.

    Fundamentos de la Sociometría, no hay
    Who Shall Survive?, p. 717
    Quem Sobreviverá?, v. 3, p. 209

LENGUAJE / LENGUAJE BÁSICO

El lenguaje básico es formación espontánea de palabras, destituida de símbolos de lenguaje, mutuamente, significativos. Los sentimientos están vinculados a sonidos fonéticos y a gestos. El lenguaje no posee estructura gramatical lógica. No parece tener ningún sentido para un extraño, pero los gestos y sentimientos que acompañan a los sonidos les confieren un carácter dramático y vívido. (...) Se descubrió que era útil darle a los gagos, afásicos, ciertos esquizofrénicos deteriorados y pacientes seniles la experiencia de la comunicación sonora.

    Fundamentos de la Sociometría, no hay
    Who Shall Survive?, p. 33
    Quem Sobreviverá?, v. I, p. 142

Es la matriz, a partir de la cual nuestras lenguas gramaticales y organizadas se desarrollaron. El uso espontáneo del lenguaje básico es, no solamente, útil al bebé antes de que aprenda a hablar su idioma materno, pero también a todos los seres humanos que sufren de ciertos disturbios neuropsiquiátricos, en los cuales, o perdieron la función del habla, como en la afasia, o tienen recelo de utilizarla, como en ciertas enfermedades mentales.

    Fundamentos de la Sociometría, no hay
    Who Shall Survive?, p. 34
    Quem Sobreviverá?, v. I, p. 142

Existen varios métodos, a través de los cuales podemos aprender a movilizar la transferencia fácil; un buen ejemplo que se nos presenta es el tratamiento de los gagos, con la ayuda de palabras o frases fabricadas, sin sentido. (...) Se trata del método de "liberar" la mente del sujeto, eliminando, gradualmente, los clichés y entrenando su espontaneidad. Es exactamente lo que ocurre en el tratamiento de gagos (...) Denominé este parloteo caótico, espontáneo, que emerge libremente, de "lenguaje básico", pues muestra similitudes con el lenguaje de los bebés.

> Fundamentos de la Sociometría, no hay
> Who Shall Survive?, p. 543
> Quem Sobreviverá?, v. 3, pp. 108-109

LEYES

LEY / GRAVITACIÓN SOCIAL

El grupo 1 y el grupo 2 se mueven uno en dirección del otro entre los lugares X y Y en relación directamente proporcional a la suma de las fuerzas de atracción emitidas o recibidas y en relación inversamente proporcional a la suma de las fuerzas de repulsión emitidas o recibidas, suponiendo que las posibilidades de comunicación entre X y Y permanezcan constantes. Cuando, por ejemplo, un individuo pertenece a un grupo en que las fuerzas de repulsión superan con mucho a las de atracción, se verá automáticamente impedido de realizar sus aspiraciones.

> Psicoterapia de Grupo y Psicodrama, p. 53
> Who Shall Survive?, p. 696
> Psicoterapia de Grupo e Psicodrama, p. 49

LEY / RED INTERPERSONAL Y SOCIOEMOCIONAL

(...) que existen estructuras más o menos persistentes bajo las corrientes sociales fluyentes y en continuo cambio; son las vías de comunicación de los sentimientos sociales. Estas redes son focos de origen de la opinión pública.

> Psicoterapia de Grupo y Psicodrama, p. 54
> Moreno, J. L "The Three Branches of Sociometry", in Sociometry Monographs, n° 21, Beacon House, 1947, p. 7
> Psicoterapia de Grupo e Psicodrama, p. 49

LEY / SOCIODINÁMICA

a) que los sociométricamente aislados (esto es, los individuos que en el sociograma aparecen aislados o ignorados) y los individuos poco considerados por los otros tienden a permanecer aislados y poco considerados también en el orden social formal y esto tanto más cuanto mayor sea el número de contactos sociales; b) que los individuos muy preferidos según el sociograma tienden a seguirlo siendo y esto tanto más cuanto mayores sean los contactos sociales. Este efecto sociodinámico es válido también para los grupo. Se da en todas las clases económicas y grupo culturales y ocasiona nuevos grados y especies de "ricos" y "pobres".

> Psicoterapia de Grupo y Psicodrama, p. 53
> Moreno, J. L "The Three Branches of Sociometry", in Sociometry Monographs, n° 21, Beacon House, 1947, p. 9
> Psicoterapia de Grupo e Psicodrama, p. 48

10. La sociedad humana actual es un sistema preferencial producido, considerablemente, por el efecto sociodinámico, también denominado ley sociodinámica. Esta se divide en dos partes: la *primera* afirma que el recibimiento *per cápita* de elecciones emocionales se divide de forma desigual entre los miembros del grupo, independientemente de su tipo o tamaño; en términos comparativos, algunos pocos reciben la parte grande de la producción total de elecciones emocionales, de modo desproporcionado a sus necesidades y habilidades de utilizarlas; la gran mayoría de las personas recibe una media de elecciones, dentro de su capacidad de uso, mientras un número considerable de individuos permanecen tratados con negligencia o no elegidos.

> Fundamentos de la Sociometría, no hay
> Who Shall Survive?, pp. 697-698
> Quem Sobreviverá?, v. 3, p. 187

(...) La *segunda* parte afirma que si las oportunidades de ser elegido crecen cuando aumentan el trabajo del grupo y el número de elecciones por persona, este número más grande de elecciones continuará yendo en dirección de aquellos que se encuentran en la cumbre (las "estrellas"), en proporción directa al tamaño del grupo y al número de elecciones permitidas a cada uno, o que aumentará la distancia entre el pequeño grupo de estrellas, el grupo medio y el grupo de personas no elegidas.

Fundamentos de la Sociometría, no hay
Who Shall Survive?, p. 698
Quem Sobreviverá?, v. 3, p. 187

Ley sociodinámica – afirma que la distribución de los resultados sociométricos es positivamente inclinada. La tendencia, en cualquier grupo, a hacer que las elecciones favorezcan a pocos miembros, se llama efecto sociodinámico. "Esta tendencia está relacionada al desarrollo del sistema de valores del grupo. Los valores se desarrollan a medida en que encarnan con más precisión en pocos miembros del grupo." (Cf. H. J. Hallworth, Bibliografía).

Fundamentos de la Sociometría, no hay
Who Shall Survive?, p. 722
Quem Sobreviverá?, v. 3, p. 216

LEY / SOCIOGENÉTICA

La ley sociogenética dice que las formas superiores de la organización de grupos proceden de las más simples. La organización de grupo es en su evolución ontogenética, en alto grado una imagen de las modificaciones formales experimentadas por las sociedades que la especie formó consecutivamente desde tiempo prehistóricos en el curso de su evolución.

Psicoterapia de Grupo y Psicodrama, p. 52
Moreno, J. L "The Three Branches of Sociometry", in Sociometry Monographs, n° 21, Beacon House, 1947, p. 9
Psicoterapia de Grupo e Psicodrama, p. 48

Nuestro análisis cronológico del desarrollo de las organizaciones sociales espontáneas, en los niños y adolescentes, parece indicar la presencia de una ley fundamental "sociogenética", que puede considerarse como el complemento de la ley biogenética. Así como los animales superiores han evolucionado a partir de formas de vida más rudimentarias, del mismo modo parece que las formas más elaboradas de organización social derivan de las más simples. Si los niños tuviesen la libertad de utilizar sus agrupaciones espontáneas como asociaciones permanentes y constituir sociedades infantiles se descubrirían similitudes de estructura y de conducta con las sociedades humanas primitivas.

Fundamentos de la Sociometría, p. 152
Who Shall Survive?, p. 214
Quem Sobreviverá?, v. 2, p. 93

7. La teoría de evolución de grupo postula que la evolución gradual, a partir de padrones sociales más simples, hasta los más complejos, ocurre según la ley sociogenética. Por padrones sociales más simples queremos decir sociométricamente simples, padrones resultantes de un mínimo de criterios, tales como entre bebés y entre sociedades pre-tecnológicas. Al decir complejos, nos referimos a padrones sociométricamente complejos, resultantes de un gran número de criterios. Mientras más grande sea la cantidad de criterios operando en determinada sociedad, más estimulada será la formación de grupos que se volverán cada vez más complejos.

Fundamentos de la Sociometría, no hay
Who Shall Survive?, p. 697
Quem Sobreviverá?, v. 3, p. 186

LIBRO

LIBRO / PALABRAS DEL PADRE

El libro es el arquetipo de todas las conservas culturales, la conserva cultural por excelencia.

    Psicodrama, p. 157
    Psychodrama, v. I, p. 107
    Psicodrama (portugués), p. 158

(…) *The Words of the Father* fue escrito con tinta roja en las paredes de un castillo austriaco. El editor tuvo que mandar a dos secretarias para que descifraran y copiaran los escritos. *Who Shall Survive?*[1] fue dictado para un dactilógrafo.

(…) Estaba, literalmente, interpretando dos roles, el rol de un religioso y el de un científico.

(…) Esto requiere una explicación: la naturaleza nos dio un modelo maestro de creatividad – el modo en que la mujer concibe y lleva dentro al bebé, sola, hasta el nacimiento; y, después que el niño nace, otros individuos se apresuran en ayudar.

    Fundamentos de la Sociometría, no hay
    Who Shall Survive?, pp. xxxvii-xxxviii
    Quem Sobreviverá?, v. I, pp. 42-43, Prelúdios

LÍDER SOCIOMÉTRICO

Líder Sociométrico – 1) líder popular, 2) líder poderoso y 3) líder aislado. El *líder popular* recibe más que el número esperado de preferencias en todos los criterios en los cuales él y los que lo eligieron están coligados; aquellos que lo eligieron tienen bajo status sociométrico. El *líder poderoso* recibe más que el número esperado de preferencias en todos los criterios en los cuales él y los que lo eligieron están coligados, no en tanto, aquellos que lo eligieron tienen alto status sociométrico. A través de las relaciones de corriente que estos últimos desencadenan, él puede ejercer influencia de gran alcance. El *líder aislado* recibe menos preferencias que lo esperado o, en último caso, no más que una única primera elección mutua. Esta elección viene de un líder poderoso que ya recibió varias preferencias de innumerables individuos que disfrutan de alto status sociométrico. El líder aislado puede funcionar como un regulador invisible, la fuerza atrás del trono, ejerciendo, indirectamente, amplia influencia en la redes sociométricas.

Los líderes citados arriba son del tipo sociométrico y no deben ser confundidos con aquel que es denominado "líder" en el uso popular: fantástico y carismático. Muchos otros factores contribuyen para su desarrollo, especialmente el fenómeno del rol. Sin embargo, no importa lo complejo que pueda parecer el proceso de liderazgo *in situ*, su base sociométrica es indicativo indispensable para su mejor comprensión y no puede ser ignorada.

    Fundamentos de la Sociometría, no hay
    Who Shall Survive?, p. 721, Glossary
    Quem Sobreviverá, v. 3, p. 215

LIDERAZGO

22. Hipótesis de liderazgo. Liderar es una función de la estructura grupal. La forma que asume depende de la constelación del grupo en particular. El índice de poder de determinado líder depende de los índices de poder de las personas que son atraídas e influenciadas por él. Tales índices son expresados, de la misma forma, por el número de personas atraídas y dominadas por ellas. Por lo tanto, el índice de fuerza del líder también depende de las

---

[1] Edición en español, *Fundamentos de la Sociometría*.

redes de comunicación psicosocial a que estas personas pertenecen y de la colectividad donde su liderazgo se ejerce.
    Fundamentos de la Sociometría, no hay
    Who Shall Survive?, p. 707
    Quem Sobreviverá?, v. 3, p. 198

LÍMITES / CORPORALES

(...) Pero de pronto lo atacó físicamente. Goering respondió como correspondía, y se inició así un duelo a puñetazos, durante el cual Hitler llevó la peor parte. Más tarde tomaron cerveza juntos. Desde ese momento, gradualmente, el hielo comenzó a derretirse.

El contacto físico y el ataque físico – desde la caricia y el abrazo hasta empujarse y darse bofetadas – es permitido en la terapia psicodramática si se ve que ello ha de ser en beneficio del paciente. Es evidente que aquí hay que tener el mayor de los cuidados para evitar exceso o para impedir que los egos auxiliares exploten la ventaja que tienen sobre los pacientes para satisfacer necesidades propias. Sobre el ego auxiliar pesa una responsabilidad. Es natural que, encarnando, por ejemplo, el papel de un padre brutal, tenga realmente necesidad de golpear al hijo, y no de una manera simbólica, con el objeto de provocar en él la respuesta en la acción y en los sentimientos y sensaciones que el padre le inspira. Es corriente, en lógica psicodramática, que un soldado enfermo que vuelve a su casa abrace y acaricie a quien en el escenario sea su madre o su esposa auxiliar; eso es lo que habría de hacer en su vida real. También está dentro de la lógica psicodramática el que un ego auxiliar en el papel de hermano mayor, si es atacado por el paciente, responda de modo que se produzca una verdadera pelea en el tablado, o en la casa del paciente, si es allí donde se desarrolla la sesión.
    Las Bases de la Psicoterapia, p. 318

    Psychodrama: Foundations of Psychotherapy, v. 2, pp. 197-198
    Fundamentos del Psicodrama, p. 214

LOCAL DEL PSICODRAMA

En el establecimiento de un punto de referencia para los espacios geométricos, se deben destacar tres factores: el "status nascendi", el "locus" y la "matriz". Representan las distintas fases del mismo proceso. No hay "cosa" sin su locus, no hay locus sin su status nascendi, y no hay status nascendi sin su matriz. El locus de una flor, por ejemplo, está en el macizo donde crece como tal, y no en la cabellera de una mujer. Su status nascendi es el de una cosa en desarrollo tal como brota de la semilla. Su matriz es la misma semilla fértil. El locus de una pintura es su contorno específico y original. Si se la saca de su contorno original, se convierte simplemente en otra cosa, en un valor de cambio, secundario.
    Psicodrama, p. 54
    Psychodrama, v. I, p. 25
    Psicodrama (portugués), p. 74

LOCOGRAMA

Tratemos de visualizar la casa y sus proporciones. (Véase diagrama I.)
    Las Bases de la Psicoterapia, p. 228
    Psychodrama: Foundations of Psychotherapy, v. 2, p. 138
    Fundamentos del Psicodrama, p. 155

Un "locograma" es un "diagrama de posiciones" en el que el dato predominante está representado por el lugar que ocupan los participantes y los desplazamientos de un lugar a otro.
    Las Bases de la Psicoterapia, p. 259
    Psychodrama: Foundations of Psychotherapy, v. 2, p. 158
    Fundamentos del Psicodrama, p. 175

LOCUS

El lugar primigenio de la experiencia, el lugar de nacimiento, es el *locus nascendi* de este teatro.

El Teatro de la Espontaneidad, p. 154
The Theater of Spontaneity, p. 89
O Teatro da Espontaneidade, p. 105

LOCUS, MATRIZ, STATUS NASCENDI

"En una filosofía del Momento se deben destacar tres factores: el locus, el status nascendi y la matriz. Representan tres visiones del mismo proceso. No hay 'cosa' sin su locus, no hay locus sin su status nascendi, no hay status nascendi sin su matriz. El locus de una flor, por ejemplo está en el macizo donde crece. Su status nascendi es el de una cosa en crecimiento tal como brota de la semilla. Su matriz es la misma semilla fértil. Todo acto o actuación humanos tienen una pauta de acción primaria, un status nascendi. Un ejemplo es el acto de comer, que comienza a desarrollar el papel del que come en todo niño, poco después del nacimiento. En este caso, la pauta de gestos y movimientos que conducen al estado de saciedad es el proceso de estimulación." Ver Moreno, J. L., "Foundations of Sociometry", en *Sociometry*, vol. 4, nº 1, 1941. Estos principios pueden aplicarse al origen del organismo humano. El locus nascendi es la placenta en el útero materno; el status nascendi es el tiempo de la concepción. La matriz es el óvulo fertilizado del cual surge el embrión. La fase inicial de un proceso viviente ha sido muy descuidada en comparación con las fases más avanzadas y la fase terminal. Ha sido una importante contribución de la investigación de la espontaneidad y la creatividad el considerar que el proceso de concepción de, por ejemplo, la Novena Sinfonía de Beethoven tiene una misma importancia, sino mayor, que el "nacimiento" de la obra. Al ocuparnos de una organismo vivo, volvemos nuestra atención desde el nivel del nacimiento hacia el nivel mismo de la concepción. Se están aproximando a la esfera de de la consecución técnica los métodos para el estudio directo del embrión en su ambiente intrauterino. Son necesarias películas de la vida embrionaria a lo largo de los nueve meses del embarazo para poder obtener una visión de las respuestas del embrión de etapa en etapa. Puede ser que aparezca algún aparato técnico en la forma de un tipo de *film de rayos X*, combinando la técnica del cinematógrafo con la de la fotografía con rayos X.

Psicodrama, p. 95 (notas)
Psychodrama, v. I, p. 55 (footnote)
Psicodrama (portugués), pp. 105-106 (rodapé)

LOCUS NASCENDI

(...) No es necesario, y en verdad es indeseable, otorgar a todos los momentos del desarrollo de una persona el mérito de la espontaneidad. De tiempo en tiempo surgen momentos que se convierten en "locii nascendi", que lanzan a esa persona a nuevos carriles de experiencia, o como digo a menudo, a un nuevo "rol".

Psicodrama, p. 152
Psychodrama, v. I, p. 103
Psicodrama (portugués), p. 154

LOGOIDE

(...) En un universo cerrado a la novedad, la categoría del momento carece de significado, es solamente una palabra, un "logoide".

Psicodrama, p. 152
Psychodrama, v. I, p. 103
Psicodrama (portugués), pp. 154-155

"Logoide" es un término acuñado por Adolf Stöhr, ex profesor de Filosofía en la Universi-

dad de Viena, y probablemente el padre de la Semántica. Ver su "Psicología" (capítulo sobre "Sprach Logia"), Deuticke, Leipzig, 1912.
> Psicodrama, p. 152 (notas)
> Psychodrama, v. I, p. 103 (footnote)
> Psicodrama (portugués), p. 155 (rodapé)

LONGEVIDAD

LONGEVIDAD / CONTROL DE LA

(...) En lugar de luchar contra la superpoblación impidiendo la concepción y controlando los nacimientos, también podríamos actuar "limitando la duración de la vida."
> Fundamentos de la Sociometría, p. 419
> Who Shall Survive?, p. 608
> Quem Sobreviverá?, v. 3, p. 177

El hombre ha aprendido a diferir y perturbar la procreación, pero precisamente se trata de saber si la generalización de estas prácticas no implica graves peligros si se tienen en cuenta los dos grandes factores que intervienen en la evolución humana: el factor azar y el factor espontaneidad-creatividad.
> Fundamentos de la Sociometría, p. 420
> Who Shall Survive?, p. 609
> Quem Sobreviverá?, v. 3, p. 179

LUGAR DEL PSICODRAMA

(...) Un psicodrama puede ser producido en cualquier lugar, donde quiera que estén los pacientes: en el hogar, en un hospital, en una sala de aula o en un cuartel. Es un "laboratorio" que se instala en cualquier parte. Lo más conveniente es un espacio terapéutico especialmente adaptado, que contenga un escenario.
> Psicodrama, no hay
> Psychodrama, v. I, p. VIII
> Psicodrama (portugués), p. 31

M

MACROSOCIOLOGÍA

(…) "Macrosociología" es la sociología de las grandes unidades sociales (estados, naciones, industrias, etc.)

Psicoterapia de Grupo y Psicodrama, p. 38
Inglés, no hay
Psicoterapia de Grupo e Psicodrama, p. 34

MADRE

MADRE / EGO AUXILIAR

A diferencia de los órganos (manos, lengua, etc.) que están ligados a su cuerpo y a su inmediata disposición en una emergencia, la madre, con todos sus instrumentos de yo auxiliar, está totalmente desvinculada y es independiente del niño. Se aparta de él, lo abandona, pero vuelve a él cuando su ansiedad es manifiesta. Es una conmoción peculiar en la experiencia del niño en crecimiento el descubrimiento de la diferencia entre instrumentos adheridos a él e instrumentos independientes de él.

Psicodrama, p. 101
Psychodrama, v. I, p. 60
Psicodrama (portugués), p. 111

MADRE / RELACIÓN MADRE–HIJO

(…) Esta única hipótesis se funda en el hecho de que la relación entre madre e hijo es una doble relación que implica una acción cooperativa, más bien que pautas individuales de conducta separadas entre sí.

Psicodrama, p. 99
Psychodrama, v. I, p. 59
Psicodrama (portugués), pp. 109-110

(…) También la madre tiene dos funciones; una es la de actuar en el papel de una madre adecuadamente; la otra es la de adquirir una imagen clara de las necesidades y ritmo del niño para poder caldearse a sus exigencias, con el fin de ayudarlo a funcionar adecuadamente.

Psicodrama, p. 99
Psychodrama, v. I, p. 59
Psicodrama (portugués), p. 110

MADRE / ROL DE

(…) Dado que "la madre" no es un rol único sino un racimo de roles, algunas de sus manifestaciones más antiguas pueden ser hondamente perturbadoras para una niña, y tan intrigantes que no será capaz de representarlas; para otras partes puede tener una verdadera amnesia (no meramente un olvido causado por la represión, en el sentido psicoanalítico)

Psicodrama, p. 239
Psychodrama, v. I, p. 174
Psicodrama (portugués), pp. 228-229

El papel de la madre puede incluir un arracimamiento de papeles tales como los de la esposa, compañera, del padre, ama de casa, criadora de los niños, etc.

Psicodrama, p. 239 (notas)
Psychodrama, v. I, p. 174 (footnote)
Psicodrama (portugués), p. (229)

MAGIA

(…) Fue el destino de nuestra mentalidad científica el destruir las creencias mágicas y pagar como precio una pérdida de espontaneidad y de imaginación, y una filosofía escindida de la vida.

>Las Bases de la Psicoterapia, p. 253
>Psychodrama: Foundations of Psychotherapy, v. 2, p. 154
>Fundamentos del Psicodrama, p. 171

19) Las ideas de la transformación en otros organismos, de su sometimiento y de su incorporación mágica, han sido aplicadas en muchos ritos mágicos de viejas culturas para defenderse de las diversas amenazas procedentes de la naturaleza, o para explicarlas. También nuestro niños, antes de crecer y entender los métodos de los adultos, experimentan el impulso natural de emplear los métodos de la *transformación, el sometimiento y la autoencarnación.*

>Psicoterapia de Grupo y Psicodrama, p. 257
>Psychodrama: Foundation of Psychotherapy, v. 2, p. 157
>Psicoterapia de Grupo e Psicodrama, p. 239

MAGIA / CIENCIA *VERSUS* MAGIA

(...) El destino del espíritu científico fue la destrucción de la fe mágica y significó pagar por ello una pérdida de espontaneidad y fantasía y una filosofía de la vida disociada. Pero el círculo se volverá a Producir, por más que ya no podamos regresar al mundo encantado de nuestros antepasados. Crearemos una nueva magia a un nuevo nivel.

>Psicoterapia de Grupo y Psicodrama, pp. 254-255
>Psychodrama: Foundation of Psychotherapy, v. 2, pp. 154-155
>Psicoterapia de Grupo e Psicodrama, p. 237

MAGIA / PSICODRAMA COMO MAGIA

(...) El psicodrama mismo es una forma del nuevo mundo mágico. El método de los egos auxiliares es en sí una forma de animismo psíquico primitivo.

>Psicoterapia de Grupo y Psicodrama, p. 255
>Psychodrama: Foundation of Psychotherapy, v. 2, pp. 154-155
>Psicoterapia de Grupo e Psicodrama, p. 237

MAPA PSICOGEOGRÁFICO

La representación de una colectividad bajo la forma de un mapa de geografía psicológica nos muestra, en primer término, las relaciones de la topografía y los procesos psicológicos; en segundo lugar, nos presenta la colectividad como un todo psicológico y las interrelaciones de sus diferentes partes: familias, unidades industriales, etc. Discernimos en tercer lugar las corrientes psicológicas que superan las barreras de los grupos: las corrientes raciales, sociales y culturales.

>Fundamentos de la Sociometría, p. 291
>Who Shall Survive?, p. 440
>Quem Sobreviverá?, v. 2, p. 286

MARTIN BUBER

* Martin Buber conocía mis primeros trabajos. Fue colaborador de una revista mensual, *Daimon*, de la cual fui editor de 1918 a 1920.

>Fundamentos de la Sociometría, no hay
>Who Shall Survive?, xxxi, Preludes (footnote)
>Quem Sobreviverá?, v. l, p. 37, Prelúdios (rodapé)

MARTIN BUBER / CRÍTICA A

(...) Buber, el autor, no habla desde su propio "Yo" con un "Tú", el lector. El Yo de Buber no sale del libro para ir al encuentro de ese "Tú". Buber y el encuentro se quedan dentro del libro. Éste es abstracto y está escrito en tercera persona. Es una abstracción de lo vivo y no lo vivo mismo. La obra de Buber es una intelectualización de lo que no tiene sentido sino como "existencia".

<small>Psicoterapia de Grupo y Psicodrama, pp. 143-144
Inglés, no hay
Psicoterapia de Grupo e Psicodrama, p. 127</small>

MATRIZ DE IDENTIDAD (Ver también LOCUS, MATRIZ, STATUS NASCENDI)

Esta coexistencia, co-acción y co-experiencia, que en la fase primaria ejemplifican la relación del niño con las personas y cosas que lo rodean, son características de la matriz de identidad. Esta matriz de identidad establece el fundamento del primer proceso de aprendizaje emotivo del niño.

<small>Psicodrama, p. 102
Psychodrama, v. I, p. 61
Psicodrama (portugués), p. 112</small>

(…) Tenemos, entonces, dos fases de la matriz de identidad: primero, la fase de identidad o unidad, como en el acto de alimentarse y segundo, la fase de utilizar esa experiencia para la inversión de la identidad.

<small>Psicodrama, pp. 102-103
Psychodrama, v. I, p. 62
Psicodrama (portugués), pp. 112-113</small>

La matriz de identidad es la placenta social del niño, el "locus" en el que arraiga. Este le da seguridad, orientación y guía. El mundo en torno a él es denominado el primer universo, en cuanto posee muchas características que lo distinguen del segundo y final. La matriz de identidad se disuelve gradualmente a medida que el niño se hace más autónoma, esto es, se desarrolla cierto grado de auto-iniciación en una función tras otra, tales como la alimentación, el asimiento, la locomoción; comienza a disminuir la dependencia de los yos auxiliares. El primer universo termina cuando la experiencia infantil de un mundo en el cual todas las cosas son reales comienza a diferenciarse en fantasía y realidad. Se desarrolla rápidamente la concepción de imágenes, y comienza a tomar forma la distinción entre cosas reales y cosas imaginadas.

<small>Psicodrama, p. 105
Psychodrama, v. I, p. 64
Psicodrama (portugués), pp. 114-115</small>

(…) En la primera fase de la matriz de identidad, el niño no distingue aún entre proximidad y distancia. Pero gradualmente adquiere el sentido de la cercanía y la distancia y comienza a ser atraído por personas y objetos, o a apartase de ellos. Este es el primer reflejo social, que indica la emergencia del factor tele, y constituye el núcleo de las posteriores pautas de atracción y repulsión y de las emociones especializadas; en otras palabras, de las fuerzas sociales que rodean al individuo posteriormente.

<small>Psicodrama, p. 110
Psychodrama, v. I, p. 68
Psicodrama (portugués), p. 119</small>

MATRIZ DE IDENTIDAD / ALUCINACIONES

Es probable que los hechos descubiertos por el test de percepción sociométrica y el test de acción puedan servirnos para comprender mejor el origen de las ilusiones y las alucinaciones en el enfermo mental. Los mensajes y señales que "dirigen" al enfermo o los que *recibe* pueden ser inspirados por telematices o matrices de acción constituidas en la primera infancia.

<small>Fundamentos de la Sociometría, p. 219
Who Shall Survive?, p. 328
Quem Sobreviverá?, v. 2, p. 192</small>

MATRIZ DE IDENTIDAD / TIEMPO DE DURACIÓN / AMNESIA

(...) Esta entera absorción del niño en el acto para el cual se está atemperando, es la razón básica por la que las dos dimensiones del tiempo, la del pasado y la del futuro, no están desarrolladas, o en el mejor de los casos, son rudimentarias. Es en el pasado donde almacenamos nuestros recuerdos, y es el futuro el que puede beneficiarse por su registro.

(...) El niño adquiere intermitentemente, por decirlo así, una *amnesia retroactiva*, aun para el leve monto de registro de actos y hechos que ha podido conservar. (...) Debemos concluir que las amnesias retroactivas recurrentes del niño equivalen al *efecto de amnesia total* que padecen el niño crecido y el adulto respecto a sus primeros tres años de vida.

Psicodrama, pp. 107-108
Psychodrama, v. I, pp. 65-66
Psicodrama (portugués), p. 117

MATRIZ SITUACIONAL

Nuestro plan nos lleva ahora a proseguir nuestro estudio de acuerdo con la quinta y sexta dimensión de la estructura del grupo: el test de situación explora la matriz en situación. Éste incluye relaciones espacio-temporales, y los lazos, movimientos, actos y pausas, cantidad de palabras y gestos, el comienzo, evolución y combinación de las escenas.

Fundamentos de la Sociometría, p. 237
Who Shall Survive?, p. 348
Quem Sobreviverá?, v. 2, p. 209

En el período en que concebí mi experiencia del Stegreiftheater (década de 1920), se me impuso la idea de que era necesario desempeñar las situaciones y no contentarse con observarlas y analizarlas: nació así el test de situación.

Fundamentos de la Sociometría, p. 238
Who Shall Survive?, p. 349
Quem Sobreviverá?, v. 2, p. 210

MATRIZ SOCIOMÉTRICA

(...) Por matriz sociométrica, quiero decir todas las estructuras sociométricas invisibles al ojo macroscópico pero que se hacen visibles a través del proceso sociométrico de análisis.

Fundamentos de la Sociometría, p. 73
Who Shall Survive?, p. 79
Quem Sobreviverá?, v. I, p. 181

(...) Los sociómetras plantean en primer término – esperando que su posición se confirme en otros sectores – que la sociedad oficial (o externa) y la matriz sociométrica (o interna) no son idénticas.

Fundamentos de la Sociometría, p. 73
Who Shall Survive?, p. 79
Quem Sobreviverá?, v. I, p. 182

La estructura de la matriz sociométrica es más difícil de establecer. Para descubrirla es necesario usar métodos especiales, llamados métodos sociométricos: como la matriz es la sede de cambios dinámicos incesantes, estas técnicas deben serle aplicadas a intervalos regulares a fin de poder determinar las constelaciones sociales en vías de nacimiento. La matriz sociométrica se compone de diversas constelaciones: el tele, el átomo, el superátomo o molécula (es decir, varios átomos ligados conjuntamente) y el socioide, que se puede definir como una aglomeración de átomos ligados a otras aglomeraciones por medio de cadenas o de redes interpersonales. El socioide es la contrapartida sociométrica de la estructura externa de un grupo social; raramente es idéntico a lo que el grupo social presenta ante la observación externa, porque ciertas partes de sus átomos sociales y de sus cadenas pueden extenderse a otro socioide. Inversamente, ciertos elementos de la estructura externa de un grupo social dado pueden no pertenecer a la configuración del socioide correspondiente, sino integrarse en un socioide escondido en el seno de un grupo social diferente. Las redes psicosociales son otras de las constelaciones que pueden descubrirse en una matriz sociométrica. Hay, además, amplias categorías sociodinámicas que son frecuentemente movilizadas en la acción política y revolucionaria: resultan de la interpenetración de los numerosos socioides y representan la contrapartida sociométrica de las "clases sociales", burguesía o proletariado; se los puede definir como estructuras sociométricas de clases sociales y designarlas bajo el nombre de "clasoides".

Fundamentos de la Sociometría, pp. 73-74
Who Shall Survive?, pp. 80-81
Quem Sobreviverá?, v. 2, p. 244

MECANISMO DE DEFENSA SOCIAL DEL GRUPO

(…) Ellas también se deparan con lo que denominamos sobrevivir, de impresiones sociales y psicológicas que predisponen la actitud del grupo con relación a ellas. Este fenómeno protege al grupo contra cualquier innovación radical que la recién llegada pueda querer imponer, repentinamente. Es el mecanismo de defensa social del grupo.

Fundamentos de la Sociometría, p. 266
Who Shall Survive?, p. 391
Quem Sobreviverá?, v. 2, p. 244

MEDIOS DE COMUNICACIÓN DE MASA

(…) Además, el sociodrama puede llegar a vastos grupos de gente; empleando la radiotelefonía y la televisión puede afectar a millones de grupos locales y grupos de vecindad en los que los conflictos y tensiones interculturales están latentes, o incluso ya dan lugar a una guerra abierta.

Fundamentos de la Sociometría, p. 81
Who Shall Survive?, p. 89
Quem Sobreviverá?, v. 1, p. 189

(…) El conocimiento y el juicio simbólicos tienen un alcance todavía mayor cuando se trata de un individuo considerado como miembro de una colectividad. LS, por ejemplo, es rechazada simplemente porque es judía; entre las jóvenes que la rechazaban había 7 que jamás se relacionaron directamente con ella.

Fundamentos de la Sociometría, p. 224
Who Shall Survive?, pp. 332-333
Quem Sobreviverá?, v. 2, p. 196

MEGALOMANÍA

(…) El niño utiliza tres métodos para explorar y controlar su mundo en torno: 1. El método de la transformación en otros vivientes, 2. El método del sometimiento a otros vivientes y 3. El método de la encarnación de vivientes sobrehumanos. Todo niño tiene una panacea a su disposición, prescrita por la misma naturaleza: la *megalomanía normalis*.

La orientación central de todo hombre con respecto a sí mismo y a su mundo no cesa nunca de operar en él. Sigue siendo un niño mientras viva. La megalomanía es una vivencia irrevocable y normal.

Psicoterapia de Grupo y Psicodrama, pp. 238-239
Psychodrama: Foundation of Psychotherapy, v. 2, p. 139
Psicoterapia de Grupo e Psicodrama, p. 225

MEGALOMANÍA / NORMALIS / NORMAL

El "centralismo" del miraje humano, su auto-referencia, es decir, la referencia a su "matriz de identidad" (1), no cesa nunca de actuar. El hombre sigue siendo niño durante toda su vida. La megalomanía "residual" es una función normal.

Las Bases de la Psicoterapia, p. 230
Psychodrama: Foundations of Psychotherapy, v. 2, p. 139
Fundamentos del Psicodrama, p. 156

MEMORIA

18) El niño está tan sumido en su acción, que no recuerda nada de ella después de haber concluido. La acción momentánea absorbe enteramente su atención. Las pausas entre las actividades son cortas, débiles y raras. Con la disminución de la intensidad de las acciones aumenta la capacidad de recuerdo y la madurez del niño.

Psicoterapia de Grupo y Psicodrama, p. 257
Psychodrama: Foundation of Psychotherapy, v. 2, pp. 156-157
Psicoterapia de Grupo e Psicodrama, p. 239

(...) Un niño de 2 a 3 años quizá no pueda comprender cuando uno de sus progenitores le dice: "No debes hacer esto", "no le pegues al perro", "no corras tras el gato, le causas miedo". Estas palabras con frecuencia carecen para él de significación y no le hacen la menor impresión. Debemos tener siempre muy presente que el recuerdo del niño se esconde en la acción y no en la memoria. (...) Cuando es indicado un psicodrama, la madre puede colocarse tras el perro y decir: "Me haces daño cuando me pegas", o tras del gato: "Miau, me das miedo, cuando corres tras de mí" o empleará este método como medida preventiva. (...) Todo esto es buena enseñanza a través de la acción. Se podría plantear la cuestión de si no se esconde un cierto peligro en esta "vivificación auxiliar". Se podría, en efecto, objetar, que con esto se le inculcan ciertas ideas al niño que lo fijan al nivel "animista" del pensamiento, favoreciendo con ello el comportamiento infantil y regresivo. La respuesta es que nosotros no interpretamos, y que las interpretaciones de los adultos no tendrán el menor influjo sobre el nivel efectivo de los sentimientos, el pensamiento y la observación espontánea del niño en el periodo de su crecimiento. No será quizás capaz de asimilar el mundo en torno en función de los valores de realidad de los adultos.

Psicoterapia de Grupo y Psicodrama, pp. 250-251
Psychodrama: Foundation of Psychotherapy, v. 2, p. 151
Psicoterapia de Grupo e Psicodrama, pp. 234-235

MEMORIA / ESPONTANEIDAD

16. Cuanto más corto es el intervalo de memoria, mayor es la frecuencia de nuevos actos, cada uno de los cuales necesita cierto estímulo espontáneo para producirse. Esto explica la espontaneidad aparentemente ininterrumpida del niño. En lugar de memoria, lo que los niños tienen es espontaneidad.

Las Bases de la Psicoterapia, p. 256
Psychodrama: Foundations of Psychotherapy, v. 2, p. 156
Fundamentos del Psicodrama, p. 173

(...) Pero en realidad, muchas ideas y producciones muy importantes del espíritu, poéticas y dramáticas, se pierden cuando sus creadores no se sienten inclinados a producir obras destinadas a la conservación cultural, como son los libros; cuando, por así decirlo, tienen preferencia por los hijos ilegítimos. En lugar de la memoria organizadora del poeta, entra a tallar entonces el aventurero.

El Teatro de la Espontaneidad, p. 143
The Theater of Spontaneity, p. 80
O Teatro da Espontaneidade, p. 97

METAFÍSICA

La metafísica es el punto de vista de la cosa que es creada, el punto de vista de la cria-

tura. La "meta" del "físico" debe distinguirse de la "meta" del "no-físico". Bios, Psique y Socius (meta-biología, meta-psicología, meta-sociología) pueden requerir un *Din an sich* estructurado de una manera diferente de la de la materia física.

>   El Teatro de la Espontaneidad, p. 67
>   The Theater of Spontaneity, p. 34
>   O Teatro da Espontaneidade, p. 48

La metafísica es una receta para la experiencia. Es un procedimiento legal en el que las ciencias asumen el papel de abogados y la metafísica, el de juez.

>   El Teatro de la Espontaneidad, p. 67
>   The Theater of Spontaneity, p. 34
>   O Teatro da Espontaneidade, p. 49

(…) millones de mundos imaginados son tan posibles y reales, tan válidos, como el mundo en el que vivimos y para el que se construye la metafísica. Está compuesta de generalizaciones que se refieren a todas las manifestaciones particulares de la no existencia.

>   El Teatro de la Espontaneidad, p. 68
>   The Theater of Spontaneity, p. 35
>   O Teatro da Espontaneidade, p. 49

METAPRAXIS

(…) La representación espontánea de roles de la prueba "metapráctica" de un reino de la libertad, la ilusión es estrictamente separada de la realidad. Pero existe un teatro en el cual la realidad o el ser, se demuestran por medio de la ilusión, uno que restaura la unidad original entre las dos meta-zonas, mediante un proceso de auto-reflexión humorística; en el teatro terapéutico, ilusión y realidad son una misma cosa.

>   Psicodrama, p. 56
>   Psychodrama, v. I, p. 27
>   Psicodrama (portugués), p. 76

La metapraxis, en cambio, no es una clave para la experiencia; es su creadora, solo existe sin y fuera de la experiencia determinada; es el *locus* del mundo potencial. (…) No es, como la metafísica, el núcleo de la ciencia y el ser real. Queda anulada la polaridad y la contraposición entre cosa en sí y fenómenos, por un lado, o entre fenómenos y creatividad, por otro. (…) En cambio los contenidos de la metapraxis son solamente los procesos mismos de creación. No están sujetos a ningún desarrollo, ni a las leyes de causa y efecto, ni a las de inducción y deducción. La metapraxis no es ni una filosofía dogmática ni una filosofía crítica, es una filosofía de la creación pura. (…) La metapraxis, en cuanto sistema del misterio inminente, no es expresable. No es ni lógica ni antilógica, ni psicológica ni antipsicológica, ni física ni antifísica, ni empírica ni antiempírica; no se la puede percibir, es indiferenciada; no se la puede razonar. No es posible en este mundo sino sólo después de su eliminación. (…) Para quien asume la metapraxis, el mundo es como el dibujo sobre una pizarra. (…) El hecho de que el dibujo del mundo desaparezca cuando pensamos que ya no está, es absolutamente suficiente desde el punto de vista de la metapraxis. (…) La polaridad entre realidad e ilusión le es indispensable a la metapraxis, la ilusión de un mundo real es tan importante como la realidad de un mundo ilusorio. El triunfo supremo de la creatividad y la imaginación consiste en cambiar el mundo de tal manera que aparezca hermoso, por muchos que sean los seres y por grande que sea el dolor que sigue existiendo debajo.

Para llegar a un sistema de metapraxis debemos suprimir toda fenomenología, todos los seres, todas las cosas, todos los objetos, incluyendo las ilusiones, los sueños, las visiones y las artes, porque el estar inficionados de experiencia los convierte en productos mixtos, y por lo tanto éticos, psicológicos, estéticos y no metaprácticos. Una vez eliminados todos los fenómenos junto con todos sus complementos, lo que queda es metapraxis. En el caso, por ejemplo, de una visión metapáctica del lenguaje (eso sería una especie de lógica metapáctica) deberán anularse todos los fenómenos de los lenguajes naturales. Un ser que se redujera exclusivamente al plano más elevado del lenguaje no podría expresarse con los lenguajes desarrollados por la naturaleza. Se expresaría plenamente por signos y gestos, o más bien renunciaría a toda forma de comunicación.

El Teatro de la Espontaneidad, pp. 67-68
The Theater of Spontaneity, pp. 34-35
O Teatro da Espontaneidade, pp. 49-50

Metapraxis es la vida de la imaginación y la creación, la producción de infinitas entidades personales.(...) *La metapraxis es el lugar en el que nuestra pregunta eterna acerca de la libertad de la voluntad recibe una respuesta adecuada.*

El Teatro de la Espontaneidad, p. 70
The Theater of Spontaneity, p. 36
O Teatro da Espontaneidade, p. 50

METATEATRO

(...) En el teatro de la espontaneidad la comunidad entera está presente. Es el teatro de la comunidad. Es una institución de un nuevo género, la institución que celebra la capacidad creadora. Es el lugar donde, por medio de la acción teatral, se examina la vida, lo que tiene de fuerte y lo que tiene de débil. Es el lugar de la verdad que no se impone por su fuerza. (...) Es el teatro de todos, el crepúsculo del ser y de la realidad, donde se examina a la realidad misma para verificar su "realidad". (...) no es el teatro de un solo hombre; es el teatro de todos y para todos. Todos se agitan y pasan del estado de conciencia al estado de espontaneidad, del mundo de los hechos concretos, de los pensamientos y sentimientos reales, al mundo de la fantasía, que incluye la realidad potencial.

El Teatro de la Espontaneidad, pp. 62-63
The Theater of Spontaneity, p. 31
O Teatro da Espontaneidade, pp. 46-50

MÉTODO
MÉTODO / ACCIÓN PROFUNDA

(...) Aun cuando pudiera lograrse mediante la observación y el análisis la más plena información, se ha vuelto verdadero el hecho de que la observación y el análisis son instrumentos inadecuados para explorar los aspectos más elaborados de las relaciones interculturales, y que resultan indispensables los métodos de acción profunda. Además, éstos, han demostrado que tienen un valor innegable y son realmente irreemplazables, porque pueden en la forma del sociodrama, explorar y tratar simultáneamente los conflictos que han surgido entre dos órdenes culturales separados, y al mismo tiempo, mediante la misma acción considerar el cambio de actitud de los miembros de una cultura respecto de los miembros de la otra.

Psicomúsica y Sociodrama, p. 144
Psychodrama, v. I, p. 356
Psicodrama, p. 415

MÉTODO / COMUNIDAD TERAPÉUTICA

17) Método de la comunidad terapéutica. Se le puede definir como una comunidad en que las diferencias entre los individuos y grupos son resueltas mediante la ley de la terapia y no mediante la ley de un tribunal. Cuando, por ejemplo, un miembro del grupo roba dinero a otro miembro del mismo grupo, no se le lleva ante el juez, sino ante el grupo, donde se representa y resuelve el acto ilegal

con ayuda de los otros miembros (psicodrama "forense").

Psicoterapia de Grupo y Psicodrama, p. 142
J. L. Moreno "The Actual Trends in Group Psychotherapy", in Group Psychotherapy, v. vi, n° 3, September, 1963, p. 126
Psicoterapia de Grupo e Psicodrama, p. 126

MÉTODO / DIRECTO

2) *El método directo*. En esta forma hace aparición el propio paciente. Se le dice abiertamente al paciente de lo que se trata, esto es, que tiene que representar sus propias vivencias neuróticas o psicóticas.

Debe elegirse cuidadosamente al paciente que haya de servir para esta demostración. El momento más favorable para tal autorrepresentación es inmediatamente después de un acceso agudo. (…) Una demostración no es sólo importante como medio de enseñanza, sino que puede y debe convertirse en una sesión terapéutica para el propio paciente. Éste ayuda al profesor a mostrar lo que puede ser un psicodrama, ayuda a los estudiantes a penetrar en los elementos del método y se ayuda así mismo como paciente, todo al mismo tiempo.

Psicoterapia de Grupo y Psicodrama, p. 147
Inglés, no hay
Psicoterapia de Grupo e Psicodrama, p. 130

MÉTODO / DOBLE

(…) Un nuevo método consiste en que Juanito pida a su madre que desempeñe su papel, sin desprenderse él del mismo. "Tú eres Juan y yo soy también Juan. Dos Juanitos", o propone un cambio de papeles a medias o un doble completo: "Tú eres mami y yo soy también mami, dos mamis." Esto pone de manifiesto la estrecha conexión del método del doble con el del cambio de papeles.

Psicoterapia de Grupo y Psicodrama, pp. 247-248

Psychodrama: Foundations of Psychotherapy, v. 2, p. 148
Psicoterapia de Grupo e Psicodrama, p. 232

5) Método del doble: se emplea para penetrar en la problemática íntima del paciente mediante un ego auxiliar. El ego auxiliar proporciona al paciente algo así como un segundo Yo, actúa como si fuera la misma persona e imita al paciente en cada uno de sus gestos y movimientos. El ego auxiliar "duplica" al paciente y le ayuda a sentirse a sí mismo, a ver y estimar por sí mismo sus propios problemas.

Psicoterapia de Grupo y Psicodrama, p. 138
Psychodrama: Foundations of Psychotherapy, v. 2, p. 148
Psicoterapia de Grupo e Psicodrama, p. 123

MÉTODO / IMPROVISACIÓN ESPONTÁNEA

La improvisación espontánea es un método según el cual el paciente "no escenifica acontecimientos de su propia vida, sino que representa un papel inventado e imaginario". Aquí, el ego auxiliar tiene una doble función, por una parte la de estimulante, para colocar al paciente en el estado de ánimo correspondiente a un papel especial, por otra la de un actor participante en un papel exigido justamente por la situación.

Psicoterapia de Grupo y Psicodrama, p. 300
Psychodrama, v. I, p. 201
Psicoterapia de Grupo e Psicodrama, p. 284

(…) En la improvisación espontánea, la tarea es en cierto aspecto *inversa* a la de la autorrepresentación. Aquí, el paciente hace lo posible por impedir que su carácter personal se inmiscuya en su carácter inventado. La lucha, la competición y la colaboración final de ambos caracteres, el privado y el inventado, se hacen visibles en toda representación.

Psicoterapia de Grupo y Psicodrama, p. 301

Psychodrama, v. I, p. 202
Psicoterapia de Grupo e Psicodrama, p. 285

(...) El método de la improvisación es el mejor camino para entrenar la espontaneidad, por cuanto coloca al paciente en papeles situaciones y mundos en los que quizá no vivió nunca y que lo obligan, para estar a la altura del nuevo ambiente, a crear nuevos papeles en el momento.

Psicoterapia de Grupo y Psicodrama, p. 310
Psychodrama, v. I, p. 210
Psicoterapia de Grupo e Psicodrama, p. 293

MÉTODO / MUNDO AUXILIAR

Hay pacientes con los cuales la comunicación se ve reducida al mínimo. Cuanto menos diferenciado y completo es el Yo, tanto más especializada y concienzuda debe ser la ayuda prestada desde fuera por un ego auxiliar. Cuanto más perturbada está la organización psíquica de un paciente, tanto mayor será el número de los medio que debe aplicar el ego auxiliar y tanto más necesaria será la iniciativa del director terapéutico. Pueden necesitarse numerosos egos auxiliares. En el caso de una psicosis grave y consolidada la tarea de lograr éxito en el tratamiento puede ser insoluble par los egos auxiliares. El paciente neurótico – por muchas ayudas que necesite para conseguir un resultado satisfactorio –, no deja de vivir en gran parte en el *mismo* mundo que nosotros. En el caso del paciente psicótico, la realidad normal se halla sustituida por ideas delirantes y por elementos alucinados. El paiente necesita algo más que un ego auxiliar, necesita un *mundo auxiliar.*

Psicoterapia de Grupo y Psicodrama, p. 342
Psychodrama, v. I, p. 220
Psicoterapia de Grupo e Psicodrama, p. 327

(...) Formamos, así, un "mundo auxiliar psicodramático" en torno al paciente. El único que vivía en el drama el papel natural de su propia vida era el paciente. Nosotros, las personas que lo rodeábamos, asumimos los papeles que le convenían a él. *Llenamos su mundo de cristo con los papeles que necesitaba, con las figuras del Nuevo Testamento, los apóstoles Pedro, Pablo, Mateo y Marcos.*

Psicoterapia de Grupo y Psicodrama, p. 343
Psychodrama, v. I, p. 221
Psicoterapia de Grupo e Psicodrama, p. 328

13) Método de los mundos auxiliares. El mundo entero del paciente se construye en torno a él, in situ, con la ayuda de egos auxiliares. Este método no es compatible con un espacio cerrado. Tiene que desplegarse en plena realidad. Así un paciente tenía el delirio de ser Cristo renacido. Con su ayuda se creó una comunidad religiosa. Los miembros de la comunidad eran psiquiatras, enfermos y amigos, que vivían todos con él en una finca y compartían todas las funciones de la vida diaria. Los miembros adoptaron todos los papeles correspondientes a su fantástico mundo religioso. Representaron a los apóstoles y evangelista Pedro, Mateo, Marcos, etcétera y le ayudaron a activar psicodramáticamente su delirio religioso.

Psicoterapia de Grupo y Psicodrama, pp. 140-141
Psychodrama, v. I, p. 220
Psicoterapia de Grupo e Psicodrama, p. 125

MÉTODO / PROYECCIÓN EN EL FUTURO

10) Método de la proyección hacia el futuro. En este método el paciente muestra cómo se imagina su propio futuro. Todo hombre siente el impulso a imaginarse oscuramente y a través de fantasías y sentimientos, esperanzas y deseos, un futuro especial. Estas fantasías referentes al futuro se dan con máxima fuerza en la juventud. Cuanto más viejo se vuelve el hombre, tanto más débiles se hacen

sus proyecciones respecto al futuro: tiene un largo pasado, pero no un futuro. En la representación psicodramática del futuro se exige del paciente que represente no sólo sus deseos, sino sus planes realizables. Especialmente importante es hacerle valorar qué es lo que realmente podrá ocurrir en su futuro; por decirlo así, hacer de él su propio profeta. Es algo así como "sentirse dentro *(Einfülung)* del tiempo y del futuro". Él determina en escena tanto el lugar como las personas con las que quisiera vivir.

>Psicoterapia de Grupo y Psicodrama, pp. 139-140
>Moreno, J. L. "Psychodramatic Rules, Techniques and Adjunctive methods", in Group Psychotherapy, v. xviii, n° 1-2, March-June, 1965, pp. 81-82 (similar)
>Psicoterapia de Grupo e Psicodrama, p. 124

MÉTODO PSICODRAMÁTICO

El método psicodramático se basa en la hipótesis de que, para ofrecer a los pacientes, separadamente o en grupos, una nueva oportunidad de reintegración psicodinámica y sociocultural, son necesarias "culturas terapéuticas en miniatura", en lugar o más allá de hábitos naturales insatisfactorios. Los vehículos para la realización de esos programas son: (1) el psicodrama existencial en el contexto de la propia vida comunitaria *in situ* y (2) el teatro terapéutico, neutral, objetivo y flexible.

>Psicodrama, no hay
>Psychodrama, v. I, p. xxii
>Psicodrama, p. 48

MÉTODO / PSICODRAMÁTICO / DESCRIPCIÓN DEL

El psicodrama herdó (entre 1918 y 1923) del teatro de improvisación cuatro reglas fundamentales:

1) El criterio para la continuación y análisis del tratamiento lo dan la totalidad de la producción en una sesión: los acontecimientos, actividades y diálogos, hayan tenido lugar en el grupo o en el escenario. La producción en el presente es la instancia decisiva. Todo el pasado se expresa en alguna forma en la producción actual. Es natural y por decirlo así inevitable buscar en el presente las fuentes e incentivos para un drama espontáneo, dado que es una creación inmediata. No existe manuscrito previo redactado por un autor ni tampoco la historia clínica de una persona. El proceso entero fue forzosamente experimental y pionero en el desarrollo de una terapia profunda expresamente activa.

2) La producción psicodramática se dirige al presente (*sub specie praesentis*) y no al pasado.

3) La regla de la libre asociación es sustituida por la regla de la *actuación libre*, en la que está incluida la asociación de palabras.

4) El espacio bidimensional del diván psicoanalítico es sustituido por un espacio tridimensional. (…)

>Psicoterapia de Grupo y Psicodrama, pp. 136-137
>Inglés, no hay
>Psicoterapia de Grupo e Psicodrama, pp. 121-122

MÉTODO / REALIZACIÓN PSICODRAMÁTICA

(…) Llevar la realización de su seño psicótico hasta los límites de sus más profundas necesidades con todos los medios que están a nuestra disposición.

(…) Tales personas imaginarias son necesarias a menudo para consolidar terapéuticamente el mundo psicótico del paciente. Tal consolidación de una ilusión o de una alucinación es naturalmente un experimento muy aventurado.

(…) Veremos después cómo los terapeutas lograron introducirse lentamente en su mundo psicodramático y cómo se convirtieron en una parte concreta del mismo, cómo María llegó a ser capaz de reproducir sus fantasías íntimas sobre Juan, su padre, su madre y sus amigos de la infancia, hasta que finalmente quedó creado el cuadro para su tratamiento.

> Psicoterapia de Grupo y Psicodrama, pp. 365-366
> Inglés, no hay
> Psicoterapia de Grupo e Psicodrama, pp. 344-347

MÉTODO / REALIZACIÓN SIMBÓLICA

12) Método de realización simbólica. En este método el protagonista convierte en acción los procesos simbólicos, por ejemplo, utilizando el monólogo, los métodos del doble o del espejo o el cambio de papeles.

> Psicoterapia de Grupo y Psicodrama, p. 140
> Inglés, no hay
> Psicoterapia de Grupo e Psicodrama, p. 125

MICROSOCIOLOGÍA

"Microsociología" de los pequeños grupos y de sus estructuras atomísticas ("microscopia social"). El concepto y la aplicación de la microscopia social fueron introducidos por mí (1934) en relación con el análisis de los pequeños grupos y con ellos se dio fundamentación a la microsociología.

> Psicoterapia de Grupo y Psicodrama, p. 38
> Inglés, no hay
> Psicoterapia de Grupo e Psicodrama, p. 34

MÍSTICOS Y MONJES

(...) en un plano superior, deben resolver los míticos y los monjes: la eliminación y la extinción gradual de la persona individual entera para llegar a convertirse en santo. Pero, en este caso, la solución no es para un período breve, sino para siempre.

> El Teatro de la Espontaneidad, p. 90
> The Theater of Spontaneity, p. 49
> O Teatro da Espontaneidade, p. 64

MITTENDIRF

MITTENDIRF / IDEA DE UN PLAN SOCIOMÉTRICO POBLACIONAL

El primer plan sociométrico de una población fue construido por mí entre 1915 y 1918.

> Fundamentos de la Sociometría, no hay
> Who Shall Survive?, p. xxxii, Preludes
> Quem Sobreviverá?, v. I, p. 37, Prelúdios

(...) El gobierno se preocupó por tres problemas durante la planificación: seguridad contra el enemigo, saneamiento y subsistencia. La planificación social y psicológica, sin embargo, no fue considerada, ni tampoco concebida. Un grupo del cual participé fue nombrado por el gobierno para supervisar la cuestión del saneamiento de la nueva comunidad. En este cargo y, más tarde, como superintendente del hospital infantil, tuve la oportunidad de estudiar la comunidad desde su inicio hasta su total extinción tres años después cuando, al final de la guerra, los colonos volvieron a sus hogares en Tirol. Durante este período toda una vida comunitaria se había desarrollado. Paso a paso, hospitales, escuelas, iglesias, teatro, tiendas por departamentos, industrias, clubes sociales y un periódico funcionaron. Todavía, en la tentativa del gobierno por solucionar un problema de emergencia y a pesar del establecimiento de, prácticamente, todas las señales externas de una vida comunitaria, había mucho roce entre los habitantes, que no eran felices. Villas enteras de cultivadores de uvas fueron transplantadas para un distrito suburbano e industrial; montañeses de Tirol fueron transportados para un área plana cerca de Viena. Fueron tirados todos juntos, para vivir, sin selección previa, sin conocer el nuevo medio ambiente, desajustados en sus propias vidas. Estudié las corrientes psicológicas que se desarrollaron usando criterios variados – nacionalidad, filosofía, política, sexo, función comunitaria; personal de supervisión, personal de la comunidad y otros criterios – y los consideré como fuentes principales de los desajustes flagrantes y de los disturbios observados. Fue a través de esta experiencia que la idea de una comunidad sociométricamente planeada comenzó a interesarme.

    Fundamentos de la Sociometría, no hay
    Who Shall Survive? pp. xxxii-xxxiii
    Quem Sobreviverá?, v. I, p. 38

MOMENTO

(...) El instante no es una parte de la historia, sino que la historia es una parte del instante *sub speci momento*. De acuerdo con la experiencia, las vivencias más impresionantes del pasado toman expresión, en alguna forma, en las vivencias presentes. El grupo no intenta de hecho descubrir de nuevos pasadas vivencias. Esto podría constituir una investigación de grupo interesante, pero no psicoterapia de grupo.

    Psicoterapia de Grupo y Psicodrama, p. 96
    Inglés, no hay
    Psicoterapia de Grupo e Psicodrama, p. 85

(...) Pero permítanme destacar, nuevamente, la posición crucial que el concepto del momento tiene en mi teoría de la personalidad. Todo en la vida es existencial en el "aquí y ahora", *hic et nunc*. "Mi objetivo es la psicología del momento, del hombre en acción, momento no como parte de la Historia, pero historia como parte del momento, sub *species momento*." (*Del primer libro sobre Psicoterapia de Grupo*, J. L. Moreno, 1931, p. 21)

    Psicoterapia de Grupo y Psicodrama, no hay
    Inglés, no hay
    Psicoterapia de Grupo e Psicodrama, p. 8

El teatro para la espontaneidad no tiene relación con el denominado método de Stanislavski. (...) Limitaba el factor de la espontaneidad a la reactivación de recuerdos cargados afectivamente. Este enfoque ligaba la improvisación a una experiencia pasada, en lugar de ligarla al momento. Pero como sabemos, fue la categoría del momento la que dio a la obra espontánea y al psicodrama su revisión y dirección fundamentales.

    Psicodrama, p. 72
    Psychodrama, v. I, p. 38
    Psicodrama (portugués), p. 88

(...) En un universo cerrado a la novedad, la categoría del momento carece de significado, es solamente una palabra, un "logoide".

    Psicodrama, p. 152
    Psychodrama, v. I, p. 103
    Psicodrama (portugués), pp. 154-155

Para que el momento sea experimentado como un momento "sui generis" se requieren las siguientes circunstancias: a) debe tener lugar un cambio en la situación; b) el cambio debe ser suficiente para que el sujeto perciba la experiencia de novedad; c) esta percepción implica actividad de parte del sujeto, un acto de estimulación para un estado espontáneo. En otras palabras, *se debe a la operación de un factor e que pueda producirse un cambio en la situación y que se perciba una novedad. Una teoría del momento es inseparable de una teoría de la espontaneidad. En una teoría del comportamiento y la motivación humanos, debe otorgarse el lugar central a la espontaneidad.*

    Psicodrama, p. 153
    Psychodrama, v. I, p. 104
    Psicodrama (portugués), p. 155

Uno de los conceptos más importantes en todo pensamiento humano, la categoría del momento – el momento de ser, vivir y crear – ha sido el entenado de todos los sistemas filosóficos universalmente conocidos. Las razones de esto son que el momento es difícil de definir; que a la mayoría de los filósofos se les ha aparecido como una fugaz transición entre pasado y futuro, sin sustancia real; que es intangible e inestable, y por consiguiente, una base insatisfactoria para un sistema de filosofía teórica y práctica.

Psicodrama, pp. 153-154
Psychodrama, v. I, pp. 104-105
Psicodrama (portugués), pp. 155-156

MOMENTO / HENRY BERGSON

A Henry Bergson le corresponde el honor de haber introducido en la filosofía el principio de la espontaneidad (aunque rara vez utilizó esa palabra), en un momento en que los principales hombres de ciencia sostenían firmemente que no existe tal cosa en la ciencia objetiva. Pero sus "données inmediates", su "élan vital" y su "durée", eran metáforas de la experiencia que penetraba a la obra de su vida – la espontaneidad – pero que vanamente intentó definir. No hay "momento" en su sistema, sólo "durée". "La duración no es un instante reemplazando a otro...es un continuo progreso del pasado que carcome el futuro... la acumulación del pasado sobre el pasado se produce sin reposo". El universo de Bergson no puede comenzar y no puede descansar, es un sistema en el que no hay lugar para el *momento*. (...) Pero sin un momento en cuanto "locus nascendi", una teoría de la espontaneidad y de la creatividad corre el peligro de permanecer siendo enteramente metafísica o de volverse enteramente automática.

Psicodrama, pp. 30-31

Psychodrama, v. I, pp. 8-89
Psicodrama (portugués), pp. 57-58

MOMENTO / TEATRO / IMPROVISACIÓN

(...) Sólo la improvisación es tan rápida por naturaleza como para poder proyectar noticias en el escenario. Cuando un dramaturgo escribe una obra acerca de una noticia, esa noticia ha perdido ya la vibración de la inmediatez y la realidad. Pero en la improvisación se encuentran ambos polos, el Momento de la vida y el Momento dentro del creador.

Psicodrama, p. 77
Psychodrama, v. I, p. 42
Psicodrama (portugués), p. 92

MONÓLOGO

7) La técnica del *soliloquio* "amplifica" los procesos inconscientes de A *in situ*, es decir, opera en una situación en la que A se encuentra actualmente, aparte de B o en relación con B. Difiere de la técnica freudiana de la asociación libre, que es asociacional y no situacional. Tiene una analogía *formal* con los apartes en las piezas de teatro. Pero los apartes no son significativos para el actor que los encarna y son ficticios y ensayados, mientras que los soliloquios en las situaciones terapéuticas son significativos para quien los hace y son espontáneos y directos.

Las Bases de la Psicoterapia, pp. 93-94
Psychodrama: Foundations of Psychotherapy, v. 2, p. 52
Fundamentos del Psicodrama, p. 66

MONÓLOGO / TERAPEUTA

(...) El terapeuta jefe utiliza, a veces, otra técnica: la "técnica del monólogo" del terapeuta. Se coloca a un lado de la escena y empieza, por ejemplo, a monologar así: "Ya sé que María no me tiene simpatía. No me puedo imaginar de otra forma, que se niegue a colaborar." María interrumpe entonces el monólogo: "no es a usted a quien no quiero, sino a esa mujer que está en la primera fila, que se parece a mi tía."

> Psicoterapia de Grupo y Psicodrama, p. 379
> Psychodrama, v. I, p. viii
> Psicoterapia de Grupo e Psicodrama, p. 357

(...) El terapeuta-jefe utiliza, a veces, la "técnica del soliloquio" del terapeuta. Se instala al lado de la escena y comienza a expresarse así, por ejemplo: "Yo sé que no le gusto a Juan (el paciente). Es la única razón posible de su negación a participar de la dramatización". Entonces tal vez Juan reaccione de esta manera: "No eres tú el que no me gusta. Es esa mujer en la primera fila. Me recuerda a mi tía".

> Psicodrama, no hay
> Psychodrama, v. I, p. viii
> Psicodrama (portugués), p. 32

MORENO

MORENO / NEGANDO PADRES

Mi premisa, antes de comenzar la construcción de la estructura teórica de la sociometría, fue la de cuestionar el valor de todos los conceptos sociales existentes y descartarlos, de no aceptar cualquier hipótesis sociológica como cierta, comenzar de la nada, comenzar como si nada fuese conocido sobre las relaciones humanas y sociales. Fue una limpieza radical, por lo menos de mi conciencia, de todos los conocimientos obtenidos a través de los libros e inclusive a través de mis propias observaciones. Insistí en esta actitud no por pensar que los otros estudiosos antes de mí no tuvieran ideas excelentes, sino porque sus observaciones eran, muchas veces, autoritarias, en vez de experimentales. Por esta razón, la ingenuidad con la que fui atrás de mis objetivos no fue como la del hombre que ignora lo que los otros estudiosos hicieron antes que él, si no, como quien trata de ser ignorante para, de esta forma, libertarse de clichés y prejuicios con la esperanza de que, al entregarse al papel de ingenuo, pueda inspirarse para formular la pregunta nueva.

> Fundamentos de la Sociometría, no hay
> Who Shall Survive?, p. 92
> Quem Sobreviverá?, v. I, p. 193

MÚSICA

(...) La gradual abstracción y diferenciación de los sonidos creó las bases de las notaciones musicales.

> Psicomúsica y Sociodrama, p. 44
> Psychodrama, v. I, p. 296
> Psicodrama, p. 352

N

NACIMIENTO

(…) El momento del nacimiento es el máximo grado de atemperación para el acto espontáneo de nacer a una nueva situación, a la que el recién nacido debe adaptarse rápidamente. No es un trauma, sino la fase final de un acto para la cual se requirió nueve meses de preparación.
> Psicodrama, p. 94
> Psychodrama, v. I, p. 54
> Psicodrama (portugués), p. 105

(…) Tenemos razones para creer que la espontaneidad del niño no se extraña a su llegada a este valle de lágrimas. En el curso del embarazo, su espontaneidad se dispone para el parto. La duración de la gestación parece determinada, en gran parte, por el genotipo del feto más que por la tendencia de la madre a guardarlo en su seno. El niño tiene necesidad de nacer. El nacimiento es el primer proceso creador: es un acontecimiento positivo más que negativo, una manifestación de salud más bien que un hecho patológico; es una victoria más bien que un traumatismo. La ansiedad señala una pérdida de espontaneidad.
> Fundamentos de la Sociometría, p. 56
> Who Shall Survive?, p. 42
> Quem Sobreviverá?, pp. 149-150

NACIMIENTO / DEL PSICODRAMA

(…) El psicodrama nació el 19 de abril de 1921, entre las 19 y las 22 h.

(…) Cuando se levantó el telón el escenario estaba vacío, dejando de lado un sillón afelpado rojo, de marco dorado y alto respaldo, como el trono de un rey.
> Psicodrama, p. 21
> Psychodrama, v. I, p. 1
> Psicodrama (portugués), p. 49

Cuando yo tenía cuatro años y medio, mis padres vivían en una casa cerca del río Danubio. Un domingo se habían ido a hacer una visita, dejándome solo con niños de la vecindad en el sótano de la casa. (…) Los niños dijeron: "vamos a jugar". Uno me preguntó: "¿A qué?". "Ya sé", dije, "juguemos a Dios y sus ángeles". (…) La primera inspiración puede haber provenido muy bien de esta experiencia personal.
> Psicodrama, pp. 22-23
> Psychodrama, v. I, p. 2
> Psicodrama (portugués), pp. 50-51

NARCISISMO

(…) Dr. English señaló que sí y prosigue, con el pecho lleno de brillo narcisista.
> Fundamentos de la Sociometría, no hay
> Who Shall Survive?, p. xliv, Preludes
> Quem Sobreviverá?, v. I, p. 48, Prelúdios

(…) Tales personas responden, espontáneamente, a la nueva situación, de modo muy semejante al de un actor o de una actriz en el escenario de la vida y cultivan la personalidad que piensan que es la más apropiada para las circunstancias y que mejor se adapta para servir al objetivo por el que se empeñan.

Fundamentos de la Sociometría, no hay
Who Shall Survive?, p. xlv, Preludes
Quem Sobreviverá, v. I, pp. 49-50, Prelúdios

NARCOSÍNTESIS Y PSICODRAMA

Bajo el influjo de medicamentos como el pentotal sódico les es más fácil a los pacientes revivir sus experiencias. El terapeuta desempeña entonces el papel del amigo que en cierto modo entra en escena y toma parte activa en ella. (…) Se mezclan aquí dos factores de eficacia: el medicamento, por ejemplo, el pentotal sódico, y la dramatización del acontecimiento.

Psicoterapia de Grupo y Psicodrama, p. 146
J. L. Moreno "The Actual Trends in Group Psychotherapy", in Group Psychotherapy, v. vi, n° 3, September, 1963, p. 127
Psicoterapia de Grupo e Psicodrama, p. 129

NATALIDAD

NATALIDAD / CONTROL DE LA

Teóricamente, se puede oponer al control de los nacimientos otra medida paliativa de la que debemos tener clara conciencia, aun cuando jamás debería ser aplicada: *dejar nacer a todos aquellos que están llamados a vivir y dividir con ellos las consecuencias que de esto resulten*. Convendría entonces reducir la duración de la vida de las poblaciones existentes a fin de permitir el nacimiento de todo ser ya concebido.

Fundamentos de la Sociometría, p. 419
Who Shall Survive?, p. 608
Quem Sobreviverá?, v. 3, p. 177

NATALIDAD / CRÍTICA A LA POSICIÓN DE LA RELIGIÓN CATÓLICA

(…) Destaquemos que si se condena categóricamente todo control de los nacimientos, la posición católica de un control fundado en el ciclo de la ovulación es inmoral y en lo esencial no difiere de todas las otras formas de intervención.

Fundamentos de la Sociometría, p. 419
Who Shall Survive?, p. 608
Quem Sobreviverá?, v. 3, p. 177

NEUROSIS

(…) Este conflicto es particularmente evidente en el actor profesional, quien se ve constantemente impulsado a refrenar y reprimir al máximo "lo espontáneo" dentro de él, su persona privada, real, con el objeto de reflejar adecuadamente los roles teatrales ("neurosis histriónica").

Las Bases de la Psicoterapia, p. 246
Psychodrama: Foundations of Psychotherapy, v. 2, p. 150
Fundamentos del Psicodrama, p. 166

NEUROSIS / NEUROSIS HISTRIÓNICA

(…) me di cuenta, por ejemplo, de que siempre que se representaba en algún teatro el papel de Hamlet, ocurrían ciertas irregularidades en la representación. "Tras la máscara de Hamlet se esconde siempre la personalidad privada del actor" y surge un conflicto entre ella y el papel: tal es la causa de estas irregularidades. Este conflicto se manifiesta especialmente en el actor que se ve continuamente forzado a contenerse y a reprimir hasta lo último su espontaneidad, su personalidad privada y real, para poder representar adecuadamente su papel teatral ("neurosis histriónica").

Psicoterapia de Grupo y Psicodrama, pp. 249-250
Psychodrama: Foundations of Psychotherapy, v. 2, pp. 149-150
Psicoterapia de Grupo e Psicodrama, pp. 233-234

(…) La tensión entre estas dos formas de drama, la profesional y la personal, está siempre presente, consciente o inconscientemente. El conflicto de un actor que encarna un papel ajeno a su psiquismo da origen, en él, a una "neurosis histriónica". Todo actor corre el riesgo profesional de una neurosis histriónica. Es la "patología" normal de su profesión.

    Psicoterapia de Grupo y Psicodrama, p. 362
    Inglés, no hay
    Psicoterapia de Grupo e Psicodrama, p. 344

NEUROSIS / NEUROSIS INTERPERSONAL

(…) Me he encontrado a menudo con dificultades surgidas entre individuos que viven en estrecha comunidad. "Yo no estaba tratando a una persona o la otra, sino una relación interpersonal o lo que podría llamarse una neurosis interpersonal. (…)

    Las Bases de la Psicoterapia, pp. 91-92
    Psychodrama: Foundations of Psychotherapy, v. 2, p. 50
    Fundamentos del Psicodrama, p. 65

NEUTRALIDAD

10. La neutralidad que manifiesta determinado individuo se debe, generalmente, al imperativo cultural, respuesta adquirida del altruismo ascético, cierto aire de objetividad, actitud de confianza en sí mismo y de independencia.

    Fundamentos de la Sociometría, no hay
    Who Shall Survive?, p. 716
    Quem Sobreviverá?, v. 3, p. 209

NIÑO

(…) En lugar de considerar al niño desde el punto de vista de los organismos inferiores, tratando de interpretarlo como un pequeño animal, en términos de psicología animal, y en lugar de tratar de interpretarlo como un pequeño neurótico o un pequeño salvaje, desde el ángulo neurótico, es pertinente considerar sistemáticamente al niño humano desde la plataforma de los más elevados ejemplos concretos de realización y expresión humanas. (…) Su natural y continua espontaneidad y creatividad, no sólo en raros momentos sino como una expresión cotidiana, nos ofrece indicios para comprender al niño que no pueden ser dejados de lado, amenos que consideremos a todos genios de la raza humana como monstruosidades.

    Psicodrama, p. 87
    Psychodrama, v. I, pp. 48-49
    Psicodrama (portugués), p. 99

(…) Por un accidente de la naturaleza, parece que el vástago humano nace nueve meses después de la concepción. Podría salir casi preparado para cuidar de sí mismo, tanto como los recién nacidos entre algunos otros vertebrados. Tal como son las cosas, ingresa en un mundo complicado y peligroso mucho antes de que su organismo esté preparado para enfrentar sus vicisitudes, y por consiguiente, la ayuda que necesita para sobrevivir tienen que ser mucho mayor y más prolongada que en el caso de cualquier otro primate.

    Psicodrama, p. 88
    Psychodrama, v. I, p. 49
    Psicodrama (portugués), p. 100

Un niño de entre dos y tres años puede no ser capaz de entender cuando uno de los progenitores le dice: "No debería hacer esto. No pegues al perro. No corras a la gata, la asustas". Palabras de esta índole a menudo carecen de sentido y no hacen ninguna impresión. Debemos recordar que la memoria del niño reside en el acto que realiza, no en la memoria (1). El rápido olvido de los incidentes es una condición natural, pero se le puede enseñar "en el acto" si la amarga píldora, por decir

así, se le administra dentro de la envoltura de la acción.
>   Las Bases de la Psicoterapia, p. 248
>   Psychodrama: Foundations of Psychotherapy, v. 2, p. 151
>   Fundamentos del Psicodrama, p. 167

El niño no renuncia nunca a su anhelo de transformarse en el centro y el rector del mundo. Puede volverse humilde a medida que crece y aprende que el universo tiene una porfiada estructura que él es incapaz de penetrar y dominar por procedimientos mágicos. Se prestará a cualquier juego – el juego del método científico o de cualquier forma futura, perfeccionada, del mismo – en la medida en que, mediante un rodeo, esto le ayude a cumplir su hondo deseo de sentirse siempre conectado a la existencia, de ser todopoderoso, inmortal, y de convertir finalmente en realidad las palabras del Génesis: "Al principio fue Dios, el creador del mundo", pero invirtiendo el sentido de la flecha, del pasado al futuro, del Dios que está fuera de él hacia él mismo.
>   Las Bases de la Psicoterapia, p. 226
>   Psychodrama: Foundations of Psychotherapy, v. 2, pp. 136-137
>   Fundamentos del Psicodrama, p. 153

Todo niño tiene a su disposición una droga maravillosa, que le ha sido prescripta por la naturaleza misma, Megalomanía "normal" Repetir las dosis.
>   Las Bases de la Psicoterapia, p. 230
>   Psychodrama, v. 2, p. 139
>   Fundamentos del Psicodrama, p. 156

NIÑO / INTERNO / ETERNO EN EL ADULTO

(...) El niño eterno que persiste en todo hombre no desaparecerá de su fantasía.
>   Psicoterapia de Grupo y Psicodrama, p. 255
>   Psychodrama: Foundations of Psychotherapy, v. 2, p. 154
>   Psicoterapia de Grupo e Psicodrama, p. 237

El hombre, con su imaginación, no abandonará al niño que lleva dentro de sí. Esa imaginación hallará nuevos modos de llenar el universo de seres fantásticos, si se ve obligada a crearlos.
>   Las Bases de la Psicoterapia, p. 253
>   Psychodrama: Foundations of Psychotherapy, v. 2, pp. 154-155
>   Fundamentos del Psicodrama, p. 171

NIÑO / LARGO PERÍODO DE LA INFANCIA

La teoría psicoanalítica de que la existencia intrauterina del embrión es demasiado breve, involucrando que será deseable una preñez más prolongada, es errónea. Si se pudiera prolongar ese estado por un experimento de la naturaleza o por algún medio técnico ampliarlo, digamos, desde nueve meses a quince meses, el resultado podría ser que el niño naciera enteramente desarrollado, se lo podría compara muchas más ventajosamente con las crías de los primates y de otros vertebrados. Podría nacer bastante independiente y auto-suficiente, pero habría sacrificado las oportunidades para las que lo prepara la placenta social, por una larga incubación en un estrecho ambiente. Habría sacrificado la productiva asociación, culturalmente significativa con seres activos y altamente organizados, por una vida de aislamiento; y finalmente, pero no lo menos importante, habría nacido, debido a su comparativa auto-suficiencia, mucho menos necesitado de ayuda, pero también menos sensible para la aculturación de la herencia social incorporada en los yos auxiliares del nuevo medio.
>   Psicodrama, pp. 105-106
>   Psychodrama, v. I, p. 64
>   Psicdrama (portugués), p. 115

NIVELES SOCIOMÉTRICOS

35. Una comunidad tiene muchos "niveles sociométricos" que pueden ser explorados a través de varios instrumentos sociométricos. El primer nivel puede ser alcanzado a través del test sociométrico – se revela el padrón atracción-rechazo-indiferencia de la comunidad. El sociograma puede mostrar que la comunidad se fragmenta en tres grupos opuestos; el conflicto entre estos grupos representa un nuevo problema sociométrico que puede ser explorado a través de una serie de tests sociodramáticos. El diagrama de la comunidad puede mostrar que los tres grupos opuestos se deben a los antagonismos de roles y a los aglomerados de roles que surgen del conflicto entre culturas más antiguas y culturas recientes.

Fundamentos de la Sociometría, no hay
Who Shall Survive?, p. 711
Quem Sobreviverá?, v. 3, p. 203

NOMBRE DEL LIBRO – *WHO SHALL SURVIVE?*

El sentido del título de este libro, *Who Shall Survive?,* remite a la supervivencia de la creatividad del mundo propiamente humano. Lo que está en juego es la existencia misma del hombre: aptos o ineptos, todos los hombres están embarcados en el mismo navío. Estos nuevos enemigos incluyen a todos los hombres, sin distinción: constituyen amenazas para la humanidad total. Estos extraños enemigos son los animales técnicos, que pueden distribuirse en dos categorías: los modelos culturales y las máquinas. Se los designa frecuentemente con el nombre de robots.

Fundamentos de la Sociometría, p. 411
Who Shall Survive?, p. 600
Quem Sobreviverá?, v. 3, p. 168

NORMÓTICO

Las enfermedades mentales son normalmente clasificadas como: normal, neurótico, y psicótico. Un hombre "normal" es muy poco frecuente. La mayor parte de las personas se clasificaría en una categoría entre normal y neurótico, una categoría que Moreno denomina "normótico". Esta incluye a todos los individuos que llevan sus vidas sin el auxilio de la psicoterapia.

Español, no hay
Moreno, J. L., Morenos, Zerca T. & Moreno, Jonathan – "The First Psychodramatic Family", Beacon House, 1964, reprint of Psychodrama and Group Psychotherapy, monograph nº 40, p. 143.

OBSERVADOR PARTICIPANTE

Entonces abordamos el problema desde un ángulo diferente. En vez de observar desde afuera, la formación de los grupos, penetramos en el interior de estos grupos, nos volvimos parte integrante de ellos y registramos, desde adentro, su desarrollo íntimo. Nosotros mismos vivimos las relaciones polarizadas establecidas entre sus miembros, asistimos a la génesis de las camarillas en el seno del grupo, comprendimos la presión sufrida por tal o cual individuo.
Fundamentos de la Sociometría, pp. 90-91
Who Shall Survive?, p. 101
Quem Sobreviverá?, v. I, p. 200

El observador participante del laboratorio social que constituye la contrapartida del observador científico del laboratorio de física o de biología, debe sufrir una transformación profunda. (...) Se le escapará lo esencial de sus situaciones si es que se limita a desempeñar el rol de un "espía" científico. La técnica a seguir debe ser accesible y evidente para todos.
Fundamentos de la Sociometría, p. 92
Who Shall Survive?, p. 102
Quem Sobreviverá?, v. I, pp. 201-202

El observador participante, en el curso de sus exploraciones, entra en contacto con diversos individuos y afronta distintas situaciones, pero el mismo con sus deformaciones y sus prejuicios, su ecuación personal y su posición propia, no es objeto de ninguna observación; constituye, en si mismo, una cantidad no medida.
Fundamentos de la Sociometría, p. 97
Who Shall Survive?, p. 107
Quem Sobreviverá?, v. I, pp. 206-207

(...) El observador-participante – en una forma particular de trabajo – "no permanece objetivo", no guarda "sus distancias" con respecto a las personas que debe estudiar; se hace su amigo. Se identifica con sus mismas situaciones, llega a ser como una extensión de sus propios "yos". En otros términos, el participante "objetivo" se ha transformado en un participante "subjetivo".
Fundamentos de la Sociometría, p. 98
Who Shall Survive?, p. 108
Quem Sobreviverá?, v. I, p. 207

(...) La paradoja consiste en que el investigador, aunque objetivado por este método, transformado, por así decir, en un observador-participante controlado, sin embargo continúa siendo lo que había intentado ser desde el principio: un participante subjetivo.
Fundamentos de la Sociometría, pp. 98-99
Who Shall Survive?, p. 109
Quem Sobreviverá?, v. I, p. 208

OPTIMISMO

Numerosas contribuciones a la biología social de Aristóteles, Adam Smith, Comte, Feurebach, Spencer, Darwin, Espinas y Kropotkin apuntan al mismo objetivo y apoyan los hallazgos sociométricos en un terreno vital más amplio. Todos ellos vieron las fuerzas de atracción y repulsión recíprocas que rigen las sociedades animales y humanas. Las fuerzas cooperativas son *biológicamente más importantes* que las fuerzas de destrucción.

Psicoterapia de Grupo y Psicodrama, p. 21
Inglés, no hay
Psicoterapia de Grupo e Psicodrama, p. 19

ORGANIZACIONES

ORGANIZACIONES / TIPOS DE

La dirección de las elecciones en el interior o en el exterior del grupo, a medida que cambia su distribución desde la primera a la quinta elección, tiene una determinada influencia sobre la organización del grupo. Los tres ejemplos siguientes señalan las más características configuraciones de organización resultantes de este factor.

(…) Las elecciones se mantienen en la misma dirección desde la primera a la quinta elección: en su mayor parte, se realizan en el interior del grupo. El pabellón 9 constituye un ejemplo de organización introvertida.

(…) Por el contrario el pabellón 10 suministra un ejemplo de organización extravertida. En cada fase de las 5 elecciones planteadas, la mayoría se realiza en el exterior de manera persistente, y sólo una pequeña cantidad se realiza en el interior del grupo.

(…) La mayor parte de las elecciones del pabellón 7 se realiza en el interior tanto como en el exterior del grupo, sin señalar una marcada tendencia hacia una u otra dirección; en el curso de la primera y cuarta elección, la mayoría de las elecciones se realiza en el exterior; en el curso de la segunda, tercer y quinta elecciones se realiza hacia el interior. Esto suministra un simple ejemplo de organización equilibrada.

Fundamentos de la Sociometría, pp. 164-165
Who Shall Survive?, pp. 227-228
Quem Sobreviverá?, v. 2, pp. 103-104

ORGANIZACIONES / TIPOS / FACTORES QUE TRANSFORMAN LA ESTRUCTURA

6. Las organizaciones de grupos extremadamente centrífugas (extrovertidas) y extremadamente centrípetas (introvertidas) confieren a estos grupos baja estabilidad de cohesión.

Fundamentos de la Sociometría, no hay
Who Shall Survive?, p. 705
Quem Sobreviverá?, v. 3, p. 196

Sabemos que los grupos de individuos tienden a organizarse de tal o cual manera, que esto puede ponerse de manifiesto con precisión y que las estructuras de esta organización se transforman: a) según el nivel de edad de sus miembros; b) según el interés que despiertan entre sí. Si la unanimidad o una gran mayoría de un grupo de pabellones se halla satisfecha de su vida en común, esta organización se denomina introvertida; pero si todos sus miembros o una gran mayoría de ellos desean vivir con individuos exteriores al grupo, esta estructura se denomina extravertida. La atmósfera de un grupo de estructura introvertida será cálida, desbordará vida afectiva; la de un grupo de estructura extravertida, será fría, ya que su vida afectiva será pobre. Cuando los miembros de un grupo son indiferentes entre sí, así como con respecto a los individuos del exterior, se trata de una organización compuesta de solitarios. Si las tendencias a la introversión y a la extraversión se compensan casi exactamente, la estructura se denomina equilibrada. Extraversión e introversión son nociones psicológicas introducidas por Carl Jung, frecuentemente utilizadas para designar configuraciones específicas de reacciones individuales. Pero la organización *extravertida e introvertida de un grupo* son conceptos sociométricos sin relación con el sentido psicológico.

Fundamentos de la Sociometría, pp. 180-181
Who Shall Survive?, p. 246
Quem Sobreviverá?, v. 2, pp. 119-120

Las jóvenes de color son alojadas en casas separadas, pero toman parte en las actividades educativas y sociales de la colectividad con las jóvenes blancas. Estos diversos aspectos de la vida del establecimiento pueden incluirse bajo la expresión de *organización social de la colectividad*. Cualquiera que sea la "estructura social" de un grupo que habita el mismo pabellón es necesario analizar la función psicológica de cada uno de sus miembros y la "organización psicológica" del grupo tomado en conjunto. La función social de una muchacha puede consistir por ejemplo, en vigilar el dormitorio, mientras que su función psicológica puede consistir en desempeñar el papel de "preferida" de la gobernanta lo que la hace sospechosa y la aísla de su grupo. Las reacciones afectivas y las actitudes de las jóvenes de un grupo dan nacimiento a una situación dinámica: la "organización psicológica" del grupo.

Fundamentos de la Sociometría, p. 158

Who Shall Survive?, p. 220
Quem Sobreviverá?, v. 3, p. 196

ORGANIZACIONES / TIPOS / FAMILIA INTROVERTIDA (Ver también FAMILIA / ORGANIZACIÓN INTROVERTIDA)

ORIGINALIDAD

La tercera forma de espontaneidad es la de la originalidad. Es el libre flujo de expresión que bajo el análisis no revela ninguna contribución importante en medida suficiente para llamarla creatividad, pero que al mismo tiempo, en su forma de producción, es una ampliación o variación única de la conserva cultural, tomada como modelo.

Psicodrama, p. 139
Psychodrama, v. I, pp. 91-92
Psicodrama (portugués), p. 142

P

PALABRA

En el transcurso de la interacción entre dos actores el volumen inicial de palabras proferidas es indicio de la intensidad de la simpatía o del dominio del actor.

<small>Fundamentos de la Sociometría, no hay
Who Shall Survive?, p. 706
Quem Sobreviverá?, v. 3, p. 197</small>

PALABRA / PALABRA *VERSUS* ACCIÓN

(...) Por importante que sea el comportamiento verbal, el acto es anterior a la palabra e "incluye" a ésta. Los residuos del acto en el inconsciente preceden topográficamente a los residuos de la palabra. La inclusión del extremo motor del aparato psíquico en el sistema del inconsciente se nos presenta así como un presupuesto inevitable.

<small>Las Bases de la Psicoterapia, p. 171
Psychodrama: Foundations of Psychotherapy, v. 2, p. 101
Fundamentos del Psicodrama, p. 117</small>

50. El comportamiento real del sujeto no es idéntico a su comportamiento simbólico expresado a través de palabras, dibujos, figuras y otros materiales de proyección. El psicoanálisis y los tests proyectivos se basan en el comportamiento simbólico del sujeto y deben interpretar su importancia y significado a través del código analítico. Esto requiere dos tipos de análisis – además de la percepción de eventos inmediatos, la interpretación de su simbolismo. De modo contrario, el psicodrama, el role-playing, el sociodrama, los tests sociométricos y otros métodos de grupo y de acción entran en contacto directo con el comportamiento real de los sujetos. El habla, los movimientos etc. no son vistos como fragmentos, y sí en sus contextos de acción e interacción. Los cambios en el comportamiento y en las acciones del sujeto son visibles y pueden ser utilizadas tanto para diagnósticos como para evaluaciones terapéuticas. La distinción entre psicoterapias "analíticas" y "operacionales" se fundamenta en las condiciones aquí descritas.

<small>Fundamentos de la Sociometría, no hay
Who Shall Survive?, p. 714
Quem Sobreviverá?, v. 3, p. 206</small>

(...) Durante una parte muy importante de nuestra vida, la primera fase de la infancia, no disponemos de tales medios de comunicación social "normalizada", pero la impresión de ese período de nuestra vida sobre el desarrollo futuro, es omnipresente. En ese período, los actos son actos y no palabras, y las matrices de acción que desarrollamos en la infancia son anteriores a las matrices verbales que más tarde se integran a ellas.

<small>Psicodrama, no hay
Psychodrama, v. 1, p. xiii
Psicodrama (portugués), p. 38</small>

PARANOIA

PARANOIA / REALIZACIÓN

(...) Un dramaturgo elige el lugar y al arquitecto para su teatro, pero María quiere ser su propio arquitecto y convertir al mundo entero en un teatro. Insiste en representar en todas partes su drama "Juan", dondequiera que se encuentre. Sufre de una "paranoia de realización" y su objetivo es realizar este ideal de sí misma. El fracaso de esta "autorrealización" da por resultado, a menudo, una enfermedad mental.

    Psicoterapia de Grupo y Psicodrama, p. 393
    Psychodrama: Action Therapy & Principles of Practices, v. 3, p. 192
    Psicoterapia de Grupo e Psicodrama, p. 368

PARANOIA / SOCIOMÉTRICA

(...) Mientras más el proceso de interiorización opera como un sistema independiente, más la "paranoia sociométrica" normal será real.

48. La paranoia sociométrica es una condición "normal" del *socius*. Mientras más atención despierta determinado individuo, más atrae para sí mismo, voluntaria o involuntariamente, las tendencias paranoicas normales, positivas y negativas (crucifixión).

    Fundamentos de la Sociometría, no hay
    Who Shall Survive?, p. 714
    Quem Sobreviverá?, v. 3, p. 206

PATOLOGÍA

(...) Por "patológico" no entendemos nada absoluto. Desde el punto de vista del universo no hay "patología" alguna, sólo la hay desde el punto de vista de las ciencias humanas. Con ese término se alude a las desviaciones de las normas culturales y de las leyes sociales o al vacío psíquico, que contribuyen en múltiples formas al empeoramiento del *status* sociométrico de los individuos. Hagamos resaltar, sin embargo, que el *status* sociométrico del aislamiento, por ejemplo, no siempre implica desventajas; en muchas culturas los aislados son tratados con especial reverencia.

    Psicoterapia de Grupo y Psicodrama, p. 80
    Inglés, no hay
    Psicoterapia de Grupo e Psicodrama, p. 71

PATOLOGÍA / PSICOLÓGICA

(...) El exceso de transferencias rebaja la cohesión del grupo y modifica su estabilidad. Las tele-estructuras están entonces en minoría. Un grupo no puede vivir sólo de "transferencia". Tienen que formarse en tele-estructuras para garantizar su integración constructiva y su unidad.

    Psicoterapia de Grupo y Psicodrama, p. 100
    Inglés, no hay
    Psicoterapia de Grupo e Psicodrama, pp. 89-90

(...) Una buena parte de las enfermedades psíquicas y sociales de que sufre la humanidad puede atribuirse a un desarrollo insuficiente de la espontaneidad.

    Fundamentos de la Sociometría, p. 56
    Who Shall Survive?, p. 42
    Quem Sobreviverá?, v. 1, p. 149

PELÍCULA TERAPÉUTICA

PELÍCULA TERAPÉUTICA / AUDIOEGOS

(...) El valor terapéutico que pueda tener para los pacientes que hayan colaborado en la producción es pequeño comparado con la ayuda que puede significar para millones de audio-yos.

    Psicomúsica y Sociodrama, p. 201
    Psychodrama, v. 1, p. 390
    Psicodrama, p. 451

PELÍCULA TERAPÉUTICA / CATARSIS

(...) La catarsis en la acción no podrá reemplazarse nunca por la catarsis del espectador. En todo caso esta será solamente un paso preparatorio para la primera. (...) Así, pues, el productor de una película terapéutica habrá de tener en cuenta que como no puede proporcionar directamente la catarsis por la acción, deberá sacar todo el partido posible de la catarsis del espectador.

    Psicomúsica y Sociodrama, p. 211
    Psychodrama, v. I, pp. 396-397
    Psicodrama, p. 457

(...) Pero en gran número de sujetos, la catarsis en la acción deberá obtenerse por medio de sesiones psicodramáticas propiamente dichas, que tendrán que seguir las proyecciones de las películas terapéuticas.

    Psicomúsica y Sociodrama, p. 211
    Psychodrama, v. I, p. 396
    Psicodrama, p. 457

Así, pues, el productor de una película terapéutica habrá de tener en cuenta que como no puede proporcionar directamente la catarsis por la acción, deberá sacar todo el partido posible de la catarsis del espectador. El público constituye su principal marco de referencia, no simplemente el público en un sentido general, sino los públicos de pacientes, o, expresándose en un sentido más amplio, de sujetos, públicos especiales a causa de algún síndrome cultural y mental.

    Psicomúsica y Sociodrama, pp. 211-212
    Psychodrama, v. I, pp. 396-397
    Psicodrama, p. 457

PELÍCULA TERAPÉUTICA / CRÍTICA

El enfoque psicodramático del cinematógrafo ha estado sobre el tapete durante varios años, pero experimentos tales como "*Lady in the Dark*" o "*Now Voyager*" no constituyen ninguna prueba satisfactoria de los resultados alcanzados. Por el contrario, son ejemplos aborrecibles de una forma de drama que no es ni una cosa ni otra, ni entretenimiento ni terapia por que intenta ser las dos.

    Psicomúsica y Sociodrama, p. 204 (notas)
    Psychodrama, v. I, p. 392 (footnote)
    Psicodrama, p. 453 (rodapé)

PELÍCULA TERAPÉUTICA / DEFINICIÓN

El film terapéutico se defino como un tipo de película cinematográfica cuyo objeto principal es el tratamiento del público.

    Psicomúsica y Sociodrama, p. 217 (notas)
    Psychodrama, v. I, p. 401
    Psicodrama, p. 461 (rodapé)

PELÍCULA TERAPÉUTICA / DIRECTOR

Podría ser deseable proyectar de vez en cuando al director psicodramático, del mismo modo que sube al escenario y formula sus comentarios en los intervalos; proyectarlo, decimos, si no en persona, al menos como una voz en la película misma. La voz del director psicodramático podría, por lo tanto, hallarse entretejida en toda la película, del mismo modo que aparece en una sesión psicodramática, no sólo comentando, analizando y planificando, sino estimulando la acción, interrumpiéndola y finalizándola, utilizando con frecuencia métodos de agresión, dando órdenes, tomando sobre sí varios roles que forma el fondo de las escenas mismas.

    Psicomúsica y Sociodrama, pp. 201-202
    Psychodrama, v. I, p. 392
    Psicodrama, p. 451

(...) Debería adoptar más bien la forma de un promotor terapéutico, contraparte del dramaturgo y el productor del escenario convencional. (...) El director debería funcionar como una especie de director del público, complementando la función del director que actúa en un filme mismo, y debería detener el film siempre ello que fuera necesario, debería formular observaciones explicativas, debería referirlo al público específico que se halla ante él y debería repetir las partes que le requirieran.

    Psicomúsica y Sociodrama, p. 202
    Psychodrama, v. I, p. 391
    Psicodrama, p. 452

Todo psiquiatra y psicoanalista actúa en un rol que es natural a su personalidad. Si pudiésemos fotografiarlos en su comportamiento para con el paciente, veríamos muchas versiones de los psiquiatras en cuanto intérpretes de roles. No deberíamos negar al público de una película terapéutica la influencia benéfica del mismo psiquiatra director intérprete de roles.

Psicomúsica y Sociodrama, p. 208
Psychodrama, v. I, p. 394
Psicodrama, p. 455

PELÍCULA TERAPÉUTICA / ELENCO

El elenco, según el patrón psicodramático, puede consistir en: a) pacientes para quienes la producción del filme constituye una parte de su tratamiento, asistido por un cierto número de yos auxiliares, un tipo de actores terapéuticos especializados (que nada tienen que ver con e teatro o el cine convencional) que animal los papeles complementarios que los pacientes juzguen necesarios en el curso de la historia cinematográfica; b) un elenco de yos auxiliares asistidos por los así llamados informantes, pacientes que sufren de síndromes mentales que han de ser representados en el momento de la producción fílmica (o que salen justamente de esta experiencia mórbida y se sientes atemperados hasta alcanzar un alto grado de comunicabilidad), y para los cuales el proceso de la producción fílmica constituye una parte de su tratamiento.

Psicomúsica y Sociodrama, pp. 208-209
Psychodrama, v. I, p. 395
Psicodrama, pp. 455-456

PELÍCULA TERAPÉUTICA / FACTOR TERAPÉUTICO

(…) Queda claro, por lo tanto, que la base verdadera de las películas terapéuticas es la experiencia actual, vivida y viviente, y no la ficción, por más significativa que ésta, por otra parte, pueda ser.

Psicomúsica y Sociodrama, p. 209
Psychodrama, v. I, p. 395
Psicodrama, p. 456

(…) Bien podría ocurrir que las películas más efectivas desde el punto de vista terapéutico fueran aquella que no mostraran el fin de la producción, sino el proceso de desarrollo mismo, el *status nascendi* y las fases intermedias. Buena parte de lo que se corta y se corrige porque no resulta suficientemente pulido y directo puede ser valioso desde el punto de vista terapéutico, y buena parte de lo que lo es puede, en cambio, actuar como un encantador escape del problema real.

Psicomúsica y Sociodrama, p. 212
Psychodrama, v. I, p. 397
Psicodrama, p. 458

PELÍCULA TERAPÉUTICA / HISTORIAL

El actor, en colaboración con S. Bates, de Hudson, Nueva York, un film psicodramático. Este fue presentado en la reunión de la Asociación Psiquiátrica Estadounidense, en Washington, D.C, en mayo de 1935.

Psicomúsica y Sociodrama, p. 203 (notas)
Psychodrama, v. I, p. 392 (footnote)
Psicodrama, p. 452 (rodapé)

PELÍCULA TERAPÉUTICA / METODOLOGÍA

Sugiero que utilicemos para este nuevo tipo de película una designación especial: la de la película terapéutica, de film terapéutico o film psicodramático.

Psicomúsica y Sociodrama, p. 193 y notas
Psychodrama, v. I, p. 386 and footnote
Psicodrama, p. 446 e rodapé

Resumiendo, cabe diferenciar dos métodos generales de producción: *el método del paciente-actor*, en el que un paciente es el actor principal al mismo tiempo que el informante principal, y *el método del yo-actor*, en el cual un auxiliar es el actor principal y un paciente no es más que el principal informante.

Psicomúsica y Sociodrama, pp. 212-213
Psychodrama, v. I, p. 397
Psicodrama, p. 458

(...) El productor – al buscar esta forma – deberá ser consciente de los factores que hacen que una sesión psicodramática sea terapéutica, de modo que pueda tratar de trasladar estos factores al film. En toda sesión funcionan tres factores: a) la acción que tiene lugar en el escenario entre los pacientes y los yo auxiliares; ellos influyen a su vez a todos los miembros del público; b) la acción del público; un audio-yo puede ser un agente terapéutico para cualquier otro audio-yo; según se ven influidos por la acción del escenario, ellos a su vez influyen con sus reacciones al actor-paciente y a los yos auxiliares durante el proceso dramático, en las pausas que se producen entre una y otra escena, inmediatamente después de cada escena y después de la sesión; c) el director que ejerce su influencia sobre los actores-pacientes que se hallan en el escenario y los audio-yos del público, mediante sus análisis y comentarios que mencionamos en último término, aunque no sea este ciertamente el aspecto de menor importancia.

Psicomúsica y Sociodrama, pp. 205-206
Psychodrama, v. I, p. 454
Psicodrama, p. 393

PELÍCULA TERAPÉUTICA / OBJETIVOS

Aunque la producción adecuada de un film terapéutico es importante, deberá comprenderse que el objeto principal de una película terapéutica no es el proceso de producción sino el tratamiento del público.

Psicomúsica y Sociodrama, p. 201
Psychodrama, v. I, p. 390
Psicodrama, p. 451

PELÍCULA TERAPÉUTICA / PELÍCULAS PSEUDOTERAPÉUTICAS

(...) Debido al hecho que los instigadores, los productores y los actores no cuentan con una formación psiquiátrica y psicológica, estos filmes pueden clasificarse como "pseduterapéuticos". A causa de la influencia que tiene la cinematografía sobre las masa cabe calificarlos de empresas peligrosas, que difunden nociones falsas, presentan explicaciones erróneas sobre las causas de la enfermedad y curas deformadas de la misma. Cuando se analiza con alguna atención estos filmes en lo que concierne a su contenido, la influencia de la teoría psicoanalítica, se manifiesta como uno de sus rasgos sobresalientes.

Psicomúsica y Sociodrama, pp. 217-218
Psychodrama, v. I, p. 401
Psicodrama, p. 461

"Esa rápida popularización de una idea podría resultar halagadora, si no fuera por el número creciente de películas aparentemente psiquiátricas que han lanzado sobre el público hombres inexpertos, produciendo efectos indeseables. Un medio importante con el cual pueden tratarse simultáneamente grandes masas de personas ha caído en la manos de legos que están promoviendo imprudentemente una forma de charlatanismo que puede convertirse en el obstáculo más grande para la cinematografía psicodramática del futuro."

Psicomúsica y Sociodrama, p. 219
Psychodrama, v. I, p. 401
Psicodrama, p. 462

PELÍCULA TERAPÉUTICA / PRE-TEST

(…) Sus reacciones ante lo que experimentaron al ver el film, podrían ser para el productor, una guía adecuada en la delicada tarea de efectuar los cortes y unir las partes.(…) Este público de prueba podría consistir solamente en unas pocas personas cuya sensibilidad se hubiese entrenado hasta conseguir un alto grado de confiabilidad.

Psicomúsica y Sociodrama, p. 212
Psychodrama, v. I, p. 397
Psicodrama, p. 458

PELÍCULA TERAPÉUTICA / PRODUCCIÓN

(…) La captación inadecuada de las imágenes podría convertir la actuación más espontánea en algo deformado y artificial. El problema psicotécnico consiste pues en cómo producir un film de modo que se aproxime en la medida de lo posible a la atmósfera de la actuación espontánea, y en cómo construir el film de modo tal que proporcione al público la ilusión de una comunicación directa con el mismo.

Psicomúsica y Sociodrama, p. 194
Psychodrama, v. I, p. 386
Psicodrama, pp. 446-447

PELÍCULA TERAPÉUTICA / PÚBLICO

Aunque la producción adecuada de un film terapéutico es importante, deberá comprenderse que el objeto principal de una película terapéutica no es el proceso de producción sino el tratamiento del público.

Psicomúsica y Sociodrama, p. 201
Psychodrama, v. I, p. 390
Psicodrama, p. 451

(…) El público es realmente el paciente para el cual el film ha sido hecho, y el beneficio que aquél paciente obtenga del film es la prueba final de la utilidad del mismo.

Psicomúsica y Sociodrama, p. 201
Psychodrama, v. I, p. 390
Psicodrama, p. 451

En el momento en que una película se estrena, el aspecto de la producción de la misma queda para siempre clausurado. Resta sólo un aspecto que es humano, cambiante y que requiere control: el público. El público es el paciente. El estudio de las reacciones del público y las constelaciones del público debería, por lo tanto, preceder a la producción de las películas mismas ya que el contenido de las producciones depende de sus requerimientos.

Psicomúsica y Sociodrama, p. 199
Psychodrama, v. I, p. 389
Psicodrama, p. 450

(…) El público deberá estructurarse a veces homogéneamente en torno a ciertos síndromes psíquicos, conflictos entre padre e hijos, conflictos relativos al suicidio, etc.

Psicomúsica y Sociodrama, p. 201
Psychodrama, v. I, p. 391
Psicodrama, p. 451

PELÍCULA TERAPÉUTICA / UTILIDAD DE

(…) Todo film terapéutico, cuando se entrega al público debería hallarse acompañado de una lista de instrucciones para el director médico que haya de presentar el film al público en cualquier lugar del país. Actualmente nuestra finalidad debería ser la de utilizar las películas terapéuticas como suplemento de las sesiones terapéuticas mismas o como sus instigadoras. (…) Tales films podrían utilizarse para iniciar una sesión psicodramática y para atemperar gradualmente un público dado, procediendo inmediatamente después a

realizar una sesión propiamente dicha, o al menos a discutir las reacciones del público.
Psicomúsica y Sociodrama, pp. 202-203
Psychodrama, v. I, p. 391
Psicodrama, p. 452

Aunque, no obstante, un psicodramaturgo podría prestar nuevos servicios si integrara el cuerpo consultor de las instituciones productoras de películas, especialmente de aquellas que se ocupan de producir películas para niños y adolescentes.
Psicomúsica y Sociodrama, p. 193
Psychodrama, v. I, p. 386
Psicodrama, p. 446

PERIÓDICO VIVO

El periódico dramatizado o "viviente" es la representación de las noticias del día tal como ocurren. Es una síntesis de teatro de la espontaneidad y periódico. El propósito es lograr que lo que se expresa sobre el escenario sea espontáneo tanto en la forma (improvisación) como en el contenido (las noticias del día). El periódico dramatizado posee otra ventaja desde el punto de vista de un arte del momento: la prueba evidente de una verdadera espontaneidad que brinda a los espectadores – y no solamente a los actores, como sucede en ciertas formas de teatro de la espontaneidad – debido al carácter del material proyectado, las noticias del día.
El Teatro de la Espontaneidad, p. 72
The Theater of Spontaneity, p. 38
O Teatro da Espontaneidade, p. 52

** En este sentido el periódico dramatizado lanzado en Viena era una verdadera anticipación del "Movietones News", el "March Time", el "Living Newspaper" de la WPA, y de los modernos programas radiales de noticias. Pero el carácter de conserva de estas formas mecánicas está en total contradicción con el principio de la espontaneidad, y en este sentido el "Movietones News" y el "March Time" no son todo lo revolucionarios que parecen. La impresión engañosa surge del aparato técnico, sea que se trate de un filme, de la radio o de cualquier otro. Por lo tanto, se los debe considerar como réplicas de las expresiones convencionales.
El Teatro de la Espontaneidad, p. 72 (notas)
The Theater of Spontaneity, p. 38 (footnote)
O Teatro da Espontaneidade, p. 52 (rodapé)

(…) Uno de los métodos es la técnica del periódico vivo o dramatizado, que inicié hace veinte años en el *Stegreiftheater* vienés. Se trataba de un proyecto novedoso, una síntesis del periódico y del drama. Entre las distintas formas de escribir, el periódico es la que más se acerca a la expresión espontánea y a realizar – de un modo trivial y limitado – lo que queremos decir con el concepto de momentáneo. Se halla ligado al presente.
Psicomúsica y Sociodrama, p. 145
Psychodrama, v. I, p. 356
Psicodrama, p. 415

En un comienzo utilicé el término periódico vivo (Lebendige Zeitung), que posteriormente modifiqué para adoptar la designacion más apropiada de "periódico dramatizado" (Dramatizad Newspaper – Dramatizierte Zeitung). (…) (Es una síntesis entre el drama y el periódico y por lo tanto difiere en esencia, de la costumbre medieval y rusa de un periódico hablado. El periódico dramatizado no es un recital de noticias, sino que representa la vida misma. Se representan los acontecimientos.)
Psicomúsica y Sociodrama, p. 145 (notas)
Psychodrama, v. I, p. 356 (notes)
Psicodrama, p. 415 (rodapé)

(…) Tiene, pues, el periódico una afinidad natural con la forma del drama espontáneo,

que requiere para su forma inmediata y no ensayada un contenido igualmente espontáneo e inmediato, por ejemplo, los acontecimientos sociales y culturales siempre nuevos y siempre cambiantes que a cada momento llegan a las oficinas de un periódico.
> Psicomúsica y Sociodrama, p. 145
> Psychodrama, v. I, p. 357
> Psicodrama, p. 416

(…) Para la puesta en escena del periódico dramatizado debieron considerarse tres factores. En primer lugar las localidades donde los acontecimientos tenían lugar, los personajes implicados con ellos. En segundo lugar, un equipo de reporteros improvisados que tenían que establecer contacto con ellos tan pronto como fuera posible y traernos las novedades o comunicárnoslas. En tercer lugar, un conjunto de actores improvisadores que fuesen capaces de representar sin ensayos los roles y situaciones que acababan de ocurrir.
> Psicomúsica y Sociodrama, p. 146
> Psychodrama, v. I, p. 357
> Psicodrama, p. 416

PERIÓDICO VIVO / HISTORIAL

(…) Mi desaliento para continuar con un teatro netamente espontáneo alcanzó el punto culminante de su crisis cuando comprendí que los mejores actores de nuestro teatro – Peter Lorre, Hans Rodenberg, Robert Muller y otros – se iban alejando paulatinamente del teatro de la espontaneidad para incorporarse al teatro "normal" y al cine.

Ante este dilema, probé primero "El Periódico Viviente". Se trata de una síntesis de teatro y periódico, por lo tanto, algo realmente distinto de la tradición medieval y rusa del teatro oral y recitado. El "periódico dramatizado" no es una recitación; es la actuación de la vida misma. Se dramatizan los acontecimientos.
> El Teatro de la Espontaneidad, p. 14
> The Theater of Spontaneity, p. b
> O Teatro da Espontaneidade, pp. 9-10

PERIÓDICO VIVO / RAZONES DE DESUSO

(…) Pero la técnica del periódico vivo, tras unos pocos años de una popularidad que se difundió por toda la nación bajo la forma de "la Marcha del Tiempo" y con un proyecto de la W.P.A., llegó a su punto final en 1940. Podría ser interesante señalar las causas que llevaron a abandonar una invención sociodramática valiosa.
> Psicomúsica y Sociodrama, pp. 146-147
> Psychodrama, v. I, p. 357
> Psicodrama, p. 416

PERIÓDICO VIVO / REACCIÓN DE LA PRENSA

La versión de la prensa fue reservada y sarcástica, como ocurre habitualmente con las novedades. No obstante, en las crónicas se apreciaba un factor: la espontaneidad de los intérpretes. No había autor ni libro teatral. Justamente en esto se desviaron de mi concepción originaria los proyectos de periódico vivo de la marcha de tiempo y de la W.P.A. La trivializaron y la deformaron. Admito que interpretar espontáneamente es una tarea difícil. (…) Tan pronto como el periódico vivo se utiliza como un marco para escribir una pieza teatral bien hecha y elaborada, automáticamente vuelven a entrar en acción todos los recursos convencionales del teatro. (…) Un periódico vivo, una vez que ha sido producido y repetido ante muchos públicos, como cualquier otra obra de teatro, entra en conflicto con el hecho de que hay centenares de otras versiones, de los mismos acontecimientos y problemas que no son transmitidas para experiencia de los espectadores. En lugar de educarlos para que se vuelvan más espontáneamente receptivos, se les adoctrina – mediante un regreso a los productos acabados (*conserves*) – en la rigidez y la inflexibilidad antiguas que el periódico vivo se proponía superar.

    Psicomúsica y Sociodrama, pp. 148-149
    Psychodrama, v. I, p. 358
    Psicodrama, pp. 417-418

Nuestros primeros experimentos con el Periódico Viviente en Norteamérica, en el Guild Theatre, provocaron las siguientes reaccione de la prensa:

New York Evening World Telegram, 28 de marzo de 1931 (Douglas Gilbert): "Para evitar toda sospecha de ensayos previos, la compañía del Dr. Moreno dramatizará noticias sobre acontecimientos del día".

New York Times, 6 de abril de 1931: "El primer intento debía ser un drama periodístico y el director explicó la situación y asignó los papeles en forma sumaria".

New York Morning Telegraph, 7 de abril de 1931 (Stanley Chapman): "Los actores, improvisadores, van a representar la dramatización espontánea de un periódico. Suben luego al escenario todos los miembros de la improvisación y el doctor les distribuye los papeles. A uno le asigna el de propietario del periódico; a otro, el de redactor de noticias locales y a un tercero, el de gerente de publicidad".

New York Evening Post, 6 de abril de 1931 (John Mason Mrown): "Estamos ahora en la oficina central de un periódico. Sí, en la oficina central de The Daily Robot, a la espera de noticias".

TEATRO AMERICANO (TEATRO VIVO, 1950-60; TEATRO ABIERTO, 1963; TEATRO DE GUERRILLA, TEATRO DE LA CALLE, JUE-GOS TEATRALES, TEATRO LÍQUIDO ETC. 1963-72)

    El Teatro de la Espontaneidad, pp. 16-17
    The Theater of Spontaneity, p. c
    O Teatro da Espontaneidade, p. II

PERSONA

(…) El sociograma muestra, además, numerosas relaciones de la paciente en sus nuevos papeles con personas medio reales y medio imaginarias, las *personae*.

(…) El sociograma III ilustra la génesis de una *persona*, cuando las manos de una determinada enfermera son efectivamente sus manos, pero su cabeza es la cabeza del padre de la paciente. Otra persona es el médico, a quien ella tribuye la simbolización del demonio, el apellido de su parido y el título de "doctor". (…) Otra persona, en fin, es el médico a quien ve dos veces mayor de lo que es en realidad y que le parece sombrío y siniestro.

    Psicoterapia de Grupo y Psicodrama, p. 359
    J. L. Moreno, "Psychodramatic Shock Therapy, a Sociometric Approach of Mental Disorders", in Group Psychotherapy and Psychodrama, v. xxvii, n°s 1-4, 1974, p. 15
    Psicoterapia de Grupo e Psicodrama, pp. 341-342

PERSONA / PSICOSIS

Una "persona" se compone de partes que originariamente pertenecieron a otros individuos y objetos. Una persona tiene, por ejemplo, las manos de un individuo y la cabeza de otro. La secuela del ataque es como la desolación que sigue a un terremoto. Aparecen elementos aislados, cuyo origen no se puede precisar y nuevas combinaciones. El átomo social del paciente se ha desintegrado.

    Psicoterapia de Grupo y Psicodrama, p. 355
    J. L. Moreno, "Psychodramatic Shock Therapy, a Sociometric Approach of Mental Disorders", in Group Psychotherapy and Psychodrama, v. xxvii, n°s 1-4, 1974, p. II
    Psicoterapia de Grupo e Psicodrama, p. 338

PERSONALIDAD

La personalidad puede definirse como la función de g (genes) e (espontaneidad), t (tele) y a (ambiente).
>Psicodrama, p. 91
>Psychodrama, v. I, p. 52 (footnote)
>Psicodrama (portugués), p. 102 (rodapé)

(...) Tales personas responden, espontáneamente, a la nueva situación, de modo muy semejante al de un actor o de una actriz en el escenario de la vida y cultivan la personalidad que piensas que es la más apropiada para las circunstancias y que mejor se adapta para servir al objetivo por el que se empeña.
>Fundamentos de la Sociometría, no hay
>Who Shall Survive?, p. xlv
>Quem Sobreviverá, v. I, pp. 49-50

(…) El psicoanálisis, sin embargo, se adjudica el privilegio de haber adicionado el elemento inédito de ser capaz de penetrar en la dinámica íntima de un héroe muerto a través del uso de los fenómenos registrados de su vida, como indicios. Es obvio que, inclusive en el sentido estrictamente psicoanalítico, el análisis de la persona muerta es más simbólico que real. De acuerdo con los dogmas psicoanalíticos, un análisis real no es posible sin el mecanismo de la "transferencia" y "resistencia" del sujeto. Ni la transferencia ni la resistencia pueden ser esperadas de una persona muerta.
>Fundamentos de la Sociometría, no hay
>Who Shall Survive?, p. xlvi
>Quem Sobreviverá?, v. I, p. 50

PERSONALIDAD / ANÁLISIS DE LA PERSONALIDAD DE OTROS

(…) Pero, como no existe un estudio científico realizado sobre el gran emancipador americano durante su vida, no se justifica cualquier tentativa de análisis de su personalidad, partiendo de lo que es relatado por desconocedores sobre su persona.
>Fundamentos de la Sociometría, no hay
>Who Shall Survive?, p. xlv
>Quem Sobreviverá?, v. I, p. 49

De la misma manera, habría sido más interesante descubrir por qué Freud escogió a Moisés, y analizar a Freud por su propia relación con Moisés en vez de seguirlo en su análisis. Fue del análisis del psicoanalista *in situ*, cuando se involucra en el proceso de analizar a alguien ya muerto, que una de las más importantes contribuciones de la teoría *Psicodramática* se desarrolló – hacer subjetivo al investigador aparentemente objetivo.
>Fundamentos de la Sociometría, no hay
>Who Shall Survive?, p. xlvi
>Quem Sobreviverá?, v. I, p. 50

PRESENTIFICACIÓN

MÉDICO. Así pues, dormiste solo. ¿Qué tal, si dispusieras la cama como estaba entonces? ¿Duerme tu mujer en otro cuarto? (*La representación se relata en presente en vez de hacerlo en pasado; esto favorece el proceso de "caldeamiento" del protagonista – la expresión habitual en la literatura norteamericana es* warm up.)
>Psicoterapia de Grupo y Psicodrama, pp. 321-322
>J. L. Moreno, "Fragments form the Psychodrama of a Dream", in Jonathan Fox, The Essencial Moreno; New York, Springer Publicity Company, 1987, p. 186
>Psicoterapia de Grupo e Psicodrama, pp. 302-303

PRINCIPIOS

PRINCIPIO / COMPENSACIÓN RECÍPROCA

(…) En las escenas siguientes vemos a Anna colmada de sentimientos de venganza contra Ellen y dominada por el deseo de probar que es aún bonita y deseable. Se acaba imponiendo el "principio de la compensación recíproca". Es una forma de la dialéctica psicodramática. La vieja ley de la reciprocidad se proyecta sobre la esfera dramática: "Ojo por ojo y diente por diente". "Lo que ahora me haces tú a mí", dice Ana, "puedo hacértelo yo a ti. Te puedo pagar con la misma moneda." Todas las guerras psíquicas comienzan con el "principio de la compensación recíproca".

    Psicoterapia de Grupo y Psicodrama, p. 232
    Inglés, no hay
    Psicoterapia de Grupo e Psicodrama, p. 219

PRINCIPIO / TRASPLANTACIÓN SOCIOMÉTRICA

En numerosos casos, el tratamiento individual, la psicoterapia de grupo (analítica o activa) y la encarnación del rol sólo tienen un éxito parcial. El sujeto debe entonces ser separado de antiguo medio y trasplantado a un nuevo medio social que convenga mejor a sus necesidades.

(…) De este modo estamos actuando como el jardinero que conoce la composición del suelo desfavorable al crecimiento de una planta y la transplanta a una tierra de la que se han eliminado los elementos nocivos; del mismo modo, cuando transferimos a un sujeto de un grupo a otro, nos preocupamos por encontrar un medio exento de las condiciones que habían producido su fracaso. Este principio de trasplantación sociométrica también puede aplicarse a colectividades enteras.

    Fundamentos de la Sociometría, p. 338
    Who Shall Survive?, p. 503
    Quem Sobreviverá?, v. 3, p. 64

PROLETARIADO

PROLETARIADO / PROLETARIADO SOCIOMÉTRICO

El más antiguo y numeroso proletariado de la sociedad humana es el sociométrico. Consiste en todas las personas que sufren de miseria, de una forma u otra, sea esta psicológica, social, económica, política, racial o religiosa. (…) El mundo está repleto de personas y de grupos aislados, ignorados, rechazados y que rechazan y cuyos sentimientos no encuentran reciprocidad. El proletariado sociométrico no puede "salvarse" por medio de revoluciones económicas.

    Fundamentos de la Sociometría, no hay
    Who Shall Survive?, p. 118
    Quem Sobreviverá?, v. I, pp. 215-216

PROLETARIADO / PROLETARIADO TERAPÉUTICO

(…) es el "proletariado terapéutico". Se compone de personas que sufren de una u otra forma de "miseria", miseria psíquica, social, económica, política, racial o religiosa. Hay muchos individuos y grupos cuyas guerras de atracción, posibilidades de vivencia, espontaneidad y productividad son superiores o inferiores a las demandas de sus necesidades o a sus capacidades de darles aplicación. Hay ricos y pobres desde el punto de vista emocional. El mundo está lleno de millones de individuos y grupos aislados, rechazados, recusantes o marginados; la sociometría no ha permitido estudiar estos grupos con la máxima exactitud. El proletariado terapéutico no puede ser "salvado" mediante una revolución económica; existía ya en las sociedades primitivas y precapitalistas; existe en las sociedades capitalistas y en las sociedades socialistas.

    Psicoterapia de Grupo y Psicodrama, p. 22
    Inglés, no hay
    Psicoterapia de Grupo e Psicodrama, p. 20

PROMETEO / EL MITO DE PROMETEO Y EL PSICODRAMA

El teatro para la espontaneidad fue el desencadenamiento de la ilusión. Pero esta ilusión, representada por las personas que la han vivido en la realidad, es el desencadenamiento de la vida, "das Ding ausser sich". El teatro de las últimas cosas no es la recurrencia eterna de lo mismo, por eterna necesidad (Nietzsche), sino lo opuesto a ello. *Es la recurrencia de sí mismo, auto-producida y auto-creada. Prometeo se ha asido fuertemente de sus cadenas, pero no para vencerse ni para destruirse. Como un creador, se ha producido de nuevo y demuestra por medio del psicodrama que su existencia encadenada ha sido obra de su propia voluntad libre.*

Psicodrama, p. 59
Psychodrama, v. I, p. 29
Psicodrama (portugués), p. 78

PROSTITUTAS

PROSTITUTAS / OBJETIVOS DE TRABAJO CON

En el periodo anterior a la primera Guerra Mundial había en Viena en Ghetto para prostitutas en la famosa calle *am Spittelberg*. Había aquí toda una clase de personas que estaban separadas del resto de la sociedad, no por sus status económico ni por su condición étnica, sino por su ocupación sexual. (…) Nosotros queríamos dar a las prostitutas una nueva significación, de tal modo que pudieran "aceptarse" a sí mismas. El punto de vista estético y terapéutico nos pareció mucho más importante que el económico. Las prostitutas habían sido consideradas en nuestra cultura durante tanto tiempo como pecadoras despreciables y criaturas sin valor, que aceptaban ya este estigma como algo inmodificable.

(…) El secreto consistía en animar a las muchachas a ser lo que eran: prostitutas. Éramos optimistas y comenzamos a reunir grupos de ocho a diez muchachas en sus casas tres días por semana. (…) parecía un sindicato de prostitutas. En realidad era una asociación terapéutica. Vimos en seguida que "un individuo puede ser un auxiliar terapéutico para otro individuo".

Psicoterapia de Grupo y Psicodrama, pp. 182-183
Similar in Who Shall Survive?, p. xxx, Preludes
Psicoterapia de Grupo e Psicodrama, pp. 162-163

(…) Tenía en mente lo que La Salle y Marx habían hecho por la clase trabajadora, dejando a un lado el aspecto revolucionario del movimiento proletario, para hacer de los trabajadores personas respetables y dignas; organizándolas en sindicatos, y así elevaba el status de toda la clase. Además de las realizaciones económicas previstas, ocurrieron realizaciones éticas. (…)

Sin embargo éramos optimistas, y comenzamos a reunir grupos de ocho a diez muchachas, dos o tres veces por semana, en sus casas. Las reuniones eran de tarde cuando los vieneses tenían lo que llamaban "*Jauze*", comparable al té de las cinco de los ingleses. (…) las reuniones trataban simplemente de eventos de rutina que enfrentaban como, por ejemplo, ser llevadas por policías por vestirse de manera provocativa, ir a la cárcel debido a falsas acusaciones de clientes, tener enfermedades venéreas y no ser admitidas en ningún hospital, quedar embarazadas y dar a luz para después esconder al niño del mundo dándole un nombre diferente, además de esconderle a sus propios hijos, sus identidades de madres. (..) Pudimos, por ejemplo, conseguir un abogado que las representara en el tribunal, médico que las asistiera y hospital que las atendiera. (…) Las muchachas se ofrecieron para reunir la pequeña suma cada semana para cubrir los gastos de las reuniones y hacer un fondo de emergencia para enfermedades y desempleo o vejez. (…) Comenzamos, sin embargo, a darnos cuenta que un "individuo podría convertirse en agente terapéutico del otro" y las potencialidades de una psicoterapia de grupo, en el nivel de la realidad, se cristalizaron en nuestras mentes.

>Fundamentos de la Sociometría, no hay
>Who Shall Survive?, pp. xxlx-xxx, Preludes
>Quem Sobreviverá?, v. I, pp. 35-36, Prelúdios

PROTAGONISTA

El segundo instrumento es el sujeto o paciente. Se le solicita que sea él mismo en el escenario, a retratar su propio mundo privado. Es instruido para que sea él mismo, no un actor, tal como el actor es obligado a sacrificar su propio yo privado al rol que le fue impuesto por un dramaturgo. Una vez "caldeado" para la tarea, es comparativamente fácil para el paciente hacer un relato de su vida cotidiana, en acción, pues nadie posee más autoridad sobre él que él mismo. Tiene que actuar libremente, a medida que las cosas se le van ocurriendo; es por eso que se le tiene que conceder la libertad de expresión, espontaneidad. En grado de importancia, el proceso de representación le sigue a la espontaneidad. El nivel verbal trasciende y se incluye en el nivel de acción.

>Psicodrama, no hay
>Psychodrama, v. I, p. b, Introduction to 4th Edition
>Psicodrama (portugués), p. 18, Introdução à 4ª Edição

(...) El protagonista debe estar consciente o inconscientemente motivado para que pueda ser productivo. El motivo podrá ser, entre otras cosas, el deseo de auto-realización, de alivio de su angustia mental, de capacidad para funcionar adecuadamente en un grupo social. Él se siente frustrado, digamos, en el papel de padre o en cualquier otro papel de su vida real, y disfruta de la sensación de dominio y realización por medio del psicodrama, el cual le confiere una satisfacción simbólica.

>Psicodrama, no hay
>Psychodrama, v. I, p. viii, Introduction to 3rd Edition
>Psicodrama (portugués), p. 32, Introdução à 3ª Edição

(...) Es significativo que la palabra griega para el actor principal del drama sea *protagonista*, es decir hombre frenético o loco.

>Psicodrama, p. 138
>Psychodrama, v. I, p. 91
>Psicodrama (portugués), p. 141

PROTOCOLOS

PROTOCOLO / CASO BÁRBARA

>Psicodrama, pp. 24-26
>Psychodrama, v. I, pp. 3-5
>Psicodrama (portugués), pp. 52-54

PROTOCOLO / CASO HITLER

>Las Bases de la Psicoterapia, pp. 307-320
>Psychodrama: Foundations of Psychotherapy, v. 2, pp. 191-200
>Fundamentos del Psicodrama, pp. 207-217

PROTOCOLO / CASO MARÍA

>Psicoterapia de Grupo y Psicodrama, pp. 361-369
>Psychodrama: Action Therapy & Principles of Practice, v. 3, pp. 181-197
>Psicoterapia de Grupo e Psicodrama, pp. 345-371

PROTOCOLO / PSICODRAMA DE UN ADOLESCENTE

>Psicoterapia de Grupo y Psicodrama, pp. 272-279
>Psychodrama, v. 3, pp. 39-56
>Psicoterapia de Grupo e Psicodrama, pp. 243-265

PROTOCOLO / PSICODRAMA DE UNA PAREJA

>Psicoterapia de Grupo y Psicodrama, pp. 202-237
>Psychodrama, v. 3, pp. 84-132
>Psicoterapia de Grupo e Psicodrama, pp. 187-226

PROTOCOLO / PSICODRAMA DE UN SUEÑO

>Psicoterapia de Grupo y Psicodrama, pp. 320-342

J. L. Moreno, "Fragments form the Psychodrama of a Dream", in Jonathan Fox, *The Essencial Moreno*; New York, Springer Publicity Company, 1987, p. 365
Psicoterapia de Grupo e Psicodrama, pp. 303-329

PROTOCOLO / ROBERT

Psicoterapia de Grupo y Psicodrama, pp. 280-313
Psychodrama, v. I, pp. 184-216
Psicoterapia de Grupo e Psicodrama, pp. 266-295

PROYECCIÓN

En el plano social, hemos aislado el factor *tele*, capaz de proporcionar la dirección que asume la expansión del yo. Para comprender cómo actúa el factor *tele*, es conveniente establecer una distinción entre proyección y lo que se ha denominado "reproyección". Se suele definir a la proyección como "lanzar sobre otras personas las propias ideas y suponer que son objetivas, a pesar de su origen subjetivo". Reproyección es extraer y recibir de otras personas (se lo puede extender a todas las dimensiones y afluentes) sus ideas y sentimientos, bien para descubrir una identidad con los propios (confirmación) o para fortalecer al yo (expansión).

La organización del yo en el seno del organismo individual comienza muy temprano en la vida. Es un fenómeno universal, perceptible en cada individuo. En algunos individuos la capacidad de reproyección está enormemente desarrollada. A éstos los llamamos genios o héroes. Si el hombre de genio sabe lo que la gente o la época necesitan y desean es en virtud de la capacidad retroyectiva del yo, por un proceso *tele*, no por proyección. Asimilan con gran facilidad la experiencia que poseen de los demás, no sólo porque la extraen de los otros, sino por el deseo que sienten los demás de comunicarles sus sentimientos. Descubren que estas experiencias son semejantes o idénticas a las de ellos mismo y las integran en su propio yo. A esto se debe su capacidad para engrosarlo y expandirlo enormemente. Cuando cesan sus mandatos, la vocación del yo se desvanece y el yo se reduce.

El Teatro de la Espontaneidad, pp. 35-36
The Theater of Spontaneity, pp. 8-9
O Teatro da Espontaneidade, pp. 21-22

PROYECCIÓN / PSICOGEOGRÁFICA

Este fenómeno es característico de los establecimientos en los que los aposentos de la población de color se hallan separados de los de la población blanca. En los establecimientos en los que las dos razas viven en común, este fenómeno es menos intenso y más fácilmente reabsorbido.

Fundamentos de la Sociometría, p. 281
Who Shall Survive?, p. 415
Quem Sobreviverá?, v. 2, p. 264

PSICODANZA

j) *Psicodanza*. La psicodanza es la unión de la danza con el psicodrama y su ampliación. Como en la preparación de un psicodrama, también aquí los miembros del grupo hacen varias proposiciones. Al fin se acepta una idea que adopta la forma de una danza. "Por lo regular se reacciona con diversos movimientos a los distintos sonidos. El ruido de bloques de madera incita a saltar, a golpear el suelo con los pies y a todo tipo de movimientos en *staccato*, mientras el sonido del gong invita a movimientos lentos y solemnes, a vueltas y balanceos".

Los pacientes se toman de la mano y giran en círculo. Siguen a un bailarín "estrella", que ha reunido en el sociograma el mayor número de preferencias.

Psicoterapia de Grupo y Psicodrama, pp. 129-130
Psychodrama, v. I, p. 216
Psicoterapia de Grupo e Psicodrama, p. 115

PSICODRAMA

PSICODRAMA / ANTIGÜEDAD

(...) Ya en tiempos prehistóricos, mucho antes de que la medicina se
> Psicoterapia de Grupo y Psicodrama, pp. 29-30
> Inglés, no hay
> Psicoterapia de Grupo e Psicodrama, pp. 26-27

Para un verdadero precedente debemos buscar en las civilizaciones del período prehistórico. En los ritos dramáticos primitivos, el ejecutante aborigen no era un actor, sino un sacerdote. Era como un psiquiatra dedicado a salvar a su tribu, persuadiendo al sol para que brillara o la lluvia para que cayera.
> Psicodrama, p. 36
> Psychodrama, v. I, p. 13
> Psicodrama (portugués), p. 62

PSICODRAMA / CLASIFICACIÓN / ANALÍTICO

c) El psicodrama analítico. El psicodrama analítico es una síntesis de psicodrama y psicoanálisis. En el año 1944 propuse poner en relación el psicodrama con las teorías psicoanalíticas y llamar a esta síntesis "psicodrama analítico". En él, se representa psicodramáticamente en escena una hipótesis psicoanalítica, por ejemplo, un complejo de Edipo. El protagonista actúa el papel de la madre, el ego auxiliar el del padre. El psicoanalista se sienta con el grupo, observa e interpreta los procesos. En el momento en que el psicoanalista abandona su papel de observador y "co-actúa", desempeñando el papel de analista, se acerca ya al clásico psicodrama.
> Psicoterapia de Grupo y Psicodrama, p. 126
> Psychodrama: Action Therapy & Principles of Practices, v. 3, p. 194
> Psicoterapia de Grupo e Psicodrama, p. 112

PSICODRAMA / CLASIFICACIÓN / BIPERSONAL

(...) A esta clase pertenecen la sesión hipnótica, la terapia por sugestión, el psicoanálisis y todo tipo de tratamiento en el cual el médico o la persona que cura se enfrenta con una sola persona.
> Psicomúsica y Sociodrama, p. 90
> Psychodrama, v. I, p. 323
> Psicodrama, p. 381

El psicodrama de dos, que guarda cierto paralelismo con la situación psicoanalítica en el diván, ha sido ensayado de tanto en tanto, y es interesante destacar que, en su práctica privada, el psicodramatista prefiere emplear a su enfermera como ego-auxiliar antes que mantener una posición de director incólume.
> Las Bases de la Psicoterapia, p. 367
> Psychodrama: Foundations of Psychotherapy, v. 2, p. 232
> Fundamentos del Psicodrama, p. 246

En nuestra primera conferencia nos hemos ocupado de la díada terapéutica, compuesta solamente de un paciente y el terapeuta.
> Las Bases de la Psicoterapia, p. 83
> Psychodrama: Foundations of Psychotherapy, v. 2, p. 45
> Fundamentos del Psicodrama, p. 59

(...) Sin embargo, con ciertos sujetos y problemas es necesario a menudo eliminar el público. Muchos sujetos comienzan a actuar con el director psicodramático solo, y en el curso de su evolución se agrega uno o dos yos.
> Psicodrama, p. 349
> Psychodrama, v. I, p. 261
> Psicodrama (portugués), p. 318

(...) Originalmente Freud aceptaba sólo una situación. Era la situación psicoanalítica en su consultorio. Pero gradualmente se hicieron evidentes las limitaciones de esta situación. Solamente era aplicable a una pequeña minoría de individuos, desde los jóvenes a los adultos de mediana edad. No existía relación de transferencia, y por lo tanto no era posible el análisis, con los niños y los psicóticos. (...) Se aferró a una sola situación, la situación sagrada. Esta es probablemente la razón de la lentitud con que sus discípulos adhirieron a mis ideas de la terapéutica de representación espontánea y de la de grupo o de público.

Psicodrama, p. 28
Psychodrama, v. I, pp. 6-7
Psicodrama (portugués), p. 55

PSICODRAMA / CLASIFICACIÓN / BIPERSONAL / GRUPO / TERAPIA INDIVIDUAL

(...) Los tratamientos individuales, excepción hecha de entrevistas breves, que corran paralelos e independientes de las sesiones de grupo, en general están contraindicados: o se les imparte a todos o a ninguno. No debe existir nunca una preferencia terapéutica. Con todo hay excepciones en que la unión del tratamiento individual con la psicoterapia de grupo puede ser provechosa.

Psicoterapia de Grupo y Psicodrama, pp. 86-87
Inglés, no hay
Psicoterapia de Grupo e Psicodrama, p. 76

(...) Un grupo comienza con dos personas, cuando el terapeuta es una auténtica segunda persona y no solamente un observador. En la situación psicoanalítica clásica no está presente más que una persona, porque la segunda, el analista, no está realmente con él, sino "*guerra de la unidad*". Ha habido y hay analistas, naturalmente, que han intentado hacer de uno dos. Y esto ocurre cuando el terapeuta adopta no sólo el papel de médico, sino el de camarada del paciente.

Psicoterapia de Grupo y Psicodrama, p. 96
Inglés, no hay
Psicoterapia de Grupo e Psicodrama, p. 86

PSICODRAMA / CLASIFICACIÓN / BIPERSONAL / TÉCNICA DE LA AUTO-PRESENTACIÓN

Técnica de la auto-presentación – el sujeto actúa en sus propios roles y retrata las figuras que llenan su mundo particular. Aquí, el psicodrama es una forma de psicoterapia individual. El individuo es su ego-auxiliar, el médico puede ser el otro. Una de las primeras utilidades de la técnica psicodramática fue en esta forma individual, esta fue, y todavía es, el perfeccionamiento del psicoanálisis como relación paciente-médico. El psicodrama es erróneamente considerado nada más en su forma grupal.

Fundamentos de la Sociometría, no hay
Who Shall Survive?, p. 723, Glossary
Quem Sobreviverá?, v. 3, p. 217, Glossário

PSICODRAMA / CLASIFICACIÓN / CONFESIONAL

D) *Psicodrama: Tipo Confesional*

El abordaje de grupo, en el Psicodrama, ha mostrado varias técnicas hasta el momento. Estas pueden resumirse en los tipos directo o *confesional*. El objetivo de esos procedimientos psicodramáticos fue tratar un grupo de espectadores o un individuo en particular. Las personas presentes fueron estimuladas a actuar sus propios problemas, en un escenario, con toda la fidelidad, o a discutir la representación en lo que se refiere a sus propios problemas. La utilidad de estas técnicas ya fue descrita por mí en diversas ocasiones.

Psicodrama, no hay
Psychodrama, v. I, p. 324
Psicodrama (portugués), p. 382

PSICODRAMA /CLASIFICACIÓN / DIAGNÓSTICO

h) *El psicodrama diagnóstico*. Hay dos formas principales: 1) La investigación de síndromes grupales de los que participa el grupo como un todo; 2) estudio de la situación diagnóstica de un individuo o de una díada o tríada mediante métodos psicodramáticos.

Psicoterapia de Grupo y Psicodrama, p. 129
Inglés, no hay
Psicoterapia de Grupo e Psicodrama, p. 114

PSICODRAMA / CLASIFICACIÓN / EXISTENCIALISTA

b) El psicodrama existencial. El psicodrama "austriaco", tal como lo practicamos ya en los años 1913-23, tuvo originariamente un carácter existencial. Las formas clínicas se desarrollaron después en los Estados Unidos. La familia, por ejemplo, puede ser concebida como un grupo existencial, como una especie de psicoterapia de grupo existencial.

Psicoterapia de Grupo y Psicodrama, p. 124
Inglés, no hay
Psicoterapia de Grupo e Psicodrama, p. 110

PSICODRAMA / CLASIFICACIÓN / INDIVIDUAL

1) Una sesión puede organizarse de tal manera que se trate a un solo individuo (psicodrama de un protagonista central). El médico y su equipo de ayudantes terapéuticos organizan la sesión sobre la base de la historia del paciente y de su situación actual.

Psicoterapia de Grupo y Psicodrama, p. 368
Psychodrama: Action Therapy & Principles of Practices, v. 3, p. 184
Psicoterapia de Grupo e Psicodrama, p. 349

PSICODRAMA / CLASIFICACIÓN / NO-CONFESIONAL

E) Psicodrama: tipo no confesional.

Existe otro grupo de procedimientos que merecen nuestra máxima consideración. En este caso las acciones que tienen lugar en el escenario se producen gracias a la intervención, no ya de los sujetos mismos, como en el caso anterior, sino de un conjunto de yos auxiliares. Se permite que los miembros del público discutan lo que va actuándose como si no se refiriera a ellos mismos. Esta forma de psicodrama es la indirecta, o de tipo no confesional. El psicodrama no confesional por los siguientes tres pasos: la entrevista con todo sujeto que vaya a participar en la sesión, el análisis cuidadoso de estos materiales, y la clasificación de todos sujeto según su síndrome o problema psíquico dominante. Sobre la base de estas clasificaciones se organiza el grupo para cada sesión de modo que los participantes puedan alcanzar el mayor beneficio posible de tratamiento. Por ejemplo, podrán ponerse en un mismo grupo ciertos tipos de alcohólicos, organizarse en otro grupo cierto tipo de problemas matrimoniales, etc.

El enfoque grupal no confesional en el psicodrama parece tener un especial valor en los casos de desajuste o inadaptaciones menores, neurosis incipientes y conflictos interpersonales simples. En tales casos la contemplación por parte de los espectadores de situaciones típicas que tienen lugar en el escenario, similares a las propias estimula los intentos de objetivación autónoma de sus problemas propios una vez que se los deje liberados a sus propios recursos. En los casos más serios, sin embargo, este enfoque no es más que un preludio para la forma directa casi confesional de tratamiento que culmina en la presentación directa de los problemas en el escenario.

Psicomúsica y Sociodrama, pp. 93-94
Psychodrama, v. I, pp. 324-325
Psicodrama, pp. 382-383

PSICODRAMA / CLASIFICACIÓN / PEDAGÓGICO (Ver también EGO AUXILIAR / MÉTODO DEL Y EN MÉTODO / DIRECTO)

Psicodrama como método pedagógico
Ha sido introducido por mí en dos versiones:
1) El método de los egos auxiliares,
2) El método directo o de pacientes.
Psicoterapia de Grupo y Psicodrama, p. 146
Inglés, no hay
Psicoterapia de Grupo e Psicodrama, p. 130

(...) Es el aprendizaje en la acción. O como se lo denomina también, la educación "activa". Aquí vemos a los niños elaborar proyectos de toda especie, en el jardín, en el taller, en el patio de juego, etc. Este es un progreso notable. Pero en el método de actividades la dificultad reside en que al aprender a través de la acción, si se procede ciegamente, los alumnos dan forma y establecen firmemente a sus defectos tanto como a sus capacidades.
Psicodrama, pp. 186-187
Psychodrama, v. I, p. 133
Psicodrama (portugués), p. 185

PSICODRAMA / CONCEPTO / DEFINICIÓN

Históricamente, el psicodrama representa el punto decisivo en el alejamiento del tratamiento del individuo aislado, hacia el tratamiento del individuo en grupos, del tratamiento del individuo con métodos verbales, hacia el tratamiento con métodos de acción. (...) Es una combinación eficaz de la catarsis individual con la colectiva, de la catarsis de participación con la de acción.
Psicodrama, p. 32
Psychodrama, v. I, p. 10
Psicodrama (portugués), p. 59

Definición de 1913 – La más sorprendente de las primeras definiciones de psicodrama me fue dada por un poeta vienés, alcohólico crónico, en una noche, al caminar por la Kartner Strasse. "Moreno", me dijo él, "estoy de acuerdo contigo, si tengo que morir, preferiría morirme de diarrea que de estreñimiento. Es así que veo la diferencia entre tú y Freud".
Fundamentos de la Sociometría, no hay
Who Shall Survive?, p. xxviii
Quem Sobreviverá?, v. I, p. 34, Prelúdios

El psicodrama investiga la verdad mediante métodos psicodramáticos. Es la terapia profunda del grupo. Comienza allí donde termina la psicoterapia de grupo y es una extensión de ella que la hace más eficaz.
Las Bases de la Psicoterapia, p. 307
Psychodrama: Foundations of Psychotherapy, v. 2, p. 191
Fundamentos del Psicodrama, p. 207

(...) Es el hombre espontáneo que aparece, no bajo la forma de una teoría sofisticada y prolijamente escrita, sino en la plena actualidad del vivir, como proyectado bruscamente a la faz de una época científica y desarraigada. Este vehículo en que penetra tiene que ser como un traje de medida bien holgado como para dar cabida a los millones de variantes en cuanto a mundos privados y sociales: es el psicodrama.
Las Bases de la Psicoterapia, p. 224
Psychodrama: Foundations of Psychotherapy, v. 2, p. 133
Fundamentos del Psicodrama, pp. 151-152

El psicodrama es terapia profunda de grupo. (...)
Psicoterapia de Grupo y Psicodrama, p. 108
Inglés, no hay
Psicoterapia de Grupo e Psicodrama, p. 97

Psicodrama puede, por consiguiente, definirse como aquel método que sondea a fondo la verdad del alma mediante la acción. La

catarsis que provoca es, por eso mismo, una "catarsis de acción".
>   Psicoterapia de Grupo y Psicodrama, p. 109
>   Inglés, no hay
>   Psicoterapia de Grupo e Psicodrama, p. 98

(...) El psicodrama descansa en la hipótesis de que hay que crear "culturas microterapéuticas para el paciente individual o en grupos, en lugar o como ampliación del entorno insatisfactorio natural, para darles la oportunidad de reintegrarse e incardinarse de nuevo psicodinámica y socioculturalmente. (...) El psicodrama es lo que más se acerca a la vida misma. Cuanto más se aproxime una psicoterapia a la atmósfera de un encuentro vivo tanto mayor será el éxito terapéutico.
>   Psicoterapia de Grupo y Psicodrama, p. 154
>   Inglés, no hay
>   Psicoterapia de Grupo e Psicodrama, p. 136

(...) Pero lo decisivo es la integración sistemática de todo el proceso. El psicodrama consiste en escenas estructuradas, cada escena en papeles estructurados y cada papel en acciones estructuradas. Es una sinfonía de gestos, sentimientos y aspiraciones. También en el psicodrama pueden ocurrir abreacciones. (...) En la creación de un psicodrama se entretejen muchos elementos: pensamientos, sentimientos y aspiraciones científicas y artísticas.
>   Psicoterapia de Grupo y Psicodrama, p. 368
>   Inglés, no hay
>   Psicoterapia de Grupo e Psicodrama, p. 349

PSICODRAMA / EXAMEN PSICODRAMÁTICO

(...) Nuestro objetivo habitual es que el paciente salga aprobado en el "examen de la realidad", liberarlo de sus fantasías y decepciones y reintegrarlo a la realidad, es decir, a la norma cultural. Pero el punto esencial es que el paciente muchas veces no quiere separarse de su psicosis, convertida para él en algo normal. ¡Es el resultado de tantos años de trabajo creador! Es algo demasiado precioso para tirarlo sin más. El "examen psicodramático" está a menudo más cerca de su valoración íntima de la vida que la adaptación a todo precio a la realidad.
>   Psicoterapia de Grupo y Psicodrama, p. 396
>   Inglés, no hay
>   Psicoterapia de Grupo e Psicodrama, p. 370

PSICODRAMA / INSTRUMENTOS

El método psicodramático se sirve principalmente de cinco distintos medios: el *escenario*, el *protagonista* (palabra griega para designar al primer actor, al representante principal en la tragedia griega – en el psicodrama también se designa como protagonista al sujeto que desempeña un papel o a un paciente), el *director terapéutico* (brevemente director, terapeuta o médico), el equipo de las fuerzas terapéuticas auxiliares o *"egos auxiliares"* (la palabra habitual en la literatura norteamericana es *auxiliary ego*) y el *público*.
>   Psicoterapia de Grupo y Psicodrama, pp. 109-110
>   Inglés, no hay
>   Psicoterapia de Grupo e Psicodrama, p. 98

PSICODRAMA / INTERPRETACIÓN EN EL

(...) En el psicodrama el comportamiento y la actuación del paciente interpretan para el terapeuta en el aquí y ahora; la interpretación del terapeuta se reduce a un mínimo.
>   Las Bases de la Psicoterapia, pp. 365-366
>   Psychodrama: Foundations of Psychotherapy, v. 2, p. 231
>   Fundamentos del Psicodrama, p. 245

PSICODRAMA / INVESTIGACIÓN

(...) Así, pues, las potencialidades de la investigación dramática y de la investigación de roles respecto de la obtención de indicios para la instauración de los métodos con que pueda influirse la opinión pública y las actitudes, o modificarse, no son reconocidas aún ni se ha llegado a una solución definitiva.

Psicomúsica y Sociodrama, p. 144
Psychodrama, v. I, p. 356
Psicodrama, p. 415

PSICODRAMA / MAGIA

(...) El psicodrama mismo es una forma del nuevo mundo mágico. El método de los egos auxiliares es en sí una forma de animismo psíquico primitivo.

Psicoterapia de Grupo y Psicodrama, p. 255
Psychodrama: Foundations of Psychotherapy, v. 2, p. 155
Psicoterapia de Grupo e Psicodrama, p. 237

PSICODRAMA / MÉTODO PSICODRAMÁTICO

(...) Era por esto necesario encontrar un método capaz de realizar la síntesis de estas experiencias, de este magma, esta totalidad, de las "realidades desbordantes" del mundo *supra y preverbal*, con el mundo del lenguaje que se desprendió como una parte de él. El método psicodramático intentó llenar esta laguna desarrollando una psicoterapia profunda del grupo.

Psicoterapia de Grupo y Psicodrama, p. 17
Inglés, no hay
Psicoterapia de Grupo e Psicodrama, p. 16

La superioridad metodológica de los procedimientos psicodramáticos comparado con las autoterapias y las terapias del tipo terapeuta-paciente, pueden demostrarse fácilmente. Una sesión psicodramática bien conducida utiliza, entre otros, los siguientes elementos: a) la entrevista psiquiátrica con todos los miembros del grupo, b) un intercambio sobre temas cuidadosamente elegidos para que puedan responder a los intereses y los requerimientos de tantos de ellos como sea posible, c) la discusión, d) acciones psicodramáticas efectuadas en el escenario y con la colaboración de un equipo de yos auxiliares, e) análisis de los acontecimientos, al cual cada miembro del grupo puede contribuir espontáneamente, f) observadores participantes distribuidos entre el público que registran las reacciones de cada espectador, g) registros literales de toda la sesión, y h) films terapéuticos. Estas son las bases de un análisis total y de los pasos preparatorios que conducirán a la sesión siguiente.

Psicomúsica y Sociodrama, pp. 91-92
Psychodrama, v. I, p. 323
Psicodrama, p. 381

PSICODRAMA / OBJETIVOS

(...) De ahí que la "terapia psicodramática" haya dado un gran paso hacia delante:

1) Aceptando la "realidad" de la psicosis.

2) Penetrando en la psique del paciente con los egos auxiliares y ayudándole a realizarse a sí mismo activamente; ayudándole a recorrer el camino de su psicosis, pero en una forma controlada.

3) Pero ni siquiera esto es suficiente, si se consideran las cosas desde un punto de vista más elevado. Nuestro objetivo debe ser integrar de nuevo en la cultura al paciente con su comportamiento desviado de la norma, como si fuese la cosa más natural y evidente del mundo, para darle la oportunidad de afirmarse en las distintas esferas de la actividad creadora. Éste es el objetivo de la terapia psicodramática. Quizás nuestra obstinación en considerar al conformismo como ideal sea el motivo del enorme precio que hemos de pagar para mantener en pie los manicomios.

Psicoterapia de Grupo y Psicodrama, p. 396
Inglés, no hay
Psicoterapia de Grupo e Psicodrama, p. 370

(...) Se puede decir que el psicodrama permite al sujeto vivir una experiencia nueva, ampliada, un plus de realidad: he aquí una ventaja que justifica, por lo menos en parte, el trabajo exigido para elaborar una producción psicodramática.
Fundamentos de la Sociometría, p. 78
Who Shall Survive?, p. 85
Quem Sobreviverá?, v. I, p. 186

PSICODRAMA / ORIGEN DEL NOMBRE

La palabra drama es la transposición literal del griego δρᾶμα, que significa acción o cumplimiento. En consecuencia, el psicodrama puede definirse como la ciencia que busca la "verdad" mediante métodos dramáticos. Su dominio es el de las relaciones interpersonales y el de los microcosmos individuales.
Fundamentos de la Sociometría, p. 75
Who Shall Survive?, p. 81
Quem Sobreviverá?, v. I, p. 183

PSICODRAMA / ORIGEN / NACIMIENTO DEL

(...) El psicodrama nació el 19 de abril de 1921, entre las 19 y las 22 h.

(...) Cuando se levantó el telón el escenario estaba vacío, dejando de lado un sillón afelpado rojo, de marco dorado y alto respaldo, como el trono de un rey.
Psicodrama, p. 21
Psychodrama, v. I, p. 1
Psicodrama (portugués), p. 49

Cuando yo tenía cuatro años y medio, mis padres vivían en una casa cerca del río Danubio. Un domingo se habían ido a hacer una visita, dejándome solo con niños de la vecindad en el sótano de la casa. (...) Los niños dijeron: "vamos a jugar". Uno me preguntó: "¿A qué?". "Ya sé", dije, "juguemos a Dios y sus ángeles". (...) La primera inspiración puede haber provenido muy bien de esta experiencia personal.
Psicodrama, pp. 22-23
Psychodrama, v. I, p. 2
Psicodrama (portugués), pp. 50-51

(...) En medio de esta fría guerra psicológica, que dividió y desalentó las fuerzas creativas de nuestra época, hizo su aparición en la escena, alrededor de 1920, la filosofía psicodramática, contrariando las valoraciones psicoanalíticas y proporcionando un positivo apuntalamiento y un punto de anclaje a las fuerzas creativas no dirigidas y anárquicas por vía de: 1) declarar normal lo patológico y proporcionar a todas las formas de comportamiento patológico un mundo sui géneris, por el sencillo procedimiento de una "torsión" del teatro venerable en el sentido de derivar de él el drama terapéutico; 2) proporcionar a todas las formas de existencia subjetiva, incluso la profética y la desviada de los normal, un lugar en que pueda realizarse y acaso transformarse, a cubierto de las restricciones de la cultura imperante; 3) abrir el camino a una comunidad terapéutica en la que tanto el profeta como el "desviado" encontrarían un mejor tratamiento y una comprensión más profunda, contribuyendo así a su total productividad.
Las Bases de la Psicoterapia, p. 342
Psychodrama: Foundations of Psychotherapy, v. 2, p. 215
Fundamentos del Psicodrama, p. 230

El paso que di hacia la espontaneidad total del actor me llevó al paso siguiente: la progresiva "desconservacion" del actor terminando con los clichés acumulados a lo largo de su actuación o de su vida, y, finalmente, al tercer paso: el aprendizaje consciente y sistemático de la espontaneidad. Esta metodología de aprendizaje fue la que allanó el camino al psicodrama. En cuanto concedí al actor plena espontaneidad, pasaron a primer plano su

mundo más privado, sus problemas personales, sus propios conflictos, sus frustraciones y sus sueños. Lentamente fui advirtiendo el valor terapéutico que esta forma de actuación tenía para el actor y, manejada adecuadamente, también para el auditorio.
    El Teatro de la Espontaneidad, pp. 170-171
    The Theater of Spontaneity, p. 102
    O Teatro da Espontaneidade, p. 120

(...) Al releer mi primer libro, quedó claro que, de la idea del encuentro, el combate entre el autor y el lector, pregonero y seguidor, marido y mujer, cada uno en su "rol", fue necesario solamente un pequeño paso para colocarlos en un escenario donde pudiesen pelear con sus relaciones, libres de amenazas y ansiedades de sus situaciones de la vida real. Fue así que nació la idea del psicodrama.
    Fundamentos de la Sociometría, no hay
    Who Shall Survive?, p. 66
    Quem Sobreviverá?, v. I, p. 170

La génesis del psicodrama se encuentra íntimamente relacionada a la génesis de la Deidad. Traté de recrear en mi mente la figura de Dios en el primer día de la creación. Él debe haber sido conocedor y sabio, un Ser que puede penetrar el abismo del universo con los ojos, de modo semejante a un budista o psicoanalista. Percibí, entonces, gradualmente, que la mente de Dios no podría operar como la de un budista o psicoanalista. Flotando sobre el caos en el primer día, Él estaba allá para crear y no para diferenciar y analizar. (...) Él debe haberse convertido en un analista – en momentos de devaneo o desilusión con el resultado. (...) Concluyo, por lo tanto, que Dios fue ante todo un creador, actor, psicodramatista.
    Fundamentos de la Sociometría, no hay
    Who Shall Survive?, pp. xvi-xvii, Preludes
    Quem Sobreviverá?, v. I, p. 24, Prelúdios

PSICODRAMA / PSICOANÁLISIS

(...) El psicodrama puede ser considerado como la consecuencia lógica del psicoanálisis, un paso más hacia delante, pero que incluye todos los concomitantes verbales de la asociación libre.
    Las Bases de la Psicoterapia, p. 343
    Psychodrama: Foundations of Psychotherapy, v. 2, p. 216
    Fundamentos del Psicodrama, p. 230

El psicoanálisis ha sido estructurado como para dar paso a las palabras y a las asociaciones de las mismas, para analizar luego y estimar indirectamente la conducta subyacente. El psicodrama fue estructurado para permitir la acción y la "postración" de manera de poder estudiar la conducta en su forma concreta. En un sentido amplio, se puede decir que es la total postración contra el total análisis.
    Las Bases de la Psicoterapia, p. 365
    Psychodrama: Foundations of Psychotherapy, v. 2, p. 231
    Fundamentos del Psicodrama, p. 245

PSICODRAMA / PSICOANÁLISIS / ELOGIO A FREUD

(...) Freud era un científico mucho mejor de lo que la mayoría que lo criticaba. Sus hipótesis eran, como mínimo, basadas en evidencias parciales o, talvez, en cierta ocasiones, en probabilidades tan pequeñas que no alcanzaban el 10%, pero él estaba consciente de esto. Estaba siempre dispuesto a cambiar sus hipótesis ante nuevas evidencias y lo hizo varias veces durante su vida. Mi crítica va contra el sistema psicoanalítico en su totalidad y al determinismo psíquico, subyacente a él.
    Fundamentos de la Sociometría, no hay
    Who Shall survive?, p. liii
    Quem Sobreviverá?, v. I, p. 56

PSICODRAMA / PSICODRAMA DEL REY

Cuando yo tenía cuatro años y medio, mis padres vivían en una casa cerca del río Danubio. Un domingo se habían ido a hacer una visita, dejándome solo con niños de la vecindad en el sótano de la casa. (...) Los niños dijeron: "vamos a jugar". Uno me preguntó: "¿A qué?". "Ya sé", dije, "juguemos a Dios y sus ángeles". (...) La primera inspiración puede haber provenido muy bien de esta experiencia personal. (...) El tema natural de la trama era la búsqueda de un nuevo orden de cosas, someter a prueba a todos los que en el público aspiraran al liderazgo, y quizás hallar un salvador. (...) El público era el jurado. Pero seguramente fue una prueba muy difícil; nadie la pasó. Cuando el espectáculo llegó a su fin nadie fue hallado digno de ser un rey, y el mundo permaneció sin líder.

Psicodrama, pp. 21-22
Psychodrama, v. I, pp. 1-2
Psicodrama (portugués), pp. 49-50

PSICODRAMA / SESIÓN / FIN DE LA

(...) En el psicodrama se procura no terminar la sesión con una decepción del paciente, sino llevarla a un punto culminante.

Psicoterapia de Grupo y Psicodrama, p. 378
Psychodrama: Action Therapy & Principles of Practices, v. 3, p. 186
Psicoterapia de Grupo e Psicodrama, p. 356

PSICODRAMA / SOCIOPSICODRAMA

El enfoque grupal en el psicodrama se refiere a problemas "privados" por más grande que sea el número de individuos que puedan constituir el público. Pero tan pronto como se trata a los individuos como representantes colectivos de roles de la comunidad y de relaciones de roles, no ya teniendo en cuenta sus roles privados y sus relaciones de roles privadas, el psicodrama se convierte en un "sociodrama". Éste último ha abierto nuevas vías para el análisis y el tratamiento de los problemas sociales.

Psicomúsica y Sociodrama, p. 95
Psychodrama, v. I, p. 325
Psicodrama, pp. 383-385

PSICODRAMA / SUEÑOS

(...) Pues bien, es en el área del sueño donde el psicodrama ha logrado hacer avanzar la ciencia más allá de La interpretación de lo sueños, y ellos con las técnicas de la actuación y el juego de roles. El relato verbal de un sueño es apenas un pobre remedo de la experiencia por la que el paciente ha pasado *in situ*, es decir, mientras dormía. El psicodrama es la esencia del sueño. (...) al permitir a los sueños el "ser actuados" mediante las técnicas psicodramáticas, pueden ser sacadas a luz, a la vista del analista y el observador, aun cuando no se hagan conscientes al "actor".

Las Bases de la Psicoterapia, p. 167
Psychodrama: Foundations of Psychotherapy, v. 2, pp. 98-99
Fundamentos del Psicodrama, p. 115

El objetivo de la técnica psicodramática es inducir al soñante a que represente su sueño, en lugar de que el médico lo analice. Aun cuando se estuviera seguro de que el análisis es objetivo y digno de confianza, es preferible convertir el análisis en una producción del soñante.

La *primera* fase de la producción fue el sueño que Martín tuvo efectivamente. (...) él era el único portador de su proceso de caldeamiento y sólo él asistió al final del sueño, agradable o desagradable, como testigo y como observador.

La *segunda* fase de la producción se desarrolló en el teatro del psicodrama, y aquí es donde entra en acción la terapia. Cuando el propio soñante, con la ayuda del terapeuta y de los egos auxiliares, escenifica su sueño, sale a la superficie no sólo e contenido manifiesto del sueño, sino también el contenido latente. (...) Podría decirse que en lugar de ser analizado mediante el psicoanálisis, es analizado por la propia producción onírica. (...) Es preferible que la comprensión se alcance, no mediante el análisis, sino por la experiencia que tiene lugar en la acción; que sea una especie de autorrealización por el sueño.

(...) La *tercera* fase de la producción estimula al paciente a ampliar el sueño más allá del final que la naturaleza propuso al soñante. Se le anima a soñar de nuevo su sueño, a continuarlo en escena y a conducirlo a un final que le parezca más indicado o que lo capacite para superar especialmente aquellas fuerzas ocultas que perturban su equilibrio. Este proceso se convierte en una auténtica "prueba por el sueño" y puede conducir a una catarsis fundamental que podría llamarse "catarsis onírica", a una integración de las partes sanas y enfermas de su psique. Este tipo de aprendizaje por el sueño nos lleva a la fase siguiente.

En la *cuarta* fase, el paciente se encuentra de nuevo en su cama, durmiendo como en la primera fase, in situ. Él es, de nuevo, su propio "dramaturgo onírico", que crea en forma de alucinaciones los personajes y objetos de sus sueños. Pero ahora es capaz de aplicar lo que ha aprendido durante la activa producción onírica al mismo sueño – en el caso de que se repita – o a otro semejante. Se podría hablar aquí de sugestión pospsicodramática, de modo semejante a como se habla de sugestión poshipnótica.

(...) Lo más probable es que el sujeto sea accesible en su nivel más profundo en el plano de la acción psicodramática, en segundo lugar en el plano de la realidad y en último lugar en el plano verbal.

La "evocación" y la realización de factores decisivos tanto en el pasado como en el presente son favorecidas por las acciones espontáneas del paciente. Cuanto más profundo es el nivel óntico y de acción alcanzado por el paciente, tanto más amplias y pronunciadas serán la fuerza y la amplitud de la evocación.

(...) El psicoanálisis distingue dos categorías: contenidos manifiestos y contenidos latentes del sueño. Aquí añadimos una tercera categoría, el contenido existencial y de acción del sueño, *in situ*.

(...) Sólo los métodos vivenciales y de acción inmediatos son causales y centrales, al menos teóricamente; sólo ellos logran tocar núcleo de acción de una persona y, cuando es posible, trasformarlo.

Psicoterapia de Grupo y Psicodrama, pp. 340-342
J. L. Moreno, "Fragments form the Psychodrama of a Dream", in Jonathan Fox, The Essencial Moreno; New York, Springer Publicity Company, 1987, p. 365
Psicoterapia de Grupo e Psicodrama, pp. 199-200

(...) Tales protagonistas se mueven en escena como en un sueño, rodeados por figuras como sombras: los ayudantes pasivos. Hemos ya aludido varias veces a la relación íntima existente entre el psicodrama y el sueño. La esencia del sueño es el psicodrama. En ambos casos se trata de producciones fantásticas en las que protagonista y soñante se ven profundamente implicados. El psicodrama, como el sueño, parece ser el producto de fuerzas dinámicas inconscientes. Pero será oportuno subrayar aquí algunas diferencias fundamentales. Los personajes del sueño son fantasmas; no existen más que en el espíritu del paciente y desaparecen en el momento en que el sueño se acaba. Los personajes del psicodrama son presentados por personas reales, los egos auxiliares. El soñante puede soñar las cosas más fantásticas, sin que le ofrezcan la menor resistencia los personajes del sueño. (...) Los egos auxiliares en un psicodrama pueden apoyar u oponer resistencia a la fantasía del paciente; pueden hablar a favor suyo o en su contra. Pueden ayudarle a modificar el curso de la acción, pueden penetrar con su producción en el psicodrama, pueden oponer al protagonista de todo tipo de resistencias para estimular su espontaneidad y perseverancia.

Psicoterapia de Grupo y Psicodrama, pp. 370-371
Inglés, no hay
Psicoterapia de Grupo e Psicodrama, pp. 350-351

(…) El relato de un sueño es, como se sabe, una repetición incompleta y desfigurada del sueño original. Al hacer posible la representación del sueño por medio de métodos psicodramáticos, puede hacerse emerger a la luz las partes inconscientes más profundas y no sólo para el soñador mismo, sino para el analista y observador. El soñador puede, después de haber representado su sueño, reconstruir su propia vivencia con ayuda del observador. Sesiones experimentales cuidadosamente dirigidas han mostrado que la contribución de un *actor* a la reconstrucción de un sueño es mucho mayor que la del simple narrador. El análisis psicodramático de los estados inconscientes es más completo y de mayor eficacia que el psicoanálisis.

Psicoterapia de Grupo y Psicodrama, p. 135
Inglés, no hay
Psicoterapia de Grupo e Psicodrama, p. 120

11) Método de los sueños. En lugar de relatar el sueño, el paciente lo representa. (…) El paciente aprende, mediante la repetición y la incesante corrección de su sueño, a "entrenar", por decirlo así, "su vida inconsciente" y a sustituir los sueños angustiosos por otros creadores.

Psicoterapia de Grupo y Psicodrama, p. 140
Inglés, no hay
Psicoterapia de Grupo e Psicodrama, p. 124

(…) Todo lo que un psicoanálisis del sueño, podría revelar, se aparece al soñante en forma inmediata, a través del propio proceso de la acción. El soñante no necesita estar de acuerdo con su analista. Sus propias acciones demuestran a él y al grupo los procesos que tienen lugar en su psique. Podría decirse que en lugar de ser analizado mediante el psicoanálisis, es analizado por la propia producción onírica.

Psicoterapia de Grupo y Psicodrama, p. 340
J. L. Moreno, "Fragments form the Psychodrama of a Dream", in Jonathan Fox, The Essencial Moreno; New York, Springer Publicity Company, 1987, p. 199
Psicoterapia de Grupo e Psicodrama, p. 325

(…) El psicoanálisis distingue dos categorías: contenidos manifiestos y contenidos latentes del sueño. Aquí añadimos una tercera categoría, el contenido existencial y de acción del sueño, *in situ*.

Psicoterapia de Grupo y Psicodrama, pp. 341-342
J. L. Moreno, "Fragments form the Psychodrama of a Dream", in Jonathan Fox, The Essencial Moreno; New York, Springer Publicity Company, 1987, p. 365
Psicoterapia de Grupo e Psicodrama, p. 327

(…) Hemos ya aludido varias veces a la relación íntima existente entre el psicodrama y el sueño. La esencia del sueño es el psicodrama. En ambos casos se trata de producciones fantásticas en las que protagonista y soñante se ven profundamente implicados. El psicodrama, como el sueño, parece ser el producto de fuerzas dinámicas inconscientes.

Psicoterapia de Grupo y Psicodrama, p. 370
Inglés, no hay
Psicoterapia de Grupo e Psicodrama, p. 350

PSICOMÚSICA

k) *Psicomúsica*. Se practican tres formas de psicomúsica improvisada: 1) La forma orgánica – se eliminan los instrumentos – el cuerpo individual o en grupo es el único órgano productor de música, canto, exclamaciones, gestos y movimientos. 2) Se utilizan instrumentos de percusión primitivos (gong, tambor, bloques de madera, carracas) para los que el grupo de pacientes es enormemente insensible. "Proporcionan rápidamente un sentimiento de solidaridad y estimulan la participación activa del grupo".

> Psicoterapia de Grupo y Psicodrama, p. 130
> Psychodrama, v. I, p. 278. Similar, but missing the third form
> Psicoterapia de Grupo e Psicodrama, p. 115

El psicodrama me estimuló a realizar un esfuerzo paralelo en el campo de la música, esfuerzo que he denominado Psicomúsica.

> Psicomúsica y Sociodrama, p. 12
> Psychodrama, v. I, p. 277
> Psicodrama, p. 333

(…) Pero del mismo modo que el drama consigue esto, bajo la forma del psicodrama, también la música, bajo la forma de Psicomúsica, puede transformarse en una función activa para todo hombre en su vida cotidiana. Según mi teoría psicomusical, el primer paso consiste en la eliminación analítica del presuntuoso andamiaje de todo el secular sistema de producción musical y en un regreso a procedimientos más primitivos que en probablemente funcionaron en los comienzos de la experiencia musical.

> Psicomúsica y Sociodrama, pp. 12-13
> Psychodrama, v. I, p. 278
> Psicodrama, p. 334

Hay dos formas de Psicomúsica, que se hallan todavía en un período experimental: a) la forma orgánica, en la cual se eliminan los instrumentos, transformándose el organismo, aislado o en grupos, en el único agente músico-dramático; b) la forma instrumental, en la cual vuelven a introducirse los instrumentos, pero únicamente como función y extensión de la espontaneidad musical que el organismo humano es capaz de producir, y no como elementos dominadores y conservadores de esa espontaneidad.

> Psicomúsica y Sociodrama, pp. 13-14
> Psychodrama, v. I, p. 278
> Psicodrama, p. 334

(…) En una sesión psicomusical este proceso de atemperar al público, de darle calor al auditorio puede cumplirse mediante muchos métodos. (…) El director musical produce ante el auditorio breves cantos musicales que no deben durar más que unos pocos segundos, acompañados siempre por movimientos rítmicos, dramáticos y estéticos, del rostro, los brazos, las manos, la cabeza y las piernas, que, cumplidos sobre el escenario complementarán y confirmarán la expresión vocal. Será pues una combinación de Psicomúsica con un psicodrama mudo. Estos entremeses musicales dispuestos para atemperar al público no han de haber sido preparados por el director, sino que deben surgir de él espontáneamente, de modo tal que muy rara vez será consciente de la significación intelectual o simbólica de estas acciones. Su finalidad es la de contagiar al público un entusiasmo espontáneo por el canto. (…) La sesión propiamente dicha comienza cuando un sujeto sube al escenario y representa situaciones reales o imaginadas; del mismo modo que en la rutina psicodramática, después de un breve cambio de opiniones con el director. El diálogo queda reemplazado por exclamaciones cantadas acompañadas de gestos y movimientos. El contenido semántico de estas exclamaciones puede ser una combinación sin sentido de vocales y consonantes, (…) Todo el público repite, como un coro, cada una de la exclamaciones emitidas por el sujeto

que se encuentra en el escenario. A menudo el público imita sus gestos pantomímicos.
Psicomúsica y Sociodrama, pp. 15-16
Psychodrama, v. I, pp. 279-280
Psicodrama, pp. 335-336

(…) El objetivo del trabajo psicomusical es la catarsis psicomusical. Que ésta se logre depende del grado de participación y de espontaneidad que surja individual y colectivamente.
Psicomúsica y Sociodrama, pp. 17-18
Psychodrama, v. I, p. 280
Psicodrama, p. 337

PSICOMÚSICA / HISTORIAL DE LA

En Nueva York, durante los años 1930 y 1931, renové mis esfuerzos del período del *Stegreiftheater* vienés por desarrollar una orquesta *impromptu* o de improvisación, y descubrí un conjunto musical adecuado en Jack Rosemberg y sus asociados, Louise Ackerman, Joseph Gingold, Samuel Jospe, Eli Lifschei, Isaac Sear, miembros de la orquesta Filarmónica de Nueva York. Todos ellos mostraron no sólo entusiasmo por la tarea, sino también el ánimo inicial necesario para llevar a cabo un experimento que no tenía precedente en los anales de la música. La orquesta *impromptu* dio su primera audición pública en el Guild Theatre de Nueva York el 5 de abril de 1931. Esto ocurría en la época *pre-swing*, estimuló el desarrollo del *swing*.
Psicomúsica y Sociodrama, p. 18
Psychodrama, v. I, p. 281
Psicodrama, p. 337

PSICOMÚSICA / IMPROVISACIÓN MUSICAL

Sólo los maestros han encarado siempre la improvisación musical. Pero se produjo más bien como resultado de un desborde anímico que debido a una clara conciencia de su verdadera significación. Sólo el producto acabado tenía "verdadero valor". Por lo tanto aun en las épocas en que se utilizó la improvisación, fue de modo bastante accidental.
Psicomúsica y Sociodrama, p. 19
Psychodrama, v. I, p. 281
Psicodrama, p. 337

Pronto descubrí que en el dominio de la música, como en el del drama improvisado, era comparativamente simple que improvisara un solo individuo, pero que cuando debía hacerlo un grupo surgían nuevas dificultades. (…) Los miembros de nuestro pequeño conjunto comenzaron a ciegas el experimento grupal, confiando primeramente sólo en el oído. (…) De sus fracasos pasados debieron aprender cuáles habían sido los métodos de cooperación utilizados, para evitarlos.
Psicomúsica y Sociodrama, pp. 19-20
Psychodrama, v. I, pp. 281-282
Psicodrama, p. 338

Existe un elemento que parece tener gran importancia para el desarrollo de la improvisación orquestal. Se trata de descubrir un método que permita influir sobre la imaginación, aumentar la inspiración.
Psicomúsica y Sociodrama, p. 22
Psychodrama, v. I, p. 283
Psicodrama, p. 339

PSICOMÚSICA / TAREA DE LOS MÚSICOS

(…) Lo que ahora cabe a los músicos no es ejemplificar o interpretar esta historia, ni tampoco producir una suerte de duplicado musical de la misma, sino inspirarse con ella, y estimular los impulsos psíquicos que conduzcan a la liberación de asociaciones musicales.

Estos actos de transferencias obran como los catalizadores en las reacciones químicas, y bien puede comparárselos a las transfusiones de sangre.
>Psicomúsica y Sociodrama, p. 24
>Psychodrama, v. I, p. 284
>Psicodrama, p. 340

PSICOSIS

(...) Cada sesión psicodramática es una experiencia existencial y puede ofrecer información válida para una sólida teoría de la existencia.
>Las Bases de la Psicoterapia, p. 345
>Psychodrama: Foundations of Psychotherapy, v. 2, p. 217
>Fundamentos del Psicodrama, p. 231

(...) Debería aceptar la *realidad* de su psicosis y ponerse juntamente con ella a la búsqueda de Juan.
>Psicoterapia de Grupo y Psicodrama, p. 364
>Inglés, no hay
>Psicoterapia de Grupo e Psicodrama, p. 345

Los orígenes del miedo y del "hambre de transformación" en los esquizofrénicos. Si la angustia y la medrosidad son cósmicas, el miedo está condicionado por la situación. La angustia es provocada por el hambre cósmica de mantener la identidad con el universo entero (quizá de restablecer la original identidad del niño). Este hambre cósmica se manifiesta: a) en la "reproyección", el establecer y recibir señales – ideas o sentimientos – de los otros seres para acrecentar las fuerzas del Yo (expansión) o encontrar la identidad consigo mismo (confirmación), o bien, b) en angustia frente a todos los organismos con los cuales no puede actuar juntamente o cuya existencia no puede compartir; hablando psicodramáticamente, con los cuales no puede intercambiar papeles. Estas angustias están provocadas por su exigencia de convertirse en uno de estos seres, como la única y definitiva seguridad de que es idéntico con ellos. El hambre cósmica del niño aspira a la realización del "mundo". La autorrealización no es más que un estadio transitorio.
>Psicoterapia de Grupo y Psicodrama, pp. 253-254
>Psychodrama: Foundations of Psychotherapy, v. 2, p. 154
>Psicoterapia de Grupo e Psicodrama, pp. 236-237

Con frecuencia he oído a pacientes esquizofrénicos en una situación psicodramática decir: "quisiera ser una silla, un árbol, un perro o quisiera ser Dios." Explican que la silla habla con ellos y que esta viva. La explicación del hambre de transformación podría ser que quieren convertirse en las cosas que hablan con ellos o con las que de algún modo se entienden. Cuando una silla habla con él, quiere convertirse en silla, cuando un perro conversa con él, quiere volverse perro. En casos extremos intentará incluso desempeñar el papel de un perro con toda la seriedad del mundo. Cuando Dios habla con él intentará quizás volverse Dios.
>Psicoterapia de Grupo y Psicodrama, p. 254
>Psychodrama: Foundations of Psychotherapy, v. 2, p. 154
>Psicoterapia de Grupo e Psicodrama, p. 237

26) Los niños y los psicóticos son los dos tipos más destacados de personas espontáneas. Todo lo que son interiormente lo reflejan en la superficie. Sus afectos viven en sus acciones y sus acciones son el meollo de su existencia.
>Psicoterapia de Grupo y Psicodrama, p. 258
>Psychodrama: Foundations of Psychotherapy, v. 2, p. 158
>Psicoterapia de Grupo e Psicodrama, p. 240

Hay pacientes con los cuales la comunicación se ve reducida al mínimo. Cuanto menos diferenciado y completo es el Yo, tanto más especializada y concienzuda debe ser la ayuda prestada desde fuera por un ego auxiliar. Cuanto más perturbada está la organización psíquica de un paciente, tanto mayor será el número de los medio que debe aplicar el ego auxiliar y tanto más necesaria será la iniciativa del director terapéutico. Pueden necesitarse numerosos egos auxiliares. En el caso de una psicosis grave y consolidada la tarea de lograr éxito en el trata miento puede ser insoluble par los egos auxiliares. El paciente neurótico – por muchas ayudas que necesite para conseguir un resultado satisfactorio –, no deja de vivir en gran parte en el *mismo* mundo que nosotros. En el caso del paciente psicótico, la realidad normal se halla sustituida por ideas delirantes y por elementos alucinados. El paciente necesita algo más que un ego auxiliar, necesita un *mundo auxiliar*.

Psicoterapia de Grupo y Psicodrama, p. 342
Psychodrama, v. I, p. 220
Psicoterapia de Grupo e Psicodrama, p. 327

PSICOSIS / EGO AUXILIAR

(…) La función del ego auxiliar consiste en colocarse en un estado de ánimo tal que le permita crear arbitrariamente un papel que – si es necesario – parezca tan confuso y extraño como el inventado compulsivamente por el paciente.

Psicoterapia de Grupo y Psicodrama, p. 343
Psychodrama, v. I, p. 221
Psicoterapia de Grupo e Psicodrama, p. 328

PSICOSIS / ENTREVISTA

Al tratamiento psicodramático precede siempre una entrevista en la que se investigan hasta sus orígenes los síndromes que podría proporcionar el material para la primera situación de *shock*. Ya en esta entrevista tiene lugar una especie de catarsis en el paciente, en gran parte a nivel intelectual.

Psicoterapia de Grupo y Psicodrama, p. 348
J. L. Moreno, "Psychodramatic Shock Therapy, a Sociometric Approach of Mental Disorders", in *Group Psychotherapy and Psychodrama*, v. xxvii, n°s 1-4, 1974, p. 6
Psicoterapia de Grupo e Psicodrama, p. 332

PSICOSIS / MUNDO AUXILIAR

(…) Formamos, así, un "mundo auxiliar psicodramático" en torno al paciente. El único que vivía en el drama el papel natural de su propia vida era el paciente. Nosotros, las personas que lo rodeábamos, asumimos los papeles que le convenían a él.

Psicoterapia de Grupo y Psicodrama, p. 343
Psychodrama, v. I, p. 221
Psicoterapia de Grupo e Psicodrama, p. 328

(…) Tales personas imaginarias son necesarias a menudo para consolidar terapéuticamente el mundo psicótico del paciente. Tal consolidación de una ilusión o de una alucinación es naturalmente un experimento muy aventurado.

Psicoterapia de Grupo y Psicodrama, p. 365
Psychodrama: Action Therapy & Principles of Practices, v. 3, p. 183
Psicoterapia de Grupo e Psicodrama, p. 347

PSICOSIS / PSICODRAMA

(…) Parece que es indispensable la representación del mundo interno dentro de un contexto dramático, para aquellos individuos que han llegado a la fase de un trastorno mental bien organizado. La necesidad del drama puede ser ahogada temporalmente, por ejemplo, por terapéuticas de "shock" o de sueño. Pero la necesidad fundamental de realizar ciertas imágenes fantásticas no puede ser eliminada. A menos que se reduzca al sujeto a la condición de un inválido cerebral, por la cirugía o prolongados tratamientos de "shock", el paciente momentáneamente asustado recaerá necesariamente, y reproducirá el mismo tipo de aspiración que tenía antes de empezar el tratamiento.

Psicodrama, p. 43
Psychodrama, v. I, pp. 18-19
Psicodrama (portugués), p. 68

3) Hay otra técnica en la que el protagonista tiene que hacer el trabajo principal. La participación de los egos auxiliares se reduce a un mínimo. Especialmente el paciente esquizofrénico siente el impulso, al principio del tratamiento, de representar él todos los papeles.

Psicoterapia de Grupo y Psicodrama, p. 370
Psychodrama: Action Therapy & Principles of Practices, v. 3, p. 184
Psicoterapia de Grupo e Psicodrama, p. 350

(...) De ahí que la "terapia psicodramática" haya dado un gran paso hacia adelante:
1) Aceptando la "realidad" de la psicosis.
2) Penetrando en la psique del paciente con los egos auxiliares y ayudándoles a realizarse a sí mismos activamente; ayudándoles a recorrer el camino de sus psicosis, pero en una forma controlada.
3) Pero ni siquiera esto es suficiente, si se consideran las cosas desde un punto de vista más elevado. Nuestro objetivo debe ser integrar de nuevo en la cultura el paciente con su comportamiento desviado de la norma, como si fuese la cosa más natural y evidente del mundo para darle la oportunidad de afirmarse en las distintas esferas de la actividad creadora. Éste es el objetivo de la terapia psicodramática. Quizá nuestra obstinación en considerar al conformismo como ideal sea el motivo del enorme precio que hemos de pagar para mantener en pie los manicomios.

Psicoterapia de Grupo y Psicodrama, p. 396

Inglés, no hay
Psicoterapia de Grupo e Psicodrama, pp. 370-371

(...) Lo decisivo, por tanto es *permitir* al paciente la *exteriorización dramática de sus problemas. Para ello deben prepararse cuidadosamente las sesiones y realizarse en un recinto especialmente dispuesto para tal acción. Deben estar bajo la dirección de un terapeuta que pueda explotar constructivamente la experiencia.*

Psicoterapia de Grupo y Psicodrama, p. 367
Psychodrama, v. I, p. x
Psicoterapia de Grupo e Psicodrama, p. 348

PSICOSIS / TRATAMIENTO DE SHOCK (Ver también SHOCK PSICODRAMÁTICO)

Durante el procedimiento del *shock*, tanto el psiquiatra como el paciente deben poder hacer alto en cualquier momento. Inmediatamente después o transcurridos pocos segundo, tras haberse ordenado "¡alto!", tiene el paciente que ser capaz de interrumpir el proceso y de actuar como si no hubiera ocurrido nada. Estas órdenes de suspensión producen en el paciente una coexperiencia muy significativa. Dado que actúa a partir de su base psicótica y que tiene una gran sensibilidad para sus propias ideas delirante, ha de serle posible aprender a controlarlas. *Es un entrenamiento en el manejo de accesos psicóticos.*

Psicoterapia de Grupo y Psicodrama, p. 348
J. L. Moreno, "Psychodramatic Shock Therapy, a Sociometric Approach of Mental Disorders", in *Group Psychotherapy and Psychodrama*, v. xxvii, n°s 1-4, 1974, pp. 5-6
Psicoterapia de Grupo e Psicodrama, p. 332

PSICOSOCIODRAMA

El enfoque grupal no confesional en el psicodrama parece tener un especial valor en los casos de desajuste o inadaptaciones menores, neurosis incipientes y conflictos interpersonales simples. En tales casos la contemplación por parte de los espectadores de situaciones típicas que tienen lugar en el escenario, similares a las propias estimula los intentos de objetivación autónoma de sus problemas propios una vez que se los deje liberados a sus propios recursos. En los casos más serios, sin embargo, este enfoque no es más que un preludio para la forma directa casi confesional de tratamiento que culmina en la presentación directa de los problemas en el escenario.

Psicomúsica y Sociodrama, p. 94
Psychodrama, v. I, p. 352
Psicodrama, pp. 383-385

El psicodrama de Adolfo Hitler se convirtió en el psicosociodrama de toda nuestra cultura, en un espejo del Siglo XX.

Las Bases de la Psicoterapia, p. 322
Psychodrama: Foundations of Psychotherapy, v. 2, p. 200
Fundamentos del Psicodrama, p. 217

PSICOTERAPIA

La posición teórica de la psicoterapia ha variado de la psicodinámica y la biodinámica de fines del siglo XIX a la cosmodinámica, más comprensiva y operacional, de nuestra época.

Las Bases de la Psicoterapia, p. 374
Psychodrama: Foundations of Psychotherapy, v. 2, p. 236
Fundamentos del Psicodrama, p. 251

PSICOTERAPIA DE GRUPO

PSICOTERAPIA DE GRUPO / AUTORÍA DEL TÉRMINO

(…) Cuando hace 25 años introduje en la literatura el término de psicoterapia de grupo no pude prever que esta disciplina se convertiría en un movimiento de amplitud global. Introduje este nombre especial para hacer resaltar que se trataba de una "terapia" de grupo y no de un análisis sociológico y psicológico. El término es el nombre común a todos los métodos de tratamiento de grupo y ha contribuido a crear una base conceptual común.

Psicoterapia de Grupo y Psicodrama, p. 24
Inglés, no hay
Psicoterapia de Grupo e Psicodrama, p. 22

PSICOTERAPIA DE GRUPO / CONCEPTO / DEFINICIONES

(…) "La psicoterapia de grupo es un método que protege y estimula los mecanismos de autorregulación de grupos naturales – a través del uso de un hombre como agente terapéutico del otro y de un grupo como agente terapéutico del otro".

Fundamentos de la Sociometría, no hay
Who Shall Survive?, p. lv, Preludes
Quem Sobreviverá? v. I, p. 58, Prelúdios

El tratamiento de grupos completos, la auténtica psicoterapia de grupo, consiste en sesiones terapéuticas en las que toman parte tres o más personas, que se esfuerzan por resolver problemas comunes.

Psicoterapia de Grupo y Psicodrama, p. 26
Inglés, no hay
Psicoterapia de Grupo e Psicodrama, p. 24

(…) La psicoterapia de grupo es, por consiguiente, una forma especial de tratamiento, que se propone como tarea curar tanto al grupo, como un todo, como al miembro individual a través del propio grupo.

Psicoterapia de Grupo y Psicodrama, p. 13
Inglés, no hay
Psicoterapia de Grupo e Psicodrama, p. 13

(…) La filosofía médica está hoy llamada a encontrar métodos para consolidar la salud física, social y moral del hombre. No se trata ya de la salud y la persistencia de una sola persona o de un grupo nacional o racial, sino de la salud y la fuerza vital de la especie entera. La psicoterapia de grupo puede ser comparada a la vanguardia de un ejército invisible. Es el único movimiento entre todas las psicoterapias que se ocupa de grupos de personas, a semejanza – en principio – de los más poderosos movimientos religiosos.

Psicoterapia de Grupo y Psicodrama, pp. 20-21
Inglés, no hay
Psicoterapia de Grupo e Psicodrama, p. 19

Hemos de aclarar primero qué significa la psicoterapia de grupo. Psicoterapia de grupo es un método para tratar conscientemente y en el marco de una ciencia empírica las relaciones interpersonales y los problemas psíquicos de los individuos de un grupo. En la definición se incluyen, por consiguiente, los siguientes factores:

1) La psicoterapia de grupo es una metodología clínica desarrollada a) "consciente" y b) sistemáticamente.

2) Emprende el tratamiento de varios individuos dentro de un grupo.

3) Consiste en el tratamiento de los problemas psíquicos y sociales de los miembros del grupo; de sus dolencias somáticas sólo se ocupa en la medida en que son psicógenas.

4) Es un método fundado en investigaciones empíricas y que se practica en un marco empírico. Hay muchas variantes, pero las operaciones esenciales son en todos los casos las mismas. El instrumental teórico está centrado en el grupo, esto es, es interactivo e interpersonal. Ninguna metodología puede desarrollarse sin consecuencia lógica en su construcción. La psicoterapia de grupo "inconsciente" ha sido empleada siempre por líderes carismáticos, magos y maestros. Pero si no se funda en el conocimiento de la patología del grupo y de los problemas psicológicos y sociales de los individuos participantes, no es psicoterpia de grupo; los grupo pueden haberse reunido por muchos otros motivos, para un encuentro plítico o para un partido de fútbol.

Psicoterapia de Grupo y Psicodrama, p. 79
Inglés, no hay
Psicoterapia de Grupo e Psicodrama, p. 70

(...) De ahí las primeras definiciones de la psicoterapia de grupo:

1) "Es un principio fundamental de la psicoterapia de grupo que todo individuo – y no sólo el médico que los trata – pueda actuar como agente terapéutico respecto a otro individuo, y todo grupo respecto a otro grupo" (1932).

2) "La psicoterapia de grupo es un método de psicoterapia que aspira a lograr la más favorable agrupación terapéutica de los miembros. Procura una reagrupación de los miembros, cuando es necesaria para poner de acuerdo la constelación del grupo con las motivaciones e inclinaciones espontáneas de los miembros" (1932).

3) "La psicoterapia no trata sólo al individuo aislado, que se ha convertido en foco de atención por sus dificultades de adaptación y de integración, sino a todo el grupo y a todos los individuos que están en relación con él" (1934).

4) "Un procedimiento verdaderamente terapéutico no puede intentar un objetivo final menor que la humanidad entera" (1934). Con esta frase comienza mi libro *Who Shall Survive?* Es la definición sociátrica, el punto de vista de una "sociología médica" que ve en la sociedad humana total al verdadero paciente.

Psicoterapia de Grupo y Psicodrama, pp. 79-80
Moreno, J. L "Definitions of Group Psychotherapy" in Group Psychotherapy, v. iii, n° 2, June, 1960, p. 119
Psicoterapia de Grupo e Psicodrama, pp. 70-71

La psicoterapia de grupo en sentido estricto empieza con *tres* personas, dos pacientes y el terapeuta.

Psicoterapia de Grupo y Psicodrama, p. 96
Inglés, no hay
Psicoterapia de Grupo e Psicodrama, p. 86

PSICOTERAPIA DE GRUPO / DIRECTOR / TERAPEUTA

(...) En oposición a la reserva y distancia del terapeuta sentado detrás del diván, la actitud del terapeuta de grupo es abierta; está amenazado por todos lados y tiene que afrontar todas las agresiones que parten del grupo. El líder del grupo debe tener no sólo la experiencia del psicoanalista sino también la presencia de espíritu y el valor de poner en juego toda su personalidad en el momento preciso, para llenar el ámbito terapéutico con su calor, su empatía y su expansión emocional; en otras palabras: no está aislado del paciente ni el paciente está aislado de él. Ambos son miembros de un pequeño grupo. El terapeuta ocupa el centro de su grupo y debe por ello desarrollar una forma especial de "personalidad de grupo".

Psicoterapia de Grupo y Psicodrama, p. 29
Inglés, no hay
Psicoterapia de Grupo e Psicodrama, p. 26

PSICOTERAPIA DE GRUPO / DURACIÓN DEL TRATAMIENTO

(...) Los grupos heterogéneos, sin embargo, gozan de la preferencia en la praxis general. Mujeres y hombres, de todas las edades y de diversas nacionalidades, son tratados conjuntamente.

Psicoterapia de Grupo y Psicodrama, p. 98
Inglés, no hay
Psicoterapia de Grupo e Psicodrama, p. 88

PSICOTERAPIA DE GRUPO / ÉXITO / FRACASO

40. El único factor extraordinario que determina el éxito o el fracaso de la psicoterapia de grupo es la elección espontánea de los miembros o la afinidad espontánea entre ellos. Necesitan estar conectados por afinidades espontáneas para que uno sea agente terapéutico del otro.

Fundamentos de la Sociometría, no hay
Who Shall Survive?, p. 712
Quem Sobreviverá?, v. 3, p. 204

PSICOTERAPIA DE GRUPO / FUNDAMENTO TEÓRICO

Hoy podemos formular con mayor seguridad el fundamento teórico de todos los tipos de psicoterapia de grupo. Existen tres líneas fundamentales comunes: 1. El principio del "encuentro" es la base de todas las formas de psicoterapia de grupo. 2. La "estructura interactiva" común de los individuos determina su posición recíproca variable y su solidaridad, que se manifiestan en múltiples tensiones psíquicas. 3. Las vivencias comunes del "consciente" y del "inconsciente comunes". Cuanto más largamente exista un grupo formado artificialmente tanto más empieza a parecerse a un grupo natural, a desarrollar y a compartir una vida social y cultural inconsciente común, de la que los miembros extraen su fuerza, sus conocimientos y su seguridad. Este "sistema inconsciente común" que se expresa en la distribución de papeles y que mantiene a los miembros unidos y más o menos identificados es algo así como el cauce de un río. Es la "corriente" del "inconsciente y la conciencia comunes" de dos o más personas en el que las historias de los individuos se vierten como afluentes. 4. El intercambio de papeles entre los miembros: cuanto más diferentes y extraños son los miembros entre sí, tanto más importante ha de ser que

cambien los papeles para obtener una terapia mutua exitosa. El trueque de papeles es la crisis del encuentro entre "yo y tú", un "encontrarse". Es el punto culminante en el que se consuma la unidad, la identidad y la solidaridad del grupo.
>Psicoterapia de Grupo y Psicodrama, p. 78
>Inglés, no hay
>Psicoterapia de Grupo e Psicodrama, pp. 68-69

PSICOTERAPIA DE GRUPO / GRUPOS HETEROGÉNEOS

Los grupos heterogéneos, sin embargo, gozan de la preferencia en la praxis general. Mujeres y hombre, de todas las edades y de diversas nacionalidades, son tratados conjuntamente.
>Psicoterapia de Grupo y Psicodrama, p. 98
>Inglés, no hay
>Psicoterapia de Grupo e Psicodrama, p. 87

PSICOTERAPIA DE GRUPO / GRUPOS HOMOGÉNEOS

Los grupos homogéneos facilitan con frecuencia el procedimiento terapéutico. Aquí todos los miembros tienen ciertas cualidades comunes características, por ejemplo, son todos alcohólicos o adictos, todos refugiados o miembros de un grupo minoritario: negros, judíos, árabes, franceses o chinos.
>Psicoterapia de Grupo y Psicodrama, p. 98
>Inglés, no hay
>Psicoterapia de Grupo e Psicodrama, p. 87

PSICOTERAPIA DE GRUPO / GRUPO SINTÉTICO

(…) Ya aludimos antes al hecho de que los grupos sintéticos – incluso de personas absolutamente extrañas entre sí – no carecen nunca de una cierta estructura. Tienen una estructura de grupo débil y participan de una comunidad de papeles. Más tarde descubrimos que los grupos terapéuticos que trabajan conjuntamente durante largo tiempo llegan a adoptar los rasgos de una agrupación natural; entre otros, los de un pasado común y de una estructura social más fuerte.
>Psicoterapia de Grupo y Psicodrama, p. 395
>Inglés, no hay
>Psicoterapia de Grupo e Psicodrama, pp. 369-370

PSICOTERAPIA DE GRUPO / HONORARIOS

6) Todos los pacientes de un grupo terapéutico deberán pagar los mismos honorarios. El exigir diferentes honorarios puede provocar sentimientos de desigualdad en el trato y entorpecer el proceso terapéutico.
>Psicoterapia de Grupo y Psicodrama, p. 106
>J. L. Moreno, "Code of Ethics of Group Psychotherapist" in Group Psychotherapy, Beacon House, v. x, n° I, March, 1957, p. 143.
>Psicoterapia de Grupo e Psicodrama, p. 95

PSICOTERAPIA DE GRUPO / INDICACIONES Y CONTRAINDICACIONES

(…) La indicación de la psicoterapia de grupo o de un método particular con preferencia a otro debe basarse en los cambios sociodinámicos de estructura que pueden determinarse mediante tests de grupo, de los que se han dado más arriba los ejemplos. La psicoterapia de grupo ya ha dejado atrás de su infancia y promete un vigoroso desarrollo, sobre todo porque la teoría del grupo y el diagnóstico del grupo han facilitado el camino y se han mantenido a la altura de las necesidades de aplicación que crece con tanta rapidez.
>Psicomúsica y Sociodrama, pp. 89-90
>Psychodrama, v. I, p. 322
>Psicodrama, p. 380

PSICOTERAPIA DE GRUPO / INDIVIDUO DE

El verdadero sujeto en el sociodrama es el grupo. Este no está limitado por ningún número especial de individuos. Puede consistir en tantas personas como seres humanos vivan en alguna parte, o al menos en tantos como pertenezcan a la misma cultura.

Psicomúsica y Sociodrama, p. 140
Psychodrama, v. I, p. 413
Psicodrama, p. 354

PSICOTERAPIA DE GRUPO / OBJETIVOS

(...) El objetivo expreso de la terapia de grupo es el de funcionar para sus miembros como una sociedad en miniatura, a la que puedan adaptarse más armoniosamente que a la que conocieron antes.

Las Bases de la Psicoterapia, p. 307
Psychodrama: Foundations of Psychotherapy, v. 2, p. 191
Fundamentos del Psicodrama, p. 207

(...) Hoy es evidente que el ámbito de trabajo profesional de la terapia de grupo no se limita exclusivamente ala competencia de los médicos, sino que les es reservado el mismo rango a los sociólogos, trabajadores sociales, psicólogos, pedagogos, etc.

Psicoterapia de Grupo y Psicodrama, p. 14
Inglés, no hay
Psicoterapia de Grupo e Psicodrama, p. 14

El objetivo de la psicoterapia de grupo es: a) favorecer la integración del individuo frente a las fuerzas incontroladas que lo rodean; esto se consigue en cuanto el yo individual investiga este entorno inmediato, por ejemplo, mediante un análisis sociométrico; b) promover la integración del grupo. Esta aproximación, tanto parte del individuo como por parte del grupo, activa su mutua integración.

Psicoterapia de Grupo y Psicodrama, pp. 83-84
Inglés, no hay
Psicoterapia de Grupo e Psicodrama, p. 74

PSICOTERAPIA DE GRUPO / ORIGEN / HISTORIA

Las bases de la psicoterapia de grupo fueron creadas entre 1925 y 1940. Hasta el año 1935 fui yo el único que utilizó los nuevos métodos bajo el nombre de terapia de grupo y psicoterapia de grupo. Paulatinamente otros se adhirieron al movimiento, entre ellos Jennings, Wender, Schilder y Solby. Después de 1940 y especialemtne durante la segunda Guerra Mundial la psicoterapia de grupo se expandió ampliamente en los Estados Unidos. En la Gran Bretaña fueron desde 1941 Bion, Bierer, Foulkes y Sutherland, en Francia, desde 1947, Monod, Lebovici y Diatkine, los que prosiguieron el trabajo de los norteamericanos. La pscoterpia de grupo se ha extendido también por la Europa Central desde 1950. En los países de lengua alemana está vinculada especialmente a los nombres de F. Baumeyer (Berlín), A. Friedmann (Biel-Bienne), A. Guggenbühl (Zurcí), E. Höhn (Tubinga), Kühnel (Tiefernbrunn), D. Lancen (Tubinga), R. Schindler (Viena), W. Schwidder (Tiefenbrunn) y H. Teirich (Friburgo).

Psicoterapia de Grupo y Psicodrama, pp. 32-33
Inglés, no hay
Psicoterapia de Grupo e Psicodrama, p. 29

La psicoterapia de grupo procede originariamente de tres fuentes. En primer lugar es una *rama de la medicina*. (...) Era así natural buscar una respuesta en la sociología. La psicoterapia de grupo es una *rama* de la sociología, ciencia que puede considerarse como su segunda fuente. Era necesario descubrir un

principio científico que trascendiera los límites del individuo y abarcara al mismo tiempo la salud psíquica de varios individuos.
> Psicoterapia de Grupo y Psicodrama, p. 13
> Inglés, no hay
> Psicoterapia de Grupo e Psicodrama, p. 13

La tercera fuente de la psicoterapia de grupo es la *religión*. Religión deriva de *religare*, ligar; es el principio del "reunir todo en uno" y del ligar conjuntamente, de la aspiración a un universalismo cósmico. En un orden universal estrictamente delimitado como el católico-cristiano o el indo-budista, una psicoterapia de grupo sería religioso, esto es, sus valores fundamentales y sus objetivos estarían predeterminados por los correspondientes sistemas religiosos. A falta de tales sistemas, el psicoterapeuta de grupo ha de enfrentarse con los objetivos axiológicos que dominan en el espíritu de la época y con sistemas de valores que se basan en premisas científicas.
> Psicoterapia de Grupo y Psicodrama, p. 15
> Inglés, no hay
> Psicoterapia de Grupo e Psicodrama, pp. 14-15

(…) La psicoterapia de grupo es más antigua que la terapia individual. Un estudio comparativo de las particulares relaciones entre los seres animales pluricelulares desde la vida en grupo de los hombres hasta la de los animales y los protozoos permite extraer la consecuencia de que ha existido una psicoterapia de grupo inconsciente universal, mucho antes de que se desarrollara la de nuestro tiempo, metódica y consciente.

Las danzas rituales de los primitivos, el "consejo de los ancianos" así como el consejo de guerra de las tribus indígenas son ejemplos de su conocimientos de las fuerzas que actúan en el grupo.
> Psicoterapia de Grupo y Psicodrama, p. 23
> Inglés, no hay
> Psicoterapia de Grupo e Psicodrama, p. 21

Gracias a la investigación histórica de los últimos años sabemos dónde hay que buscar los primeros comienzos conscientes de la psicoterapia de grupo. Los gérmenes los encontramos en Europa, en Francia, Rusia, Alemania y especialmente en Austria; de allí fueron transplantados a los Estados Unidos. El desarrollo del psicoanálisis en Viena preparó el terreno natural para el despliegue de sus antítesis. La psicoterapia de grupo se originó en oposición y como protesta contra los métodos individuales entonces dominantes.

El derrumbamiento del ámbito cultural europeo en el curso de ambas guerras mundiales y entre ellas, así como el influjo de la revolución rusa, promovió la emigración de muchas ideas; ninguna otra cosa aconteció con la psicoterapia de grupo, el psicodrama y la sociometría. No olvidemos, sin embargo, que fue en los Estados Unidos donde estas ideas tuvieron éxito en definitiva, mientras en Europa no pudieron echar raíces. En otras palabras: la criatura fue concebida en Europa, pero nación en Norteamérica.
> Psicoterapia de Grupo y Psicodrama, p. 25
> Inglés, no hay
> Psicoterapia de Grupo e Psicodrama, pp. 22-23

El método más antiguo y con mayor audiencia, de psicoterapia de grupo, es la forma "interactiva", cuyos principios constituyen el fundamento de todos los métodos. Su característica principal es la ayuda recíproca, terapéutica, de todos los miembros. Las lecciones y las entrevistas, los análisis y las interpretaciones no llenan el objetivo de la psicoterapia de grupo sino parcialmente. En los casos más sencillos pueden ser suficientes y son siempre útiles como auxilio preparatorio y como complemento, pero no son el método exclusivo. La psicoterapia interactiva de grupo atravesó dos estadios evolutivos: el estadio diagnóstico con el sociograma "interactivo"

(1923), introducido con vistas al análisis de grupo, y la propia terapia interactiva, que fue aplicada a grupos de presos (1931), de niños (1931) y de enfermos mentales (1932) en la esfera de trabajo de Moreno, en los Estados Unidos.

> Psicoterapia de Grupo y Psicodrama, p. 83
> Inglés, no hay
> Psicoterapia de Grupo e Psicodrama, p. 73

De ahí que debamos ver en el año 1931 el verdadero comienzo de la psicoterapia científica de grupo, año en que recibió su nombre. (...)

Mis comienzos prácticos se remontan al año 1910. En los parques de Viena comencé entre 1910 y 1914 a formar grupos infantiles, para jugar con ellos, improvisadamente, al teatro y plantar así la semilla de la psicoterapia de grupo y el psicodrama. Proseguí el experimento con grupos de discusión con prostitutas, en Spittelberg, en los años 1913-14. Mis observaciones y estudios en un campo de refugiados de Mittendorf en Viena coronaron este primer periodo.

> Psicoterapia de Grupo y Psicodrama, p. 24
> Inglés, no hay
> Psicoterapia de Grupo e Psicodrama, p. 22

Moreno, J. L, The First Book of Group Psychotherapy, Beacon House, 1932, pp. 60-61. El autor definió en este libro, por primera vez, los conceptos de terapia de grupo y psicoterapia de grupo.

> Psicoterapia de Grupo y Psicodrama, p. 24 (notas)
> Inglés, no hay
> Psicoterapia de Grupo e Psicodrama, p. 22 (rodapé)

La cuestión originaria que surgió en las investigaciones experimentales y que me ocupó en Viena antes y después de la primera Guerra Mundial fue: "¿Cómo ayudar a aquellos hombres que viven en grupos, pero que permanecen solitarios? ¿Cómo se les puede ayudar a ser *creadores*?"

> Psicoterapia de Grupo y Psicodrama, p. 25
> Inglés, no hay
> Psicoterapia de Grupo e Psicodrama, p. 23

"La Teoría de las relaciones interpersonales nació de la religión".

> Fundamentos de la Sociometría, no hay
> Who Shall Survive?, pp. xxx-xxxi, Preludes
> Quem Sobreviverá?, v. I, p. 37, Prelúdios

El primer plan sociométrico de una población fue construido por mí entre 1915 y 1918.

> Fundamentos de la Sociometría, no hay
> Who Shall Survive?, p. xxxii, Preludes
> Quem Sobreviverá?, v. I, p. 37, Prelúdios

Martin Buber conocía mis primeros trabajos. Fue colaborador de una revista mensual, Daimon, de la cual fue editor de 1918 a 1920.

> Fundamentos de la Sociometría, no hay
> Who Shall Survive?, p. xxxi Preludes (footnote)
> Quem Sobreviverá?, v. I, p. 37, Prelúdios (rodapé)

(...) El gobierno se preocupó por tres problemas durante la planificación: seguridad contra el enemigo, saneamiento y subsistencia. La planificación social y psicológica, sin embargo, no fue considerada, ni tampoco concebida. Un grupo del cual participé fue nombrado por el gobierno para supervisar la cuestión del saneamiento de la nueva comunidad. En este cargo y, más tarde, como superintendente del hospital infantil, tuve la oportunidad de estudiar la comunidad desde su inicio hasta su total extinción tres años después cuando, al final de la guerra, los colonos volvieron a sus hogares en Tirol. Durante este período toda una vida comunitaria se había desarrollado. Paso a paso, hospitales, escuelas, iglesias, teatro, tiendas por departamentos, industrias, clubes sociales y un periódico funcionaron. Todavía, en la tentativa del gobierno por solucionar un problema de emergencia y a pesar del establecimiento de, prácticamente, todas las señales externas de una vida comunitaria, había mucho roce entre los habitantes, que no eran felices. Villas enteras de cultivadores de uvas fueron transplantadas para un distrito suburbano e industrial; montañeses de Tirol fueron transportados para un área plana cerca de Viena. Fueron tirados todos juntos, para vivir, sin selección previa, sin conocer el nuevo medio ambiente, desajustados en sus propias vidas. Estudié las corrientes psicológicas que se desarrollaron usando criterios variados – nacionalidad, filosofía, política, sexo, función comunitaria; personal de supervisión, personal de la comunidad y otros criterios – y los consideré como fuentes principales de los desajustes flagrantes y de los disturbios observados. Fue a través de esta experiencia que la idea de una comunidad sociométricamente planeada comenzó a interesarme.

Fundamentos de la Sociometría, no hay
Who Shall Survive? pp. xxxii-xxxiii, Preludes
Quem Sobreviverá?, v. I, p. 38, Prelúdios

(…) Tenía en mente lo que La Salle y Marx habían hecho por la clase trabajadora, dejando a un lado el aspecto revolucionario del movimiento proletario, para hacer de los trabajadores personas respetables y dignas; organizándolas en sindicatos, y así elevaba el status de toda la clase. Además de las realizaciones económicas previstas, ocurrieron realizaciones éticas. (…)

Sin embargo éramos optimistas, y comenzamos a reunir grupos de ocho a diez muchachas, dos o tres veces por semana, en sus casas. Las reuniones eran de tarde cuando los vieneses tenían lo que llamaban *"Jauze"*, comparable al té de las cinco de los ingleses. (…) las reuniones trataban simplemente de eventos de rutina que enfrentaban como, por ejemplo, ser llevadas por policías por vestirse de manera provocativa, ir a la cárcel debido a falsas acusaciones de clientes, tener enfermedades venéreas y no ser admitidas en ningún hospital, quedar embarazadas y dar a luz para después esconder al niño del mundo dándole un nombre diferente, además de esconderle a sus propios hijos, sus identidades de madres. (…) Pudimos, por ejemplo, conseguir un abogado que las representara en el tribunal, médico que las asistiera y hospital que las atendiera. (…) Las muchachas se ofrecieron para reunir la pequeña suma cada semana para cubrir los gastos de las reuniones y hacer un fondo de emergencia para enfermedades y desempleo o vejez. (…) Comenzamos, sin embargo, a darnos cuenta que un "individuo podría convertirse en agente terapéutico del otro" y las potencialidades de una psicoterapia de grupo, en el nivel de la realidad, se cristalizaron en nuestras mentes.

Fundamentos de la Sociometría, no hay
Who Shall Survive?, pp. xxix-xxx, Preludes
Quem Sobreviverá?, v. I, pp. 35-36, Prelúdios

Cuatro aspectos de la psicoterapia de grupo me vinieron a la mente, ya en aquel entonces; estos se convirtieron, más adelante, en la base de todas las formas de psicoterapia: 1) la autonomía del grupo; 2) la existencia de una estructura de grupo y la necesidad de saber más sobre ella, el diagnóstico grupal existiendo como preliminar de la psicoterapia de grupo; 3) el problema de la colectividad; la prostitución representa un orden colectivo con padrones de comportamiento, roles y costumbres que dinamizan la situación independientemente de participantes individuales y grupo locales; 4) el problema del anonimato. Cuando un paciente se trata dentro de los padrones en la terapia individual él está solo con el médico, su ego es el único foco, su psiquis propiedad privada altamente valorizada. Pero, en la psicoterapia de grupo existe una tendencia al anonimato de los miembros, las fronteras entre los egos se debilitan y el grupo como un todo se hace más importante. (…)

Mi estreno como escritor no fue un libro, pero "una Invitación para un Encuentro". (…) un dilema sin fin al separar a la persona del autor de la persona del lector.

> Fundamentos de la Sociometría, no hay
> Who Shall Survive?, p. xxx, Preludes
> Quem Sobreviverá?, v. I, pp. 36-37, Prelúdios

PSICOTERAPIA DE GRUPO / PATERNIDAD DE LA PSICOTERAPIA DE GRUPO

"Son mis conclusiones: si pensáramos en la psicoterapia de grupo en términos vagos, clínicos, en vez de rigurosos métodos científicos, sería más que justo considerar a Mesmer como uno de los primeros que usó la psicoterapia de grupo. Sin embargo, si esta fue correctamente definida como forma de terapia basada en el conocimiento y en la estructura del grupo y que pretende cambios mensurables en su dinámica antes y después de una operación terapéutica aplicada al mismo – sin importar cual sea la naturaleza de esta operación, una charla, entrevista, discusión, actividad, reagrupamiento, psicodrama, película, o combinación de todos ellos – es allí, entonces, que se justifica la reivindicación de la paternidad de Moreno de la psicoterapia de grupo.

> Fundamentos de la Sociometría, no hay
> Who Shall Survive?, pp. lix-lx
> Quem Sobreviverá?, v. I, p. 62, Prelúdios

PSICOTERAPIA DE GRUPO / PRINCIPIO DE LA INTEGRACIÓN TERAPÉUTICA

En la psicoterapia de grupo, en cambio, los pacientes pueden desempeñar las funciones de terapeutas auxiliares, y en casos excepcionales incluso ante el médico. Un paciente es agente terapéutico del otro; un grupo es agente terapéutico de otro. A esta interacción la he llamado el *principio de la interacción terapéutica*, en el que la autonomía de los individuos participantes no se pierde como en la masa, y en el que se aprovechan sus capacidades terapéuticas.

> Psicoterapia de Grupo y Psicodrama, p. 27
> Inglés, no hay
> Psicoterapia de Grupo e Psicodrama, pp. 24-25

El fundamento de la psicoterapia de grupo es la *doctrina de la interacción terapéutica*.

> Psicoterapia de Grupo y Psicodrama, p. 36
> Inglés, no hay
> Psicoterapia de Grupo e Psicodrama, p. 32

PSICOTERAPIA DE GRUPO / PRINCIPIOS DIAGNÓSTICOS

He aquí algunos de los principios diagnósticos importantes para el terapeuta de grupo: 1. Todo grupo tiene una base oficial y sociométrica, la estructura consciente e inconsciente del grupo. 2. Todo grupo se desarrolla según determinadas leyes sociométricas. 3. La atracción y repulsión entre individuos y grupos obedecen a la ley sociodinámica. 4. Hay líderes populares, poderosos y aislados, y correlativamente hay grupos centrados en el líder, otros centrados en el grupo mismo y grupos sin líder. 5. Todo grupo tiene una determinada cohesión: la tarea del psicoterapeuta consiste en conducir al grupo enfermo, de un nivel inferior de cohesión a otro superior. 6. La valoración terapéutica del proceso sociométrico se ha visto confirmada en la psiquiatría, en la educación, en la industria y especialmente en el ejército norteamericano.

> Psicoterapia de Grupo y Psicodrama, p. 26
> Inglés, no hay
> Psicoterapia de Grupo e Psicodrama, pp. 23-24

PSICOTERAPIA DE GRUPO / REGLA FUNDAMENTAL

La regla fundamental es la "interacción libre y espontánea" a) entre los paciente, b) entre los pacientes y el terapeuta y c) entre los terapeutas. Hay tres tipos de auxiliadores terapéuticos: a) el terapeuta principal, b) el terapeuta auxiliar profesional o ego auxiliar y c) el paciente mismo, como terapeuta auxiliar.

Psicoterapia de Grupo y Psicodrama, p. 84
Inglés, no hay
Psicoterapia de Grupo e Psicodrama, p. 74

PSICOTERAPIA DE GRUPO / SIGILO

8) El juramento hipocrático obliga al médico a guardar en secreto todo lo que ocurra en su praxis. En la psicoterapia de grupo esta obligación del terapeuta se extiende a todos los miembros del grupo, pero al mismo tiempo todo paciente está obligado a guardar secreto todo cuanto los miembros del grupo le hayan confiado. Cada paciente, lo mismo que el terapeuta, debe imponerse como tarea el bienestar de sus co-pacientes.

Psicoterapia de Grupo y Psicodrama, p. 106
J. L. Moreno, "Code of Ethics of Group Psychotherapist" in *Group Psychotherapy*, Beacon House, v. x, n° 1, March, 1957, p. 144
Psicoterapia de Grupo e Psicodrama, p. 96

PSICOTERAPIA DE GRUPO / SOCIODRAMA

(…) Hay, pues, un límite que se plantea respecto de la cuestión de hasta dónde puede llegar el método psicodramático en cuanto concierne al descubrimiento de hechos y la solución de los conflictos interpersonales. Las causas colectivas no pueden manejarse sino en sus formas subjetivadas. (…) Esos factores eran también supraindividuales, como la tormenta que tumbó el cerco, aunque se trataba aquí de una tormenta social, que debió haber sido comprendida y controlada con medios distintos. Se requería una forma especial de psicodrama que pusiera en el foco de visión dramática los factores colectivos. Así nació el sociodrama.

El verdadero sujeto en el sociodrama es el grupo. Este no está limitado por ningún número especial de individuos. Puede consistir en tantas personas como seres humanos vivan en alguna parte, o al menos en tantos como pertenezcan a la misma cultura.

Psicomúsica y Sociodrama, pp. 139-140
Psychodrama, v. I, pp. 353-354
Psicodrama, pp. 412-413

PSICOTERAPIA DE GRUPO / TIEMPO DE SESIÓN

Es falso determinar rígidamente la duración de una sesión, como igualmente es perjudicial determinar de antemano el número de los miembros. La duración de una sesión depende del carácter más o menos intenso del problema que ha empujado al grupo al tratamiento. Cuando la psicoterapia de grupo está en la fase final y la sesión tiene un carácter explosivo, bastan de 30 a 40 minutos. Cuando el problema no se ha desarrollado ni clarificado todavía, cuando está, por así decirlo, entre dos luces, es a veces necesario ampliar la sesión a dos o más horas. Hora y media es lo habitual según la experiencia, pero no siempre el tiempo óptimo.

Psicoterapia de Grupo y Psicodrama, p. 98
Inglés, no hay
Psicoterapia de Grupo e Psicodrama, pp. 87-88

PSICOTERAPIA DE GRUPO / TRANSFERENCIA

24. Todo grupo patológico es predominantemente un grupo "transferencial". El exceso

de transferencias rebaja la cohesión del grupo y modifica su estabilidad. Las tele-estructuras están entonces en minoría. Un grupo no puede vivir sólo de "transferencia". Tienen que formarse en él tele-estructuras para garantizar su integración constructiva y su unidad.
>   Psicoterapia de Grupo y Psicodrama, p. 100
>   Inglés, no hay
>   Psicoterapia de Grupo e Psicodrama, pp. 89-90

PSICOTERAPIA DE GRUPO / VENTAJAS

(…) Dejando aparte las más amplias posibilidades terapéuticas que implica, la psicoterapia de grupo ofrece también ventajas económicas, porque pueden ser tratados varios individuos simultáneamente en el mismo grupo. El hecho de que estén presentes varias personas – todas con el título de "pacientes" – crea la atmósfera especial que distingue a los métodos de psicoterapia de grupo de los individuales.
>   Psicoterapia de Grupo y Psicodrama, p. 82
>   Inglés, no hay
>   Psicoterapia de Grupo e Psicodrama, p. 73

PSICOTERAPIA DE GRUPO / *VERSUS* PSICOTERAPIA INDIVIDUAL

Cuando el locus de la terapia pasaba del individuo al grupo, éste se convertía en el nuevo sujeto (primer paso). Cuando el grupo se fraccionaba y daba origen a la aparición de pequeños terapeutas individuales y éstos se transformaban en los agentes de la terapia, el terapeuta principal se transformaba a su vez en parte del grupo (segundo paso) y finalmente el medio de la terapia fui separado del "curador" así como de los agentes terapéuticos del grupo (tercer paso). Debido a la transición que va de la psicoterapia individual a la psicoterapia de grupo esta última influye en la psicoterapia individual; debido a la transición que pasa de la psicoterapia de grupo al psicodrama, el psicodrama incluye y envuelve a la psicoterapia de grupo así como la psicoterapia individual.
>   Psicomúsica y Sociodrama, p. 82
>   Psychodrama, v. I, p. 318
>   Psicodrama, p. 376

(…) Aun al así llamado enfoque de grupo en el psicodrama está, en su sentido más profundo, centrado en el individuo. El auditorio se organiza de acuerdo con un síndrome mental que todos los individuos participantes tienen en común, y el objetivo del director es el de llegar a cada individuo en su propia esfera, separada de las de los demás. Utiliza el procedimiento grupal sólo para llegar terapéuticamente a más de un individuo en la misma sesión.
>   Psicomúsica y Sociodrama, p. 139
>   Psychodrama, v. I, p. 353
>   Psicodrama, pp. 411-412

El término y la noción de psicoterapia de grupo que he propuesto se relacionan con el tratamiento colectivo de todo un grupo. La psicoterapia trata no sólo del individuo – que es el centro del interés en razón de sus malos ajustes –, sino de todo el grupo de individuos con quienes está en relación en la colectividad.
>   Fundamentos de la Sociometría, p. 336
>   Who Shall Survive?, p. 501
>   Quem Sobreviverá?, v. 3, p. 61

89. La diferencia entre psicodrama y sociodrama debe ser ampliada a todo tipo de psicoterapia de grupo. También debería diferenciarse el tipo individual de psicoterapia de grupo y el tipo colectivo de psicoterapia de grupo. El tipo individual se centra en el individuo. Enfoca su atención en cada individuo en la situación, en los individuos que componen el grupo y no en el grupo en general. El tipo

colectivo de terapia de grupo está centrado en él mismo. Enfoca su situación en los denominadores colectivos y no está interesado en las diferencias individuales o en los problemas privados de cada uno.

> Psicodrama, no hay
> Psychodrama, v. I, p. 364 (footnote)
> Psicodrama (portugués), p. 424 (rodapé)

(…) Debido a la transición de la psicoterapia individual para la psicoterapia de grupo esta última incluye a la primera.

> Fundamentos de la Sociometría, no hay
> Who Shall Survive?, p. 90
> Quem Sobreviverá?, v. I, p. 191

(…) La ciencia del individuo tuvo que atravesar por un cierto grado de desarrollo antes de que fuera posible estructurar una ciencia del grupo. (1923).

> Psicoterapia de Grupo y Psicodrama, p. 24
> Inglés, no hay
> Psicoterapia de Grupo e Psicodrama, p. 22

Otra transformación radical de la sesión individual consiste en el *carácter directo inmediato de la interacción* en el grupo, que tiene todas las cualidades de una *prueba de la realidad*. (…) La terapia individual se distingue de la psicoterapia de grupo en puntos esenciales. La psicoterapia de grupo contiene el proceso psicodinámico del individuo en una forma factible de integrase. De ahí que en la psicoterapia de grupo se pueda tratar a *todo* individuo y a la totalidad del grupo separada o conjuntamente. Los métodos individuales no tienen esta ventaja. Es imposible tratar a un individuo y a un correspondiente mundo social en su totalidad, en el diván, mediante un psicoanálisis.

> Psicoterapia de Grupo y Psicodrama, p. 28
> Inglés, no hay
> Psicoterapia de Grupo e Psicodrama, p. 25

PSICOTERAPIA DE GRUPO / *VERSUS* TERAPIA DE GRUPO

La diferencia entre terapia de grupo y psicoterapia de grupo es importante. El término "terapia de grupo" se emplea cuando los efectos terapéuticos son secundarios – un subproducto de las actividades de grupo primarias – sin el consentimiento explícito de los participantes para ser tratados y sin plan científico. En este sentido puede haber terapia de grupo entre otras cosas dentro de cualquier actividad de grupo, sea en una escuela, en una iglesia, en un lugar de trabajo o en cualquier otro medio social. El término "psicoterapia de grupo", en cambio, se empleará solo cuando el objetivo único e inmediato es la salud psicoterapéutica del grupo y sus miembros y cuando se obtiene este objetivo mediante medios científicos, incluido el análisis, el diagnóstico y el pronóstico.

> Psicoterapia de Grupo y Psicodrama, p. 80
> Inglés, no hay
> Psicoterapia de Grupo e Psicodrama, p. 71

PSICOTERAPIA DE PAREJA

PSICOTERAPIA DE PAREJA / PATERNIDAD

(…) Cuando comencé, por ejemplo, a trabajar con parejas o cualquier tipo de personas relacionadas en sesiones separadas o simultáneamente, esto fue considerado un anatema; era una regla psicoanalítica que cada uno debería ser tratado por un terapeuta diferente.

> Fundamentos de la Sociometría, no hay
> Who Shall Survive?, p. ix, Preludes
> Quem Sobreviverá?, v. I, p. 62, Prelúdios

PSIQUIS

(…) *Se nos puede adjudicar el hecho de que la psiquis haya sido puesta en escena. La*

psiquis, que originalmente brotó del grupo – después de un proceso de reconversión en el escenario – en forma de psicodrama. Lo que era más sorprendente, nuevo y espectacular de ver y sentir en el escenario se les presenta a los participantes después de una completa exposición, como un proceso que les es familiar e íntimamente conocido – como el propio yo de cada uno de ellos. El psicodrama les confirma su propia identidad como reflejada en un espejo.
> Psicodrama, no hay
> Psychodrama, v. I, p. e, Introduction to the 4th Edition
> Psicodrama (portugués), p. 21

PÚBLICO / DIRECTOR DE

(...) Aquí, lo importante es que el director también esté apto para ver a cada espectador. Por dos razones; la polaridad es doble. El director psicodramático debe ver a todos los miembros del público y, así, establecer, si no verdadera, por lo menos una ilusión de comunicación directa con ellos; y es de igual valor terapéutico que cada espectador esté apto para ver al director. Un hábil director psicodramático debe crear siempre una ilusión de comunicación, explorando con los ojos a cada miembro del público.
> Psicodrama, no hay
> Psychodrama, v. I, p. 325
> Psicodrama (portugués), p. 383

PUNTO DE SATURACIÓN RACIAL

Intentemos determinar, en esta mezcla de razas el punto de saturación del grupo germánico mayoritario en relación con la minoría judía y organizar, con conocimiento de causa, la población de esta región geográfica crítica. Entendemos aquí por punto de saturación la proporción del grupo minoritario que puede absorber el grupo mayoritario sin que surjan tensiones generadoras de hostilidad entre los dos grupos.
> Fundamentos de la Sociometría, p. 379
> Who Shall Survive?, p. 560
> Quem Sobreviverá?, v. 3, pp. 126-127

Se advierte así que, el punto de saturación constituye un fenómeno de extrema complejidad: aparece primero en los primero sistemas sociales y puede detectarse a través de las configuraciones de atracción y rechazo manifestadas entre la población autóctona y la población extranjera. Es en este nivel donde se puede verificar su existencia. El punto de saturación no está en función de la importancia numérica de los dos grupos: depende de la estructura de cada grupo y de la estructura de sus interacciones.
> Fundamentos de la Sociometría, p. 383
> Who Shall Survive?, p. 564
> Quem Sobreviverá?, v. 3, p. 131

El punto de saturación – es el punto de absorción máxima de una población, con poder, con relación al grupo minoritario; punto que la población no puede exceder en caso de que quiera evitar discordancias u otros disturbios. Cierta población puede saturarse de un grupo minoritario en determinada época. Si ocurre una entrada de número excesivo de miembros de este último grupo en la comunidad, que vienen de afuera, de modo que cuando se pasa de este punto, el frágil equilibrio comienza a fragmentarse. En el caso de una solución química, el punto de saturación para cierta substancia puede variar, por ejemplo, con el aumento o disminución de la temperatura. En el caso de grupos sociales, el punto de saturación puede variar según la organización de los grupos interrelacionados.
> Fundamentos de la Sociometría, no hay
> Who Shall Survive?, pp. 721-722
> Quem Sobreviverá?, v. 3, p. 216

RACISMO

11. Los niños no presentan antipatía "espontánea" por otras razas o nacionalidades.
>Fundamentos de la Sociometría, no hay
>Who Shall Survive?, p. 701
>Quem Sobreviverá?, v. 3, p. 191

REALIDAD

(...) La función de la realidad opera mediante interpolaciones de resistencias que no son introducidas por el niño, sino que le son impuestas por otras personas, por sus relaciones, por cosas y distancias en el espacio, y por actos y distancias en el tiempo.
>Psicodrama, p. 115
>Psychodrama, v. I, p. 72
>Psicodrama (portugués), pp. 123-124

REALIDAD / SOCIAL

(...) entiendo por realidad social la síntesis y la interpenetración dinámica de las dos dimensiones precedentes. Es muy evidente que ni la matriz ni la sociedad externa tienen realidad por sí mismas, siendo una función de la tercera. Deben, por así decir, surgir de una oposición dialéctica para dar finalmente nacimientos al proceso real de la vida social.
>Fundamentos de la Sociometría, p. 72
>Who Shall Survive?, p. 79
>Quem Sobreviverá?, v. I, p. 181

REALIDAD / SUPLEMENTAR

(...) Se puede muy bien decir, que el psicodrama proporciona al paciente una experiencia nueva y más amplia de la realidad, de una "realidad de sobre abundancia" pluridimensional, conquista que, al menos en parte, compensa los sacrificios que le ocasionó su elaboración a través de la producción psicodramática.
>Psicoterapia de Grupo y Psicodrama, p. 117
>J. L. Moreno, "Hypnodrama and Psychodrama", in Group Psychotherapy, Beacon House, v. 3, n° I, v. iii, April, 1950, p. 4
>Psicoterapia de Grupo e Psicodrama, p. 104

RED

RED / MANIPULACIÓN DE

(...) El grupo que tiene el poder también puede estar en condiciones de crear estas corrientes *a voluntad*, sintéticamente. Semejante ingerencia en la evolución de las redes y las corrientes de una colectividad puede ser muy peligrosa; puede provocar perturbaciones profundas cuya importancia frecuentemente es desproporcionada respecto de sus efectos momentáneos superficiales.
>Fundamentos de la Sociometría, p. 384
>Who Shall Survive?, p. 566
>Quem Sobreviverá?, v. 3, p. 133

RED / MIEDO DE LAS REDES PSICOLÓGICAS

(...) El individuos resulta atemorizado por las potentes corrientes emotivas que la "sociedad" puede dirigir contra él: es el temor hacia

las corrientes psicológicas; la aprensión hacia estas temibles estructuras de comunicación posee una influencia ilimitada e incontrolable: es el temor de que puedan dañarlo si no se queda tranquilo.
Fundamentos de la Sociometría, p. 401
Who Shall Survive?, p. 586
Quem Sobreviverá?, v. 3, p. 154

RED / PSICOGEOGRÁFICA

Las corrientes circulan a través de las redes como el agua a través de un conducto, pero mientras que la forma del conducto no está modelada por el agua que circula, las corrientes modelan las redes que recorren. La red psicogeográfica es semejante al sistema nervioso, cuya organización está destinada a producir el máximo de efectos merced a un mínimo de esfuerzos.
Fundamentos de la Sociometría, p. 296
Who Shall Survive?, p. 446
Quem Sobreviverá?, v. 2, p. 290

RED / SOCIOMÉTRICA

Mientras que ciertas partes de estos átomos sociales parecen limitarse a los individuos que participan en ellos, otras partes se relacionan con partes de otros átomos sociales, y estos últimos, a su vez, con otros: forman así cadenas complejas de interrelaciones que se designan, en sociometría descriptiva, bajo el nombre de redes sociométricas. Cuanto más antigua es la red, más lejos se extiende, y menos importante parece ser la contribución del individuo en su constitución. Desde el punto de vista de la sociometría dinámica, estas redes tienen por función formar la tradición social y la opinión pública.
Fundamentos de la Sociometría, p. 62
Who Shall Survive?, p. 53
Quem Sobreviverá?, v. 1, p. 158

REGLAS

REGLA / CO-ACCIÓN DEL INVESTIGADOR PARA CON EL GRUPO

Cuando se trata de una liberación colectiva, conviene sobre todo observar a todos los participantes *in situ* y tener bien presente en qué dirección se compromete su actividad creadora. Para esto se hace necesario actuar con ello, ¿y cómo hacerlo si usted, el experimentador, no participa en su acción común, si no es usted mismo un participante, un coactor? Así, la mejor manera de participar en el proceso de liberación colectiva consiste en convertirse en miembro del grupo (*Regla de la coactuación del experimentador y del grupo.*)
Fundamentos de la Sociometría, p. 67
Who Shall Survive?, p. 61
Quem Sobreviverá?, v. 1, p. 166

REGLA / DIFERENCIAS DINÁMICAS EN LA ESTRUCTURA DEL GRUPO / ESTRUCTURA PERIFÉRICA CONTRA ESTRUCTURA CENTRAL

Participando en la vida del grupo descubrirá rápidamente que hay profundas diferencias entre las necesidades oficialmente admitidas y las necesidades secretas, entre los valores oficiales y los valores secretos. (*Reglas de las diferencias en la estructura del grupo: oposición entre la periferia y el centro*) Nuestro experimentador también comprobará rápidamente que los individuos a veces son solicitados por aspiraciones privadas, y otras veces por aspiraciones colectivas que fragmentan el grupo según otra línea de separación. (*Separación del grupo determinado por una psicoestructuración y una socioestructuración*). Antes de proponer un plan de experiencias o un programa de acción social debe tener en cuenta la constitución real del grupo.
Fundamentos de la Sociometría, pp. 67-68
Who Shall Survive?, p. 62
Quem Sobreviverá?, v. 1, pp. 166-167

REGLA / INCLUSIÓN GRADUAL DE TODOS LOS CRITERIOS EXTRÍNSECOS

(…) A medida que aprende a conocer mejor el fondo de las cosas a la luz de sus ideas directrices, el experimentador puede concebir la idea de entrar en dos grupos diferentes, uno de los cuales sirva como control del otro. *No estaríamos entonces en presencia de una experiencia análoga a la de las ciencias naturales, sin participación consciente de los actores, sino de una experiencia de un tipo único, consciente y sistemática, creadora y proyectada por el grupo entero.* Y esto sólo puede producirse si los procesos de liberación de la espontaneidad en todos los actores humanos y en todos los grupo participantes se unen harmónicamente en la experiencia. *(Regla de inclusión gradual de todos los criterios extrínsecos).*

Fundamentos de la Sociometría, p. 68
Who Shall Survive?, p. 63
Quem Sobreviverá?, v. I, p. 167

REGLA / MECÁNICA DE LA REPRODUCCIÓN

(…) Cuanto más a menudo se repite un poema, un discurso o papel memorizados, más firme se vuelve la actuación.

Psicodrama, p. 206
Psychodrama, v. I, p. 150
Psicodrama (portugués), p. 203

REGLA / PARTICIPACIÓN UNIVERSAL EN LA ACCIÓN

Así, la mejor manera de participar en el proceso de liberación colectiva consiste en convertirse en miembro del grupo *(Regla de la coactuación del experimentador y del grupo.)* Pero, formando parte del grupo, uno se priva del papel de investigador, que consiste en mantenerse fuera del juego para sugerir, crear y dirigir la experiencia. No se puede, a la vez, ser un participante auténtico y un agente secreto del método científico. *El medio de escapar de este callejón sin salida consiste en atribuir a cada miembro del grupo la condición de investigador,* hacer de cada uno de ellos un experimentador, y puesto que uno prosigue así su propia experiencia, nos encontramos con un gran número de experiencias, cada una de las cuales debe ligarse a cada una de las restantes. La sociometría es la sociología del pueblo, por el pueblo y para el pueblo: aquí, la fórmula se aplica a la misma investigación social. *(Regla de participación universal en la acción).*

Fundamentos de la Sociometría, p. 67
Who Shall Survive?, p. 61
Quem Sobreviverá?, v. I, p. 166

REGLA / PROCESO DE CALDEAMIENTO O PRODUCTIVIDAD ACTIVA

(…) Para desempeñar convenientemente su papel, el actor debe comenzar por librar su espontaneidad *tan cerca del acto como sea posible*, y el experimentador necesita saber cuándo comienza este proceso de liberación. *(Regla del proceso de liberación o de la productividad activa).*

Fundamentos de la Sociometría, pp. 66-67
Who Shall Survive?, p. 61
Quem Sobreviverá?, v. I, p. 166

REGRESIÓN

(…) La regresión es una forma de actuación compulsiva, de role-playing, en los moldes de roles de conserva. Actuar padrones regresivos ofrece ciertas ventajas a la actuación individual: tranquiliza al paciente, reduciendo al mínimo su relación con la complicada situación presente y él puede sustituir la respuesta esperada a la situación corriente por otra simple y, así, vivir con una cantidad mínima de espontaneidad. La resistencia es función de la espontaneidad, debido a la disminución o pérdida de la misma. La proyección es función de la imaginación. La sublimación se convierte en función de la creatividad.

    Fundamentos de la Sociometría, no hay
    Who Shall Survive?, p. liv
    Quem Sobreviverá?, v. I, p. 57

RELACIÓN TERAPEUTA-PACIENTE / DIRECTOR-PACIENTE

(...) Uno y otro tienen pareja oportunidad para el encuentro. Si el terapeuta es atraído por el paciente, o si lo rechaza, delatará su secreto, en lugar de ocultarlo bajo una máscara analítica; y si el paciente siente rabia hacia el terapeuta, o bien es atraído por él, está en libertad de expresarlo, en lugar de esconderlo tras el miedo. Si la atracción que siente tiene algún significado, el terapeuta tiene derecho a aclararlo y si la rabia del paciente tiene algún significado, también él podrá explicitarlo. Si las cosas que uno y otro perciben, correctas o deformadas, se refieren al pasado del paciente o del terapeuta, se las examinará a plena luz. Esto es amor terapéutico, tal como lo he definido cuarenta años atrás: "Un encuentro de dos, cara a cara, frente a frente. Y cuando estés cerca de mí, sacaré tus ojos y los colocaré en el lugar de los míos y tú sacarás los míos y los colocarás en lugar de los tuyos, y yo te miraré con tus ojos y tú me mirarás con los míos".

    Las Bases de la Psicoterapia, pp. 22-23
    Psychodrama: Foundations of Psychotherapy, v. 2, p. 7
    Fundamentos del Psicodrama, p. 22

RELIGIÓN

(...) Hombres como Josías, Jesús, Mahoma y Francisco de Asís tuvieron un sentido del drama y conocieron una forma de catarsis mental incomparablemente más profunda que la de los griegos.

    Psicodrama, p. 30
    Psychodrama, v. I, p. 8
    Psicodrama (portugués), p. 57

El advenimiento de la sociometría no puede ser comprendido sin la evaluación de mi formación pre-sociométrica y del escenario histórico-ideológico del mundo occidental durante y después de la Primera Guerra Mundial. Tanto el Marxismo como el Psicoanálisis, dos opuestos, agotaron su arsenal teórico. (...) Los dos opuestos tenían algunos aspectos en común: ambos rechazaban la religión, ambos refutaban la idea de una comunidad basada en el amor espontáneo, en la generosidad y en la sanidad, en la bondad positiva y en la cooperación pura. Opté por la religión *positiva*, contrariando ambas posiciones. El hecho de que el cristianismo, el budismo, el judaísmo y otras religiones del pasado hayan tenido un éxito limitado no significa que el concepto de religión propiamente dicho haya fallado. Mi argumento sugería que la religión fuese experimentada una vez más, un nuevo tipo de religión, con sus inspiraciones modificadas y sus técnicas mejoradas por los nuevos conocimientos transmitidos por la ciencia – de ninguna manera excluyendo algunos de los conocimientos que el Marxismo y el Psicoanálisis revelaron. Mi posición comprendía tres aspectos: primero, la hipótesis de la espontaneidad-creatividad como fuerza propulsora del progreso humano, más allá e independiente de la libido y de motivos socioeconómicos – lo que no niega el hecho de que ellos están frecuentemente interrelacionados, pero que niega el argumento de que son meramente función y derivativo; segundo, la hipótesis de crédito en las intenciones de nuestros compañeros – desconsiderando la obediencia resultante de la coerción física o legal – la hipótesis del amor y del compartir mutuo como principio funcional poderoso e indispensable en la vida de un grupo; y, tercero, la hipótesis de una comunidad superdinámica basada en estos principios, que pueden hacerse efectivos a través de nuevas técnicas.

>Fundamentos de la Sociometría, no hay
>Who Shall Survive?, pp. xiv-xv, Preludes
>Quem Sobreviverá?, v. I, pp. 22-23, Prelúdios

RESISTENCIA

El término "resistencia" se usa aquí en un sentido operacional. Significa, simplemente, que el protagonista no quiere participar en la producción. Cómo superar esa resistencia inicial es un desafío a la habilidad del terapeuta.

>Psicodrama, no hay
>Psychodrama, v. I, p. viii
>Psicodrama (portugués), p. 32

RESISTENCIA / ACTOR ESPONTÁNEO

Después de haber examinado una gran cantidad de individuos, hemos llegado a las siguientes conclusiones: el actor espontáneo enfrenta cuatro formas de resistencia que deberá superar para alcanzar el estado de espontaneidad: a) resistencias que provienen de sus propias actitudes corporales en la representación de los papeles; b) resistencias que provienen de su personalidad privada, en la producción de ideas, c) resistencias que provienen de las actitudes corporales, las ideas y las emociones de los otros actores que actúan junto con él y, d) resistencias que provienen del auditorio. (…) El verdadero, el gran teatro de inspiración y producción poética, se esconde detrás y debajo de estas barreras.

>El Teatro de la Espontaneidad, pp. 90-91
>The Theater of Spontaneity, p. 49
>O Teatro da Espontaneidade, p. 64

RESISTENCIA / EGO AUXILIAR

(…) Es muy posible que el ego-auxiliar se de cuenta que uno o dos de estos episodios talvez tengan valor catártico para el paciente pero que su repetición puede ser perniciosa. Podrá entonces intervenir y sugerir que la situación sea invertida, quiere decir, el ego-auxiliar pase a ser el Napoleón y el paciente el Don Nadie. Si el paciente no lo acepta, el ego-auxiliar puede explicar entonces que ya ha sufrido bastante y que se niega a actuar. Esta especie de resistencia puede ser clasificada como "resistencia por razones terapéuticas". Puede haber también un tipo de resistencia de naturaleza privada. El ego-auxiliar puede sentir que, al desempeñar el papel de un amigo íntimo en ese episodio en particular, está siendo personalmente involucrado y lastimado.

>Psicodrama, no hay
>Psychodrama, v. I, p. xvi
>Psicodrama (portugués), pp. 41-42

(…) Un ego auxiliar puede, de cuando en cuando, rechazar por motivos profesionales un papel que le impone el protagonista. El motivo del rechazo puede ser, por ejemplo, el hecho de que el paciente exija siempre papeles románticos o sádicos o papeles de gran delirio, a través de los cuales el paciente intenta humillarlo.

>Psicoterapia de Grupo y Psicodrama, pp. 383-384
>Psychodrama, v. I, p. xvi
>Psicoterapia de Grupo e Psicodrama, p. 361

RESISTENCIA / INTERPOLACIÓN

La terapia de resistencia que describimos aquí se refiere no sólo a las resistencias existentes *dentro* del propio paciente. Son también las que residen en el ámbito concreto de los acontecimientos. Son las resistencias entre el paciente y su o sus compañeros; es una

resistencia interpersonal. En el caso de Roberto la *introducción* de resistencias constituía por eso una medida terapéutica. Se interpuso una serie de objetos, personas y acontecimientos cuidadosamente elegidos a su ilimitado impulso de explicarse a sí mismo y de exhibirse. Ya vimos que se salía de lo común en sus intentos incesantes de explicarse a sí mismo, pero que se mostraba relativamente débil cuando se le interponía en el camino como resistencia otro Yo agresivo en el curso de su acción. Las resistencias tuvieron que ser *cuidadosamente graduadas.* Hubo que encontrar diversas especies de resistencia para responder a las necesidades del paciente.
Psicoterapia de Grupo y Psicodrama, p. 313
Psychodrama, v. I, p. 215
Psicoterapia de Grupo e Psicodrama, pp. 294-295

RESISTENCIA / PARA DRAMATIZAR

(...) Los dos cónyuges están en el escenario, por ejemplo, pero se niegan a representar cualquiera de las situaciones cruciales que revelaron durante las entrevistas. El director trata de promover el inicio, transfiriendo rápidamente la atención de la pareja de una historia a la otra. Esto puede hacer que sus mentes se sientan más confortables y se dispongan a iniciar el trabajo. Si eso no da resultado, el director puede sugerir que escojan cualquier asunto al azar o cualquier cosa que quieran decirse el uno al otro en ese momento. Si eso tampoco da resultado, el director puede sugerir que proyecten en el escenario cualquiera de las situaciones más agradables que hayan vivido en el pasado (cuando se enamoraron, por ejemplo), o cualquier situación que exprese cómo desearían que su matrimonio se desarrollara (talvez tener un bebé o construir una familia numerosa), o una situación en el futuro que exprese cualquier posible cambio que surja en sus vidas y que pueda agradarles.

Si nada de eso produce resultados, todavía queda la elección de situaciones simbólicas y papeles simbólicos por los cuales revelen una afinidad o que puedan ser construidos para ellos. Si todo eso continúa sin producir el efecto de una iniciación, el director no suplica ni insiste con demasiada vehemencia pero envía a los sujetos de regreso a sus lugares en el público.
Psicodrama, no hay
Psychodrama, v. I, pp. 338-339
Psicodrama (portugués), pp. 397-398

Otro método de quebrar la resistencia simbólica se llama "técnica simbólica", la cual parte de una producción simbólica con el objeto de que el miedo de compenetrarse personalmente sea eliminado como causa de la resistencia.
Psicodrama, no hay
Psychodrama, v. I, p. ix
Psicodrama (portugués), p. 32

Otra forma de "eliminar la resistencia" es el uso de las relaciones significativas existentes entre miembros del grupo. El director, por ejemplo, sabe que existe una rivalidad entre dos individuos, A y B. Puede invitarlos a que lo expresen en el escenario, diciéndoles: "Vamos a dejar que el grupo decida quien tiene la razón". (...)

Una técnica eficaz para quebrar la resistencia es el uso de temas cómicos o caricaturas para despertar el sentido de humor de los miembros.

Finalmente, aunque no menos importante, debe prestarse especial atención a la resistencia que se dirige contra las personalidades "privadas" del terapeuta principal o de los egos-auxiliares. En tales casos, puede ser necesario sustituir al terapeuta o los egos-auxiliares, o inclusive reestructurar al grupo para satisfacer las necesidades del paciente.

Es de incumbencia del director usar toda su habilidad para descubrir las pistas susceptibles de iniciar la producción y, una vez iniciada, cuidar para que se encamine por una dirección constructiva. Así, las causas de resistencia del paciente pueden ser resumidas como siendo *privadas, sociales o simbólicas*.

Psicodrama, no hay
Psychodrama, v. I, p ix
Psicodrama (portugués) p. 33

Otro método de romper la resistencia es la *"técnica simbólica"*. Empezamos con una producción simbólica, por ejemplo, el cuento de Nicolás el grande y Nicolás el chico, de tal manera que eliminemos el miedo del paciente de verse privadamente implicado en el asunto.

Psicoterapia de Grupo y Psicodrama, p. 379
Inglés, no hay
Psicoterapia de Grupo e Psicodrama, p. 357

(…) Otra técnica eficaz para superar las resistencias consiste en la representación de escenas cómicas o de caricaturas para hacer reír a los participantes. Mencionemos como por último la necesidad de conceder la máxima atención a las resistencias que existen contra el terapeuta en su papel de tal o como persona privada.

Psicoterapia de Grupo y Psicodrama, p. 380
Psychodrama, v. I, p. ix
Psicoterapia de Grupo e Psicodrama, p. 358

(…) Pero el mismo paciente puede encontrar dificultades para principiar cuando se trata de un complejo relacionado con una parte de su psiquismo que no quiere revelar. *Hablando en general*: cuanto mayor es la angustia del paciente ante la tarea de dramatizar una función de su psiquismo, tanto más necesitará la ayuda de un ego auxiliar para hacerle iniciar. Hay mucha gente a quien desagrada mostrar su cuerpo; de igual modo hay pacientes que rehúsan categóricamente exhibir ciertas partes de su psiquismo. Quizá tiene la sensación de que esas partes son feas y desagradables. El psicodrama es aquí paralelo al desnudismo. El miedo al "caldeamiento" puede aparecer ante las tareas más simples, tareas que el paciente realiza en la vida espontáneamente y con facilidad.

Psicoterapia de Grupo y Psicodrama, p. 283
Psychodrama, v. I, p. 187
Psicoterapia de Grupo e Psicodrama, p. 269

(…) Cuanto más cercanas al fin del papel estén estas interrupciones, tanto más difícil es para el paciente volver a su papel. Cuando el estado inicial es suficientemente intenso, el mismo lo protege contra tales interrupciones, que pueden provenir de su propio interior o del compañero. Llamamos estas interrupciones "resistencias" (*no confundirlas con el uso psicoanalítico de esta palabra*). Pueden ser "introducidas" a placer por el psiquiatra en el curso de la acción, para entrenar en cierto sentido al paciente a que no se salga de su papel cuando se presenten de pronto resistencias provenientes bien sea de su interior, bien del compañero.

Psicoterapia de Grupo y Psicodrama, p. 309
Psychodrama, v. I, p. 210
Psicoterapia de Grupo e Psicodrama, p. 292

RESISTENCIA / TEST SOCIOMÉTRICO

(…) Las técnicas sociométricas deben aceptarse con buena voluntad como un medio para conocer y comprender mejor la estructura real del grupo. Pero no siempre encontramos esta buena disposición en los sujetos. (…) Este status psicológico de los sujetos es lo que podemos denominar su grado de conciencia sociométrica. La resistencia que oponen a la aplicación de las técnicas

sociométricas frecuentemente se debe a insuficiencias psicológicas o educativas.
>   Fundamentos de la Sociometría, p. 84
>   Who Shall Survive?, p. 94
>   Quem Sobreviverá?, v. I, pp. 194-195

La primera dificultad contra la que generalmente se choca es la ignorancia respecto de la investigación sociométrica. Puede ser muy útil esclarecer la opinión a este respecto, en conversaciones completas y claras dirigidas en primer lugar a pequeños grupos íntimos, y luego, si es necesario. (…) También nos encontramos frente a una reacción de miedo y de resistencia, no tanto contra la investigación, sino contra las consecuencias que de ella se temen.

(…) A primera vista, resulta bastante paradojal comprobar que surge la resistencia cuando el test ofrece a las personas la oportunidad real de ver realizados uno de sus deseos más queridos. Es posible explicar esta resistencia del individuo frente a su grupo. Por un lado. El individuo experimenta una cierta aprehensión frente a la posibilidad de conocer la posición que ocupa en el grupo, ya que puede ser penoso o desagradable tomar conciencia clara de su verdadera posición social. Por otra parte, la resistencia puede deberse al temor que el sujeto experimenta de que se manifiesten ante los ojos de los demás, sus preferencias y sus rechazos, así como la posición a la que aspira en el grupo. La resistencia proviene de la situación extrapersonal del individuo, de la posición que ocupa en el grupo. Siente que esta posición no resulta de sus esfuerzos personales, sino, sobre todo, de los sentimientos que experimenta con respecto a sus asociados. También puede comprender, oscuramente, que más allá de su átomo social, existen tele estructuras invisibles que influyen sobre su posición.
>   Fundamentos de la Sociometría, pp. 84-85
>   Who Shall Survive?, pp. 94-95
>   Quem Sobreviverá?, v. I, p. 195

También otros individuos manifestaron su aprehensión respecto de las revelaciones que podría aportar la investigación sociométrica. Esta aprehensión era más fuerte en unos, más débil en otros. Tal sujeto podía experimentar un ardiente deseo de ver como sus relaciones se adaptaban al orden de sus deseos; tal otro podía temer sus consecuencias. (…) estas reflexiones y otra del mismo tipo revelan un fenómeno esencial, una forma de resistencia interpersonal, una resistencia que se opone a la expresión de sentimientos de preferencia de unos respecto de otros. A primera vista esta resistencia puede parecer paradojal, puesto que se produce en el momento en que se ofrece una oportunidad de satisfacer una necesidad fundamental. Es posible explicar esta resistencia del individuo respecto del grupo: por un lado, el individuo aprende a conocer cuál es su posición en el grupo, adquiere una clara conciencia de que esta posición puede ser desagradable o penosa. Por otro lado, el sujeto teme revelar a los otros sus simpatías y antipatías, tanto como la posición que efectivamente intenta conquistar en el grupo.
>   Fundamentos de la Sociometría, pp. 400-401
>   Who Shall Survive?, pp. 585-586
>   Quem Sobreviverá?, v. 3, pp. 153-154

30. Si se le aplica un test sociométrico a una determinada comunidad, habrá más *resistencia a participar del test* y dar respuestas verdaderas a las preguntas sociométricas mientras menos miembros de la población sean incluidos en este test. En Hudson, por ejemplo, el grupo que consistía en el personal administrativo no fue, en algunos casos, incluido en los tests; sus miembros deberían ser o elegidos o rechazados por las chicas, pero ellos no deberían ni elegir ni rechazar a nadie. Las entrevistas revelaron que este hecho produjo malestar, en ambas partes. Las chicas tuvieron miedo de que todos supieran que

habían rechazado a las encargadas de sus cabañas, por ejemplo, o a algunos de los directores. Por otro lado, las encargadas se resintieron por no haber tenido oportunidad de expresar ni sus sentimientos con relación a las chicas ni sus motivaciones. Vimos, entonces, que se intensificaron los rumores, los chismes, como medio de expresión de estos sentimientos. *Para quebrar la resistencia a la participación en el test sociométrico sugerimos, por lo tanto, que "todos" los miembros de determinada población sean sujetos y objetos del test.*

31. La resistencia a participar en el test sociométrico es, frecuentemente, causada por el miedo de revelar la hostilidad sentida por ciertos miembros del grupo. Las razones pueden ser: a) religiosas o étnicas, como por ejemplo: "un cristiano no debe rechazar a alguien, ni mucho menos manifestar este rechazo"; o b) pragmáticas: "se puede hacer público el hecho de que rechacé a determinadas personas y ellas pueden replicar de alguna forma". *Si tales objeciones fueren compartidas por muchas personas en la comunidad, será preferible limitar el test sociométrico al nivel de la elección. El nivel de la conciencia sociométrica de dada población delimita el punto de confiabilidad, la extensión del test sociométrico (elección, rechazo, neutralidad).*

32. Para quebrar la resistencia a participar en situaciones psicodramáticas, se pueden aplicar varias técnicas: a) pedirle a los miembros que presenten problemas que puedan tener en común; por ejemplo, un grupo de residentes de determinado proyecto residencial siendo desalojados. *Si los miembros del público están directamente relacionados con algún problema real – persecución causada por características étnicas, amenaza de desalojo etc. – la resistencia a la participación será baja, sin importar el hecho de que sean actores o espectadores.*

33. Si el problema no es *real* y sí, "imaginario", la resistencia a la participación será tanto menor como mayor sea el número de participantes de la audiencia. El *desideratum* será, entonces, que todos los miembros "participen de la acción".

Fundamentos de la Sociometría, no hay
Who Shall Survive?, pp. 710-711
Quem Sobreviverá?, v. 3, pp. 201-202

RESULTADO SOCIOMÉTRICO

34. El resultado sociométrico es el total de elecciones y rechazos recibidos por determinado individuo, bien como el total de indiferencias, en curso de acción específico.

35. El resultado sociométrico de determinado grupo es la estructura de tele entre los individuos.

Fundamentos de la Sociometría, no hay
Who Shall Survive?, p. 704
Quem Sobreviverá?, v. 3, p. 194

RETARDO MENTAL

19. Niños con retardo mental forman estructuras de grupo "retardadas" con más frecuencia que niños normales. Las estructuras de grupo retardadas son aquellas que demuestran organización sociométrica semejante a la de niños menores, como, por ejemplo, aquellas en que la formación de pares es "persistentemente" rara y en las cuales hay muchas elecciones no recíprocas, con gran número de aislados.

Fundamentos de la Sociometría, no hay
Who Shall Survive?, p. 702
Quem Sobreviverá?, v. 3, p. 192

RETROPATÍA – EMPATÍA

(...) Esta tendencia al equilibrio, esta tendencia de los estados afectivos experimenta-

dos por el sujeto y aquellos de que es objeto por parte de sus compañeros – a fin de compensarse y equilibrarse –, que consideramos esta tendencia como un aspecto característico del átomo social.
Fundamentos de la Sociometría, p. 244
Who Shall Survive?, p. 365
Quem Sobreviverá?, v. 2, p. 224

RETROYECCIÓN

En el plano social, hemos aislado el factor *tele,* capaz de proporcionar la dirección que asume la expansión del yo. Para comprender cómo actúa el factor *tele,* es conveniente establecer una distinción entre proyección y lo que se ha denominado "reproyección". Se suele definir a la proyección como "lanzar sobre otras personas las propias ideas y suponer que son objetivas, a pesar de su origen subjetivo". Reproyección es extraer y recibir de otras personas (se lo puede extender a todas las dimensiones y afluentes) sus ideas y sentimientos, bien para descubrir una identidad con los propios (confirmación) o para fortalecer al yo (expansión).

La organización del yo en el seno del organismo individual comienza muy temprano en la vida. Es un fenómeno universal, perceptible en cada individuo. En algunos individuos la capacidad de reproyección está enormemente desarrollada. A éstos los llamamos genios o héroes. Si el hombre de genio sabe lo que la gente o la época necesitan y desean es en virtud de la capacidad retroyectiva del yo, por un proceso *tele,* no por proyección. Asimilan con gran facilidad la experiencia que poseen de los demás, no sólo porque la extraen de los otros, sino por el deseo que sienten los demás de comunicarles sus sentimientos. Descubren que estas experiencias son semejantes o idénticas a las de ellos mismo y las integran en su propio yo. A esto se debe su capacidad para engrosarlo y expandirlo enormemente. Cuando cesan sus mandatos, la vocación del yo se desvanece y el yo se reduce.
El Teatro de la Espontaneidad, pp. 35-36
The Theater of Spontaneity, pp. 8-9
O Teatro da Espontaneidade, pp. 21-22

REVOLUCIÓN

REVOLUCIÓN / CREADORA

La mayor, la más larga, la más difícil y la más singular de las guerras que ha emprendido el hombre durante su trayectoria, les hace llegar su llamada. No tiene precedente ni paralelo en la historia del universo. No es una guerra contra la naturaleza, ni contra otros animales, ni de una raza humana, nación o estado contra otro. Es una guerra del hombre contra los fantasmas, a los que se ha llamado, y no sin razón, los mayores constructores de comunidades y civilización. Son la máquina, la conserva cultural, el robot.
Psicodrama, p. 79
Psychodrama, v. I, p. 44
Psicodrama (portugués), p. 94

REVOLUCIÓN / TRES REVOLUCIONES PSIQUIÁTRICAS

(…) Se puede hablar de tres revoluciones psiquiátricas. La liberación de los enfermos mentales de sus cadenas (Pinel) simboliza la *primera* revolución psiquiátrica. El desarrollo del psicoanálisis (Freud) y la creación de la psicoterapia como una parte integral de la medicina simbolizan la *segunda* revolución psiquiátrica. La *tercera* está simbolizada por el desarrollo de la psicoterapia de grupo, el psicodrama, la sociometría y la sociatría.
Psicoterapia de Grupo y Psicodrama, p. 32
Moreno, J. L. "The first Psychiatric Revolution and The Scope If Psychodrama", in *Group Psychotherapy*, Beacon House, n°s 2-3, June-September, 1964, pp. 149-171
Psicoterapia de Grupo e Psicodrama, p. 28

ROBOTS

El término robot proviene de la palabra polaca *robota*, trabajar. Mi idea del animal zootécnico (1918) se popularizó algunos años más tarde por Karl Czapek, en su obra *Los robots universels de Rossom* (1921). Este autor fue quien inventó el término robot, término inexacto, puesto que la expresión animal zootécnico no sólo implica el trabajo sino también la destrucción. En mi definición, el robot en su trabajo puede volverse feroz, y viceversa. Sería mejor hablar de genios que de robots. En las leyendas árabes existen espíritus buenos y malos, quienes toman la forma de animales, gigantes, etc. En realidad el robot es un *zoomaton (del griego zoon: animal, autos: automación, sí mismo, y mao: tender hacia)*.

Fundamentos de la Sociometría, p. 411 (notas)
Who Shall Survive?, p. 599 (footnote)
Quem Sobreviverá?, v. 3, p. 168 (rodapé)

(…) Estos extraños enemigos son los animales técnicos, que pueden distribuirse en dos categorías: los modelos culturales y las máquinas. Se los designa frecuentemente con el nombre de robots.

Fundamentos de la Sociometría, p. 411
Who Shall Survive?, p. 600
Quem Sobreviverá?, v. 3, p. 168

(…) *Pero los robots no pueden producir una sola onza de espontaneidad.*

Fundamentos de la Sociometría, p. 415
Who Shall Survive?, p. 603
Quem Sobreviverá?, v. 3, p. 172

Un niño es el producto de la unión de un hombre y una mujer. Un robot es el producto de la unión del hombre y la naturaleza.

Fundamentos de la Sociometría, p. 415
Who Shall Survive?, p. 603
Quem Sobreviverá?, v. 3, p, 172

El destino del hombre amenaza ser, en un sentido inverso, lo que ha sido el destino del dinosaurio. Probablemente el dinosaurio se condenó a morir a fuerza de extender, más allá de toda utilidad, el poder de su organismo. El hombre podría desaparecer a fuerza de disminuir la potencia de su organismo fabricando más robots que los que puede controlar.

Fundamentos de la Sociometría, p. 415
Who Shall Survive?, p. 604
Quem Sobreviverá?, v. 3. p, 173

ROBOTS / CONSECUENCIAS PATOLÓGICAS DE LOS

El hombre se encierra cada vez más en un mundo de modelos rígidos, tanto en el orden cultural como en el orden técnico, buscando ante todo el poder y el rendimiento, y dejando de poner su fe en su espontaneidad y en su creatividad.

Fundamentos de la Sociometría, p. 416
Who Shall Survive?, pp. 604-605
Quem Sobreviverá?, v. 3, p. 173

ROBOTS / FUTURO

La lucha entre el animal viviente (el "zoon") y el animal mecánico ("zoomaton") entrará en una nueva fase. El futuro del hombre dependerá de los medios de defensa que pongan a su servicio la sociometría, la sociatría y las disciplinas análogas.

Fundamentos de la Sociometría, p. 417
Who Shall Survive?, p. 606
Quem Sobreviverá?, v. 3, p. 175

(…) Considero que el término "zoomática" que acentúa la semejanza del mecanismo y el organismo, es más feliz que el de "cibernética" para designar esta ciencia, ya que el último significa el arte del piloto.

    Fundamentos de la Sociometría, p. 418
    Who Shall Survive?, p. 607
    Quem Sobreviverá?, v. 3, p. 175

ROBOTS / HOMBRE

La mayor, la más larga, la más difícil y la más singular de las guerras que ha emprendido el hombre durante su trayectoria, les hace llegar su llamada. No tiene precedente ni paralelo en la historia del universo. No es una guerra contra la naturaleza, ni contra otros animales, ni de una raza humana, nación o estado contra otro. Es una guerra del hombre contra los fantasmas, a los que se ha llamado, y no sin razón, los mayores constructores de comunidades y civilización. Son la máquina, la conserva cultural, el robot.

    Psicodrama, p. 79
    Psychodrama, v. I, p. 44
    Psicodrama (portugués), p. 94

Han surgido dos formas de robots: una, una auxiliar del hombre y constructora de su civilización, la otra, una amenaza contra su supervivencia y destructora del hombre.

    Psicodrama, p. 79
    Psychodrama, v. I, p. 44
    Psicodrama (portugués), p. 94

ROBOTS / INMORTALIDAD DE LOS

(…) El libro constituye expresamente un robot. Una vez salido de imprenta, el libro hace olvidar a quien lo concibió y escribió; su autor pasa a segundo plano; el libro se distribuye por todos los lugares, alcanza a todo tipo de gente, pero no le preocupa saber por quién y dónde será leído. Muchos robots tienen, además, otro atributo común: gozan de una inmortalidad relativa. Un libro, una película cinematográfica, una bomba atómica, no mueren, en el sentido humano del término; reside en ellos una misma capacidad: la de poder reproducirse al infinito.

    Fundamentos de la Sociometría, p. 412
    Who Shall Survive?, pp. 600-601
    Quem Sobreviverá?, v. 3, p. 169

ROBOTS / MUÑECAS

(…) Estas observaciones son confirmadas por la actitud que toman los niños respecto de sus muñecos. Al contrario de lo que frecuentemente hacen los seres humanos, los muñecos no manifiestan una contraespontaneidad irritante, pero poseen una especie de realidad física tangible, que no tienen los compañeros que el niño se crea en sus ensoñaciones. (…) En este juego adquiere el gusto por el robot, a quien puede destruir según su capricho, o bien provocar y hacer actuar según su decisión personal. El niño debe a los muñecos su independencia respecto de los otros niños y de los adultos.

    Fundamentos de la Sociometría, p. 414
    Who Shall Survive?, pp. 602-603
    Quem Sobreviverá?, v. 3, p. 171

(…) Como el ego auxiliar, el robot libera al hombre de las servidumbres humanas, le otorga un artificial sentimiento de bienestar y de poder.

    Fundamentos de la Sociometría, p. 414
    Who Shall Survive?, p. 603
    Quem Sobreviverá?, v. 3, p. 172

ROBOTS / RAZONES PARA QUE EL HOMBRE LOS HAYA INVENTADO

(…) La invención de los robots se debe a la habilidad del *homo sapiens*. (…) ¿Por qué el hombre necesita robots? Tal vez, por la misma razón que, *mutatis mutandis*, nos hizo sentir en el pasado de la necesidad de un Dios respecto del cual nosotros fuéramos robots. (...) Nuestras relaciones con Dios podrían explicarse de esta simple manera: Dios necesita auxiliares para concluir su creación. También el hombre tiene su plan de vida, su plan de creación en una escala más modesta; también él necesita auxiliares y armas para defenderse contra sus enemigos.

(...) Hay otra razón, aún más profunda, que debió llevarnos a crear la especie tecnológica. El análisis de los procesos de espontaneidad me ha permitido encarar con amplitud este problema. Los niños recién nacidos nos muestran que cuanto menos espontaneidad tiene un ser vivo, en mayor medida necesita de alguien que lo cuide, si quiere sobrevivir. De hecho, el niño vive sobre una espontaneidad prestada. Denomino egos auxiliares a las personas que se hallan a su disposición, siempre listas para responder a sus gritos desesperados, que acuden a tomarlo en los brazos, alimentarlo y consolarlo. (...) Exige de sus egos auxiliares una perfección: exige que toda su espontaneidad esté lista para servirlo, y no tolera que se reserven una parte para su uso personal. Probablemente sea esta la clave del problema de las relaciones entre la idea del ego auxiliar y la del robot.
>Fundamentos de la Sociometría, pp. 413-414
>Who Shall Survive?, pp. 601-602
>Quem Sobreviverá?, v. 3, pp. 170-171

ROBOTS / SOLUCIÓN PARA CONVIVIR CON LAS MÁQUINAS

(...) Lo que debe hacerse frente a la amenaza es juzgar fríamente la situación, buscar metódicamente las causas profundas de la invención de los artefactos mecánicos, el origen de los robots en la naturaleza humana y más allá de ella: establecer con exactitud la "organización socioatómica de la humanidad".

En otros términos, debemos acudir a la ciencia, tomar clara conciencia del conjunto del problema, y, al mismo tiempo que la sociometría, constituir una zootecnia, ciencia de los animales técnicos.
>Fundamentos de la Sociometría, p. 413
>Who Shall Survive?, p. 601
>Quem Sobreviverá?, v. 3, p. 170

ROL

ROL / CALIDAD DE

En el transcurso de este estudio de triángulo matrimonia se observó que un rol requerido por una persona podía hallarse ausente en el cónyuge, aún en una relación estrecha, y que la ausencia de un rol puede tener serias consecuencias para la relación. Como regla general, un rol puede ser: 1) Rudimentariamente desarrollado, normalmente desarrollado o sobre desarrollado (tele positivo); puede estar también 2) casi totalmente o totalmente ausente en una persona (indiferencia), y, finalmente, 3) puede hallarse pervertido hasta cumplir una función hostil (tele negativo). Un rol de cualquiera de las categorías indicadas puede clasificarse también desde el punto de vista de su desarrollo en el tiempo: a) nunca dado; b) presente respecto de una persona pero no respecto de otra; c) presente en cierta oportunidad respecto de una persona pero extinguido en la actualidad.
>Psicomúsica y Sociodrama, p. 108
>Psychodrama, v. I, pp. 333-334
>Psicodrama, p. 392

(...) Los roles no necesitan definición, se definen a sí mismos al surgir desde el status nascendi hasta su forma plena y madura. Hay ciertos roles que se ven postulados por una situación legal (el abogado, el criminal), otros que resultan requeridos por una situación tecnológica (tales como un doctor radial) y otros

que resultan exigidos por una situación fisiológica (el que come), pero solo durante el trabajo psicodramático podemos estudiar como se constituyen espontáneamente.
Psicomúsica y Sociodrama, p. 120
Psychodrama, v. I, p. 340
Psicodrama, p. 399

ROL / CONCEPTO

Se puede definir al rol como una unidad de experiencia sintética en la que se han fundido elementos privados, sociales y culturales.
Psicodrama, p. 253
Psychodrama, v. I, p. 184
Psicodrama (portugués), p. 238

Cada rol aparece como una fusión de elementos individuales y colectivos; resulta de dos clases de factores: sus denominadores colectivos y sus diferenciaciones individuales.
Fundamentos de la Sociometría, p. 69
Who Shall Survive?, p. 75
Quem Sobreviverá?, v. I, p. 178

IDEM EN

Psicodrama, p. 103 (notas)
Psychodrama, v. I, p. 62 (footnote)
Psicodrama (portugués), p. 113 (rodapé)

ROL / CONTRA-ROL / ROL COMPLEMENTARIO

(…) El terapeuta, a su vez, puede caer en la actitud de sentir al paciente según dichos roles. La cuidadosa observación de terapeutas en su trabajo no ha hecho más que reforzar esa idea. "Parecen" y "actúan" tal como corresponde a papeles ya manifiestos en sus gestos y en su expresión facial. Llegué entonces a la conclusión de que "todo individuo, del mismo modo en que es el foco de numerosas atracciones y repulsiones, es también el centro de numerosos roles relacionados con los roles de otros individuos. Todo individuo, así como en todo momento tiene un conjunto de amigos y otro de enemigos, dispone también de una variedad de roles y rostros y de una diversidad de 'contra-roles', en distintas etapas de desarrollo. Los aspectos tangibles de lo que se conoce como 'yo' son los roles con que opera".
Las Bases de la Psicoterapia, p. 24
Psychodrama: Foundations of Psychotherapy, v. 2, p. 8
Fundamentos del Psicodrama, p. 23

ROL / DESARROLLO

De la brecha entre realidad y fantasía, surgen dos nuevos conjuntos de roles. Mientras aquella no existía, todos los componentes reales y fantásticos estaban fundidos en una serie de roles, los roles *psicosomáticos*. Un ejemplo es el papel de ingeridor. Pero de la división del universo en fenómenos reales y ficticios, surgen gradualmente un mundo social y un mundo de la fantasía, separados del mundo psicosomático de la matriz de identidad. Emergen ahora formas de representar roles que relacionan al niño con personas, cosas y metas en el ambiente real, exterior a él, y a personas, objetos y metas que él imagina que son exteriores. Se los denomina respectivamente *roles sociales* (el padre) y *roles psicodramáticos* (el dios).
Psicodrama, p. 116
Psychodrama, v. I, p. 73
Psicodrama (portugués), pp. 124-125

El desarrollo de la estrategia de inversión del niño es un índice de la liberación respecto al yo auxiliar, la madre o el sustituto de la madre.
Psicodrama, p. 104
Psychodrama, v. I, p. 63
Psicodrama (portugués), p. 114

(...) Antes e inmediatamente después el nacimiento, el bebé vive en un universo indiferenciado, al que he llamado "matriz de identidad". Esta matriz es existencial pero no es experimentada. Puede ser considerada el *locus* de donde surgen, en fases graduales, el yo y sus ramificaciones, los roles.
    Psicodrama, no hay
    Psychodrama, v. I, p. iii, Introduction to 3rd Edition
    Psicodrama (portugués), p. 25, Introdução à 3ª Edição

(...) El rol aparece aún antes de que surja el *yo*. No son los roles quienes emergen del yo, sino el yo quien puede emerger de los roles.
    Fundamentos de la Sociometría, p. 69
    Who Shall Survive?, p. 76
    Quem Sobreviverá?, v. I, p. 178

(...) Por ello parece más provechoso tomar como sistema de referencia el "rol" antes que la "personalidad" o el *ego*. Estas ideas son menos concretas, y se hallan envueltas por el misterio metapsicológico.
    Fundamentos de la Sociometría, p. 69
    Who Shall Survive?, p. 75
    Quem Sobreviverá?, v. I, p. 178

IDEM EN

(...) *Los aspectos captables de aquello que se llama "yo" aparecen en los roles en que este actúa.*
    Fundamentos de la Sociometría, p. 69
    Who Shall Survive?, p. 75
    Quem Sobreviverá?, v. I, p. 178

ROL / EGO / YO / SELF

El rol es la unidad de la cultura; el ego y el rol están en continua interacción.
    Psicodrama, no hay
    Psychodrama, v. I, p. vi, Introduction to 3rd Edition
    Psicodrama (portugués), p. 29, Introdução à 3ª Edição

(...) Los roles son los embriones, los precursores del yo, y se empeñan en agruparse y unificarse. Distinguí los roles fisiológicos o psicosomáticos, como los del individuo que come, duerme y ejerce una actividad sexual; los roles psicológicos o psicodramáticos, como los de fantasmas, hadas y roles alucinados; y, finalmente, los papeles sociales, como los del padre, policía, médico, etc.
    Psicodrama, no hay
    Psychodrama, v. I, p. iii, Introduction to 3rd Edition
    Psicodrama (portugués), p. 25, Introdução à 3ª Edição

El desempeño de roles es anterior al surgimiento del yo. Los roles no surgen de yo. Sino que el yo puede surgir de los roles.
    Psicodrama, p. 217
    Psychodrama, v. I, p. ii, Introduction to 3rd Edition
    Psicodrama (portugués), p. 25, Introdução à 3ª Edição

IDEM EN

    Psicodrama, p. 241
    Psychodrama, v. I, p. 175
    Psicodrama (portugués), p. 229

El rol puede ser definido como una persona imaginaria creada por un dramaturgo, por ejemplo, un Hamlet. (...) También se puede definir al rol como un carácter o función asumidos dentro de la realidad social. (...) Se puede definir al rol como las formas reales y tangibles que toma la persona. Persona, yo, personalidad, carácter, etc., son efectos acumulados, hipótesis heurísticas, postulados metapsicológicos, "logoides".
    Psicodrama, p. 213
    Psychodrama, v. I, p. 153
    Psicodrama (portugués), p. 206

ROL / G. H. MEAD / CRÍTICA

Es un "mito" que el sociólogo norteamericano G. H. Mead haya ejercido una influencia notable sobre la formulación del concepto psiquiátrico de "rol" y de su psicopatología.

(...) El libro póstumo de G. H. Mead, *Mind, Self and Society*, apareció en diciembre de 1934, casi un año después de mi *Who Shall Survive?*, editado en enero de 1934. En ningún momento Mead utiliza los términos "ejecutante del rol" (rol-player), "desempeño de roles" o "técnicas de desempeño de roles", ni se refiere a las implicaciones psicopatológicas del concepto de rol.

Psicodrama, no hay
Psychodrama, v. I, p. ii, Introduction to 3rd Edition
Psicodrama (portugués), p. 24, Introdução à 3ª Edição

ROL / HISTORIA

Se olvida con frecuencia que la moderna teoría de los roles tuvo su origen lógico en el teatro, del cual tomó sus perspectivas. Tiene una larga historia y tradición en el teatro europeo, a partir de las cuales desarrollé gradualmente la dirección terapéutica y social de nuestro tiempo. La introduje en los Estados Unidos a mediados de la década de 1920.

Psicodrama, no hay
Psychodrama, v. I, p. iv, Introduction to 3rd Edition
Psicodrama, p. 27

ROL / JUGAR / DESEMPEÑAR / ROLE PLAYING (Ver también ROLE PLAYING)

(...) Desempeñar el papel del "otro" no es algo que se presente súbitamente y en forma acabada al niño, sino que pasa por varias etapas de desarrollo que se superponen, y a menudo operan conjuntamente.

La primera etapa consiste en que la otra personas es una parte del niño, formalmente, esto es, la completa y espontánea identidad.

La segunda etapa consiste en que el niño concentra su atención en la otra y extraña parte de él.

La tercera etapa consiste en que separa la otra parte de la continuidad de la experiencia y deja fuera a todas las demás partes, incluyendo a sí mismo.

La cuarta etapa consiste en que niño se ubica activamente en la otra parte, y representa su rol.

La quinta etapa consiste en que el niño representa el rol de la otra parte respecto a otra persona, quien a su vez hace su rol. En esta etapa, la inversión de la identidad es completa.

Psicodrama, p. 102
Psychodrama, v. I, pp. 61-62
Psicodrama (portugués), p. 112

19. La habilidad de desempeñar papeles es esencial para la comunicación adecuada y para el desarrollo del yo social.

20. La habilidad de desempeñar papeles es esencial para la formación y adaptación de la personalidad.

Fundamentos de la Sociometría, no hay
Who Shall Survive?, p. 707
Quem Sobreviverá?, v. 3, p. 198

ROL / MATRIZ DE IDENTIDAD

(...) Antes e inmediatamente después del nacimiento, el bebé vive en un universo indiferenciado, al que he llamado "matriz de identidad". Esta matriz es existencial pero no es experimentada. Puede ser considerada el *locus* de donde surgen, en fases graduales, el yo y sus ramificaciones, los roles.

Psicodrama, no hay
Psychodrama, v. I, p. iii, Introduction to 3rd Edition
Psicodrama (portugués), p. 25, Introdução à 3ª Edição

ROL / MUCHOS ROLES

(...) Pero el individuo anhela encarnar muchos más roles de los que le son permitidos desempeñar en la vida, e inclusive, dentro del mismo rol, una o más variedades de éste. Todo y cualquier individuo está lleno de diferentes roles en que desea estar activo y que en él están presentes en diferentes fases del desarrollo. Es en virtud de la presión activa que esas múltiples unidades individuales ejercen sobre el rol oficial manifiesto, que se produce a menudo un sentimiento de ansiedad.

>   Psicodrama, no hay
>   Psychodrama, v. I, p. v, Introduction to 3rd Edition
>   Psicodrama (portugués), p. 28, Introdução à 3ª Edição

(...) *Se exige de cada uno de nosotros que viva según su rol oficial en la vida; un profesor debe actuar como un profesor, un alumno debe actuar como alumno, etc. Pero cada individuo sueña con encarnar muchos más roles que los que son permitidos desempeñar en la vida o, por lo menos, debe limitarse a su rol, desempeñando todas las variantes. En el curso de su desarrollo, cada individuo es solicitado por muchos roles, que desearía traducir en actos. Y es la activa presión ejercida por esta pluralidad de roles secretos sobre el rol manifiesto y oficial lo que frecuentemente origina un sentimiento de ansiedad.*

>   Fundamentos de la Sociometría, p. 357
>   Who Shall Survive?, p. 535
>   Quem Sobreviverá?, v. 3, p. 99

ROL / ORIGEN DEL NOMBRE

El término inglés *role* (rol), originario de una antigua palabra francesa que penetró en el francés e inglés medievales, deriva del latín *rotula*. En la Grecia y Roma antiguas, las diversas partes de la representación teatral eran escritas en "rollos" y leídas por los asistentes de escena a los actores que trataban de memorizar sus respectivos "roles"; esta fijación de la palabra *role* parece haberse perdido en los períodos más incultos de los siglos iniciales e intermediarios de la Edad Media.

>   Psicodrama, no hay
>   Psychodrama, v. I, p. iv, Introduction to 3rd Edition
>   Psicodrama (portugués), p. 27, Introdução à 3ª Edição

Así, por su origen, el rol no es un concepto sociológico o psiquiátrico; entró en el vocabulario científico a través del teatro.

>   Psicodrama, no hay
>   Psychodrama, v. I, p. iv, Introduction to 3rd Edition
>   Psicodrama (portugués), p. 27, Introdução à 3ª Edição

La misma palabra (rol o papel) ha sido tomada del idioma del teatro.

>   Fundamentos de la Sociometría, p. 70
>   Who Shall Survive?, p. 76
>   Quem Sobreviverá?, v. I, p. 179

ROL / PSICODRAMÁTICO

(...) Los roles de la madre, el hijo, la hija, el maestro, etc., son denominados roles sociales y separados de las personificaciones de cosas imaginadas, tanto reales como irreales. A éstas se las llama roles psicodramáticos.

>   Psicodrama, p. 120
>   Psychodrama, v. I, p. 77
>   Psicodrama (portugués), p. 129

(...) que los roles psicodramáticos la ayudan a experimentar lo que designamos por "psique"

>   Psicodrama, no hay
>   Psychodrama, v. I, p. iii, Introduction to 3rd Edition
>   Psicodrama (portugués), p. 26, Introdução à 3ª Edição

(...) una madre, un profesor, un negro o un cristiano, son roles psicodramáticos.

>   Fundamentos de la Sociometría, p. 70
>   Who Shall Survive?, p. 76
>   Quem Sobreviverá?, v. I, p. 178

ROL / PSICOSOMÁTICO

(...) Los primeros roles que aparecieron fueron los fisiológicos o psicosomáticos. Sabemos que entre el rol sexual, el del individuo que duerme, el del que sueña y el del que come, se desarrollan "vínculos operacionales" que los juntan e integran en una unidad. En cierto aspecto, podríamos considerar esta unidad como una especie de yo fisiológico, un yo "parcial", un conglomerado de roles fisiológicos.

Psicodrama, no hay
Psychodrama, v. I, p. iii, Introduction to 3rd Edition
Psicodrama (portugués), pp. 25-26

(...) Talvez sea útil considerar que los roles psicosomáticos, en el transcurso de sus operaciones, ayudan al niño pequeño a experimentar lo que denominamos "cuerpo"; (...)

Psicodrama, no hay
Psychodrama, v. o, pp. iii-iv, Introduction to 3rd Edition
Psicodrama, p. 26

(...) Mucho antes de que el mundo del niño aparezcan roles hablados, ya actúan efectivamente roles psicosomáticos, como el rol del que come, el del durmiente y el del paseante. En los niños muy pequeños suele presentarse una considerable resistencia física contra la intrusión del lenguaje, e incluso una cierta resistencia contra la utilización de gestos. No hay ninguna razón para suponer que todo aquello que en la vida psíquica no se expresa por el lenguaje carece de carácter humano.

Fundamentos de la Sociometría, p. 69
Who Shall Survive?, p. 76
Quem Sobreviverá?, v. I, p. 178

De la brecha entre realidad y fantasía, surgen dos nuevos conjuntos de roles. Mientras aquella no existía, todos los componentes reales y fantásticos estaban fundidos en una serie de roles, los roles *psicosomáticos*. Un ejemplo es el papel de ingeridor.

Psicodrama, p. 116
Psychodrama, v. I, p. 73
Psicodrama (portugués), p. 124

ROL / RACIMO DE

3. Los roles no existen aisladamente: tienden a formar racimos. Hay una transferencia de e desde los papeles no representados a los representados actualmente. Esta influencia es denominada *efecto de racimo*.

Psicodrama, p. 241
Psychodrama, v. I, p. 175
Psicodrama (portugués), p. 230

ROL / SOCIAL

(...) y que los roles sociales contribuyen para que se produzca lo que denominamos "sociedad".

Psicodrama, no hay
Psychodrama, v. I, p. iii, Introduction to 3rd Edition
Psicodrama (portugués), p. 26

(...) Los role sociales se desarrollan en una fase subsiguiente y se apoyan en los roles psicosomáticos y psicodramáticos, como formas anteriores de la experiencia.

Psicodrama, no hay
Psychodrama, v. I, p. v, Introduction to 3rd Edition
Psicodrama (portugués), p. 28

(...) La madre, el hijo, la hija, el profesor, el negro, o el cristiano, se trata de roles sociales.

Fundamentos de la Sociometría, pp. 69-70
Who Shall Survive?, p. 76
Quem Sobreviverá?, v. I, p. 178

ROL / TESTS DE

(...) Así como el test de inteligencia mide la edad mental de un individuo, el test de roles puede medir su *edad cultural*.
> Psicodrama, p. 223
> Psychodrama, v. I, pp. 162-162
> Psicodrama (portugués), p. 215

Un método simple para apreciar cuantitativamente el desempeño de los actores consiste en tomar como sistema de referencia roles bien establecidos, a los cuales no se debe cambiar nada. (...) Si se hace que los actores elijan entre estas dos posibilidades: atenerse al texto de Hamlet tal como fue escrito por Shakespeare o bien modificarlo libremente en el curso de la acción, algunos se atendrán al texto original y otros introducirán en el texto cambios mínimos o importantes. Estas desviaciones representan los grados de la libertad de cada actor y se los puede atribuir a un factor s.
> Fundamentos de la Sociometría, p. 70
> Who Shall Survive?, pp. 76-77
> Quem Sobreviverá?, v. I, p. 179

Otro método de medición utiliza como sistema de referencia roles sociales rigurosamente prescriptos por las costumbres sociales y las obligaciones legales. Se puede tomar como ejemplo de esta clase de roles los de agente de policía, de juez, del médico, etc. (...) si se pone algún número de agentes de policía frente a situaciones típicas de la vida corriente, en las que se exige su intervención, se pueden disponer sus diversas conductas sobre una escala. En una extremidad de la escala se colocará la conducta del agente de policía que haya salido mejor de la prueba, en otro extremo la del agente que se haya mostrado más torpe en el mismo tipo de situación.
> Fundamentos de la Sociometría, pp. 70-71
> Who Shall Survive?, pp. 76-77
> Quem Sobreviverá?, v. I, p. 179

Un tercer método consistirá en dejar que el sujeto desarrolle su rol en statu nacendi, instalándolo en una situación poco estructurada y haciendo que luego tome parte en situaciones más complejas. Las realizaciones de los diversos sujetos presentarán grandes diferencias y podrán servirnos como instrumentos capaces de medir sus roles.
> Fundamentos de la Sociometría, p. 71
> Who Shall Survive?, p. 77
> Quem Sobreviverá?, v. I, pp. 179-180

También puede ponerse en práctica un cuarto método: se puede colocar a varios sujetos, que aún no se conocen, en una situación que los ponga en relaciones recíprocas.
> Fundamentos de la Sociometría, p. 71
> Who Shall Survive?, p. 77
> Quem Sobreviverá?, v. I, p. 180

(...) Hay, por fin, un último método que consiste en estudiar el mismo rol – por ejemplo, el rol del extraño –, en cierto número de situaciones diferentes.
> Fundamentos de la Sociometría, p. 71
> Who Shall Survive?, p. 78
> Quem Sobreviverá?, v. I, p. 180

(...) Se da a varios sujetos independientes entre sí y en momentos diferentes, un rol determinado por desempeñar frente al mismo alter ego, cuyo desempeño, a su vez, ha sido cuidadosamente preparado y objetivamente determinado.
> Fundamentos de la Sociometría, p. 71
> Who Shall Survive?, p. 78
> Quem Sobreviverá?, v. I, p. 180

El test del rol mide el comportamiento dramático de un sujeto: por lo mismo, revela el grado de diferenciación a que ha llegado una cultura determinada en ese individuo y también su interpretación de esa cultura.

    Fundamentos de la Sociometría, p. 81
    Who Shall Survive?, p. 89
    Quem Sobreviverá?, v. I, p. 189

(...) La situación siguiente para poner a prueba a las personas en roles de matrimonio: "muestre como obraría usted si su marido (o su esposa) revelara súbitamente que él (o ella) está enamorado de otra mujer (o de otro hombre) y deseara el divorcio". Se analizó cada actuación para poner de manifiesto las líneas de conducta que seguían la mayoría de las personas a prueba, y el grado de desviación que aparecía entre unas y otras.

    Psicomúsica y Sociodrama, p. 121
    Psychodrama, v. I, p. 341
    Psicodrama, p. 400

ROL / TOMAR / ROLE TAKING

(...) Después de la espontaneidad, aparece, según su orden de importancia, el proceso de la puesta en escena.

    Fundamentos de la Sociometría, p. 76
    Who Shall Survive?, p. 82
    Quem Sobreviverá?, v. I, p. 184

(...) Hay diferentes modalidades de puesta en escena, disimulados bajo el rol que desempeña el sujeto; puede tratarse de la reactivación de una antigua escena, de la expresión vivida de un problema que lo preocupa actualmente, de una creación viva sobre el tablado o de un ensayo de sus propios recursos con vistas al porvenir.

    Fundamentos de la Sociometría, p. 76
    Who Shall Survive?, p. 82
    Quem Sobreviverá?, v. I, p. 184

(...) Puede ser útil distinguir la toma o aceptación del rol – es decir, el hecho de aceptar un rol ya hecho y enteramente constituido que no permite al sujeto la menor fantasía con el texto establecido –, el desempeño del rol – que tolera cierto grado de libertad –, y la creación del rol – que deja un amplio margen a la iniciativa del actor, como es el caso del actor espontáneo.

    Fundamentos de la Sociometría, p. 69
    Who Shall Survive?, p. 75
    Quem Sobreviverá?, v. I, p. 178

Toma del rol – es "estar" en un rol dentro de la propia vida, en los límites de sus contextos, relativamente coercitivos e imperativos, por ejemplo, ser madre, padre, policía etc. Los papeles son conservas sociales, que tienen – o por lo menos lo aparentan – una forma finalizada.

Role-playing – es "actuar" un rol, por libre albedrío, en un escenario preestablecido con el objetivo de explorar, experimentar, desarrollar, entrenar o modificar cierto rol. Actuar un rol puede convertirse en un test o ser un episodio en el transcurso de un psicodrama o de un sociodrama.

    Fundamentos de la Sociometría, no hay
    Who Shall Survive?, pp. 722-723
    Quem Sobreviverá?, v. 3, p. 217

IDEM EN

Todos estos estudios concuerdan en atribuir un origen común al hecho de tomar un rol (*role taking*) y al desempañar un rol (*role playing*). Aparece claramente, desde el principio, que uno deriva del otro, que el desempeño del rol y la toma del rol son dos fases del mismo proceso. En centenares de ensayos se ha comprobado que la toma del rol no es sólo un proceso cognitivo, y que, por otra parte, el desempeño del rol no es sólo una conducta, una acción pura y simple: conocimiento, percepción, conducta y acción se mezclan sutilmente y no pueden separarse. Hay roles que se pueden desempeñar y otros que no; roles aceptables e inaceptables, roles que se desempeñan antes de ser capaces de aceptarlos; roles que se aceptan antes de poder desempeñarlo, hay roles correctos, deformados, parciales, en los que la percepción de rol se escapa; roles correctos, deformados, que se es incapaz de desempeñar convenientemente.

>Fundamentos de la Sociometría, pp. 71-72
>Who Shall Survive?, p. 78
>Quem Sobreviverá?, v. I, p. 180

IDEM EN

>Psicodrama, p. 103
>Psychodrama, v. I, p. 62
>Psicodrama (portugués), p. 113 (rodapé)

ROLE PLAYING – ENTRENAMIENTO DE ROLES

El sociodrama introduce un nuevo enfoque de los problemas antropológicos y culturales, métodos de acción profunda y de verificación experimental. El concepto subyace bajo este enfoque es el reconocimiento de que el hombre es un intérprete de roles que todo individuo se caracteriza por cierto repertorio de roles que dominan su comportamiento, que toda cultura está caracterizada por un cierto conjunto de roles que impone con un grado variable de éxito a sus miembros.

>Psicomúsica y Sociodrama, pp. 141-142
>Psychodrama, v. I, pp. 354-355
>Psicodrama, pp. 413-414

La expresión intérprete de roles (*role player*) es una traducción literal de la palabra alemana "*Rollenspieler*" que yo mismo he utilizado. Véase "*Das Stegreiftheater*", págs. 31, 36, 63. Puede resultar útil advertir las diferencias que existen entre *receptor de roles* – con lo que nos referimos al recibir un rol acabado, plenamente establecido, que no permite al individuo ninguna variación, ningún grado de libertad –, e *intérprete de roles* – en cuya situación el individuo disfruta de cierto grado de libertad –, y *creador de roles* – individuo que goza de un alto grado de libertad en todo, como le ocurre por ejemplo, al que representa espontáneamente. Un rol, tal como se define en este artículo se compone de dos partes, su *denominador colectivo* y su *diferencial individual*.

>Psicomúsica y Sociodrama, p. 142 (notas)
>Psychodrama, v. I, pp. 354-355 (footnote)
>Psicodrama, pp. 413-414 (rodapé)

Este enfoque se funda sobre el principio que el *hombre tiene un rol que desempeñar*, que cada individuo se caracteriza por una cierta variedad de roles que rigen su comportamiento, y que cada cultura se caracteriza por una serie de roles que, con mayor o menor éxito, imponen a todos los miembros de la sociedad.

>Fundamentos de la Sociometría, p. 81
>Who Shall Survive?, p. 88
>Quem Sobreviverá?, v. I, p. 189

(...) Los niños usan este método intuitivamente. Cuando se hace esto en forma consciente y sistemática, con un propósito de formación profesional, se lo llama "*role playing*". *El desempeñar un rol es la personificación de otras formas de existencia mediante el "juego"*. Se trata de una forma *especializada* de juego, si bien la palabra jugar se acompaña a menudo de connotaciones que tienden a confundir, al reducirse al concepto que del mismo tiene el adulto.

El desempeño de roles fue la técnica fundamental en el Teatro Espontáneo Vienés. Dado el papel predominante que corresponde a la espontaneidad y la creatividad en el desempeño de roles, se llamó a éste "desempeño de roles *espontáneo*-creativo" (...)

El desempeño de roles (*role playing*) puede usarse como una técnica de exploración y expansión del yo en un universo desconocido. Para el caso del niño es probablemente el método por excelencia para encontrar y, de ser posible, solucionar una situación que lo tiene preocupado.

Las Bases de la Psicoterapia, pp. 231-232
Psychodrama: Foundations of Psychotherapy, v. 2, p. 140
Fundamentos del Psicodrama, pp. 156-157

(...) Una metodología que nos permite comparar cada una de esas sesiones son las técnicas de juego de roles (*role playing*).

Las Bases de la Psicoterapia, p. 31
Psychodrama: Foundations of Psychotherapy, v. 2, p. 13
Fundamentos del Psicodrama, p. 27

En el curso de la labor psicodramática, Juanito confirmó la interpretación de sus padres. Al adoptar el papel del perro o de un gato, lo que intentaba era comprender a esos animales, conversar con ellos y convertirlos en parte de sí mismo. Los niños emplean este método intuitivamente. Cuando se utiliza consciente y sistemáticamente con el fin de ejercitarse, se le llama "interpretación de papeles". Actuar un papel es personificar formas de existencia ajena mediante el juego. Es una forma especial de juego. Por más que la palabra "juego" tenga una significación peyorativa, en virtud de la interpretación de los adultos, que induce a una comprensión errónea.

La interpretación de papeles fue uno de los métodos de mi teatro de improvisación vienés. Yo lo bauticé con el nombre de interpretación de papeles "espontánea creadora", porque en ella domina la espontaneidad y la creatividad. Consistía en poner a los individuos (actores) en diferentes situaciones y atribuirles papeles ajenos a su vida privada y a su ser íntimo.

La interpretación de "papeles" puede ser empleada como método para la exploración de mundos desconocidos y para ampliar el ámbito del propio Yo.

Psicoterapia de Grupo y Psicodrama, pp. 239-240
Inglés, no hay
Psicoterapia de Grupo e Psicodrama, pp. 225-226

ROLE PLAYING / HISTORIA

(...) Actuar un papel es personificar formas de existencia ajena mediante el juego. Es una forma especial de juego. Por más que la palabra "juego" tenga una significación peyorativa, en virtud de la interpretación de los adultos, que induce a una comprensión errónea.

La interpretación de papeles fue uno de los métodos de mi teatro de improvisación vienés. Yo lo bauticé con el nombre de interpretación de papeles "espontánea creadora", porque en ella domina la espontaneidad y la creatividad. Consistía en poner a los individuos (actores) en diferentes situaciones y atribuirles papeles ajenos a su vida privada y a su ser íntimo.

Psicoterapia de Grupo y Psicodrama, pp. 239-240.
Psychodrama, v. 1, p. 140
Psicoterapia de Grupo e Psicodrama, p. 226

ROLE PLAYING / INVERSIÓN DE ROLES

(...) Una vez que ha pasado el período de desempeñar los roles de los padres y otros adultos de la casa y él goza de una considerable habilidad, introdujimos otro método especialmente útil, la técnica de inversión de roles. La idea subyacente a la inversión es todavía poco comprendida. Permítasenos primero establecer la diferencia entre desempeño de roles e inversión de roles. Si un individuo asume el papel de médico, policía o vendedor de comercio, como rol que pertenece a su padre o a su madre, para "aprender" cómo funcionan éstos, eso es desempeño de roles. Pero si él y su padre, o su madre, intercambian los roles de modo que el padre se convierte en hijo y éste en padre, eso es inversión de roles.

> Las Bases de la Psicoterapia, p. 233
> Psychodrama: Foundations of Psychotherapy, v. 2, p. 141
> Fundamentos del Psicodrama, p. 158

ROLE PLAYING / JUEGO DE ROLES / OBJETIVOS

La interpretación de "papeles" puede ser empleada como método para la exploración de mundos desconocidos y para ampliar el ámbito del propio Yo.

> Psicoterapia de Grupo y Psicodrama, p. 240
> Psychodrama: Foundations of Psychotherapy, v. 2, p. 140
> Psicoterapia de Grupo e Psicodrama, p. 226

ROLE PLAYING / SITUACIONES TERAPÉUTICAS

La representación de situaciones terapéuticas puede concentrarse primeramente en los cuatro factores que, según lo demostraron los estudios antes citados, tienen una importancia fundamental en toda relación paciente-terapeuta: los "mutuos sentimientos", la "percepción de cada uno por el otro", los factores de movimiento, la interacción entre los participantes y las "relaciones de rol", surgiendo aquí y allá en una situación terapéutica en marcha.

> Las Bases de la Psicoterapia, p. 33
> Psychodrama: Foundations of Psychotherapy, v. 2, p. 14
> Fundamentos del Psicodrama, p. 28

En un capítulo precedente describimos la técnica consistente en que varios sujetos desempeñen diferentes role como método diagnóstico, pero también se lo puede utilizar como método terapéutico con vistas a mejorar las relaciones de los miembros de un grupo. (…) Pero en la escena cada individuo puede asumir un nuevo rol. Efectivamente, la práctica frecuente de este método, tiene efectos que se traducen en los resultados de los tests sociométricos; contribuye a modificar un sujeto hasta entonces mal adaptado y aislado. Considerado desde este ángulo, el método puede denominarse "adiestramiento en el desempeño de rol" o terapia para el desempeño dramático.

> Fundamentos de la Sociometría, p. 338
> Who Shall Survive?, p. 503
> Quem Sobreviverá?, v. 3, pp. 63-64

ROLE PLAYING / TERAPIA DE ROLES

(…) En el caso de persistencia de las dificultades, se pasó a la interpretación de papeles en la que se representó la situación laboral con objeto de establecer un diagnóstico y procurar una reeducación.

> Psicoterapia de Grupo y Psicodrama, p. 71
> Inglés, no hay
> Psicoterapia de Grupo e Psicodrama, p. 63

ROLE PLAYING / TEST DE ESPONTANEIDAD

(…) Cuando el instructor de Espontaneidad percibe que el alumno padece una carencia de ciertos estados, por ejemplo, valor, alegría, etc., lo ubica en una situación específica en la que esos estados son inadecuados u oportunos. El alumno "representa" la situación, dramatiza improvisadamente el estado (…) En otras palabras, si le hace falta valor, "representa" el valor hasta que aprende a se. valiente.

> Psicodrama, p. 195
> Psychodrama, v. l, p. 141
> Psicodrama (portugués), p. 193

(...) El test de espontaneidad coloca al individuo en una situación típica de la vida corriente, susceptible de suscitar reacciones emocionales fundamentales y precisas llamadas de "estados de impromptu", tales como el miedo, la cólera, etc.

> Fundamentos de la Sociometría, p. 94
> Who Shall Survive?, pp. 104-105
> Quem Sobreviverá?, v. I, p. 204

(...) El segundo test que llena estas condiciones es el test de espontaneidad. Se trata aquí de una situación típica de la vida corriente, que el sujeto improvisa para su propia satisfacción.

> Fundamentos de la Sociometría, p. 95
> Who Shall Survive?, p. 105
> Quem Sobreviverá?, v. I, pp. 204-205

RORSCHACH *VERSUS* PSICODRAMA

51. Todos los tests, diagnósticos y métodos terapéuticos utilizados, actualmente, en la psicología clínica y en la psiquiatría pueden ser organizados en forma de escala, utilizando, como punto de referencia, el grado de compenetración del protagonista y del investigador y el grado de estructuración del material al que están expuestos (Escala de compenetración de Moreno). En un extremo de la escala pueden colocarse las tablas del Test de Rorschach y el analista de Rorschach – estructuración mínima del material y la compenetración mínima del investigador. En el otro extremo pude colocarse el psico y el sociodrama, con el máximo de estructuración de material y el máximo de compenetración tanto del protagonista como de los investigadores. A Rorschach, le siguen, en la escala, tests como el TAT, Rosenzweig etc; en el medio de la escala viene el psicoanalista; más cercano al psicodrama vendrán el role-playing y el comportamiento en la propia vida. Esta escala puede ayudar al estudiante a construir nuevas técnicas y a descubrir, en ella, sus posiciones precisas.

> Fundamentos de la Sociometría, no hay
> Who Shall Survive?, pp. 714-715
> Quem Sobreviverá?, v. 3, pp. 206-207

S

SALUD MENTAL

Cuando se pone de manifiesto la organización de un grupo gracias a un test sociométrico, también se puede divertir la contribución aportada por cada uno de sus miembros al desorden mental o social al que es particularmente sensible. La revelación de la estructura de una colectividad y de la posición ocupada por cada uno de sus miembros puede utilizarse para fines terapéuticos, bajo la forma de tratamiento individual, de terapéutica colectiva o de terapéutica de destinación.

Fundamentos de la Sociometría, p. 353
Who Shall Survive?, p. 530
Quem Sobreviverá?, v. 3, p. 94

(...) Hayan o no enfrentado a la ley, las pupilas de estos establecimientos y aquellas que no han sido aprehendidas tienen en común el haber manifestado una expansividad afectiva relativamente mayor en relación con los problemas sexuales que en relación a los otros criterios, y por qué no lograron acceder al dominio de sus impulsos. Puesto que las dificultades surgen respecto del otro sexo, el problema que se plantea es el de un aprendizaje afectivo susceptible de regular las relaciones de los dos sexos. Si embargo, precisamente para esta forma de adaptación no existe todavía una aproximación terapéutica en nuestras casas de reeducación como tampoco en nuestras escuelas.

Fundamentos de la Sociometría, p. 355
Who Shall Survive?, p. 532
Quem Sobreviverá?, v. 3, p. 96

SEINISMO

(...) Pero es también la cuna de una de las formas más heroicas del existencialismo, la cuna del "Seinismo", la ciencia del Ser (*Sein* quiere decir ser). Iba más allá de una mera filosofía y fenomenología del ser; la idea de Ser fue realmente vivida y encarnada por unas pocas personas. Ser es algo que no tiene fronteras; no reconoce como límites el nacimiento y la muerte, los incluye. (...)

El primero de los principios de este grupo era el de la "significación indivisa" (*all-inclusiveness*) del ser y el esfuerzo constante de mantener, momento tras momento, ininterrumpidamente, el flujo natural y espontáneo de la existencia. De este modo no puede pasarse por alto ningún momento de la existencia, ya que cada uno de los momentos está en ella. (...) El segundo principio es el de la bienaventurada bondad de todas las cosas existentes. Estaba también el principio del *instante* (*Augenblick*), no como función del pasado o del futuro; la idea de la *situación* (*Lage*) y de los desafíos que ella implica, las ideas de espontaneidad y creatividad como proceso universal de conducta, en contradicción con los clichés y las normas de cultura ya superadas, y sobre todo la idea de la urgencia, la urgencia de vivir inmediatamente la realidad de esos principios.

Las Bases de la Psicoterapia, pp. 337-338
Psychodrama: Foundations of Psychotherapy, v. 2, pp. 211-212
Fundamentos del Psicodrama, p. 226

SEINISMO / JOHN KELLMER

Uno de los destacados exponentes de ese grupo de hombres que intentaron la práctica de esta identidad fue John Kellmer, quien, para sentir por sí mismo cómo era el vivir una existencia distinta de la propia abandonó su carrera universitaria y de filósofo y escritor se convirtió en un simple labriego, uniéndose a las duras tareas del campo. Cortó todo contacto con sus anteriores amigos y con sus libros y nunca más volvió a escribir. Y así pasó el resto de su vida; su único y profundo deseo era el de vivir una existencia distinta de aquella que parecía señalada definitivamente para él.

Las Bases de la Psicoterapia, p. 337
Psychodrama: Foundations of Psychotherapy, v. 2, pp. 211-212
Fundamentos del Psicodrama, p. 226

SELF

SELF / ACTOR / OBSERVADOR

(...) el yo aparece dividido entre el actor espontáneo, por un lado, y un observador interno que contra-actúa (copartícipe), por otro. Esta división adquiere una gran importancia en la labor terapéutica, pero es también el fundamento dinámico del fenómeno trágico y cómico en el drama.

El Teatro de la Espontaneidad, p. 83
The Theater of Spontaneity, p. 44
O Teatro da Espontaneidade, p. 59

(...) El actor se ve obligado a participar hasta transformarse en dos individuos: su propio yo, oculto, y el yo que debe asumir. Como si estuviera saltando constantemente de su propio pellejo al del papel, para volver nuevamente al propio.

El Teatro de la Espontaneidad, p. 77
The Theater of Spontaneity, p. 41
O Teatro da Espontaneidade, pp. 55-56

SELF / CREATIVO

Mi visión del teatro se modeló siguiendo la idea del yo espontáneamente creador.

Pero la idea de un yo espontáneo y creador había caído en el más profundo descrédito y olvido por la época en que mi *idée fixe* me urgía a luchar contra sus adversarios y a restaurar al yo en la conciencia de la humanidad, apelando para ello hasta a la última partícula de persuasión y drama que pudiera evocar.

El Teatro de la Espontaneidad, p. 28
The Theater of Spontaneity, p. 5
O Teatro da Espontaneidade, p. 17

(...) Las tres formas de materialismo, por mucho que se contradigan entre sí, tienen un tácito común denominador: un profundo temor y un profundo desprecio, casi odio, contra el yo espontáneo, creador (que no debe confundirse con el genio individual, una de sus muchas manifestaciones).

El Teatro de la Espontaneidad, p. 29
The Theater of Spontaneity, p. 5
O Teatro da Espontaneidade, p. 17

SELF / DEFINICIÓN DE

Muchas son las definiciones que se han dado del yo. Es fácil estar de acuerdo en que el organismo individual y el yo no son la misma cosa, aunque resulte imposible separarlos con claridad. El yo es el crisol de las experiencias que provienen de muchas direcciones. Una de las dimensiones del yo es la social; otra dimensión es la sexual; otra, la biológica y otra, la cósmica; pero el yo es más que cualquiera de ellas.

El Teatro de la Espontaneidad, p. 33
The Theater of Spontaneity, p. 8
O Teatro da Espontaneidade, p. 21

(...) El yo es como un río, brota de la espontaneidad, pero tiene muchos afluentes que lo abastecen.
> El Teatro de la Espontaneidad, p. 34
> The Theater of Spontaneity, p. 8
> O Teatro da Espontaneidade, p. 21

(...) Al hablar de yo, me refiero a lo que reproductores del pasado y del futuro apliquen sobre "nosotros" la reducción más radical.
> El Teatro de la Espontaneidad, p. 35
> The Theater of Spontaneity, p. 8
> O Teatro da Espontaneidade, p. 21

(...) Tres son las posibles relaciones entre el actor y su papel. Por la primera, se mete dentro del papel, paso a paso, como si fuera una individualidad distinta. Cuanto más anule su yo privado, más capaz será de "vivir" el papel.
> El Teatro de la Espontaneidad, p. 78
> The Theater of Spontaneity, p. 41
> O Teatro da Espontaneidade, p. 56

(...) Es difícil llegar a un acuerdo acerca del *locus* del yo. Hemos precisado algunas de las dimensiones de las que se abastece, pero el lugar en que hunde sus raíces es otra cuestión. Sostengo la tesis de que el locus del yo es la espontaneidad. La espontaneidad en cuanto tal: 1) separación de las "leyes" de la naturaleza y 2) matriz de la capacidad creadora. Cuando la espontaneidad está en el nivel cero, el yo está en el nivel cero. En la medida en que disminuye la espontaneidad, el yo se reduce. Cuando la espontaneidad se desarrolla, el yo se expande. Si el potencial de la espontaneidad es ilimitado, también lo es el potencial del yo. Uno es función del otro.
> El Teatro de la Espontaneidad, pp. 33-34
> The Theater of Spontaneity, p. 8
> O Teatro da Espontaneidade, pp. 20-21

SELF / ESTRUCTURA

Igualmente difícil es llegar a un acuerdo respecto de la estructura del yo. Lo hemos descrito como un racimo de roles (los roles privados, más los colectivos). Se extiende más allá de la piel del organismo individual; uno de estos "más allá" es el dominio de lo interpersonal. El problema que sigue en pie es hasta dónde se extiende y dónde termina. Si el yo del hombre puede expandirse en capacidad creadora y en poder – como parece mostrarlo toda la historia del hombre – entonces debe existir alguna relación entre la idea del yo humano y la idea del yo universal de Dios. Los apóstoles modernos del ateísmo, al romper los lazos que ligaban al hombre con un sistema divino, con un Dios supramundano, en su apuro entusiasta, cortaron demasiado; amputaron el mismo yo del hombre. Por el hecho mismo de emancipar al hombre de Dios, emanciparon también al hombre de sí mismo. Afirmaron que Dios había muerto, pero quien había muerto era el hombre. Sostengo la tesis de que *el núcleo del problema no el Dios ni la negación de su existencia, sino el origen, la realidad y la expansión del yo.*
> El Teatro de la Espontaneidad, pp. 34-35
> The Theater of Spontaneity, p. 8
> O Teatro da Espontaneidade, p. 21

SELF / MEDICIÓN

Si la espontaneidad es "lo que se mide con los tests de espontaneidad", el yo se mide por el grado de espontaneidad que posee, por su coeficiente de espontaneidad.
> El Teatro de la Espontaneidad, p. 34
> The Theater of Spontaneity, p. 8
> O Teatro da Espontaneidade, p. 21

SESIÓN

SESIÓN / PRIMERA SESIÓN

La primera sesión es de importancia estratégica; basta que el director terapéutico cometa pequeñas faltas de táctica, para que todo el programa del tratamiento sea bloqueado. La primera sesión es, a veces, enteramente distinta de la siguiente. En ella ha de sacarse a la luz el problema del paciente. En estos casos la entrevista inicial se prolonga enormemente debido a la resistencia y la desconfianza del paciente frente a cualquier terapeuta.

>   Psicoterapia de Grupo y Psicodrama, p. 278
>   Psychodrama: Action Therapy & Principles of Practices, v. 3, p. 57
>   Psicoterapia de Grupo e Psicodrama, p. 264

SESIÓN / PSICODRAMA

(...) En el psicodrama se procura no terminar la sesión con una decepción del paciente, sino llevarla a un punto culminante.

>   Psicoterapia de Grupo y Psicodrama, p. 378
>   Psychodrama: Action Therapy & Principles of Practices, v. 3, p. 186
>   Psicoterapia de Grupo e Psicodrama, p. 356

SESIÓN / TIEMPO / PSICOTERAPIA DE GRUPO

Es falso determinar rígidamente la duración de una sesión, como igualmente es perjudicial determinar de antemano el número de los miembros. La duración de una sesión depende del carácter más o menos intenso del problema que ha empujado al grupo al tratamiento. Cuando la psicoterapia de grupo está en la fase final y la sesión tiene un carácter explosivo, bastan de 30 a 40 minutos. Cuando el problema no se ha desarrollado ni clarificado todavía, cuando está, por así decirlo, entre dos luces, es a veces necesario ampliar la sesión a dos o más horas. Hora y media es lo habitual según la experiencia, pero no siempre el tiempo óptimo.

>   Psicoterapia de Grupo y Psicodrama, p. 98
>   Inglés, no hay
>   Psicoterapia de Grupo e Psicodrama, pp. 87-88

SEXUALIDAD

5. La atracción grupal de sexos se desarrolla con la edad; la atracción inter-sexual comienza a los 2 años, alcanza altos niveles de los 3 a los 6, decae después del séptimo año y llega a un nivel muy bajo entre los 10 y 11 años de edad; aumenta, paulatinamente, de los 11 a los 14. El primer ciclo heterosexual ocurre entre los 3 y 8 años de edad; el primer ciclo homosexual, entre 8 y 13; el segundo ciclo heterosexual ocurre entre los 13 y 18 años y el segundo homosexual, entre los 14 y 19. (...) En cada uno de los tres casos, se hizo una investigación en una escuela pública, desde el maternal hasta la secundaria. Los grupos fueron testados nuevamente y la variable tiempo fue considerada.

>   Fundamentos de la Sociometría, no hay
>   Who Shall Survive?, pp. 699-700
>   Quem Sobreviverá?, v. 3, p. 189

9. *En la formación de grupos existe una división entre los dos sexos, de los 7 a los 14 años – división sexual*; ésta alcaza alto grado de alejamiento cuando los miembros del grupo tienen, aproximadamente, diez años de edad. De ahí en adelante, la separación sexual comienza a debilitarse, a pesar de que, de alguna forma, persista durante la vida de los grupos. En grupos de adolescentes y adultos, en que existe la participación de ambos sexos, encontramos, generalmente, subdivisiones.

>   Fundamentos de la Sociometría, no hay
>   Who Shall Survive?, p. 701
>   Quem Sobreviverá?, v. 3, p. 191

SHOCK PSICODRAMÁTICO

Se llama shock *psicodramático a un procedimiento que consiste en reintroducir a un paciente que ha salido de una psicosis en una segunda psicosis experimental.* Al fuerte shock de la fase aguda de una psicosis se le responde con un shock terapéutico igualmente fuerte. La semejanza entre la fase aguda de una psicosis y su meterialización en el *shock* psicodramático permite citar una vieja fórmula homeopática: *similla similibus curantur*.

Todas las personas que estuvieron en contacto con el paciente durante el acceso psicótico real deben colaborar con él en el "proceso de revivificación".

<small>Psicoterapia de Grupo y Psicodrama, pp. 345-346
J. L. Moreno, "Psychodramatic Shock Therapy, a Sociometric Approach of Mental Disorders", in *Group Psychotherapy and Psychodrama*, v. xxvii, n°s 1-4, 1974, p. 5
Psicoterapia de Grupo e Psicodrama, p. 330</small>

SHOCK PSICODRAMÁTICO / CUANDO APLICAR EL

En el curso de todo acceso psicótico hay instantes de relativa lucidez. El uso del *shock* psicodramático puede estar indicado durante uno de esos instantes de lucidez. Pero el momento ideal para su empleo es inmediatamente después de haberse superado el acceso. La explosion y el curso de su acceso psicótico se substraen a la observación directa, así que no existe ninguna otra forma de acercamiento para obtener información directa sobre la estructura efectiva de este mundo psicótico.

<small>Psicoterapia de Grupo y Psicodrama, pp. 349-350
J. L. Moreno, "Psychodramatic Shock Therapy, a Sociometric Approach of Mental Disorders", in *Group Psychotherapy and Psychodrama*, v. xxvii, n°s 1-4, 1974, p. 7
Psicoterapia de Grupo e Psicodrama, p. 333</small>

SHOCK PSICODRAMÁTICO / DIFICULTADES CON

Fue difícil para nosotros proponer una situación determinada para que la reconstruyese, porque había grandes contradicciones entre lo que comprendíamos clínicamente y lo que había producido ella en el psicodrama. Siempre que le decíamos lo que había dicho o hecho nos respondía: "Yo no he dicho eso, yo no he hecho eso.; No puedo acordarme". No podíamos introducirla en el *shock*. Tenía que entrar por sí misma. Así pues, en lugar de proponerle una situación específica, tratamos de concentrar sus recuerdos en torno a un lugar, en el "cuarto central" de la casa, en el que estuvo durante aproximadamente doce horas".

<small>Psicoterapia de Grupo y Psicodrama, p. 353
J. L. Moreno, "Psychodramatic Shock Therapy, a Sociometric Approach of Mental Disorders", in *Group Psychotherapy and Psychodrama*, v. xxvii, n°s 1-4, 1974, pp. 9-10
Psicoterapia de Grupo e Psicodrama, p. 336</small>

SHOCK PSICODRAMÁTICO / MÉTODO

El *shock* psicodramático es un método que sacude de tal modo al paciente, que puede rehacer ante nuestra vista el perdido mundo psicótico. El paciente que actúa en escena se "aplica un *shock*" así mismo, a su "autotele" y a su átomo social, hasta que se abre camino hacia la constelación patológica de su estado psicótico.

<small>Psicoterapia de Grupo y Psicodrama, p. 349
J. L. Moreno, "Psychodramatic Shock Therapy, a Sociometric Approach of Mental Disorders", in *Group Psychotherapy and Psychodrama*, v. xxvii, n°s 1-4, 1974, p. 7
Psicoterapia de Grupo e Psicodrama, p. 333</small>

Cuando el ataque ha llegado a su fin, es el paciente mismo el que da las señales de que la locura ha pasado. Se encuentra "como nuevo". Experimenta una nueva sublimación que nunca ya volverá a olvidar. Mira al mundo como si fuera por primera vez. Todo cuanto ve y toca es más maravilloso, real y estimulante que cuanto vio o tocó antes. Se vuelve poético, piadoso y desbordante de fuerza vital. Es la reacción normal de todo individuo al que se quita un gran peso de encima. Este momento es el más indicado para la aplicación del *shock* psicodramático. Cuantos más días y semanas pasan, tanto más se atrofia el "cordón umbilical" psicológico que une la situación actual del paciente con el mundo psicótico del que ha salido, hasta que se rompe. Si el tratamiento por *shock* se empieza en el momento crítico, antes de que sea demasiado tarde, la psicosis del paciente se conservará aún viva. Esta desarrolla una doble relación con dos mundos distintos. El tratamiento puede durar meses. Los *shocks* pueden aplicarse cada día o más espaciadamente.

    Psicoterapia de Grupo y Psicodrama, p. 357
    J. L. Moreno, "Psychodramatic Shock Therapy, a Sociometric Approach of Mental Disorders", in *Group Psychotherapy and Psychodrama*, v. xxvii, n°s 1-4, 1974, p. 13
    Psicoterapia de Grupo e Psicodrama, pp. 339-340

(...) Notamos aquí que el desempeño "directo" de roles puede ser insuficiente y nos damos cuenta por qué motivo es necesario introducir las técnicas psicodramáticas. La finalidad es (1) inducir al protagonista a una acción más profunda involucrándolo cada vez más en su propia experiencia; y (2) hacer más tangibles sus alucinaciones, ya sea a través de su propia representación de las mismas, o por medio de la representación a cargo de un ego-auxiliar. Nuestra hipótesis es que, si tales experimentos son realizados en el momento en que las alucinaciones están activas, se interpolan controles en la mente del paciente, barreras condicionantes que son de extrema importancia como reserva de medidas preventivas, en caso de posteriores recaídas.

    Psicodrama, no hay
    Psychodrama, v. I, pp. xv-xvi
    Psicodrama (portugués), p. 41

Parece que es indispensable la representación del mundo interno dentro de un contexto dramático, para aquellos individuos que han llegado a la fase de un trastorno mental bien organizado. La necesidad del drama puede ser ahogada temporalmente, por ejemplo, por terapéuticas de "shock" o de sueño. Pero la necesidad fundamental de realizar ciertas imágenes fantásticas no puede ser eliminada.

    Psicodrama, p. 43
    Psychodrama, v. I, pp. 18-19
    Psicodrama (portugués), p. 68

SIMBOLIZACIÓN[1]

(...) A menudo el peligroso llevar al teatro a pacientes de este tipo, sin una motivación previa y suficiente. En el psicodrama no siempre es esencial actuar, a menudo lo es sólo simbólicamente.

    Psicoterapia de Grupo y Psicodrama, p. 373
    Psychodrama: Action Therapy & Principles of Practices, v. 3, p. 185
    Psicoterapia de Grupo e Psicodrama, p. 352

SIMIENTES CREATIVAS

(...) Pero la plasmación de una obra del espíritu, le resulta más fácil a algunos cuando escriben tranquilos, en su escritorio; a otros, monologando en voz alta, y a otros, cuando crean sobre un escenario, ante un público. Lo único decisivo es si la simiente creadora ha llegado en cada uno a un suficiente grado de madurez.

    El Teatro de la Espontaneidad, p. 138
    The Theater of Spontaneity, p. 78
    O Teatro da Espontaneidade, p. 94

---

[1] Se refiere a María.

SITUACIÓN INTERPERSONAL

(...) Del contacto entre dos estados de espontaneidad centrados, naturalmente, en dos personas diferentes, resulta una situación interpersonal.

    Psicomúsica y Sociodrama, p. 221
    Psychodrama, v. I, p. 403
    Psicodrama, p. 464

SOCIATRÍA

J. L. Moreno, "Psychopathology of interpersonal relations", Sociometry, v. I, 1937, pp. 3-91

    Psicoterapia de Grupo y Psicodrama, p. 140
    Psychodrama, v. I, p. 316 (footnote)
    Psicoterapia de Grupo e Psicodrama, p. 374 (rodapé)

Sociatría (iatreia = medicina) es la ciencia de la curación de sistemas sociales.

    Psicoterapia de Grupo y Psicodrama, p. 37
    Who Shall Survive?, p. 119
    Psicoterapia de Grupo e Psicodrama, p. 33

(...) La sociatría utiliza especialmente la psicoterapia de grupo, el psicodrama y el sociodrama.

    Psicoterapia de Grupo y Psicodrama, p. 38
    Inglés, no hay
    Psicoterapia de Grupo e Psicodrama, p. 33

(...) "Sociatría" es, lógicamente, la cura de la sociedad normal del *socius*. El término deriva de la raíz latina y griega; de un lado está *socius*, "el otro compañero", del otro, *iatreia*, cura.

    Fundamentos de la Sociometría, no hay
    Who Shall Survive?, p. 119
    Quem Sobreviverá?, v. I, p. 216

El inicio de la ciencia de la sociatría coincide con la crítica situación histórica de la humanidad, a mediados de nuestro siglo. Los objetivos de esta nueva ciencia son la profilaxis, el diagnóstico y el tratamiento de la especie humana, de las relaciones grupales e intergrupales y, particularmente, la investigación de cómo podemos formar grupos que puedan impulsarse hacia la realización, por vía de técnicas de libertad, sin el auxilio de la sociatría o de la psiquiatría. El ideal secreto de la sociatría, como el de todas las ciencias, es ayudar a la humanidad en la realización de sus metas y, al final, dejar de ser necesaria, y perecer.

    Fundamentos de la Sociometría, no hay
    Who Shall Survive?, p. 379
    Quem Sobreviverá?, v. 2, p. 235

SOCIATRÍA / HIPÓTESIS DE LA

(...) Se basa en dos hipótesis: 1) "El conjunto de la sociedad humana se desarrolla según leyes definidas"; 2) "Un procedimiento verdaderamente terapéutico debe abarcar a toda la especie humana."

    Fundamentos de la Sociometría, no hay
    Who Shall Survive?, p. 119
    Quem Sobreviverá?, v. I, p. 216

SOCIATRÍA / PSIQUIATRÍA

(...) La sociatría debe ser definida según su posición dentro del sistema de ciencias tanto médicas como sociales. La psiquiatría es un ramo de la medicina que se relaciona con las enfermedades mentales y su tratamiento; trata de la psiquis y del soma individuales. La sociatría trata de síndromes patológicos de la sociedad normal y de individuos y grupos interrelacionados.

    Fundamentos de la Sociometría, no hay
    Who Shall Survive?, p. 119
    Quem Sobreviverá?, v. I, p. 216

SOCIATRÍA / SOCIOMETRÍA

La sociatría es sociometría terapéutica. Es ciencia pura, tanto como la sociometría. Difieren en método y énfasis, pero no en pureza. Una ciencia de investigación no es más pura que una terapéutica. El adjetivo "terapéutico" no debe tener connotación de grado menor de exactitud. La sociometría puede ser sociatría aplicada como también la sociatría puede ser sociometría aplicada.

> Fundamentos de la Sociometría, no hay
> Who Shall Survive?, p. 119
> Quem Sobreviverá?, v. I, p. 216

SOCIEDAD EXTERNA

(...) Por sociedad externa entiendo todos los grupos visibles y tangibles, grandes o pequeños, oficiales o no, de que se compone una sociedad humana.

> Fundamentos de la Sociometría, p. 72
> Who Shall Survive?, p. 79
> Quem Sobreviverá?, v. I, p. 181

SOCIODINÁMICA

Sociodinámica es la ciencia de la estructura de los grupos sociales, de los grupos aislados y de las asociaciones de grupo.

> Psicoterapia de Grupo y Psicodrama, p. 37
> Inglés, no hay
> Psicoterapia de Grupo e Psicodrama, p. 33

SOCIODRAMA

El sociodrama ha sido definido como un método de investigación, activo y profundo, sobre las relaciones que se forman entre los grupos y sobre las ideologías colectivas.

> Fundamentos de la Sociometría, p. 80
> Who Shall Survive?, p. 87
> Quem Sobreviverá?, v. I, p. 188

SOCIODRAMA / ORIGEN DEL NOMBRE

El vocablo sociodrama tiene dos raíces: *socius*, que significa el socio, la otra persona, y *drama*, que significa acción. Sociodrama significaría pues acción en beneficio de otra persona.

> Psicomúsica y Sociodrama, p. 138 (notas)
> Psychodrama, v. I, p. 352 (footnote)
> Psicodrama, p. 411 (rodapé)

El verdadero sujeto en el sociodrama es el grupo. Este no está limitado por ningún número especial de individuos. Puede consistir en tantas personas como seres humanos vivan en alguna parte, o al menos en tantos como pertenezcan a la misma cultura.

> Psicomúsica y Sociodrama, p. 140
> Psychodrama, v. I, p. 354
> Psicodrama, p. 413

SOCIODRAMA / PERCEPTUAL

(...) Los sujetos fueron interrogados en ocasión de hacerse el test sociométrico destinado a conjeturar la opinión que de ellos tenían los demás, dejándola librada a la intuición de estos últimos y con referencia a actividades específicas en desarrollo. Comparando los datos perceptivos con los datos reales se encontró que los individuos tienen, uno de otro, percepciones sociométricas, que corresponden a diversos grados de corrección. (...)

Fueron descubiertas varias pautas de comportamiento. Categoría 1: son pacientes que subestiman su propio status y sobreestiman el del terapeuta y el de otros miembros del grupo. Categoría 2: son pacientes que sobreestiman su propio status y subestiman el del terapeuta y el de otros miembros del grupo. Categoría 3: son pacientes que se consideran muy atrayentes y aceptables para el terapeuta o los demás miembros del grupo. Categoría 4: son pacientes que se consideran rechazados por el terapeuta o por otros miembros del grupo. Categoría 5: consideran que aceptan al terapeuta y a los otros miembros del grupo.

Categoría 6: consideran que rechazan al terapeuta o a otros miembros del grupo.
>   Las Bases de la Psicoterapia, pp. 27-28
>   Psychodrama: Foundations of Psychotherapy, v. 2, p. 11
>   Fundamentos do Psicodrama, p. 25

SOCIODRAMA / PSICOTERAPIA DE GRUPO

(...) Hay, pues, un límite que se plantea respecto de la cuestión de hasta dónde puede llegar el método psicodramático en cuanto concierne al descubrimiento de hechos y la solución de los conflictos interpersonales. Las causas colectivas no pueden manejarse sino en sus formas subjetivadas. (...) Esos factores eran también supraindividuales, como la tormenta que tumbó el cerco, aunque se trataba aquí de una tormenta social, que debió haber sido comprendida y controlada con medios distintos. Se requería una forma especial de psicodrama que pusiera en el foco de visión dramática los factores colectivos. Así nació el sociodrama.
>   Psicomúsica y Sociodrama, pp. 139-140
>   Psychodrama, v. 1, pp. 353-354
>   Psicodrama, pp. 412-413

SOCIODRAMA / PSICOTERAPIA DE GRUPO INDIVIDUAL / TERAPIA DE GRUPO COLECTIVA

La diferencia existente entre psicodrama y sociodrama debería extenderse a todo tipo de psicoterapia de grupo. Debería también indicarse la diferencia existente entre el tipo individual de psicoterapia de grupo y el tipo colectivo de psicoterapia de grupo. El tipo individual está centrado en el individuo. Concentra su atención en los individuos que se hallan en la situación, en los individuos en que consiste el grupo, y no el grupo en general. El tipo colectivo está centrado en el grupo. Centra su atención en los determinadores colectivos y no se interesa por las diferencias individuales o los problemas privados que ellos puedan producir.
>   Psicomúsica y Sociodrama, p. 159 (notas)
>   Psychodrama, v. 1, p. 364 (footnote)
>   Psicodrama, p. 424 (rodapé)

SOCIODRAMA / TÉCNICA DE ENSEÑANZA

Mi referencia a Sócrates sirvió no solo para enfatizar la influencia que tuvo sobre mis años de formación, pero también por la gran importancia del sociodrama como técnica de enseñanza. Esto no debe obscurecer el hecho de que el origen del sociodrama se remonte al período prehistórico de la humanidad, inclusive antes de que cualquier forma de literatura, como la conocemos hoy en día, existiese. Por otro lado, existen elementos en el sociodrama, por ejemplo, la teoría de la espontaneidad y creatividad, que no podrían llegar a la madurez antes que la civilización mecanizada y robotizada hubiera preparado un antídoto indispensable.
>   Fundamentos de la Sociometría, no hay
>   Who Shall Survive?, v. 1, p. xxiv, Preludes
>   Quem Sobreviverá?, v. 1, p 31, Prelúdios

SOCIODRAMATISTA

Los trabajadores sociodramáticos tienen la tarea de organizar reuniones preventivas, didácticas y de reconstrucción en la comunidad en que viven y trabajan; (...) El agente de acción ingresa en el grupo acompañado por el equipo de egos-auxiliares, si necesario, con la misma determinación, audacia o violencia de un líder nazista o sindical. La reunión puede transformarse en acción tan chocante y entusiástica como aquellas de naturaleza política, con la diferencia de que los políticos tratan de someter a las masas a sus esquemas, mientras que el sociodramatista trata de con-

ducirlas al máximo de realización, expresión y análisis de grupos.
> Fundamentos de la Sociometría, no hay
> Who Shall Survive?, p. 117
> Quem Sobreviverá?, v. I, pp. 214-215

SOCIOGENIA

SOCIOGENIA *VERSUS* EUGENIA

Francis Galton fundó la eugenesia, arte "de conservar y mejorar las cualidades innatas de las generaciones futuras". Yo propongo la sociogenesia, arte "de estudiar y preparar en el universo condiciones que permitan vivir a cada ser humano y no impidan el acceso de ninguno a la vida."
> Fundamentos de la Sociometría, p. 420
> Who Shall Survive?, p. 609
> Quem Sobreviverá?, v. 3, pp. 178-179

El principio de una democracia sociométrica y sociogénica es un estado de cosas en el que la igualdad se halla extendida a los niños que aún no han nacido; implica y acuerda la igualdad de derechos a las tres categorías de seres humanos: los niños por nacer, los hombres vivos y los muertos. (…) La sociometría ha descubierto numerosos tipos de proletariados hasta hoy desconocidos; pero el proletariado más numeroso y antiguo es el de *los hombres que todavía no han nacido.*
> Fundamentos de la Sociometría, p. 421
> Who Shall Survive?, p. 610
> Quem Sobreviverá?, v. 3, p. 179

SOCIOGRAMA

(…) La imagen de las variaciones en las relaciones recíprocas entre los individuos de un grupo se llama "sociograma". Cuando representa relaciones mensurables es preferible utilizar el término "sociograma sociométrico".
> Psicoterapia de Grupo y Psicodrama, p. 39
> Inglés, no hay
> Psicoterapia de Grupo e Psicodrama, p. 35

(…) A través de estudios longitudinales, los desvíos de las normas sociométricas pueden ser descubiertos en los sociogramas; comportamiento antisocial y disturbios mentales pueden ser previstos.
> Fundamentos de la Sociometría, no hay
> Who Shall Survive?, p. 702
> Quem Sobreviverá?, v. 3, p. 192

28. Cuando los miembros encuentran realización plena de sus elecciones en sus grupos, los resultados prescinden de validación posterior. El sociograma se convierte, entonces, en expresión del "aquí y ahora", un sociograma "existencial".
> Fundamentos de la Sociometría, no hay
> Who Shall Survive?, p. 703
> Quem Sobreviverá?, v, 3, p. 193

Sociograma – describe, a través de conjuntos de símbolos, las relaciones mutuas o interpersonales que existen entre miembros de un grupo. Si A elige B, esta es apenas mitad de una relación mutua. Para que la relación sea sociométricamente significativa, es necesario que exista la otra mitad. Puede ser que B elija A o que rechace A o, todavía, que sea indiferente a A.
> Fundamentos de la Sociometría, no hay
> Who Shall Survive?, p. 719
> Quem Sobreviverá?, v. 3, pp. 213-214

SOCIOGRAMA / OBJETIVO / SUBJETIVO
> Psicoterapia de Grupo y Psicodrama, p. 55
> Inglés, no hay
> Psicoterapia de Grupo e Psicodrama, p. 50

SOCIOGRAMA / OBSERVADOR

Este método de observación parasociométrico tiene una gran importancia siempre que no se puede trabajar con el verdadero test: gracias a un sociograma "del observador" se puede obtener una imagen a grandes trazos de la situación.

Fundamentos de la Sociometría, p. 178 (notas)
Who Shall Survive?, p. 244 (footnote)
Quem Sobreviverá?, v. 2, p. 118 (rodapé)

SOCIOIDE

La estructura de la matriz sociométrica es más difícil de establecer. Para descubrirla es necesario usar métodos especiales, llamados métodos sociométricos: como la matriz es la sede de cambios dinámicos incesantes, estas técnicas deben serle aplicadas a intervalos regulares a fin de poder determinar las constelaciones sociales en vías de nacimiento. La matriz sociométrica se compone de diversas constelaciones: el tele, el átomo, el superátomo o molécula (es decir, varios átomos ligados conjuntamente) y el socioide, que se puede definir como una aglomeración de átomos ligados a otras aglomeraciones por medio de cadenas o de redes interpersonales. El socioide es la contrapartida sociométrica de la estructura externa de un grupo social; raramente es idéntico a lo que el grupo social presenta ante la observación externa, porque ciertas partes de sus átomos sociales y de sus cadenas pueden extenderse a otro socioide. Inversamente, ciertos elementos de la estructura externa de un grupo social dado pueden no pertenecer a la configuración del socioide correspondiente, sino integrarse en un socioide escondido en el seno de un grupo social diferente. Las redes psicosociales son otras de las constelaciones que pueden descubrirse en una matriz sociométrica. Hay, además, amplias categorías sociodinámicas que son frecuentemente movilizadas en la acción política y revolucionaria: resultan de la interpenetración de los numerosos socioides y representan la contrapartida sociométrica de las "clases sociales", burguesía o proletariado; se los puede definir como estructuras sociométricas de clases sociales y designarlas bajo el nombre de "clasoides".

Fundamentos de la Sociometría, pp. 73-74
Who Shall Survive?, pp. 80-81
Quem Sobreviverá?, v. 1, pp. 182-183

SOCIOLOGÍA

Sociología es la ciencia de los fenómenos sociales en general; la sociometría se ocupa de su medición. "Macrosociología" es la sociología de las grandes unidades sociales (estados, naciones, industrias, etc.) "Microsociología" es la sociología de los pequeños grupos y de sus estructuras atomísticas ("microscopía social"). El concepto y la aplicación de la microscopía social fueron introducidos por mí (1934) en relación con el análisis de los pequeños grupos y con ellos se dio fundamentación a la microsociología.

Psicoterapia de Grupo y Psicodrama, p. 38
Inglés, no hay
Psicoterapia de Grupo e Psicodrama, p. 34

SOCIOMATRIZ

(…) Estas clasificaciones son el embrión de la "sociomatriz" ulterior. Es la sociomatriz de un solo sujeto. Cuando varios sujetos son colocados en la matriz con todas sus relaciones actuales, resulta la sociomatriz de un grupo.

Fundamentos de la Sociometría, p. 173
Who Shall Survive?, p. 236
Quem Sobreviverá?, v. 2, p. 112

SOCIOMETRÍA

SOCIOMETRÍA / ATRACCIÓN / REPULSIÓN

(…) Pero, cualesquiera sean las fuerzas sociales que lleven a los individuos o grupos a inmigrar, cuando la maduración de su comportamiento ha llegado al estadio de las elecciones y las decisiones, estas se traducen mediante atracciones y rechazos, revelados por su influencia, sus intercambios afectivos, sus configuraciones de atracmétodos sociométricos.

Fundamentos de la Sociometría, p. 376
Who Shall Survive?, p. 556
Quem Sobreviverá?, v. 3, p. 123

SOCIOMETRÍA / COLABORADORES / PRECURSORES

Durante su período pionero en los EUA, el movimiento sociométrico contó con seis colaboradores: William H. Bridge, E. Stagg Whitin, Helen H. Jennings, William Alonson White, Fanny French Morse y Gardner Murphy. Bridge, profesor de oratoria en la Facultad de Hunter, fue el primero a enseñar psicodrama en sus clases y en otros lugares. Whitin conquistó el apoyo de los Departamentos de Corrección y Bienestar Social. Si no fuera por él, los experimentos de Hudson y Brooklin jamás se habrían realizado. Jennings vio la finalización de la investigación; sin ella, esto podría haber sido pospuesto indefinidamente. Su personalidad, así como sus talentos, ejercieron influencia decisiva sobre el desarrollo de la sociometría.

Sin White, los psiquiatras no habrían oído mis ideas con atención. Sin la Sra. Morse, el experimento que estaba ocurriendo en Hudson habría sido enteramente cortado por el Consejo. Sin Murphy, la aceptación de la sociometría por los científicos sociales en las facultades y universidades podría haberse atrasado por una década.

Fundamentos de la Sociometría, no hay
Who Shall Survive?, p. xliii
Quem Sobreviverá? v. I, p. 47

El solo para la sociometría fue preparado por el pensamiento de J. Baldwin, C. H. Cooley, G. H. Mead, W. I. Thomas y, particularmente, John Exey. Sociólogos y educadores fueron los primeros en aceptarla. Los psiquiatras fueron más lentos.

Fundamentos de la Sociometría, no hay
Who Shall Survive?, p. lx, Preludes
Quem Sobreviverá?, v. I, p. 62, Prelúdios

SOCIOMETRÍA / CONCEPTO

Sociometría (*metrein* = medir) es la ciencia que mide las relaciones interpersonales. Pero es más importante el *socius* que el *metrum*.

Psicoterapia de Grupo y Psicodrama, p. 37
Inglés, no hay
Psicoterapia de Grupo e Psicodrama, p. 33

La sociometría es un estudio de la estructura psicológica real de la sociedad humana. La estructura es raramente visible en la superficie de los procesos sociales; consiste de complejas pautas interpersonales, que son estudiadas mediante procedimientos cuantitativos y cualitativos. Uno de ellos es el test sociométrico, que determina las afinidades mutuas de los individuos en los diversos grupos a que pertenecen. El test revela una estructura psicológica de relaciones interpersonales que a menudo difiere considerablemente de las relaciones que los individuos tienen oficialmente en los grupos. Sobre la base de estos hallazgos se ha elaborado una técnica que traslada al individuo de su posición de inadaptación a una posición en el mismo grupo o en otro que promete beneficiarlo. Los indicios para este cambio son proporcionados por los individuos hacia quienes aquél se siente atraído espontáneamente, o que son atraídos por él. Si se efectúa el cambio de posición. Abre la base de un concienzudo análisis cuantitativo y estructural de los grupos de una comunidad dada, se llama al procedimiento *asignación sociométrica*.

    Psicodrama, p. 326 (notas)
    Psychodrama, v. I, p. 242 (footnote)
    Psicodrama (portugués), pp. 298-299 (rodapé)

La sociometría es la sociología del pueblo, por el pueblo y para el pueblo: aquí, la fórmula se aplica a la misma investigación social. *(Regla de participación universal en la acción).*

    Fundamentos de la Sociometría, p. 67
    Who Shall Survive?, p. 62
    Quem Sobreviverá?, v. I, p. 166

SOCIOMETRÍA / ÉTICA

El punto central de la sociometría dialéctica es que la sociometría retrotrae las ciencias sociales a la ciencia "original" de donde salió, o sea," la ética," sin abandonar por ello ninguno de los fines objetivos que contempla el método científico. La sociología es la ética social por excelencia.

    Fundamentos de la Sociometría, p. 102
    Who Shall Survive?, p. 114
    Quem Sobreviverá?, v. I, p. 212

SOCIOMETRÍA / HIPÓTESIS DE

Uno de sus primeros proyectos[2] debe haber sido un orden axiomático universal del cosmos y, de esta manera, formulé dos hipótesis.

1) La hipótesis de la cercanía-espacial postula que mientras más cerca están dos individuos en el espacio, más deben uno al otro su atención inmediata y aceptación, su primer amor. No preste atención a las personas que están lejos de usted, a menos que ya haya cumplido sus obligaciones para con sus prójimos y viceversa. Cuando digo "más cerca" me refiero a aquél que vive cerca de usted, que ve primero en la calle, que está trabajando a su lado, que se sienta a su lado o que le presentan primero. La secuencia de "cercanía en el espacio" establece un orden preciso de los lazos y aceptación social y la secuencia de dar amor y atención está, por lo tanto, estrictamente preordenada y arreglada, de acuerdo con el "imperativo espacial".

2) La hipótesis de la cercanía-temporal postula que la *secuencia de la cercanía en el tiempo establece orden preciso de atención y veneración de acuerdo con el "imperativo temporal". El aquí y ahora demanda ayuda en primer lugar; lo que está antes o después en tiempo al aquí y ahora requiere ayuda inmediata.*

Aquí tenía algunos de los ingredientes del "sistema sociométrico" en manos, la idea de cercanía métrica, el amor al prójimo y la idea del encuentro, además de la espontaneidad (**e**) y creatividad (**c**). Al principio, experimenté el sistema sociométrico en el cosmos. Dios fue un súper sociometrista. La génesis de la sociometría fue el universo métrico de la creación de Dios, la ciencia de la "geometría". Lo que sé de sociometría, lo aprendí, en primer lugar, con mis especulaciones y experimentos en los planos religioso y axiológico. Para amoldar el sistema sociométrico al mundo de Dios hice que Él le atribuyese a cada partícula del universo un poco de **e** y **c**, creando, así, varias oposiciones para Sí mismo, las contra–espontaneidades de innumerables seres. Esto lo hizo dependiente de todo ser y, debido a la enorme extensión y distribución a través de espacios infinitos, casi desamparado. (…) Esta distribución de **e** y **c** nos convirtió en compañeros, iguales. Él era para servir, no para comandar; para coexistir, co-crear y coprodu-

---

[2] Moreno se refiere a Dios. (Nota de la autora)

cir, nada para Si mismo, todo para los otros. (...) El odio y la estupidez están tan cercanos en Su corazón como el amor y la sabiduría.
> Fundamentos de la Sociometría, no hay
> Who Shall Survive?, pp. xx-xxi, Preludes
> Quem Sobreviverá?, v. I, pp. 27-28, Prelúdios

SOCIOMETRÍA / HISTORIA

La aproximación más exacta del inicio oficial del movimiento sociométrico data de 3 a 5 de abril de 1933, cuando la Sociedad Médica del Estado de Nueva York exhibió algunos gráficos sociométricos durante la convención en el Hotel Waldorf Astoria.
> Fundamentos de la Sociometría, no hay
> Who Shall Survive?, p. xiii, Preludes
> Quem Sobreviverá?, v. I, p. 21, Prelúdios

El año de 1933 puede haber sido la fecha oficial, pero el origen conceptual de la sociometría data de 1923. Fue la fecha de la publicación de *Das Stegreiftheater*, de mi autoría, en donde se encontraban las semillas de muchas ideas posteriormente responsables por llevar la sociometría a la fama. (...)

El movimiento sociométrico puede ser dividido en dos grandes períodos; el primero será denominado *período axionormativo* (...) el segundo será denominado *período sociométrico* y contendrá tres fases distintas: la primera que tuvo su inicio en 1923 con el aparecimiento de *Das Stegreiftheater* y terminó en 1934 con el aparecimiento de *Who Shall Survive?* (Edición en español, *Fundamentos de la Sociometría*); la segunda fase iniciando con el lanzamiento de *Sociometry, A journal of Interpersonal Relations* y terminando con la abertura del Instituto Sociométrico y del Teatro del Psicodrama en Nueva York, en 1942; la tercera fase, de 1942 a 1952, testigo de la propagación de la psicoterapia de grupo, psicodrama y sociometría por todos los Estados Unidos, Europa y otras partes del mundo.
> Fundamentos de la Sociometría, no hay
> Who Shall Survive?, p. xiv, Preludes
> Quem Sobreviverá?, v. I, p. 22, Prelúdios

Me traje los tres vehículos que había inventado y que fueron decisivos para la inauguración y diseminación, en los Estados Unidos, de la sociometría, una sociología característicamente americana: el escenario psicodramático, el sociograma internacional y un grabador magnético. Cada uno proporcionó una revolución conceptual – el escenario psicodramático superando al diván psicoanalítico, trayendo las técnicas de actuación, la teoría de la acción y la participación de la audiencia en la psicoterapia de grupo; el sociograma trajo la investigación sistemática de pequeños grupos; el grabador, un método de registro de casos proporcionando la oportunidad de oírlos de nuevo y, consecuentemente obtener datos más completos, además de permitir más objetividad y exactitud.
> Fundamentos de la Sociometría, no hay
> Who Shall Survive?, pp. xli-xlii
> Quem Sobreviverá?, v. I, p. 46

SOCIOMETRÍA / MÉTODO

La sociometría utiliza métodos sociométricos como especialmente el test sociométrico y test sociométrico de percepción.
> Psicoterapia de Grupo y Psicodrama, p. 37-38
> Inglés, no hay
> Psicoterapia de Grupo e Psicodrama, p. 33

SOCIOMETRÍA / OBJETIVOS

La sociometría tiene por objeto el estudio matemático de las propiedades psicológicas de las poblaciones; a este efecto pone en acción una técnica experimental fundada sobre métodos cuantitativos y expone los resultados obtenidos mediante su aplicación.

>Fundamentos de la Sociometría, p. 61
>Who Shall Survive?, p. 51
>Quem Sobreviverá?, v. I, p. 157

Esta ciencia poco a poco fue convirtiéndose en una ciencia general de los grupos, conocida bajo el nombre de sociometría. El objeto de su investigación son, entre otras cosas, la composición de los grupos, la selección de los pacientes aptos para el tratamiento, los síndromes característicos del grupo y los métodos para tratar con éxito grupo e individuos.

>Psicoterapia de Grupo y Psicodrama, p. 14
>Inglés, no hay
>Psicoterapia de Grupo e Psicodrama, pp. 13-14

La sociometría como parte de la socionomía se ocupa del estudio matemático de las cualidades psicosociales de la población, de los métodos experimentales y de los resultados de la aplicación de principios cuantitativos. Comienza su investigación con el estudio del desarrollo y organización del grupo y de la posición de los individuos en él. Una de sus tareas es el estudio del número y amplitud de las corrientes psicosociales y del curso que tienen dentro de la población.

>Psicoterapia de Grupo y Psicodrama, p. 37
>Inglés, no hay
>Psicoterapia de Grupo e Psicodrama, p. 33

SOCIOMETRÍA / ORIGEN DEL NOMBRE

Sociometría (*metrein* = medir) es la ciencia que mide las relaciones interpersonales. Pero es más importante el *socius* que el *metrum*.

>Psicoterapia de Grupo y Psicodrama, p. 37
>Similar in "Who Shall Survive?", p. 16
>Psicoterapia de Grupo e Psicodrama, p. 33

SOCIOMETRÍA / PRECISIÓN

La exactitud cuantitativa de la sociometría puede ser igual, si no superior a la de las ciencias naturales.

>Fundamentos de la Sociometría, no hay
>Who Shall Survive?, p. xl
>Quem Sobreviverá?, v. I, p. 44, Prelúdios

SOCIOMETRÍA / PSICOTERAPIA DE GRUPO

El primer paso que había de superar los límites trazados por Freud consistió en el desarrollo de una ciencia de los grupos terapéuticos: la sociometría. Era importante para el médico considerar la composición de los grupos terapéuticos para comprender adecuadamente y seleccionar a los pacientes-miembros.

>Psicoterapia de Grupo y Psicodrama, p. 26
>Inglés, no hay
>Psicoterapia de Grupo e Psicodrama, p. 23

SOCIOMETRÍA / RELIGIÓN

(…) La principal inspiración de la sociometría, sin embargo, viene de los sistemas religiosos.

(…) Fue en mi libro filosófico *Dialogues of the Here and Now* y, más tarde, en mi *Words of the Father*, que añadí una nueva dimensión a la Divinidad, dimensión que, inconscientemente, siempre existió, pero nunca había sido, convenientemente, explicada: teóricamente, la dimensión del "Yo" o Dios en "primera" persona (contrastando con el "Tú", Dios de los Cristianos y al "Él", Dios de la tradición mosaica), la dimensión de subjetividad, la dimensión del actor y creador, de la espontaneidad y creatividad.

>Fundamentos de la Sociometría, no hay
>Who Shall Survive?, pp. xl-xli, Preludes
>Quem Sobreviverá?, v. I, pp. 44-45, Prelúdios

SOCIOMETRÍA / TIPOS

(...) Su desarrollo presentó tres formas principales: a) la sociometría dinámica o revolucionaria, comprometida en los problemas de transformación social; b) la sociometría del diagnóstico, que se ocupa de la clasificación social; c) la sociometría matemática.

Fundamentos de la Sociometría, p. 62
Who Shall Survive?, p. 52
Quem Sobreviverá?, v. 1, p. 158

SOCIOMETRÍA / TRATAMIENTO DEL INVESTIGADOR SOCIOMÉTRICO

36. Coloque al investigador sociométrico en medio de varias poblaciones, no para aplicar el test, sino a) para estimular su caldeamiento con relación a determinada población y viceversa; y b) para probar su sensibilidad con los criterios más relevantes.

El investigador que logre establecer una relación armoniosa, se compromete, al máximo, con la población y elegirá el criterio adecuado en el transcurso de su caldeamiento, provocando una participación más amplia y profunda, al contrario del investigador que aplica el test fríamente, a través de un cuestionario por correspondencia, por ejemplo, o a través de métodos semejantes que traten de reducir su desarrollo al mínimo posible.

Fundamentos de la Sociometría, no hay
Who Shall Survive?, pp. 711-712
Quem Sobreviverá?, v. 3, p. 203

SOCIOMETRÍA / URBANISMO

(...) La administración del test sociométrico a las poblaciones de las regiones críticas, a revelar sus tendencias espontáneas y los movimientos en potencia, puede echar las bases de un método de migración dirigida. Semejante método no sólo permitirá aligerar a los centros urbanos de un exceso de población industrial, sino también a ciertas regiones víctimas del efecto de acumulación de las tensiones afectivas.

Fundamentos de la Sociometría, p. 377
Who Shall Survive?, p. 557
Quem Sobreviverá?, v. 3, p. 124

SOCIOMETRÍA / VENTAJAS

Este método puede ser aprovechado como un perfeccionamiento de la técnica de investigación del observador-participante. En general, la estimación exacta de la personalidad de los diversos investigadores que se debe utilizar como sociómetras y observadores en las colectividades ha permitido establecer un sistema de referencia en el centro de investigaciones, al que los investigadores entregan sus datos y resultados. Este sistema de referencia nos proporciona una base mucho más objetiva de la que hasta el presente teníamos a nuestra disposición para evaluar la incidencia de las características personales de cada investigador sobre sus resultados. *Las investigaciones sociales sobre su colectividad, cuando se inspiran en los principios sociométricos, están equipados por dos sistemas de referencia complementarios. El primero se relaciona con el investigador objetivado, también preparado para su tarea y tan exactamente evaluado, que su personalidad aparece ya como un factor desconocido en los resultados. El segundo sistema de referencia se relaciona con los miembros de la colectividad a quienes se induce a participar espontáneamente y en una amplia medida en la misma investigación, merced a los métodos sociométricos, y que apuntan su contribución personal de hechos auténticos y valederos.*

Fundamentos de la Sociometría, p. 99
Who Shall Survive?, pp. 109-110
Quem Sobreviverá?, v. 1, pp. 208-209

SOCIONOMÍA

Socionomía es la ciencia de las leyes sociales (o el equivalente modernos de "ley"). (...) La vieja dicotomía: "cualitativo" versus "cuantitativo" se soluciona en la socionomía en nueva forma. Lo cualitativo está contenido en lo "cuantitativo"; no se extingue ni se olvida, sino que se lo trata, siempre que sea posible, como una unidad.

Psicoterapia de Grupo y Psicodrama, p. 37
Inglés, no hay
Psicoterapia de Grupo e Psicodrama, p. 33

SOCIONOMÍA / JERARQUÍA SOCIONÓMICA

(...) Estos cálculos sugieren que la humanidad se encuentra dividida no apenas en razas y naciones, religiones y estados, sino también en compartimientos socionómicos. Nueve jerarquías socionómicas resultan de la diferencias en atracciones de individuos y de grupos con relación a otros individuos y grupos. (...) Sean o no intrínsecas las diferencias en la capacidad de atracción, eso no altera el hecho de que han sido, o el más grande obstáculo o el más grande estímulo en el deseo por el poder. Es natural que individuos y grupos menos atractivos traten de alcanzar, a través de la fuerza o de artificios, lo que no les será proporcionado por la atracción y habilidad espontáneas.

Fundamentos de la Sociometría, no hay
Who Shall Survive?, p. 434
Quem Sobreviverá:, v. 2, p. 281

SOCIONOMÍA / MÉTODOS

La sociometría utiliza métodos sociométricos como especialmente el test sociométrico y test sociométrico de percepción. La sociodinámica emplea la interpretación de papeles. La sociatría utiliza especialmente la psicoterapia de grupo, el psicodrama y el sociodrama.

Psicoterapia de Grupo y Psicodrama, pp. 37-38
Inglés, no hay
Psicoterapia de Grupo e Psicodrama, p. 33

SOCIONOMÍA / ORIGEN DE

(...) ¿A qué se debe que un actor represente sin dificultades un tema, y que fracase luego si se modifica la cantidad de los actores en juego, la personalidad de los actores, el tema o la escena? Sacamos la conclusión que, en la acción espontánea, basta con el instinto y la intuición cuando se trata de la espontaneidad de un solo individuo. Pero el interjuego es un problema social. Entonces es indispensable el agregado de una planificación inteligente; una espontaneidad planificada.

El Teatro de la Espontaneidad, pp. 150-151
The Theater of Spontaneity, p. 81
O Teatro da Espontaneidade, p. 101

SOCIOSIS Y SOCIÓTICO

(...) *Conceptos psiquiátricos, como la neurosis y la psicosis, no son aplicables a procesos socioatómicos. Un grupo de individuos puede convertirse en "sociótico" y el síndrome que produce esta condición puede ser denominado "sociosis".*

Fundamentos de la Sociometría, no hay
Who Shall Survive?, p. 379
Quem Sobreviverá?, v. 2, p. 235

SÓCRATES

SÓCRATES / INVERSIÓN DE ROL

Tuve dos profesores, Jesús y Sócrates; Jesús, el santo improvisador y Sócrates, que, de manera curiosa, es el que se acerca más a la denominación de pionero del formato psicodramático. (…) Sócrates estaba compenetrado con personas reales, actuando como partero y clarificador, de forma muy parecida a la usada por los psicodramatistas modernos. (…) pero es aquí que mi discrepancia con Sócrates comienza; la estructura de referencia de sus diálogos se limitaba al aspecto dialéctico-lógico. Él no entraba, como Jesús lo hizo, ni en la totalidad ni en la esencia de la situación. (…) Sócrates prefirió los diálogos a las palestras, cuando quiso sustentar sus argumentos. Eligió como contra-protagonista a un personaje representativo, un sofista. Inconscientemente, usando la técnica de "inversión de roles", ascendió al sofista a profesor, mientras que él, Sócrates, asumiría el rol del alumno ignorante que hacía preguntas. Llegó, intuitivamente, a conclusiones que me costaron mucho tiempo de práctica: que, a través de la inversión de roles, podría más fácilmente encontrar los puntos débiles en la armadura del sofista, que si le señalaran directamente sus errores de lógica. A medida que llevaba al sofista por varios dilemas, su público se compenetraba y el diálogo terminaba con una "catarsis dialéctica".

> Fundamentos de la Sociometría, no hay
> Who Shall Survive?, pp. xxii-xxiii
> Quem Sobreviverá?, v. I, pp. 29-30, Prelúdios

SORPRESA

El sentido de la espontaneidad, en cuanto función cerebral, manifiesta un desarrollo más rudimentario que cualquier otra función fundamental, importante, del sistema nervioso central. Esto puede explicar la sorprendente inferioridad de los hombres cuando se ven frente a tácticas sorpresivas. El estudio de las tácticas sorpresivas en el laboratorio muestra la flexibilidad o a rigidez de los individuos que enfrentan incidentes inesperados. Tomados por sorpresa, se asustan o quedan aturdidos. Producen respuestas falsas, o ninguna respuesta. Parece que no hay nada para lo que los seres humanos estén peor preparados y el cerebro humano peor equipado que la sorpresa.

> Psicodrama, p. 85
> Psychodrama, v. I, p. 47
> Psicodrama (portugués), p. 97

(…) Particularmente significativa fue la situación en la cual lo puse después de mis comentarios. Lo agarré de sorpresa, pareciendo sujeto de test psicodramático. Contra-espontáneamente, tuvo que improvisar sus comentarios.

> Fundamentos de la Sociometría, no hay
> Who Shall Survive?, p. xlviii, Preludes
> Quem Sobreviverá?, v. I, p. 52, Prelúdios

Tal vez esto se deba a que, en la civilización de conservas que hemos desarrollado, la espontaneidad se utiliza y se educa mucho menos que, por ejemplo, la inteligencia y la memoria. El sentido de la espontaneidad, en cuanto función cerebral, revela un desarrollo más rudimentario que cualquier otra de las funciones fundamentales del sistema nervioso central. Así se explica la sorprendente inferioridad en que se encuentra la gente al tener que enfrentar tácticas sorpresivas.

El estudio en el laboratorio de las tácticas de sorpresa revela la flexibilidad o la rigidez de los individuos cuando se enfrentan con incidentes inesperados. Al ser tomados de sorpresa, los individuos actúan atemorizados o atontados. Producen respuestas falsas o no responden en absoluto. Parecería que no hay nada para lo que los seres humanos estén peor preparados y el cerebro humano menos dotado que para la sorpresa.

> El Teatro de la Espontaneidad, p. 75
> The Theater of Spontaneity, p. 40
> O Teatro da Espontaneidade, p. 54

SPINOZA

La secularización del mundo comenzada por Spinoza con su identificación de Dios y mundo, ha sido proseguida por Nietzsche, Marx y Freud con su transmutación de los valores morales, su análisis económico y su psicoanálisis. El *Deus sive natura* ha degenerado en un *Lucifer sive natura*.

>Psicoterapia de Grupo y Psicodrama, p. 15
>Inglés, no hay
>Psicoterapia de Grupo e Psicodrama, p. 15

STANISLAVSKI

STANISLAVSKI / CONSERVA

Stanislavski era un ardiente protagonista de la conserva dramática, del drama de Shakespeare, Racini, Moliere y Chejov. Su más alta ambición era reproducir la obra del dramaturgo tan dinámica y perfectamente como fuera posible.

>Psicodrama, p. 73
>Psychodrama, v. I, p. 39
>Psicodrama (portugués), p. 88

IDEM EN

>El Teatro de la Espontaneidad, p. 169
>The Theater of Spontaneity, p. 101
>O Teatro da Espontaneidade, p. 119

(…) Stanislavski fue un adherente a conciencia de la conserva de drama; yo me convertí en protagonista consciente del drama espontáneo.

>El Teatro de la Espontaneidad, p. 170
>The Theater of Spontaneity, p. 102
>O Teatro da Espontaneidade, p. 120

IDEM EN

>Psicodrama, p. 73
>Psychodrama, v. I, p. 39
>Psicodrama (portugués), p. 89

STANISLAVSKI / FREUD

(…) El énfasis en los recuerdos afectivamente cargados coloca a *Stanislavski en curiosa relación con Freud. También. También éste trataba de hacer a su paciente más espontáneo, como Stanislavski trataba de hacer a sus actores más espontáneos en la representación de papeles conservados*. Como Stanislavski, Freud trataba de evocar la experiencia real del sujeto, pero prefería también experiencias intensivas del pasado al momento – para una aplicación diferente, empero – para el tratamiento de los trastornos mentales.

>Psicodrama, p. 72
>Psychodrama, v. I, p. 39
>Psicodrama (portugués), p. 88

STANISLAVSKY / IMPROVISACIÓN / PROCESO PRIMARIO

El teatro para la espontaneidad no tiene nada que ver con el así llamado método de Stanislavsky. En ese método, la improvisación no es más que un complemento para el objetivo de escenificar un gran Romeo o un gran Rey Lear. El factor de espontaneidad está entonces al servicio de la conserva cultural, para insuflarle nueva vida. El método de la improvisación en cuanto principio fundamental a desarrollar sistemáticamente en contraposición con las conservas y negándose a ponerse conscientemente a su servicio, era algo ajeno a los intereses de Stanislavsky.

(…) Limitaba el factor de la espontaneidad a la reactivación de la memoria sobrecargada por la afectividad. En este enfoque, la improvisación no se asocia con el momento, sino con las experiencias pasadas. Pero, a

nuestro entender, fue la categoría del momento la que llevó a la actividad espontánea y al psicodrama a una revisión fundamental y lo que les dio su orientación básica.
El Teatro de la Espontaneidad, pp. 168-169
The Theater of Spontaneity, pp. 100-101
O Teatro da Espontaneidade, p. 119

IDEM EN

Psicodrama, p. 72
Psychodrama, v. I, pp. 38-39
Psicodrama (portugués), p. 88

STANISLAVSKY / PSICODRAMA

Existe una relación superficial entre el psicodrama y el método de Stanislavsky. Pero, mientras que Stanislavsky utilizaba en parte la improvisación para perfeccionar la representación, yo permitía y hasta alentaba la imperfección, con el objeto de lograr la plena espontaneidad.
El Teatro de la Espontaneidad, p. 16
The Theater of Spontaneity, p. c
O Teatro da Espontaneidade, p. 11

STATUS

STATUS / LÍDERES

(…) Si, por lo tanto, se trata de estimar cuáles son los individuos más influyentes de la colectividad, es necesario tener en consideración no sólo el número de las atracciones y de los rechazos de que es objeto un individuo, sino también el status de los individuos que lo eligen o lo rechazan así como la importancia y extensión de sus redes individuales. En otros términos, no enfrentamos aquí con el problema del status de los líderes.
Fundamentos de la Sociometría, p. 174

Who Shall Survive?, pp. 239-240
Quem Sobreviverá?, v. 2, p. 114

STATUS NASCENDI

El momento primigenio de la creación es su *status nascendi*.
El Teatro de la Espontaneidad, p. 154
The Theater of Spontaneity, p. 89
O Teatro da Espontaneidade, p. 105

El status nacendi rara vez es un estado perfecto. Los primeros intentos brotan de la misma inspiración que la etapa final. El proyecto no es un fragmento; toda la obra está contenida en él. (…) Pero sigue "corrigiendo" hasta que está terminada. Es su código aproximar su obra todo lo posible a algún ideal de perfección que él establece. El autor, como el padre malvado de la fábula, no tiene piedad de sus hijos. Mata al que ha nacido primero en beneficio del que nace último.
Psicodrama, p. 71
Psychodrama, v. I, pp. 37-38
Psicodrama (portugués), p. 87

STATUS NASCENDI / LOCUS / MATRIZ

"En una filosofía del Momento se deben destacar tres factores: el locus, el status nascendi y la matriz. Representan tres visiones del mismo proceso. No hay 'cosa' sin su locus, no hay locus sin su status nascendi, no hay status nascendi sin su matriz. El locus de una flor, por ejemplo está en el macizo donde crece. Su status nascendi es el de una cosa en crecimiento tal como brota de la semilla. Su matriz es la misma semilla fértil. Todo acto o actuación humanos tienen una pauta de acción primaria, un status nascendi. Un ejmplo es el acto de comer, que comienza a desarrollar el papel del que come en todo niño, poco después del nacimiento. En este caso, la pauta de gestos y movimientos que conducen al estad de saciedad es el proceso de estimulación." Ver Moreno, J. L., "Foundations of Sociometry", en *Sociometry*, vol. 4, nº 1, 1941. Estos principios pueden aplicarse al origen del organismo humano. El locus nascendi es la placenta en el útero materno; el status nascendi es el tiempo de la concepción. La matriz es el óvulo fertilizado del cual surge el embrión. La fase inicial de un proceso viviente ha sido muy descuidada en comparación con las fases más avanzadas y la fase terminal. Ha sido una importante contribución de la investigación de la espontaneidad y la creatividad el considerar que el proceso de concepción de, por ejemplo, la Novena Sinfonía de Beethoven tiene una misma importancia, sino mayor, que el "nacimiento" de la obra. Al ocuparnos de una organismo vivo, volvemos nuestra atención desde el nivel del nacimiento hacia el nivel mismo de la concepción. Se están aproximando a la esfera de de la consecución técnica los métodos para el estudio directo del embrión en su ambiente intrauterino. Son necesarias películas de la vida embrionaria a lo largo de los nueve meses del embarazo para poder obtener una visión de las respuestas del embrión de etapa en etapa. Puede ser que aparezca algún aparato técnico en la forma de un tipo de *film de rayos X*, combinando la técnica del cinematógrafo con la de la fotografía con rayos X.

Psicodrama, p. 95
Psychodrama, v. I, p. 55 (footnote)
Psicodrama (portugués), pp. 105-106 (rodapé)

STATUS SOCIOMÉTRICO
STATUS SOCIOMÉTRICO / ACCIDENTES

22. *La propensión a los accidentes es una función del "status" sociométrico de un individuo. A medida que el status sociométrico de un individuo se incremente en cohesión relativa, disminuye su propensión a los accidentes y viceversa.*

Las Bases de la Psicoterapia, pp. 257-258
Psychodrama: Foundations of Psychotherapy, v. 2, p. 157
Fundamentos del Psicodrama, pp. 173-174

STATUS SOCIOMÉTRICO / COMUNICACIÓN VERBAL

10. Hipótesis de Interacción.
El "intercambio" de palabras de un individuo en interacción con otros determina el índice de su status sociométrico en el grupo de referencia.

Fundamentos de la Sociometría, no hay
Who Shall Survive?, p. 706
Quem Sobreviverá, v. 3, p. 196

11. La razón del volumen de palabras proferidas y recibidas por los individuos con quien él está relacionado en situaciones relevantes de su grupo de referencia aumenta o disminuye según su status sociométrico. Si la persona es aislada o ignorada en su grupo de referencia, su volumen de palabras será bajo – cuando comparado a los de sus compañeros sociométricos que lo rechazan o aíslan. Mientras más alto sea el status sociométrico de determinado individuo, mayor será su volumen de palabras esperadas y aceptadas por los miembros del grupo. Mientras más bajo sea el status sociométrico de los individuos, en general, menor será el volumen de palabras que otros miembros del grupo esperan o aceptan de estos.

Fundamentos de la Sociometría, no hay
Who Shall Survive?, p. 706
Quem Sobreviverá?, v. 3, pp. 196-197

12. Mientras más alto sea el status sociométrico de determinado individuo, más frecuentemente le será permitido tomar la iniciativa en situaciones; mientras más bajo,

menos iniciativa será esperada o aceptada. El alto status sociométrico también lo llevará, con más frecuencia, a terminar o concluir situaciones. Mientras que un bajo status sociométrico no le dará tantas oportunidades de hacerlo.

>Fundamentos de la Sociometría, no hay
>Who Shall Survive?, p. 706
>Quem Sobreviverá?, v. 3, p. 197

17. Indiferencia y apatía en la comunicación verbal de ciertos individuos en respuesta a la agresividad verbal de otros, en determinada situación, indican status sociométrico consistentemente bajo.

>Fundamentos de la Sociometría, no hay
>Who Shall Survive?, p. 707
>Quem Sobreviverá?, v. 3, p. 198

STATUS SOCIOMÉTRICO / DEFINICIÓN / CONCEPTO / DEFINICIÓN OPERACIONAL

Status Sociométrico, definición operacional – cuantas veces un individuo fue elegido por otros, como pareja preferida, para todas las actividades en que encontraban juntos en la época del test. Se obtiene por la suma del número de elecciones recibidas en cada criterio.

>Fundamentos de la Sociometría, no hay
>Who Shall Survive?, p. 720
>Quem Sobreviverá?, v. 3, p. 214

STATUS SOCIOMÉTRICO / ESTABILIDAD

20. La estabilización del status sociométrico es gradual, habiendo cierto período previo durante el cual los individuos alteran sus elecciones con frecuencia; (…) Este se desarrolla a partir de la movilidad precoz hasta la estabilización final, del siguiente modo: a) proporcionalmente al número de contactos mantenidos y b) si los miembros y el tamaño del grupo permanecen constantes.

>Fundamentos de la Sociometría, no hay
>Who Shall Survive?, p. 702
>Quem Sobreviverá?, v. 3, p. 192

STATUS SOCIOMÉTRICO / ÉXITO / FRACASO

(…) Se ha puesto en evidencia, por ejemplo, que las perspectivas de éxito y de satisfacción de un individuo en las esferas psicológicas, social y económica dependen de su status sociométrico. También que los individuos aislados no tienen éxito en la elección de puestos y que son víctimas de accidentes de trabajo con más frecuencia que los individuos preferidos y que trabajan en un equipo muy unido.

>Psicoterapia de Grupo y Psicodrama, p. 53
>Inglés, no hay
>Psicoterapia de Grupo e Psicodrama, p. 48

STATUS SOCIOMÉTRICO / INJURIA

27. Mientras menor sea el status sociométrico de los individuos, más ellos estarán expuestos a la *injuria* de los miembros poderosos y de los grupitos cerrados.

>Fundamentos de la Sociometría, no hay
>Who Shall Survive? p. 703
>Quem Sobreviverá?, v. 3, p. 193

STATUS SOCIOMÉTRICO / INVERSIÓN DE ROL

21. Debería encontrarse una correlación positiva entre el *status* sociométrico de los individuos que conviven y el volumen de un individuo se eleva a medida que la inversión de roles es aplicada a todos los individuos participantes del grupo. (El *status* sociométrico de un individuo se define por el índice

cuantitativo de aceptaciones, rechazos o actos de indiferencia recibidos en el grupo particular en estudio).
> Las Bases de la Psicoterapia, pp. 257-258
> Psychodrama: Foundations of Psychotherapy, v. 2, p. 157
> Fundamentos del Psicodrama, pp. 173-174

23. A medida que se eleva el *status* sociométrico por el volumen de inversión de roles aplicados a un determinado grupo de individuos, disminuye la propensión a los accidentes en los niños pequeños que pertenecen al mismo.
> Las Bases de la Psicoterapia, pp. 257-258
> Psychodrama: Foundations of Psychotherapy, v. 2, p. 157
> Fundamentos del Psicodrama, pp. 173-174

STATUS SOCIOMÉTRICO / RELATIVIDAD DE

33. El status sociométrico está relacionado apenas a un grupo concreto y específico; no sugiere ni status ni aceptación universales.
> Fundamentos de la Sociometría, no hay
> Who Shall Survive?, p. 704
> Quem Sobreviverá?, v. 3, p. 194

STATUS SOCIOMÉTRICO / VOLUMEN DE INTERACCIONES

30. El status sociométrico y el volumen de interacción en determinado grupo se relacionan entre sí: Mientras mayor sea el status sociométrico de cierto individuo, más frecuentemente éste va a interactuar con los demás miembros del grupo.
> Fundamentos de la Sociometría, no hay
> Who Shall Survive?, p. 703
> Quem Sobreviverá?, v. 3, p. 194

1. El status sociométrico de determinado individuo es definido por el índice cuantitativo de elecciones, rechazos e indiferencias recibidas en un grupo estudiado.
> Fundamentos de la Sociometría, no hay
> Who Shall Survive?, p. 704
> Quem Sobreviverá?, v. 3, p. 195

3. El status sociométrico de cierto individuo aumenta cuando la persona a quien está vinculado a través de relaciones de tele positiva tiene status sociométrico más alto.
> Fundamentos de la Sociometría, no hay
> Who Shall Survive?, p. 704
> Quem Sobreviverá?, v. 3, p. 195

9. A cada cambio en el status sociométrico de determinado individuo, indicamos cambios en su comportamiento, en el contexto de su vida.

10. Hipótesis de Interacción

El "intercambio" de palabras de un individuo en interacción con otros determina el índice de su status sociométrico en el grupo de referencia.
> Fundamentos de la Sociometría, no hay
> Who Shall Survive?, p. 706
> Quem Sobreviverá, v. 3, p. 196

SUBJETIVISMO *VERSUS* OBJETIVISMO

Nosotros los sociometristas hemos insistido, desde los primeros momentos, en que el ser humano, en toda su subjetividad, debe ser parte y parcela del análisis científico, con el objeto de ofrecer al investigador una completa relación fenomenológica de todo lo que ocurre en la situación humana. Hemos demostrado que si el subjetivismo, se toma en serio, asume un carácter "casi objetivo", que hace a los respectivos fenómenos pasibles de "medición". (…) Cuanto más cabal y sinceramente subjetivas son las experiencias "actuadas", tanto más cabalmente precisas resultan. (…)

(…) Uno de ellos es el representando por las situaciones extremadamente subjetivistas y existencialistas del individuo, el otro por las exigencias subjetivas del método científico. El problema reside en la manera de conciliar estas dos posiciones extremas. La sociometría y el psicodrama han definido este problema metodológico y han tratado de resolverlo. La "convalidación existencial" hace justicia al hecho de que toda vivencia puede ser recíprocamente satisfactoria en el momento de darse, aquí y ahora.

>Las Bases de la Psicoterapia, pp. 342-344
>Psychodrama: Foundations of Psychotherapy, v. 2, pp. 215-216
>Fundamentos del Psicodrama, pp. 230-231

SUEÑOS

(...) Si esta teoría es correcta (...) el niño no sueña no sueña durante este primer período. Hemos indicado en nuestra exposición sobre la amnesia que el niño es incapaz de registrar o recordar hechos, y esta incapacidad es mayor cuanto más pequeño es el niño; eso por sí mismo limitaría la posibilidad de soñar a los sueños provocados momentáneamente mientras se duerme.

>Psicodrama, p. 110
>Psychodrama, v. I, p. 68
>Psicodrama (portugués), pp. 119-120

(...) En otras palabras, el único tipo de sueño infantil que se puede concebir teóricamente es el inmediatamente provocado por una situación que estimula o asusta al niño en el momento, sin despertarlo.

>Psicodrama, p. 110
>Psychodrama, v. I, p. 68
>Psicodrama (portugués), p. 120

(...) Esto indicaría que los sueños, *tales como los conocemos*, no pueden ser producidos en el período de la identidad total.

>Psicodrama, p. III
>Psychodrama, v. I, p. 69
>Psicodrama (portugués), p. 120

El sueño no retrocede indefinidamente en el pasado, sino que tiene un comienzo, un origen. No puede originarse antes del período en que la existencia de vigilia tiene una estructura similar al sueño nocturno.

>Psicodrama, p. 112
>Psychodrama, v. I, p. 69-70
>Psicodrama (portugués), p. 121

(...) No es sino cuando comienza el período de realidad total que aparecen el la vida de vigilia del niño imágenes que se parecen a la estructura onírica nocturna.

>Psicodrama, p. 112
>Psychodrama, v. I, p. 70
>Psicodrama (portugués), p. 121

SUEÑOS DE MORENO (Ver IDÉE FIXE)

SUICIDIO

(...) Cuando, por ejemplo el paciente tiene la idea fija de suicidarse a la mañana siguiente y se le da la posibilidad de realizar el intento en el marco del teatro terapéutico, el terapeuta estará quizás de condiciones de impedir el suicidio real. Pero cuando prohibimos al paciente exteriorizar vivencias en forma viva y concreta, es muy posible que al día siguiente se de muerte y en lugar de venir a la sesión aparezca su esquela mortuoria. Lo decisivo, por tanto, es *permitir* al paciente la *exteriorización dramática de sus problemas.*

>Psicoterapia de Grupo y Psicodrama, pp. 366-367
>Psychodrama, v. I, p. x
>Psicoterapia de Grupo e Psicodrama, pp. 347-348

(...) Pero si la regla fuese prohibir la actuación durante la sesión, es posible que el paciente se mate al día siguiente y, así, talvez retorne a la hora psicoanalítica siguiente bajo

la forma de un obituario de sus parientes. Si el "actuar" ocurre durante la sesión y si el terapeuta no manipula adecuadamente el episodio, esto, por supuesto, también pude ser pernicioso para el paciente. Así, el punto crucial de la cuestión reside en tolerar y permitir la actuación, dentro de un contexto que ofrezca seguridad de ejecución y bajo la orientación de terapeutas aptos a utilizar la experiencia.
> Psicodrama, no hay
> Psychodrama, v. I, p. x, Introduction to 3rd Edition
> Psicodrama (portugués), p. 34, Introdução à 3ª Edição

SULLIVAN

Formulé mi teoría de las relaciones interpersonales varios años antes de que Sullivan comenzara a escribir sobre ese asunto. (...) La creatividad de Sullivan era deficiente. Produjo el esbozo teórico pero no pudo implementarlo con sus propias operaciones clínicas. (...) Algunos de sus alumnos, sin embargo, utilizan instrumentos sociométricos hoy en día, para darle base concreta a la teoría interpersonal.
> Fundamentos de la Sociometría, no hay
> Who Shall Survive?, p. lx, Preludes
> Quem Sobreviverá?, v. I, pp. 62-63, Prelúdios

SUPERÁVIT DE REALIDAD

(...) Se puede decir que el psicodrama permite al sujeto vivir una experiencia nueva, ampliada, un plus de realidad: he aquí una ventaja que justifica, por lo menos en parte, el trabajo exigido para elaborar una producción psicodramática.
> Fundamentos de la Sociometría, p. 78
> Who Shall Survive?, p. 85
> Quem Sobreviverá?, v. I, p. 186

TEATRO

(...) De ahí que hayamos inventado una forma placentera, el teatro, en el que el mismo proceso, que normalmente no horroriza, nos proporcione un placer. Hemos atado al león, domesticado al animal salvaje y nos hemos liberado así de nuestra culpabilidad. De ahí que le sea permitido a los actores aparecer en escena sin cadenas y con ello liberarnos a nosotros.

>Psicoterapia de Grupo y Psicodrama, p. 362
>Inglés, no hay
>Psicoterapia de Grupo e Psicodrama, p. 344

TEATRO DEL CONFLICTO

El teatro del conflicto, pues, es un teatro formado por dos teatros. Es producto del choque entre el teatro en el escenario y el teatro del auditorio. Posee dos polos que actúan con signo positivo: el teatro que intenta establecer un arte dramático basado sobre el principio del pasado, y un teatro basado sobre principio del momento. El teatro en el escenario es un teatro del pasado; el teatro del auditorio es el teatro de la espontaneidad. (...) Cuando el teatro uno y el teatro dos se expresan, producen un nuevo teatro, un tercero, el teatro del conflicto. El drama surge del choque entre ambos, del conflicto recíproco.

>El Teatro de la Espontaneidad, pp. 51-52
>The Theater of Spontaneity, p. 23
>O Teatro da Espontaneidade, p. 35

El teatro del auditorio es un teatro comunitario. Drama y actores surgen de la *comunidad*, pero no de una comunidad *cualquiera*, una comunidad en abstracto, sino *nuestro* pueblo y *nuestro* barrio, la casa en que vivimos.

>El Teatro de la Espontaneidad, p. 60
>The Theater of Spontaneity, p. 28
>O Teatro da Espontaneidade, p. 41

TEATRO DE LA ESPONTANEIDAD / ARTISTAS, PSICÓLOGOS Y ANALISTAS QUE SE RELACIONARON CON EL STEGREIFTHEATER

Entre los actores que formaban parte del elenco del *Stegreiftheater* se encontraban Meter Lorre, Anna Hoellering, Rober Gruwlad, entre otros. Varios dramaturgos se acercaron al *Stegreiftheater* e intentaron producir un drama en forma espontánea, un drama que aún no habían escrito; entre ellos se encontraban George Kaizer y Franz Werfel. La idea del *Stegreiftheater* llamó la atención de muchos psicólogos y analistas, algunos de los cuales fueron Arghur Schnitzler, Alfred Adler, Theodore Reik, Siegfried Bernfeld y August Eichhorn.

>El Teatro de la Espontaneidad, p. 167
>The Theater of Spontaneity, p. 100
>O Teatro da Espontaneidade, p. 118

TEATRO DE LA ESPONTANEIDAD / CONCEPTO

El teatro legítimo es un teatro que está como fuera de lugar ("*out of locus*"). El verdadero locus del teatro es el teatro para la espontaneidad.

> Psicodrama, p. 55
> Psychodrama, v. I, p. 26
> Psicodrama (portugués), p. 75

El teatro de la espontaneidad es el medio estructurado para servir de vehículo a la presentación del drama del momento. El dramaturgo tiene el papel principal. No es simplemente un escritor – de hecho no escribe nada – sino un agente activo, que enfrenta a los autores con una idea que tal vez se ha ido desarrollando en su mente durante un cierto tiempo, y que los estimula para hacerlos llegar a la temperatura necesaria para la producción inmediata. Muchas veces uno de los actores asume el papel de dramaturgo, y entonces se convierte al mismo tiempo en dramaturgo y actor principal.

> El Teatro de la Espontaneidad, pp. 71-72
> The Theater of Spontaneity, p. 38
> O Teatro da Espontaneidade, p. 52

(...) Se podría decir que, comparado con el teatro convencional, del mismo modo que con el teatro de la nobleza de la Edad Media, o el de los sectores intelectuales de nuestros días, el teatro para la espontaneidad es *el teatro del pueblo*.

> El Teatro de la Espontaneidad, p. 145
> The Theater of Spontaneity, p. 81
> O Teatro da Espontaneidade, p. 98

TEATRO DE LA ESPONTANEIDAD / DIFICULTADES CON LA AUDIENCIA

Pero el teatro de "espontaneidad al cien por ciento" tropezó con enormes dificultades, en primer lugar por parte del público. En todos los ámbitos de la vida, las ciencias y las artes en los que habían sido educados, se les había enseñado a utilizar y confiar en las conservas culturales y a no fiarse de su propia espontaneidad. (...) Cuando en el *Stegreifthater*, pues, se les ofrecía verdadera espontaneidad, o bien sospechaban que era algo perfectamente ensayado con el fin de embaucarlos o, si se trataba de una mala actuación, lo consideraban una prueba de que la espontaneidad no era viable. Me vi enfrentado con la enorme tarea de cambiar la actitud del público. Esto iba a requerir una total revolución de nuestra cultura, una revolución creadora. Pero el mayor de los apuros lo pasé al ver a mis mejores alumnos coqueteando con el cliché en la misma actuación improvisada, para terminar pasándose al teatro convencional o convirtiéndose en actores de cine. *Enfrentado con este dilema, me volqué "transitoriamente" al teatro terapéutico, decisión estratégica que probablemente salvó del olvido al movimiento psicodramático.*

> El Teatro de la Espontaneidad, p. 32
> The Theater of Spontaneity, p. 7
> O Teatro da Espontaneidade, pp. 19-20

TEATRO DE LA ESPONTANEIDAD / FUNCIONES DEL

(...) Organicé, por lo tanto, un laboratorio de investigación de espontaneidad. (Stegreif Forschung)

(...) Descubrí, muy pronto, que cuanto menos ficticias estas actuaciones eran para los actores, más ellos se compenetraban, a un nivel personal y particular, en estos roles y en estas interacciones y la medición de segundos, pulgadas, palabras y elecciones se hacía más significativa. (...) Los investigadores de interacción que no comenzaran con una lista de las implicaciones espontáneo-creativas en sus planos experimentales son como arquitectos que quieren que creamos que una casa puede ser construida sin bases.

> Fundamentos de la Sociometría, no hay
> Who Shall Survive?, p. xxxvi, Preludes
> Quem Sobreviverá?, v. I, p. 41, Prelúdios

(...) 1) Por ser abiertos, los problemas señalados por el público eran presentados en el escenario. Se discutía, abiertamente, conflictos personales y sociales, antes escondidos en los consultorios; y 2) La audiencia participaba espontáneamente.

> Fundamentos de la Sociometría, no hay
> Who Shall Survive?, p. xlii, Preludes
> Quem Sobreviverá?, v. I, p. 47, Prelúdios

Una de las funciones del teatro de la espontaneidad es la de dedicarse a proteger estas obras de arte malogradas. Es el refugio de los hijos indeseados, pero, por así decirlo, de aquellos hijos que no quieren vivir más que una vez. No promete la inmortalidad; lo que ofrece más bien es el amor a la muerte.

> El Teatro de la Espontaneidad, p. 86
> The Theater of Spontaneity, p. 46
> O Teatro da Espontaneidade, p. 61

TEATRO DE LA ESPONTANEIDAD / METATEATRO

(...) En el teatro de la espontaneidad la comunidad entera está presente. Es el teatro de la comunidad. Es una institución de un nuevo género, la institución que celebra la capacidad creadora. Es el lugar donde, por medio de la acción teatral, se examina la vida, lo que tiene de fuerte y lo que tiene de débil. Es el lugar de la verdad que no se impone por su fuerza. (...) Es el teatro de todos, el crepúsculo del ser y de la realidad, donde se examina a la realidad misma para verificar su "realidad". (...) no es el teatro de un solo hombre; es el teatro de todos y para todos. Todos se agitan y pasan del estado de conciencia al estado de espontaneidad, del mundo de los hechos concretos, de los pensamientos y sentimientos reales, al mundo de la fantasía, que incluye la realidad potencial.

> El Teatro de la Espontaneidad, pp. 62-63
> The Theater of Spontaneity, p. 31
> O Teatro da Espontaneidade, pp. 46-50

TEATRO DE LA ESPONTANEIDAD / OBJETIVOS

(...) El teatro de la espontaneidad, por estar liberado de los clichés de forma y contenido, está en condiciones de planificar su repertorio teniendo en vista al auditorio con el que se enfrenta. El teatro volverá a conmover al hombre hasta el heroísmo.

> El Teatro de la Espontaneidad, pp. 137-138
> The Theater of Spontaneity, p. 77
> O Teatro da Espontaneidade, pp. 93-94

El *Stegreiftheater*, en sí, tenía un objetivo: dejar que el colectivo de los actores espontáneo-creativos emergiera en medio del grupo, pero no en un tono religioso y sí de era científica.

Mi libro *Stegreiftheater*, tiene tres objetivos: 1) Definir espontaneidad, especialmente con relación a la creatividad. 2) Explorar las posibilidades de evaluación interpersonal y 3) Experimentar las interacciones espontáneas de grupo pequeños. Como no había precedente, tuve que crear muchos términos, lo que hizo que el libro fuese de difícil lectura.

(...) La evaluación sociométrica comenzó con preguntas así: ¿cuánto "tiempo" el actor A pasa con el actor B? Él puede pasar mitad de ese tiempo con el C y tres veces más tiempo que el actor D. (...) en el curso de la misma situación y ¿qué efecto tiene la cercanía y la distancia sobre el comportamiento o la actuación?

> Fundamentos de la Sociometría, no hay
> Who Shall Survive?, pp. xxxiv-xxxv, Preludes
> Quem Sobreviverá?, v. I, p. 40, Prelúdios

TEATRO DE LA ESPONTANEIDAD / PREMISAS

(...) Su premisa fue que deberían existir apenas producciones total y exclusivamente espontáneas, o sea, no debería haber ningún ensayo, los actores no deberían preparase unos para los otros y sus acciones y producciones espontáneas estarían contenidas en sí mismas y no serían materiales para un producto final, para ser memorizado o conservado, más tarde, como una pieza escrita. (...) Fue lógico, entonces, que buscasen algunos principios naturales intrínsecos en las interacciones espontáneas entre los actores.

> Fundamentos de la Sociometría, no hay
> Who Shall Survive?, p. xxxvi, Preludes
> Quem Sobreviverá?, v. I, p. 41, Prelúdios

TEATRO DE LA IMPROVISACIÓN

La matriz del teatro de la espontaneidad es el alma del autor. Imaginemos que las figuras del drama que se está produciendo allí se tornan visibles, audibles y tangibles. En esta representación ideal se cumplen todas las condiciones: el acto de creación es contemporáneo a la producción; existe armonía entre la situación y la palabra.

> El Teatro de la Espontaneidad, p. 88
> The Theater of Spontaneity, p. 47
> O Teatro da Espontaneidade, p. 62

(...) En el alma del autor, las figuras de las *personae dramatis* van surgiendo una detrás de otra y hablan. Si imaginamos al autor como algo separado de los personajes que surgen de él, observaríamos el siguiente proceso. Cada una de estas *personae dramatis* es su propio creador, y el poeta es quien las combina para transformarlas en un todo unificado. Aquí tenemos el concepto fundamental de la representación espontánea. Hay que concebir al autor como un estratega y a cada una de sus *personae dramatis*, como un actor espontáneo.

> El Teatro de la Espontaneidad, p. 89
> The Theater of Spontaneity, p. 48
> O Teatro da Espontaneidade, p. 63

TEATRO DE LA IMPROVISACIÓN / HISTORIA

Siendo yo un joven médico fundé el "teatro de improvisación" (Stegeiftheater) (1921) En la calle Maysedergasse, cerca de la Ópera de Viena. Allí vi de nuevo claramente las posibilidades terapéuticas que existen en la liberación de situaciones conflictivas anímicas al representarlas.

> Psicoterapia de Grupo y Psicodrama, p. 30
> Similar in "Who Shall Survive?", p. xxiv
> Psicoterapia de Grupo e Psicodrama, p. 27

TEATRO LEGÍTIMO

Para comprender la estructura interna del teatro basta con observar el nacimiento de una producción dramática cualquiera. En el teatro rígido, "dogmático", el producto de la creación es algo dado: aparece en su forma final, irrevocable. El dramaturgo ya no está presente, porque su obra se encuentra completamente separada de él. (...) Como consecuencia, los actores deben renunciar a su iniciativa y a su espontaneidad. (...)

En este sentido, el drama es algo del pasado, una realidad vencida. (...) Los reformadores del teatro, asombrados por la decadencia de su arte (...) no han sido capaces de descubrir la base de su mal, porque no han comprendido que la patología de nuestro teatro forma parte de un proceso más vasto de desintegración, la patología del conjunto de nuestra cultura cuyo síntoma más característico es la "conserva de cultura".

> El Teatro de la Espontaneidad, pp. 47-48
> The Theater of Spontaneity, p. 18
> O Teatro da Espontaneidade, pp. 30-31

La característica sobresaliente del teatro legítimo es la estricta separación entre escenario y auditorio. Lo muestra claramente su forma dual, así como la relación entre la representación escénica y los asistentes.
> El Teatro de la Espontaneidad, p. 61
> The Theater of Spontaneity, p. 31
> O Teatro da Espontaneidade, p. 45

El teatro convencional pertenece al mundo de las apariencias; la "cosa en sí" (*Ding as sich*), el proceso creador espontáneo in *status nascendi*, queda suprimido.
> El Teatro de la Espontaneidad, p. 70
> The Theater of Spontaneity, p. 37
> O Teatro da Espontaneidade, p. 51

TEATRO TERAPÉUTICO

TEATRO TERAPÉUTICO / CONCEPTO

(…) El método del periódico representaba un paso formal adelante, pero carecía del significado más profundo del carisma.

Más tarde descubrí una mejor solución, con el "teatro terapéutico". El cien por ciento de espontaneidad se alcanzaba más fácilmente en un teatro terapéutico. En un actor normal era difícil pasar por alto las imperfecciones estéticas y psicológicas. Pero tratándose de una persona anormal, de un paciente, resultaba más fácil tolerar las imperfecciones y las irregularidades.

(…) "Hay que tener en cuenta que el psicodrama no tiene nada que ver con el 'happening', aunque en su forma vulgarizada se los pueda confundir, como sucedió, por ejemplo, con un espectáculo psicomusical organizado por los estudiantes de arte de la Anthony's University Residence en el año 1959, al que más tarde se consideró un *happening*. En contraposición con su teatralismo anárquico y amorfo, que en el *happening* se cultiva hasta llegar al delirio de buen tono, el propósito del psicodrama es una auténtica organización de la forma, la autorrealización creadora en el actuar, en la estructuración del espacio, la puesta en práctica de la interrelación humana en la acción escénica. En el *happening* los individuos se comportan de un modo autosuficiente y se cultiva la autoidolatría; puesto que no se produce forma alguna, tampoco es posible una genuina participación del grupo de espectadores invitados; cada uno queda abandonado a sí mismo, para depender sólo de su conducta absolutamente narcisista. Sí, se podría decir que la desconexión es el rasgo prominente de los '*happenings*', mientras que el motivo del psicodrama es precisamente la relación del individuo con el grupo y la sociedad."
> El Teatro de la Espontaneidad, pp. 14-15
> The Theater of Spontaneity, p. b
> O Teatro da Espontaneidade, p. 10

(…) "El teatro terapéutico es el hogar privado. Los actores del teatro terapeutico son los ocupantes de la casa".
> Las Bases de la Psicoterapia, pp. 227-228
> Psychodrama: Foundations of Psychotherapy, v. 2, p. 138
> Fundamentos del Psicodrama, p. 154

TEATRO TERAPÉUTICO / HISTORIA

Pero el mayor de los apuros lo pasé al ver a mis mejores alumnos coqueteando con el cliché en la misma actuación improvisada, para terminar pasándose al teatro convencional o convirtiéndose en actores de cine. *Enfrentado con este dilema, me volqué "transitoriamente" al teatro terapéutico, decisión estratégica que probablemente salvó del olvido al movimiento psicodramático.*
> El Teatro de la Espontaneidad, p. 32
> The Theater of Spontaneity, p. 7
> O Teatro da Espontaneidade, pp. 19-20

TEATRO TERAPÉUTICO / TEATRO DE LA ESPONTANEIDAD

El teatro terapéutico utiliza como vehículo el teatro de la espontaneidad con fines terapéuticos. La persona clave es el paciente mental. La estructura concreta del mundo del paciente, sea éste real o imaginario, reemplaza al mundo ficticio del dramaturgo.
El Teatro de la Espontaneidad, p. 73
The Theater of Spontaneity, p. 38
O Teatro da Espontaneidade, p. 53

TEATRO / TERAPIA

Teatro y terapia están íntimamente entrelazados. Pero también aquí hay muchas gradaciones. Encontraremos un teatro puramente terapéutico, un teatro libre de objetivos terapéuticos, y muchas formas intermedias de teatro.
El Teatro de la Espontaneidad, p. 21
The Theater of Spontaneity, p. f
O Teatro da Espontaneidade, p. 14

(...) La polaridad entre realidad e ilusión le es indispensable a la metapraxis, la ilusión de un mundo real es tan importante como la realidad de un mundo ilusorio. El triunfo supremo de la creatividad y la imaginación consiste en cambiar el mundo de tal manera que aparezca hermoso, por muchos que sean los seres y por grande que sea el dolor que sigue existiendo debajo.
El Teatro de la Espontaneidad, p. 69
The Theater of Spontaneity, p. 35
O Teatro da Espontaneidade, p. 50

TÉCNICA

(...) Formas psicodramáticas de desempeño de roles, como la inversión de roles, el doble desempeño y el desempeño de espejo, contribuyen para el crecimiento mental del individuo.
Psicodrama, no hay
Psychodrama, v. I, p. v, Introduction to 3rd Edition
Psicodrama (portugués), p. 28

TÉCNICA / ANÁLISIS POR CADA ESCENA

Hay ciertos tipos de pacientes cuya producción en escena se analiza en su presencia, después de cada episodio. El análisis ofrece ciertas ventajas: da al paciente una mejor comprensión de sus propios problemas y proporciona, a menudo, puntos de apoyo para la próxima situación psicodramática lógica, que requiere una elaboración escénica.
Psicoterapia de Grupo y Psicodrama, p. 378
Psychodrama: Action Therapy & Principles of Practices, v. 3, p. 186
Psicoterapia de Grupo e Psicodrama, pp. 356-357

TÉCNICA / AUTO PRESENTACIÓN

1) Métodos de autorrepresentación: el paciente se representa a sí mismo o a su padre, su madre, su hermana, su pastor, su patrono o su amada.
Psicoterapia de Grupo y Psicodrama, p. 138
Psychodrama: Action Therapy & Principles of Practices, v. 3, p. 239
Psicoterapia de Grupo e Psicodrama, p. 122

Técnica de la auto-presentación – el sujeto actúa en sus propios roles y retrata las figuras que llenan su mundo particular. Aquí, el psicodrama es una forma de psicoterapia individual. El individuo es su ego-auxiliar, el médico puede ser el otro. Una de las primeras utilidades de la técnica psicodramática fue en esta forma individual, esta fue, y todavía es, el perfeccionamiento del psicoanálisis como relación paciente-médico. El psicodrama es

erróneamente considerado nada más en su forma grupal.
>   Fundamentos de la Sociometría, no hay
>   Who Shall Survive?, p. 723
>   Quem Sobreviverá?, v. 3, p. 217

TÉCNICA / AUTO-REALIZACIÓN

Durante muchas semanas, tuvimos sesiones con Hitler, realizadas en intervalos regulares. Le ofrecimos todos los personajes necesarios para poner en obra la conquista del mundo (técnica de auto-realización)
>   Las Bases de la Psicoterapia, p. 316
>   Psychodrama: Foundations of Psychotherapy, v. 2, p. 196
>   Fundamentos del Psicodrama, p. 213

Durante muchas semanas, tuvimos sesiones con Hitler, realizadas en intervalos regulares. Le ofrecimos todos los personajes necesarios para poner en obra la conquista del mundo (técnica de auto-realización). Parecía saberlo todo de antemano; muchas cosas de las que presentó en escena eran muy semejantes alas que efectivamente ocurrieron años después.
>   Las Bases de la Psicoterapia, p. 316
>   Psychodrama: Foundations of Psychotherapy, v. 2, p. 196
>   Fundamentos del Psicodrama, p. 213

2) Métodos de la realización de sí mismo: el protagonista actúa su propia vida con el apoyo de algunos terapeutas auxiliares.
>   Psicoterapia de Grupo y Psicodrama, p. 138
>   Psychodrama: Action Therapy & Principles of Practices, v. 3, p. 239
>   Psicoterapia de Grupo e Psicodrama, p. 122

TÉCNICA / EGO AUXILIAR DEL ENFERMO

Otra solución consiste en hacer que el paciente que no quiere colaborar regrese al grupo, y empezar con otro paciente. Entonces, se llama al paciente A de nuevo a escena y se le invita a que adopte un papel como ego auxiliar en el episodio de B, como madre, hermana, padre, policía o médico de cabecera. Esta es la "técnica del ego auxiliar del paciente". (…) Es ésta una de las ventajas del método psicodramático, que permite que el paciente se descubra indirectamente y sea comprendido terapéuticamente, aun cuando desempeñe otro papel y no el suyo.
>   Psicoterapia de Grupo y Psicodrama, p. 379
>   Psychodrama: Foundations of Psychotherapy, v. 2, p. viii
>   Psicoterapia de Grupo e Psicodrama, p. 357

TÉCNICA / ENGAÑO

Hay otra técnica "engaño" que se emplea como una parte de la terapia psicodramática cuando, por ejemplo, en una clínica se emplea a pacientes que, si bien no pueden objetivamente actuar como empleados, no dejan por eso de esperar que se los trate como verdaderos empleados con su horario de trabajo normal y su sueldo normal.
>   Psicoterapia de Grupo y Psicodrama, p. 389 (notas)
>   Inglés, no hay
>   Psicoterapia de Grupo e Psicodrama, p. 365 (rodapé)

TÉCNICA / ENGAÑO / RAÍCES FILOSÓFICAS QUE JUSTIFICAN SU UTILIZACIÓN

(…) La polaridad entre realidad e ilusión le es indispensable a la metapraxis, la ilusión de un mundo real es tan importante como la realidad de un mundo ilusorio. El triunfo supremo de la creatividad y la imaginación consiste en cambiar el mundo de tal manera que aparezca hermoso, por muchos que sean los seres y por grande que sea el dolor que sigue existiendo debajo.
>   El Teatro de la Espontaneidad, p. 69

The Theatre of Spontaneity, p. 35
O Teatro da Espontaneidade, p. 50

TÉCNICA / ESPEJO / DESARROLLO / FASE DEL RECONOCIMIENTO DEL YO

2) La fase del "reconocimiento del Yo" corresponde al método psicodramático del espejo. Conocemos todos el asombro incansable de los niños al verse en el espejo. Al principio el niño no es consciente de que ve en el espejo una imagen de sí mismo. Pero lo que ve, lo inquieta y para convencerse de que es real, saca la lengua o hace cualquier otro movimiento. Cuando finalmente el niño comprende que la imagen del espejo es su propia imagen, se ha producido en su crecimiento un punto crítico, un progreso decisivo en la comprensión de sí mismo.

Psicoterapia de Grupo y Psicodrama, pp. 122-123
Moreno, J. L. "Psychodramatic Production Techniques", in Group Psychotherapy, Beacon House, v. iv, March, 1952, p. 245
Psicoterapia de Grupo e Psicodrama, p. 108

(…) Esta vivencia infantil tiene un paralelo en la técnica psicodramática del espejo, sólo que aquí no tenemos un espejo concreto, sino que el paciente se ve, su psique, como un espejo. Un terapeuta que lo ha estudiado cuidadosamente lo representa en escena. El paciente mismo se sienta en la sala de espectadores y ve a una copia de sí mismo: cómo se comporta cuando se levanta por la mañana, cómo regaña con su madre, cómo toma su desayuno y cómo se conduce en situaciones típicas de su vida. Se ve y quizá se siente extraño. La técnica le ofrece la posibilidad de verse en un espejo, aprender de su comportamiento y sacar de todo ello provecho terapéutico. La técnica del espejo ha visto enriquecidas sus posibilidades con el grabado y la reproducción de discos. El paciente oye su propia voz y se maravilla de que tenga un timbre tan distinto al que él percibe cuando habla.

Psicoterapia de Grupo y Psicodrama, p. 123
Inglés, no hay
Psicoterapia de Grupo e Psicodrama, p. 109

TÉCNICA / ESPEJO-DOBLE

2) Una sesión puede construirse de tal manera que el protagonista no actúe en escena, sino que tome parte en la representación como espectador. Su problema será retratado y estudiado por un doble en escena. El doble es un ego auxiliar profesional, al que ayudan algunos asistentes. La educación psicológica del paciente procede, en este tipo de sesión, del "reconocimiento en el espejo". En esta forma de psicodrama, la acción escénica se organizará según las necesidades del protagonista. Cuando el paciente no toma parte directamente en la acción, su espontaneidad radica en la valoración que hace, como espectador de la reproducción de sí mismo y en eso consiste el efecto terapéutico. El contraste entre las imágenes de sí mismo que el paciente ve en escena y su propia opinión de sí puede ser tan dramático que proteste contra la imagen, salte a escena y se ponga a actuar él mismo.

Psicoterapia de Grupo y Psicodrama, pp. 369-370
Psychodrama: Action Therapy & Principles of Practices, v. 3, p. 184
Psicoterapia de Grupo e Psicodrama, p. 350

TÉCNICA / ESPEJO / MÉTODO DEL ESPEJO

8) Método del espejo. Se emplea cuando el paciente es incapaz de representarse a sí mismo con palabras o acciones. Un ego auxiliar se sitúa en el lugar de espacio psicodramático reservado a la representación y el paciente o

la paciente se colocan en la parte reservada al grupo. El ego auxiliar empieza a representar al paciente. Imita el modo y manera de comportarse del paciente y le muestra, como en un espejo, como lo ven los otros.

> Psicoterapia de Grupo y Psicodrama, pp. 138-139
> Psychodrama: Action Therapy & Principles of Practices, v. 3, p. 240
> Psicoterapia de Grupo e Psicodrama, p. 123

TÉCNICA / ESPEJO / OBJETIVOS

10) La técnica de espejo "refleja" la imagen corporal y el inconsciente de A a una distancia tal de él como para que él pueda verse a sí mismo. Esa "reflexión" está hecha por un ego-auxiliar que ha hecho un estudio minucioso de A. Igual proceso se hace con B, el *partenaire* de A. A y B pueden verse uno al otro en el espejo de los dos egos auxiliares que los reflejan respectivamente. En la técnica de espejo el protagonista es un espectador, un observador que contempla el espejo psicológico y se ve a sí mismo.

> Las Bases de la Psicoterapia, pp. 96-97
> Psychodrama: Foundations of Psychotherapy, v. 2, pp. 53-54
> Fundamentos del Psicodrama, p. 67

TÉCNICA / FINAL DE SESIÓN

En el psicodrama se procura no terminar la sesión con una decepción del paciente, sino llevarla a un punto culminante.

> Psicoterapia de Grupo y Psicodrama, p. 378
> Psychodrama: Action Therapy & Principles of Practices, v. 3, p. 186
> Psicoterapia de Grupo e Psicodrama, p. 356

TÉCNICA / HISTORIAL

Muchos de los métodos psicodramáticos, por extraños y fantásticos que puedan parecer, pueden encontrarse en los usos y costumbres de viejas culturas. Se mencionan en las fábulas y cuentos de hadas de la literatura universal.

Así por ejemplo, el método del espejo está descrito ya en el *Hamlet* de Shakespeare, el método del doble en la novela de Dostoievsky *El doble*, el método del sueño en la obra de Calderón *La vida es sueño*, el cambio de papeles en los diálogos socráticos. Yo no he hecho más que descubrirlos de nuevo y adaptarlos a objetivos psicoterapéuticos. *Pero sus verdaderos inventores no son ni los poetas ni los terapeutas, sino los enfermos mentales de todos los tiempos.*

> Psicoterapia de Grupo y Psicodrama, pp. 137-138
> Inglés, no hay
> Psicoterapia de Grupo e Psicodrama, p. 122

TÉCNICA / INVERSIÓN DE ROLES / DEFINICIÓN

9) El método del cambio de papeles. En este método el paciente adopta el papel de su antagonista. Las deformaciones del alma del otro se sacan así a la luz y pueden ser estudiadas y mejoradas en el curso de la acción.

> Psicoterapia de Grupo y Psicodrama, p. 139
> Inglés, no hay
> Psicoterapia de Grupo e Psicodrama, p. 123

Técnica de inversión de roles – Su más simple definición es que el individuo A se convierte en el individuo B y viceversa. En el escenario psicodramático, este cambio significa una realidad, pues para ciertos pacientes con disturbios mentales ella realmente no lo es. No es ni ficción ni "como si". Ilustra el aspecto revolucionario de la lógica psicodramática. Una forma abreviada de esta técnica sería A asumir uno de los "roles" de B y viceversa.

> Fundamentos de la Sociometría, no hay
> Who Shall Survive?, p. 723
> Quem Sobreviverá?, v. 3, p. 218

La inversión de roles es una técnica de socialización y de autointegración.
> Las Bases de la Psicoterapia, p. 234
> Psychodrama: Foundations of Psychotherapy, v. 2, p. 142
> Fundamentos del Psicodrama, p. 158

La inversión de roles con todos los individuos y los objetos del mundo social de cada uno parece ser, por lo menos teóricamente, un requisito indispensable para el establecimiento de una comunidad psicodramática.
> Las Bases de la Psicoterapia, p. 235
> Psychodrama: Foundations of Psychotherapy, v. 2, p. 142
> Fundamentos del Psicodrama, p. 159

El estudio del cambio de papeles mostró en esta forma la existencia de tres estadios críticos en la maduración social del niño: 1. relaciones con los seres inferiores, subhumanos, como animales pájaros, peces, reptiles o insectos; 2. relación con objetos: a) cosas inanimadas, como piedras, agua, colores, luz etcétera, b) cosas fabricadas por los hombre, como las máquinas; 3. relaciones con los seres superiores y poderosos: a) sus padres, los adultos, extraños, etcétera, b) criaturas ideales, como Santa Claus, los Ángeles, los demonios y Dios.
> Psicoterapia de Grupo y Psicodrama, p. 253
> Psychodrama: Foundations of Psychotherapy, v. 2, p. 153
> Psicoterapia de Grupo e Psicodrama, p. 236

TÉCNICA / INVERSIÓN DE ROLES / DESARROLLO

A un niño no le es necesario hacerse metafísico para creer en la transformación. Para él el universo entero tiene vida. Utilizando la técnica de la inversión de roles los "fenómenos" se convierten fácilmente en "noúmenos".
> Las Bases de la Psicoterapia, p. 252
> Psychodrama: Foundations of Psychotherapy, v. 2, p. 153
> Fundamentos del Psicodrama, p. 170

1. La inversión de roles incrementa la fortaleza y la estabilidad del yo del niño; el yo es definido aquí como la identidad consigo mismo.

2. La inversión de roles tiende a disminuir la *dependencia* del niño con respecto a su progenitor, pero asimismo a aumentar su capacidad de *dominar* (al padre o a la madre) por haber adquirido un profundo conocimiento de ambos, mediante una información interna.

3. Una frecuente inversión de roles del niño con individuos de mayor edad que él y de más experiencia incrementa su sensibilidad para una vida interior más compleja de lo que es él mismo. Para ponerse a la par de ellos en su nivel de rol interno, que está muy por encima del nivel manifiesto del rol, el niño ha de abundar en recursos. Se vuelve prematuramente hábil en el manejo de las relaciones interpersonales.

4. El excesivo deseo de invertir con la madre se debe a una temprana apreciación y percepción de los roles de [esta. La frecuencia de la inversión de roles aumenta a medida que la percepción del rol del padre se le hace más clara al niño.

5. La técnica de la inversión de roles es tanto más eficaz cuanto mayor es la proximidad psicológica, social y étnica entre los individuos que la practican: madre-niño, padre-hijo, esposo-esposa.
> Las Bases de la Psicoterapia, p. 254
> Psychodrama: Foundations of Psychotherapy, v. 2, p. 155
> Fundamentos del Psicodrama, pp. 171-172

24. Los padres y demás adultos reemplazan la ausencia de otros niños de igual edad y que pudieran formar pareja con el niño solitario.
> Las Bases de la Psicoterapia, p. 258
> Psychodrama: Foundations of Psychotherapy, v. 2, p. 157
> Fundamentos del Psicodrama, p. 174

TÉCNICA / INVERSIÓN DE ROLES / DESARROLLO / FASE DEL RECONOCIMIENTO DEL TÚ

3) El paso siguiente del conocimiento del Tú, del otro, se ha estudiado mediante el método del cambio de papeles. Suponemos simbólicamente que el niño se vuelve capaz de salir de su Yo y se pone en el lugar de su madre y que la madre se siente en el papel de su hijo. Lo que en este periodo del desarrollo infantil es experimentado intuitivamente, se estudia concretamente en el escenario psicodramático mediante el método experimental del cambio de papeles en problemas paralelos.

Psicoterapia de Grupo y Psicodrama, pp. 123-124
Inglés, no hay
Psicoterapia de Grupo e Psicodrama, p. 109

(…) Toma por su cuenta el rol de su padre, de su madre, de sus buenas amigas, de los personajes de sus ilusiones y de sus alucinaciones, y las energías que había invertido en ellos le son devueltas por el hecho de vivir auténticamente el rol de su padre o de su empleador, de sus amigos o de sus enemigos; invirtiendo los roles, aprende sobre estas personas muchas más cosas que las que la vida le había revelado. Cuando llega a encarnar los personajes que lo persiguen en sus alucinaciones, éstos pierden su poder y su fuerza mágica sobre ella; en cambio, desde ahora es él quien posee su poder. Su personalidad tiene ocasión de volver a encontrarse, de reunir los elementos que fuerzas insidiosas habían disociado, de integrarlos y de experimentar un sentimiento de poder y de liviandad, una catarsis de integración (diferente de la catarsis de abreacción).

Fundamentos de la Sociometría, p. 78
Who Shall Survive?, p. 85
Quem Sobreviverá?, v. I, p. 186

TÉCNICA / INVERSIÓN DE ROLES / DESARROLLO / FASE DEL RECONOCIMIENTO DEL YO

1) El cambio de papeles aumentó la fuerza y la estabilidad del Yo de un niño; Yo significa aquí la toma de conciencia de la identidad consigo mismo.

2) El intercambio de papeles conduce a la disminución de la dependencia del niño respecto de su padre, pero contribuye también a aumentar la capacidad del niño de dominar a sus padres.

3) El cambio frecuente de papeles con individuos mayores refuerza la sensibilidad del niño en relación con una vida interior más rica y diferenciada que la suya. Para estar a la altura de los papeles de los adultos, el niño tiene que desarrollar una gran capacidad de inmersión. Muy temprano el niño se hace hábil en el manejo de las relaciones interpersonales.

4) La exigencia imperiosa de intercambiar papeles con la madre se basa en la observación temprana de los papeles de ésta. A menudo aumenta el valor del intercambio de papeles con el padre, a medida que el niño comprende más claramente el papel del padre.

5) El método del cambio de papeles en tanto más eficaz cuanto *más cerca* se encuentran las dos personas en el terreno psicológico y social: madre-hijo, padre-hijo, marido-mujer.

6) El cambio de papeles es un método eficaz para aproximar un grupo cultural a otro, social y culturalmente distinto. Cuanto mayor es la "distancia cultural" entre dos grupos, tanto más difícil se hace el empleo del intercambio de papeles.

7) La comprensión que puedan tener personas o representantes de grupos de las vivencias interiores de otras personas o representantes de otros grupos, de sus sentimientos,

pensamientos, observaciones y actividades, aumenta con la *percepción recíproca* de los papeles según los cuales actúan. De ahí que la formación de egos auxiliares, de dobles y, en general, de terapeutas contribuya grandemente a aumentar su capacidad de empatía.

8) La tele-sensibilidad y la impresionabilidad del terapeuta aumenta con su entrenamiento en la percepción y el intercambio de papeles.

9) El riesgo del cambio de papeles será tanto menor cuanto más sólida sea la estructura de la personalidad de los que realizan el intercambio.

10) El cambio de papeles tiene un gran periodo – y en ocasiones está contraindicado – cuando el Yo de una de las personas está poco estructurado y el de la otra mucho. Un ejemplo de esto lo ofrece el tratamiento de pacientes psicóticos. Los pacientes psicóticos gustan de adoptar los papeles de personas con autoridad, policías, enfermeras, médicos, etcétera, o de personas ideales: juegan con gusto a ser Dios. Pero si se enfrentan con una persona que encarna realmente autoridad, rechazan el contacto íntimo y el cambio de papeles.

11) La capacidad de asumir otros papeles es un supuesto previo para todo cambio de papeles.

12) El intercambio de papeles es un instrumento imprescindible para el estudio de las relaciones interpersonales y de los pequeños grupos.

13) Todo progenitor es un ego auxiliar naturas, aunque no entrenado. Para convertirse en un ego auxiliar plenamente eficaz para su propio hijo, es necesario un entrenamiento especial de los padres. El método de los egos auxiliares sólo debe emplearse cuando hay una clara indicación para ello; por ejemplo, cuando los padres se quejen de que el niño tiene tendencia a tirar piedras a los perros o a los gatos o a fustigarlos. El terapeuta ha de prever la posibilidad de que un día tire piedras a su madre, a otro niño o a una persona mayor.

14) Cuando el ego auxiliar intercambia papeles *en exceso* hay *peligro* de ejercitar innecesariamente al niño.

15) En las etapas infantiles tempranas las acciones se siguen unas a otras con tal rapidez, que los lapsos mnémicos entre ellas han de ser forzosamente breves.

16) Cuanto más breve es el lapso mnémico tanto más frecuente es el comenzar de nuevo y cada arranque exigen más connatos de acción espontánea. La capacidad del niño de realizar capacidades adaptadas en rápida sucesión y con pausas cortas hace más lento el desarrollo de la memoria. Esto explica la "espontaneidad" aparentemente ininterrumpida de los niños.

Psicoterapia de Grupo y Psicodrama, pp. 255-257
Psychodrama: Foundations of Psychotherapy, v. 2, pp. 155-156
Psicoterapia de Grupo e Psicodrama, pp. 238-239

TÉCNICA / INVERSIÓN DE ROLES / EGOS AUXILIARES

(…) Es muy importante que los egos auxiliares no se excedan en el manejo de la situación, ya sea actuando en exceso o prolongándola demasiado.

Las Bases de la Psicoterapia, pp. 235-236
Psychodrama: Foundations of Psychotherapy, v. 2, p. 143
Fundamentos del Psicodrama, p. 159

TÉCNICA / INVERSIÓN DE ROLES / EMPATÍA

24) El cambio de papeles con los padres u otros adultos sustituye ampliamente la presencia de hermanos o de camaradas de juego de la misma edad.

Psicoterapia de Grupo y Psicodrama, p. 258

Psychodrama: Foundations of Psychotherapy, v. 2, p. 157
Psicoterapia de Grupo e Psicodrama, p. 240

7. La empatía de los individuos o representantes de grupos para las experiencias internas de otros individuos o representantes de grupo – lo que sienten, piensan, perciben o hacen – aumenta con la recíproca percepción de los roles en que operan. Por eso, la enseñanza de los egos auxiliares y de los dobles, así como la de los psicoterapeutas en general, facilita el incremento de su sensibilidad.

8. La empatía de los terapeutas se incrementa con su aprendizaje de la percepción de roles y la inversión de roles.

Las Bases de la Psicoterapia, p. 255
Psychodrama: Foundations of Psychotherapy, v. 2, pp. 155-156
Fundamentos del Psicodrama, p. 172

TÉCNICA / INVERSIÓN DE ROLES / INDICACIONES / CONTRAINDICACIONES

El método del cambio de papeles que aplicado a una serie de situaciones diferentes. (…) Pondremos una serie de ejemplos.

Cambio de papeles para mejorar un comportamiento asocial. (…)

Cambio de papeles como medio de mejoramiento de una terquedad general. (…)

Cambio de papeles como técnica de enseñanza y aprendizaje para conocer las cosas. (…)

Un triple intercambio de papeles entre padre, madre e hijo para tratar un acceso de cólera triple. (…)

La triple posición y el triple cambio de papeles en la cama de los padres. (…)

Cambio de papeles para ejercer autoridad. (…)

Cambio de papeles como entrenamiento para la renuncia y la reserva. (…)

Psicoterapia de Grupo y Psicodrama, pp. 242-247

Psychodrama: Foundations of Psychotherapy, v. 2, pp. 142-147
Psicoterapia de Grupo e Psicodrama, p. 227-231

En el auténtico cambio de papeles siempre hay dos individuos presentes, A y B: A adopta el papel de B y B el de A. A es el verdadero A y B es el verdadero B, por ejemplo, en el cambio de papeles entre marido y mujer y padre e hijo. Cuando se ha concluido la acción del intercambio, A vuelve a ser "A" y B "B", tal es el "retorno al papel" del Yo originario. El "salirse" del cambio de papeles o del "retorno al propio papel" no es raro. Un intercambio "real" de papeles no es posible. Sólo en los mundos míticos y de los cuentos ocurre que un niño se convierta realmente en un perro o una cigüeña, en un poderoso rey o en un pordiosero paralítico. Lo más cercano en nuestro mundo es el cambio de papeles psicodramático, que para los niños y ciertos tipos de psicóticos equivale casi a un cambio real. El intercambio de papeles es un método de socialización y de integración de sí mismo.

Psicoterapia de Grupo y Psicodrama, p. 241
Psychodrama: Foundations of Psychotherapy, v. 2, pp. 141-142
Psicoterapia de Grupo e Psicodrama, p. 227

(…) El "salirse de la inversión del rol" o el "salirse del retorno del rol" son cosas que ocurren con frecuencia. Lo más cercano a esto es la inversión psicodramática de rol, que en los niños y en cierto tipo de neuróticos tiene la validez de lo real.

Las Bases de la Psicoterapia, p. 234
Psychodrama: Foundations of Psychotherapy, v. 2, pp. 141-142
Fundamentos del Psicodrama, p. 158

9. La inversión de roles carece de riesgos cuanto más sólidamente estructuradas son las personas que intervienen en la misma.

10. La inversión de roles es un riesgo mayor, y a veces está contraindicada, si una persona está mínimamente estructurada y la otra máximamente estructurada. Un ejemplo ilustrativo de esto es el tratamiento de pacientes psicóticos. A éstos les agrada hacer el papel de autoridades, enfermeras, médicos, policías o el de personas ideales, por ejemplo, hacer el papel de Dios, pero cuando se enfrentan con una persona real que encarna una autoridad les molesta la interacción, así como la inversión de roles.

Las Bases de la Psicoterapia, p. 255
Psychodrama: Foundations of Psychotherapy, v. 2, p. 156
Fundamentos del Psicodrama, p. 172

25. Contraindicaciones: a) Cuando el niño "decidido a hacer lo suyo" usa la inversión de roles para manejar, dominar o castigar a los padres y otros adultos. b) Cuando los respectivos compañeros en la inversión de roles (madre, padre, etc.) demuestran falta de simpatía o de habilidad para hacer su papel. El niño se ve enfrentado en ese caso con la ausencia de inversión de roles compartida. c) El caso de la inversión de roles con cosas irreales, compañeros imaginarios, ideas y personajes de un sueño, donde el niño se ve obligado a hacer él solo las dos partes. d) Para consolidar los beneficios logrados con la inversión de roles están indicados los períodos de descanso en esa actividad.

Las Bases de la Psicoterapia, p. 258
Psychodrama: Foundations of Psychotherapy, v. 2, p. 157
Fundamentos del Psicodrama, p. 174

TÉCNICA / INVERSIÓN DE ROLES / OBJETIVOS

La técnica de *inversión de roles* se propone ligar a A al inconsciente de B y a B al inconsciente de A. El terapeuta puede hacer que A asocie libremente en el inconsciente de B y que B asocie libremente en el inconsciente de A, utilizando al revés el marco de referencia del sujeto: haciendo que A asocie libremente como si B se dirigiese a A y que B asocie libremente como si A se dirigiese a B; de esta manera, cada uno de ellos se acerca lo más estrechamente posible a las profundidades del interior del otro. Imagínese el lector que A y B son padre e hijo, o marido y mujer; tendrán que superar, además de las resistencias "internas" que cada uno de ellos tiene frente a su propio inconsciente, la resistencia interpersonal que cada uno tiene frente al otro. Si son, por ejemplo, padre e hijo, cada uno de ellos puede estar reprimido en el inconsciente del otro. Mediante la inversión roles, por lo tanto, podrás sacar afuera mucho de lo que han estado acumulando durante años.

La teoría psicoanalítica del inconsciente requiere, para enfrentar adecuadamente esta situación, además de la distinción entre preconsciente e inconsciente, una distinción entre ambos y una "co-conciencia". Esto no es un mero juego de palabras; he observado, en un gran número de sesiones, que hay entre madre e hijo, entre padre e hijo, entre un enamorado y su pareja, momentos de interasociación "común". Mirar cómo actúan en tales casos esas personas es como si estuviéramos cavando directamente en su co-inconsciente.

La técnica de inversión de roles complementa, de manera significativa, las técnicas directas de interacción aplicadas a las situaciones de parejas.

Las Bases de la Psicoterapia, pp. 94-95
Psychodrama: Foundations of Psychotherapy, v. 2, p. 52
Fundamentos del Psicodrama, pp. 66-67

TÉCNICA / INVERSIÓN DE ROLES / PROBLEMAS ÉTNICOS

6. La inversión de roles es una técnica eficaz para el propósito de socializar un grupo

étnico en relación con otro. Cuanto mayor sea la "distancia étnica" de un grupo en relación con el otro, tanto más difícil será aplicarles la inversión de roles.

Las Bases de la Psicoterapia, p. 255
Psychodrama: Foundations of Psychotherapy, v. 2, p. 155
Fundamentos del Psicodrama, p. 172

TÉCNICA / INVERSIÓN DE ROLES / SÓCRATES

Tuve dos profesores, Jesús y Sócrates; Jesús, el santo improvisador y Sócrates, que, de manera curiosa, es el que se acerca más a la denominación de pionero del formato psicodramático. (...) Sócrates estaba compenetrado con personas reales, actuando como partero y clarificador, de forma muy parecida a la usada por los psicodramatistas modernos. (...) pero es aquí que mi discrepancia con Sócrates comienza; la estructura de referencia de sus diálogos se limitaba al aspecto dialéctico-lógico. Él no entraba, como Jesús lo hizo, ni en la totalidad ni en la esencia de la situación. (...) Sócrates prefirió los diálogos a las palestras, cuando quiso sustentar sus argumentos. Eligió como contra-protagonista a un personaje representativo, un sofista. Inconscientemente, usando la técnica de "inversión de roles", ascendió el sofista a profesor, mientras que él, Sócrates, asumiría el rol del alumno ignorante que hacía preguntas. Llegó, intuitivamente, a conclusiones que me costaron mucho tiempo de práctica: que, a través de la inversión de roles, podría más fácilmente encontrar los puntos débiles en la armadura del sofista, que si le señalaran directamente sus errores de lógica. A medida que llevaba al sofista por varios dilemas, su público se compenetraba y el diálogo terminaba con una "catarsis dialéctica".

Fundamentos de la Sociometría, no hay
Who Shall Survive?, p. xxiii
Quem Sobreviverá?, v. I, pp. 29-30, Prelúdios

TÉCNICA / INVERSIÓN DE ROLES / STATUS SOCIAL

En la inversión de roles con dos personas más (como es el caso de la situación en la cama) o con más de dos, como es la situación en la mesa, el niño espera lograr para sí las ventajas del "status sociométrico" de la persona con la que está invirtiendo los roles.

Las Bases de la Psicoterapia, p. 261
Psychodrama: Foundations of Psychotherapy, v. 2, p. 160
Fundamentos del Psicodrama, p. 177

TÉCNICA / INVERSIÓN DE ROLES / TÉCNICA DEL DOBLE

La técnica del doble. Un nuevo paso que da Jonathan, dirigiendo él a su madre: "Tú será Jonathan y yo seré Jonathan, dos Jonathan". O como una inversión de roles a medio hacer y a la vez una inversión completa doble: "Tú eres Mamita y yo soy Mamita, dos Mamitas". Esto es una prueba de la estrecha conexión existente entre las técnicas del doble y la inversión de roles.

Las Bases de la Psicoterapia, p. 243
Psychodrama: Foundations of Psychotherapy, v. 2, p. 148
Fundamentos del Psicodrama, p. 164

TÉCNICA / INVERSIÓN DE ROLES / TÉCNICAS

(...) A continuación ofrecemos, a título ilustrativo, una serie de episodios:

(...) *Inversión de roles como correctivo de una conducta "antisocial".*

(...) *La inversión de roles como correctivo para una actitud de rebeldía general.*

(...) *La inversión de roles como técnica de enseñanza y aprendizaje.*

(...) *Una triple inversión de roles entre padre, madre e hijo, como tratamiento de una triple pataleta.*

(...) Las tres ubicaciones en la cama y la triple inversión de roles en la misma.

(...) Jonathan como filósofo de la Transformación universal.

(...) Jonathan como antropólogo étnico.

(...) Jonathan se transforma en un bebito.

(...) Jonathan usa la inversión de roles para fortalecer su yo.

(...) Inversión de roles para asumir un papel de autoridad.

(...) Inversión de roles como forma de enseñar resignación y limitación.

(...) Rechazo de la inversión de roles.

(...) La técnica doble.

(...) Un estudio de control.

(...) El desempeño de roles en situaciones reales.

Las Bases de la Psicoterapia, pp. 235-245
Psychodrama: Foundations of Psychotherapy, v. 2, pp. 142-150
Fundamentos del Psicodrama, pp. 159-166

TÉCNICA / INVERSIÓN DE ROLES / YO

(...) Todo intercambio es incompleto. En el cambio de papeles siempre queda libre una cierta parte del yo, bien para observar, bien para modificar el papel. Con una parte de su yo, por consiguiente, se convierte en su madre, pero con la otra parte no utilizada sigue siendo Juan, el hombrecito.

Psicoterapia de Grupo y Psicodrama, p. 245
Psychodrama: Foundations of Psychotherapy, v. 2, p. 145
Psicoterapia de Grupo e Psicodrama, p. 230

TÉCNICA / MISTIFICACIÓN TERAPÉUTICA

Tanto la afirmación de que Juan vivía como la correspondencia con él entran en la categoría de la técnica de la "inducción terapéutica al error". La idea misma del ego auxiliar puede considerarse también como una hábil técnica de inducción terapéutica al error. El protagonista lo sabe y sin embargo no lo sabe. Se le explica repetidas veces, aunque cautelosamente, que aquí se trata de una sustitución; durante el psicodrama, en el curso del calentamiento, empieza a ver en el ego auxiliar la cosa real y la verdadera persona, sea cual fuere el papel en que se presenta.

Psicoterapia de Grupo y Psicodrama, p. 388
Inglés, no hay
Psicoterapia de Grupo e Psicodrama, p. 364

TÉCNICA / MONÓLOGO

El psicodrama tuvo que desarrollar una serie de métodos para hacer evidentes toda una serie de planos profundos de nuestro mundo interpersonal. Uno de estos métodos es el soliloquio. Fue ya utilizado por dramaturgos como Shakespeare para fines artísticos. Pero en el psicodrama el soliloquio cobra una nueva significación. Los pacientes lo utilizan para duplicar pensamientos y sentimientos ocultos que tuvieron realmente en una situación con otra persona o que tiene ahora, en el momento de la representación; el valor del soliloquio reside en su veracidad; su finalidad es explicarse a sí mismo.

Psicoterapia de Grupo y Psicodrama, p. 287
Psychodrama, v. I, p. 190
Psicoterapia de Grupo e Psicodrama, p. 272

La técnica del *monólogo* refuerza los procesos inconscientes de A in situ, esto es, el monólogo se realiza en una situación "determinada" en la que actualmente se encuentra A, con o sin relación con B. El monólogo, *desde el punto de vista* de la forma, tiene un cierto parecido con los "apartes" de una representación dramática. Pero los apartes son para el actor en una pieza teatral algo impersonal, sin importancia, una parte de su "papel"; han sido inventados y ensayados, mien-

tras el monólogo, por el contrario, es algo lleno de significación para el protagonista que los produce en una sesión terapéutica.
    Psicoterapia de Grupo y Psicodrama, pp. 131-132
    Psychodrama: Foundations of Psychotherapy, v. 2, p. 52
    Psicoterapia de Grupo e Psicodrama, p. 117

3) Métodos de monólogo: es un monólogo del protagonista, una "interrupción" de la actividad normal; el protagonista sale de escena y relata libremente lo que piensa.
    Psicoterapia de Grupo y Psicodrama, p. 138
    Psychodrama: Action Therapy & Principles of Practices, v. 3, p. 239
    Psicoterapia de Grupo e Psicodrama, p. 122

TÉCNICA / MONÓLOGO / DIFICULTADES

Un sujeto espontáneo, que se identifica con su papel, no es capaz de hacer monólogos, ni en relación consigo mismo ni con su papel. Sólo la parte de su Yo; que no es arrastrada e hipnotizada por el papel, monologa. Cuanto menos absorto está el Yo en el papel, tanto más a menudo podrá hacer monólogos.
    Psicoterapia de Grupo y Psicodrama, p. 309
    Psychodrama, v. I, p. 210
    Psicoterapia de Grupo e Psicodrama, p. 292

TÉCNICA / MONÓLOGO TERAPÉUTICO

4) Monólogo terapéutico: es la reproducción de pensamientos y sentimientos secretos mediante diálogos y acciones aparte, que corren paralelos a las escenas y pensamientos de la acción principal. El protagonista permanece en escena. Son las reacciones personales del paciente a su papel principal y revelan en ocasiones sus tendencias enfermizas.
    Psicoterapia de Grupo y Psicodrama, p. 138
    Psychodrama: Action Therapy & Principles of Practices, v. 3, p. 239
    Psicoterapia de Grupo e Psicodrama, p. 123

TÉCNICA / MONÓLOGO / TIPOS DE

En el primer tipo de soliloquio los apartes y el diálogo provienen del mundo privado del sujeto. Tienen distintas dimensiones, pero pertenecen a la misma persona. (…)
    Psicoterapia de Grupo y Psicodrama, p. 305
    Psychodrama, v. I, p. 207
    Psicoterapia de Grupo e Psicodrama, p. 288

Se encontró luego un segundo tipo de soliloquio, en el que la acción "oficial" y el soliloquio tienen lugar en dos *distintos* planos.
    Psicoterapia de Grupo y Psicodrama, p. 305
    Psychodrama, v. I, p. 207
    Psicoterapia de Grupo e Psicodrama, p. 288

TÉCNICA / MUNDO AUXILIAR

Hay pacientes con los cuales la comunicación se ve reducida al mínimo. Cuanto menos diferenciado y completo es el Yo, tanto más especializada y concienzuda debe ser la ayuda prestada desde fuera por un ego auxiliar. Cuanto más perturbada está la organización psíquica de un paciente, tanto mayor será el número de los medio que debe aplicar el ego auxiliar y tanto más necesaria será la iniciativa del director terapéutico. Pueden necesitarse numerosos egos auxiliares. En el caso de una psicosis grave y consolidada la tarea de lograr éxito en el trata miento puede ser insoluble par los egos auxiliares. El paciente neurótico – por muchas ayudas que necesite para conseguir un resultado satisfactorio –, no deja de vivir en gran parte en el *mismo* mundo que nosotros. En el caso del paciente psicótico, la realidad normal se halla sustituida por ideas delirantes y por elementos alucinados. El paciente necesita algo más que un ego auxiliar, necesita un *mundo auxiliar*.
    Psicoterapia de Grupo y Psicodrama, p. 342
    Psychodrama, v. I, p. 220
    Psicoterapia de Grupo e Psicodrama, p. 327

(...) Formamos, así, un "mundo auxiliar psicodramático" en torno al paciente. El único que vivía en el drama el papel natural de su propia vida era el paciente. Nosotros, las personas que lo rodeábamos, asumimos los papeles que le convenían a él. *Llenamos su mundo de cristo con los papeles que necesitaba, con las figuras del Nuevo Testamento, los apóstoles Pedro, Pablo, Mateo y Marcos.*

Psicoterapia de Grupo y Psicodrama, p. 343
Psychodrama, v. I, p. 221
Psicoterapia de Grupo e Psicodrama, p. 328

TÉCNICA / SIMBÓLICA (METÁFORAS)

Todavía otro método de quebrar la resistencia se llama *"técnica simbólica"*, la cual parte de una producción simbólica a fin de que el miedo de compenetración personal sea eliminado como causa de resistencia.

Psicodrama, no hay
Psychodrama, v. I, p. ix
Psicodrama (portugués), p. 32

Otro método de romper la resistencia es la *"técnica simbólica"*. Empezamos con una producción simbólica, por ejemplo, el cuento de Nicolás el grande y Nicolás el chico, de tal manera que eliminemos el miedo del paciente de verse privadamente implicado en el asunto. (...) Dado que estos papeles no tenían relación directa con la vida privada de los miembros del grupo, el director consiguió por este medio que algunos tomaran parte en la pieza.

Psicoterapia de Grupo y Psicodrama, p. 379
Similar in Psychodrama, v. I, p. ix
Psicoterapia de Grupo e Psicodrama, pp. 357-358

TÉCNICA / SUEÑOS (Ver también PSICODRAMA / SUEÑOS)

El objetivo de la técnica psicodramática es inducir al soñante a que represente su sueño, en lugar de que el médico lo analice. Aun cuando se estuviera seguro de que el análisis es objetivo y digno de confianza, es preferible convertir el análisis en una producción del soñante.

La *primera* fase de la producción fue el sueño que Martín tuvo efectivamente. (...) La fase de producción tenía lugar en el espíritu del durmiente, los egos y objetos auxiliares eran alucinaciones del soñante. (...) él era el único portador de su proceso de caldeamiento y sólo él asistió al final del sueño, agradable o desagradable, como testigo y como observador.

La *segunda* fase de la producción se desarrolló en el teatro del psicodrama, y aquí es donde entra en acción la terapia. Cuando el propio soñante, con la ayuda del terapeuta y de los egos auxiliares, escenifica su sueño, sale a la superficie no sólo e contenido manifiesto del sueño, sino también el contenido latente. (...) Podría decirse que en lugar de ser analizado mediante el psicoanálisis, es analizado por la propia producción onírica. (...) Es preferible que la comprensión se alcance, no mediante el análisis, sino por la experiencia que tiene lugar en la acción; que sea una especie de autorrealización por el sueño.

(...) La *tercera* fase de la producción estimula al paciente a ampliar el sueño más allá del final que la naturaleza propuso al soñante. Se le anima a soñar de nuevo su sueño, a continuarlo en escena y a conducirlo a un final que le parezca más indicado o que lo capacite para superar especialmente aquellas fuerzas ocultas que perturban su equilibrio. Este proceso se convierte en una auténtica "prueba por el sueño" y puede conducir a una catarsis fundamental que podría llamarse "catarsis onírica", a una integración de las partes sanas y enfermas de su psique.

En la *cuarta* fase, el paciente se encuentra de nuevo en su cama, durmiendo como en la primera fase, in situ. Él es, de nuevo, su propio "dramaturgo onírico", que crea en forma de alucinaciones los personajes y objetos de sus sueños. Pero ahora es capaz de aplicar lo que ha aprendido durante la activa producción onírica al mismo sueño – en el caso de que se repita – o a otro semejante. Se podría hablar aquí de sugestión pospsicodramática, de modo semejante a como se habla de sugestión poshipnótica.

(...) Lo más probable es que el sujeto sea accesible en su nivel más profundo en el plano de la acción psicodramática, en segundo lugar en el plano de la realidad y en último lugar en el plano verbal.

La "evocación" y la realización de factores decisivos tanto en el pasado como en el presente son favorecidas por las acciones espontáneas del paciente. Cuanto más profundo es el nivel óntico y de acción alcanzado por el paciente, tanto más amplias y pronunciadas serán la fuerza y la amplitud de la evocación.

(...) Sólo los métodos vivenciales y de acción inmediatos son causales y centrales, al menos teóricamente; sólo ellos logran tocar núcleo de acción de una persona y, cuando es posible, trasformarlo.

Psicoterapia de Grupo y Psicodrama, pp. 340-342
J. L. Moreno, "Fragments form the Psychodrama of a Dream", in Jonathan Fox, The Essencial Moreno; New York, Springer Publicity Company, 1987, pp. 199-200
Psicoterapia de Grupo e Psicodrama, p. 325-327

(...) Tales protagonistas se mueven en escena como en un sueño, rodeados por figuras como sombras: los ayudantes pasivos. Hemos ya aludido varias veces a la relación íntima existente entre el psicodrama y el sueño. La esencia del sueño es el psicodrama. En ambos casos se trata de producciones fantásticas en las que protagonista y soñante se ven profundamente implicados. El psicodrama, como el sueño, parece ser el producto de fuerzas dinámicas inconscientes. Pero será oportuno subrayar aquí algunas diferencias fundamentales. Los personajes del sueño son fantasmas; no existen más que en el espíritu del paciente y desaparecen en el momento en que el sueño se acaba. Los personajes del psicodrama son presentados por personas reales, los egos auxiliares. El soñante puede soñar las cosas más fantásticas, sin que le ofrezcan la menor resistencia los personajes del sueño. (...) Los egos auxiliares en un psicodrama pueden apoyar u oponer resistencia a la fantasía del paciente; pueden hablar a favor suyo o en su contra. Pueden ayudarle a modificar el curso de la acción, pueden penetrar con su producción en el psicodrama, pueden oponer al protagonista de todo tipo de resistencias para estimular su espontaneidad y perseverancia.

Psicoterapia de Grupo y Psicodrama, pp. 370-371
Inglés, no hay
Psicoterapia de Grupo e Psicodrama, pp. 350-351

TÉCNICA / TÉCNICA DEL DOBLE / DEFINICIÓN

9) La técnica del *doble* (o doblaje) reproduce los procesos inconscientes. Es una *folie à double* ("locura con un doble") *conscientemente* producida. (Es cosa diferente de lo que se llama *folei à deux*, porque el que hace de doble del yo es un terapeuta y se supone que es un individuo normal.) El doble le procura a A un inconsciente auxiliar. También B tiene un doble, como lo tiene A. El doble de B también provee a B de un inconsciente auxiliar. De esto resulta que la comunicación normal, bidireccional, entre A y B se extiende, transformándose en una

comunicación en ocho direcciones (entre A y B, B y A, A y B1, B1 y A, A1 y B, B y A1, A1 y B1, B1 y A1.
>Las Bases de la Psicoterapia, pp. 95-96
>Psychodrama: Foundations of Psychotherapy, v. 2, pp. 52-53
>Fundamentos del Psicodrama, p. 67

20. La técnica del doble es la terapia más importante para las personas solitarias, y es importante, por ello, para los niños aislados y rechazados. Un niño solitario, tal como un paciente esquizofrénico, puede no ser capaz de realizar nunca una inversión de roles, pero aceptará un doble.
>Las Bases de la Psicoterapia, p. 257
>Psychodrama: Foundations of Psychotherapy, v. 2, p. 157
>Fundamentos del Psicodrama, p. 173

La técnica del doble – la más breve definición es que dos personas, A y B, se convierten en una sola. Esto es otra ilustración de la lógica psicodramática. B actúa como el doble de A y es aceptado como tal. El grado de no aceptación y el conflicto que de ahí se desencadene, entre el individuo y su doble es una fase importante en la catarsis de esta pareja.
>Fundamentos de la Sociometría, no hay
>Who Shall Survive?, p. 723
>Quem Sobreviverá?, v. 3, p. 218

Mi impresión es que el doble con talento está equipado con una "sobreabundancia de percepciones" y que no es forzoso que se trate de percepciones extrasensoriales. Las "tele" – tramas interpersonales, tal y como han sido elaboradas por los sociómetras, pueden ser los hilos conductores de estas percepciones.
>Psicoterapia de Grupo y Psicodrama, p. 376
>Inglés, no hay
>Psicoterapia de Grupo e Psicodrama, p. 355

TÉCNICA / TÉCNICA DEL DOBLE / DOBLE-ESPEJO

2) Una sesión puede construirse de tal manera que el protagonista no actúe en escena, sino que tome parte en la representación como espectador. Su problema será retratado y estudiado por un doble en escena. El doble es un ego auxiliar profesional, al que ayudan algunos asistentes. La educación psicológica del paciente procede, en este tipo de sesión, del "reconocimiento en el espejo". En esta forma de psicodrama, la acción escénica se organizará según las necesidades del protagonista. Cuando el paciente no toma parte directamente en la acción, su espontaneidad radica en la valoración que hace, como espectador de la reproducción de sí mismo y en eso consiste el efecto terapéutico. El contraste entre las imágenes de sí mismo que el paciente ve en escena y su propia opinión de sí puede ser tan dramático que proteste contra la imagen, salte a escena y se ponga a actuar él mismo.
>Psicoterapia de Grupo y Psicodrama, pp. 369-370
>Psychodrama: Action Therapy & Principles of Practices, v. 3, p. 184
>Psicoterapia de Grupo e Psicodrama, p. 350

TÉCNICA / TÉCNICA DEL DOBLE / DOBLES MÚLTIPLES

7) Método del doble: se emplea para penetrar en la problemática íntima del paciente mediante un ego auxiliar. El ego auxiliar proporciona al paciente algo así como un segundo Yo, actúa como si fuera la misma persona e imita al paciente en cada uno de sus gestos y movimientos. El ego auxiliar "duplica" al paciente y le ayuda a sentirse a sí mismo, a ver y estimar por sí mismo sus propios problemas.
>Psicoterapia de Grupo y Psicodrama, p. 138
>Psychodrama: Action Therapy & Principles of Practices, v. 3, p. 240
>Psicoterapia de Grupo e Psicodrama, p. 123

TÉCNICA / TÉCNICA DEL DOBLE / HISTORIAL

Ver Psicodrama de un adolescente[1]
Psicoterapia de Grupo y Psicodrama, pp. 271-275
Psychodrama: Action Therapy & Principles of Practices, v. 3, pp. 39-58
Psicoterapia de Grupo e Psicodrama, pp. 247-251
Psicoterapia de Grupo y Psicodrama, pp. 120-121

La idea del doble es tan antigua como la civilización misma. Se la encuentra en las grandes religiones. Yo he pensado a menudo que Dios no ha creado dos veces, una vez para nosotros, para vivamos en este mundo, y otra vez para El mismo.

(…) El doble psicodramático es una persona auxiliar que está en condiciones de poderse sentir en la situación del paciente y representar las mismas acciones, sentimientos y pensamientos y la misma especie de personificación que el paciente.

(…) Podemos ver aquí un paralelismo de la idea del doble con la relación entre madre e hijo antes y después del nacimiento.

Moreno, J. L. "Psychodramatic Production Techniques", in *Group Psychotherapy*, Beacon House, v. iv, March, 1952, p. 244
Psicoterapia de Grupo e Psicodrama, p. 107

TÉCNICA / TÉCNICA DEL DOBLE / MÉTODO DEL DOBLE

5) Método del doble: se emplea para penetrar en la problemática íntima del paciente mediante un ego auxiliar. El ego auxiliar proporciona al paciente algo así como un segundo Yo, actúa como si fuera la misma persona e imita cada uno de sus gestos y movimientos. El ego auxiliar "duplica" al paciente y le ayuda a sentirse a sí mismo, a ver y estimar por sí mismo sus propios problemas.

Psicoterapia de Grupo y Psicodrama, p. 138
Psychodrama: Action Therapy & Principles of Practices, v. 3, p. 240
Psicoterapia de Grupo e Psicodrama, p. 123

TÉCNICA / TÉCNICA DEL DOBLE / PSICOSIS

(…) Un ejemplo: sobre el escenario psicodramático hay una paciente en tratamiento que sufre de psicosis. Se encuentra en tal estado de ánimo que se hace sumamente difícil la comunicación; ni el médico ni la enfermera han podido establecer contacto con ella. Tampoco puede ya comunicarse con su marido ni con sus hijos, ni con sus padres y hermanos. Pero si pudiera hablar consigo misma, con la persona que le es más cercana y que la conoce mejor, tendría entonces alguien con quien entenderse. Para hacerle esto posible, reproducimos para ella en escena su "doble", con quien puede identificarse más fácilmente, conversar y actuar conjuntamente. Éste es el sentido del método del doble en el psicodrama.

Psicoterapia de Grupo y Psicodrama, p. 120
Moreno, J. L. "Psychodramatic Production Techniques", in *Group Psychotherapy*, Beacon House, v. iv, March, 1952, p. 243
Psicoterapia de Grupo e Psicodrama, pp. 106-107

TÉCNICA / TÉCNICA DEL DOBLE / RELACIÓN MADRE-HIJO

Podemos ver aquí un paralelismo de la idea del doble con la relación entre madre e hijo antes y después del nacimiento.

Psicoterapia de Grupo y Psicodrama, p. 121

---

[1] Este adolescente fue atendido en 1939 y esa fue la primera vez que Moreno utilizó la técnica del doble.

Moreno, J. L. "Psychodramatic Production Techniques", in *Group Psychotherapy*, Beacon House, v. iv, March, 1952, p. 244
Psicoterapia de Grupo e Psicodrama, p. 107

(...) Podríamos decir que en la relación madre-hijo la naturaleza repite el experimento del doble.
Psicoterapia de Grupo y Psicodrama, p. 122
Moreno, J. L. "Psychodramatic Production Techniques", in *Group Psychotherapy*, Beacon House, v. iv, March, 1952, p. 244
Psicoterapia de Grupo e Psicodrama, p. 108

TÉCNICA / TÉCNICA DEL DOBLE / TÉCNICA DEL MONÓLOGO DEL DOBLE

(...) Este podrá decidir la intervención de un ego-auxiliar para desempañar el rol de "doble" del protagonista. Habitualmente, el doble se coloca atrás del paciente e inicia un soliloquio. Lleva al protagonista a participar en el soliloquio y talvez lo haga admitir las razones ocultas de su negación. Esta es la técnica del "soliloquio del doble".
Psicodrama, no hay
Psychodrama, p. viii, Introduction to 3rd Edition
Psicodrama (portugués), p. 32, Introdução à 3ª Edição

TÉCNICA / TENSIONES DE LIDERAZGO

Otro método consiste en utilizar "tensiones de liderazgo" o "hostilidades étnicas", por ejemplo, entre refugiados y americanos natos, entre puertorriqueños y negros, dentro del grupo.
Psicodrama, no hay
Psychodrama, v. I, p ix
Psicodrama (portugués), p. 33, Introdução à 3ª Edição

TÉCNICA / TIENDA MÁGICA

(...) Un ejemplo ilustrativo del acting-out terapéutico y controlado es la siguiente técnica de *La Tienda Mágica (Magic Shop Technique)*. El director representa en el escenario una "Tienda Mágica". Él mismo, o algún miembro del grupo elegido por él, asume el rol de encargado de la tienda. La tienda está repleta de ítems imaginarios, de una naturaleza no física. Los ítems no están a la venta pero pueden ser obtenidos por permuta, en trueque de otros valores que serán entregados por los miembros del grupo, individualmente o en conjunto. Uno tras otro, los miembros del grupo se ofrecen para subir al escenario, entrando en la tienda en busca de una idea, un sueño, una esperanza, una ambición. Se parte del principio de que sólo hacen eso si sienten un fuerte deseo de obtener un valor altamente apreciado o sin el cual sus vidas carecerían de sentido.
Psicodrama, no hay
Psychodrama, v. I, pp. x-xi
Psicodrama, p. 35, Introdução à 3ª Edição

TÉCNICAS / ACTIVAS

(...) En otras ramas de la medicina se utilizan generalmente métodos traumáticos, como por ejemplo en la cirugía operatoria. También se utilizan los *shocks* eléctricos o insulínicos, la lobotomía y otros métodos psíquicos sin que despierten críticas especiales; pero en el caso de la praxis psicoterapéutica la opinión pública está especialmente prevenida contra todo proceso traumático. Cuando el psicoterapeuta se atreve a tocar al paciente o a entrar en contacto corporal con él o permite que se represente una vivencia traumática en la sesión, se alza en seguida una protesta, como si se hubiese cometido una gran injusticia. Debemos educar al público para que se dé cuenta de que las formas activas de la psicoterapia son igualmente beneficiosas que las pasivas y que ciertos problemas especialmen-

te difíciles pueden exigir una forma activa de psicoterapia.
>   Psicoterapia de Grupo y Psicodrama, p. 18
>   Inglés, no hay
>   Psicoterapia de Grupo e Psicodrama, p. 17

TÉCNICAS / DESARROLLO

Resumiendo podemos decir que la técnica del doble, el método del espejo y el cambio de papeles corresponden a las tres primeras fases del desarrollo del niño. La técnica del doble corresponde a la fase de identidad del niño, tiempo en que experimenta el mundo entero como una unidad. La técnica del espejo corresponde a la fase en que vive la paulatina disociación de su Yo respecto del Tú. Es el tiempo en que el niño empieza a conocerse a sí mismo como individuo separado de los otros individuos. Mediante el cambio de papeles va conociendo poco a poco la realidad de los otros mundos personales. Estos tres métodos están, pues, profundamente ligados a las fuerzas dinámicas del crecimiento humano y pueden por eso mismo emplearse fructíferamente en el tratamiento de enfermos mentales y en todas las relaciones humanas.
>   Psicoterapia de Grupo y Psicodrama, p. 124
>   Inglés, no hay
>   Psicoterapia de Grupo e Psicodrama, pp. 109-110

TÉCNICAS / LÚDICAS EN LA INFANCIA

El teatro para la Espontaneidad se convirtió en un lugar de reunión de los descontentos y rebeldes, la cuna de la revolución creadora entre 1922-1925. Es principalmente de allí, y de mi libro sobre el Teatro para la Espontaneidad, que partió la inspiración para el uso de técnicas dramáticas, la terapéutica de representaciones espontáneas, la psicoterapia de grupo y el aprendizaje de roles, métodos que muchos psicoanalistas y educadores han adoptado gradualmente en su trabajo.
>   Psicodrama, pp. 27-28
>   Psychodrama, v. I, p. 6
>   Psicodrama (portugués), p. 55

La evolución natural de la ciencia no contempla prioridades individuales, pero es a estas idiosincrasias privadas a las que la ciencia debe su marcha grandiosa. Fui yo quien mostró el camino para el tratamiento de los grupos no-transferenciales, los niños y psicóticos, desarrollando sistemáticamente *la representación como principio terapéutico*.
>   Psicodrama, p. 28 (notas)
>   Psychodrama, v. I, p. 6 (footnote)
>   Psicodrama (portugués), p. 55 (rodapé)

Visualicé al curandero como protagonista espontáneo-creativo en mi grupo. Mi concepto de médico como curandero era bien diferente del concepto de ellos. Para mí, las personas como Jesús, Buda, Sócrates y Gandhi eran médicos y curanderos; para Freud eran probablemente pacientes. (…) Era el conflicto entre los métodos de terapia "*analíticos*" y "*operacionales*". No sé si Freud alguna vez estudió mi trabajo o si lo considera serio, ya que había una enorme distancia entre nosotros. Recuerdo que diez años más tarde, durante el invierno de 1923, cuando la abertura del Stegreiftheater causó gran sensación en Viena, el Dr. Theodor Reik, que había sido secretario del Dr. Freud, me dijo que le mostraría mi libro a él. No sé si llegó a hacerlo o, tampoco cuál fue su reacción. De algo estoy seguro: la resistencia que Freud tenía a "actuar" fue un bloqueo en el progreso de la psicoterapia. Él no sólo temía la actuación del paciente, sino temía, más todavía, las consecuencias de su *propia* actuación. Un análisis de Freud podría haber relevado que su separación de Breuer no se dio apenas por la aversión de Breuer al sexo, como Freud relata, sino, también, por su aversión de tener que actuar en el rol de hipnotizador en transe hipnótico. Y fue el mismo complejo que lo dejó crítico y dudoso en relación a la espontaneidad y al juego de niños; observarlos y analizarlos, sí: jugar y actuar con ellas, no.

(…) Es importante recordar que *estos fueron los mayores obstáculos para la aplicación del principio lúdico a la terapia en la década crucial de 1914 y 1924*. Recordemos también, que vinculado a ese tema, existe el hecho de que Anna Freud y Melanie Klein publicaron sus trabajos sobre técnicas lúdicas mucho más tarde, después que hube establecido un clima receptivo.

> Fundamentos de la Sociometría, no hay
> Who Shall Survive?, pp. xxvii-xxviii, Preludes
> Quem Sobreviverá?, v. I, p. 34, Prelúdios

TÉCNICAS / TERAPIA INTERPERSONAL

(…) Para construir un puente entre A y B resultaron útiles, entre muchas otras, las siguientes técnicas: (…) Estas diez técnicas pueden dotar al análisis *interpersonal* de una *profundidad* que iguala, si no excede, todo lo que logran hacer los métodos individuales.

> Las Bases de la Psicoterapia, pp. 93 y 97
> Psychodrama: Foundations of Psychotherapy, v. 2, pp. 51-54
> Fundamentos del Psicodrama, pp. 66-67

TECNOLOGÍA

En una época tecnológica como la nuestra, el futuro y el destino del principio de la espontaneidad como pauta principal de cultura y de vida puede depender del buen éxito que se alcance en lo que concierne a vincularla con los inventos tecnológicos.

> Psicomúsica y Sociodrama, p. 222
> Psychodrama, v. I, p. 403
> Psicodrama, p. 464

TECNOLOGÍA / TIPOS

Entre los inventos técnicos capaces de expresión pueden diferenciarse dos tipos: uno cuya función especial es la de transmitir conservas culturales, y que incluye elementos tales como el libro, el gramófono y el cinematógrafo; y el otro tipo, que incluye los inventos "neutrales" de la radio y la televisión, que no prestan mayor fuerza a la producción de conservas, como lo hace en cambio los del primer tipo. Cuando decimos "neutrales" nos referimos a que son suficientemente flexibles como para transmitir tanto conservas como formas espontáneas de expresión. No constituyen, al menos en primer momento, obstáculos mecánicos para la presentación de la espontaneidad.

> Psicomúsica y Sociodrama, pp. 222-223
> Psychodrama, v. I, p. 404
> Psicodrama, pp. 464-465

TELE

TELE / ARISTOTELE

Una tele-relación única, que mediante relaciones indirectas crea una amplia red de influencias, se denomina "aristotele".

> Psicoterapia de Grupo y Psicodrama, p. 65
> Inglés, no hay
> Psicoterapia de Grupo e Psicodrama, p. 58

Se define la "aristotele" como un proceso emotivo en el cual toman parte numerosas personas, pero que es profundamente afectado por un individuo que aparentemente no está en una posición de influencia o popularidad especial. Él es el verdadero foco de influencia.

> Psicodrama, p. 327 (notas)
> Psychodrama, v. I, p. 243 (footnote)
> Psicodrama (portugués), p. 300 (rodapé)

(…) A través de trabajos previos con la sociometría, sabemos de la existencia de

estructuras estrictamente aristotélicas, donde un individuo creativo influencia, a través de varios líderes poderosos, a toda la comunidad.
>Fundamentos de la Sociometría, no hay
>Who Shall Survive?, p. 25
>Quem Sobreviverá?, v. I, p. 135

(...) El tele que reúne a A y B es de la naturaleza aristocrática; es una *aristo*-tele. Este tipo de tele estuvo en el origen de importantes cambios políticos y culturales, en la historia de un pueblo; fue el caso de Sócrates y Platón, de Nietzche y Wagner, o de Marx y Lassalle.
>Fundamentos de la Sociometría, p. 214
>Who Shall Survive?, p. 318
>Quem Sobreviverá?, v. II, p. 183

TELE / ÁTOMO SOCIAL

Si un día fuera posible cuantificar este complejo de sentimientos, este tele, no será menos cierto que, desde un punto de vista sociométrico, este complejo de sentimientos sólo artificialmente podría separarse de un conjunto más vasto; en efecto, sólo es un aspecto de la más pequeña unidad viviente de la materia social que pueda concebir nuestro espíritu: el átomo social.
>Fundamentos de la Sociometría, p. 214
>Who Shall Survive?, p. 317
>Quem Sobreviverá?, v. 2, p. 182

(...) "El tele no actúa del mismo modo en todas las partes del átomo social de un sujeto; hay una zona de clara conciencia donde las elecciones están bien motivadas, donde la percepción de las interrelaciones es particularmente evidente, y una región confusa, mal estructurada, en la que las tentativas de adelanto se realizan con poca fortuna, sin que exista ninguna razón para esperar que estos adelantos serán recibidos con gusto..."
>Fundamentos de la Sociometría, pp. 217-218
>Who Shall Survive?, p. 326
>Quem Sobreviverá?, v. 2, pp. 190-191

TELE / AUTOEVALUACIÓN SOCIOMÉTRICA

(...) Al principio, la gente no establecía diferencia alguna entre el proyecto, yo mismo y mi equipo de colaboradores. Ante esa dificultad, inventé una técnica sociométrica capaz de radiografiar mi propia situación, técnica que más tarde llamé "autoestimación sociométrica" y proyección. Se basaba en la hipótesis de que cada individuo tiene el sentimiento inmediatamente vivido de la posición que ocupa en el grupo; por empatía, llega a saber, aproximadamente si el flujo de afecto o de antipatía de que es objeto aumenta o disminuye. Empecé a construir mentalmente, a menudo dos o tres veces por día, los sociogramas de los grupos claves de que dependía el éxito o el fracaso de la empresa. Empecé a esbozar todas las situaciones en que mis colaborados y yo mismo nos encontrábamos comprometidos en el mismo instante y a representarme qué papel desempeñábamos en ellas. Traté luego de poner en claro nuestros sentimientos frente a cada persona de la población. Fue cosa relativamente fácil precisar mis propias preferencias. Mis elecciones y mis rechazos con respecto a los individuos clave de la colectividad. Pero fue más difícil adivinar sus sentimientos con respecto a mí y con respecto al proyecto, así como las razones que podrían tener. (...) Utilizando al máximo mis facultades de empatía llegué a dibujar mis propios sociogramas: posteriormente me fueron de gran ayuda para prevenir y responder a los ataques, antes que se hiciesen perjudiciales. Esta técnica me fue particularmente útil en el sentido de que me permitió desarrollar mi intuición social.

> Fundamentos de la Sociometría, p. 159
> Who Shall Survive?, p. 221
> Quem Sobreviverá?, v. 2, pp. 98-99

TELE / AUTOTELE

(...) Pero la posición de un individuo psicótico dentro de su átomo social hace muy conveniente la consideración minuciosa de sus *relaciones consigo mismo*.

(...) La distancia entre lo que es y cómo actúa, por una parte, y lo que piensa de sí mismo por otra, puede hacerse cada vez mayor. Finalmente parece como si junto a su verdadero Yo íntimo tuviera otro Yo a quien ahuyentara. Entre el Yo y el otro Yo expulsado hacia fuera se desarrolla un curioso parentesco afectivo que podría llamarse autorrelación o "auto-tele". La forma del Yo expulsado puede ser amorfa o perfilada y precisa. Puede tener una semejanza material muy grande con el Yo interior o ser hasta un cierto grado una variación suya. Las relaciones entre ambos Yos pueden ser positivas o negativas.

> Psicoterapia de Grupo y Psicodrama, pp. 346-347
> J. L. Moreno, "Psychodramatic Shock Therapy, a Sociometric Approach of Mental Disorders", in *Group Psychotherapy and Psychodrama*, v. xxvii, n°s 1-4, 1974, p. 4
> Psicoterapia de Grupo e Psicodrama, p. 331

Como ya indicamos, todo individuo tiene, junto a las tele-relaciones con las otras personas de su átomo social, una tele-relación consigo mismo, el auto-tele, que en el sociograma del individuo psicótico viene a ser sustituido por una serie de papeles. El auto-tele original se fragmenta, entonces, en numerosas unidades. En consecuencia, la relación entre el individuo y su átomo social se ve sustituido por la relación entre sus papeles y las *personae*.

> Psicoterapia de Grupo y Psicodrama, p. 360
> J. L. Moreno, "Psychodramatic Shock Therapy, a Sociometric Approach of Mental Disorders", in *Group Psychotherapy and Psychodrama*, v. xxvii, n°s 1-4, 1974, p. 16
> Psicoterapia de Grupo e Psicodrama, p. 342

El sociograma representa también la relación que el paciente tiene consigo mismo, su autotele. Manifiesta un violento disgusto por la apariencia social de su personalidad, por su yo reflejo privado.

> Psicomúsica y Sociodrama, p. 33
> Psychodrama: Foundations of Psychoterapy, v. 2, p. 289
> Psicodrama, p. 346

(...) Examiné, entonces, las bibliografías y referencias de todas las personas que los citaron. Los siguientes, y ya conocidos símbolos sociométricos fueron usados como referencias: crear a sí mismo, equivale a la auto-atracción o autotele, ser citado, equivale a la atracción o ser elegido por alguien; citar a otros, equivale a ser atraído o elegir; no ser citado, equivale a no ser elegido; nota de pié de página o referencia crítica desfavorable equivale a la relación diádica o a par; grupito de citas se define como cierto número de individuos que se citan los unos a los otros o que persisten en no citar a determinados individuos.

> Fundamentos de la Sociometría, no hay
> Who Shall Survive?, p. 26
> Quem Sobreviverá?, v. 1, p. 136

Sucede que, entre esas perturbaciones, el sujeto se siente comprometido en acontecimientos ilusorios, en relación con personajes imaginarios. Es lo que se ha denominado "auto tele". El *alter ego* debe seguir al paciente en sus difíciles experiencias.

> Fundamentos de la Sociometría, p. 216
> Who Shall Survive?, p. 320
> Quem Sobreviverá?, v. 2, p. 185

TELE / COGNITIVO / CONATIVO

Frecuentemente he hallado, en los sociogramas, individuos que son objeto de un gran número de elecciones, pero cuyas propias elecciones carecen de eco: resulta para ellos un estado de aislamiento y abandono. Al analizar casos de este tipo, se comprueba que estos individuos ponen todo su corazón en su elección, pero que casi no perciben el efecto que suscitan en aquellos a quienes no han elegidos por sí mismos. Pareciera que, en el momento de realizar elecciones importantes, su tele conativo es fuerte, pero su tele cognitivo débil. Hice participar a sujetos de este tipo en psicodramas y comprobé que su percepción de los roles sociales asumidos por los sujetos a quienes elegían era confusa, desproporcionada en relación con el sentimiento de admiración y respeto que experimentaban por estos roles por quienes los encarnaban. En otros términos, existía en estos sujetos una manifiesta desproporción entre una excelente aptitud para ingresar en el desempeño del rol y una débil capacidad para percibir el rol; y este resultado se corresponde con lo que se verifica a nivel de las relaciones interpersonales: un fuerte tele conativo que contrasta con un débil tele cognitivo.

Fundamentos de la Sociometría, p. 218
Who Shall Survive?, p. 326
Quem Sobreviverá?, v. 2, p. 191

Durante cierto tiempo pensamos que el tele, además de su aspecto conativo, tiene también un aspecto cognitivo y que estos sujetos desempeñan su rol al realizar sus elecciones y rechazos.

Fundamentos de la Sociometría, p. 217
Who Shall Survive?, p. 325
Quem Sobreviverá?, v. 2, p. 190

TELE / COLORES / COMIDA

(...) Después de varios meses de trabajo todavía no daba signos de un auténtico *rapport* ni ante el psiquiatra ni frente a sus asistentes; pero dio muestras de numerosas y bien desarrolladas tele-relaciones. Permaneció indiferente a diversos colores, como el rojo y el amarillo, pero su tele era positivo respecto al azul y al blanco. Esto fue decisivo en relación con los trajes que vestíamos y los colores de la casa. Su tele, respecto a ciertos alimentos como los huevos y la carne, era negativo. Era en cambio positivo respecto a las frutas y verduras. (...) El complejo-tele de este paciente fue lo que dirigió paso a paso el desarrollo de su psicodrama.

Psicoterapia de Grupo y Psicodrama, pp. 343-344
Psychodrama, v. I, pp. 221-222
Psicoterapia de Grupo e Psicodrama, pp. 327-329

TELE / DEFINICIONES

El *tele* (en griego lejos, actuando a distancia) ha sido definido como una relación elemental que puede existir tanto entre individuos como entre individuos y objetos y que en el hombre se desarrolla paulatinamente desde el nacimiento como un sentido para las relaciones interhumanas. El tele puede por esto considerarse como el fundamento de todas las relaciones interhumanas sanas y como el elemento principal en todos los métodos eficaces de psicoterapia. Consiste en el sentimiento y el conocimiento de la situación *real* de las otras personas.

Psicoterapia de Grupo y Psicodrama, pp. 49-50
Inglés, no hay
Psicoterapia de Grupo e Psicodrama, p. 45

(...) El tele es una empatía de doble dirección, como el teléfono tiene dos extremidades. Tenemos la costumbre de pensar que los sentimientos emergen del fuero interno del individuo y se fijan más fuerte o más débilmente sobre personas o cosas del ambiente inmediato. (...) La hipótesis según la cual los

sentimientos, las emociones o las ideas podrían salir del organismo o entrar en él, parecía incompatible con esta concepción. (...) Si estos sentimientos, estas emociones y estas ideas salen del organismo, ¿dónde podrán residir?
> Fundamentos de la Sociometría, pp. 62-63
> Who Shall Survive?, p. 53
> Quem Sobreviverá?, v. I, p. 159

(...) *El fenómeno del tele aparece en toda clase de comunicaciones,* y es un error reducirlo a una simple reflexión correspondiente a una comunicación verbal.
> Fundamentos de la Sociometría, p. 69
> Who Shall Survive?, p. 76
> Quem Sobreviverá?, v. I, p. 178

Se define la tele como un proceso emotivo proyectado en el espacio y el tiempo, en el que pueden participar una, dos o más personas. Es una experimentación de algún factor real de la otra persona, y no una ficción subjetiva. Es una experiencia interpersonal, y no la emoción de una sola persona. Es la base emotiva de la intuición y el "insigth". Surge de contactos de persona a persona y de personas a objeto, a partir del nivel del nacimiento, y desarrolla gradualmente el sentido de las relaciones interpersonales. El proceso tele es considerado, por consiguiente, el principal factor en la determinación de la posición de un individuo en el grupo.
> Psicodrama, pp. 322-323 (notas)
> Psychodrama, v. I, pp. 238-239 (footnote)
> Psicodrama (portugués), p. 295 (rodapé)

(...) A la respuesta interpersonal se la denomina *tele.*
> Psicodrama, p. 126
> Psychodrama, v. I, p. 81
> Psicodrama (portugués), p. 132

(...) "Al factor socio-gravitacional que opera entre individuos, induciéndolos a establecer relaciones *más* positivas o negativas, parejas, triángulos, cuadrángulos, polígonos, etc., que si fuera por *azar*, lo he llamado *tele*, derivado del griego cuyo significado es 'lejano' o 'distante'.
> Psicodrama, p. 130
> Psychodrama, v. I, p. 84
> Psicodrama (portugués), p. 135

TELE / DESARROLLO

(...) En la primera fase de la matriz de identidad, el niño no distingue aún entre proximidad y distancia. Pero gradualmente adquiere el sentido de la cercanía y la distancia y comienza a ser atraído por personas y objetos, o a apartase de ellos. Este es el primer reflejo social, que indica la emergencia del factor tele, y constituye el núcleo de las posteriores pautas de atracción y repulsión y de las emociones especializadas; en otras palabras, de las fuerzas sociales que rodean al individuo posteriormente.
> Psicodrama, p. 110
> Psychodrama, v. I, p. 68
> Psicodrama (portugués), p. 119

(...) El factor tele es seguramente, en su primera forma, indiferenciado, un tele de matriz de identidad; gradualmente se separa un tele para objetos de un tele para personas. Un tele positivo se separa de un tele negativo, y un tele para objetos reales de uno para objetos imaginarios.
> Psicodrama, p. 110
> Psychodrama, v. I, p. 68
> Psicodrama (portugués), p. 119

En el plano social, hemos aislado el factor *tele,* capaz de proporcionar la dirección que asume la expansión del yo. Para comprender cómo actúa el factor *tele,* es conveniente establecer una distinción entre proyección y lo que se ha denominado "reproyección". Se suele definir a la proyección como "lanzar sobre otras personas las propias ideas y suponer que son objetivas, a pesar de su origen subjetivo". Reproyección es extraer y recibir de otras personas (se lo puede extender a todas las dimensiones y afluentes) sus ideas y sentimientos, bien para descubrir una identidad con los propios (confirmación) o para fortalecer al yo (expansión).

La organización del yo en el seno del organismo individual comienza muy temprano en la vida. Es un fenómeno universal, perceptible en cada individuo. En algunos individuos la capacidad de reproyección está enormemente desarrollada. A éstos los llamamos genios o héroes. Si el hombre de genio sabe lo que la gente o la época necesitan y desean es en virtud de la capacidad retroyectiva del yo, por un proceso *tele*, no por proyección. Asimilan con gran facilidad la experiencia que poseen de los demás, no sólo porque la extraen de los otros, sino por el deseo que sienten los demás de comunicarles sus sentimientos. Descubren que estas experiencias son semejantes o idénticas a las de ellos mismo y las integran en su propio yo.

El Teatro de la Espontaneidad, p. 35
The Theater of Spontaneity, pp. 8-9
O Teatro da Espontaneidade, pp. 21-22

TELE / EFECTO TELE

(…) En consecuencia, si un hombre perteneciente a la minoría israelita es objeto de atenciones por parte de una alemana y si ésta atrae sobre sí la admiración de un gran número de sus compatriotas, puede resultar un efecto de tele en el interior de las redes psicológicas, es decir, un efecto psicológico que se extenderá mucho más allá de las dos personas interesadas y de su contorno inmediato.

Fundamentos de la Sociometría, p. 381
Who Shall Survive?, p. 563
Quem Sobreviverá?, v. 3, p. 129

TELE / ESPONTANEIDAD / CREATIVIDAD

El factor tele es lo que es medido por los tests sociométricos. El factor e es lo que es medido por los tests de espontaneidad. El factor e estimula nuevas combinaciones más allá de lo que los genes determinas realmente. (…) El factor tele opera en toda estructura social, pero es influido por el factor e.

(…) No se espera que las unidades hereditarias (genes) determinen las relaciones entre organismos. El área que existe entre los organismos es controlada por el factor tele.

Psicodrama, pp. 90-91 (notas)
Psychodrama, v. I, p. 51 (footnote)
Psicodrama (portugués), p. 102 (rodapé)

(…) Por esto me siento inclinado a creer que, como la espontaneidad, el tele necesita un catalizador para hacerse disponible. Hay aquí una analogía con las relaciones de la espontaneidad y la creatividad: el tele es "creatogénico".

Fundamentos de la Sociometría, p. 220
Who Shall Survive?, p. 328
Quem Sobreviverá?, v. 2, pp. 192-193

TELE / GEN

(…) Comparable a la unidad biológica – el gene –, el tele puede concebirse como la unidad sociogénica que sirve para facilitar la transmisión de nuestra herencia social.

Fundamentos de la Sociometría, p. 220
Who Shall Survive?, p. 328
Quem Sobreviverá?, v. 2, p. 193

TELE / GRUPO

(...) El tele es el que solidariza al grupo y produce su cohesión.
<small>Psicoterapia de Grupo y Psicodrama, p. 87
Inglés, no hay
Psicoterapia de Grupo e Psicodrama, p. 76</small>

Cuando muchas personas, toman parte en un psicodrama puede suceder que una cierta persona no sea influida por el otro compañero B que actúa justamente frente a él, pero sí por C, D y E, con los que no ha actuado en relación directa. Ellos, en cambio, sí han influido sobre B al actuar frente a él y B ha influido a su vez sobre A. Hemos, pues, de distinguir entre el "efecto próximo" del tele en presencia de ambos compañeros y el "efecto a distancia" del tele. Esta observación provocó numerosos estudios sociométricos.
<small>Psicoterapia de Grupo y Psicodrama, p. 303
Inglés, no hay
Psicoterapia de Grupo e Psicodrama, p. 286</small>

En otras palabras, desde la primera reunión la tele ya opera entre los miembros de un grupo. Esta débil cohesión "primaria" puede ser utilizada por el terapeuta a favor del desarrollo de metas terapéuticas comunes.
<small>Psicodrama, no hay
Psychodrama, v. 1, p. xx
Psicodrama (portugués), p. 46</small>

A la investigación sociométrica de grupo debemos un análisis más cuidadoso de los fenómenos de tele y de transferencia.
<small>Las Bases de la Psicoterapia, p. 26
Psychodrama: Foundations of Psychotherapy, v. 2, p. 10
Fundamentos del Psicodrama, p. 25</small>

TELE / INFRATELE

(...) Nunca dejaba de sonreír y estar de acuerdo y él se sentía cómodo toda vez que ella le mostraba esa probación. Lo que podemos llamar amor-tele es una duradera y mutua aceptación de tales vivencias básicas. Muchos signos tele dejan de hacerse conscientes en el momento de un primer encuentro, pero puede darse una infla-tele que luego se intensifique, transformándose en una tele cabal.
<small>Las Bases de la Psicoterapia, pp. 146-147
Psychodrama: Foundations of Psychotherapy, v. 2, p. 85
Fundamentos del Psicodrama, p. 102</small>

(...) Por eso he subdividido la región comprendida entre el nivel del tele y el de la elección fortuita entre tres capas: la de la infratele (la más alejada del azar puro y simple), la de la empatía y la de la transferencia.
<small>Fundamentos de la Sociometría, p. 218
Who Shall Survive?, p. 326
Quem Sobreviverá?, v. 2, p. 191</small>

TELE / MUSICAL

(...) La posición musical de un instrumento se corresponde con un cierto número de otras posiciones musicales definidas, que son todas interdependientes; su totalidad es lo que constituye una sinfonía. Podemos llamar *tele musical* a la interrelación existente entre dos o más posiciones musicales.
<small>Psicomúsica y Sociodrama, pp. 30-31
Psychodrama, v. 1, p. 288
Psicodrama, p. 344</small>

TELE / OBJETIVIDAD

La objetividad de la tele-estructura fue demostrada indirectamente mediante cálculos cuantitativos. Entre los individuos del sociograma real se produjeron muchos más contactos que entre los individuos del sociograma formado al azar. El factor "tele" es sin duda responsable de la tendencia a la elección recíproca superior a las probabilidades que presenta la elección al azar.

    Psicoterapia de Grupo y Psicodrama, p. 51
    Inglés, no hay
    Psicoterapia de Grupo e Psicodrama, p. 47

TELE / ORIGEN

(...) Nuestra hipótesis principal, por lo tanto, consistió en la existencia de un factor hipotético, la tele, y en el grado en que el mismo actúa en la formación de agrupamiento, desde las díadas y los triángulos hasta los grupos de cualquier tamaño.

    Las Bases de la Psicoterapia, p. 27
    Psychodrama: Foundations of Psychotherapy, v. 2, p. 10
    Fundamentos del Psicodrama, p. 24

c) Otro problema es el que surge cuando en una situación toman parte varios actores; cuándo comenzará a moverse, a representar el rol; durante cuánto tiempo continuará con él y cuándo deberá detenerse; y, a su vez, las respuestas correlativas de los otros actores. Es evidente que, en buena parte, esta clase de racionamientos es teórica. En la práctica de la espontaneidad el comienzo de una acción de cualquiera de los actores lo marca una cierta presencia de espíritu, que es algo más de lo que se suele denominar intuición.

    El Teatro de la Espontaneidad, p. 117
    The Theater of Spontaneity, p. 64
    O Teatro da Espontaneidade, pp. 80-81

(...) Existen actores, conectados entre sí por una reciprocidad invisible de sentimientos, que poseen una especie de sensibilidad sobredesarrollada para con sus mutuos procesos internos. Basta con un gesto, y a veces ni necesitan mirarse; son telépatas los unos respecto de los otros. Se comunican por medio de un nuevo sentido, como por una comprensión intermediaria.

    El Teatro de la Espontaneidad, pp. 123-124
    The Theater of Spontaneity, p. 68
    O Teatro da Espontaneidade, pp. 84-85

TELE / ORIGEN DEL NOMBRE

Las innumerables variedades de atracciones, rechazos e indiferencias entre individuos necesitan de un denominador común. Determinado sentimiento se dirige de un individuo a otro y tiene que ser transportado a través de cierta distancia. Como usamos los términos telerreceptor, telencéfalo, teléfono, televisión etc., al expresar acción a distancia, para expresar *la más simple unidad de sentimiento transmitida de un individuo para otro*, utilizamos el término tele (τηλε), "distante".

(...) *Tele* (del griego: distante, influencia a distancia) es mutua percepción íntima de los individuos, el cimiento que mantiene los grupos unidos. Es *Zweifuhlung*, en contraste con *Einfuhlung*. Como un teléfono, tiene dos terminales y facilita una comunicación en los dos sentidos.

    Psicodrama, no hay
    Psychodrama, v. I, xi, Introduction to 3rd Edition
    Psicodrama, p. 36, Introdução à 3ª Edição

TELE / PERCEPTUAL

El test perceptual es un test sociométrico que se realiza en la mente del paciente y no en la realidad social. Se puede uno ahorrar el interrogatorio.

    Psicoterapia de Grupo y Psicodrama, p. 54
    Inglés, no hay
    Psicoterapia de Grupo e Psicodrama, p. 49

TELE / PSICOTERAPIA

(...) He observado que cuando un paciente se siente atraído por un terapeuta, al margen de la situación transferencial, surge en el primero otro tipo de comportamiento. Repitamos aquí las palabras con que he formulado mis observaciones originales en mi artículo sobre el tema: "Uno de los procesos es la aparición de fantasías (inconscientes) que proyecta sobre el psiquiatra, rodeándolo de cierta aureola. Al mismo tiempo se desarrolla en él otro proceso: la parte de su yo que no ha sido arrebatada por la autosugestión se siente dentro del médico. Entra a juzgar al hombre que está del otro lado del escritorio y a estimar intuitivamente qué clase de hombre es. Estos sentimientos suyos acerca de las condiciones de ese hombre (físicas, mentales o de otra índole) son relaciones de 'tele'".

> Las Bases de la Psicoterapia, pp. 19-20
> Psychodrama: Foundations of Psychotherapy, v. 2, pp. 5-6
> Fundamentos del Psicodrama, p. 20

(...) En otros términos, un proceso que venía operando desde el comienzo, proceso paralelo al del encanto producido por transferencia, se está perfilando ahora con rasgos más rigorosos. Ahora ve a la paciente tal cual ella es. Este otro proceso, que actúa entre dos individuos, falta en la transferencia. Se llama "tele" y consiste en sentirse una persona dentro de la otra y viceversa. Se trata de un Zweifühlung en lugar de un Einfühlung. Tal como un teléfono, posee dos terminales y permite la comunicación en ambos sentidos. Se conoce el hecho frecuente de que las relaciones terapéuticas entre médico y paciente, luego de una fase de intenso entusiasmo, declinan y llegan a su fin, a menudo por alguna razón emocional. Esta razón es, con frecuencia, una mutua desilusión al desaparecer el encanto transferencial y al no ser la atracción tele lo suficientemente poderosa como para permitir beneficios terapéuticos permanentes. Puede decirse que la estabilidad de la relación terapéutica depende de la fuerza de la cohesión tele que actúa entre los dos partícipes de la relación.

> Las Bases de la Psicoterapia, p. 21
> Psychodrama: Foundations of Psychotherapy, v. 2, pp. 6-7
> Fundamentos del Psicodrama, p. 21

Las relaciones télicas entre protagonista, terapeuta, egos-auxiliares y las *"dramatis personae"* importantes del mundo que retratan son decisivas para el proceso terapéutico.

> Psicodrama, no hay
> Psychodrama, v. I, p. xi, Introduction to 3rd Edition
> Psicodrama, p. 36, Introdução à 3ª Edição

Un mínimo de estructura tele y resultante cohesión de la interacción entre los terapeutas y los pacientes es un prerrequisito indispensable para que el psicodrama terapéutico en curso tenga éxito. (...) El factor decisivo para el progreso terapéutico es la *tele*.

> Psicodrama, no hay
> Psychodrama, v. I, p. xviii, Introduction to 3rd Edition
> Psicodrama, p. 44, Introdução à 3ª Edição

TELE / RACIAL

(...) Lo mismo ocurre con la tele racial que aumenta a partir del nivel de preferencia cero para el nivel de autopreferencia completa.

> Fundamentos de la Sociometría, no hay
> Who Shall Survive?, p. 703
> Quem Sobreviverá?, v. 3, p. 193

TELE / SEXTO SENTIDO / SENSIBILIDAD EXTRA

(...) La experiencia Stegreif nos permite observar que algunos individuos poseen respecto de otros una "sensibilidad": parecen ligados por un alma común. Cuando se animan y liberan su espontaneidad, se establece entre ellos una especie de "acuerdo" afectivo que frecuentemente no puede atribuirse al simbolismo verbal. El análisis de cada individuo, considerado aisladamente se revela como incapaz de explicar esas "afinidades", por lo que debemos encarar la posibilidad de una fisiología "social", *tensiones internas resultantes de un desajuste que los órganos especiales tienen por función transformar en relaciones bien ajustadas, en los distintos individuos.* En cierta época, el hombre se alejó del animal, y no sólo como especia, sino también como sociedad. Y es en el seno de esta sociedad donde los más importantes órganos sociales del hombre se fueron constituyendo. El grado de atracción y de rechazo de una persona en relación a otras sugiere una hipótesis susceptible de hacernos comprender la evolución de los órganos sociales. (...) Nos parece legítimo formular la siguiente hipótesis de trabajo: *en la base de todas las interacciones sociales y psicológicas entre los individuos debieron existir – y aún existen – por lo menos dos órganos fisiológicos complementarios que actúan de manera recíproca.* El principio de bisexualidad sólo es un aspecto particular de un principio más comprensivo: la bisocialidad. Podemos entonces suponer que las atracciones y los rechazos que oscilan de un individuo a otro – cualesquiera sean sus efectos: miedo, cólera, simpatía – tienen una base sociofisiológica.

<small>Fundamentos de la Sociometría, pp. 210-211
Who Shall Survive?, pp. 312-313
Quem Sobreviverá?, v. 2, pp. 179-180</small>

Resulta más difícil aclarar la función de la empatía cuando el sujeto desempeña su rol en situaciones psicodramáticas. He destacado nuestra necesidad de un concepto más amplio cuando comencé a elaborar el método experimental adecuado para captar la formación del grupo *in statu nascendi*. "Hay actores – decía yo entonces – unidos por un lazo secreto. Poseen una especie de sensibilidad que permite a cada uno captar los procesos internos de su compañero, y viceversa: basta un gesto, y a menudo no tienen necesidad de mirarse. Cada uno es clarividente para el otro. Poseen un sentido especial de comunicación directa, una compresión recíproca."

<small>Fundamentos de la Sociometría, p. 215
Who Shall Survive?, p. 318
Quem Sobreviverá?, v. 2, p. 183</small>

En el escenario tradicional parecería bastar con nuestro cinco sentidos; en la interacción espontánea se ha desarrollado cada vez más un sexto sentido, el de los sentimientos de quienes co-actúan.

Un conjunto bien preparado irá abandonando paulatinamente el empleo de todas las técnicas de comunicación que hemos descrito, para apoyarse en el factor de intermediación que guía sus mentes y les permite prever las ideas y las acciones de los co-actores.

Existen actores, conectados entre sí por una reciprocidad invisible de sentimientos, que poseen una especie de sensibilidad sobredesarrollada para con sus mutuos procesos internos. Basta con un gesto, y a veces ni necesitan mirarse; son telépatas los unos respecto de los otros. Se comunican por medio de un nuevo sentido, como por una comprensión intermediaria.

<small>El Teatro de la Espontaneidad, pp. 123-124
The Theater of Spontaneity, p. 68
O Teatro da Espontaneidade, pp. 84-85</small>

TELE / SEXUAL

(...) La tele se desarrolla con la edad de los individuos y de los grupos; es débil e indiferenciada en niños menores. La diferenciación asume muchas formas. Con el pasar de los años la diferenciación de la tele sexual aumenta rápidamente. Lo mismo ocurre con la tele racial que aumenta a partir del nivel de preferencia cero para el nivel de autopreferencia completa.

>Fundamentos de la Sociometría, no hay
>Who Shall Survive?, p. 703
>Quem Sobreviverá?, v. 3, p. 193

TELE / TELEMATRIZ / MATRIZ DE ACCIÓN

Es probable que los hechos descubiertos por el test de percepción sociométrica y el test de acción puedan servirnos para comprender mejor el origen de las ilusiones y las alucinaciones en el enfermo mental. Los mensajes y señales que "dirigen" al enfermo o los que *recibe* pueden ser inspirados por telematices o matrices de acción constituidas en la primera infancia.

>Fundamentos de la Sociometría, p. 219
>Who Shall Survive?, p. 328
>Quem Sobreviverá?, v. 2, p. 192

TELE / TELES INTERPERSONALES / DOBLE

Mi impresión es que el doble con talento está equipado con una "sobreabundancia de percepciones" y que no es forzoso que se trate de percepciones extasensoriales. Las "tele" tramas interpersonales, tal y como han sido elaboradas por los sociómetras, pueden ser lo hilos conductores de estas percepciones. La técnica del doble, unida al intercambio de papeles, puede ser el método ideal para el estudio experimental de los fenómenos telepáticos.

>Psicoterapia de Grupo y Psicodrama, p. 376
>Inglés, no hay
>Psicoterapia de Grupo e Psicodrama, p. 355

TELE / TRANSFERENCIA / EMPATÍA

El reconocimiento de que el "tele" actúa desde el primer encuentro entre miembros de un grupo y provoca el comienzo de una cohesión entre ellos fue un importante descubrimiento. En la relación entre terapeuta y pacientes podemos observar dos fases.

>Psicoterapia de Grupo y Psicodrama, p. 73
>Inglés, no hay
>Psicoterapia de Grupo e Psicodrama, p. 65

(...) La otra fase es la experiencia original del propio encuentro inmediato (*hic et nunc*), del "tele-principio", del que proceden las proyecciones transferenciales patológicas. Se relaciona con aquella parte del Yo que es menos influible por medio de autosugestiones. De acuerdo con ese principio el paciente hace una estimación del médico que se sienta frente a él tras la mesa. Valora intuitivamente su personalidad, observa su comportamiento corporal y espiritual. Valora su carácter real independientemente de la falsa imagen que se había hecho de él. Pero sí como el paciente valora el del terapeuta, también éste valora el del paciente. Es una función bilateral, que pone en relación mutua a dos o más individuos.

>Psicoterapia de Grupo y Psicodrama, p. 73
>Inglés, no hay
>Psicoterapia de Grupo e Psicodrama, p. 65

(...) Es empatía recíproca en vez de empatía unilateral. Actúa en la evolución del individuo desde su nacimiento y puede observarse ya en la simbiosis entre madre e hijo, mucho antes de que pueda tener lugar una transferencia. El tele está destinado a unir todas las formaciones de grupo posteriores.

>Psicoterapia de Grupo y Psicodrama, p. 73
>Inglés, no hay
>Psicoterapia de Grupo e Psicodrama, p. 65

(...) Frente a la "transferencia" psicoanalítica situamos nosotros el "encuentro", en len-

guaje sociométrico: el "tele" real-dinámico, que incluye el proceso de la transferencia.
>Psicoterapia de Grupo y Psicodrama, pp. 28-29
>Inglés, no hay
>Psicoterapia de Grupo e Psicodrama, p. 26

(…) En ocasiones puede haberse desarrollado a partir de una situación transferencial anterior. Pero nuestros hallazgos muestran con toda evidencia que el tele existe ya normalmente desde el primer encuentro y que crece de un encuentro a otro. Ocasionalmente puede estar desfigurado por el influjo de fantasías de transferencia. Pero habitualmente toda relación humana sana depende de la presencia y la eficacia del tele.
>Psicoterapia de Grupo y Psicodrama, p. 50
>Inglés, no hay
>Psicoterapia de Grupo e Psicodrama, pp. 45-46

(…) El aumento de las relaciones de pareja y en cadena que corre paralelo a la creciente madurez de los individuos nos condujo a formular la hipótesis de un principio elemental, el tele, que tendría dos ramas: la "transferencia", como rama psicopatológica y la "empatía", como psicológica.
>Psicoterapia de Grupo y Psicodrama, p. 52
>Inglés, no hay
>Psicoterapia de Grupo e Psicodrama, p. 47

(…) 3. *La tele es el marco de referencia constante para todas las formas y métodos de la psicoterapia, incluyendo no sólo los métodos profesionales de psicoterapia, como el psicoanálisis, el psicodrama o la psicoterapia de grupo, sino también los métodos no profesionales de curación por la fe o los métodos que aparentemente no tienen relación con la psicoterapia, como la "reforma del pensamiento" china.*
>Las Bases de la Psicoterapia, p. 372
>Psychodrama: Foundations of Psychotherapy, v. 2, p. 234
>Fundamentos del Psicodrama, p. 249

(…) I. La transferencia, como la tele, tiene tanto un aspecto cognitivo como otro conativo. Hace falta tele para elegir el terapeuta o el compañero de grupo apropiados: es la transferencia, en cambio, la que interviene para juzgar erróneamente al terapeuta y para elegir compañeros de grupo que producirán relaciones inestables en una actividad determinada.
>Las Bases de la Psicoterapia, p. 29
>Psychodrama: Foundations of Psychotherapy, v. 2, p. 12
>Fundamentos del Psicodrama, p. 26

Hipótesis I: "La relación tele puede considerarse como el proceso interpersonal general, del cual la transferencia es un brote psicopatológico especial".
>Las Bases de la Psicoterapia, p. 71
>Psychodrama: Foundations of Psychotherapy, v. 2, p. 38
>Fundamentos del Psicodrama, p. 53

(…) Hemos visto, a través de tests de empatía que *Einfuhlung* y elecciones unilaterales, apenas, pueden aumentar la comprensión y el amor de uno para el otro, sin embargo no conduce a resultados terapéuticos. Con todo, si la empatía es bilateral, de A para B y viceversa, surge el fenómeno de la "tele" – condición superior a la transferencia y a la empatía, inclusive.
>Fundamentos de la Sociometría, no hay
>Who Shall Survive?, pp. 715-716
>Quem Sobreviverá?, v. 3, p. 208

La transferencia es el desarrollo de fantasías (inconscientes) que el paciente proyecta en el terapeuta, rodeándolo de una cierta fascinación. Pero hay otro proceso que ocurre con el paciente, en aquella parte de su ego que no es afectada por la autosugestión. Por medio de este proceso, el paciente evalúa al terapeuta y se da cuenta, intuitivamente, de qué especie de hombre es él. Esas intuiciones del comportamiento inmediato del terapeuta – físico, mental u otro – constituyen las relaciones tele.

> Psicodrama, no hay
> Psychodrama, v. I, p. xi, Introduction to 3rd Edition
> Psicodrama, pp. 35-36, Introdução à 3ª Edição

(...) Tele es una estructura primaria, la transferencia es una estructura secundaria. (...) Se presupone que en el desarrollo del niño, la tele surge *antes* de la transferencia.

> Psicodrama, no hay
> Psychodrama, v. I, p. xi, Introduction to 3rd Edition
> Psicodrama, p. 36, Introdução à 3ª Edição

(...) Ni la transferencia ni la empatía podían explicar de manera satisfactoria la cohesión que se revelaba en una configuración social o experiencia vivida en reciprocidad y la situación psicodramática. (...) Sugerí entonces la hipótesis según la cual la empatía y la transferencia constituyen aspectos de un proceso simultáneamente más elemental y más comprensivo: el tele. (...) Y propuse la siguiente definición: "proceso social objetivo cuyo dinamismo se traduce sobre el terreno psicopatológico mediante la transferencia, y en el dominio estético mediante la empatía". (...) Definí el tele como el factor al que se debe la crecida proporción de interacciones entre los miembros de un grupo, "pues el aumento del número de elecciones recíprocas excede al número que resultaría del simple azar."

> Fundamentos de la Sociometría, p. 209
> Who Shall Survive?, pp. 311-312
> Quem Sobreviverá?, v. 2, p. 178

(...) La transferencia puede definirse como el desarrollo psicopatológico del tele, y la empatía (*Einfühlung*) con su desarrollo afectivo. El tele es una noción social, actúa sobre un nivel social; la transferencia y la empatía son nociones psicológicas, actúan sobre el nivel individual.

> Fundamentos de la Sociometría, p. 213
> Who Shall Survive?, p. 316
> Quem Sobreviverá?, v. 2, p. 182

La transferencia realizada en el curso de una situación psicoanalítica entre médico y paciente constituye un subproducto del tele, algo así como excrescencia patológica. Mientras que la *estructura del tele garantiza la estabilidad y cohesión del grupo, la transferencia amenaza con disolverla.*

> Fundamentos de la Sociometría, p. 386
> Who Shall Survive?, p. 567
> Quem Sobreviverá?, v. 3, p. 135

TELEVISIÓN

TELEVISIÓN / AGRADECIMIENTOS

Los autores agradecen al señor Adrian Muphy, director ejecutivo de la televisión de la Columbia Broadcasting Sistem, Icn., el haberles permitido presenciar un cierto número de transmisiones de televisión en los estudios de la C.B.S.

> Psicomúsica y Sociodrama, p. 226 (notas)
> Psychodrama, v. I, p. 406 (footnote)
> Psicodrama, p. 467 (rodapé)

TELEVISIÓN / DIRECTOR

La preocupación básica del director de programas es la dirección de los camarógrafos en cuanto concierne al movimiento de sus cámaras, de modo tal que el espectador reciba la imagen tomadas desde gratos y variados ángulos.

> Psicomúsica y Sociodrama, p. 227
> Psychodrama, v. I, p. 406
> Psicodrama, p. 467

TELEVISIÓN / FUTURO

Los objetivos de la investigación en la televisión serán los de ayudar a una evolución gradual que dé las condiciones de transmisión vagas e inarticuladas del presente llegue a condiciones que pongan a la televisión en su estado de expresión espontánea más adecuado.

Psicomúsica y Sociodrama, p. 241
Psychodrama, v. I, pp. 416-417
Psicodrama, p. 478

TELEVISIÓN / INVESTIGACIÓN

Dentro del repertorio de temas de la investigación de la televisión debe considerarse los siguientes factores: a) el director y sus auxiliares; b) la producción – técnica y creadora –, y c) el público.

Psicomúsica y Sociodrama, p. 241
Psychodrama, v. I, p. 417
Psicodrama, p. 478

TELEVISIÓN / LIMITACIONES

No obstante, no puede suponerse que la situación interpersonal producida en un laboratorio psicodramático pueda introducirse automáticamente en un laboratorio de televisión. Los aspectos tecnológicos de la televisión introducen varios fenómenos mitigadores: las exigencias de la interacción del personal, la integración del personal técnico con el personal de producción y finalmente, el problema presentado por el público de la televisión. El sentido de apreciación de éste último está condicionado por las conservas sumamente perfeccionadas del cine y a la radio, o por la harmoniosa producción de un escenario teatral. Lo que vean en sus receptores diferirá enormemente en su forma, su regularidad y su armonía, respecto de lo que han acostumbrado ver hasta entonces. Su sentido de apreciación deberá ir educándose según las líneas de la experiencia y la producción espontánea.

Psicomúsica y Sociodrama, pp. 240-241
Psychodrama, v. I, pp. 415-416
Psicodrama, pp. 447-448

TELEVISIÓN / MEDIOS DE COMUNICACIÓN DE MASA

(…) La televisión es un medio en el cual la acción interpersonal del momento es el *desiterátum* final.

La televisión proporciona una nueva oportunidad para poner a prueba la productividad interpersonal, puesto que puede combinar de un modo único la espontaneidad de la interacción humana con la flexibilidad de un instrumento técnico bien adaptado para tal intento.

Psicomúsica y Sociodrama, p. 222
Psychodrama, v. I, p. 403
Psicodrama, p. 464

Es aconsejable organizar sesiones psicodramáticas que desde una estación televisora se transmitan a todo el mundo. (…) El director del público o uno de sus audioyos debería aparecer como el portavoz o querellante. Como ocurre en una sesión psicodramática, después de cada escena interpretada en el escenario debería intercalarse una discusión con el público. De vez cuando un audioyo subirá al escenario, representando a una u otra parte del público en su entrevista con el director.

Psicomúsica y Sociodrama, pp. 245-246
Psychodrama, v. I, p. 419
Psicodrama, p. 481

TELEVISIÓN / TECNOLOGÍA / PSICODRAMA

Las investigaciones llevadas a cabo en los laboratorios psicodramáticos han preparado el terreno para estudios similares, aunque modificados por la participación de elementos técnicos.

Psicomúsica y Sociodrama, p. 236
Psychodrama, v. I, p. 413
Psicodrama, p. 474

TELEVISIÓN / VENTAJAS

El perfeccionismo de la producción cinematográfica se justifica porque la película cinematográfica es repetible y puede exhibirse en muchos lugares simultáneamente o en distintas oportunidades. Pero el producto de la televisión no es repetible. Es instantáneo y extemporáneo – transitorio – y en ello reside todo su significado. Tan pronto como se trata de hacerlo repetible se transforma en algo semejante a una película y pierde su característica central.

Psicomúsica y Sociodrama, p. 224, Horme
Psychodrama, v. I, p. 405
Psicodrama, p. 466

(…) En realidad, que este medio puede volverse a sí más vivo y más rico en contenido que del otro modo. Teniendo en vista este objetivo hemos llevado a cabo una serie de estudios que muestra la aplicabilidad de los métodos de espontaneidad a la técnica de la televisión.

Psicomúsica y Sociodrama, p. 225, Horme
Psychodrama, v. I, p. 405
Psicodrama, p. 466

TEMBLOR

El temblor es una especie de tartamudeo musical. Puede diagnosticárselo como una neurosis de eyaculación o como una neurosis de creatividad. No se trata de pánico escénico. (…) La constelación de su síndrome mental es el producto de muchos factores, algunos de ellos son la organización del medio cultural en que vive, una inadaptación al violín, una inadaptación a los productos musicales acabados, una adaptación a su público.

Psicomúsica y Sociodrama, pp. 48-49
Psychodrama, v. I, p. 298
Psicodrama, p. 355

TEOMETRÍA

Por medio de la geometría del espacio se determina el lugar de las configuraciones geométricas. Por medio de una teometría del espacio se determina el "locus nascendi" de ideas y objetos.

Psicodrama, p. 54
Psychodrama, v. I, p. 25
Psicodrama (portugués), p. 74

TEORÍA

TEORÍA / APRENDIZAJE ESPONTÁNEO

Puesto que se trata de enseñar a los sujetos a liberar su espontaneidad y no ha aprender el contenido de situaciones, se deberá proponer la ruptura de las asociaciones rígidas entre estados y contenidos, tal como se formaron en el curso de una educación tradicional. Si se pone el acento sobre los contenidos, resulta para el individuo una escisión entre la *personalidad de acción y la de contenido*. No ha sido muy útil el criterio de que la memoria de los individuos se constituye en dos centros: un centro de acción y un centro de contenido que, por lo general, se mantienen como dos estructuras distintas, sin ninguna relación. El contenido no es percibido en el momento mismo en el que se produce la acción; se lo percibe en el curso de un estado inactivo, atónico, mientras que la acción exige una mayor liberación de energía afectiva; la acción y el contenido siguen caminos diferentes en el sistema nervioso. Por lo tanto no se producen simultáneamente, no llegan a ocupar la conciencia en el mismo momento, ni a interesar toda la personalidad en una misma operación; aparecen de a uno por vez en momentos diferentes. Los conocimientos alcanzados por el sujeto no alcanzan el nudo activo de su yo.

(…) Evidentemente, un individuo puede improvisar cuando se lanza en una actividad determinada. Pero cuanto más improvisa alrededor de este tema, en mayor medida tiende a elegir entre sus improvisaciones pasadas los mejores pensamientos, las mejores frases, etc., y, en otros términos, improvisa cada vez poniendo en acción conocimientos adquiridos, contenidos hasta el punto de abandonar totalmente la improvisación sobre el tema inicial y remitirse al producto, censurado y recensurado, de sus improvisaciones pasadas, es decir, se remite a un contenido. La expresión espontánea sólo ha sido la señal de partida de un proceso que termina limitándose a presentar todo hecho, es decir: un contenido, y que a favor de numerosas repeticiones se ha convertido en una cosa ritual.

> Fundamentos de la Sociometría, p. 360
> Who Shall Survive?, p. 538
> Quem Sobreviverá?, v. 3, pp. 102-103

TEORÍA / PSICODRAMA

(...) El principio teórico del psicodrama es que el director actúa directamente al nivel de la espontaneidad del sujeto (evidentemente, a los efectos de esta operación importa poco que caractericemos la espontaneidad del sujeto como su inconsciente), y que el sujeto penetra efectivamente en las capas de su personalidad en la que ciertos objetos, ciertas personas – por confusos y fragmentados que sean – están asociados con su energía espontánea.

> Fundamentos de la Sociometría, pp. 79-80
> Who Shall Survive?, pp. 86-87
> Quem Sobreviverá?, v. I, p. 187

TEORÍA / RELACIONES INTERPERSONALES / GÉNESIS

(...) Fue cuando elabore lo que talvez sea la definición más simple de relaciones interpersonales: (...) "Un encuentro de dos personas: cara a cara, frente a frente. Y cuando esté cerca, arrancaré sus ojos y los pondré en el lugar de los míos y arrancarás los míos y los pondré en el lugar de los tuyos, entonces te miraré con tus ojos y tú me mirarás con los míos."

(...)

La teoría de las relaciones interpersonales nació de la religión.

> Fundamentos de la Sociometría, no hay
> Who Shall Survive?, p. xxxi, Preludes
> Quem Sobreviverá?, v. I, p. 37, Prelúdios

TERAPEUTA

(...) En psicoterapia es sumamente difícil, si no imposible, separar la habilidad del terapeuta de su personalidad. Habilidad y personalidad son, por lo menos en el acto de la realización, inseparablemente una misma cosa: "la personalidad es la habilidad". Pero por otro lado debemos estar en guardia contra el laissez faire y el subjetivismo extremo. Las tecnologías y los "tamaños" terapéuticos se desarrollan como expresiones estructuradas de experiencia y de habilidad. Representan el ansia irreprimible de pacientes y terapeutas de lograr un procedimiento ordenado.

> Las Bases de la Psicoterapia, p. 374
> Psychodrama: Foundations of Psychotherapy, v. 2, p. 236
> Fundamentos del Psicodrama, p. 251

(...) Estos fueron los nuevos postulados: a) lo primero es el grupo, el terapeuta, hasta el momento de surgir como líder terapéutico, no es sino un miembro más del grupo; c) "un hombre es el agente terapéutico de otro y un grupo el agente terapéutico de otro".

> J. L. Moreno, *Application of the Group Method to Classification*, 1932, p. 104
> Las Bases de la Psicoterapia, p. 26
> Psychodrama: Foundations of Psychotherapy, v. 2, pp. 9-10
> Fundamentos del Psicodrama, p. 24

TERAPEUTA / GRUPO

(...) El director del grupo debe tener no sólo la experiencia del psicoanalista sino también la presencia de espíritu y el valor de poner en juego toda su personalidad en el momento preciso, para llenar el ámbito terapéutico con su calor, su empatía y su expansión emocional; en otras palabras: no está aislado del paciente ni el paciente está aislado de él. Ambos son miembros de un pequeño grupo. El terapeuta ocupa el centro de su grupo y debe por ello desarrollar una forma especial de "personalidad de grupo".

Psicoterapia de Grupo y Psicodrama, p. 29
Inglés, no hay
Psicoterapia de Grupo e Psicodrama, p. 26

TERAPEUTA / HÉROE

(...) La expectativa de un terapeuta-héroe es con frecuencia la causa motora del ingreso del paciente al tratamiento. Esta expectativa proviene de su necesidad de ayuda y salvación y no siempre puede ser satisfecha por el terapeuta.

Psicoterapia de Grupo y Psicodrama, p. 87
Inglés, no hay
Psicoterapia de Grupo e Psicodrama, p. 77

TERAPEUTA / PSICODRAMÁTICO

(...) El terapeuta psicodramático, por otra parte, no es, como el psicoanalista, el oyente tranquilo y pasivo; tiene que luchar para promover la productividad del paciente. De ahí que la transferencia empiece a veces por parte de él y sea poderosa, como la de u hombre que ama a una mujer y toma la iniciativa. El terapeuta y el paciente se estimulan recíprocamente. Es un auténtico encuentro, una lucha de espíritus. El director intenta mover al paciente a que represente un problema que le desasosiega en la actualidad, pero el paciente puede oponer resistencia.

Psicoterapia de Grupo y Psicodrama, pp. 115-116
J. L. Moreno, "Hypnodrama and Psychodrama", in Group Psychotherapy, Beacon House, v. 3, n° I, v. iii, April, 1950, p. 3
Psicoterapia de Grupo e Psicodrama, p. 103

TERAPEUTA / RESPONSABILIDAD DEL

Hay pues, en nuestro mundo actual no sólo las dos concepciones del mundo hace tiempo conocidas, la comunista y la democrática, que luchan por el predominio mundial, sino también una tercera a la que yo denomino terapéutica. Por modesto que sea el trabajo del psicoterapeuta de grupo, por reducido que sea el número de sus partidarios y por penosa que sea la tarea de proseguir su obra sin la bendición de institución oficial ninguna, su responsabilidad frente a la humanidad es tan grave como la de las todopoderosas ideologías de la política y la religión.

Psicoterapia de Grupo y Psicodrama, p. 20
Inglés, no hay
Psicoterapia de Grupo e Psicodrama, pp. 18-19

TERAPIA

TERAPIA / A DISTANCIA

14) Terapia a distancia. El paciente es tratado en su ausencia, habitualmente sin que él lo sepa. Lo representa un ego auxiliar que está en contacto diario con él y que es el mediador entre el paciente real y el terapeuta director. Este ego auxiliar representa en escena todos los sucesos más importantes que ha vivido el paciente. Se integra en el tratamiento a otros miembros de su entorno, como los padres del apciente.

Psicoterapia de Grupo y Psicodrama, p. 141
J. L. Moreno "The Actual Trends in Group Psychotherapy", in Group Psychotherapy, v. vi, n° 3, September, 1963, p. 126 (n)
Psicoterapia de Grupo e Psicodrama, p. 125

TERAPIA / INTERPERSONAL

(...) Cuando se producen conflictos entre los miembros de tales grupos, hacen falta formas de tratamiento capaces de alcanzar los síndromes interpersonales de una manera tan profunda, o aún más, que cuando se trata de personas aisladas. La "terapia interpersonal" representa una categoría especial de terapia; bien podríamos clasificarla separadamente de la psicoterapia individual y la de grupo.

Las Bases de la Psicoterapia, p. 85
Psychodrama: Foundations of Psychotherapy, v. 2, p. 45
Fundamentos del Psicodrama, p. 60

TERAPIA / INTERPERSONAL DE MORENO

(...) Para hablar apropiadamente de relaciones interpersonales tiene que haber dos pacientes y además una tercera persona, el terapeuta, quien estará en mejores condiciones para mantenerse no comprometido, en calidad de participante observador y de intérprete de ambas partes, o, para decirlo en los términos de mi primera Conferencia: el terapeuta debe trasformarse en un actor participante, si bien no formalmente, "psicológicamente", en un paciente. Hay entonces dos pacientes, no uno, que pueden ofrecerse terapia entre sí, cada uno según su aptitud y sus necesidades.

Las Bases de la Psicoterapia, pp. 98-99
Psychodrama: Foundations of Psychotherapy, v. 2, pp. 55-56
Fundamentos del Psicodrama, pp. 69-70

TERAPIA / INTERPERSONAL DE SULLIVAN

(...) Cuando Sullivan habla de relaciones interpersonales, una de las dos personas implicadas es el terapeuta, un participante observador. Hay solamente *un* paciente, enfrentado a un elemento terapéutico.

Las Bases de la Psicoterapia, p. 98
Psychodrama: Foundations of Psychotherapy, v. 2, p. 54
Fundamentos del Psicodrama, p. 68

TÉRMINOS SOCIOMÉTRICOS CORRIENTES ACUÑADOS POR MORENO

Sociometría, psicodrama, sociodrama, terapia de grupo, caldeamiento, role-player, role-playing, participación de la audiencia y catarsis, test situacional, catarsis de grupo, técnicas de acción, técnicas de actuación, investigación de acción, métodos de acción, actor *in situ*, test sociométrico, test de espontaneidad, aislado, estrella, división racial, punto de saturación racial, expansionismo emocional, expansionismo social, socióstasis, exceso de realidad, sociatrista, sociótico, sociosis, bioatría, tele, átomo social, conserva cultural, átomo cultural, test de roles, axiodrama, fisiodrama, hipnodrama, coeficiente de espontaneidad, coeficiente social, terapia interpersonal, situación interpersonal, catarsis interpersonal, dinámica interpersonal, geografía psicológica, redes sociométricas, hogar psicológico, ego-auxiliar, inversión de roles, técnica del espejo, técnica del doble, microscopía social.

Fundamentos de la Sociometría, no hay
Who Shall Survive?, p. 724
Quem Sobreviverá?, v. 3, p. 219

TÉRMINOS SOCIOMÉTRICOS CORRIENTES INTRODUCIDOS POR OTROS AUTORES

Relaciones interpersonales (W. C. Peri, 1927); observador participante (E. C. Lindeman, 1925); sociatría (Alfred McClung Lee, 1941); tomada de rol (George H. Mead,

1934); microsociología (Georges Gurvitch, 1936).

> Fundamentos de la Sociometría, no hay
> Who Shall Survive?, p. 724
> Quem Sobreviverá?, v. 3, p. 219

TESTS

TEST / AUTOEVALUACIÓN SOCIOMÉTRICA O PERCEPCIÓN SOCIOMÉTRICA

He descrito una versión del test sociométrico que denominé "autoestimación sociométrica" (*sociometric selfrating*), pero que sería mejor designar con el nombre de "test de percepción sociométrica". El sujeto pasa por toda una serie de etapas.

Primera etapa: "El sujeto esboza todas las situaciones en las que actualmente se encuentra comprendido y atribuye a cada individuo que participa con ella su rol característico".

Segunda etapa: "Se esfuerza por clarificar, ante sus propios ojos, los sentimientos que experimenta a su respecto. Cree tomar parte en un test sociométrico y elige o rechaza a sus compañeros ordenando sus preferencias o sus rechazos y suministrando sus razones".

Tercera etapa: "Intenta adivinar qué experimenta cada uno de sus compañeros a su respecto y descubrir sus razones".

Cuarta etapa: "Intenta imaginar los sentimientos que experimentan entre sí."

Quinta etapa: "Cuando ha finalizado su propia autoestimación, puede solicitar a cualquiera que conozca bien su situación que proceda a una estimación a su respecto, pero independientemente de su propia estimación."

Sexta etapa: "La validez y fidelidad de los datos del test de autoestimación sociométrica pueden determinarse mediante la administración de un test sociométrico clásico a un grupo de sujetos, aun después que hubieran realizado su autoestimación. De este modo se puede comparar la intuición del sujeto respecto de su status sociométrico con su status sociométrico real, tal como resulta de los sentimientos que los otros experimentan hacia él".

> Fundamentos de la Sociometría, p. 217
> Who Shall Survive?, p. 325
> Quem Sobreviverá?, v. 2, p. 190

Cuando presenté el test de autoestimación, emití la hipótesis de que si la intuición perceptiva de estos sujetos podía ser despertada y educada, entonces sus elecciones podrían ser más razonables y mejoraría su estadio sociométrico. Pude verificar en numerosos casos el valor de esta hipótesis.

> Fundamentos de la Sociometría, p. 218
> Who Shall Survive?, p. 326
> Quem Sobreviverá?, v. 2, p. 191

Una fuente de error para el test de percepción sociométrica – por lo demás, como para los tests sociométricos clásicos – se debe a que no se suministran eficientes instrucciones al sujeto y no se llega a hacerle liberar su espontaneidad respecto de situaciones que aquel debe percibir y apreciar.

> Fundamentos de la Sociometría, p. 219
> Who Shall Survive?, p. 327
> Quem Sobreviverá?, v. 2, p. 192

TEST / CITAS

(…) Un procedimiento sociométrico sería investigar quién está citando a quién, examinar sus registros escritos, trabajos de investigación, libros, etc. (…) Los científicos pueden no conocerse los unos a los otros, personalmente; pueden conocerse apenas a través de sus trabajos escritos. (…) Este test, a pesar de ser, aparentemente, frío e impersonal, cumple los requisitos básicos. Toma en cuenta las relaciones bilaterales; el citar o ser citado, cuantas veces y por quién. (…) Los que citan y los que son citados pueden ser ubicados a través del sociograma de la sociedad científica a la cual pertenecen.

> Fundamentos de la Sociometría, no hay
> Who Shall Survive?, pp. 99-100, Preludes
> Quem Sobreviverá?, v. I, pp. 199-200, Prelúdios

TEST / ESPONTANEIDAD (Ver también ESPONTANEIDAD / TEST)

(…) El test de espontaneidad coloca al individuo en una situación típica de la vida corriente, susceptible de suscitar reacciones emocionales fundamentales y precisas llamadas de "estados de impromptu", tales como el miedo, la cólera, etc.

> Fundamentos de la Sociometría, p. 94
> Who Shall Survive?, pp. 104-105
> Quem Sobreviverá?, v. I, p. 204

(…) El segundo test que llena estas condiciones es el test de espontaneidad. Se trata aquí de una situación típica de la vida corriente, que el sujeto improvisa para su propia satisfacción.

> Fundamentos de la Sociometría, p. 95
> Who Shall Survive?, p. 105
> Quem Sobreviverá?, v. I, pp. 204-205

El test de espontaneidad nos permite descubrir los sentimientos en su estado naciente. Gracias a él, el investigador puede adquirir un mejor conocimiento de las reacciones auténticas que puede presentar un sujeto en el curso de su conducta, y puede observar las acciones en el momento mismo en que se cumplen. (…) Desde el punto de vista del método, importa considerar los actos como "formando parte del actor" al mismo tiempo que se estudian los productos de su actividad.

> Fundamentos de la Sociometría, p. 228
> Who Shall Survive?, p. 337
> Quem Sobreviverá?, v. 2, p. 200

El test de espontaneidad tiene como objeto la exploración del campo y la medición de la intensidad de la espontaneidad de los sujetos en el intercambio de sus necesidades. (…) El sujeto recibe las instrucciones siguientes: Intente provocar en usted una emoción que experimentaría en presencia de X; esta emoción puede ser cólera, miedo, simpatía, o una necesidad de dominación. Imagine que se halla en una situación en la que le satisface encontrarse con X, situación en la que experimenta esta emoción particular tanto como todo lo que siente sinceramente en este momento.

> Fundamentos de la Sociometría, p. 236
> Who Shall Survive?, p. 347
> Quem Sobreviverá?, v. 2, p. 208

TEST / ESPONTANEIDAD / CONSIGNAS DEL DIRECTOR

(…) Cuando comienza la escena el director da las instrucciones, pero fragmentariamente, no *in toto*. Sólo se le da al sujeto la indicación exigida en el momento. Es una premisa del test que los sujetos aceptan las instrucciones del director como una *enunciación de hechos*, y como algo que sucede.

> Psicodrama, p. 141
> Psychodrama, Foundations of Psycotherapy, v. 2, p. 93
> Psicodrama (portugués), p. 144

TEST / ESPONTANEIDAD / MUESTRA

(…) A modo de ilustración, seleccionamos aquí unos pocos individuos de entre los más de trescientos sometidos al test. Tienen aproximadamente el mismo status sociométrico, tal como lo miden los tests sociométricos. Sus coeficientes de inteligencia varían entre 75 y 130.

> Psicodrama, p. 141
> Psychodrama, v. I, p. 93
> Psicodrama (portugués), p. 144

TEST / ESPONTANEIDAD / PROCEDIMIENTO

Procedimiento de test. El siguiente test contiene una serie de emergencias en las que operará necesariamente la adecuación, una forma de la espontaneidad.

(...) *Poner a un sujeto en una situación vital y ver cómo actúa.*

(...) En otras palabras, hay dos tipos de hechos que tienen lugar en la escena, los reales (el sujeto ve, toca y mueve un escritorio, un teléfono, o una escoba; encuentra a yos auxiliares en papeles específicos) y hechos *impuestos* (no se ha producido un incendio pero aquél tiene que actuar como si ello sucediera verdaderamente).

Psicodrama, p. 141
Psychodrama, v. I, pp. 93-94
Psicodrama (portugués), p. 144

TEST / ESPONTANEIDAD / PÚBLICO

(...) El público consiste de un jurado de tres, dos que registran, y yos auxiliares. La situación consiste de sucesos que requieren una serie de respuestas, como las siguientes.

Psicodrama, p. 142
Psychodrama, v. I, p. 94
Psicodrama (portugués), p. 145

TEST / EXPANSIVIDAD EMOCIONAL

El test de expansividad afectiva mide la energía afectiva que permite que un sujeto retenga el afecto de otros individuos durante un período de tiempo dado; este rasgo diferencia la expansividad afectiva de la expansividad social, que se mide según el número de individuos con los cuales el sujeto se halla en contacto, sea o no capaz de retenerlos respecto de sí.

Fundamentos de la Sociometría, p. 199
Who Shall Survive?, p. 285
Quem Sobreviverá?, v. 2, p. 154

TEST / EXPANSIVIDAD / TEST SOCIOMÉTRICO

(...) La expansividad afectiva se halla más directamente ligada al comportamiento o a la acción que el test sociométrico más completo. No se trata aquí de saber cuántas elecciones que ha efectuado el sujeto, sino el número de personas con quienes puede unirse afectivamente y las necesidades a las que puede responder útilmente. En el análisis sociométrico del comportamiento, este estudio se sitúa entre el test sociométrico y el test de espontaneidad.

Fundamentos de la Sociometría, p. 199
Who Shall Survive?, p. 286
Quem Sobreviverá?, v. 2, p. 155

TEST / FAMILIARIDAD

El test de frecuentación (acquaintance test) mide el volumen de "expansión social" de un sujeto el campo de sus contactos sociales. (...) Se debe comprender bajo este término general de encuentros o frecuentaciones no sólo la gente con la que se está en contacto directo, sino también aquellos a quienes se conocen indirectamente, por intermedio de algún otro o por correspondencia. Como ya lo hemos indicado, el lugar del test de frecuentación se halla con el comienzo de la investigación, aún antes que el test sociométrico.

Fundamentos de la Sociometría, pp. 200-201
Who Shall Survive?, p. 287
Quem Sobreviverá?, v. 2, p. 156

El test del encuentro es el que mejor nos permite comprender la organización sociodinámica del átomo social. El volumen de frecuentación de una persona constituye desde ya una indicación grosera de su expansividad, puesto que se pueden deducir los contactos que ha establecido y conservado en el seno de una colectividad dada.

    Fundamentos de la Sociometría, p. 206
    Who Shall Survive?, p. 294
    Quem Sobreviverá?, v. 2, p. 161

TEST / FAMILIARIDAD / USOS DEL (TEST DEL ENCUENTRO)

Gracias al test del encuentro podemos saber si el átomo social se desarrolla según cierto ritmo, si ese desarrollo alcanza el máximo para recaer de inmediato en un nivel medio, mas o menos bajo; si está en período de aumento o decaimiento; si, partiendo de la situación geográfica del sujeto en su propio pabellón, progresa de éste al pabellón vecino, de su grupo de trabajo a otros grupos, o, por el contrario se aumenta de una manera desordenada y se distribuye irregularmente a través de toda la colectividad; si se vuelve estacionaria tras un período de pocas semanas; si decrece tras haber alcanzado un punto culminante; finalmente, el test indica los grupos de la colectividad con los que el individuo ha tomado contacto y las personas que recuerda haber encontrado en el momento de la administración del test.

    Fundamentos de la Sociometría, pp. 206-207
    Who Shall Survive?, p. 89
    Quem Sobreviverá?, v. 2, p. 162

TEST / PERCEPCIÓN DE LA ACCIÓN

(…) He combinado un test de percepción psicodramática o test de "percepción de acción." En una primera parte, se pide al sujeto que esboce una serie de situaciones cruciales con las que espera enfrentarse en el curso de un tiempo dado (el día siguiente, en el curso, del mes, etc.), encuentro con su mujer, su patrón, su hijo, etc. Debe decir que espera hacer en estas circunstancias y cómo piensas que reaccionarán sus compañeros. En la segunda fase se le puede pedir que desempeñe estas diversas escenas sin la ayuda de un ego auxiliar, es decir, *desempeñando él mismo todos los roles* mediante la presentación de los conflictos que estos suponen y las soluciones propuestas por él o sus compañeros. Mientras que el test de percepción sociométrico se halla centrado sobre la percepción de sentimientos, el test de percepción psicodramática pone el acento sobre *la percepción de la acción y la interacción*.

    Fundamentos de la Sociometría, p. 219 (notas)
    Who Shall Survive?, p. 327 (footnote)
    Quem Sobreviverá?, v. 2, p. 192 (rodapé)

TEST / PERCEPCIÓN SOCIOMÉTRICA / AUTOEVALUACIÓN SOCIOMÉTRICA

He descrito una versión del test sociométrico que denominé "autoestimación sociométrica" (*sociometric selfrating*), pero que sería mejor designar con el nombre de "test de percepción sociométrica". El sujeto pasa por toda una serie de etapas.

Primera etapa: "El sujeto esboza todas las situaciones en las que actualmente se encuentra comprendido y atribuye a cada individuo que participa con ella su rol característico".

Segunda etapa: "Se esfuerza por clarificar, ante sus propios ojos, los sentimientos que experimenta a su respecto. Cree tomar parte en un test sociométrico y elige o rechaza a sus compañeros ordenando sus preferencias o sus rechazos y suministrando sus razones".

Tercera etapa: "Intenta adivinar qué experimenta cada uno de sus compañeros a su respecto y descubrir sus razones".

Cuarta etapa: "Intenta imaginar los sentimientos que experimentan entre sí."

Quinta etapa: "Cuando ha finalizado su propia autoestimación, puede solicitar a cualquiera que conozca bien su situación que proceda a una estimación a su respecto, pero independientemente de su propia estimación."

Sexta etapa: "La validez y fidelidad de los datos del test de autoestimación sociométrica pueden determinarse mediante la administración de un test sociométrico clásico a un grupo de sujetos, aun después que hubieran realizado su autoestimación. De este modo se puede comparar la intuición del sujeto respecto de su status sociométrico con su status sociométrico real, tal como resulta de los sentimientos que los otros experimentan hacia él".

> Fundamentos de la Sociometría, p. 217
> Who Shall Survive?, p. 325
> Quem Sobreviverá?, v. 2, p. 190

Cuando presenté el test de autoestimación, emití la hipótesis de que si la intuición perceptiva de estos sujetos podía ser despertada y educada, entonces sus elecciones podrían ser más razonables y mejoraría su estadio sociométrico. Pude verificar en numerosos casos el valor de esta hipótesis.

> Fundamentos de la Sociometría, p. 218
> Who Shall Survive?, p. 326
> Quem Sobreviverá?, v. 2, p. 191

TEST / PERCEPTUAL

El test perceptual es un test sociométrico que se realiza en la mente del paciente y no en la realidad social. Se puede uno ahorrar el interrogatorio.

> Psicoterapia de Grupo y Psicodrama, p. 54
> Inglés, no hay
> Psicoterapia de Grupo e Psicodrama, p. 49

TEST / PERCEPTUAL / TEST SOCIOMÉTRICO

Mientras el *test* sociométrico se funda en la dinámica de la "elección", el *test* perceptual se basa en la dinámica de la "percepción social".

> Psicoterapia de Grupo y Psicodrama, p. 55
> Moreno, J. L. "Sociometry in action" in *Sociometry a Journal of Interpersonal Relations*, Beacon House, August, 1942, pp. 299-300 (similar)
> Psicoterapia de Grupo e Psicodrama, p. 50

Una fuente de error para el test de percepción sociométrica – por lo demás, como para los tests sociométricos clásicos – se debe a que no se suministran eficientes instrucciones al sujeto y no se llega a hacerle liberar su espontaneidad respecto de situaciones que aquel debe percibir y apreciar.

> Fundamentos de la Sociometría, p. 219
> Who Shall Survive?, p. 327
> Quem Sobreviverá?, v. 2, p. 192

TEST / ROL / CONCEPTO

(…) Así como el test de inteligencia mide la edad mental de un individuo, el test de roles puede medir su *edad cultural*.

> Psicodrama, p. 223
> Psychodrama, v. I, pp. 161-162
> Psicodrama (portugués), p. 215

1. El test de roles se basa en la premisa de que los roles son los más importantes factores individuales que determinan el carácter cultural de las personas.

> Psicodrama, p. 240
> Psychodrama, v. I, p. 175
> Psicodrama (portugués), p. 229

El test del rol mide el comportamiento dramático de un sujeto: por lo mismo, revela el grado de diferenciación a que ha llegado una cultura determinada en ese individuo y también su interpretación de esa cultura.

> Fundamentos de la Sociometría, p. 81
> Who Shall Survive?, p. 89
> Quem Sobreviverá?, v. I, p. 189

TEST / ROL / MÉTODO

Un método simple para apreciar cuantitativamente el desempeño de los actores consiste en tomar como sistema de referencia roles bien establecidos, a los cuales no se debe cambiar nada. (…) Si se hace que los actores elijan entre estas dos posibilidades: atenerse al texto de Hamlet tal como fue escrito por Shakespeare o bien modificarlo libremente en el curso de la acción, algunos se atendrán al texto original y otros introducirán en el texto cambios mínimos o importantes. Estas desviaciones representan los grados de la libertad de cada actor y se los puede atribuir a un factor s.
  Fundamentos de la Sociometría, p. 70
  Who Shall Survive?, pp. 76-77
  Quem Sobreviverá?, v. I, p. 179

Otro método de medición utiliza como sistema de referencia roles sociales rigurosamente prescriptos por las costumbres sociales y las obligaciones legales. Se puede tomar como ejemplo de esta clase de roles los de agente de policía, de juez, del médico, etc. (…) si se pone algún número de agentes de policía frente a situaciones típicas de la vida corriente, en las que se exige su intervención, se pueden disponer sus diversas conductas sobre una escala. En una extremidad de la escala se colocará la conducta del agente de policía que haya salido mejor de la prueba, en otro extremo la del agente que se haya mostrado más torpe en el mismo tipo de situación.
  Fundamentos de la Sociometría, p. 70
  Who Shall Survive?, p. 77
  Quem Sobreviverá?, v. I, p. 179

Un tercer método consistirá en dejar que el sujeto desarrolle su rol en status nacendi, instalándolo en una situación poco estructurada y haciendo que luego tome parte en situaciones más complejas. Las realizaciones de los diversos sujetos presentarán grandes diferencias y podrán servirnos como instrumentos capaces de medir sus roles.
  Fundamentos de la Sociometría, p. 71
  Who Shall Survive?, p. 77
  Quem Sobreviverá?, v. I, p. 180

También puede ponerse en práctica un cuarto método: se puede colocar a varios sujetos, que aún no se conocen, en una situación que los ponga en relaciones recíprocas.
  Fundamentos de la Sociometría, p. 71
  Who Shall Survive?, p. 78
  Quem Sobreviverá?, v. I, p. 180

(…) Hay, por fin, un último método que consiste en estudiar el mismo rol – por ejemplo, el rol del extraño –, en cierto número de situaciones diferentes.
  Fundamentos de la Sociometría, p. 71
  Who Shall Survive?, p. 78
  Quem Sobreviverá?, v. I, p. 180

(…) para probar a las personas en roles matrimoniales: "Muestre como actuaría si su marido (su esposa) revelase súbitamente que él (ella) se enamoró de otra mujer (otro hombre) y quisiera el divorcio". Fue realizado un análisis de cada desempeño, a fin de que se revelaran las líneas de conducta que eran adoptadas por la mayoría de las personas probadas y el montante de desvíos de unas para otras.
  Psicodrama, no hay
  Psychodrama, v. I, p. 341
  Psicodrama (portugués), p. 400

TEST / SOCIOMÉTRICO / AISLADOS SOCIOMÉTRICOS

Se les avisa a los estudiantes que no piensen que ser aislado o no elegido es una situación "mala" o que recibir muchas elecciones es, por sí sola, una situación "buena". Tales pensamientos pueden conducir a la "astrología sociométrica". Los descubrimientos sociométricos son referencias y guías para las futuras investigaciones; no son las posiciones fijas de la jerarquía social. Existen aislados voluntarios cuyo aire de retraimiento determinado puede, instantáneamente, eliminar la tele que sus colegas puedan enviarle. Son personas que no eligen y que dicen, a su manera o inclusive abiertamente, "No me elijan, prefiero quedarme solo". Además de eso, no podemos presumir que la estructura total del grupo sea "buena" o "mala" por el hecho de tener alto o bajo nivel de cohesión. Muchas veces esto depende del criterio según el cual el grupo está formado. (…)

El estudio de los aislados involuntarios o de los no elegidos que hacen elecciones pero que en ellas no encuentran *reciprocidad* sugiere que sufren de estados de ansiedad y de inseguridad. Frecuentemente, no tienen espontaneidad para responder adecuadamente a la situación en que se descubren indeseables. Mientras más se esfuerzan, en vano, más aumenta su ansiedad; su percepción de tele es, con frecuencia, poco sensible y no diferencia con claridad a los individuos que los eligen de los que no.

> Fundamentos de la Sociometría, no hay
> Who Shall Survive?, p. 712
> Quem Sobreviverá?, v. 3, pp. 203-205

TEST / SOCIOMÉTRICO / ATRACCIÓN / RECHAZO

El test sociométrico es un instrumento que sirve para medir la importancia de la organización que aparece en los grupos sociales. Consiste expresamente en pedir al sujeto que elija, en el grupo al que pertenece o al que podría pertenecer.

> Fundamentos de la Sociometría, p. 83
> Who Shall Survive?, p. 93
> Quem Sobreviverá?, v. I, p. 194

TEST / SOCIOMÉTRICO / CONCEPTO

Test sociométrico es el examen de la estructura de un grupo específico, a veces, para servir al propósito de su reconstrucción. No es, por sí mismo, un experimento. (…)

Un estudio sociométrico se convierte en experimento: a) si todas las situaciones, casa, trabajo y grupos educacionales, recreativos, culturales y administrativos fueran creados por la comunidad total de los ciudadanos-investigadores, siendo cada ciudadano un investigador y cada investigador, miembro de la comunidad. (…)

Quien llegó más cerca de un experimento sociométrico completo fue la comunidad de Hudson. (…) Por consiguiente, el experimento sociométrico como un todo es todavía un proyecto del futuro.

> Fundamentos de la Sociometría, no hay
> Who Shall Survive?, pp. 120-121
> Quem Sobreviverá?, v. I, pp. 217-218

(…) El test sociométrico es un instrumento que estudia las estructuras sociales a la luz de las atracciones y los rechazos manifestados en el seno de un grupo. En el dominio de las relaciones interpersonales nos servimos de términos como "selección" o "rechazo", cuyo sentido es más restringido. Los términos más amplios de atracción y de rechazo no se aplican solamente a los grupos humanos: también indican la existencia, fuera de los grupos propiamente humanos, de configuraciones sociales análogas.

> Fundamentos de la Sociometría, p. 83
> Who Shall Survive?, p. 93
> Quem Sobreviverá?, v. I, pp. 193-194

(…) Se trata, para cada sujeto, de elegir libremente sus compañeros en el grupo a que pertenecen efectivamente o en aquel del cual eventualmente podría formar parte.

> Fundamentos de la Sociometría, p. 91
> Who Shall Survive?, p. 101
> Quem Sobreviverá?, v. I, p. 201

TEST / SOCIOMÉTRICO / CONCIENCIA SOCIOMÉTRICA

(...) Este status psicológico de los sujetos es lo que podemos denominar su *grado de conciencia sociométrica*.
Fundamentos de la Sociometría, p. 84
Who Shall Survive?, p. 94
Quem Sobreviverá?, v. I, p. 195

(...) Mientras la conciencia sociométrica de una población sea oscura, la distinción entre caracteres psicológicos y caracteres sociales de las poblaciones carece de todo valor. En realidad, si nos colocamos en el punto de vista de los métodos activos, puede ser extremamente peligroso insistir exageradamente sobre la pureza lógica de las definiciones; la excesiva importancia concedida a sistemas lógicos puede determinar un sentimiento ilusorio de seguridad y de control científico, que desalienta o demora el ejercicio de la acción.
Fundamentos de la Sociometría, pp. 101-102
Who Shall Survive?, p. 112
Quem Sobreviverá?, v. I, p. 210

TEST / SOCIOMÉTRICO / ESTUDIOS CASI SOCIOMÉTRICOS

(...) Los habitantes de la colectividad deben, en cierta medida, participar activamente en el proyecto. La participación logra su máximo posible cuando las decisiones de los miembros del grupo se prosiguen hasta su completa realización. Cae en su grado más bajo cuando los miembros del grupo sólo consisten en responder a las preguntas referidas a sus relaciones mutuas. Un estudio que, sin asegurarse el máximo de participación por parte de los sujetos, trate de poner en claro sus sentimientos recíprocos, es una estudio de *parasociometría (near sociometric)*. (...) En las situaciones suscitadas por la sociometría aproximativa, la espontaneidad de los sujetos no es total: no se libera tan fácilmente.
Fundamentos de la Sociometría, p. 92
Who Shall Survive?, p. 102
Quem Sobreviverá?, v. I, p. 202

TEST / SOCIOMÉTRICO / FASES DE

El estudio de este test plantea tres fases distintas: 1) las elecciones espontáneas; 2) la motivación de esas elecciones; 3) el determinismo de estas elecciones. La elección espontánea revela cuántos miembros de su propio grupo (cualquiera sea el criterio de todo el grupo) son deseados como compañeros por un individuo. El análisis de las motivaciones, tal como es practicado por la técnica de la entrevista de cada sujeto, delimita los motivos de las atracciones y de los rechazos de que un individuo ha sido objeto en su grupo. El determinismo subyacente a esas atracciones y a esos rechazos es estudiado por medio del "test de espontaneidad", adaptado a las necesidades sociométricas.
Fundamentos de la Sociometría, p. 94
Who Shall Survive?, p. 104
Quem Sobreviverá?, v. I, p. 204

TEST / SOCIOMÉTRICO / LÍMITES

(...) Pero esta última manera de proceder está todavía muy lejos del enfoque sociométrico, que permitiría al investigador descubrir los individuos clave del grupo, las redes psicosociales a lo largo de las cuales se propaga la opinión y distinguir más claramente si las opiniones recogidas sólo representan a individuos claves o a grupos que éstos dominan.
Fundamentos de la Sociometría, p. 101
Who Shall Survive?, p. 111
Quem Sobreviverá?, v. I, p. 210

TEST / SOCIOMÉTRICO / OBJETIVOS

(…) Se puede afirmar que el test sociométrico, en su primera fase (elecciones espontáneas), está destinado a poner de manifiesto estos átomos sociales. En el curso de su segunda fase, el test se dedicará a penetrar bajo su superficie y a quebrar, por así decir, el átomo social.
    Fundamentos de la Sociometría, p. 167
    Who Shall Survive?, p. 230
    Quem Sobreviverá?, v. 2, p. 106

El test sociométrico permite determinar las personas con quienes un sujeto desea asociarse y cuántas personas desean asociarse con él, en relación con un criterio definido; de este modo puede determinarse el contorno externo de un átomo social.
    Fundamentos de la Sociometría, p. 206
    Who Shall Survive?, p. 293
    Quem Sobreviverá?, v. 2, p. 161

Test Sociométrico (de un individuo) – mide el *conflicto* entre la posición real que determinado individuo mantiene en el grupo y la posición revelada por sus elecciones.
    Fundamentos de la Sociometría, no hay
    Who Shall Survive?, p. 719, Glossary
    Quem Sobreviverá?, v. 3, p. 213

El test sociométrico clásico fue construido de modo que evaluara el *conflicto* entre la configuración ya existente de un grupo y la configuración anhelada por sus miembros.
    Fundamentos de la Sociometría, no hay
    Who Shall Survive?, p. lxxi, Preludes
    Quem Sobreviverá?, v. 1, p. 72, Prelúdios

TEST SOCIOMÉTRICO / REQUISITOS PARA

El empleo del test sociométrico implica necesariamente ciertas condiciones teóricas: a) es necesario que los sujetos que participan de la situación sean atraídos unos hacia otros por uno o varios criterios; b) que se haya elegido un criterio con respecto al cual los sujetos se sientan obligados a responder, en el momento del test, con una gran espontaneidad; c) que los sujetos estén suficientemente dispuestos a responder sinceramente; d) que el criterio elegido para la prueba sea poderoso, duradero y preciso, y no débil, pasajero y vago.
    Fundamentos de la Sociometría, p. 89
    Who Shall Survive?, p. 99
    Quem Sobreviverá?, v. 1, p. 199

(…) Es también indispensable que los sujetos mismos se consideren coparticipantes, que se sientan personalmente implicados en el test y que informen al experimentador acerca de sus actitudes espontáneas, sus pensamientos y sus motivaciones frente a los otros individuos solicitados por el mismo criterio. (…) Por eso, si – independientemente de todo criterio – se pregunta a los miembros de un grupo social quiénes son las personas que quieren o no quieren, no se tratará en este caso, de una investigación sociométrica.
    Fundamentos de la Sociometría, p. 96
    Who Shall Survive?, p. 106
    Quem Sobreviverá?, v. 1, pp. 205-206

TEST / SOCIOMÉTRICO / RESISTENCIA

(…) Las técnicas sociométricas deben aceptarse con buena voluntad como un medio para conocer y comprender mejor la estructura real del grupo. Pero no siempre encontramos esta buena disposición en los sujetos. (…) Este status psicológico de los sujetos es lo que podemos denominar su grado de conciencia sociométrica. La resistencia que oponen a la aplicación de las técnicas sociométricas frecuentemente se debe a insuficiencias psicológicas o educativas.

Fundamentos de la Sociometría, p. 84
Who Shall Survive?, p. 94
Quem Sobreviverá?, v. I, pp. 194-195

La primera dificultad contra la que generalmente se choca es la ignorancia respecto de la investigación sociométrica. Puede ser muy útil esclarecer la opinión a este respecto, en conversaciones completas y claras dirigidas en primer lugar a pequeños grupos íntimos, y luego, si es necesario. (…) También nos encontramos frente a una reacción de miedo y de resistencia, no tanto contra la investigación, sino contra las consecuencias que de ella se temen.

(…) A primera vista, resulta bastante paradojal comprobar que surge la resistencia cuando el test ofrece a las personas la oportunidad real de ver realizados uno de sus deseos más queridos. Es posible explicar esta resistencia del individuo frente a su grupo. Por un lado. El individuo experimenta una cierta aprehensión frente a la posibilidad de conocer la posición que ocupa en el grupo, ya que puede ser penoso o desagradable tomar conciencia clara de su verdadera posición social. Por otra parte, la resistencia puede deberse al temor que el sujeto experimenta de que se manifiesten ante los ojos de los demás, sus preferencias y sus rechazos, así como la posición a la que aspira en el grupo. La resistencia proviene de la situación extrapersonal del individuo, de la posición que ocupa en el grupo. Siente que esta posición no resulta de sus esfuerzos personales, sino, sobre todo, de los sentimientos que experimenta con respecto a sus asociados. También puede comprender, oscuramente, que más allá de su átomo social, existen tele estructuras invisibles que influyen sobre su posición.

Fundamentos de la Sociometría, pp. 84-85
Who Shall Survive?, pp. 94-95
Quem Sobreviverá?, v. I, p. 195

TEST / SOCIOMÉTRICO / RESULTADO SOCIOMÉTRICO

Resultado sociométrico – número de personas diferentes que eligieron a un individuo en todos los criterios utilizados.

Fundamentos de la Sociometría, no hay
Who Shall Survive?, p. 720, Glossary
Quem Sobreviverá? v. 3, p. 214

TEST / SOCIOMÉTRICO / SUBGRUPOS

División sociométrica – dos grupos de personas en los cuales la autopreferencia – es decir, preferencia por miembros del mismo grupo – prevalece sobre las demás, o sea, preferencia por miembros de otros grupo. Esta es la razón dinámica para la tendencia de un grupo a fragmentarse en subgrupos.

Fundamentos de la Sociometría, no hay
Who Shall Survive?, p. 721
Quem Sobreviverá?, v. 3, p. 216

TEST / SOCIOMÉTRICO / TÉCNICAS SUPLEMENTARES

(…) Cuando (hace de esto una veintena de años), la sociometría comenzó atraer la atención del público, sólo disponía de un número bastante pequeño de procedimientos inmediatamente aplicables, en comparación con la multitud de problemas sociales que debía enfrentar en cualquier estudio sobre colectividades. (…) Por eso recomendé entonces el empleo de técnicas suplementarias, al margen de procedimientos sociométricos propiamente dichos, y aun si esas técnicas accesorias no respondían a las exigencias del verdadero método sociométrico. A esta categoría de técnicas suplementarias pertenecen, entre otras, estudios entre la opinión pública, estudios sobre las actitudes y medidas socioeconómicas.

Fundamentos de la Sociometría, p. 100
Who Shall Survive?, p. 110
Quem Sobreviverá?, v. I, p. 209

TEST / SOCIOMÉTRICO / TEST PERCEPTUAL

Las investigaciones sociales sobre su colectividad, cuando se inspiran en los principios sociométricos, están equipados por dos sistemas de referencia complementarios. El primero se relaciona con el investigador objetivado, también preparado para su tarea y tan exactamente evaluado, que su personalidad aparece ya como un factor desconocido en los resultados. El segundo sistema de referencia se relaciona con los miembros de la colectividad a quienes se induce a participar espontáneamente y en una amplia medida en la misma investigación, merced a los métodos sociométricos, y que apuntan su contribución personal de hechos auténticos y valederos.

Fundamentos de la Sociometría, p. 99
Who Shall Survive?, p. 110
Quem Sobreviverá?, v. I, pp. 208-209

Mientras el *test* sociométrico se funda en la dinámica de la "elección", el *test* perceptual se basa en la dinámica de la "percepción social".

Psicoterapia de Grupo y Psicodrama, p. 55
Inglés, no hay
Psicoterapia de Grupo e Psicodrama, p. 50

TEST / SOCIOMÉTRICO / VENTAJAS

El resultado de estos experimentos en pequeña escala fue doble. Por un lado, condujeron a importantes descubrimientos en el reino de las relaciones humanas, confirmados a través de cada estudio nuevo; por otro, posibilitaron la unión, como en un rompecabezas, de los pedazos de la estructura sociométrica encontrados en varias comunidades y obtener, con el auxilio de esos padrones-miniatura, una visión global de los fundamentos sociométricos de la sociedad en general.

Fundamentos de la Sociometría, no hay
Who Shall Survive?, p. 123
Quem Sobreviverá?, v. I, pp. 219-220

TIC

Otro paciente tenía un tic en el lado izquierdo de la cara, que comenzaba en la ala izquierda de la nariz y de allí se extendí a ala boca, la nariz, el párpado inferior y luego al resto de la mitad izquierda del rostro. A veces, pero muy rara vez, tenía la misma sensación de tensión en el lado derecho. Esta sensación era fácil de provocar al proyectar luz sobre la parte izquierda de su cara simplemente, al sentarse una muchacha a su izquierda. Se podía librar fácilmente de estas ideas obsesivas, situando su cuerpo y espíritu en estados y papeles determinados, especialmente en situaciones en que él era el agresor.

Psicoterapia de Grupo y Psicodrama, p. 318
Psychodrama, v. I, p. 225
Psicoterapia de Grupo e Psicodrama, p. 299

TOTALIDAD SOCIOMÉTRICA DE LA SOCIEDAD HUMANA

De este modo, un átomo social está compuesto por un gran número de estructuras tele; a su vez, los átomos sociales forman parte de configuraciones más vastas – las redes sociométricas – que unen o separan grandes grupos de individuos según las relaciones de su tele. Las mismas redes sociométricas forman parte de una unidad más considerable: la geografía sociométrica de una colectividad. Por fin, la colectividad es parte integral de la configuración más amplia: la totalidad sociométrica de la sociedad humana.

Fundamentos de la Sociometría, p. 64
Who Shall Survive?, p. 54
Quem Sobreviverá?, v. I, p. 160

TRANSFERENCIA

(…) La transferencia no se produce hacia una persona en general ni hacia una vaga configuración, sino hacia un "rol" que el terapeuta desempeña para un paciente, un rol paterno, materno, el rol de un hombre sabio e instruido, el de amante o amado, el de caballero, el de individuo perfectamente adaptado, el de hombre modelo, etc.

Las Bases de la Psicoterapia, pp. 23-24
Psychodrama: Foundations of Psychotherapy, v. 2, p. 8
Fundamentos del Psicodrama, pp. 22-23

TRANSFERENCIA / TELE

(…) Frente a la "transferencia" psicoanalítica situamos nosotros el "encuentro", en lenguaje sociométrico: el "tele" real-dinámico, que incluye el proceso de la transferencia.

Psicoterapia de Grupo y Psicodrama, pp. 28-29
Inglés, no hay
Psicoterapia de Grupo e Psicodrama, p. 26

(…) La transferencia psicoanalítica debe considerarse como una desviación patológica del tele. Estas transferencias son expresión de la disociación y el desequilibrio del grupo.

Psicoterapia de Grupo y Psicodrama, p. 87
Inglés, no hay
Psicoterapia de Grupo e Psicodrama, p. 76

TRANSFERENCIA / TRANSFIGURACIÓN

(…) Pero la dificultad aquí era que Kart *no podía* transferir nada que lo llevase a quedar ligado emocionalmente al terapeuta (auxiliar). De éste esperaba varias cosas: primero, que aceptara que él es Hitler; segundo, que desempeñara el papel de una persona importante en su mundo psicodramático, por ejemplo, Goering; tercero, que no sólo se le permitía ser Hitler, sino "vivir a Hitler" en un sentido tan amplio de la palabra como fuera posible. No es "transferencia", es una "transfiguración" de Kart en Hitler y de Hill en Goering. La relación en el nivel en que ocurre la transfiguración es *real*, es una relación de tele.

Las Bases de la Psicoterapia, p. 325
Psychodrama: Foundations of Psychotherapy, v. 2, p. 202
Fundamentos del Psicodrama, p. 219

TRAUMA

(…) La impresión de la vivencia traumática puede no limitarse a un paciente individual y transferirse a todo el grupo y desde allí a toda la comunidad. Surge así la pregunta: ¿debemos intentar en nuestras sesiones terapéuticas evitar a todo precio las vivencias traumáticas o debemos dejar conscientemente que se desplieguen en toda su potencia?

Psicoterapia de Grupo y Psicodrama, p. 18
Inglés, no hay
Psicoterapia de Grupo e Psicodrama, p. 17

(…) El plan se constituía de tal manera que el paciente actuara mediante los métodos psicodramáticos el mayor número posible de situaciones. Nuestra experiencia nos impide aceptar que existan situaciones que, por una parte, sean, en cuanto traumas, la causa única del desarrollo de una perversión y, por otra, constituyan el único medio de curación.

Psicoterapia de Grupo y Psicodrama, p. 152
Inglés, no hay
Psicoterapia de Grupo e Psicodrama, p. 134

(…) El investigador psicoanalítico retrocede en busca del trauma. Pero no es construible ningún trauma antes del nacimiento. El psicodramatista se dirige hacia delante, en busca del acto. Pero la dirección del impulso comienza con el niño en el nacimiento, no permitiendo con ello ninguna posibilidad de

retrospección, y sólo de avance que es el proceso viviente en progresión.
> Psicodrama, p. 129
> Psychodrama, v. I, p. 83
> Psicodrama (portugués), p. 134

TRÍADA TERAPÉUTICA

(…) Tenemos una nueva situación en la tríada, cuando se agrega un segundo paciente.
> Las Bases de la Psicoterapia, p. 83
> Psychodrama: Foundations of Psychotherapy, v. 2, p. 45
> Fundamentos del Psicodrama, p. 59

TRICOTOMÍA SOCIAL

Desde el punto de vista eurístico, conviene distinguir en el universo social tres tendencias o dimensiones: la sociedad externa, la matriz sociométrica y la realidad social. Por sociedad externa entiendo todos los grupos visibles y tangibles, grandes o pequeños, oficiales o no, de que se compone una sociedad humana. La matriz sociométrica comprende todas las estructuras sociométricas invisibles a la observación macroscópica, pero susceptibles de descubrirse mediante el análisis sociométrico. En fin, entiendo por realidad social la síntesis y la interpenetración dinámica de las dos dimensiones precedentes. Es muy evidente que ni la matriz ni la sociedad externa tienen realidad por sí mismas, siendo una función de la tercera. Deben, por así decir, surgir de una oposición dialéctica para dar finalmente nacimientos al proceso real de la vida social.
> Fundamentos de la Sociometría, p. 72
> Who Shall Survive?, p. 79
> Quem Sobreviverá?, v. I, p. 181

Los sociómetras plantean en primer término – esperando que su posición se confirme en otros sectores – que la sociedad oficial (o externa) y la matriz sociométrica (o interna) no son idénticas.
> Fundamentos de la Sociometría, p. 73
> Who Shall Survive?, p. 79
> Quem Sobreviverá?, v. I, p. 182

29. Mientras mayor sea el contraste entre la sociedad oficial y la matriz sociométrica, más intenso será el conflicto, la tensión social entre ellas. *El conflicto y la tensión social aumentan en proporción directa a la diferencia sociodinámica entre la sociedad oficial y la matriz sociométrica.*
> Fundamentos de la Sociometría, no hay
> Who Shall Survive?, p. 710
> Quem Sobreviverá?, v. 3, p. 201

u

UNIVERSO / PRIMER UNIVERSO

La matriz de identidad es la placenta social del niño, el "locus" en el que arraiga. Este le da seguridad, orientación y guía. El mundo en torno a él es denominado el primer universo, en cuanto posee muchas características que lo distinguen del segundo y final. La matriz de identidad se disuelve gradualmente a medida que el niño se hace más autónoma, esto es, se desarrolla cierto grado de auto-iniciación en una función tras otra, tales como la alimentación, el asimiento, la locomoción; comienza a disminuir la dependencia de los yos auxiliares. El primer universo termina cuando la experiencia infantil de un mundo en el cual todas las cosas son reales comienza a diferenciarse en fantasía y realidad. Se desarrolla rápidamente la concepción de imágenes, y comienza a tomar forma la distinción entre cosas reales y cosas imaginadas.

>   Psicodrama, p. 105
>   Psychodrama, v. I, p. 64
>   Psicodrama (portugués), pp. 114-115

Largo período de la infancia – una característica del primer universo. La teoría psicoanalítica de que la existencia intrauterina del embrión es demasiado breve, involucrando que será deseable una preñez más prolongada, es errónea. Si se pudiera prolongar ese estado. (...) Podría nacer bastante independiente y auto-suficiente, pero habría sacrificado las oportunidades para las que lo prepara la placenta social, por una larga incubación en un estrecho ambiente. (...) finalmente, pero no lo menos importante, habría nacido, debido a su comparativa auto-suficiencia, mucho menos necesitado de ayuda, pero también menos sensible para la aculturación de la herencia social incorporada en los yos auxiliares del nuevo medio. Por lo tanto, nuestras conclusiones son que todas prolongación de la preñez humana sería una calamidad para el niño, que su longitud parece bastante bien planeada, y que el niño nace en un momento estratégico para el desarrollo de sus potencialidades espontáneas.

>   Psicodrama, pp. 105-106
>   Psychodrama, v. I, p. 64
>   Psicodrama (portugués), p. 115

UTOPÍA MORENIANA

UTOPÍA MORENIANA / TELE

(...) puede llegar un día en que, si numerosas generaciones han aprendido a dirigir y conocer mejor sus teles, a encarnar y percibir mejor un rol, seremos capaces de penetrar en el universo social con toda tranquilidad, sin desplazarnos, y podremos comunicarnos a distancia con personas no presentes materialmente, y cumpliremos así los efectos de una percepción extrasensorial sin función extrasensorial.

>   Fundamentos de la Sociometría, p. 219
>   Who Shall Survive?, pp. 327-328
>   Quem Sobreviverá?, v. 2, p. 192

UTOPÍA MORENIANA / TERAPIA

(...) Siempre he tenido la idea de que el mundo cargado de destinos en que hemos nacido necesita *una terapia mundial* (todos mis

libros giran en torno a este punto) y de que con mi *propia persona* he de contribuir para crear esa terapia y extenderla
> Psicoterapia de Grupo y Psicodrama, p. 10
> Inglés, no hay
> Psicoterapia de Grupo e Psicodrama, p. 10

En principio para ser verdaderamente eficaz, una empresa terapéutica no podría menos que dirigirse al conjunto de la humanidad.
> Fundamentos de la Sociometría, p. 39
> Who Shall Survive?, p. 3
> Quem Sobreviverá?, v. I, p. 117

Creo que la sociometría y el psicodrama tendrán un lugar importante en la historia de la sociología, escrita en el año 2000.
> Fundamentos de la Sociometría, no hay
> Who Shall Survive?, p. lxxxv, Preludes
> Quem Sobreviverá?, v. I, p. 84, Prelúdios

UTOPÍA MORENIANA / TEST SOCIOMÉTRICO

(...) En un todo, por consiguiente, el experimento sociométrico es todavía un proyecto del futuro.

(...) El experimento principal fue visualizado como un proyecto mundial – esquema bien cercano a la utopía, en términos de concepto – aunque debamos prestarle atención, repetidamente, a fin de que no sea excluido de nuestras tareas diarias, más prácticas, de la sociometría.
> Fundamentos de la Sociometría, no hay
> Who Shall Survive?, p. 121
> Quem Sobreviverá?, v. I, p. 218

Presumimos – tal vez ingenuamente – que si una guerra puede propagarse por el mundo, debería ser igualmente posible preparar y propagar una sociometría mundial. Sin embargo, esta visión no surgió de la nada. Una vez tratada, con éxito, toda una comunidad, a través de métodos sociométricos, nos pareció, al menos teóricamente, posible tratar un número infinitamente más grande de tales comunidades por los mismo métodos – de hecho, todas las comunidades que forman a la sociedad humana.
> Fundamentos de la Sociometría, no hay
> Who Shall Survive?, pp. 121-122
> Quem Sobreviverá?, v. I, p. 218

(...) El experimento sociométrico se hará total, no apenas en expansión y extensión, pero también en intensidad, marcando, así, el inicio de la sociometría política.
> Fundamentos de la Sociometría, no hay
> Who Shall Survive?, p. 122
> Quem Sobreviverá?, v. I, p. 219

45. La efectividad máxima y final de los métodos sociométricos no puede ser, adecuadamente, estimada a través de planos experimentales de cualquier naturaleza. Es necesario que toda una cultura sea sometida a estos métodos sociométricos y que su práctica tenga duración.
> Fundamentos de la Sociometría, no hay
> Who Shall Survive?, p. 713
> Quem Sobreviverá?, v. 3, p. 205

(...) A la vez observadores y participantes, los sujetos se interesan en los problemas de los otros como en sus propios problemas: pueden entonces aportar preciosas contribuciones a la investigación sociométrica. Saben ahora que cuanto más explícita y precisa sea la expresión de sus deseos.
> Fundamentos de la Sociometría, p. 93
> Who Shall Survive?, p. 103
> Quem Sobreviverá?, v. I, p. 203

En el orden mundial, tal como debe realizarse en el porvenir la espontaneidad de la humanidad se multiplicará en función directa con la cantidad de grupos de que se componga y la cantidad de interacciones que se desarrolle entre estos grupos. Esta espontaneidad del género humano será tan considerable que la fuerza de los hombres, el ejercicio de su energía colectiva, sobrepasará todo lo que podamos imaginar en nuestros sueños de anticipación.

Fundamentos de la Sociometría, p. 368
Who Shall Survive?, p. 547
Quem Sobreviverá?, v. 3, p. 114

V

VISUALIZACIÓN – ORIGEN DEL PSICODRAMA INTERNO

MÉDICO. Intenta ahora disponerte lo más profundamente que puedas a captar el sueño; pero no nos lo cuentes. No queremos saber nada. Queremos ver el sueño representado en toda su vivacidad, de ser posible exactamente como lo soñaste. Concéntrate ahora en el sueño. ¿Ya lo tienes? Déjalo pasar por tu espíritu como una secuencia de episodios. ¿Lo tienes presente? *(La voz del médico es sugestiva, suave y más baja que de costumbre)*

Psicoterapia de Grupo y Psicodrama, p. 323
J. L. Moreno, "Fragments form the Psychodrama of a Dream", in Jonathan Fox, *The Essencial Moreno*; New York, Springer Publicity Company, 1987, pp. 347-348
Psicoterapia de Grupo e Psicodrama, p. 305

MÉDICO. Está bien, Martín, cierra los ojos, respira profundamente más, e intenta dormirte. Concéntrate en el sueño. Muy pronto soñarás de nuevo el mismo sueño que tuviste hace cinco días cuando dormías en casa de tu suegro. Ahora hemos llegado: el sueño empieza a surgir. Ahora llega el sueño. ¿Qué es lo *primero* que ves en el sueño? ¿Qué es lo primero que *sucede*?

Psicoterapia de Grupo y Psicodrama, p. 324
J. L. Moreno, "Fragments form the Psychodrama of a Dream", in Jonathan Fox, *The Essencial Moreno*; New York, Springer Publicity Company, 1987, p. 348
Psicoterapia de Grupo e Psicodrama, p. 306

YO

"La representación de roles es anterior al surgimiento del yo. Los roles no emergen del yo; es el yo quien, sin embargo, emerge de los roles."

> Psicodrama, no hay
> Psychodrama, v. I, p. II, Introduction to 3rd Edition
> Psicodrama (portugués), p. 26, Introdução à 3ª Edição

(...) Cuerpo, psiquis y sociedad son, por lo tanto, las partes intermediarias del yo total.

> Psicodrama, no hay
> Psychodrama, v. I, pp. iii-iv, Introduction to 3rd Edition
> Psicodrama (portugués), p. 26, Introdução à 3ª Edição

YO / YO PARCIAL / VARIOS YOS

(...) Sabemos que entre el rol sexual, el del individuo que duerme, el del que sueña y el del que come, se desarrollan "vínculos operacionales" que los conjugan e integran en una unidad. En un cierto punto, podríamos considerarla una especie de yo fisiológico, un yo "parcial", un conglomerado de roles fisiológicos. Del mismo modo, en el transcurso del desarrollo, los roles psicodramáticos comienzan agrupándose y forman una especie de yo psicodramático; y, finalmente, ocurre lo mismo con los roles sociales, componiendo una especie de yo social. Los yos fisiológico, psicodramático y social son apenas yos "parciales"; el yo entero, realmente integrado, de años posteriores, todavía está lejos de haber nacido.

> Psicodrama, no hay
> Psychodrama, v. I, p. iii, Introduction to 3rd Edition
> Psicodrama (portugués), pp. 25-26, Introdução à 3ª Edição

Z

ZONAS

(...) Ciertas zonas tienden a una coacción y cooperación, como la zona oral con la de la garganta, la zona de la vejiga con la anal, la zona visual con la auditiva, etc. Ciertas zonas tienden a excluirse mutuamente, como la manual y la de la garganta, la de la vejiga y la visual. (...) Por lo tanto, el organismo del niño, que consistía originalmente de tales y tales segmentos separados, superpuestos a las diversas zonas del mismo, comenzará a fundirlos en amplias zonas del cuerpo. Cuanto más amplia sea la zona corporal que abarca el proceso de atemperación, mayor será el número de unidades neuromusculares estimuladas.

Psicodrama, p. 98
Psychodrama, v. I, p. 58
Psicodrama (portugués), pp. 108-109

(...) Una actividad excluye toda otra actividad: un foco, todo otro foco.

Psicodrama, p. 101
Psychodrama, v. I, p. 61
Psicodrama (portugués), p. 112

ZONAS / LOCUS NASCENDI PARA EL CALDEAMIENTO

Proceso. Es paradójico que la unidad anatómica y fisiológica del organismo del niño nunca sea mayor que en el nacimiento. (...) Es un actor sin palabras y casi sin corteza cerebral. Se ve obligado a formar su mundo sobre la base de zonas pequeñas y débilmente relacionadas, distribuidas desigualmente a lo largo del cuerpo. Se puede dividirlas en zonas operacionales y no operacionales. (...) Ciertas zonas – la visual, la nasal, la oral – ya están en formación durante la primera semana de la vida del niño. La significación de cada zona consiste en que se forma en interés de una función indispensable del niño, y por lo tanto excita al niño a concentrarse en la operación de esta función.

Psicodrama, pp. 96-97
Psychodrama, v. I, pp. 56-57
Psicodrama (portugués), p. 107

Cada proceso de caldeamiento tiene un foco. Tiende a localizarse en una zona, en cuanto su "locus nascendi". Sin embargo, las primeras regiones sensibilizadas – sensibilizadas por estos actos de atemperación – no están ligadas literalmente a la piel del niño. No hay realmente una zona oral, una zona anal, sino zonas de las que la boca y el ano forman parte. En este sentido "sociométrico" la zona es un área de la que son factores integrantes, por ejemplo, la boca, el pezón del pecho de la madre, la leche y el aire entre ellos.

Psicodrama, p. 97
Psychodrama, v. I, p. 57
Psicodrama (portugués), p. 108

ZOOMÁTICA

ZOOMÁTICA / ROBOTS

(...) Como el ego auxiliar, el robot libera al hombre de las servidumbres humanas, le otorga un artificial sentimiento de bienestar y de poder.

Fundamentos de la Sociometría, p. 414
Who Shall Survive?, p. 603
Quem Sobreviverá?, v. 3, p. 172

(...) *Pero los robots no pueden producir una sola onza de espontaneidad.*
Fundamentos de la Sociometría, p. 415
Who Shall Survive?, p. 603
Quem Sobreviverá?, v. 3, p. 172

Un niño es el producto de la unión de un hombre y una mujer. Un robot es el producto de la unión del hombre y la naturaleza.
Fundamentos de la Sociometría, p. 415
Who Shall Survive?, p. 603
Quem Sobreviverá?, v. 3, p. 172

El destino del hombre amenaza ser, en un sentido inverso, lo que ha sido el destino del dinosaurio. Probablemente el dinosaurio se condenó a morir a fuerza de extender, más allá de toda utilidad, el poder de su organismo. El hombre podría desaparecer a fuerza de disminuir la potencia de su organismo fabricando más robots que los que puede controlar.
Fundamentos de la Sociometría, p. 415
Who Shall Survive?, p. 604
Quem Sobreviverá?, v. 3, p. 173

El término robot proviene de la palabra polaca *robota*, trabajar. Mi idea del animal zootécnico (1918) se popularizó algunos años más tarde por Karl Czapek, en su obra *Los robots universels de Rossom* (1921). Este autor fue quien inventó el término robot, término inexacto, puesto que la expresión animal zootécnico no sólo implica el trabajo sino también la destrucción. En mi definición, el robot en su trabajo puede volverse feroz, y viceversa. Sería mejor hablar de genios que de robots. En las leyendas árabes existen espíritus buenos y malos, quienes toman la forma de animales, gigantes, etc. En realidad el robot es un *zoomaton (del griego zoon: animal, autos: automación, sí mismo, y mao: tender hacia).*
Fundamentos de la Sociometría, p. 411 (notas)
Who Shall Survive?, p. 599 (footnote)
Quem Sobreviverá?, v. 3, p. 168 (rodapé)

(...) *Estos extraños enemigos son los animales técnicos, que pueden distribuirse en dos categorías: los modelos culturales y las máquinas. Se los designa frecuentemente con el nombre de robots.*
Fundamentos de la Sociometría, p. 411
Who Shall Survive?, p. 600
Quem Sobreviverá?, v. 3, p. 168

ZOOMÁTICA / ROBOTS / CONSECUENCIAS PATOLÓGICAS

Fundamentos de la Sociometría, p. 415
Who Shall Survive?, pp. 604-605
Quem Sobreviverá?, v. 3, p. 173

ZOOMÁTICA / ROBOTS / FUTURO

La lucha entre el animal viviente (el "zoon") y el animal mecánico ("zoomaton") entrará en una nueva fase. El futuro del hombre dependerá de los medios de defensa que pongan a su servicio la sociometría, la sociatría y las disciplinas análogas.
Fundamentos de la Sociometría, p. 417
Who Shall Survive?, p. 606
Quem Sobreviverá?, v. 3, p. 175

(...) Considero que el término "zoomática" que acentúa la semejanza del mecanismo y el organismo, es más feliz que el de "cibernética" para designar esta ciencia, ya que el último significa el arte del piloto.
Fundamentos de la Sociometría, p. 418
Who Shall Survive?, p. 607
Quem Sobreviverá?, v. 3, p. 175

ZOOMÁTICA / ROBOTS / INMORTALIDAD DE LOS ROBOTS

(...) El libro constituye expresamente un robot. Una vez salido de imprenta, el libro hace olvidar a quien lo concibió y escribió; su autor pasa a segundo plano; el libro se distribuye por todos los lugares, alcanza a todo tipo de gente, pero no le preocupa saber por quién y dónde será leído. Muchos robots tienen, además, otro atributo común: gozan de una inmortalidad relativa. Un libro, una película cinematográfica, una bomba atómica, no mueren, en el sentido humano del término; reside en ellos una misma capacidad: la de poder reproducirse al infinito.

>Fundamentos de la Sociometría, p. 412
>Who Shall Survive?, pp. 600-601
>Quem Sobreviverá?, v. 3, p. 196

ZOOMÁTICA / ROBOTS / MUÑECAS

(…) Estas observaciones son confirmadas por la actitud que toman los niños respecto de sus muñecos. Al contrario de lo que frecuentemente hacen los seres humanos, los muñecos no manifiestan una contraespontaneidad irritante, pero poseen una especie de realidad física tangible, que no tienen los compañeros que el niño se crea en sus ensoñaciones. (…) En este juego adquiere el gusto por el robot, a quien puede destruir según su capricho, o bien provocar y hacer actuar según su decisión personal. El niño debe a los muñecos su independencia respecto de los otros niños y de los adultos.

>Fundamentos de la Sociometría, p. 414
>Who Shall Survive?, pp. 602-603
>Quem Sobreviverá?, v. 3, p. 171

ZOOMÁTICA / ROBOTS / RAZONES PARA LA INVENCIÓN DEL ROBOT

(…) La invención de los robots se debe a la habilidad del *homo sapiens*. (…) ¿Por qué el hombre necesita robots? Tal vez, por la misma razón que, *mutatis mutandis*, nos hizo sentir en el pasado de la necesidad de un Dios respecto del cual nosotros fuéramos robots. (…) Nuestras relaciones con Dios podrían explicarse de esta simple manera: Dios necesita auxiliares para concluir su creación. También el hombre tiene su plan de vida, su plan de creación en una escala más modesta; también él necesita auxiliares y armas para defenderse contra sus enemigos.

(…) Hay otra razón, aún más profunda, que debió llevarnos a crear la especie tecnológica. El análisis de los procesos de espontaneidad me ha permitido encarar con amplitud este problema. Los niños recién nacidos nos muestran que cuanto menos espontaneidad tiene un ser vivo, en mayor medida necesita de alguien que lo cuide, si quiere sobrevivir. De hecho, el niño vive sobre una espontaneidad prestada. Denomino egos auxiliares a las personas que se hallan a su disposición, siempre listas para responder a sus gritos desesperados, que acuden a tomarlo en los brazos, alimentarlo y consolarlo. (…) Exige de sus egos auxiliares una perfección: exige que toda su espontaneidad esté lista para servirlo, y no tolera que se reserven una parte para su uso personal. Probablemente sea esta la clave del problema de las relaciones entre la idea del ego auxiliar y la del robot.

>Fundamentos de la Sociometría, pp. 413-414
>Who Shall Survive?, pp. 601-602
>Quem Sobreviverá?, v. 3, pp. 170-171

ZOOMÁTICA / ROBOTS / SOLUCIÓN PARA CONVIVIR CON LAS MÁQUINAS

Estos extraños enemigos son los animales técnicos, que pueden distribuirse en dos categorías: los modelos culturales y las máquinas. Se los designa frecuentemente con el nombre de robots.

>Fundamentos de la Sociometría, p. 413
>Who Shall Survive?, p. 601
>Quem Sobreviverá?, v. 3, p. 170

Índice

INTRODUCCIÓN 7
AGRADECIMIENTOS 11

A

ABREACCIÓN 13
ACTING OUT 13
ACTING OUT / FORMAS DE IRRACIONAL *VERSUS* TERAPÉUTICO 14
ACTO CREATIVO 14
ACTO CREATIVO / FILOSOFÍA DEL ACTO CREADOR 15
ACTO CREATIVO / REVOLUCIÓN A TRAVÉS DE 15
ACTOGRAMA 15
ACTOR 16
ACTOR *VERSUS* OBSERVADOR 16
ADECUACIÓN DE LA RESPUESTA 16
ADLER 17
ADULTOS *VERSUS* NIÑOS 17
AFINIDAD FÍSICA 17
AGENTE TERAPÉUTICO 17
AGRADECIMIENTOS 18
AISLADOS 18
AISLADOS / INVOLUNTARIOS 18
AISLADOS / VOLUNTARIOS 18
ALEJAMIENTO DE LA REALIDAD 19
ALUCINACIÓN 19
AMAMANTAMIENTO 20
AMBICIÓN DE MORENO 20
AMBIVALENCIA DE ELECCIONES 20
AMNESIA INFANTIL 21
AMNESIA INFANTIL / AMNESIA RETROACTIVA 22
AMNESIA INFANTIL / TRES PRIMEROS AÑOS 22
AMOR AL CREADOR 22
ANÁLISIS DIDÁCTICO 22
ANGUSTIA 22
ANGUSTIA / ANGUSTIA DE TIEMPO 23
ANIMISMO 23
ANONIMATO 23
ANSIEDAD 24
ANSIEDAD / MIEDO 24
ANTEROS 24
APRENDIZAJE 24
APRENDIZAJE / CALDEAMIENTO 24

APRENDIZAJE / ESPONTANEIDAD 25
APRENDIZAJE / SUPER E HIPERAPRENDIZAJE 25
APRENDIZAJE / Y AUTONOMÍA 26
AQUÍ Y AHORA 26
AQUÍ Y AHORA / ÉTICA 26
ARISTOTELE 26
ASOCIACIÓN LIBRE 27
ASOCIACIÓN LIBRE / CRÍTICA A LA 27
ASOCIACIÓN LIBRE / ESPONTANEIDAD 27
ATENCIÓN 27
ÁTOMO 27
ÁTOMO / CULTURAL 27
ÁTOMO / INTERIORIZACIÓN DE 28
ÁTOMO / SOCIAL 28
AUDITORIO – PÚBLICO 30
AUDITORIO – PÚBLICO / COMO PACIENTE DE LA PELÍCULA 31
AUDITORIO – PÚBLICO / CONSULTA A 31
AUDITORIO – PÚBLICO / GRUPOS TEMÁTICOS 31
AUTOEVALUACIÓN SOCIOMÉTRICA 31
AUTOEVALUACIÓN SOCIOMÉTRICA / TEST DE PERCEPCIÓN SOCIOMÉTRICA 32
AUTORÍA / MORENO 32
AUTOTELE 33
AXIODRAMA 33
AXIOMA UNIVERSAL 33

B

BÁRBARA 34
BÁRBARA / CASO 34
BARRERAS PREVENTIVAS 35
BEACON 35
BIOÁTRICA 35
BRECHA ENTRE FANTASÍA Y REALIDAD 35

C

CALDEAMIENTO 37
CALDEAMIENTO / ABORTIVO 37
CALDEAMIENTO / ACTOR / ADIESTRAMIENTO CORPORAL DEL 37
CALDEAMIENTO / ACTORES 38
CALDEAMIENTO / AMOR 38

CALDEAMIENTO / CATALIZADORES / INICIADORES 38
CALDEAMIENTO / DIRECTOR 38
CALDEAMIENTO / ESPONTANEIDAD 38
CALDEAMIENTO / FALTA DE 39
CALDEAMIENTO / FEEDBACK 39
CALDEAMIENTO / GRUPAL 39
CALDEAMIENTO / INICIADOR / CATEGORÍAS DE CALDEAMIENTO / AUTO-INICIADOR 40
CALDEAMIENTO / INICIADOR FÍSICO 40
CALDEAMIENTO / INICIADOR FÍSICO / ADIESTRAMIENTO DE LA MENTE AL CUERPO 41
CALDEAMIENTO / INICIADOR FÍSICO / CALDEAMIENTO MUSCULAR GENERANDO CALDEAMIENTO MENTAL 41
CALDEAMIENTO / INICIO DE 41
CALDEAMIENTO / MÉTODO DE 41
CALDEAMIENTO / PECULIARIDADES 41
CALDEAMIENTO / PREPARATORIO 41
CALDEAMIENTO / PROCESO DE 42
CALDEAMIENTO / PROCESO DE / POSICIÓN CORPORAL CALDEANDO PARA EMOCIONES 42
CALDEAMIENTO / PSICOPATOLOGÍA 43
CALDEAMIENTO / SUPERCALDEAMIENTO 43
CALIDAD DRAMÁTICA 43
CAMBIO SOCIAL 44
CARL JUNG 44
CATARSIS 44
CATARSIS / CATARSIS SOCIAL 44
CATARSIS / ESPONTANEIDAD 45
CATARSIS / INTEGRACIÓN 45
CATARSIS / INTELECTUAL ANALÍTICA *VERSUS* CATARSIS ESTRUCTURAL Y SOCIAL 45
CATARSIS / MENTAL 46
CATARSIS / ORIGEN 46
CATARSIS / PASIVA *VERSUS* ACTIVA 47
CATARSIS / PSICODRAMÁTICA 47
CATARSIS / PSICOTERAPIA DE GRUPO 47
CATARSIS / SOCIODRAMA *VERSUS* PSICODRAMA 48
CATARSIS / SOMÁTICA 48
CATARSIS / TOTAL 48
CIENCIA 48
CIENCIA / CRÍTICA A LA 48
CIENCIA / ESPÍRITU MÁGICO 49
CIENCIA / MÉTODO PSICODRAMÁTICO Y OBJETIVIDAD 49
CIENCIA / MORENO / CIENTÍFICO 50
CIENCIA / NARCISISMO HUMANO 50
CIENCIA / VALIDACIÓN CIENTÍFICA DE LA PSICOTERAPIA 51

CINE 51
CINE Y PSICODRAMA 51
CLASIFICACIÓN SOCIOMÉTRICA 51
CLASIFICACIÓN SOCIOMÉTRICA / EXPRESIONES UTILIZADAS 51
CLASOIDE 52
COEFICIENTE 52
COEFICIENTE / CULTURAL 52
COEFICIENTE / ESPONTANEIDAD 52
COEFICIENTE / ESPONTANEIDAD / PELÍCULA 53
COEFICIENTE / ESPONTANEIDAD / TEATRO 53
COEFICIENTE / RACIAL 53
COEFICIENTE / SOCIAL 53
COHESIÓN GRUPAL 54
CO-INCONSCIENTE 54
CO-INCONSCIENTE / CRÍTICA A JUNG 55
COMA 55
COMA CLÍNICO / PSICODRAMA 55
COMMEDIA DELL'ARTE 55
COMMEDIA DELL'ARTE / TEATRO ESPONTÁNEO 55
COMUNICACIÓN 55
COMUNICACIÓN / ACTO DE COMUNICACIÓN 55
COMUNICACIÓN / ESPONTÁNEA 56
CONCEPTO DE CULTURA 56
CONCIENCIA SOCIOMÉTRICA 56
CONCRECIÓN 56
CONFIGURACIÓN SOCIOMÉTRICA 56
CONFLICTO 57
CONSCIENTE – INCONSCIENTE 57
CONSERVA 57
CONSERVA / CULTURAL / ENERGÍA 57
CONSERVA / ESPONTANEIDAD 58
CONSERVA / EUGENIA 59
CONSERVA / EXCESOS 59
CONSERVA / ROLES POPULARES 60
CONTRATRANSFERENCIA 60
CORRIENTES 60
CORRIENTES / AFECTIVAS 60
CORRIENTES / PSICOLÓGICAS 60
COSMOS 61
COSMOS / COSMOVISIÓN 61
COSMOS / HOMBRE CÓSMICO 61
CREATIVIDAD 61
CREATIVIDAD / CARACTERÍSTICAS DEL ACTO CREADOR 61
CREATIVIDAD / ESPONTANEIDAD 62
CREATIVIDAD / FILOSOFÍA DEL ACTO CREADOR 63
CREATIVIDAD / SUBLIMACIÓN 63
CREATOFLEXOS 63
CREATURGIA *VERSUS* DRAMATURGIA 63
CRISIS AMBICÉNTRICA 64

CRITERIO 64
CRITERIO / ACCIÓN 64
CRITERIO / DIAGNÓSTICO 64
CRITERIO / SOCIOMÉTRICO 64
CRÍTICA 65
CRÍTICA / ADLER 65
CRÍTICA / AL PSICOANÁLISIS / PSICOLOGÍA 66
CRÍTICA / BERGSON 66
CRÍTICA / BERGSON / NIETZSCHE 67
CRÍTICA / ESCENA REGRESIVA 67
CRÍTICA / EXISTENCIALISMO 67
CRÍTICA / FEEDBACK 67
CRÍTICA / FREUD 68
CRÍTICA / FREUD / DETERMINISMO PSICOLÓGICO 68
CRÍTICA / FREUD / PSICOANÁLISIS / PSICOLOGÍA 69
CRÍTICA / FREUD / PSICOANÁLISIS / SALVAJE 70
CRÍTICA / FREUD / PSICOANÁLISIS / TÉCNICAS LÚDICAS EN LA INFANCIA 71
CRÍTICA / FREUD / SEXUALIDAD 71
CRÍTICA / HERBERT G. MEAD 72
CRÍTICA / JUNG 73
CRÍTICA / MARX 73
CRÍTICA / MONTESSORI 73
CRÍTICA / RADIO 74
CRÍTICA / ROUSSEAU 74
CRÍTICA / SISTEMA EDUCATIVO 74
CRÍTICA / TEORÍAS DE DESARROLLO INFANTIL 74
CRÍTICA / TERAPEUTAS DE GRUPO 75
CUALIDAD DRAMÁTICA 75
CUALITATIVO *VERSUS* CUANTITATIVO 75
CUERPO 75
CUERPO / ADIESTRAMIENTO CORPORAL DEL ACTOR 75
CUERPO / CONTACTO CORPORAL 76
CUERPO / LENGUAJE CORPORAL 76
CUERPO / POSICIÓN CORPORAL 76
CUESTIONARIO SOCIOMÉTRICO 76
CURA 76
CURA / ESPONTANEIDAD 77
CURA / SEGUNDA VEZ 77

D

DAS DING AUSSER SICH / COSA FUERA DE SÍ 78
DESARROLLO 78
DESARROLLO / FASES 78
DESÓRDENES DEL HABLA 78
DESTINACIÓN SOCIOMÉTRICA O TRASPLANTACIÓN SOCIOMÉTRICA 79
DESTINACIÓN SOCIOMÉTRICA / VALOR DE LA DESTINACIÓN 79

DEUS / EX MACHINA 79
DIAGNÓSTICO 79
DIAGNÓSTICO Y TRATAMIENTO 79
DIÁLOGO O MÉTODO DIÁDICO 80
DIOS / DIVINIDAD 80
DIRECTOR 82
DIRECTOR / ABSTINENCIA 82
DIRECTOR / ACCIÓN 82
DIRECTOR / CALIDAD DRAMÁTICA DEL 82
DIRECTOR / FUNCIONES 83
DIRECTOR / MONÓLOGO DEL TERAPEUTA 84
DIRECTOR / OBJETIVIDAD 84
DIRECTOR / RELACIÓN CON EL CLIENTE 84
DIRECTOR / RELACIÓN CON EL PÚBLICO 84
DISTANCIA SOCIAL 84
DIVÁN 84
DIVÁN / INVESTIGACIÓN 85
DOBLE 85
DRAMA 85
DRAMA / CATARSIS 85
DRAMA / CATEGORÍAS DE 85
DRAMA / CURA 85
DRAMA / DRAMATIS PERSONAE 86
DRAMA / HISTORIA 86
DRAMA / ORIGEN DEL NOMBRE 86
DRAMATIZACIÓN 86
DRAMATIZACIÓN / FUNCIÓN DE 86
DRAMATURGO 87
DURÉE 87
DURÉE / HENRY BERGSON 87

E

EDAD 88
EDUCACIÓN Y PSICODRAMA 88
EFECTO PSICODRAMÁTICO 88
EFECTO SOCIODINÁMICO 89
EFECTO TELE 89
EGO 89
EGO AUXILIAR 89
EGO AUXILIAR / ALTER EGO 89
EGO AUXILIAR / AUDIOEGOS 89
EGO AUXILIAR / COMPENETRACIÓN CON 90
EGO AUXILIAR / CONCEPTO 91
EGO AUXILIAR / CRÍTICA AL PSIQUIATRA RÍGIDO 91
EGO AUXILIAR / DESARROLLO / ENTRENAMIENTO 92
EGO AUXILIAR / FUNCIONES DE 92
EGO AUXILIAR / IMPORTANCIA 94
EGO AUXILIAR / MADRE Y PADRE COMO EGOS AUXILIARES 94

EGO AUXILIAR / MÉTODO DEL 95
EGO AUXILIAR / MORENO ELIGE LOS EGOS 95
EGO AUXILIAR / NÚMERO DE 95
EGO AUXILIAR / ORIGEN DEL CONCEPTO 95
EGO AUXILIAR / ORIGEN DEL CONCEPTO / ACTOR DE RESCATE 96
EGO AUXILIAR / PACIENTE COMO EGO AUXILIAR 96
EGO AUXILIAR / PACIENTES ELIGEN EGOS 97
EGO AUXILIAR / PSICOSIS 97
EGO AUXILIAR / TÉCNICA DEL EGO AUXILIAR DEL PACIENTE 98
EGO AUXILIAR / TRANSFERENCIA / OBJETIVIDAD CIENTÍFICA 98
EGO AUXILIAR / TRATAMIENTO Y RESISTENCIA DE LOS EGOS AUXILIARES / EFECTO PSICODRAMÁTICO 100
EGOÍSMO 100
ELECCIÓN 100
ELECCIÓN / COMPAÑEROS DE GRUPO 101
ELECCIÓN / INTENSIDAD 101
ELECCIÓN / RECÍPROCA 101
ELECCIÓN / SOCIOMÉTRICA 101
ELECCIÓN / DEL TERAPEUTA 103
ENCUENTRO 103
ENCUENTRO / ORIGEN 104
ENCUENTRO / TRANSFERENCIA / EMPATÍA 104
ENERGÍA 104
ENTROPÍA SOCIAL 105
ENVIDIA 105
ENVIDIA / DEL CREADOR / AMOR DEL CREADOR 105
ENVIDIA / ENVIDIA DE LOS ALEMANES 105
ESCENARIO 105
ESCENARIO / DIVÁN 106
ESCENARIO / INFLUENCIAS EN LA CONSTRUCCIÓN DEL ESCENARIO ABIERTO 108
ESCENIFICACIÓN TEATRAL / PSICODRAMA 108
ESPONTANEIDAD 109
ESPONTANEIDAD / ADECUACIÓN 109
ESPONTANEIDAD / CALDEAMIENTO 109
ESPONTANEIDAD / CATARSIS 109
ESPONTANEIDAD / CONCEPTO 109
ESPONTANEIDAD / CONCEPTO / ORIGEN 110
ESPONTANEIDAD / CONSERVA 110
ESPONTANEIDAD / CONTRA-ESPONTANEIDAD 110
ESPONTANEIDAD / CREATIVIDAD 111
ESPONTANEIDAD / CURA 111
ESPONTANEIDAD / DEFINICIÓN OPERACIONAL 111
ESPONTANEIDAD / DISCIPLINA 111
ESPONTANEIDAD / ENTRENAMIENTO DE 111

ESPONTANEIDAD / ESTADO DE ESPONTANEIDAD 113
ESPONTANEIDAD / FACTOR E / DESARROLLO FISIOLÓGICO / CEREBRAL 114
ESPONTANEIDAD / FACTOR E / ENERGÍA / CATALIZADOR 115
ESPONTANEIDAD / FACTOR E / INTELIGENCIA / CREATIVIDAD 116
ESPONTANEIDAD / FACTOR E / MEMORIA 117
ESPONTANEIDAD / FILOGENIA 117
ESPONTANEIDAD / FORMAS DE 117
ESPONTANEIDAD / FUTURO 118
ESPONTANEIDAD / IMPERFECCIÓN 118
ESPONTANEIDAD / MIEDO DE 118
ESPONTANEIDAD / ORIGEN DEL NOMBRE 118
ESPONTANEIDAD / ORIGINALIDAD 118
ESPONTANEIDAD / OTRAS TEORÍAS SOBRE 119
ESPONTANEIDAD / PATOLOGÍA DE 119
ESPONTANEIDAD / PRINCIPIOS DE LA 120
ESPONTANEIDAD / RED SOCIOMÉTRICA 120
ESPONTANEIDAD / RESIDUO DE 120
ESPONTANEIDAD / SOCIAL 120
ESPONTANEIDAD / TESTS DE 121
ESTADOS UNIDOS / MORENO 120
ESTRUCTURAS SOCIOMÉTRICAS 122
ÉTICA 122
ÉTICA / AQUÍ Y AHORA 122
ÉTICA / JURAMENTO DE GRUPO 122
ÉTICA DEL PSICOTERAPEUTA DE GRUPO Y EL JURAMENTO DE HIPÓCRATES 122
ETNODRAMA 123
EXISTENCIALISMO 123
EXISTENCIALISMO / PSICODRAMA 123
EXISTENCIALISTAS / MORENO 123
EXPANSIVIDAD EMOCIONAL 123
EXPANSIVIDAD EMOCIONAL / JUDÍOS 124
EXPANSIVIDAD EMOCIONAL / TEST 124
EXPANSIVIDAD SOCIAL 125

F

FAMILIA 126
FAMILIA / ORGANIZACIÓN INTROVERTIDA 126
FAMILIA / TERAPIA FAMILIAR / PSICODRAMA 126
FANTASÍA 128
FRANCIA Y PSICODRAMA 128
FREUD / ENCUENTRO CON MORENO 128
FUNCIÓN SOCIAL *VERSUS* FUNCIÓN PSICOLÓGICA 128
FUTURO 129
FUTURO / ESPONTANEIDAD Y CREATIVIDAD 130
FUTURO / HOMBRE 130

FUTURO / MEDIOS 131
FUTURO / PSICOTERAPIA 131
FUTURO / SEXUALIDAD 131
FUTURO / SOCIATRÍA / SOCIOMETRÍA 131

G

GAGUERA 133
GEMELOS SOCIOMÉTRICOS 133
GENIO / ESPONTANEIDAD / CALDEAMIENTO 134
GENIO / O HÉROE 134
GENIO / TELE 135
GEOGRAFÍA PSICOLÓGICA 135
GEOGRAFÍA SOCIOMÉTRICA 136
GEORGE MEAD 136
GESTACIÓN 136
GRUPOS 137
GRUPOS / ELECCIÓN DEL TERAPEUTA 137
GRUPOS / ÉXITO O FRACASO EN LA PSICOTERAPIA 137
GRUPOS / FASES DE 137
GRUPOS / GRUPO NORMAL *VERSUS* GRUPO TERAPÉUTICO 137
GRUPOS / INCLUSIÓN DE NUEVOS ELEMENTOS 137
GRUPOS / MENOR GRUPO 138
GRUPOS / NIÑOS 138
GRUPOS / STATUS NASCENDI 138
GRUPOS / TAMAÑO DE 138
GRUPOS / TERAPÉUTICOS 139
GRUPOS / TERAPÉUTICOS / COMPOSICIÓN 139
GRUPOS / TERAPÉUTICOS / ESTRUCTURA 139

H

HAMBRE 140
HAMBRE / DE ACTOS 140
HAMBRE / CÓSMICA 140
HAMBRE / TRANSFORMACIÓN 140
HAPPENING 141
HENRY BERGSON 141
HIPNODRAMA E HIPNOSIS 142
HISTORIA 143
HISTORIA / PRIMER CONGRESO DE TERAPIA DE GRUPO 143
HISTORIA / VIENA EN 1910 143
HOMBRE 143
HOMBRE / CÓMO ESTUDIAR 143
HOMBRE / CONCEPTO DE 143
HOMBRE / CÓSMICO 144
HOMBRE / HUMANIDAD 144
HOMBRE / ORGANIZACIÓN DE LA PERSONA HUMANA 144

HOMEÓSTASIS *VERSUS* COSMÓSTASIS 144
HUMOR 145
HUMOR / TERAPIA 145

I

IDÉE FIXE 146
IDENTIDAD 146
IDENTIDAD / IDENTIFICACIÓN 146
IDENTIFICACIÓN / SUBJETIVA / OBJETIVA 147
IMÁGENES TERAPÉUTICAS 147
IMPROVISACIÓN 147
IMPROVISACIÓN / COMO UN PROCESO PRIMARIO 147
IMPROVISACIÓN / MÉTODO DE IMPROVISACIÓN ESPONTÁNEA 148
INCONSCIENTE 148
INCONSCIENTE / INCONSCIENTE COLECTIVO 148
INCONSCIENTE / INCONSCIENTE COMÚN 148
INCONSCIENTE / ORIGEN 150
ÍNDICE / IDENTIFICACIÓN 150
INICIADORES 151
INICIADORES / ARRANQUE CORPORAL 151
INICIADORES / ECONÓMICO 151
INICIADORES / IMÁGENES TERAPÉUTICAS 152
INICIADORES / MENTAL 152
INICIADORES / PALABRA *VERSUS* ACCIONES 152
INICIADORES / RELACIONALES 152
INSENSIBILIZACIÓN PROGRESIVA 153
INSTITUCIONES 153
INSTRUMENTOS DEL PSICODRAMA 153
INTERPOLACIÓN DE RESISTENCIA 154
INTERPSIQUIS 155
INTRAPSÍQUICO 155
INTROVISIÓN DE LA ACCIÓN 156
INTROYECCIÓN 156
INTROYECCIÓN / TELE 156
INVENCIONES DE MORENO 156
INVENCIONES / VEHÍCULOS / INVENCIONES GRÁFICAS 156
INVERSIÓN DE ROLES 156
INVESTIGADOR SOCIOMÉTRICO 156

J

JERARQUÍA SOCIONÓMICA 158
JERGA 158
JESÚS 158
JUDÍOS 158
JUDÍOS / ANTISEMITISMO ENTRE JUDÍOS 158
JUDÍOS / ATRACCIÓN SEXUAL ENTRE JUDÍOS Y ALEMANES 159
JUDÍOS / EFECTO TELE 159

JUDÍOS / ENVIDIA DE LOS ALEMANES 159
JUDÍOS / EXCESO DE ESFUERZO / POSICIONES PRI-
    VILEGIADAS 159
JUDÍOS / EXPANSIVIDAD EMOCIONAL 159
JUDÍOS / PRODUCCIÓN DE LÍDERES 160
JUEGO 160
JUEGO / JUEGO DE ROLES *VERSUS* INVERSIÓN DE
    ROLES 160
JUGUETES 161
JUGUETES / MUÑECAS 162
JUGUETES / MUÑECAS / ROBOTS 162
JUNG 162

K

KIERKEGAARD 163
KIERKEGAARD / CRÍTICA A 163
KURT LEWIN 163

L

LENGUAJE 165
LENGUAJE / ADQUISICIÓN DE 165
LENGUAJE / LENGUAJE BÁSICO 165
LEYES 166
LEY / GRAVITACIÓN SOCIAL 166
LEY / RED INTERPERSONAL Y SOCIOEMOCIONAL
    166
LEY / SOCIODINÁMICA 166
LEY / SOCIOGENÉTICA 167
LIBRO 168
LIBRO / PALABRAS DEL PADRE 168
LÍDER SOCIOMÉTRICO 168
LIDERAZGO 168
LÍMITES CORPORALES 169
LOCAL DEL PSICODRAMA 169
LOCOGRAMA 169
LOCUS 170
LOCUS, MATRIZ, STATUS NASCENDI 170
LOCUS NASCENDI 170
LOGOIDE 170
LONGEVIDAD 171
LONGEVIDAD / CONTROL DE LA 171
LUGAR DEL PSICODRAMA 171

M

MACROSOCIOLOGÍA 172
MADRE 172
MADRE / EGO AUXILIAR 172
MADRE / RELACIÓN MADRE-HIJO 172
MADRE / ROL DE 172
MAGIA 172
MAGIA / CIENCIA *VERSUS* MAGIA 173

MAGIA / PSICODRAMA COMO MAGIA 173
MAPA PSICOGEOGRÁFICO 173
MARTIN BUBER 173
MARTIN BUBER / CRÍTICA A 173
MATRIZ DE IDENTIDAD 174
MATRIZ DE IDENTIDAD / ALUCINACIONES 174
MATRIZ DE IDENTIDAD / TIEMPO DE DURACIÓN /
    AMNESIA 175
MATRIZ SITUACIONAL 175
MATRIZ SOCIOMÉTRICA 175
MECANISMO DE DEFENSA SOCIAL DEL GRUPO
    176
MEDIOS DE COMUNICACIÓN DE MASA 176
MEGALOMANÍA 176
MEGALOMANÍA / NORMALIS / NORMAL 176
MEMORIA 177
MEMORIA / ESPONTANEIDAD 177
METAFÍSICA 177
METAPRAXIS 178
METATEATRO 179
MÉTODO 179
MÉTODO / ACCIÓN PROFUNDA 179
MÉTODO / COMUNIDAD TERAPÉUTICA 179
MÉTODO / DIRECTO 180
MÉTODO / DOBLE 180
MÉTODO / IMPROVISACIÓN ESPONTÁNEA 180
MÉTODO / MUNDO AUXILIAR 181
MÉTODO / PROYECCIÓN EN EL FUTURO 181
MÉTODO / PSICODRAMÁTICO 182
MÉTODO / PSICODRAMÁTICO / DESCRIPCIÓN DEL
    182
MÉTODO / REALIZACIÓN PSICODRAMÁTICA 182
MÉTODO / REALIZACIÓN SIMBÓLICA 183
MICROSOCIOLOGÍA 183
MÍSTICOS Y MONJES 183
MITTENDIRF 183
MITTENDIRF / IDEA DE UN PLAN SOCIOMÉTRICO
    POBLACIONAL 183
MOMENTO 184
MOMENTO / HENRY BERGSON 185
MOMENTO / TEATRO / IMPROVISACIÓN 185
MONÓLOGO 185
MONÓLOGO / TERAPEUTA 185
MORENO 186
MORENO / NEGANDO PADRES 186
MÚSICA 186

N

NACIMIENTO 187
NACIMIENTO / DEL PSICODRAMA 187
NARCISISMO 187

NARCOSÍNTESIS Y PSICODRAMA 188
NATALIDAD 188
NATALIDAD / CONTROL DE LA 188
NATALIDAD / CRÍTICA A LA POSICIÓN DE LA RELIGIÓN CATÓLICA 188
NEUROSIS 188
NEUROSIS / HISTRIÓNICA 188
NEUROSIS / NEUROSIS INTERPERSONAL 189
NEUTRALIDAD 189
NIÑO 189
NIÑO / INTERNO / ETERNO EN EL ADULTO 190
NIÑO / LARGO PERÍODO DE LA INFANCIA 190
NIVELES SOCIOMÉTRICOS 191
NOMBRE DEL LIBRO – *WHO SHALL SURVIVE?* 191
NORMÓTICO 191

O

OBSERVADOR PARTICIPANTE 192
OPTIMISMO 192
ORGANIZACIONES 193
ORGANIZACIONES / TIPOS DE 193
ORGANIZACIONES / TIPOS / FACTORES QUE TRANSFORMAN LA ESTRUCTURA 193
ORGANIZACIONES / TIPOS / FAMILIA INTROVERTIDA 194
ORIGINALIDAD 194

P

PALABRA 195
PALABRA / PALABRA *VERSUS* ACCIÓN 195
PARANOIA 195
PARANOIA / REALIZACIÓN 195
PARANOIA / SOCIOMÉTRICA 196
PATOLOGÍA 196
PATOLOGÍA / PSICOLÓGICA 196
PELÍCULA TERAPÉUTICA 196
PELÍCULA TERAPÉUTICA / AUDIOEGOS 196
PELÍCULA TERAPÉUTICA / CATARSIS 196
PELÍCULA TERAPÉUTICA / CRÍTICA 197
PELÍCULA TERAPÉUTICA / DEFINICIÓN 197
PELÍCULA TERAPÉUTICA / DIRECTOR 197
PELÍCULA TERAPÉUTICA / ELENCO 198
PELÍCULA TERAPÉUTICA / FACTOR TERAPÉUTICO 198
PELÍCULA TERAPÉUTICA / HISTORIAL 198
PELÍCULA TERAPÉUTICA / METODOLOGÍA 198
PELÍCULA TERAPÉUTICA / OBJETIVOS 199
PELÍCULA TERAPÉUTICA / PELÍCULAS PSEUDOTERAPÉUTICAS 199
PELÍCULA TERAPÉUTICA / PRE-TEST 200
PELÍCULA TERAPÉUTICA / PRODUCCIÓN 200
PELÍCULA TERAPÉUTICA / PÚBLICO 200
PELÍCULA TERAPÉUTICA / UTILIDAD DE 200
PERIÓDICO VIVO 201
PERIÓDICO VIVO / HISTORIAL 202
PERIÓDICO VIVO / RAZONES DE DESUSO 202
PERIÓDICO VIVO / REACCIÓN DE LA PRENSA 202
PERSONA 203
PERSONA / PSICOSIS 203
PERSONALIDAD 204
PERSONALIDAD / ANÁLISIS DE LA PERSONALIDAD DE OTROS 204
PRESENTIFICACIÓN 204
PRINCIPIOS 204
PRINCIPIO / COMPENSACIÓN RECÍPROCA 204
PRINCIPIO / TRASPLANTACIÓN SOCIOMÉTRICA 205
PROLETARIADO 205
PROLETARIADO / PROLETARIADO SOCIOMÉTRICO 205
PROLETARIADO / PROLETARIADO TERAPÉUTICO 205
PROMETEO / EL MITO DE PROMETEO Y EL PSICODRAMA 205
PROSTITUTAS 206
PROSTITUTAS / OBJETIVOS DEL TRABAJO CON 206
PROTAGONISTA 207
PROTOCOLOS 207
PROTOCOLO / CASO BÁRBARA 207
PROTOCOLO / CASO HITLER 207
PROTOCOLO / CASO MARÍA 207
PROTOCOLO / PSICODRAMA DE UN ADOLESCENTE 207
PROTOCOLO / PSICODRAMA DE UNA PAREJA 207
PROTOCOLO / PSICODRAMA DE UN SUEÑO 207
PROTOCOLO / ROBERT 208
PROYECCIÓN 208
PROYECCIÓN / PSICOGEOGRÁFICA 208
PSICODANZA 208
PSICODRAMA 209
PSICODRAMA / ANTIGÜEDAD 209
PSICODRAMA / CLASIFICACIÓN / ANALÍTICO 209
PSICODRAMA / CLASIFICACIÓN / BIPERSONAL 209
PSICODRAMA / CLASIFICACIÓN / BIPERSONAL / GRUPO / TERAPIA INDIVIDUAL 210
PSICODRAMA / CLASIFICACIÓN / BIPERSONAL / TÉCNICA DE LA AUTO-PRESENTACIÓN 210
PSICODRAMA / CLASIFICACIÓN / CONFESIONAL 210
PSICODRAMA / CLASIFICACIÓN / DIAGNÓSTICO 210

PSICODRAMA / CLASIFICACIÓN / EXISTENCIALISTA 211
PSICODRAMA / CLASIFICACIÓN / INDIVIDUAL 211
PSICODRAMA / CLASIFICACIÓN / NO-CONFESIONAL 211
PSICODRAMA / CLASIFICACIÓN / PEDAGÓGICO 212
PSICODRAMA / CONCEPTO / DEFINICIÓN 212
PSICODRAMA / EXAMEN PSICODRAMÁTICO 213
PSICODRAMA / INSTRUMENTOS 213
PSICODRAMA / INTERPRETACIÓN EN EL 213
PSICODRAMA / INVESTIGACIÓN 213
PSICODRAMA / MAGIA 214
PSICODRAMA / MÉTODO PSICODRAMÁTICO 214
PSICODRAMA / OBJETIVOS 214
PSICODRAMA / ORIGEN DEL NOMBRE 215
PSICODRAMA / ORIGEN / NACIMIENTO DEL 215
PSICODRAMA / PSICOANÁLISIS 216
PSICODRAMA / PSICOANÁLISIS / ELOGIO A FREUD 216
PSICODRAMA / PSICODRAMA DEL REY 217
PSICODRAMA / SESIÓN / FIN DE LA 217
PSICODRAMA / SOCIOPSICODRAMA 217
PSICODRAMA / SUEÑOS 217
PSICOMÚSICA 219
PSICOMÚSICA / HISTORIAL DE LA 221
PSICOMÚSICA / IMPROVISACIÓN MUSICAL 221
PSICOMÚSICA / TAREA DE LOS MÚSICOS 221
PSICOSIS 222
PSICOSIS / EGO AUXILIAR 223
PSICOSIS / ENTREVISTA 223
PSICOSIS / MUNDO AUXILIAR 223
PSICOSIS / PSICODRAMA 223
PSICOSIS / TRATAMIENTO DE SHOCK 224
PSICOSOCIODRAMA 224
PSICOTERAPIA 225
PSICOTERAPIA DE GRUPO 225
PSICOTERAPIA DE GRUPO / AUTORÍA DEL TÉRMINO 225
PSICOTERAPIA DE GRUPO / CONCEPTO / DEFINICIONES 225
PSICOTERAPIA DE GRUPO / DIRECTOR / TERAPEUTA 227
PSICOTERAPIA DE GRUPO / DURACIÓN DEL TRATAMIENTO 227
PSICOTERAPIA DE GRUPO / ÉXITO / FRACASO 227
PSICOTERAPIA DE GRUPO / FUNDAMENTO TEÓRICO 227
PSICOTERAPIA DE GRUPO / GRUPOS HETEROGÉNEOS 228
PSICOTERAPIA DE GRUPO / GRUPOS HOMOGÉNEOS 228
PSICOTERAPIA DE GRUPO / GRUPO SINTÉTICO 228
PSICOTERAPIA DE GRUPO / HONORARIOS 228
PSICOTERAPIA DE GRUPO / INDICACIONES Y CONTRAINDICACIONES 228
PSICOTERAPIA DE GRUPO / INDIVIDUO DE 229
PSICOTERAPIA DE GRUPO / OBJETIVOS 229
PSICOTERAPIA DE GRUPO / ORIGEN / HISTORIA 229
PSICOTERAPIA DE GRUPO / PATERNIDAD DE LA PSICOTERAPIA DE GRUPO 233
PSICOTERAPIA DE GRUPO / PRINCIPIO DE LA INTEGRACIÓN TERAPÉUTICA 233
PSICOTERAPIA DE GRUPO / PRINCIPIOS DIAGNÓSTICOS 233
PSICOTERAPIA DE GRUPO / REGLA FUNDAMENTAL 234
PSICOTERAPIA DE GRUPO / SIGILO 234
PSICOTERAPIA DE GRUPO / SOCIODRAMA 234
PSICOTERAPIA DE GRUPO / TIEMPO DE SESIÓN 234
PSICOTERAPIA DE GRUPO / TRANSFERENCIA 234
PSICOTERAPIA DE GRUPO / VENTAJAS 235
PSICOTERAPIA DE GRUPO / *VERSUS* PSICOTERAPIA INDIVIDUAL 235
PSICOTERAPIA DE GRUPO / *VERSUS* TERAPIA DE GRUPO 236
PSICOTERAPIA DE PAREJA 236
PSICOTERAPIA DE PAREJA / PATERNIDAD 236
PSIQUIS 236
PÚBLICO / DIRECTOR 237
PUNTO DE SATURACIÓN RACIAL 237

R

RACISMO 238
REALIDAD 238
REALIDAD / SOCIAL 238
REALIDAD / SUPLEMENTAR 238
RED 238
RED / MANIPULACIÓN DE 238
RED / MIEDO DE LAS REDES PSICOLÓGICAS 238
RED / PSICOGEOGRÁFICA 239
RED / SOCIOMÉTRICA 239
REGLAS 239
REGLA / CO-ACCIÓN DEL INVESTIGADOR PARA CON EL GRUPO 239
REGLA / DIFERENCIAS DINÁMICAS EN LA ESTRUCTURA DEL GRUPO / ESTRUCTURA PERIFÉRICA CONTRA ESTRUCTURA CENTRAL 239
REGLA / INCLUSIÓN GRADUAL DE TODOS LOS CRITERIOS EXTRÍNSECOS 240

REGLA / MECÁNICA DE LA REPRODUCCIÓN 240
REGLA / PARTICIPACIÓN UNIVERSAL EN LA ACCIÓN 240
REGLA / PROCESO DE CALDEAMIENTO O PRODUCTIVIDAD ACTIVA 240
REGRESIÓN 240
RELACIÓN TERAPEUTA-PACIENTE / DIRECTOR-PACIENTE 241
RELIGIÓN 241
RESISTENCIA 242
RESISTENCIA / ACTOR ESPONTÁNEO 242
RESISTENCIA / EGO AUXILIAR 242
RESISTENCIA / INTERPOLACIÓN 242
RESISTENCIA / PARA DRAMATIZAR 243
RESISTENCIA / TEST SOCIOMÉTRICO 244
RESULTADO SOCIOMÉTRICO 246
RETARDO MENTAL 246
RETROPATÍA – EMPATÍA 246
RETROYECCIÓN 247
REVOLUCIÓN 247
REVOLUCIÓN / CREADORA 247
REVOLUCIÓN / TRES REVOLUCIONES PSIQUIÁTRICAS 247
ROBOTS 248
ROBOTS / CONSECUENCIAS PATOLÓGICAS DE LOS 248
ROBOTS / FUTURO 248
ROBOTS / HOMBRE 249
ROBOTS / INMORTALIDAD DE LOS 249
ROBOTS / MUÑECAS 249
ROBOTS / RAZONES DE QUE EL HOMBRE LOS HAYA INVENTADO 249
ROBOTS / SOLUCIÓN PARA CONVIVIR CON LAS MÁQUINAS 250
ROL 250
ROL / CALIDAD DE 250
ROL / CONCEPTO 251
ROL / CONTRA-ROL / ROL COMPLEMENTARIO 251
ROL / DESARROLLO 251
ROL / EGO / YO / SELF 252
ROL / G. H. MEAD / CRÍTICA 252
ROL / HISTORIA 253
ROL / JUGAR / DESEMPEÑAR / ROLE PLAYING 253
ROL / MATRIZ DE IDENTIDAD 253
ROL / MUCHOS ROLES 253
ROL / ORIGEN DEL NOMBRE 254
ROL / PSICODRAMÁTICO 254
ROL / PSICOSOMÁTICO 255
ROL / RACIMO DE 255
ROL / SOCIAL 255
ROL / TESTS DE 256

ROL / TOMAR / ROLE TAKING 257
ROLE PLAYING – ENTRENAMIENTO DE ROLES 258
ROLE PLAYING / HISTORIA 259
ROLE PLAYING / INVERSIÓN DE ROLES 259
ROLE PLAYING / JUEGO DE ROLES / OBJETIVOS 260
ROLE PLAYING / SITUACIONES TERAPÉUTICAS 260
ROLE PLAYING / TERAPIA DE ROLES 260
ROLE PLAYING / TEST DE ESPONTANEIDAD 260
RORSCHACH *VERSUS* PSICODRAMA 260

S

SALUD MENTAL 262
SEINISMO 262
SEINISMO / JOHN KELLMER 263
SELF 263
SELF / ACTOR / OBSERVADOR 263
SELF / CREATIVO 263
SELF / DEFINICIÓN DE 263
SELF / ESTRUCTURA 264
SELF / MEDICIÓN 264
SESIÓN 264
SESIÓN / PRIMERA SESIÓN 264
SESIÓN / PSICODRAMA 265
SESIÓN / TIEMPO / PSICOTERAPIA DE GRUPO 265
SEXUALIDAD 265
SHOCK PSICODRAMÁTICO 265
SHOCK PSICODRAMÁTICO / CUANDO APLICAR EL 266
SHOCK PSICODRAMÁTICO / DIFICULTADES CON 266
SHOCK PSICODRAMÁTICO / MÉTODO 266
SIMBOLIZACIÓN 267
SIMIENTES CREATIVAS 267
SITUACIÓN INTERPERSONAL 268
SOCIATRÍA 268
SOCIATRÍA / HIPÓTESIS DE LA 268
SOCIATRÍA / PSIQUIATRÍA 268
SOCIATRÍA / SOCIOMETRÍA 268
SOCIEDAD EXTERNA 269
SOCIODINÁMICA 269
SOCIODRAMA 269
SOCIODRAMA / ORIGEN DEL NOMBRE 269
SOCIODRAMA / PERCEPTUAL 269
SOCIODRAMA / PSICOTERAPIA DE GRUPO 270
SOCIODRAMA / PSICOTERAPIA DE GRUPO INDIVIDUAL / TERAPIA DE GRUPO COLECTIVA 270
SOCIODRAMA / TÉCNICA DE ENSEÑANZA 270
SOCIODRAMATISTA 270
SOCIOGENIA 271
SOCIOGENIA *VERSUS* EUGENIA 271
SOCIOGRAMA 271

SOCIOGRAMA / OBJETIVO / SUBJETIVO 271
SOCIOGRAMA / OBSERVADOR 272
SOCIOIDE 272
SOCIOLOGÍA 272
SOCIOMATRIZ 272
SOCIOMETRÍA 273
SOCIOMETRÍA / ATRACCIÓN / REPULSIÓN 273
SOCIOMETRÍA / COLABORADORES / PRECURSORES 273
SOCIOMETRÍA / CONCEPTO 273
SOCIOMETRÍA / ÉTICA 274
SOCIOMETRÍA / HIPÓTESIS DE 274
SOCIOMETRÍA / HISTORIA 275
SOCIOMETRÍA / MÉTODO 275
SOCIOMETRÍA / OBJETIVOS 275
SOCIOMETRÍA / ORIGEN DEL NOMBRE 276
SOCIOMETRÍA / PRECISIÓN 276
SOCIOMETRÍA / PSICOTERAPIA DE GRUPO 276
SOCIOMETRÍA / RELIGIÓN 276
SOCIOMETRÍA / TIPOS 277
SOCIOMETRÍA / TRATAMIENTO DEL INVESTIGADOR SOCIOMÉTRICO 277
SOCIOMETRÍA / URBANISMO 277
SOCIOMETRÍA / VENTAJAS 277
SOCIONOMÍA 278
SOCIONOMÍA / JERARQUÍA SOCIONÓMICA 278
SOCIONOMÍA / MÉTODOS 278
SOCIONOMÍA / ORIGEN DE 278
SOCIOSIS Y SOCIÓTICO 278
SÓCRATES 278
SÓCRATES / INVERSIÓN DE ROL 278
SORPRESA 279
SPINOZA 280
STANISLAVSKI 280
STANISLAVSKI / CONSERVA 280
STANISLAVSKI / FREUD 280
STANISLAVSKI / IMPROVISACIÓN / PROCESO PRIMARIO 280
STANISLAVSKI / PSICODRAMA 281
STATUS 281
STATUS / LÍDERES 281
STATUS NASCENDI 281
STATUS NASCENDI / LOCUS / MATRIZ 281
STATUS SOCIOMÉTRICO 282
STATUS SOCIOMÉTRICO / ACCIDENTES 282
STATUS SOCIOMÉTRICO / COMUNICACIÓN VERBAL 282
STATUS SOCIOMÉTRICO / DEFINICIÓN / CONCEPTO / DEFINICIÓN OPERACIONAL 283
STATUS SOCIOMÉTRICO / ESTABILIDAD 283
STATUS SOCIOMÉTRICO / ÉXITO / FRACASO 283

STATUS SOCIOMÉTRICO / INJURIA 283
STATUS SOCIOMÉTRICO / INVERSIÓN DE ROL 283
STATUS SOCIOMÉTRICO / RELATIVIDAD DE 284
STATUS SOCIOMÉTRICO / VOLUMEN DE INTERACCIONES 284
SUBJETIVISMO *VERSUS* OBJETIVISMO 284
SUEÑOS 285
SUEÑOS DE MORENO 285
SUICIDIO 285
SULLIVAN 286
SUPERÁVIT DE REALIDAD 286

T

TEATRO 287
TEATRO DEL CONFLICTO 287
TEATRO DE LA ESPONTANEIDAD / ARTISTAS, PSICÓLOGOS Y ANALISTAS QUE SE RELACIONARON CON EL STEGREIFTHEATER 287
TEATRO DE LA ESPONTANEIDAD / CONCEPTO 287
TEATRO DE LA ESPONTANEIDAD / DIFICULTADES CON LA AUDIENCIA 288
TEATRO DE LA ESPONTANEIDAD / FUNCIONES DEL 288
TEATRO DE LA ESPONTANEIDAD / METATEATRO 289
TEATRO DE LA ESPONTANEIDAD / OBJETIVOS 289
TEATRO DE LA ESPONTANEIDAD / PREMISAS 290
TEATRO DE LA IMPROVISACIÓN 290
TEATRO DE LA IMPROVISACIÓN / HISTORIA 290
TEATRO LEGÍTIMO 290
TEATRO TERAPÉUTICO 291
TEATRO TERAPÉUTICO / CONCEPTO 291
TEATRO TERAPÉUTICO / HISTORIA 291
TEATRO TERAPÉUTICO / TEATRO DE LA ESPONTANEIDAD 292
TEATRO / TERAPIA 292
TÉCNICA 292
TÉCNICA / ANÁLISIS POR CADA ESCENA 292
TÉCNICA / AUTO PRESENTACIÓN 292
TÉCNICA / AUTO-REALIZACIÓN 293
TÉCNICA / EGO AUXILIAR DEL ENFERMO 293
TÉCNICA / ENGAÑO 293
TÉCNICA / ENGAÑO / RAÍCES FILOSÓFICAS QUE JUSTIFICAN SU UTILIZACIÓN 293
TÉCNICA / ESPEJO / DESARROLLO / FASE DEL RECONOCIMIENTO DEL YO 294
TÉCNICA / ESPEJO-DOBLE 294
TÉCNICA / ESPEJO / MÉTODO DEL ESPEJO 294
TÉCNICA / ESPEJO / OBJETIVOS 295
TÉCNICA / FINAL DE SESIÓN 295

TÉCNICA / HISTORIAL 295
TÉCNICA / INVERSIÓN DE ROLES / DEFINICIÓN 295
TÉCNICA / INVERSIÓN DE ROLES / DESARROLLO 296
TÉCNICA / INVERSIÓN DE ROLES / DESARROLLO / FASE DEL RECONOCIMIENTO DEL TÚ 297
TÉCNICA / INVERSIÓN DE ROLES / DESARROLLO / FASE DEL RECONOCIMIENTO DEL YO 297
TÉCNICA / INVERSIÓN DE ROLES / EGOS AUXILIARES 298
TÉCNICA / INVERSIÓN DE ROLES / EMPATÍA 298
TÉCNICA / INVERSIÓN DE ROLES / INDICACIONES / CONTRAINDICACIONES 299
TÉCNICA / INVERSIÓN DE ROLES / OBJETIVOS 300
TÉCNICA / INVERSIÓN DE ROLES / PROBLEMAS ÉTNICOS 300
TÉCNICA / INVERSIÓN DE ROLES / SÓCRATES 301
TÉCNICA / INVERSIÓN DE ROLES / STATUS SOCIAL 301
TÉCNICA / INVERSIÓN DE ROLES / TÉCNICA DEL DOBLE 301
TÉCNICA / INVERSIÓN DE ROLES / TÉCNICAS 301
TÉCNICA / INVERSIÓN DE ROLES / YO 302
TÉCNICA / MISTIFICACIÓN TERAPÉUTICA 302
TÉCNICA / MONÓLOGO 302
TÉCNICA / MONÓLOGO / DIFICULTADES 303
TÉCNICA / MONÓLOGO TERAPÉUTICO 303
TÉCNICA / MONÓLOGO / TIPOS DE 303
TÉCNICA / MUNDO AUXILIAR 303
TÉCNICA / SIMBÓLICA / (METÁFORAS) 304
TÉCNICA / SUEÑOS 304
TÉCNICA / TÉCNICA DEL DOBLE / DEFINICIÓN 305
TÉCNICA / TÉCNICA DEL DOBLE / DOBLE-ESPEJO 306
TÉCNICA / TÉCNICA DEL DOBLE / DOBLES MÚLTIPLES 306
TÉCNICA / TÉCNICA DEL DOBLE / HISTORIAL 307
TÉCNICA / TÉCNICA DEL DOBLE / MÉTODO DEL DOBLE 307
TÉCNICA / TÉCNICA DEL DOBLE / PSICOSIS 307
TÉCNICA / TÉCNICA DEL DOBLE / RELACIÓN MADRE-HIJO 307
TÉCNICA / TÉCNICA DEL DOBLE / TÉCNICA DEL MONÓLOGO DEL DOBLE 308
TÉCNICA / TENSIONES DE LIDERAZGO 308
TÉCNICA / TIENDA MÁGICA 308
TÉCNICAS / ACTIVAS 308
TÉCNICAS / DESARROLLO 309
TÉCNICAS / LÚDICAS EN LA INFANCIA 309
TÉCNICAS / TERAPIA INTERPERSONAL 310

TECNOLOGÍA 310
TECNOLOGÍA / TIPOS 310
TELE 310
TELE / ARISTOTELE 310
TELE / ÁTOMO SOCIAL 311
TELE / AUTOEVALUACIÓN SOCIOMÉTRICA 311
TELE / AUTOTELE 312
TELE / COGNITIVO / CONATIVO 313
TELE / COLORES / COMIDA 313
TELE / DEFINICIONES 313
TELE / DESARROLLO 314
TELE / EFECTO TELE 315
TELE / ESPONTANEIDAD / CREATIVIDAD 315
TELE / GEN 315
TELE / GRUPO 316
TELE / INFRATELE 316
TELE / MUSICAL 316
TELE / OBJETIVIDAD 316
TELE / ORIGEN 317
TELE / ORIGEN DEL NOMBRE 317
TELE / PERCEPTUAL 317
TELE / PSICOTERAPIA 318
TELE / RACIAL 318
TELE / SEXTO SENTIDO / SENSIBILIDAD EXTRA 318
TELE / SEXUAL 319
TELE / TELEMATRIZ / MATRIZ DE ACCIÓN 320
TELE / TELES INTERPERSONALES / DOBLE 320
TELE / TRANSFERENCIA / EMPATÍA 320
TELEVISIÓN 322
TELEVISIÓN / AGRADECIMIENTOS 322
TELEVISIÓN / DIRECTOR 322
TELEVISIÓN / FUTURO 322
TELEVISIÓN / INVESTIGACIÓN 323
TELEVISIÓN / LIMITACIONES 323
TELEVISIÓN / MEDIOS DE COMUNICACIÓN DE MASA 323
TELEVISIÓN / TECNOLOGÍA / PSICODRAMA 323
TELEVISIÓN / VENTAJAS 324
TEMBLOR 324
TEOMETRÍA 324
TEORÍA 324
TEORÍA / APRENDIZAJE ESPONTÁNEO 324
TEORÍA / PSICODRAMA 325
TEORÍA / RELACIONES INTERPERSONALES / GÉNESIS 325
TERAPEUTA 325
TERAPEUTA / GRUPO 326
TERAPEUTA / HÉROE 326
TERAPEUTA / PSICODRAMÁTICO 326
TERAPEUTA / RESPONSABILIDAD DEL 326
TERAPIA 326

359

TERAPIA / A DISTANCIA 326
TERAPIA / INTERPERSONAL 327
TERAPIA / INTERPERSONAL DE MORENO 327
TERAPIA / INTERPERSONAL DE SULLIVAN 327
TÉRMINOS SOCIOMÉTRICOS CORRIENTES ACUÑADOS POR MORENO 327
TÉRMINOS SOCIOMÉTRICOS CORRIENTES INTRODUCIDOS POR OTROS AUTORES 327
TESTS 328
TEST / AUTOEVALUACIÓN SOCIOMÉTRICA O PERCEPCIÓN SOCIOMÉTRICA 328
TEST / CITAS 328
TEST / ESPONTANEIDAD 329
TEST / ESPONTANEIDAD / CONSIGNAS DEL DIRECTOR 329
TEST / ESPONTANEIDAD / MUESTRA 329
TEST / ESPONTANEIDAD / PROCEDIMIENTO 330
TEST / ESPONTANEIDAD / PÚBLICO 330
TEST / EXPANSIVIDAD EMOCIONAL 330
TEST / EXPANSIVIDAD / TEST SOCIOMÉTRICO 330
TEST / FAMILIARIDAD 330
TEST / FAMILIARIDAD / USOS DEL (TEST DEL ENCUENTRO) 331
TEST / PERCEPCIÓN DE LA ACCIÓN 331
TEST / PERCEPCIÓN SOCIOMÉTRICA / AUTOEVALUACIÓN SOCIOMÉTRICA 331
TEST / PERCEPTUAL 332
TEST / PERCEPTUAL / TEST SOCIOMÉTRICO 332
TEST / ROL / CONCEPTO 332
TEST / ROL / MÉTODO 333
TEST / SOCIOMÉTRICO / AISLADOS SOCIOMÉTRICOS 333
TEST / SOCIOMÉTRICO / ATRACCIÓN / RECHAZO 334
TEST / SOCIOMÉTRICO / CONCEPTO 334
TEST / SOCIOMÉTRICO / CONCIENCIA SOCIOMÉTRICA 335
TEST / SOCIOMÉTRICO / ESTUDIOS CASI SOCIOMÉTRICOS 335
TEST / SOCIOMÉTRICO / FASES DE 335
TEST / SOCIOMÉTRICO / LÍMITES 335
TEST / SOCIOMÉTRICO / OBJETIVOS 336
TEST / SOCIOMÉTRICO / REQUISITOS PARA 336
TEST / SOCIOMÉTRICO / RESISTENCIA 336
TEST / SOCIOMÉTRICO / RESULTADO SOCIOMÉTRICO 337

TEST / SOCIOMÉTRICO / SUBGRUPOS 337
TEST / SOCIOMÉTRICO / TÉCNICAS SUPLEMENTARES 337
TEST / SOCIOMÉTRICO / TEST PERCEPTUAL 338
TEST / SOCIOMÉTRICO / VENTAJAS 338
TIC 338
TOTALIDAD SOCIOMÉTRICA DE LA SOCIEDAD HUMANA 338
TRANSFERENCIA 339
TRANSFERENCIA / TELE 339
TRANSFERENCIA / TRANSFIGURACIÓN 339
TRAUMA 339
TRÍADA TERAPÉUTICA 340
TRICOTOMÍA SOCIAL 340

U

UNIVERSO / PRIMER UNIVERSO 341
UTOPÍA MORENIANA 341
UTOPÍA MORENIANA / TELE 341
UTOPÍA MORENIANA / TERAPIA 341
UTOPÍA MORENIANA / TEST SOCIOMÉTRICO 342

V

VISUALIZACIÓN – ORIGEN DEL PSICODRAMA INTERNO 344

Y

YO 345
YO / YO PARCIAL / VARIOS YOS 345

Z

ZONAS 346
ZONAS / LOCUS NASCENDI PARA EL CALDEAMIENTO 346
ZOOMÁTICA 346
ZOOMÁTICA / ROBOTS 346
ZOOMÁTICA / ROBOTS / CONSECUENCIAS PATOLÓGICAS 347
ZOOMÁTICA / ROBOTS / FUTURO 347
ZOOMÁTICA / ROBOTS / INMORTALIDAD DE LOS ROBOTS 347
ZOOMÁTICA / ROBOTS / MUÑECAS 348
ZOOMÁTICA / ROBOTS / RAZONES PARA LA INVENCIÓN DEL ROBOT 348
ZOOMÁTICA / ROBOTS / SOLUCIÓN PARA CONVIVIR CON LAS MÁQUINAS 348